1682 J.B.METZLER

Hermann Korte

Deutschsprachige Lyrik seit 1945

2., völlig neu bearbeitete Auflage

2004
Verlag J.B. Metzler Stuttgart · Weimar

Der Autor

Hermann Korte, geb. 1949; Professor für Didaktik der deutschen Sprache und Literatur am Fachbereich Sprach-, Literatur- und Medienwissenschaften der Universität Siegen

Bibliografische Information Der Deutschen Bibliothek
Die Deutsche Bibliothek verzeichnet diese Publikation in der Deutschen Nationalbibliografie; detaillierte bibliografische Daten sind im Internet über <http://dnb.ddb.de> abrufbar.

ISBN 978-3-476-01890-8
ISBN 978-3-476-05035-9 (eBook)
DOI 10.1007/978-3-476-05035-9

Ursprünglich erschienen bei J. B. Metzlersche Verlagsbuchhandlung
und Carl Ernst Poeschel Verlag GmbH in Stuttgart 2004
www.metzlerverlag.de
info@metzlerverlag.de

Vorwort

Dieser Band bietet eine Einführung in die Geschichte der deutschsprachigen Lyrik seit 1945 und stellt bibliographisches Material zu einem komplexen Thema zur Verfügung. Die in der *Sammlung Metzler* unter dem Titel *Geschichte der deutschen Lyrik seit 1945* erschienene erste Auflage (SM 250) wurde vollständig überarbeitet, aktualisiert und um Kapitel zu den achtziger und neunziger Jahren ergänzt. Die Bibliographie wurde neu gestaltet und wesentlich erweitert.

Sehr geholfen haben mir bei den Vorarbeiten und Korrekturen Sabine Buchholz und Axel Diller, denen ich dafür herzlich danke. Mein Dank gilt ebenfalls Lisa Kampmann für die Durchsicht der Satzkorrekturen und Ute Deventer für die kompetente Einrichtung des Manuskripts. Das Namenregister erstellten dankenswerter Weise Anne Jelinek und Valentin Boor. Zu besonderem Dank verpflichtet bin ich Ute Hechtfischer, der Lektorin des Metzler Verlages, die unermüdlich Anregungen gab und auch in der Schlussphase des Projekts viel Zeit und Geduld aufbrachte.

Siegen, im Juli 2004 Hermann Korte

Inhaltsverzeichnis

Einleitung

Wer heute eine Einführung in die deutschsprachige Lyrik seit 1945 schreibt und einen Abriss ihrer Geschichte geben will, der bis in die Gegenwart reicht, hat sich in einem doppelten Sinn der Problemlage aktueller Literaturgeschichtsschreibung zu vergewissern. Zum einen ist Literaturgeschichte heute nicht mehr, was sie beispielsweise für Karl Otto Conrady 1966 noch war: die »Kunde von dem, was gewesen ist, und – wenn sie die Gegenwart einbezieht – von dem, was ist« (Conrady 1966, 43). Zum anderen ist, gerade von der Gegenwart her gesehen, nicht einmal klar, ob Autorinnen und Autoren, die vor einigen Jahren und Jahrzehnten Gedichte veröffentlichten, unter einen so weiten, unscharfen Begriff wie ›Geschichte‹ gefasst werden können.

Literaturgeschichte schreiben

Es erscheint daher nützlich, zumindest in groben Zügen einige elementare Voraussetzungen der eigenen Arbeitsweise zu erläutern:

Das, »was ist«, liegt uns nicht etwa als unumstößliches Faktum vor, sondern erhält Bedeutung erst im interpretierenden Geschäft des Literarhistorikers, der seine im eigenen Zeithorizont verankerten Sichtweisen, Wertungen und Selbstverständnisse in seine Praxis einbringt. Uwe Japp hat in seinem Buch *Beziehungssinn* eine der Prämissen literarhistorischer Praxis anschaulich zusammengefasst: »Keine Geschichte kann einfach nachgeschrieben werden [...]. Jede Geschichte wird im vollen Sinne des Wortes geschrieben. Sie wird konstruiert, indem sie die historischen Gegenstände, zwischen denen sie Beziehungen behauptet, auswählt« (Japp 1980, 41).

Mit **Fragen der Auswahl** hat der Literarhistoriker nicht allein bei der Sichtung von Fakten, Ereignissen und Prozessen zu tun, sondern auch in einem noch viel elementareren Sinn. So erscheinen in jedem Jahr Dutzende von Gedichtbänden, von denen die wenigsten in Feuilleton und Literaturkritik beachtet werden. Zwar übernimmt der Historiker keineswegs unbesehen die Selektionspraxis der Kritiker, doch kann er sich der Notwendigkeit auszuwählen nicht entziehen. Ein Buch über die deutschsprachige Lyrik von 1945 bis heute ist etwas diametral anderes als eine kommentierende Aneinanderreihung aller seit dem Kriegsende erschienenen Gedichtbände. Vielmehr konzentriert sich der Historiker auf bestimmte Gruppen, Richtungen, Stile und Autorentypen. Er wählt sich Gattungen und Genres aus, interessiert sich für einzelne Phasen der Geschichte und entfaltet seine Thesen und Positionen schließlich an ausgewählten Beispielen, einzelnen Texten und Textstellen.

Epochenbegriffe und Periodenbildungen können die Arbeit erleichtern. Aber auch sie sind nicht unabhängige, von Interessen und Forschungsperspektiven losgelöste, objektiv gegebene Größen, sondern ebenfalls Gegenstände der Konstruktion. Conrady hat übrigens als einer der ersten auf die Rolle von »Konzepten und Darstellungsformen der Literaturgeschichtsschreibung« (Conrady 1978) hingewiesen, die mit brisanten Fragen von Epochenkonstruktionen sowie trügerisch gewordenen »Illusionen der Literaturgeschichte« zusammenhängen, und damit die traditionelle Literatur-»Kunde von dem, was gewesen ist« (Conrady 1966, 43) in Richtung einer reflektierten, methodenbewussten Literaturgeschichtsschreibung verschoben. Seither sind die Diskussionen um *Historische und aktuelle Konzepte der Literaturgeschichtsschreibung* (Vosskamp/Lämmert 1987), um den *Umgang mit Literatur und Geschichte* (Danneberg/Vollhardt 1992), um *Literaturgeschichte als Poetik der Kultur* (Baßler 1995) und das komplexe Verhältnis von *Literatur und Geschichte* (Fulda/Tschopp 2002) nicht verstummt.

Literaturgeschichten sind Konstruktionen. Die Selektion historischer Gegenstände und die Geschichtskonstruktion des Literarhistorikers sind von der Konstellation seines Fragehorizontes, seiner erkenntnisleitenden Interessen und seines methodologischen Instrumentariums nicht zu trennen. Nicht zufällig verraten Literaturgeschichten ihren Nutzern oft schon beim bloßen Blättern, wann sie entstanden sind, welche Methodenschule und welchen Begriff, welche Theorie von Literatur und Lyrik gerade favorisiert wurden. Literarhistoriker konstruieren ihren Gegenstand selber, wohl wissend, dass der eigene Blick auf Literatur schon von seinen Voraussetzungen her *eine* der möglichen Geschichten erfasst. Zugespitzt: Es gibt zwar eine Fülle literarischer Werke und auch im günstigsten Fall eine Menge an Quellen über die Akteure literarischer Kommunikation - Leserschaft, Publikum, Kritik, Verlage, Zeitschriften. Aber es lässt sich daraus nicht *die* Literaturgeschichte entwickeln: *Die* Literaturgeschichte gibt es gar nicht.

Perspektiven und **historische Konstruktionsmechanismen** sind im Fluss, neue Blicke auf historische Zeiträume sind möglich geworden. So lassen sich beispielsweise Epochengrenzen nicht einfach durch Konventionen vorgeben und als Zäsurdaten fortschreiben. Sogar das im Buchtitel genannte Datum 1945 ist als Epochenanfang keineswegs unumstritten; das Buch beginnt daher nicht zufällig mit einer Problematisierung des Jahres 1945 (vgl. Kapitel 1.1). Ein zweites Beispiel für den Konstruktionscharakter von Zeitepochen ist das Ende der DDR als ein auch für die Nachkriegsliteratur bedeutsames Datum. Die Konvention, die Geschichte der DDR-Literatur als Kontinuum und Einheit zu erzählen, lässt sich nicht einfach als Forschungskonvention fortsetzen. War diese schon vor 1990 nicht unumstritten, so stellt sich nicht nur die Frage neu, wie die DDR-Lyrik im vorliegenden Buch darzustellen ist, sondern auch das Problem, ob mit einem neuen, vom Ende des sozialistischen Staates her geprägten Problembewusstsein nicht auch der Auswahlkanon und vor allem der bisher oft inhaltlich-politisch geprägte Blick zur Disposition stehen müsste (vgl. zum Ende der DDR-Literatur die Kapitel 5. und 6.).

Nun haben Periodisierungen und Epochenbildungen in der Literaturwissenschaft längst den Charakter von Glaubensfragen und Gesinnungsprüfungen verloren. Für die Markierung von Einschnitten in literarhistorischen Prozessen sind gewisse Trenndaten nützlich. Diese führen aber kein Eigenleben, sondern sind von der Strategie abhängig, mit der Literaturgeschichte erzählt wird. Unter kulturwissenschaftlichen Prämissen stellt sich die Frage neu, wie historische Prozesse zu (re-)konstruieren sind. So sind beispielsweise Epochenumbrüche und Paradigmenwechsel im literarischen und kulturellen Selbstverständnis, in der Einstellung zur Gesellschaft, in der Auffassung von Lyrik und Literatur für historische Konstruktionsprinzipien von besonderer Bedeutung.

Die *Deutschsprachige Lyrik seit 1945* hat die Funktion einer Einführung. Sie will einen **Überblick vermitteln** und einige markante Felder des historischen Prozesses eingehender untersuchen. Ein Überblick ist ein Selektionsprozess eigener Art. Es geht um Schlaglichter, exemplarische Konzepte und um anschauliche Beispiele, nicht um Vollständigkeit und auch nicht um Repräsentation eines Ganzen.

Die vorliegende Einführung ist an bestimmte Prämissen geknüpft, die sich aus ihrer **Nähe zur Gegenwart** ergeben. Das kann schon ein Blättern in der Chronologie der Gedichtbände im bibliographischen Teil des Buches (Kapitel 7.1) zeigen. Unter den einzelnen Jahreszahlen erscheinen immer noch eine Menge Gedichtbände. Die Nähe zur Gegenwart bedeutet, dass der kulturelle Prozess des Vergessens erst eingesetzt hat und mitunter eine verwirrende Fülle von Namen und Titeln im gerade beginnenden historischen Prozess mitgeschleppt wird: Noch hat der für jede Kultur prägende, gedächtnisentlastende Vorgang des Vergessens gerade erst eingesetzt. Dass die Liste der Gedichtbandtitel von 1945 bis zur Gegenwart immer länger wird, ist daher kein bloßer Zufall.

Der intendierte Überblick gilt also einem historischen Prozess, der in unsere Zeit hineinreicht und mit nur geringem Abstand beurteilt werden kann. Die Konsequenzen daraus sind pragmatischer Natur:

- Auf die Konstruktion von Epochen und Epochenbezeichnungen wird verzichtet. Die im Buch genannten historischen **Daten** fixieren keine Epochengrenzen, sondern sind zeithistorische **Orientierungsmarken.**
- Die deutschsprachige Lyrik seit 1945 bildet **kein geschlossenes, zielgerichtetes Ganzes**, sondern stellt ein offenes historisches, in die aktuelle Gegenwart hineinreichendes System dar. Wenn von Trends und Tendenzen die Rede ist, dann bündeln solche Begriffe allenfalls Energiefelder, die sich unter bestimmten Perspektiven beobachten lassen.
- Es gilt ein **äußeres Ordnungsprinzip**, die Phasierung der Geschichte der Lyrik von 1945 bis zum Milleniumjahr 2000 in einer Abfolge von Jahrzehnten. Es ist die »Energie der Brüche« (Korte 1999, 63ff.), die es von Jahrzehnt zu Jahrzehnt zu verfolgen gilt, so dass sich die Geschichte der deutschsprachigen Lyrik als ein sehr komplexer Prozess darstellt. In ihm spielen Kontinuität und Diskontinuität, Zusammenhänge und Zäsuren ihre unvorhersehbare Rolle.

So verstanden, wird ein Buch über die deutschsprachige Lyrik seit 1945 zu einer Geschichte von Energie-Linien, in denen sich die Gattung Lyrik bereits sechs Jahrzehnte lang im spannungsgeladenen Mit- und Gegeneinander von Schreibweisen,

Stilen, Richtungen, Haltungen und Selbstverständnissen bis heute ständig erneuert hat.

Zusammenfassend: Die Geschichte der Nachkriegslyrik ist eine literarhistorische Konstruktion des Literarhistorikers, entworfen aus seinen Fragen, seinen Akten des Gliederns und Ordnens, seinen Erkenntnisinteressen. Wenn im Verlauf der Darstellung deutlich wird, dass es den *einen* roten Faden in der Geschichte der Lyrik nach 1945 nicht gibt, sondern sie ein Kaleidoskop widersprüchlicher, abgebrochener, ja divergenter Geschichten ist: voller historischer ›Unordnung‹, dann hat das Buch sein Ziel erreicht.

Zitierweise und bibliographische Hinweise

Die bibliographischen Angaben zu den im Text zitierten Gedichtbüchern einzelner Autorinnen und Autoren finden sich im Abschnitt 7.1 der Bibliographie (Chronologie ausgewählter Gedichtbücher 1945–2000). Alle übrigen Zitate werden jeweils am Ende eines Kapitels unter den Rubriken »Zitierte Anthologien und Sammlungen«, »Zitierte Werkausgaben« und »Zitierte Sekundärliteratur« nachgewiesen.

Informationen über Vers-, Strophen- und Gedichtformen, über grundlegende Fragen der Metrik und Poetik sowie weiterführende Literaturhinweise zu lyrischen Gattungen und Genres finden sich in den Abschnitten 7.2.4 und 7.2.5 der Bibliographie.

Zu wichtigen Lyrikerinnen und Lyrikern wird im Abschnitt 7.2.7 weiterführende Forschungsliteratur genannt. Bei umfassenden bibliographischen Recherchen sind die im Abschnitt 7.2.1 genannten Bibliographien und die im Abschnitt 7.2.2 erwähnten Handbücher, Nachschlagewerke und Lexika zu nutzen.

Zitierte Literatur

Baßler, Moritz: Einleitung: New Historicism – Literaturgeschichte als Poetik der Kultur. In: M.B. (Hg.): New Historicism. Literaturgeschichte als Poetik der Kultur. Frankfurt a.M. 1995, S. 7–28.

Conrady, Karl Otto: Einführung in die neuere deutsche Literaturwissenschaft. Reinbek 1966.

Conrady, Karl Otto: Konzepte und Darstellungsformen der Literaturgeschichtsschreibung. In: Helmut Brackert/Eberhard Lämmert (Hg.): Funkkolleg Literatur. Frankfurt a.M. 1978. Bd. 2, S. 193–218.

Conrady, Karl Otto: Illusionen der Literaturgeschichte. In: Thomas Cramer (Hg.): Literatur und Sprache im historischen Prozeß. Tübingen 1985. Bd. 1: Literatur, S. 18–29.

Danneberg, Lutz/Vollhardt, Friedrich (Hg.): Vom Umgang mit Literatur und Literaturgeschichte. Positionen und Perspektiven nach der »Theoriedebatte«. Stuttgart 1992.

Fulda, Daniel/Tschopp, Silvia Serena (Hg.): Literatur und Geschichte. Ein Kompendium zu ihrem Verhältnis von der Aufklärung bis zur Gegenwart. Berlin/New York 2002.

Japp, Uwe: Beziehungssinn. Ein Konzept der Literaturgeschichte. Frankfurt a.M. 1980.

Korte, Hermann: Energie der Brüche. Ein diachroner Blick auf die Lyrik des 20. Jahrhunderts. In: Heinz Ludwig Arnold (Hg.): Lyrik des 20. Jahrhunderts. Sonderband. Text + Kritik. München 1999, S. 63–106.

Vosskamp, Wilhelm/Lämmert, Eberhard (Hg.): Historische und aktuelle Konzepte der Literaturgeschichtsschreibung. Zwei Königskinder? Zum Verhältnis von Literatur und Literaturwissenschaft. Tübingen 1987.

1. Lyrik zwischen 1945 und 1949: Kontinuitäten

1.1 1945 – Weder »Kahlschlag« noch »Stunde Null«

Debatten um einen literarischen Neuanfang

Im Vorwort seiner Anthologie *Widerspiel* (1962) entwarf Hans Bender einen Epochenrückblick, der auf breiten Konsens rechnen konnte (9):

> Für die deutsche Dichtung sind die Jahre 1933 und 1945 entscheidende Kerben. 1933 bezeichnet einen radikalen, fast tödlichen Schnitt durch die organischen Stränge, die vom Anfang des Jahrhunderts in die Zukunft wachsen wollten. Daß die Lyrik am empfindlichsten getroffen war, bewies ihre Verkümmerung. Zwölf Jahre lang gab es nur Epigonen. Auch die Lyrik der Idylle und die Lyrik des Exils schrumpfte. Wir betrachten heute voller Wehmut, wie die letzten Verse der Emigranten, die einmal die Eskapaden des Expressionismus geliefert hatten, in schwächlichen Reimereien endeten. Es ist erwiesen: Diktaturen ersticken das Gedicht. [...] 1945 war das Jahr, in dem die Fessel weggenommen wurde. Alles, was heute an Lyrik vorliegt, verdankt seine Möglichkeit jener Befreiung.

Das Empfinden, im Jahr 1945 an einem »**Nullpunkt**« gestanden zu haben, der die Chance zur »Befreiung« bot, prägte das Selbstverständnis einer großen Zahl von Nachkriegslyrikern. Für die einen waren die »Kerben« mit schmerzhaften Erinnerungen an Exil und Verfolgung verbunden. Anderen allerdings bot die Formel vom »tödlichen Schnitt« auch eine bequeme Möglichkeit, einen Schlussstrich hinter die eigene Vergangenheit zu ziehen und das Jahr 1945 als Neuanfang zu begreifen.

Benders »Kerben«-Metapher zielt auf zwei Trenndaten, auf 1933 und auf 1945. In diesem Verständnis war der Faschismus eine barbarische »Fessel« der Lyrik, sogar ein Ausdruck ihrer »Verkümmerung«. Die Frage nach der möglichen Beteiligung von Lyrikerinnen und Lyrikern an der kulturellen Praxis des ›Dritten Reiches‹ erübrigt sich offenbar: »Diktaturen ersticken das Gedicht.«

Die Brisanz in Benders Rückblick liegt im Datum 1945, dessen Fixierung als Zäsur sich nach dem Krieg fast mühelos durchsetzte. Das Wort vom Neubeginn und Neuanfang sollte die Trennlinie zur nationalsozialistischen Diktatur markieren, als sei der 8. Mai 1945, die bedingungslose Kapitulation des faschistischen Deutschlands, per se eine fundamentale Epochenscheide. Auch wer nicht den Euphemismus der Floskel vom ›Neubeginn‹ teilte, fand doch im Datum eine recht bequeme Periodenstütze, so dass nicht zuletzt auch innerhalb der Literarhistorie in Ost wie in West das Jahr 1945 zur Epochenzäsur avancierte.

Es schien, als habe mit dem Kriegsende die Zeitgeschichte selber eine Zäsur von universeller Gültigkeit und evidenter Bedeutung gezogen. Sie anzuzweifeln, hieße einen Konsens aufzukündigen, der weit über die kollektive Erinnerung an ein Kalenderdatum hinausging. Im nebulösen Vokabular der ersten Nachkriegsjahrzehnte war von Faschismus kaum die Rede; die Epoche zwischen 1933 und 1945 wurde zur so genannten ›jüngsten Vergangenheit‹ erklärt.

Zu den zahlreichen **Tabuformeln der frühen Nachkriegsjahre** gehörte auch das Schlagwort von der »Stunde Null« und vom »Nullpunkt«. Daher konnte ein Essay wie Hans Egon Holthusens »Die Überwindung des Nullpunkts« (Holthusen 1951, 137–168) große Resonanz erzielen: Die Lyrik begann 1945 wieder, die Zeitspanne zwischen 1933 und 1945 stand nicht weiter zur Diskussion. Nicht zufällig findet sich daher auch bei Bender die These von der »Verkümmerung«, die offenbar so einleuchtend war, dass er sie in zwei kurzen Sätzen zusammenfassen konnte: »Zwölf Jahre lang gab es nur Epigonen. Auch die Lyrik der Idylle und die Lyrik des Exils schrumpfte« (Bender 1962, 9).

So unhaltbar die These aus heutiger Sicht ist – Bender selber hat sie in seiner Anthologie *Deutsche Lyrik zwischen 1930 und 1960* (1983) komplett widerlegt: Es gab 1962 kaum jemanden, der ihm widersprochen hätte. Bei Bender und Holthusen wurden Widersprüche und Krisen harmonisiert, die schon vor 1933 bereits sichtbar waren. Wer seit der Jahrhundertwende »organische Stränge« ausmachen möchte, die »in die Zukunft wachsen wollten« (Bender, ebd.), verkannte nämlich nicht nur die spannungsreichen Brüche, die die ersten Jahrzehnte des 20. Jahrhunderts bestimmten und etwa seit 1925 die Auseinandersetzungen um Expressionismus und Dadaismus zur Geschichte werden ließen, sondern auch die **Krisensituation um 1930**, in der Schlussphase der Weimarer Republik, die auch die Literatur erfasste und vor 1933 bereits im deutlichen Abrücken von avantgardistischen Positionen und im vordringenden **Traditionalismus** gerade auch die Lyrik tangierte. Dass nach 1933 solche Tendenzen eben nicht verkümmerten, also keineswegs alle »organischen Stränge« durchschnitten wurden, kam erst gar nicht in den Sinn.

1945, so hat es den Anschein, ist nicht zuletzt deshalb ein brisantes Datum, weil es das Jahr 1933 als analoge Epochenzäsur mitthematisiert. Die Auffassung, der Faschismus habe eine blühende Kultur zerstört und eine *tabula rasa* sondergleichen geschaffen, verkennt die Bedeutung des nach 1933 zunächst noch geduldeten Traditionalismus. Die Phase zwischen 1933 und 1945 war nämlich, noch einmal mit Bender formuliert, in dem Maße keine bloße »Verkümmerung«, die alle zu »Epigonen« machte, wie eine verblüffend große Zahl jener Autoren, die dann nach 1945 die Nachkriegsliteratur auf Jahrzehnte bestimmen, keineswegs verstummte, sondern (weiter) schrieb, Verleger fand, veröffentlichte, teils auch in den Registern der Reichsschrifttumskammer als Berufsautor geführt wurde, teils sich an der Peripherie des Kulturbetriebs befand.

Lyrik der »Nullpunkt-Generation« vor 1945

Hans Dieter Schäfer hat in seinem Aufsatz »Zur Periodisierung der deutschen Literatur seit 1930« eine stattliche Liste von Namen der später so genannten »›Nullpunkt-Generation‹« vorgelegt, die »im Dritten Reich zumindest ohne nachdrückliche Behinderung veröffentlichen konnten« und »vor Kriegsende zur deutschen Literatur gerechnet werden« (Schäfer 1977, 105) müssen, darunter die Lyriker Günter Eich, Johannes Bobrowski, Rudolf Hagelstange, Hans Egon Holthusen, Marie Luise Kaschnitz, Karl Krolow, Horst Lange, Oda Schaefer, Wolfdietrich Schnurre, Karl Schwedhelm und Wolfgang Weyrauch.

Nicht ohne Einfluss nach 1933 war auch eine Reihe **älterer Lyriker**, wie Gottfried Benn (1886–1956), Wilhelm Lehmann (1882–1968), Werner Bergengruen (1892–1964), Reinhold Schneider (1903–1958), Friedrich Georg Jünger (1898–1977), Hermann Kasack (1896–1966), Peter Huchel (1903–1981) und die Lyrikerin Elisabeth Langgässer (1899–1950). Hatte sich ein Teil von ihnen, wie Benn, zunächst mit Nachdruck zum faschistischen Regime bekannt, so wurden andere schon recht früh von offiziellen Stellen behindert oder in der Folgezeit mit Publikationsverboten belegt. Aber – und das ist entscheidender – sie haben auf ihre Weise Anteil an der Literatur, an der Kultur zwischen 1933 und 1945 im faschistischen Deutschland, und zwar durchaus nicht als Repräsentanten nationalsozialistischer Propaganda, sondern als mehr oder weniger geduldete, vom Regime teils mit Misstrauen, teils mit Gleichgültigkeit behandelte **Einzelgänger**. Ihr jeweiliger Bekanntheitsgrad war sicher unterschiedlich; indes blieb für den einen oder anderen durchaus Raum, sich, wenn nicht auf dem Buchmarkt, so doch in Zeitungen, Zeitschriften und im expandierenden Rundfunk Gehör zu verschaffen: Nicht bloß Gottfried Benn brachte nach 1945 seine – übrigens schnell wachsende – Lesergemeinde in die Kultur der Nachkriegszeit ein, sondern auch, um ein paar Beispiele zu nennen, Friedrich Georg Jünger, Reinhold Schneider und Werner Bergengruen.

Der Satz »Diktaturen ersticken das Gedicht« entspricht, auf das faschistische Deutschland bezogen, nicht der Realität und muss aus der Retrospektive als ideologische Formel eines Nachkriegsbewusstseins gelesen werden, das die Literatur seit 1945 mit allen Insignien des Neubeginns ausstattet und so nicht nur deren moralische Integrität unterstreichen will, sondern sich auch der Erinnerung ans unangenehme ›Erbe‹ enthebt. Zu dieser Reflexion gehört etwa die Frage nach jener affirmativen Substanz, die zwischen 1933 und 1945 die Strategen faschistischer Kulturpolitik eben *nicht* zum Eingreifen nötigte. Der Verweis auf eine Reihe von Einzelschicksalen der Verfolgung und Schikane beantwortet jedenfalls die Frage noch nicht.

Die in der Literaturkritik und Literarhistorie lange Zeit sehr geläufige und allgemein akzeptierte **Einteilung der Dichtung zwischen 1933 und 1945** in eine profaschistische Literatur, die Literatur der ›inneren Emigration‹ und die des Exils hat, aufs Ganze gesehen, wenig dazu beigetragen, historische Kontinuitäten und Traditionen, aber auch Widersprüche und Spannungen jenseits einer oberflächlichen politischen Rubrizierung deutlich zu machen.

Vor allem blieb das Etikett ›innere Emigration‹ derart unbestimmt, dass es schon wenige Jahre nach dem Krieg zu einer Entschuldigungsfloskel verkam (Schnell 1976). Auch als Kategorie der literarischen Wertung kann sich die genannte Dreiteilung nicht behaupten. Sie schiebt etwa unter ›Exilliteratur‹ Autoren und Werke unterschiedlichster Richtungen (wie Bertolt Brecht, Johannes R. Becher und Erich

Fried) zusammen, vermag nicht zwischen künstlerischer Avantgarde und konservativem Klassizismus zu differenzieren und trennt in der räumlichen Abgrenzung, was durchaus, unter anderen Aspekten betrachtet, zusammengehört.

So gab es Vorlieben für literarische Gattungen und Schreibhaltungen jenseits aller politischen Gegensätze. Ein Beispiel dafür ist die klassizistische Odendichtung und die Renaissance des Sonetts in den frühen 1940er Jahren, die Dichter des Exils, wie Johannes R. Becher, mit Lyrikern konfessioneller Prägungen innerhalb Deutschlands, wie Reinhold Schneider und Rudolf Alexander Schröder, verband. Es gab jenseits der weltanschaulichen Grenzen eine weit verbreitete **Suche nach traditionalen Wertorientierungen**. Allen gemeinsam war die strikte Abkehr von avantgardistischen Experimenten: eine ästhetische Position, die über bloße formale Zufälligkeiten hinausreichte und bereits ihre eigene Geschichte hatte, als vor 1933 die Literatur auf breiter Front mit dem radikalen Modernismus des frühen 20. Jahrhunderts zu brechen begann.

Die Vorliebe für historische Sujets hinterließ vor 1945 auch in der Lyrik innerhalb und außerhalb Deutschlands ebenso ihre Spuren wie die Anziehungskraft mythisch-metaphysischer Weltbilder und die Neigung zu existentialistischen Sinnkonzepten, deren Philosopheme und Theoreme schon vor dem Krieg die *gesamte* deutschsprachige Literatur erfasst hatten.

Dass das Jahr 1933 keine Epochenwende in der Geschichte der deutschen Lyrik bewirkt hatte, davon konnte man sich 1935 überzeugen, als – gleichsam in programmatischer Gleichzeitigkeit – Gedichtbände erschienen, die jenen seit Ende der 1920er Jahre beobachtbaren Trend zum naturmagischen Gedicht (Korte 1995, 628ff.) zum endgültigen Durchbruch verhalfen und weit über 1945 hinaus für die Naturlyrik nach dem Krieg Bedeutung hatten. Lehmanns *Antwort des Schweigens* (1935), Langgässers *Tierkreisgedichte* (1935), Peter Gans *Windrose* (1935) und Loerkes *Silberdistelwald* (1934).

Die damalige **geringe Resonanz**, von den Autoren fast gewollt, darf nicht darüber hinwegtäuschen, dass sich eine neue Tradition jenseits des längst historisch gewordenen Expressionismus, aber auch der Neuen Sachlichkeit etabliert hat. Sie stand weder im Zeichen der vom faschistischen Kulturbetrieb pompös gefeierten ›Erneuerung‹ noch unter dem Eindruck der politischen Dramatik der 1930er Jahre überhaupt, war also weder für die Propaganda des Regimes noch für die aus der Perspektive des Exils erwünschte oppositionelle Stimme verwendbar: *außerhalb* zufälliger Zeitlichkeit zu stehen, jenseits politischer Bindungen, in selbst gewählter ›innerer Emigration‹ und abseits von jeder Form des Engagements ein ›Dasein‹ zu behaupten – eine solche Position hat spätestens von 1935 an auf Jahrzehnte hinaus Theorie und Praxis deutscher Lyriker bestimmt und eine Kontinuität ersten Ranges gestiftet.

Dass zur selben Zeit im **Exil** eine nennenswert andere Tendenz sich durchsetzte, dürfte zur Illusion derer gehören, die in der (lange vernachlässigten und entdeckten) Geschichte der Exilliteratur vorschnell eine *andere* Literatur sehen möchten. Es ist kein Zufall, dass etwa Johannes R. Becher 1935 aus der oft verzweifelten Perspektive der Rückschau seinen Roman *Abschied* beginnt, der eine historische Bilanz, ein Abschiednehmen von der eigenen avantgardistischen Jugend darstellt und nicht etwa der Rückkehr in die Radikalität expressionistischer Vergangenheit das Wort redet. Die unter anderem von ihm selber und Georg Lukács mitgeprägte Expressionismus-Debatte der Moskauer Exilzeitschrift *Das Wort* im Jahr 1937 liest sich jedenfalls in den zahlreichen Polemiken gegen die Moderne (für den der literarische Expressionismus nur das Beispiel abgibt) wie ein Begleitkommentar zur traditionalistischen Wende deutscher Literatur seit dem Ende der Weimarer Republik.

Das Jahr 1945, die **trügerische »Stunde Null«**, hat eine Geschichte, sogar eine, die auch über das Jahr hinaus erstaunlich lebendig ist und auf vielerlei Weise Kontinuitäten bewirkt. Es kann festgehalten werden, dass die Namen der Lyriker 1945 nicht ausgewechselt wurden. Die personelle Kontinuität äußert sich im Westen und Osten analog, mit dem wichtigen Unterschied freilich, dass auf dem Gebiet der späteren DDR die Exillyriker lange Zeit über den Trend bestimmen – von Becher über Erich Weinert bis Louis Fürnberg –, während sie im Westen unbeachtet blieben (zum späten Becher etwa gibt es über Jahrzehnte keine differenzierte germanistische Untersuchung). Dabei ist die personelle Kontinuität keineswegs die bestimmende; bedeutender ist die auch nach 1945 mächtige Orientierung an jenen Tendenzen, die seit 1930 die Lyrik so entscheidend geformt haben.

Von einem Neuanfang, gar nach einer Phase des konsequenten »Kahlschlags«, kann im gesamten deutschen Sprachraum nicht die Rede sein, so dass das Jahr 1945 innerhalb eines literarhistorischen Periodisierungsentwurfs im Kern nichts anderes ist als ein Orientierungsrahmen, wenn es gilt, die Geschichte der Lyrik seit 1930 nachzuzeichnen. Über diese heuristische Funktion hinaus gibt es keine Berechtigung, das Jahr 1945 als eine ›Trenn‹-Grenze zu verstehen.

Berücksichtigt werden sollte diese **Relativierung der Zäsurmarke 1945** vor allem auch bei der Rekonstruktion des Frühwerks unterschiedlicher Autoren. Ein Blick in die Werkausgabe Huchels zeigt, wie viele Gedichte vor 1945 entstanden, zumindest in diversen Fassungen, und in welchem Ausmaß diese Texte bereits vor Kriegsende der literarischen Öffentlichkeit zugänglich waren, sofern sie vor 1933 in der *Literarischen Welt*, in der *Kolonne* nach 1933 und im *Inneren Reich* sowie in Anthologien und Almanachen erschienen. Auch Günter Eichs Produktion umfasst seit seiner ersten Gedichtpublikation in Willi Fehses und Klaus Manns *Anthologie jüngster Lyrik* (1927) neben Gedichten auch eine stattliche Reihe von Hörspielen, Kalendergeschichten, Erzählungen, so dass eine ›Inventur‹ des Frühwerkes die Erkenntnis nahelegt, dass 1945 ein versierter, indes noch wenig bekannter Berufsschriftsteller seine Arbeit fortsetzt.

Von einem »absoluten Indifferenzpunkt« (Holthusen) musste die Lyrik 1945 nicht ausgehen, denn sie hatte keinen »Nullpunkt« zu überwinden. Es wurde, umgekehrt argumentiert, sogar die Gelegenheit verpasst, aus dem gewiss subjektiv ehrlichen Wunsch nach Neubeginn eine Chance zur Reflexion der eigenen literarischen Vergangenheit abzuleiten. Die **Traditionslinien**, die seit dem Ende der Weimarer Republik auszumachen waren, hatten 1945 noch eine derartige Kraft, dass sie in Ost und West auch unter veränderten politischen Konstellationen und neuen kulturellen Bedingungen weiterhin wirksam zu sein vermochten. Dass die

Liste der Autoren, die zwischen 1945 und 1949 Gedichtbände veröffentlichten, fast keinen neuen Namen präsentiert, ist auf dem Hintergrund der kurzen Zeitspanne nicht verwunderlich. Entscheidender aber ist, dass sie keine neue Tendenz und schon gar keine neue Epoche deutscher Lyrik ankündigt.

Blick auf Österreich und die Schweiz

Die Geschichte der deutschsprachigen Lyrik um 1945 ist ein gutes Beispiel für die Inkongruenz politischer und literarischer Zäsurdaten. Vor diesem Hintergrund ist es nicht verwunderlich, dass in der neutralen, von politischer Kontinuität geprägten **Schweiz** das Jahr 1945 erst recht keinerlei Epochen bildende lyrische Signatur hat. Auch hier dominierte seit Ende der zwanziger Jahre ein Traditionalismus: »Die bis in die Nachkriegsjahre zu verzeichnende Flut lyrischer Publikationen sprengte nicht den Rahmen konventioneller, zeitenthobener Wert- und Formvorstellungen« (Prosche 1991, 117). Dichter wie Albert Ehrismann und Urs Martin Strub und Lyrikerinnen wie Silja Walter schrieben eine durch Weltwirtschaftskrise, Faschismus und Weltkrieg ungetrübte Poetik der Naturharmonie und Lebensbejahung fort. Die krasse Ausnahme bildete Alexander Xaver Gwerder (1923–1952); seine Gedichte wurden allerdings erst nach seinem Freitod 1952 bekannt. Gwerder hatte bis dahin nur einen einzigen Gedichtband, den *Blauen Eisenhut* (Gwerder 1951), veröffentlicht: Verse, die sich, wie im Gedicht »Strom« (Bender 1983, 153f.), bedrückender Verzweiflung und Einsamkeit verschrieben und mitunter einen expressiven, verstörenden Duktus hatten:

Wir sind doch alle schauerlich Verjagte.
Ob hier, ob dort, erhellt das Rätsel nicht.
Was gestern noch zur Nacht aus Blüten tagte,
hängt schief im Strom, der Ungeheures spricht.

Wo man des Abends auf die Wirbel schaut,
von Brücken dröhnt das Rollen des Verkehrs –
Ein Herz, das breit auf schwarze Trommeln haut,
und Tags zuvor ein Fliesenbild Vermeers ...

Was spricht der Strom? Was stemmt an sieben Pfeilern
des Urworts Donnern gegen unser Riff?
Wir spüren es: Auf unsern Siebenzeilern
trägt er im Spiel uns mit – papiernes Schiff.

1.2 Poetische Kontrafakturen und ihre Grenzen. »Trümmerlyrik«

Ein Indiz für die Kontinuität literarischer Produktion ist die Praxis vieler Lyriker, von 1945 an das, was während des Kriegs oder bereits davor geschrieben wurde, zu veröffentlichen. Auf diese Weise geriet zum einen so manches früher Verbotene und Unerwünschte ans Licht, zum anderen war die Chance gegeben, im wiederaufgebauten Zeitschriften- und Verlagswesen schnell Fuß zu fassen.

Ein signifikantes Beispiel dafür ist die Entstehungs- und Druckgeschichte der *Statische[n] Gedichte* **Gottfried Benns** (1948), jener Gedichtsammlung, die, an ihrer Wirkung gemessen, zu den wichtigsten der frühen Nachkriegsjahre gehörte. Benn (1886–1956) hat nach einem anfänglichen enthusiastischen Bekenntnis zum ›Dritten Reich‹ 1938 von der Reichsschrifttumskammer offizielles Schreibverbot erhalten. Es hinderte ihn freilich nicht, weiterhin Gedichte zu schreiben. Die Entstehung der *Statische[n] Gedichte* jedenfalls reicht bis in die späten 1930er und frühen 40er Jahre. Die Gedichte erschienen 1948 – nach Schwierigkeiten mit alliierten Behörden, die Benns publizistisches Engagement für den Faschismus nicht vergessen hatten – im Zürcher Arche-Verlag. Als dann schon ein Jahr später der Band als Lizenzausgabe auch im Westen greifbar war, hat Benn nicht nur, in Rihas Worten, »den Wiedereintritt [...] in die deutsche Literatur« (Riha 1971, 162) erreicht, sondern auch die Basis für eine Jahrzehnte lange dominierende Stellung innerhalb der Nachkriegslyrik geschaffen.

Albrecht Haushofers Verse aus dem Kerker

Der Fall Benn zeigt die Bedeutung der nicht-emigrierten Schriftsteller innerhalb des westlichen Literaturbetriebs unmittelbar nach 1945 an. Die Lyrik war ihre wichtigste Domäne, während in der sowjetischen Besatzungszone auch und vor allem Exilautoren ihre bisher in Deutschland nicht veröffentlichten, verfemten Werke vorlegten. Hinzu kam die Lyrik des Widerstandes, wie Albrecht Haushofers *Moabiter Sonette* (1946): Gedichte eines politischen Häftlings, der unmittelbar vor Kriegsende ermordet wurde und in seinen Texten das Ethos moralischer Reflexionen entwickelt hatte.

Haushofers Sonette gehören insoweit bereits zum Genre der »**Trümmerlyrik**«, als sie, aus der Gewissheit der faschistischen Niederlage geschrieben, das Bild eines zerstörten, in Schutt und Asche gelegten Landes festhalten wollen. Aus der Perspektive des Kerkers und im Bewusstsein seines nahen Todes hat Haushofer diesen Anspruch so umzusetzen versucht, dass das Gedichtheft, nach seiner Erschießung zufällig in seiner Hand gefunden, ein individuelles Bekenntnisbuch ohne literarische Ambitionen ist: geschrieben in überlieferten Formen und erinnerter, adaptierter Dichtersprache, zugleich aber gedacht als sein eigenes persönliches Testament.

Auch die Sujets späterer »Trümmerlyrik« sind bei Haushofer nachweisbar: Leid, Niedergeschlagenheit, Angst, Einsamkeit, Scham, Klage sowie die Frage nach Schuld und Mitschuld. Nicht der ›Kollektivschuld‹-These späterer Zeit sind seine Sonette verpflichtet, sondern gerade einem individuellen Schuldbewusstsein, dessen moralische Integrität angesichts der persönlichen Situation außer Zweifel steht: »Ich klage mich in meinem Herzen an: / Ich habe mein Gewissen lang betrogen, / ich hab mich selbst und andere belogen – // ich kannte früh des Jammers ganze Bahn – / ich hab gewarnt – nicht hart genug und klar! / Und heute weiß ich, was ich schuldig war ...« (Haushofer 1946, 48).

Haushofers Sonette vermitteln ihre Ikonographie des Entsetzens und des Leids in einer Sprache, die noch dort, wo sie von Schutt und Ruinen spricht, klassizistische Formen zu bewahren, ja sich an ihnen zu orientieren versucht. Diese Tendenz gilt freilich nicht für das gesamte Spektrum der »Trümmerlyrik«, wie sie *später* – in Analogie etwa zu Bölls Begriff der »Trümmerliteratur« – genannt wurde. Das Genre selbst gibt ohnehin, wie Zürcher formuliert (Zürcher 1977, 195),

> das Bild einer wirren Vielfalt von Themen, Motiven und Autoren ab. Lyrische Liturgie findet sich neben frecher Kabarettpoesie, das amateurhaft hingeschriebene Alltagsgedicht des jungen Heimkehrers neben dem strengen Sonett des bejahrten Berufsschriftstellers, der lakonische Kurzzeiler neben den zahlreichen Gedichtzyklen und lyrischen Epen, das zivilisationsmüde Naturgedicht neben dem warnenden Zeitgedicht, Prosalyrik neben klassischer Reimdichtung.

Begriff der Trümmerlyrik

Der Begriff der »Trümmerlyrik« ist nicht identisch mit dem Begriff der Nachkriegslyrik bis 1949 schlechthin; seine Bedeutung ist schwammig und vage. Er trifft vor allem für jene Gedichte zu, in denen auf die Situation des zerstörten Europas und die faschistische Vergangenheit unmittelbar rekurriert wird, in denen also die **materielle und geistige ›Trümmerwelt‹** zur Sprache kommt. Dabei ist die ›Trümmer‹-Metapher stets nur eine Umschreibung für einen sehr weit gefassten Zusammenhang, ja im Kern bereits ein Exempel für die nach 1945 beobachtbare Schwierigkeit, den historischen Moment, den 8. Mai 1945 sprachlich präzise zu benennen. Es wäre eine unzulässige Einengung, den Begriff etwa von vornherein als eine politisch-soziale Kategorie zu verstehen und »Trümmerlyrik« mit dem unbrauchbaren, irreführenden Etikett »politische Lyrik« zu bezeichnen.

Die »Trümmerlyrik« ist nicht frei von Versuchen, den Zerfall metaphysischer Sinnkonzepte und Seinsordnungen im Paradigma von Ruinen-Symbolen auszudrücken. Sie registriert zuweilen, dass historische Identitäten ebenso zu Bruch gegangen sind wie ideologische Phraseologien und der rhetorische Pomp des Faschismus. Auch die **Suche nach Orientierungen** ist der »Trümmerlyrik« inhärent, zumal in solchen Gedichten, in denen das Bild zerstörter Städte und das Panorama von Schuttlandschaften sowie das beschworene Schicksal von Bombenopfern und heimkehrenden Soldaten zum Motiv für ein moralisches Aufbruchspathos genommen wird, das häufig in die Emphase einer Erneuerungsvision führt. In diesem Sinne sind, so politisch-instrumentell sie später verstanden wurden, die ersten Verse von Bechers DDR-Nationalhymne aus dem Jahr 1949 beispielhaft für *eine* Bedeutungsform der ›Trümmer‹-Metaphorik nach dem Krieg (Becher 1966ff., 6, 61):

Auferstanden aus Ruinen
Und der Zukunft zugewandt,
Laß uns dir zum Guten dienen,
Deutschland, einig Vaterland.

Verbreiteter freilich als dieses schon Konsequenzen zum Programm erhebende Gedicht sind **Versuche einer Bilanzierung** aus Blickwinkeln einzelner, vereinzelter Individuen, aus persönlich gehaltenen Erfahrungen. Die persönliche Optik wird zur Voraussetzung für den Wahrheitsanspruch des Textes. Dabei gilt die Momentaufnahme, so karg und lakonisch sie gehalten scheint, einem signifikanten Augenblick, den das Gedicht beschwört: einer Erinnerung, in der sich alles Leid des Krieges vereinigt; einer flüchtigen Reflexion, die das Individuum am Tiefpunkt seiner physischen und psychischen Existenz zeigt. Ein Beispiel für diese Art »Trümmerlyrik« ist Hans Benders Gedicht »Heimkehr« (Bingel 1961, 68):

Im Rock des Feindes,
in zu großen Schuhen,
im Herbst,
auf blattgefleckten Wegen
gehst du heim.
Die Hähne krähen
deine Freude in den Wind,
und zögernd hält
der Knöchel
vor der stummen,
neuen Tür.

Das lyrische Ich fixiert die Ankunft des Heimkehrers mit wenigen Strichen, ohne Kommentierung, ohne Verallgemeinerung, aber mit ausgeprägtem Sinn für jene Details, aus denen die Situation selbst plastisch erscheint: unheroische Rückkunft, verhaltene »Freude«, zögernde Skepsis und latente Müdigkeit. Der sachliche, nüchterne Ton deutet die Abkehr vom Pathos des Faschismus an und erprobt eine Gedichtsprache, die sich als eine erneuerte, von Klischees und Ideologemen gereinigte Sprache versteht.

Die »Trümmerlyrik« will, dem Selbstverständnis ihrer Autoren zufolge, nach jenem viel zitierten Motto verfahren, das Wolfdietrich Schnurre den Nachkriegsdichtern ins Stammbuch geschrieben hat: »Zerschlagt eure Lieder / verbrennt eure Verse / sagt nackt / was ihr müßt« (zit. n. Fischer 1986, 437). Eine solche Poetik hat freilich keinen Anspruch auf Gültigkeit. Ihr entgeht, dass noch das empfohlene ›Zerschlagen‹ der Lieder und das ›Verbrennen‹ der Verse im Medium des Gedichts sich vollziehen und die Losung »sagt nackt, / was ihr müßt« zumindest ihre versifizierte Einkleidung nicht aufgegeben hat.

Vorsichtiger als Schnurre macht Marie Luise Kaschnitz auf die Möglichkeit aufmerksam, dass die Lyrik vor 1945 doch unkritisch sprachlichen Stereotypen gefolgt sein könnte: »Wußten wir in sorglosen Zeiten, / Unbestimmt von Schmerz und Lust erregt, / Um den bittern Kern von Wirklichkeiten, / Welchen jedes Wort zuinnerst hegt?« (Kaschnitz 1985, 103). Die Frage, selber getragen vom Pathos, bewahrt einen poetischen Rest an Ästhetisierung, der den »bittern Kern von Wirklichkeiten« zwar beschwören, aber noch nicht offenlegen kann. Eine auf situative Momente des Alltags bauende »Trümmerlyrik«, die einer reinigenden Spracherneuerung verpflichtet sein möchte, vermeidet eher einen pathetischen, deklamatorischen Sprachgestus und suggeriert zumindest eine Art authentischer Erlebnis-Miniatur, wie sie **Walter Höllerer** in seinem Gedicht »Der lag besonders mühelos am Rand« (Höllerer 1982, 23) entwickelt:

Der lag besonders mühelos am Rand
Des Weges. Seine Wimpern hingen
Schwer und zufrieden in die Augenschatten.
Man hätte meinen können, daß er schliefe.

Aber sein Rücken war (wir trugen ihn,
Den Schweren, etwas abseits, denn er störte sehr
Kolonnen, die sich drängten) dieser Rücken
War nur ein roter Lappen, weiter nichts.

Und seine Hand (wir konnten dann den Witz
Nicht oft erzählen, beide haben wir
Ihn schnell vergessen) hatte, wie ein Schwert,
Den hartgefrorenen Pferdemist gefaßt,

Den Apfel, gelb und starr,
Als war es Erde oder auch ein Arm
Oder ein Kreuz, ein Gott: ich weiß nicht was.
Wir trugen ihn da weg und in den Schnee.

So lapidar, wie der Schlusssatz wirken will, ist der gesamte Text nicht gehalten. Anspielungen auf »Erde«, »Kreuz« und »Gott« signalisieren einen Bedeutungszusammenhang, der das geschilderte Ereignis als Paradigma, als Chiffre für die Inhumanität des Krieges erscheinen lässt und in der Konnotation auf »den Witz« ein moralisches Empfinden evoziert.

Höllerers **Gestus unpoetischen Sprechens** liest sich, aus der Perspektive der Nachkriegsjahre beurteilt, wie ein Abschied vom getragenen, epigonalen Sprachstil lyrischer Traditionalisten. Das unverklärte alltägliche Beispiel hat, so die Strategie dieser »Trümmerlyrik«, schon deshalb irritierende Wirkung, weil das lyrische Ich sich aller metaphysischer Spekulationen über den Sinn von Opfer, Leid und Tod enthält. Es ist, zugespitzt, die **›Landser‹-Perspektive**, die in ihrer fast zynischen Sachlichkeit gerade für die Wahrheit des Berichts einstehen und schließlich den

Text selber als Synekdoche für das Ganze des Krieges erscheinen lassen soll. Damit freilich hat ein solches Gedicht keineswegs mit der Tradition an sich gebrochen, sondern sich (wie mit der Synekdoche) eines ihrer längst bekannten Verfahrens bedient. Illusionen indes über die Radikalität solchen Lapidarstils waren durchaus verbreitet, wenn etwa – ein repräsentatives Beispiel für die gesamte Tendenz – Wolfgang Weyrauch formuliert: »Schönheit ohne Wahrheit ist böse. Wahrheit ohne Schönheit ist besser« (zit. n. Schnell 1986, 94).

Lyrische Programme der »Trümmerlyrik«

Das Programm einer »Trümmerlyrik«, die jene »Wahrheit« von schalen metaphysischen Vertröstungsformeln abzugrenzen versucht, ist dort noch am ehesten verwirklicht, wo im Gestus einer lakonischen Sprache zugleich die historische Situation von 1945 durchscheint. Der Anspruch, die traditionalistische Vernebelung von Wirklichkeit aufzulösen, wird in der kritischen »Trümmerlyrik« beispielsweise eines **Günter Eich** besonders deutlich. Wer seinen Gedichtband *Abgelegene Gehöfte* (1948) genauer prüft, wird allerdings nur verhältnismäßig wenige Texte finden, die sich diesem Anspruch uneingeschränkt zuordnen lassen. Es sind jene Handvoll Gedichte, die den frühen Ruhm Eichs begründeten: »Lazarett« (Eich 1973, 24), »Erwachendes Lager« (29), »Camp 16« (33), »Gefangener bei Nacht« (37) und vor allem »Latrine« (36) und »Inventur« (35).

Die Rezeptionsgeschichte des Gedichts »**Inventur**«, das Müller-Hanpft »das berühmteste Gedicht Eichs aus der Zeit« (Müller-Hanpft 1972, 35) nach dem Krieg nennt, ist nicht frei von Mythenbildungen. Vor allem kann die These der Repräsentanz des Gedichts für die Lyrik der Nachkriegszeit nicht akzeptiert werden. Die historische ›Inventur‹ der Lyrik blieb aus; als *Ersatz* dafür wurde, ein Beispiel paradoxer literarischer Rezeption, Eichs Gedicht genommen. Sein Spiel mit dem Vorgang der ›Bilanz‹ karikiert freilich in der Banalität der Additionen jene simplen Orientierungsversuche, die schon als ›Kahlschlag‹, als geschichtliche Registraturen galten:

> Dies ist meine Mütze,
> dies ist mein Mantel,
> hier mein Rasierzeug
> im Beutel aus Leinen.
>
> Konservenbüchse:
> Mein Teller, mein Becher,
> ich hab in das Weißblech
> den Namen geritzt.
> [...]

Müller-Hanpfts Annahme, das Gedicht zeige »eine kindliche Perspektive«, hier müsse sich jemand »in der Wirklichkeit wie ein Kleinkind neu orientieren« und daher einen »Vorgang in lapidarer Sprache« (36) fassen, verkennt die Struktur des Gedichts ebenso wie Dietschreits These, Eichs »**Bestandsaufnahme**« sei so »radikal und erschreckend wie die vom Krieg zerstörten Städte« und präsentiere »die Gegenstände in ihrer Nacktheit, reduziert auf die lebensspendende Funktion« und nur noch im »Rückgriff auf die schöpferische Phantasie«, welche aber einen ersten »Versuch des ›Sich-Regens‹« (Dietschreit 1983, 88) signalisiere. Die ironische Perspektive des Textes wird zum ›**Kahlschlag**‹-**Pathos** verzogen. Dabei bewahrt Eich in seiner Replik aufs »Inventur«-Machen gerade mehr als ein paar lebenswichtige Utensilien: »Die Bleistiftmine / lieb ich am meisten: / Tags schreibt sie mir Verse, / die nachts ich erdacht.« Nicht bloß ein »Brotbeutel« und »ein Paar wollene Socken« haben, wie es scheint, den Krieg überstanden, sondern zumindest auch das literarische Klischee vom nächtlichen Verseschmied, der den »kostbaren Nagel« ebenso »vor begehrlichen / Augen« zu bergen weiß wie seinen Bleistift, und der – eine ironische Kontrafaktur par excellence – inmitten des übrigen Krams diesen besonders liebt, weil er ihm seine Dichter-Rolle weiter ermöglicht. Die Frage, ob die »Inventur« noch im Gefangenenlager entstand – der deiktische Gestus des Gedichts legt dies in seiner rhetorischen Plastizität nahe –, ist keineswegs geklärt (Kaiser 2003, 269).

Vor allem Eichs Spiel mit karikierenden Elementen, mit heroischen Bilderresten und Traditionalismen aller Art, schützt seine Gedichte vor einem falschen, trügerischen Pathos des Neuanfangs. Die historische Situation wird in dem Maße deutlich, wie deren Genese und deren noch unverarbeitete, erst allmählich aufgedeckte Widersprüche ins Bild geraten. Nicht der unprätentiöse Sprachduktus an sich und die im Sujet der Gedichte vermittelte Alltäglichkeit bestimmen Eichs Kontrafakturen, sondern die Präzision, mit der der geschichtliche Moment des Jahres 1945 aus vereinzelten, isolierten Erfahrungen aufscheint. Im bewusstgemachten Umgang mit ihnen entfaltet sich Eichs kritische Perspektive.

Kontrafakturen

Kritische Kontrafakturen – bewusste Brüche mit lyrischen Traditionen und Formen – begannen, wie in Peter Huchels Auftaktstrophe des Gedichts »Der Rückzug« (Huchel 1984, 100), mit **elementarer poetischer Erinnerungsarbeit**:

> Ich sah des Krieges Ruhm.
> Als wärs des Todes Säbelkorb,
> durchklirrt von Schnee, am Straßenrand
> lag eines Pferds Gerippe.
> Nur eine Krähe scharrte dort im Schnee nach Aas,
> wo Wind die Knochen nagte, Rost das Eisen fraß.

Das Gedicht greift sich eine der weit verbreiteten ideologischen Formeln, »des Krieges Ruhm«, um sie gründlich zu destruieren. Solche Kontrafakturen hatten

1948, als das Gedicht veröffentlicht wurde, ihren Grund im Selbstverständnis des lyrischen Subjekts. Indem es eines von unzähligen Alltagsbildern des Krieges ins Gedächtnis rief, entzog es dem »Ruhm« allen Glanz und alle Legitimation, während einzelne Bilddetails wie das »Gerippe«, die »Knochen« und die »nach Aas« scharrende »Krähe« sich zur Allegorie der Zerstörung und des Todes verdichten.

Gedichte wie diese benötigten einen scharfen Beobachter, dessen Sprache ohne alle Feierlichkeit auskam. Lakonische, knappe Bildsequenzen dominierten. Nicht immer vermag ein lakonischer Stil poetische Kontrafakturen zu garantieren.

So ahmen zwar viele Gedichte in Hans Werner Richters Anthologie *Deine Söhne, Europa*, einer Sammlung von Kriegsgefangenen-Lyrik, den Ton einer Berichterstattung nach, aber »das rauhere Wort«, entstanden, wie der Herausgeber hervorhebt, am »Rande des Abgrundes« (Richter 1947, 6), ist häufig nicht frei von Pathos und Sentimentalität, vom Stereotyp einer klischierten Wahrnehmung. »Wir können nichts tun, als vor den Baracken / lungern und im dünnen Grase hocken«, heißt es in einem Gedicht der Anthologie, so als wäre die in Verse gebrochene Mitteilung schon a priori ein Ausdruck wahrhaftigen, unverstellten Sprechens.

Bereits die folgenden Zeilen aber machen offenbar, wie leicht das bloße Klischee einer Bestandsaufnahme die geschraubte Phrase produziert: »Erinnrung tupfend aus dem blonden Rocken / vergangner Zeit. So weben wir ein Laken // des Traumes über den Abgrund« (30). Gerade der gewollt kunstlose Ton verfällt in der »Trümmerlyrik« in dem Moment einer stilisierten Formelhaftigkeit, wenn sich im Understatement des Gedichts die reine Schablone eines ›Landser‹-Erlebnisses verbirgt. Das Stereotyp der Bilder verdrängt zuletzt jenen »bittern Kern von Wirklichkeiten«, den Kaschnitz' kritischer Blick auf die Sprache der Nachkriegsdichtung avisiert hat.

Wer aus heutiger Perspektive den traditionalistischen Duktus deutschsprachiger Lyrik vor und nach 1945 beurteilt, sollte die **zeitgenössische Rezeptionspraxis** von Gedichten berücksichtigen. Wie keine andere literarische Gattung war Lyrik beim Lesepublikum mit der Erwartung verknüpft, emotional angesprochen und berührt zu werden. Dabei ging es nicht um bloße Gefühligkeit. Als dialogisches Medium bot das Gedicht Reflexionsraum, in dem die eigene Erfahrung – also auch die Erfahrung von Krieg und Flucht, Grauen, Tod und Untergang – ihre Sprachlosigkeit überwinden sollte.

Vom Gedicht wurde **Trost** erwartet, und sei es nur ein Trost, der in der schlichten Formulierung dessen besteht, was viele erlebten und doch in derart verdichteter Weise nicht zu sagen vermochten. Ein Beispiel dafür ist Dagmar Nicks Gedicht »Flucht« (Nick 1978, 7):

Weiter. Weiter. Drüben schreit ein Kind.
Laß es liegen, es ist halb zerrissen.
Häuser schwanken müde wie Kulissen
durch den Wind.

Irgendjemand legt mir seine Hand
in die meine, zieht mich fort und zittert.
Sein Gesicht ist wie Papier zerknittert,
unbekannt.

Ob Du auch so um dein Leben bangst?
Alles andre ist schon fortgegeben.
Ach, ich habe nichts mehr, kaum ein Leben,
nur noch Angst.

»Elementar ausgesprochen, was Millionen empfanden«, kommentiert Gert Kalow das Gedicht (Erläuterungen zum Gedicht, ebd., 160), und zitiert als Beleg Erich Kästners Urteil aus der *Neuen Zeitung* vom Oktober 1945. Kästner begründete den Abdruck des Gedichts, »das ein kaum 18jähriges Mädchen geschrieben hat« (ebd., 159), mit der Hoffnung auf »neue Talente«, die »keine noch so hermetische Abgeschlossenheit von der übrigen Welt, keine noch so finstere Herrschaft des Triumvirats der Bosheit, der Dummheit und der Phrase« hätten verhindern können.

Erich Fried hat in einem seiner frühen Gedichte, »Die ersten Schritte«, jene existenziellen Hoffnungsimpulse gerade mit dem Empfinden von »Leid und Entsetzen« zusammengebracht: »Aus dem inneren Hof / geht die äußerste Hoffnung / dem Herzen nach / denn das Herz bleibt nicht stehn // Aus Leid und Entsetzen / schlägt das Gesetz / der Sehnsucht // Laß es nicht gehn / Laß es nicht / an mir vorübergehn« (Fried 1985, 58). Eine solche im Gedicht selbst thematisierte **Trost- und Orientierungsfunktion** zielt nicht auf verklärende Resignation oder gar auf einen plumpen Durchhalteappell. Es ging in den ersten nach dem Krieg geschriebenen Gedichten nicht um Politik, sondern ums pure Überleben, und zwar in Ost und West gleichermaßen.

Der Hang zu einer sehr konventionellen, dem Leser längst **geläufigen Metaphorik** verrät eine Tendenz zur Zurücknahme jener Poetik der »Trümmerlyrik«, die, illusionsreich genug, »Wahrheit ohne Schönheit« (Weyrauch, zit. n. Schnell 1986, 94) auf ihre Fahnen geschrieben hatte. Was noch eben als Versatzstück einer für altertümlich empfundenen Poesie bekämpft wurde, kehrt nun in veränderter Form oder gar in unverstelltem Nachvollzug wieder. Diese Entwicklung wird in solchen Gedichten besonders deutlich, die Fragen nach Schuld und Mitschuld aufwerfen, den Krieg als Opfergang verstehen und Motive dichterischer Sinngebungen des Leids und des Todes reformulieren.

Zuweilen ist der Schritt von der irritierenden neuen Form zu den alten, vertrauten Mustern sehr kurz. Stephan Hermlin etwa hatte in seiner Rede auf dem Ersten Deutschen Schriftstellerkongress (Berlin 1947) noch gewarnt: »Was den geistigen Gehalt angeht, scheut man das Direkte, das Konkrete, man flüchtet in die Metaphysik und nennt die Totschläger am liebsten Dämonen. Aus Widerwillen vor dem Marschieren stelzt man. Es ist an der Zeit, gehen zu lernen« (Hahn 1980, 20). Aber Hermlins früher »Epitaph für einen deutschen Soldaten« (Bingel 1961, 47) nennt die Faschisten »Runenträger« und vergleicht das Rasseln ihrer Panzer mit »Dämonenketten«: »*Die* Runenträger wolln Europa retten. / In deutscher Nacht rasseln Dämonenketten. / Im Feld sank Bataillon um Bataillon, / Magischer Mohn umspült die Division.«

Selbst bei Günter Eich findet sich, wie im »Blick auf Remagen« (Eich 1973, 34), lyrischer Traditionalismus: »Bleibt die Flamme mir teuer, / bin ich aus ihr allein, / seis mich verzehre das Feuer, / seis, es glühe mich rein.« Bis an die **Grenze falscher Idyllisierung** reicht sein Gedicht »Abends am Zaun« (39). Und wenn im »Fragment, dem Mond gewidmet« (38) wieder ein »voller Mond« zum »gelben Floß der Liebe« wird: »daß ich an seinem Bord geborgen bliebe«, dann ist zuletzt alle ironische Brechung verschwunden.

Das Beispiel Hermlins und Eichs zeigt im Übrigen, dass von ›zwei Literaturen in Deutschland (Ost und West) keineswegs die Rede sein konnte. Und wer den späten Becher wegen seiner Sentimentalitäten schilt, die der Exilautor etwa in seinem Heimat-Topos kultivierte – »Heimat, meine Trauer, / Land im Dämmerschein, / Himmel, du mein blauer, / du mein Fröhlichsein« (Becher 1966ff., 6, 58) –, der sollte den Zusammenhang nicht vergessen, in dem der sentimentale Zug der Lyrik nach 1945 stand. Die Grenzen zwischen Kontrafaktur und Tradition waren fließend. Liest man etwa Wolfgang Bächlers frühe Gedichte, so lässt sich die widersprüchliche Mischung aus stereotypen Wendungen und über sie hinausgehenden Ansätzen gleichsam als Strukturprinzip der Texte ausmachen (Bächler 1976, 10):

Die Erde bebt noch von den Stiefeltritten.
Die Wiesen grünen wieder Jahr um Jahr.
Die Qualen bleiben, die wir einst erlitten,
ins Antlitz, in das Wesen eingeschnitten.
In unsren Träumen lebt noch oft, was war.

Das, »was war«, bleibt umschrieben. In anderen Gedichten folgen Autoren in ihren Periphrasen dessen, »was war«, gern christlicher Symbolik und antiker Mythologie oder konstruieren gar, indem sie Religion und Mythos vermischen, ein allumfassendes Reich des Bösen. Das Bild des Faschismus verschwimmt in einer **unbestimmten Mystifikation**, in hilfloser Rede.

1.3 Paradigmen des Traditionalismus. Zwischen Konvention und Irritation

Nicht jeder Blick auf die Tradition bedeutet sogleich eine Restauration fragwürdiger Ideologeme des ›Dritten Reiches‹. Der lyrische Traditionalismus erzeugt vor allem dann eine prekäre Sprachlosigkeit, wenn er peinlich unbefangen daherredet und unaufhörlich jenen Zug zum ›Höheren‹ reproduziert, der – wie schon Hermlin 1947 richtig beobachtet hat – sich scheut, »die Dinge in ihrer grauenhaften und merkwürdigen Einfachheit darzustellen« (Hahn 1980, 22). Gerade »die Unmöglichkeit«, so Hermlin (20), offen zu sprechen, hat zwölf Jahre hindurch die Dichtung der Stillen im Lande auf das Gebiet des Außermenschlichen gedrängt. Aus der grotesken und blutigen Furchtbarkeit des Faschismus wucherte eine Welt blinder, vegetativer Kräfte, eine dämonisierte Natur erhob sich hier gleichnishaft, in der Larven, Lurche, Sporen, Pollen und Staubfäden ihre blinde, beharrliche Existenz führten.

Poetisches Faszinosum Natur

Diese Kritik galt dem Paradigma des Traditionalismus, das sich auch nach 1945 auf Jahre hin als das beherrschende, wirkungsmächtigste erweisen sollte, der deutschen Naturlyrik. Ihre Vertreter waren allesamt 1945 keine Anfänger mehr. Sie hatten, wie Wilhelm Lehmann und Elisabeth Langgässer, bereits einen Namen; sie kannten, wie Günter Eich und Peter Huchel, zumindest das Handwerk professioneller Schriftstellerei; sie besaßen, wie Oda Schaefer und Georg von der Vring, zumindest eine kleine Lesergemeinde, die ihre schmalen Gedichtbände schon vor 1945 sammelte. Weit vor dem Krieg, nicht erst 1945, beginnt die literarhistorische Epoche, der diese Naturlyriker zuzurechnen sind. Und so geschichtslos ihre Themen und Sujets waren, so wenig Bedeutung hatte für die meisten von ihnen das Jahr des Kriegsendes.

Vor diesem Hintergrund darf die Rolle Wilhelm Lehmanns (1882–1968) nicht unterschätzt werden. Wie kaum ein anderer hatte er schon vor 1945 seine **Naturtableaus als detailbesessene Mikroskopien** angelegt und poetische Miniaturen geschaffen, in denen ein eng begrenzter Naturraum sich zur metaphysischen Vision entstofflichte: Im Unscheinbarsten, der menschlichen Zivilisation Entlegensten sollte die Signatur des unveränderlichen Seins offenbar werden.

Lehmanns 1946 publizierter Gedichtband *Entzückter Staub*, einer der ersten nach dem Krieg, enthält zwar allesamt zwischen 1942 und 1945 geschriebene Gedichte, von denen zwanzig noch während des Nationalsozialismus veröffentlicht wurden; aber sie sind, von ihrer *Wirkung* her betrachtet, doch bereits Nachkriegsdichtung: Ausdruck für jene »Öffnung des Blickes«, mit der Lehmann, wie Eich ihm in einem Brief Januar 1946 enthusiastisch bestätigt, »manchem der jetzigen und kommenden Lyriker den Star gestochen« (Lehmann 1982, 434) zu haben scheint. »Sommergesicht« (135), »Auflösung« (144), »Verzicht« (148), so heißen die Titel der Gedichte, die sich fast ohne Rest unter das Stichwort der »Heilen Welt« (134) fassen ließen.

Erschrockne Ammer flog vorbei,
Als sähe sie Morgan le Fay -
Die Welt brach wie ihr Lied entzwei,
Sie sang nicht aus.

Von blauem Dufte eine Wand -
Bin ich vorm Wald Bronzeliand?

Bin nicht Gawain, Merlin zu sprechen,
Doch kann die blaue Wand ich brechen
Ins grüne Haus.

[...]
Das Lieschgras streichelt meine Hände,
Die Ammer singt ihr Lied zu Ende,
Die Welt bleibt heil.

Noch im Jahr 1942 beantwortete Lehmann die Frage, ob der Mythos seine sinnstiftende Kraft verloren habe, mit dem tröstlichen Blick auf die »heile Welt«. Deren Restauration erfolgte gegen jede politische Heillosigkeit, unter krasser Ignoranz des historischen Augenblicks. Ihm versagte sich Lehmann in doppelter Weise: Er vermied die mythische Überhöhung des Faschismus, aber er sparte auch alle Anspielungen auf dessen Gewaltherrschaft aus. Irdische Schöpfungskräfte und mythischer Zauber erschufen eine **eigene kleine, »heile Welt« der Poesie**, deren Hermetik zwar Vogelstimmen und Pflanzenformen als unvergängliche, sichtbar-unsichtbare Signatur irdischen Seins zu lesen, die Zeichen der historischen Zeit aber nicht zu deuten verstand.

Oda Schaefers Gedicht »Dem Manne, der im Krieg war« (Schaefer 1985, 90) zeigt die begrenzten Möglichkeiten einer traditionalistischen Lyrik, die den Weltkrieg in eine Bildungsreminiszenz aus antiken und nordischen Mythologien bannen will: »Ultima Thule. // Erbitte die Seele zurück / Von den Katalaunischen Feldern, / Wo die ewige Schlacht tobt«, so beschwört die Autorin ratlos Mythos und Geschichte, nachdem ihre Klage über die Zerstörung der Natur sich geradezu als groteske Verkehrung der Mitleidsperspektive ad absurdum geführt hat: »Stiefel zertraten / Die Blumen alle, die schönen, / Das Blau unter dem Nagel, / Das Rosa unter dem Absatz starb.«

»Utopie aus dem Blumentopf«, »Wiedergeburt des Mythos aus dem Geiste der Kleingärtnerei« (Rühmkorf 1978, 17)? Was das Naturgedicht unmittelbar nach dem Krieg zum dominierenden Genre der Nachkriegslyrik machte, war zumindest nicht weit von der skurrilen »Utopie aus dem Blumentopf« entfernt, die Peter Rühmkorf 1962 als »lyrisches Weltbild der Nachkriegsdeutschen« (11) karikiert. Die Beschränkung der Perspektive wird nämlich zur bornierten Welthaltung, wenn der Rückzug aufs »ewige Dasein« (so der Titel eines Gedichtbandes von Hermann Kasack) die Traditionslinie deutscher Innerlichkeit ungebrochen über 1945 hinaus fortsetzt: »Mensch dem Menschen hingegeben«, orakelt Manfred Hausmann in seinem Gedichtband mit dem bezeichnenden Titel *Füreinander* (1949), »stumm, getreu und tief in eins, / unveränderlichen Seins, / seliger ist nichts im Leben« (188). In seinem Gedicht »Herbstgefühl« (Britting 1957, 131) hatte Georg Britting bereits 1944 einer Flucht ins Private das Wort geredet:

Bescheide dich! Begnüg dich zuzusehn!
Ein Krug mit Wein ist vor dich hingestellt.
Daneben liegt ein Buch. Was willst du mehr?

Lies einen Vers und laß die Wolken wehn!
Hör es gelassen, wie der Apfel fällt
Ins hohe Gras: noch ist der Krug nicht leer.

Ein derart unverfängliches Behagen am Rückzug indes ist anderen Naturlyrikern, auch denen des ehemaligen *Kolonne*-Kreises um Martin Raschke (u.a. Eich, Huchel, Schaefer, Langgässer, Horst Lange), nicht eigen. Die Zeitschrift *Kolonne* hatte sich zu Beginn der 30er Jahre programmatisch von der literarischen Avantgarde ab- und der Naturlyrik zugewandt. Ihr **traditionalistisches Konzept** wurde zwar von den Zeitgenossen kaum wahrgenommen. Für die Mitglieder des Kreises aber bildete die Zeitschrift die Initiation in die Literatur und wurde zu einem identitätsstiftenden Band.

Das Spektrum der Naturlyrik

Erst gar nicht in die Gefahr, die Naturlyrik mit schwachen Zeittableaus zu verunzieren, kommt Elisabeth Langgässer (1899–1950) in ihrem Zyklus *Der Laubmann und die Rose* (1947), einem Paradigma jener Naturmystik, in der der Jahreskreis noch mit »Lichtmeß« (Langgässer 1959, 172) beginnt und die naturmythische Formel, die mystische Feier der Rose eine sich stets erneuernde, geheimnisvolle Natur beschwört. Die »**Mythe**« (137), so Langgässers Anspruch, soll alles das, was das menschliche Dasein im Kern ausmacht, enthalten und jenen geheimen Zusammenhang offenbaren, der moderner Zivilisation mit ihrer profanen Rationalität verborgen sein muss. Dämonie und Märchenmotive, Pan, Merkur, Merlin und eine christliche Vision von der »rosa mystica« bilden eine derart synkretistische Einheit, dass schließlich im magischen Kreis der »Magna Natur« (131) Theologie, Mythologie und Botanik das Geschäft der frommen Weltflucht erfolgreich übernommen haben.

Dennoch lässt sich die Naturlyrik der ersten Nachkriegsjahre nicht pauschal auf eine eskapistische, vor der Wirklichkeit flüchtende Grundlinie festlegen, nicht einmal auf Lehmanns beharrliche **Negation von Geschichte** und seine selbstgewählte Begrenzung des Blickfeldes auf die metaphysische Mikrologie des Vegetabilen und Hortensischen. Zwar greift, um ein Beispiel zu nennen, einer seiner erfolgreichen Schüler, Karl Krolow, »zur Leichtigkeit der Lehmannschen Gedichte, zur Metaphorik des Duftes, der Samenwolke, des Vogelflugs und der flirrenden Lichtreflexe« (Schäfer 1969, 258), aber er lässt schon früh in dem Maße Bilder der Beunruhigung, des Schreckens und des Todes zu, wie sich im adaptierten Genre des Naturgedichts die **ersten Konturen eines kritischen Zeitpanoramas** abzuzeichnen beginnen, so vage und vorläufig die Anspielungen zunächst noch sein mögen: »Landschaft der Fremde, in die nicht die Brücke der Blicke / Gütig gespannt ist, du ultima Thule, erstarrt: / Deinen Namen aus Schnee und Verzweiflung spür ich als Dolch im Genicke, / Wenn die Waage der Zärtlichkeiten vergebens mich narrt« (Krolow 1965, 1, 43).

Was sich in solchen Versen, wie geschraubt und manieriert auch immer, ankündigt, das ist ein Abschied von der metaphysischen Grundstimmung, welche die Naturlyrik fast zwanzig Jahre lang beherrscht hatte. Krolow formuliert seine Zweifel deutlich genug (ebd.): »Die Metaphysik: eine Ampel im lauernden Abend, / Vierzig und sechzig Watt, eine Birne, die leicht sich zerschießt, / Wenn man getrunken hat.« Und er nimmt die Kritik noch präziser auf, indem er die historische

Situation selbst umschreibt, die alle Metaphysik Lehmannscher Prägung obsolet erscheinen lässt (44): »Nun nur ein totes Gehöft noch, bespieener Garten / Ohne Feierlichkeit und gut für Verbannte und für / Erschießungskommandos, die ihre Opfer erwarten.«

Die Bedeutung solcher Irritationen innerhalb des Genres kann man abschätzen, wenn die Versatzstücke einer ins Sentimentale oder Naturmagische versponnenen Lyrik dagegengehalten werden: wenn etwa, wie bei Hermann Claudius, noch im Jahr 1947 der Mond wieder zur »Silberscheibe an dem Mantel Gottes« wird und er »waltend durch das Dunkel schreitet« (Claudius 1957, 123); wenn – in einem anderen Gedicht von Claudius unter dem verheißungsvollen Titel »Noch immer« (134) – eine Lämmerherde mit den Worten angedichtet wird : »Ich liege auf dem Rasen / und schaue ihnen zu / und seh die Lämmer grasen / in ihrer Himmelsruh. // Die schimmernd-weiße Herde, / wie sie mein Auge liebt! / Und daß es auf der Erde / noch immer Märchen gibt.« Finden solche Verse gleich nach dem Krieg, trotz akuten Papiermangels und mit alliierter Lizenznummer, noch einen Buchmacher, so ist zu ermessen, wie stark letztlich das **Bedürfnis nach Trost spendender Naturschwärmerei** gewesen sein muss.

Feierliche Töne und lyrisches Pathos

Von dieser Konjunktur des Naturgedichts profitiert auch die Gruppe unter den Lyrikern, die sich von 1945 an sofort zu Wort meldete, und zwar unter der Parole »Schicksal und Sendung« (Hagelstange 1947, 25). Ihnen gerät jedes Gedicht zu einer Art Gottesdienst, in der selbst banale Dinge eine poetische Aura erhalten.

Ein Beispiel für den schwammigen, eigentümlich weihevollen Ton bieten **Rudolf Hagelstanges** (1912–1984) Gedichte. Mit seinem *Venezianischen Credo* wird er 1945 bekannt. Was den Erfolg der Sonette ausmacht, ist zunächst eine Identifikationsmöglichkeit für sich unpolitisch wähnende Leser, mit deren bildungsbürgerlichem Selbstverständnis der Dichter rechnet. Ein moderates, diffuses Schuldbewusstsein wird effektvoll in Szene gesetzt, indem schließlich jener »Geist« beschworen wird, der aus dem »Chaos« in eine »neue Welt« (Hagelstange 1945, 35) hinausführen soll: »Daß die Sibylle // und Pan und Michael uns wiederkehrten / an unsern leeren Tisch!« (36). Selbst wo Hagelstange vieldeutig von »schweren Verbrechen« (13), von Mitschuld und Schweigen spricht, bietet er sogleich viel »Liebe, Wahrheit« und »Adel« (18) an: ein Repertoire an positiven Begriffen, mit denen er hantiert, als seien sie niemals zu Formeln faschistischer Propaganda herabgesunken.

In seinem Gedichtband *Es spannt sich der Bogen*, 1947 noch in Leipzig unter der Lizenz der sowjetischen Militäradministration verlegt, setzt Hagelstange den Anachronismus seiner Lyrik fort. Diesmal wartet er mit **Hölderlin- und Goethe-Imitationen** auf. Dass vor einem solchen Epigonenzugriff auch die Zeitgeschichte nicht sicher ist, davon gibt Hagelstange schon zu Anfang eine Probe, wenn er kurzerhand die Vergangenheit erledigt nach dem Motto: »Es spannt sich der Bogen / vom Gestern zum Morgen / im Banne der Träume, / der sie umfängt« (9). Schon der Titel der Gedichtsammlung suggeriert eine Tradition, die vor lauter Licht, Traum,

Schönheit, Geist und Leben am Ende nur zu inhaltsleerem Raunen fähig ist: »Und es obliegt nur / den höheren Mächten, / ob sie uns treiben / in das Vergessen / oder uns führen / ans Ufer der Flüsse / und in der Täler / fruchtbaren Grund« (26).

Die semantische Verdrängung ist nicht allein Hagelstanges Geschäft. Die Verse von Holthusen, Hausmann, Fritz Diettrich und Werner Bergengruen leisten allesamt ihren Beitrag dazu, aus dem Faschismus eine numinose Macht in einem imaginären Unterreich zu machen und seine Opfer unter die vage Vokabel ›Leid‹ zu subsumieren, zu der sich dann um so leichter das Reimwort ›Ewigkeit‹ gesellen kann. Als Denkfigur durchzieht Gedichte von Hagelstange, Schröder, Bergengruen und Friedrich Georg Jünger die Dialektik von Wandel und Dauer. Sie garantiert, so illusionär und fatal dies unmittelbar nach dem Krieg auch sein mag, eine scheinbar unverfängliche Standortbestimmung jenseits der Zeitgeschichte.

Hagelstange ruft in seinem Gedichtband mit dem Klischee-Titel *Strom der Zeit* (1948) den Lesern tröstlich zu: »Bildet die Vergänglichkeit / wilde Wirbel auch und Kreise, / überm Wechsel seiner Weise / Schwebt das Lied der Ewigkeit« (5). Diettrich bekennt in einem seiner *Gesänge der Einkehr*, dass er »in inniger Fühlung / Mit ewigen Mächten« sei und sein Dichterwort den »ratsamen Spruch« dieser Mächte vorwegnehme: »Nicht irdischer Rächer Bedarfs! / Nur der einrenkenden Kraft / Des Gottes im Gang durch die Zeiten!« (Diettrich 1962, 284f.). Nicht jede solche »Einkehr« endet beim fiktiven Standort des lyrischen Ichs über den Wolken und Wettern der Geschichte.

Ein Beispiel dafür ist Reinhold Schneiders Nachkriegslyrik. Zwar setzt auch er die Tradition seiner **Sonettdichtung** bruchlos nach 1945 fort: im Bewusstsein christlich-konservativer Haltung, aber er flüchtet sich nicht a priori in eine Dialektik von Ewigkeit und Augenblick, in eine dürre Kasuistik ideologischer Geschichtslosigkeit. Schneiders Verse offenbaren die Widersprüche zwischen epigonaler Form und subjektivem Wahrheitswillen in einem Ausmaß, dass seine Sonettsammlungen *Die letzten Tage* (1945), *Apokalypse* (1946) und *Stern der Zeit* (1948) sich wie Versuche lesen, ein aktuelles, unverfälschtes Zeitpanorama aus alten Kulissenteilen zu verfertigen.

Im Kampf mit Engeln und Dämonen über Himmel, Wetter und Abgründe hinweg aber tritt das Unvermögen um so deutlicher hervor, mit anderem als mit Abgenutztem zu hantieren und am Ende, vage genug, der »ewigen Lichter Tröstung« (Schröder 1952, 173) zu versprechen: »Die Not will Größe; die der Geist vereint, / Zerbrechen nicht, wenn nur sein glühend Werben / Der starren Seele letzte Kälte taut« (180).

Schneiders **Epigonentum** ist symptomatisch für eine im Traditionalismus verharrende Lyrik nach dem Krieg. Dabei beschränkt sich deren prekäre Situation nicht allein, wie zuweilen angenommen, auf den Westen Deutschlands, in dem unter den **Bedingungen des Kalten Krieges** und der sich abzeichnenden **Restauration** freilich angebotene Muster kollektiver Verdrängungen besonders dankbar aufgenommen wurden. Auch Österreich kannte keine ›Stunde Null‹, keinen Neuanfang. Stattdessen entstand – mit aufkommendem Ressentiment gegen die alliierten Besatzer – eine Tendenz zur förmlichen Abschottung gegen Versuche, das Jahr 1938 und die eigene faschistische Vergangenheit zu thematisieren.

So überrascht es nicht, dass alte Nazigrößen weiter schreiben, »als ob nichts geschehen wäre« (Fischer 1986, 632). Zwar gab es, vor allem um Zeitschriften wie Otto Basils *Plan*, auch in Österreich eine Literatur der ›jungen Generation‹ (der *Plan* veröffentlichte die ersten Gedichte Paul Celans), aber die Lyrik blieb, wie 1947 eine unter dem Titel *Die Sammlung* erschienene Anthologie auf ganzer Breite bewies, im Zeichen eines hilflos dilettierenden Versuchs, den Faschismus mit »dunklen Klängen und Weihetonfall« (Arntzen 1985, 195) ad acta zu legen. Und die Natur bot sich, wie Metaphysik und Existentialismus, auch hier als poetischer Schonraum an, in dem eine Semantik der Verdrängung entsprechende Erfolge feierte. Dass sich – etwa mit Erich Fried und Friederike Mayröcker – andere Gruppen bereits zu formieren begannen, war zumindest bis 1949 für Österreichs Literaturkritik längst nicht ausgemacht. Statt dessen wirkte Josef Weinhebers Nachlassband *Hier ist das Wort* von 1947 weitaus stärker nach: als verlässliche Orientierung für alle, denen an Formrepertoire und Gehalt des Traditionalismus gelegen war.

Deutsch-Jüdische Autoren

Dass für Rose Ausländer, Paul Celan (1920–1970) und andere, die in **Czernowitz** lebten, zwischen 1941 und 1944, also während der faschistischen Okkupation, das deutsche Idiom als Dichtersprache ein Medium des Überlebens war, war nach dem Krieg keineswegs ein kontinuitäts- und identitätsstiftender Impuls.

Rose Ausländer (1907–1988) beispielsweise gehörte zu den jüdischen Überlebenden in Czernowitz und der Bukowina, die 1945 sowjetisches Territorium wurde. Wie viele andere übersiedelte sie 1946 nach Rumänien, verließ aber bereits im Herbst desselben Jahres Bukarest und wanderte in die USA aus. Dort schrieb sie Gedichte in englischer Sprache. Es war die amerikanische Schriftstellerin Marianne Moore, »die Rose Ausländer dazu bewegte, wieder in deutscher Sprache zu dichten und sich auch um Veröffentlichungen ihrer Gedichte zu bemühen« (Braun 1991, 24). 1957 kehrte die Lyrikerin nach Europa zurück und begann wieder in Deutsch zu schreiben. Noch viele Jahre freilich sollte es dauern, bis sie einem größeren Lyrik-Publikum bekannt wurde.

Erst aus existentieller Spannung heraus sind die **Hin- und Abwendungen zur deutschen Sprache** und zum deutschen Publikum angemessen zu verstehen. Und auch für Rose Ausländers Lyrik ist ihre emphatische Preisung der Muttersprache stets auf das Trauma des überlebten deutschen Terrors rückzubeziehen, wie im späten, 1972 entstandenen Gedicht »Mutter Sprache«: »Ich habe mich / in mich verwandelt / von Augenblick zu Augenblick // in Stücke zersplittert / auf dem Wortweg / Mutter Sprache / setzt mich zusammen // Menschmosaik« (Ausländer 1984, 104).

Johannes R. Bechers späte Lyrik

Selbst die so wichtigen Vorbilder, an denen sich das eigene Selbstverständnis entwickeln und der eigene Standort bis hin zum metrischen Muster rechtfertigen sollte, glichen sich hüben und drüben. Rainer Maria Rilke etwa hatte für Hans Egon Holthusen, aber auch für Stephan Hermlin (und nicht nur für diese beiden Autoren) einen Ehrenplatz im poetischen Göttertempel; und Hölderlin wird von Becher (1891–1958) ebenso enthusiastisch gelesen wie zum Beispiel von Hagelstange. Bechers Dichtung schließlich ist selbst ein signifikanter Ausdruck für jene Schwierigkeiten, die sich mit dem subjektiven Wunsch nach Neuanfang ergeben können, und insofern paradigmatisch für Ost *und* West.

Widersprüchlich wirkt Bechers Lyrik nach 1945. Solange sie Auftragsarbeit ist, steht sie in der bis in Zeiten der frühen Hochkulturen zurückreichenden Tradition des Herrscherlobs, der so genannten **Panegyrik**, der man anmerkt, dass sie mit handwerklichem Poesie-Verschnitt auszukommen sucht. Becher produziert diese Texte mit simplen Strophen- und Reimformen, abgenutztem lyrischen Schmuck und Zitaten, die ihre Adressaten – unter dem Vorwand einer erneuerten Volkslied-Tradition – eher über kleinbürgerliches Bildungsgut und klassizistische Verse gewinnen will, als dass sie der Aufgabe gerecht werden, die Kraft eines historischen Augenblicks avantgardistisch zu gestalten, also Moderne und Revolution zu verbinden.

Das Jahr 1945 ist eben kein analoges Datum zur Revolution von 1917 und der Traditionalismus längst ein Dogma des Sozialistischen Realismus. Ohne Überzeugungskraft sind vor allem Bechers Porträtgedichte, zum Beispiel seine **Verse auf Stalin**: »In Stalins Blick zu lesen, / Suchen wir sein Gesicht, / Als wäre er ein Wesen, / Das täglich zu uns spricht« (Becher 1966, 6, 71). Bechers Sprache repetiert in diesen Texten einen trivialen Heiligenkult und hohles Pathos.

Aber neben diesem Typus von Gedichten gibt es noch einen zweiten, andersartigen. In ihm erweist sich der Panegyriker Becher als Dichter der Heimkehr und der Trauer, ja des rastlosen Selbstzweifels: »Es wuchs in ihm ein solches Unbehagen«, so heißt es in Bechers geradezu programmatischem Gedicht »Der Dichter« (ebd., 5, 518): »Das trieb ihn fort, und immer weiter fort. / Ihm war, als hätte er nichts mehr zu sagen.« In der literarischen Figur des Melancholikers, der gefährdeten Existenz spiegelt sich eine Angst vor dem Scheitern, die das Pathos der Bilder und ein epigonaler Ton nicht zu überdecken vermag: »O welch ein Ausgelaugtsein! Welche Leere! / Ein düsteres Schweigen hielt ihm zu den Mund. / Es zog ihn nieder einer Schwermut Schwere, / Daß er, versunken, sank von Grund zu Grund.«

Auch Bechers ›**Deutschland**‹-**Gedichte** – Sonette, Lieder und Epigramme – gehören fast alle zu diesem kritischen Typus seiner Nachkriegslyrik, sind also keine systemkonformen Anpassungsverse. Seine Gedichte restituieren zwar eine Form und eine Sprache, die ins 19. Jahrhundert führt, aber der Traditionalismus wirkt hier eher wie ein Schutz vor allzu vordergründigem Geschichtsoptimismus. Zweifel und Fragen sind es, die in konventionellen Mustern vorgetragen werden: gegen den Gestus selbstzufriedener Überlegenheit. »Im Zeitenwandel bleibt bestehn nur sie: / Die Elegie, die unsagbare Trauer...«, formuliert Becher in einem »Melancholie« (558) überschriebenen Gedicht; und ein anderes, »Müde« (562), bringt die Motive der Dunkelheit, Trauer und zerbrochenen Hoffnung so deutlich zum Ausdruck, dass im Gedichtband *Volk im Dunkel wandelnd* (1948) das Pathos der Auferstehungsbilder zu verblassen beginnt:

Müde bin ich alles dessen,
All der Pein, jahraus, jahrein,
Und ich will nichts als vergessen
Und will selbst vergessen sein.

O wie müd bin ich des allen,
All der jahrelangen Pein.
Herbstzeit ist. Die Blätter fallen.
Und wir gehn ins Dunkel ein.

Becher ist, wie kaum ein anderer Lyriker nach 1945, der Dichter der Trauer über das zerstörte Land, ohne dass er damit sogleich den überlegenen Tröster und Deuter spielt. Das lyrische Subjekt seiner Verse ist ein nach Worten ringendes Ich, dessen Betroffenheit aus der Bereitschaft zur Identifikation mit den Opfern erwächst. Solange seine Texte zur Erlebnisdichtung werden, sind sie gewiss nicht frei von Sentimentalität und Emotion, die er letztlich nur im Rückgriff auf die Erlebnislyrik des 19. Jahrhunderts zu artikulieren weiß. Aber es gelingt ihm selbst in solchen Gedichten noch, die einen obsolet gewordenen Heimat-Topos und einen emphatischen, 1945 seltsam anmutenden Deutschland-Begriff adaptieren, ein melancholisches Pathos zu entfalten, in dem privateste Trauer ein Bewusstsein für die Barbarei des Faschismus evoziert. Der geschundene Heimkehrer in der ›Dunkelheit‹ des Landes wird zum lyrischen Subjekt eben jener **Trauerarbeit**, der sich die Lyrik nach 1945 in Ost und West fast auf der ganzen Linie entzogen hat.

Der kritische Blick: Natur und Zeitgeschichte

Eine Überwindung der Tradition intendierte Becher nicht. In seinen Reden und Schriften verteidigte er sie mit solcher Vehemenz, dass man seine eigenen Zweifel daran herauszuhören glaubte. Das Bewusstsein, ja das Einverständnis mit der Vergänglichkeit und Flüchtigkeit der Welt verbinden seine Verse mit Dichtern anderer Herkunft und Tradition, so etwa mit **Peter Huchel** (1903–1981), dessen *Gedichte* 1948 im Aufbau-Verlag, Berlin und Weimar, erscheinen und in der Mehrzahl nach dem Krieg geschrieben sind. Unter Bechers Mithilfe wird Huchel – als Naturlyriker des alten *Kolonne*-Kreises wohl nicht nur für Becher ein Garant literarischen Traditionalismus – zum Chefredakteur von *Sinn und Form*, jener wichtigsten DDR-Zeitschrift, die Huchel bis 1967 mitgestaltet. Die Tradition, auf die noch Becher setzte, ist eine brüchige geworden. Huchels Gedicht »Die Schattenchaussee« (Huchel 1984, 102) aus dem Zyklus »Der Rückzug« vermittelt, so wenig repräsentativ der Text auch für den gesamten Gedichtband ist, die **Transformation naturmagischer Idyllenperspektiven in politische Erkenntnis:**

Sie spürten mich auf. Der Wind war ihr Hund.
Sie schritten die Schattenchausseen.
Ich lag zwischen Weiden auf moorigem Grund
im Nebel verschilfter Seen.
Die Nacht nach Rohr und Kalmus roch,
des Zwielichts bittere Laugen
erglänzten fahl im Wasserloch.
Da sah ich mit brennenden Augen:

Den Trupp von Toten, im Tod noch versprengt,
entkommen der Feuersbrunst,
von aschigem Stroh die Braue versengt,
geschwärzt vom Pulverdunst,
sie gingen durch Pfahl und Stacheldraht
vorbei am glosenden Tank
und über die ölig verbrannte Saat
hinunter den lehmigen Hang
und traten, gebeugt von modernder Last,
aus wehendem Nebelgebüsch.
Am Wasser suchten sie späte Rast,
ein Stein war ihr Hungertisch.
[...]

Weder das Thema des Gedichts noch seine literarische Gestaltung sind für die ersten Nachkriegsjahre ungewöhnlich. Motive des Totenzuges, des Totentanzes sind der Kunst und Literatur – nicht bloß in jenen Tagen – so vertraut wie *Ecce homo*- und Pietà-Themen. Die Signatur der Epoche aber tritt so unvermittelt hervor, dass sie trotz Traditionalismus und Pathos in ihrer heillosen Zerrissenheit deutlich wird. Die latente oder gar offenkundige ›Sprachlosigkeit‹ einer mit Klassizismen operierenden Literatur wird insoweit überwunden, wie die stets drohende Glätte poetischer **Stereotypien** durchbrochen wird. Auch Huchel ist dies nicht in allen Texten gelungen, vor allem nicht dort, wo – wie im Gedicht »Heimkehr« (109f.) – im Bild von der »Mutter der Frühe / unter dem alten Himmel« das für viele Naturgedichte geltende Dogma von der Unveränderlichkeit des Daseins wieder an Boden gewinnt.

Es ist freilich die tröstlich gemeinte Gewissheit dieses Bildes, das historisches Bewusstsein in Metaphysik retransformiert, statt den umgekehrten Prozess zu beschleunigen. Das setzt aber eine Bereitschaft voraus, sich auf ein fragendes, betroffenes lyrisches Subjekt einzulassen und mit lieb gewonnenen Verkündiger- und Seher-Posen zu brechen. Ein solcher **Rollenwechsel** des **lyrischen Ichs** lässt sich an Marie Luise Kaschnitz' *Gedichten zur Zeit* (1947) studieren, aber auch in Paul Celans Sammlung *Der Sand in den Urnen* (1948) die vom Autor bald zurückgezogen und nur in wenigen Exemplaren ausgeliefert wurde. Dessen Verse »Es ist Zeit, daß der Stein sich zu blühen bequemt, / daß der Unrast ein Herz schlägt« erscheint vor diesem Hintergrund wie eine Losung: »es ist Zeit, daß man weiß!« (Kaschnitz 1985, 36).

In dem erst aus dem Nachlass veröffentlichten Gedicht »Rostow am Don« hat **Johannes Bobrowski** (1917–1965) das Zeitmotiv mit einem überraschend optimistischen Ausblick verknüpft, indem er im Bild der »alten Ströme« ein Geschichte wie Gegenwart überwindendes Zeitmaß beschwört und daraus eine utopische Dynamik ableitet, welche einen glücklichen Augenblick lang »der Ruinen Starre« aufzulösen vermag (Bobrowski 1988, 3, 114):

Wie hatte die Vergeblichkeit der Jahre
uns kalt und leer gemacht und wie ein Grab!
Da stiegen wir aus der Ruinen Starre
dem weiten Hange nach zum Don hinab.

Und hielten bei der Hand uns, lachten, bebten
vor wildem Glücke, riefen wolkenweit:
weil immer noch die alten Ströme lebten
und rauschten wie voreinst und alle Zeit.

Bobrowski, im Sommer 1947 »auf die Antifa-Gebietsschule Rostow delegiert« (Bobrowski 1998, 5, 305), greift im leicht nachvollziehbaren Erlebnisgrund des Gedichts auf schlichte Oppositionen zurück, indem er der »Vergeblichkeit der Jahre« einen Glücks- und Erfüllungsmoment gegenüberstellt, vermittelt über ein romantizistisches **Zeitmotiv**, dessen Zitatcharakter offensichtlich ist. Die Utopie des Bildes erwächst aus ihrer realen Differenz zur tristen Zeitsignatur der Gegenwart (»kalt«, »leer«, »wie ein Grab«), die keineswegs verdrängt, sondern in krasser Dissonanz zum erfüllten Augenblick und zur erfüllten Landschaft bewusst gemacht wird. Die Fixierung des Entstehungsdatums im Titel verhindert von vornherein ein Abdriften in bloß verklärende Harmonie-Sehnsucht.

In Kaschnitz' Gedicht »Beschwörung« (Kaschnitz 1985, 153ff.) kehrt das Zeitmotiv wieder, schon aus dem Bewusstsein heraus entfaltet, dass allzu schnell vergessen und die Vergangenheit mühelos ›bewältigt‹ wird: »Und ist nicht abzustreifen / Mit diesem Packen Zeit / Und fordert im Begreifen / Noch einmal Ewigkeit« (154). Den »Packen Zeit« indes hatten bis 1949 die meisten Lyriker eher unerledigt gelassen; ihren metaphysischen, naturmystischen und mythologischen Beschwörungsriten, in denen die Zeit selber verschwand, gilt deshalb jene hilflos-betroffene »Beschwörung« Kaschnitz', die sich nicht zuletzt wie eine Kritik am zeitgenössischen poetischen Magiertum liest – als ein Stück Geschichte der Nachkriegslyrik:

Hebt es schon an, dies
Raunen: wie war es doch?
Schlägt uns in Bann, dies
Tastende: wißt Ihr noch?
Ach, schon beschwören wir
Zeiten des Grauens

Wie lichte Gefilde,
Wie schöne Gebilde,
Feurig im Blauen.
Kaum erst entronnen,
Stockt unser Gang,
Blutiger Sonnen
Untergang,
Brennender Nächte
Donner und Schrei –
Eben noch weinten wir,
Und schon erscheint es mir,
Wir sehnen's herbei.

Zitierte Anthologien und Sammlungen

Bender, Hans (Hg.): Widerspiel. Deutsche Lyrik seit 1945. München 1962.
Bender, Hans (Hg.): Deutsche Gedichte 1930–1960. Stuttgart 1983.
Bingel, Horst (Hg.): Deutsche Lyrik. Gedichte seit 1945. Stuttgart 1961.
Richter, Hans Werner (Hg.): Deine Söhne, Europa. München 1947.

Zitierte Werkausgaben

Ausländer, Rose: Gesammelte Werke in sieben Bänden. Bd. 3. Hg. von Helmut Braun. Frankfurt a.M. 1984.
Bächler, Wolfgang: Ausbrechen. Gedichte aus 30 Jahren. Frankfurt a.M. 1976.
Becher, Johannes R.: Gesammelte Werke. Hg. vom Johannes R.-Becher-Archiv der Deutschen Akademie der Künste zu Berlin. Berlin/Weimar 1966ff. [Gedichte: Bd. 1–6].
Bobrowski, Johannes: Gesammelte Werke in sechs Bänden. Bd. 3: Gedichte aus dem Nachlass. Hg. von Eberhard Haufe. Stuttgart 1998.
Bobrowski, Johannes. Gesammelte Werke in sechs Bänden. Bd. 5: Erläuterungen der Gedichte und der Gedichte aus dem Nachlass von Eberhard Haufe. Stuttgart 1998.
Britting, Georg: Gesamtausgabe in Einzelbänden. Bd. 2. Gedichte 1940–1951. München 1957.
Claudius, Hermann: Gesammelte Werke in zwei Bänden. Bd. 2. Hg. von Ch. Jenssen. Hamburg 1957.
Diettrich, Fritz: Werke. Bd. 1. Dichtungen. Göttingen 1962.
Eich, Günter: Gesammelte Werke. Hg von Susanne Müller-Hanpft u.a. Frankfurt a.M. 1973 [Bd. 1: Die Gedichte].
Fried, Erich: Fall ins Wort. Ausgewählte Gedichte 1944 bis 1983. Hg. von Bernd Jentzsch. Berlin 1985.
Hahn, Ulla (Hg.): Stephan Hermlin. Aufsätze, Reportagen, Reden, Interviews. München/Wien 1980.
Hausmann, Manfred: Gesammelte Schriften in Einzelausgaben. Bd. 1. Die Gedichte. Frankfurt a.M. 1949.
Höllerer, Walter: Gedichte. 1942–1982. Frankfurt a.M. 1982.
Huchel, Peter: Gesammelte Werke in zwei Bänden. Hg. von Axel Vieregg. Bd. I. Die Gedichte. Frankfurt a.M. 1984.
Kaschnitz, Marie Luise: Gesammelte Werke in sieben Bänden. Hg. von Christian Büttrich u. Norbert Miller. Bd. 5. Gedichte. Frankfurt a.M. 1985.
Krolow, Karl: Gesammelte Gedichte. Frankfurt a.M. 1965ff. [Bd. 1, 1965; Bd. 2, 1975; Bd. 3, 1985; Bd. 4, 1987].
Langgässer, Elisabeth: Gedichte. Hamburg 1959 [Gesammelte Werke in Einzelbänden].

Lehmann, Wilhelm: Gesammelte Werke. Bd. 1. Sämtliche Gedichte. Hg. von Hans Dieter Schäfer. Stuttgart 1982.
Nick, Dagmar: Gedichte seit 1945. München 1978.
Schaefer, Oda: Wiederkehr. Ausgewählte Gedichte. Auswahl und Nachwort von Walter Fritzsche. München 1985.
Schröder, Rudolf Alexander: Gesammelte Werke in fünf Bänden. Bd. 1. Die Gedichte. Berlin/ Frankfurt a.M. 1952.

Zitierte Sekundärliteratur

Arntzen, Helmut/Wallmann, Jürgen P. (Hg.): Ernst Meister. Hommage. Überlegungen zum Werk. Texte aus dem Nachlaß. Münster 1985.
Bormann, Alexander v.: »Hin ins Ganze und Wahre«. Lyrischer Traditionalismus zwischen 1930 und 1960. In: Text + Kritik 9/9a. 3. Aufl. (1984), S. 62–6.
Braun, Helmut (Hg.): Rose Ausländer. Materialien zu Leben und Werk. Frankfurt a.M. 1991.
Prosche, Hannelore (Hg.): Geschichte der deutschsprachigen Schweizer Literatur im 20. Jahrhundert. Berlin 1991.
Burger, Heinz Otto/Grimm, Reinhold: Evokation und Montage. Drei Beiträge zum Verständnis moderner deutscher Lyrik. Göttingen 1961.
Conrady, Karl Otto: Moderne Lyrik und die Tradition In: Germanisch-Romanische Monatsschrift 41 (1960), S. 287–304.
Corbea-Hoisie, Andrei: »Deutschsprachige Judendichtung« aus Czernowitz. In: Gaisbauer, Hubert u.a. (Hg.): Unverloren. Trotz alledem. Paul Celan-Symposion Wien 2000. Wien 2000, S. 62–81.
Dietschreit, Frank: Zeitgenössische Lyrik im Gesellschaftsprozeß. Versuch einer Rekonstruktion des Zusammenhangs politischer und literarischer Bewegungen. Frankfurt a.M. 1983.
Fischer, Ludwig (Hg.): Literatur in der Bundesrepublik Deutschland bis 1967. München/Wien 1986.
Hermand, Jost u.a. (Hg.): Nachkriegsliteratur in Westdeutschland 1945–49. Schreibweisen, Gattungen, Institutionen. Berlin 1982.
Holthusen, Hans Egon: Der unbehauste Mensch. Motive und Probleme der modernen Literatur. München 1951.
Holthusen, Hans Egon: Exkurs über schlechte Gedichte. In: Merkur 2 (1948), S. 604–608.
Hüppauf, Bernd (Hg.): »Die Mühen der Ebenen«. Kontinuität und Wandel in der deutschen Literatur und Gesellschaft. 1945–1949. Heidelberg 1981.
Kaiser, Gerhard: Günter Eich: *Inventur.* Poetologie am Nullpunkt. In: Hildebrand, Olaf (Hg.): Poetologische Lyrik. Köln u.a. 2003, S. 269–285.
Knörrich, Otto: Die deutsche Lyrik seit 1945. 2., neu bearb. und erw. Aufl. Stuttgart 1978.
Korte, Hermann: Lyrik am Ende der Weimarer Republik. In: Literatur der Weimarer Republik 1918–1933. Hg. von Bernhard Weyergraf. München/Wien 1995, S. 601–635.
Müller-Hanpft, Susanne: Lyrik und Rezeption. Das Beispiel Günter Eich. München 1972.
Prosche, Hannelore (Hg.): Geschichte der deutschsprachigen Schweizer Literatur im 20. Jahrhundert. Berlin 1991.
Riha, Karl: Das Naturgedicht als Stereotyp der deutschen Nachkriegslyrik. In: Tendenzen der deutschen Literatur seit 1945. Hg. von Thomas Koebner. Stuttgart 1971, S. 157–178.
Rühmkorf, Peter: Strömungslehre I. Poesie. Reinbek 1978.
Schäfer, Hans Dieter: Wilhelm Lehmann. Studien zu seinem Leben und Werk. Bonn 1969.
Schäfer, Hans Dieter: Zur Periodisierung der deutschen Literatur seit 1930. In: Literaturmagazin 7 (1977), S. 95–113.
Schäfer, Hans Dieter: Zur Spätphase des hermetischen Gedichts. In: Die deutsche Literatur der Gegenwart. Aspekte und Tendenzen. Hg. von Manfred Durzak. 3., erw. Aufl. Stuttgart 1976, S. 152–174.
Schiller, Dieter: Die Entwicklung der Lyrik in der Deutschen Demokratischen Republik 1945–1960. In: Weimarer Beiträge 8 (1962), S. 357–380.

Schnell, Ralf: Literarische Innere Emigration 1933–1945. Stuttgart 1976.
Schnell, Ralf: Traditionalistische Konzepte. In: Literatur in der Bundesrepublik Deutschland bis 1967. Hg. von Ludwig Fischer. München/Wien 1986, S. 214–229.
Schnell, Ralf: Die Literatur der Bundesrepublik. Autoren, Geschichte, Literaturbetrieb. Stuttgart 1986.
Steinhagen, Harald: Die Statischen Gedichte von Gottfried Benn. Die Vollendung seiner expressionistischen Lyrik. Stuttgart 1969.
Trommler, Frank: Nachkriegsliteratur – eine neue deutsche Literatur? In: Literaturmagazin 7 (1977), S. 167–174.
Widmer, Urs: 1945 oder die »neue Sprache«. Studien zur Prosa der »Jungen Generation«. Düsseldorf 1966.
Zürcher, Gustav: »Trümmerlyrik«. Politische Lyrik 1945–1950. Kronberg, Ts. 1977.

2. Die fünfziger Jahre: Tradition und Artistik

2.1 Universalchiffre »Natur«. Das Naturgedicht der fünfziger Jahre

Wie kein anderes Genre hat das Naturgedicht die Lyrik der 50er Jahre beherrscht. Nach fast zwei Jahrzehnten erfährt es nun allen späten Ruhm öffentlicher Anerkennung, und zwar in einer Weise, die nach 1945 einzigartig bleiben sollte. Den Autoren, die gerade im Verborgenen wirkten und sich in den Schonraum Natur zurückziehen wollten, kam zeitweilig eine beherrschende Stellung im Kanon zu. Für die 50er Jahre heißt das dann: keine Anthologie ohne einen dominierenden Anteil von Naturgedichten, keine literarische Zeitschrift ohne Mitarbeit von Naturlyrikern, keine Literaturpreise, die nicht in beinahe kontinuierlichem Abstand an Verfasser von Naturgedichten verliehen wurden, bis hin zu deren dritter Garnitur.

Die Popularität der Naturlyrik

So ging gleich in den ersten Jahren der Lessing-Preis an Lehmann und Albrecht Goes (1953), der Immermann-Preis an den Altmeister Georg Britting (1953) und an Friedrich Georg Jünger (1952), der in kurzer Zeit noch eine Reihe weiterer **Preise** erhielt. Den Fontane-Preis hatte Hermann Kasack schon 1949 erhalten. Die Bayerische Akademie der Schönen Künste ehrte 1952 Oda Schaefer; im selben Jahr wurde Wilhelm Lehmann der Kunstpreis Schleswig-Holstein verliehen. Dessen öffentliche Ehrungen spiegelten nicht nur den persönlichen Erfolg des Autors, sondern auch den des Genres insgesamt, für den Lehmanns Name bürgte. Er erhielt 1947 das Große Verdienstkreuz der Bundesrepublik Deutschland, 1959 den Schiller-Gedächtnispreis, 1963 den Kulturpreis der Stadt Kiel. Aber nicht allein der Begründer der – von Langgässer mit gewissem Recht so genannten – »Lehmann-Schule« (Schäfer 1969, 235) war mit Preisen und öffentlichen Anerkennungen bedacht worden, sondern – zum Teil sogar in noch größerem Maße – auch jene Lyriker, die sich mit ihm auseinandergesetzt haben, wie Eich, Heinz Piontek und Huchel. Wenn man über die Sparte der Naturlyriker hinaus das gesamte Spektrum der Poeten erfasst, so zeigt sich in den 50er Jahren eindeutig eine **Dominanz der Lyriker** unter den literarischen Preisträgern: ein Indiz für das öffentliche Wirken einer Gattung, die einem größeren Lesepublikum nach dem Krieg viele Möglichkeiten zu anregender Traditionspflege, erbaulicher Lektüre und moderater Reflexion geboten hat. Vor einem solchen Hintergrund war die Verleihung des Büchner-Preises im Jahr 1951 an Gottfried Benn in der Tat, wie Kroll nachwies (Kroll 1982), der Beginn einer Entwicklung, in der »eine restaurative, feinsinnig skeptizistisch unterkellerte Moderne [...] zur Signatur erfolgreicher politischer Restauration« (Hermand 1982, 153) werden konnte.

Diese **öffentliche Wirkung** blieb nicht ohne Widerspruch. Einer der ersten in der Reihe der Kritiker war Theodor W. Adorno, der in seinem Essay *Kulturkritik und Gesellschaft* 1951 – ebenso prägnant wie vorausweisend – sein Verdikt ausgesprochen hat: »nach Auschwitz ein Gedicht zu schreiben, ist barbarisch, und das frißt auch die Erkenntnis an, die ausspricht, warum es unmöglich ward, heute Gedichte zu schreiben« (Adorno 1977, 30). Häufig als eine Art negativer Poetik, als Bann gegen alle künftige Poesie missverstanden, zielte Adornos (später revidiertes) Urteil auf den **unauflösbaren Antagonismus zwischen faschistischer Inhumanität und ästhetischem Arrangement**, zwischen barbarischer Unterwerfung und seiner ästhetischen Kritik: »Noch das äußerste Bewußtsein vom Verhängnis«, so lautet sein lakonisches Resümee, »droht zum Geschwätz zu entarten.« Adorno sprach kein allgemeines Lyrik-›Verbot‹ aus, sondern er bezog die Kultur der Gegenwart als Ganze in jenen Prozess »absoluter Verdinglichung« (ebd.) ein, in welchem Kritik allenthalben »zum Geschwätz« werden könne.

Die **hochfeierliche, pontifikale Linie** der Lyriker, die mit ihrer Verquickung von Natur und Mythos für Ausgleich und Versöhnung einstehen, bestätigt Adornos Verdacht gegen »selbstgenügsame Kontemplation« (30). Das Naturgedicht, das immer noch »in einer Blüte reinem Glänzen / [...] unerschöpfliches Glück von tausend Existenzen« (Hagelstange 1953, 37) verborgen wusste und den kanonischen Rahmen an Landschafts-, Blumen- und Baumstücken durchdeklinierte wurde zum traditionsbelasteten Epigonenwerk mit einer auffälligen Neigung zum Zitat, zur artifiziellen Variation bereits längst geschriebener Verse.

Die **Universalchiffre »Natur«** steht im Kontext einer Erlebnis- und Bekenntnislyrik, die sich an Stimmungen entzündet und dafür Landschaftspanoramen in Beschlag nimmt. »Wie kühl ist dieser zarte Himmel, ach, / und wie gelassen geht der Gott in blasse / stille Gefilde«, so heißt es in einem Gedicht von Martha Saalfeld: »Daß er ihn erfasse, / folgt ihm der Dichter, noch von Liebe schwach« (Bender 1983, 188). Der Blick geht aufs Bleibende und Dauernde; er versagt sich der Zivilisation um den Preis einer Verdrängung, die an sie erst recht erinnert.

Wie ideologisch die Flucht und Verklärung der Wirklichkeit sein können, vermittelt ein Gedicht Hagelstanges, »Atom« (1953, 46). Keine zehn Jahre nach Hiroshima geschrieben, treibt es den Anachronismus einer spröden, weltabgewandten Poesie auf die Spitze: »Du kannst dich nicht entziehen, / du zauderndes Atom. / Kein Tropfen kann entfliehen / dem aufgebrochnen Strom. // [...] // Indes du, Freund der Weisen, / in stiller Kammer lebst, /fühlst du es und erbebst: / Der Weltgeist läßt dich kreisen.«

Eine Weiheatmosphäre, eine Aura feierlichen Sprechens umgeben solche Verse; sie erinnern zugleich in ihrem latenten Infantilismus an Immanuel Geibels Epigonenton des ausgehenden 19. Jahrhunderts, indem sie dem Leser mit Sprüchen und Sentenzen wie einem unmündigen Schüler zureden. **Muster lyrischer Formen**, auf Klopstock, Goethe und Hölderlin verweisend, sollen den eigenen Versen Nachdruck verleihen, indem die geborgte Autorität davor zurückschrecken lassen soll, die Trivialität des Ausgesprochenen zu erkennen: »Was kommt, geht. Was geht, kommt / In der Wiederkehr Gang. / In der Himmlischen Bahn / Wird die Welt Tanz, wird Gesang« (Jünger 1952, 50).

Heile Welten nach 1945

Der Originalitätswille dieser Zeilen war gering. Ein zyklisch-organologisches Weltbild wurde auf ein Stereotyp verkürzt, das die Leser bei guter Gelegenheit selber mit eigenen Assoziationen und leichtem Bildungsgepäck füllen konnten. Das lyrische Klischee blieb freilich stets ein suspekter Ideologieersatz, also ein Ausdruck für den **Zerfall konsistenter Weltanschauungen nach 1945**.

So einfach jedenfalls, wie etwa **Werner Bergengruen** 1950 schon wieder die Restitution eines »unvergänglich Wesen« pries, konnte die poetische Phrase nicht verdecken, dass sie jede ernsthafte philosophische Anspielung desavouierte: »Spür tief in den Geweben / die heilige Ursubstanz, / und das zerstückte Leben / ist allerwegen ganz« (Bergengruen 1950, 100). Mit solchen infantil wirkenden Versen wurde keine Geschlossenheit christlich-konservativer Weltbilder restauriert; so blieb dem Autor nichts anderes übrig, als eine Reihe von abgenutzten poetischen Formeln und Bildsprüngen zu einer vagen tröstlichen Sentenz zusammenzubinden, freilich unter dem programmatischen Anspruch *Die heile Welt* (Bergengruen 1950):

> Wisse, wenn in Schmerzensstunden
> dir das Blut vom Herzen spritzt:
> Niemand kann die Welt verwunden,
> nur die Schale wird geritzt.
>
> Tief im innersten der Rinde
> ruht ihr Kern getrost und heil.
> Und mit jedem Schöpfungsringe
> hast du immer an ihm teil.
>
> Ewig eine strenge Güte
> Wirket unverbrüchlich fort.
> Ewig wechselt Frucht und Blüte,
> Vogelzug nach Süd und Nord. [...]

Ein charakteristisches Merkmal der Lyrik Bergengruens ist die strikte **Moderne-Abwehr**. Diese Welt ist ohne industrielle Signatur, ohne Technik und Fabrik. Sie wird noch immer vom Lauf der Gezeiten, von den vier Elementen, den hoch oben kreisenden Planetenbahnen und vom überreichen Mikrokosmos unter Haselstrauch, Hecke und Mondschein bestimmt. Es gibt in Bergengruens *Heiler Welt* keinen einzigen Gedichttitel, der auf eine zivilisierte, urbane Welt verweist. Ein solches Bild der Gegenwart hatte beim Publikum hohe Konjunktur, nicht zuletzt als Trost und Zuspruch, und wurde keineswegs als durchsichtiges Verklärungsmanöver durchschaut. Der in den zwei ersten Nachkriegsjahrzehnten überaus erfolgreiche Bergengruen-Kanon, heute längst verstaubt, war der Ausdruck von Lesererwartungen, die wegen des Dreiklangs aus Beruhigung, Beschwichtigung und Hoffnung als Hauptfunktionen eines zeitgenössischen Gedichts weit verbreitet waren. **Lyrik wurde zur Lebenshilfe**, und das hieß ganz praktisch, dass sie nicht nur leicht eingängig und emotional ansprechend sein sollte, sondern auch durchsetzt mit sentenziösen Wendungen und schlichten, zu Herz gehenden Bildern, also wie geschaffen zum Auswendiglernen und Memorieren.

Vor diesem Hintergrund mag auch erklärbar sein, dass *Die heile Welt* bis 1962 bereits sechs Auflagen hatte. Ihr poetologisches Konzept hatte Bergengruen im Schlussgedicht als »Frage und Antwort« (Bergengruen 1950, 252) auf fast provokative Weise unmissverständlich formuliert:

»Der die Welt erfuhr,
faltig und ergraut,
narb an Narbenspur
auf gefurchter Haut,

den die Not gehetzt,
den der Dämon trieb –
sage, was zuletzt
dir verblieb.«

»Was aus Schmerzen kam,
war Vorübergang.
Und mein Ohr vernahm
nichts als Lobgesang.«

Niemand erwartete von diesem Programm politische Aktualität und Zeitkritik, sondern vor allem solche Gedichte, die den eigenen Erfahrungsraum nicht überstiegen und **tröstliche Botschaften** verkündeten, wie das Gedicht »Nichts Vergängliches vergeht«: »Und wenn den dunklen Schauer / der Herbst heraufbeschwört: / Gott ist ein Herr der Dauer, / und er will nichts zerstört« (209). Vor allem der Naturzyklus verhieß Lichtblick und Neubeginn: »Ihr winterlich Betrübten alle, / schaut auf und ihr gewahrt erglüht, / daß in jedwedem Eiskristalle / der ganze Sommergarten blüht« (212) .

Die »Lehmann«-Schule und der Kanon der Naturlyrik

Die Faszination, die der Naturkreislauf ausübte, lag in seiner Bedeutung als gegengeschichtlichem Modell. Ob dieses nun christlich, mythologisch oder gar mystisch interpretiert worden war: es vermochte zunächst Gegenwart und Vergangenheit zu relativieren, vor allem aber eine Perspektive zu bieten, die den einzelnen der Notwendigkeit enthobt, sich in einer veränderten Welt neu zu orientieren. **Verdrängungswunsch und Restaurationswillen** fielen in der Projektion eines irgendwie Dauerhaften und Festen zusammen. »Vorrat genug des Daseins. Fortbestand« (Lehmann 1982, 242), lautete daher der letzte, programmatische Vers in Lehmanns 1954 erschienenem Gedichtband *Überlebender Tag*.

Die Rolle Lehmanns in den 50er Jahren fällt literaturtheoretisch mit der Apologie vermeintlich ungeschichtlicher, apolitischer Lyrik zusammen. Das Gedicht, so bekennt er emphatisch, sei »als schönste Anwendung der Sprache« zugleich »das beste Desinfektionsmittel gegen ihre Verunreinigung durch die Abwässer unserer Zivilisation« (Lehmann 1962, 407). In einer Replik auf Brecht konstatiert er, dass »ein Gespräch über Bäume nicht das Wissen um böse Zustände und Taten ausschließt«, sondern helfe, »den verloren gegangenen Menschen wieder zu holen« (zit. n. Lutz 1986, 406). Klingt in der fatalen Metapher vom »Desinfektionsmittel« eine **Aggression gegen jede Form politischen Denkens** durch, so erinnert das zweite Zitat an den Anspruch der Naturlyrik, sinnstiftend zu sein, also in der Welt der Molche, Hänflinge und Goldammern verschüttete Spuren des Seins aufzufinden. Für die 50er Jahre kann diese Fixierung zugleich als eine Erlösung von der Zeitgeschichte gelesen werden.

Nicht von ungefähr war Lehmann mit seinem wie eine Losung klingenden Gedichtband *Überlebender Tag* auf dem Gipfel seiner Popularität. Hatte er 1950 in seine Sammlung *Noch nicht genug* wenigstens ein paar Texte aufgenommen – wie das Gedicht »Nach der zweiten Sintflut« (Lehmann 1982, 196) –, die eine zeitgeschichtliche Verstörung bezeugen, so steht der »überlebende Tag« wieder ganz im Zeichen der »Göttersuche« (211) und jenes Naturmythos, der schon vor dem Krieg den Auszug aus der Geschichte propagiert und an deren Stelle der metaphysische »Ruhm des Daseins« (218) getreten ist: »Spiegel, den kein Aufruhr zweit. / Dichter braucht sich nicht zu sorgen, / über ihm, im Wort geborgen, / Unverwelklich seine Zeit« (217). Von dieser Zeit bleibt am Ende kaum mehr übrig als eine von Menschen entvölkerte Landschaft, ein wenig Zittergras, ein paar Turmschwalben und eine Handvoll alter Götter: Requisiten eines längst ausgespielten Naturtheaters.

Oda Schaefer hat in der autobiographischen Retrospektive ihres Schaffens unter dem Stichwort *Die leuchtenden Feste über der Trauer* (1977) nicht treffender formulieren können, was die meisten Naturlyriker der 1950er Jahre anstrebten. »Trost in der Natur«, so wird die Stimmungslage derer umschrieben, die sich nach 1945 in ein Refugium intakter Ordnungen zurücksehnten: »Eigentlich braucht man«, so erinnert sich Schaefer, »nicht viel mehr zu tun, um weise zu werden, als in ein fließendes Wasser zu schauen. Das Rauschen, das leise Murmeln hat den Ton des Unvergänglichen, und es steht, wie es die Antike lehrt, alles im stetig Fließenden zu lesen.«

Das **Naturerlebnis** wird zur Quelle einer poetischen Inspiration, von der die Autorin noch in der Erinnerung schwärmerisch berichtet: »Das uralte, elefantengraue Karwendel vor mir fängt an rosig zu glühen wie ein junges Mädchen. Und jetzt ergießen sich die wundervollen Lasuren über die Berge. [...] Und im verblassenden Himmel erscheint, noch unsicher zuckend, der erste glänzende Stern: der Abendstern« (27f.). Kaum anderes liest man in Oda Schaefers Gedichtband *Grasmelodie* von 1959, der immer aufs neue vom »Lerchenlied« (16) bis zum »Bergnebel« (19), vom »Junimond« (55) bis »Allerseelen« (28), von der »Äolsharfe« (24) bis zum »Irrlicht« (38) jene Begegnungen mit Natur und Landschaft lyrisch werden lässt, so dass im einzelnen Detail, in den flüchtigen Erscheinungen die ganze Faszination des Refugiums Natur jenseits menschlicher Geschichte aufgeht.

Schaefer hat, anders als Lehmann, nicht so sehr auf die kühle Registratur des Mikrokosmos Wert gelegt, sondern in ihren Versen die Emphase bewahrt, die im

Naturerlebnis verborgen ist und in der naturmagischen Schule häufig hinter einem entindividualisierten Wahrnehmungsmodus zurücktritt. Die Universalchiffre »Natur«, so zeigt sich, ist vielfältig einsetzbar. Sie kann, wie in Christine Lavants Gedichtsammlung *Die Bettlerschale* (1956), mit einer christlichen Weltdeutung konform gehen und zur Quelle gefühlvoller Selbstoffenbarung werden.

Die Chiffre kann sich aber auch, wie bei einem anderen österreichischen Dichter, bei Ernst Schönwiese, zur mystischen Feier der magna mater ›Natur‹ weiten, indem der Dichter mythologische Symbole – wie Quelle, Wasser, Nacht, Kreis – miteinander verbindet und auf Philosopheme des Zen-Buddhismus projiziert, um hinter den realen Erscheinungen der Natur eine mystische Einheit des Kosmos zu suchen. Schönwiese, dessen Zeitschrift *Das Silberboot* nach 1945 wesentlichen Anteil an einer Fortsetzung des lyrischen Traditionalismus in Österreich hatte, ist mit seiner Naturlyrik in der Tat nicht weit von einer Restauration des religiösen Gedichts entfernt.

Ernst Schönwieses Neigung zum fernöstlichen **Spiritismus und Mystizismus**, seine Versuche, das japanische Haiku-Gedicht, ein Spruchgedicht, in die deutsche Lyrik zu übernehmen, sind bis zu einem gewissen Grade sogar symptomatisch für die 50er Jahre. Auch Lehmann, Eich und andere Naturlyriker – mit veränderten Vorzeichen sogar Bertolt Brecht – sind für östliche Exotik und Esoterik durchaus empfänglich gewesen, bot doch jene bizarre Welt trügerischer Schlichtheit und Harmonie alle Möglichkeiten einer individuellen Adaption eines Motivs der Ferne und Fremde.

Wenn die Naturlyrik, wie Karl Krolow in seinen Frankfurter Poetik-Vorlesungen noch 1961 unterstellt, »nichts als Anschauung der Welt« (Krolow 1963, 50) zu sein beabsichtigt, so fällt aus heutiger Perspektive doch auf, wie wenig von der »Welt« in den Blick genommen wurde und was alles hinter einem Chlorophyll-Vorhang verschwand. Anfechtbar war freilich die Fiktion vom Lyriker »als immer mehr verstummendem Beobachter« und seine »Vollkommenheit der Diskretion« (51) schon zu einem früheren Zeitpunkt. Die ständig wiederholten Monologe über das Dasein evozieren eine kritische Prüfung bei allen, denen der Rückzugswille zunehmend verdächtig wird. Zwar wird keine revolutionäre Umwälzung der Naturlyrik eingeleitet, aber es kündigt sich das Ende einer (um 1930 begonnenen) Literaturepoche an. Die schon vor 1950 bei Huchel und Eich beobachtete **Tendenz zur pessimistischen Perspektive** setzt sich weiter fort, wenn auch das Werk anderer Lyriker, also die Gedichte von Lehmann, Schaefer, Hagelstange, von der Vring und ihnen verwandten Autoren, nach wie vor vom variierten Muster, vom Selbstzitat zehrt.

Die Universalchiffre »Natur« ist in den 50er Jahren kein Monopol der »**Lehmann-Schule**« geblieben. In gegensätzlichen Konzeptionen kann sie zur selben Zeit durchaus auch als Chiffre für jenen Raum verwendet werden, der in Lehmanns Dichtungen sorgfältig ausgespart wurde: für die menschliche Gesellschaft und den historischen Horizont. Die Entzifferung der Naturzeichen weist unter solchen Prämissen nicht in die abseitigen Moore und Sümpfe, sondern ins Zentrum eines Zeitbildes, das vom Bewusstsein einer heillosen Gegenwart geprägt ist. Der gleiche Vogelflug, der eben noch in ein ungeschichtliches Land führte, wird nun zur Chiffre für Entfremdung und Orientierungslosigkeit. Die Natur als verstummte, nicht mehr lesbare Hieroglyphe: in einer solchen Konstellation kann der Naturraum mit seiner eingetrübten Landschaft, seiner Düsternis zum Bild denaturierter Wirklichkeit werden, zu einer historischen und gesellschaftlichen Erfahrung par excellence, die sich einem verbreiteten Fortschrittsoptimismus radikal entzieht. Naturgedichte dieser Art konterkarieren die politische Restauration, indem sie deren verdrängten Boden, den zum Tabu gewordenen Faschismus, sichtbar zu machen wissen. Sie werden, im wörtlichen Sinne, zur Spurensuche.

Irritationen 1: Huchel, Bobrowski, Arendt

Ein solcher Prozess wird von zunehmendem Misstrauen gegen die Möglichkeiten der eigenen Sprache begleitet. Der Naturlyriker in der Figur des Spurensuchers ist also nicht bloß ein Außenstehender, Gezeichneter, der das Schweigen der Toten und die Klage der Opfer beredt macht, sondern stets auch ein von Selbstzweifeln erfasster Dichter. Ihm wird bewusst, dass seine Formeln und Bilder nicht über die Unbegreiflichkeit des Vergangenen hinwegtäuschen können und jede bündige Interpretation der Zeitgeschichte im ästhetischen Arrangement von Vers, Rhythmus und Reim – mit Adornos Worten – »Geschwätz« zu werden droht. Je schmerzhafter diese Erfahrung wird – auch sie hat in der Moderne eine Tradition –, umso dunkler und pessimistischer wird das Naturbild, bis es am Ende nur noch ein fragmentarisches Zeichen antiquierten lyrischen Sprechens selber ist.

Eine solche Tendenz kann sogar, zumindest zeitweilig, einen Lyriker verstummen lassen. So hat Peter Huchel, dessen spätere Gedichte häufig jene **Perspektive der Ohnmacht und Ödnis** zu fixieren suchen, in den 50er Jahren kaum Gedichte veröffentlicht, geschweige denn einen neuen Lyrikband vorgelegt, sondern »seine Kunst und seine Mittel einer rigorosen Prüfung unterzogen« (Mayer 1973, 29), als deren Ergebnis das erst 1963 im Westen erschienene Werk *Chausseen Chausseen* (1963) angesehen werden kann.

Der Bruch mit früheren Konzeptionen vollzieht sich im Bewusstsein, dass ein autonomer Naturraum als poetische Gegenwelt nichts anderes als eine trügerische Illusion derer war, die nach Tröstung, Rückzug und Gesundung verlangten, und sei es um den Preis trivialer Mythisierungen, an deren Orakel und Geraune schließlich keiner der lyrischen Magier selbst mehr geglaubt hat.

Einen besonderen Platz unter den Dichtern, die im Natur- und Landschaftsgenre arbeiten, gebührt Johannes Bobrowski (* 1917), dessen erst 1961 unter dem Titel *Sarmatische Zeit* erschienenen Gedichte fast allesamt aus den 50er Jahren stammten. Sarmatien, das auf Ptolmaios' spätantiker Weltkarte Osteuropa von der Weichsel bis zur Wolga bezeichnete, wird bei Bobrowski zur vieldeutigen Chiffre, in der Autobiographisches und Zeitgeschichtliches aufs engste miteinander verknüpft werden. Die Chiffre verweist auf Bobrowskis Kindheits- und Jugendjahre, auf Ostpreußen, Litauen und das Memelland, zugleich aber auch auf die Zeit des Krieges in Polen und Russland sowie die anschließende Gefangenschaft im Don-Gebiet und am Schwarzen Meer. Bobrowskis Landschaft ist eine **Geschichtslandschaft**, so dass – in

Umkehrung des für die traditionelle Naturlyrik so charakteristischen Gegensatzes von Naturraum und Gesellschaftsraum – die in der Erinnerung aufscheinenden Landschaftsräume einen Prozess zeithistorischer Spurensuche in Gang setzen. Vor einem solchen Horizont löst sich beispielsweise die Dichotomie von Naturgedicht und politischer Lyrik schon im Ansatz auf: Gerade dort, wo bei Bobrowski Momente dörflicher Idylle aufscheinen – eine zwischen 1933 und 1945 untergegangene kleine Welt der Fischer, Bauern, Handwerker und jüdischen Händler –, wird der irreversible Untergang des Idyllischen zum Ausgangspunkt des Gedichts. Ein Beispiel liefert Bobrowskis »Gedächtnis für einen Flußfischer« (Bobrowski 1998, 11), das mit einem apokalyptischen Motiv, einer litauischen Volkslied- und Volksmärchenwendung, schließt: »Ja, wir vergessen dich schon. / Doch der Wind noch gedenkt. / Und der alte Hecht / ist ohne Glauben. Am Hang / schreit der Kater lange: / Der Himmel stürzt ein!«

Die Forderung nach einem veränderten Blick auf die Natur ist keine Generationenfrage. In welchem Maße ein naturlyrisches Genre eine Reflexion der Zeitgeschichte einschließen kann, zeigt auch die Naturlyrik **Erich Arendts** (* 1903). Arendt hat die **Erfahrung des Exils** allen voraus, die sich noch 1945 und später im Refugium einer verklärten Naturidylle einrichten wollten. Die Kenntnis des Werkes von Pablo Neruda etwa, aber auch die Konfrontation mit der europäischen Avantgarde, nicht zuletzt im Spanischen Bürgerkrieg, haben ihn vor der Situation bewahrt, Weltoffenheit und Internationalität 1945 in raschen Lektionen nachholen zu müssen. Joyce, Proust, Saint-John Perse, die Surrealisten, aber auch Lorca und die zeitgenössischen Dichter Spaniens und Lateinamerikas waren ihm vertraut, als er 1950 aus Kolumbien in die DDR zurückkehrte, seine im Exil geschriebenen Verse veröffentlichte, viel übersetzte und 1957 seinen *Gesang der sieben Inseln* (1957), 1959 seine *Flug-Oden* (1959) vorlegte.

An der **Sonettmode** nach 1933 hatte Arendt Anteil. **Oden- und Hymnentraditionen** waren ihm vertraut; aber er verstand es – darin Johannes Bobrowski verwandt –, sie für sich in produktiver Weise zu adaptieren. Schon sein Gedicht »Hiddensee« (Arendt 1968, 227) von 1954 lässt eine Naturlyrik konkret werden, in der noch im archaischen Bild von der »Stunde / der uralten Flut«, vom »Anhauch der Zeit« das Bewusstsein menschlicher Arbeit und Mühe nicht ausgelöscht wird. Und so bekannt auch die lyrische Formel »Schatten und Vogelflug« im Gedicht »November« (245) ist: sie nimmt hier ein Untergangsempfinden auf, das sich nicht auf den organologischen Kreislauf von Werden und Vergehen als gültiger Geschichtsmetapher herausredet:

Nebel zerbrachen
traumloser Hand
die letzte
Blume des Sommers.
Kalt wie die Lippe des Teichs
das steinerne Zifferblatt
an der Mauer, das keine
Stunde mehr zeigt.

Arendts Lyrik hat bisher weder im Westen noch im Osten eine breitere Leserschaft erreicht. In manchen Abhandlungen zur Geschichte der Naturlyrik nach dem Krieg sucht man seinen Namen vergebens. Auch eine von Wissenschaftlern der DDR verfasste Literaturgeschichte (Geerdts 1972) hat Erich Arendt nicht aufgenommen. Als Dichter einer »hochstilisierten Sprache, die leicht ins Kostbar-Dekorative« abgleite und daher »oft der reine Ästhetizismus« sei (Knörrich 1978, 337), missversteht Knörrich den Autor.

Arendts *Flug-Oden* zeigen den **Paradigmenwechsel im Genre des Naturgedichts** an, die Öffnung des Naturraums zum gesellschaftlichen Panorama. Todesgewissheit und Katastrophen sind dem kargen Boden und den fossilsten geologischen Schichten eingeschrieben, die Arendt in seinen poetischen Bildern immer wieder aufgreift. Das Leitmotiv des Fluges greift den **Ikarus-Mythos** auf, der gegen einen mechanistischen Geschichtsoptimismus zu lesen ist. So erinnert die »Ode VI« (Arendt 1968, 301) an jene »Angst«, jenen »Schrecken«, die im »Chimärengesicht« der »Erde« gestaltet sind – als Memento einer Geschichte, die bisher eine der permanenten Niederlagen und des Leidens war:

Nachtgewaltig, unseren Blick
versteinend, hob
ihr Chimärengesicht die Erde.
O Goyas große verschlingende
Angst!

Und über den bitteren Schlaf,
achtloser Städte Staub
blutige Fittiche strichen, die
das Leichenfeld Hastings gestreift.
Wahllos türmen
die Schrecken wieder,
verstümmelten Leibes,
am Horizont.

Und in der Tages-Mitte,
hohl, über Warschau stand
das eiserne Auge.

Da färbten
auf dem Marktplatz sich
die Gebete alt und grau.
Und in der spinnenhaften Dämmerung
um Turm um Dach und Stein
starb auf des Menschen Stirn
das Licht.

Doch aus den Sterbetrümmern,
geschlossen und unvergeßlich, sieh
die Ghettohand:
kämpfende Finger

in Rauch und Stahl,
im nackten Fall des Himmels!

Streu in den Wind
die Asche! Trinke,
Ruhm der Stunde
zum Gedächtnis, der Toten
ungeschmälerten Wein!

Irritationen 2: Eich, Krolow, Piontek

Das Hoffnungselement, das im zweiten Teil der »Ode VI« aufgenommen wird, verdeckt nicht die verdüsterte, eingedunkelte Perspektive des gesamten Textes. Arendts spätere Lyrik erweitert sogar noch die Dominanz von »Negativ-Chiffren« (Raddatz 1972, 120). In dieser Hinsicht ähnelt ihre Entwicklung der Lyrik **Günter Eichs** (1907–1972), des um ein Vielfaches populäreren Beispiels. Eichs *Botschaften des Regens* aus dem Jahr 1955 fügen Bilder der Verzweiflung und Verlassenheit aneinander, zum Teil in einer Tendenz zum **Ellipsenstil, zur lakonischen Verknappung von Bildelementen**, in denen ein Gestus des Verweigerns deutlich wird. Das Naturgedicht selber wird in den Zweifel einbezogen, den das lyrische Subjekt erfasst hat. Die Hieroglyphensprache erscheint vergessen, die Chiffren, Zeichen der Natur, sind keine Fährten mehr, die der Naturlyriker zu lesen versteht. Die Transformation der Zeitgeschichte in Naturbilder offenbart eine existentielle Orientierungslosigkeit, aus der nichts, auch nicht die Naturidylle hinausführt. Zwar registriert der Eingangsvers des Gedichtbandes noch mit Emphase jenes Dogma vom »Trost der Bäume« – »Wer mochte leben ohne den Trost der Bäume!« (Eich 1973, 79) –, aber bereits das erste Gedicht endet mit der Anspielung auf den Tod, nicht auf die Hoffnung, das Geheimnis des »Vogelzuges« zu enträtseln: »Es heißt Geduld haben. / Bald wird die Vogelschrift entsiegelt, / unter der Zunge ist der Pfennig zu schmecken.«

Eichs Gedichte wirken stellenweise wie Zurücknahmen eigener naturlyrischer Prämissen; sie sind im Kern Selbstreflexionen eines lyrischen Subjekts, das jenseits einer für unversehrt gehaltenen Natur einen Herrschaftsraum entdeckt hat und den Schock dieser Erfahrung zur Grundlage seiner Naturwahrnehmung macht. Damit jedoch sprengt Eich traditionelle Sinnkonzepte naturmagischer Schulen auf und gibt den Blick frei auf die »Gegenwart« (80f.):

Und immer Gespinste, die uns einspinnen,
Aufhebung der Gegenwart,
ungültige Liebe,
der Beweis, daß wir zufällig sind,
geringes Laub an Pappelbäumen
und einberechnet von der Stadtverwaltung,

Herbst in den Rinnsteinen
und die beantworteten Fragen des Glücks.

Die Verschränkung von Großstadt- und Naturraum ist symptomatisch für die **Destruktion von Naturmagie.** Eichs Landschaften haben ihre idyllischen Konturen endgültig verloren. Der ›dunkle‹ Raum erscheint der verdüsterten Perspektive eines lyrischen Ichs adäquat, das indes, wie im Gedicht »Fränkisch-tibetischer Kirschgarten« (94), noch nicht vollends mit eigenen Rückzugswünschen gebrochen hat. Die veränderte Position aber ist unübersehbar. Das bekannteste Beispiel dafür ist Eichs Gedicht »Tage mit Hähern« (79f.), eine Replik auf »Die Häherfeder« (43), ein Gedicht des Jahrs 1948. Hieß es in diesem noch: »Ich bin / wo der Eichelhäher / zwischen den Zweigen streicht, / einem Geheimnis näher, / das nicht ins Bewußtsein reicht«, so nimmt das spätere Gedicht diesen Optimismus zurück: »Der Häher wirft mir / die blaue Feder nicht zu«, »Ungesehen liegt in der Finsternis / die Feder vor meinem Schuh.«

Mit dem Gedichtband *Botschaften des Regens* hat Eich, wie Krispyn hervorhebt, »den Punkt erreicht, an dem die Entwicklungslinie seiner Lyrik in der absoluten Fragwürdigkeit der Weltordnung zerbricht« (zit. n. Müller-Hanpft 1970, 87). Innerhalb des Werkes ist dieser Moment, so krisenhaft er wirkt, zugleich der Durchbruch zu einer Reflexionsperspektive, wie sie die Naturlyrik der 50er Jahre nur selten entfaltet hat. Das Gedicht »Der große Lübbe-See« (Eich 1973, 82) ist ein Beispiel dafür:

Kraniche, Vogelflüge,
deren ich mich entsinne,
das Gerüst des trigonometrischen Punkts.
Hier fiel es mich an,
vor der dunklen Wand des hügeligen Gegenufers,
der Beginn der Einsamkeit,
ein Lidschlag, ein Auge,
das man ein zweites Mal nicht ertrüge,
das Taubenauge mit sanftem Vorwurf,
als das Messer die Halsader durchschnitt,
der Beginn der Einsamkeit,
hier ohne Boote und Brücken,
das Schilf der Verzweiflung,
der trigonometrische Punkt,
Abmessung ins Nichts,
während die Vogelzüge sich entfalten,
Septembertag ohne Wind,
güldene Heiterkeit, die davonfliegt,
auf Kranichflügeln, spurlos.

Gemessen an der wie einen Schock erlittenen Einsicht, dass der »trigonometrische Punkt« keine verlässlichen Koordinaten zur Orientierung mehr bietet: als »Abmessung ins Nichts«, ist **das innovative Potenzial** der Naturlyriker Karl Krolow und **Heinz Piontek** in den 50er Jahren eher begrenzt. Pionteks (1925–2003) Gedichtsammlungen variieren in ihrem Spiel mit Traditionen bekannte Muster und erproben einen balladesken Ton; Titel wie »Herbst – vom Bodensee aus« (Piontek 1952, 42), »Unter den Weiden« (47) und »Breughelscher Oktober« (51) deuten darauf hin, dass der Autor in seiner poetischen Praxis noch nicht, wie es seine Theorie fordert, »auf alle Verschlüsselungen verzichtet« und »sich von allen esoterischen Bürden befreit« (Bender 1961, 113) hat. Gedichtsammlungen wie *Die Furt* (1952) und *Die Rauchfahne* (1953) greifen Reste naturmagischer Konventionen auf, ohne sich zu einem metaphysischen Programm zu verbinden. Die einzelne Impression steht im Vordergrund, oft bereits karg und ohne Bildschmuck, dafür aber dramatisch inszeniert.

Mit Krolow verbindet Piontek das Bewusstsein, nicht mehr der »Lehmann-Schule« anzugehören, sondern deren Erbe anzutreten. Krolow (1915–1999), einer der produktiven, wenn nicht (an der Zahl seiner Veröffentlichungen gemessen) *der* produktive Lyriker der Nachkriegsjahrzehnte, lässt sich nicht auf das Genre des Naturgedichts festlegen, obwohl er an ihm entscheidenden Anteil hat. Freilich bleibt vieles, was bei Eich noch Ausdruck einer **Verstörung**, einer **Identitätskrise** ist, bei **Karl Krolow** im **Sprachspiel** stecken, in variablen Rollen eines lyrischen Ichs, das die Hymne auf die »dunkle, heitere Erde« (Krolow 1965,1, 63) ebenso gekonnt anzustimmen weiß wie einen trüben existentialistischen Monolog: »Im hellen Schnaps, im Spiegel, / Der unaufhörlich sinkt, / Gebrannt im Geistertiegel, / Dein leichtes Antlitz winkt. // Ich sinke durch die Mitte / Des Schweigens jäh ihm nach. / Ich höre deine Schritte; / Und aus der Nacht wird Tag« (101).

Krolows Verse sind der Beleg dafür, dass das Naturgedicht nicht gegen das vermeintlich ›politische‹ Gedicht auszuspielen ist; und sie haben gerade dort ihre Funktion, wo sie einer saturierten Restauration einen Gestus des Unbehagens, der Unzufriedenheit entgegensetzen. Die Gedichte nehmen ihre Chiffren aus dem Metaphernsteinbruch der Naturlyrik, um mit ihnen eine politische Landschaft zu konturieren. Dass deren denaturierte Atmosphäre – unter den **Vorzeichen des Kalten Krieges und der Restauration alter Machteliten** – eine der Verdächtigungen und Bedrohungen werden kann, daran lassen seine Gedichte keinen Zweifel:

> Falte die Decke.
> Lösche die Lampe.
> Schon nähern sich Schritte
> Deiner Tür. Wirst du dich
> Ausweisen können?
>
> Falte die Decke.
> Lösche die Lampe.
> Deine Stunde wird
> In jedem Fall schlagen! (135)

Krolows und Pionteks Verse, aber auch die ersten Gedichtbände von Wolfgang Bächler und Walter Höllerer sind Beispiele für die eigentümliche Ambivalenz literarischer Revolution.

Naturlyrik und Gesellschaft: Bertolt Brecht

Die genuin politische Lesart der Universalchiffre »Natur« ist nach 1945 deshalb einem Lyriker gelungen, der am weitesten von der »Lehmann-Schule« entfernt war: Bertolt Brecht. Seine *Buckower Elegien* (1954) stehen innerhalb des eigenen Werkes am Ende einer lyrischen Produktion, die sich nicht erst nach dem Krieg über den Konnex von Politik und Dichtung Rechenschaft abgeben muss. Die Elegien, benannt nach ihrem Entstehungsort Buckow am märkischen Scharmützelsee, führen in ihrer klaren, transparenten, **Momenteindrücke und Alltagsbeobachtungen** prägnant entwickelnden Diktion eine Technik der Vers- und Bildkomposition weiter, die schon in den *Sventborger Gedichten* aus den ersten Exiljahren zu beobachten war.

Brechts Exillyrik vereinigt ein ganzes Spektrum von Gattungen, umfasst Epigramme, Balladen, Lieder, Kantaten, Agitations-, Kampf- und Kinderlieder, Satiren, Lehrgedichte und nicht zuletzt auch Elegien. In den USA hatte er seine »Hollywood-Elegien« geschrieben und in ihnen kritisch den amerikanischen Kapitalismus, dessen bürgerlich-demokratische Verfasstheit und dessen Ignoranz des sozialen Widerspruchs von Arm und Reich kommentiert. Brecht fand ein eigenständiges und **eigenwilliges Verhältnis zur Tradition der elegischen Gattung**. Er sah ihre antiken Wurzeln, ohne diese klassizistisch zu imitieren und verdichtete sie in den um 1953 entstandenen *Buckower Elegien* zu einer auf Pointe und Zuspitzung zielenden lyrischen Kurzform mit offenkundiger Nähe zur Epigrammatik. Sprache und Bildtechnik sollten einfach und nachvollziehbar sein, zugleich aber die Basis für ein zu Interpretation und Auslegung einladendes Gedicht schaffen.

Brechts *Elegien* haben am Lakonismus einer Naturlyrik Anteil, die in ihren präzise gesetzten Chiffren ein intellektuelles Potenzial entfalten wollen. Je karger das Bild, umso stärker misstraut das Gedicht einer simplen Didaxe von Losungen und Sentenzen. Ein Beispiel dafür ist das Gedicht »Tannen« (Brecht 1988, 313):

> In der Frühe
> Sind die Tannen kupfern.
> So sah ich sie
> Vor einem halben Jahrhundert
> Vor zwei Weltkriegen
> Mit jungen Augen.

Die Elegie fixiert, ohne einen Rest von Melancholie zu unterdrücken, frühe Erfahrungen der Jugend und erinnert in der Chiffre der ›kupfernen‹ Tannen an Aufbruch und Morgenröte; aber sie setzt zugleich eine Zäsur im Bewusstsein zeitlichen Abstands, den keine Reminiszenz, kein sentimentaler utopischer Ton aufheben darf: nach »einem halben Jahrhundert«, also nach »zwei Weltkriegen«.

Die Wirkung der *Buckower Elegien* erfolgt verspätet, erst in den 60er Jahren, bestätigt dafür aber um so mehr ihr vorausweisendes Potenzial: Die Naturlyrik der folgenden zwei Jahrzehnte ist ohne das Bewusstsein nicht denkbar, dass die Universalchiffre »Natur« zugleich einen Herrschaftsraum konturieren und das Naturgedicht gerade in seiner **Taktik lakonischen Andeutens und Aussparens** zum Ort kritischer Erkenntnis und intellektueller (Selbst-)Reflexion werden kann. Damit war freilich, spätestens um die Mitte der 50er Jahre, ein Prozess der Auflösung eines Genres eingeleitet, das wie kein anderes nach dem Krieg einer obskuren Kontinuität und Tradition die Treue gehalten hat.

2.2 Poesie als Widerstand. Hermetische Tendenzen

Lange Zeit war die moderne Lyrik landläufigem Urteil nach »fremd, insular, esoterisch« (Maier 1959, 7), kaum zu verstehen und am Ende so schwierig, dass es eines gewaltigen Aufwandes bedürfe, ihre komplizierten Verse zu entschlüsseln. Solche Ratlosigkeit, ja Abwehr haben vor allem diejenigen unter den Gedichtschreibern der Nachkriegszeit provoziert, deren Texte wie Rätsel gelesen worden sind: als sei die Rezeption von Lyrik ein Spiel des Autors mit dem Leser, bei dem künstlich verfremdete und verformte Textelemente wieder in eine rechte Ordnung gebracht werden müssten. Moderne Lyrik, so verstanden, war dann »freilich nicht mehr für besinnliche Stunden da« (ebd.), sondern eine Herausforderung zum Basteln und Experimentieren.

Dem **Gemeinplatz vom modernen Gedicht** als einem verschlüsselten Rätsel lag die Vorstellung zugrunde, das Gedicht lasse sich in Umgangssprache rückübersetzen, wenn seine Leser jene **Verrätselungen** – Lakonismen, Wortspiele, ungewöhnliche Metaphern-Reihen, Allusionen – auflösten und auf diese Weise einen verständlichen Text herstellten. Das Unternehmen freilich geriet über hilflose Paraphrasen kaum hinaus und führte schließlich zur falschen Prämisse zurück, zur These vom obskuren, orakelhaften Gedicht, dessen Sinn verdunkelt und dessen Worte unverständlich seien. Und wer ein solches Ergebnis nicht derart krass auszusprechen wünschte, der setzte an die Stelle von »Dunkelheit« und »Rätselhaftigkeit« kurzerhand andere Gemeinplätze und ließ das Gedicht zum ›Spiegel zerbrochener Transzendenz‹ und ›nihilistischer Obdachlosigkeit‹ werden.

Hermetische Lyrik: Ein Etikett?

Im Begriff des hermetischen Gedichts sind frustrierende Erfahrungen fehlgeleiteter Interpretationen ebenso eingegangen wie die Irritation über eine vorgeblich spröde, artistisch-kalte, an der Sprache, nicht an der Gefühlslage der Leser orientierte Lyrik. Eine Gattung, deren Verfügbarkeit so lange mühelos gegeben war, wie sie Erlebnisse und Stimmungen evozieren konnte, entzog sich der Erfahrungswelt ihrer Leser, indem sie zur Reflexion auf jene Sprache zwang, deren instrumentelle Deformation in Alltag und Öffentlichkeit längst herrschende Praxis geworden war. So empfanden Literaturkritik und Leser gleichermaßen das als hermetisch, was sich nicht gleich umgangssprachlich ›enträtseln‹ ließ, statt die Alltagssprache selbst als das aufgegebene Rätsel des so genannten hermetischen Gedichts zu begreifen. Dessen **Inkommunikativität** ist nämlich kein Mangel, sondern ein Ziel, das umso gewichtiger erscheint, als es im Gedicht rigoros verwirklicht wird. Seine Rückübersetzung in irgendwelche ›Aussagen‹ und ›Botschaften‹ wäre nur um den Preis eines Missverständnisses möglich, das das Gedicht, nicht aber die in ihm inkriminierte und verweigerte Kommunikativität alltäglichen Sprechens zum Objekt fehlgeleiteter ›Enträtselung‹ machte.

Die unter dem **Etikett des Hermetischen** versammelten Dichterinnen und Dichter lösten in den 1950er Jahren schon deshalb heftige Irritationen aus, weil ihre Texte sich den gängigen Funktionszusammenhängen entzogen. Statt Trost und Zuspruch zu erfahren, musste das Lesepublikum nun mit Verstörung und Beunruhigung rechnen. So durchziehen **Ingeborg Bachmanns** (1926–1973) Gedichtband *Anrufung des großen Bären* aus dem Jahr 1956 (Bachmann 1983) Leitmotive der Angst und Bedrohung, die noch dadurch gesteigert werden, dass sie schemenhaft und unbestimmt erscheinen. Mandalari hat zu Recht Bachmanns Gedichtband als einen »Dialog mit der Macht« (Mandalari 2000, 164) bezeichnet. Der Bär sei ein »fürchterliches Tier mit Pfoten und Krallen, ein verhängnisvolles Tier«, und der »literarische Bezug jener Jahre« sei »der Leviathan« (169). Die Verse zielen auf die provozierende Einsicht, dass Katastrophen noch bevorstehen und nicht zur fernen, verdrängten Vor- und Frühgeschichte der mit Konsum, Wirtschaftswunder und Wiederaufbau beschäftigten ersten Nachkriegsdekade gehören. Das Titelgedicht »Anrufung des großen Bären« (Bachmann 1983, 22) malt den ›Absturz‹ »aus dem Paradiese« ebenso beklemmend wie ungewiss aus:

[...]

Ein Zapfen: eure Welt.
Ihr: die Schuppen dran.
Ich treib sie, roll sie
von den Tannen im Anfang
zu den Tannen am Ende,
schnaub sie an, prüf sie im Maul
und pack zu mit den Tatzen.

Fürchtet euch oder fürchtet euch nicht!
Zahlt in den Klingelbeutel und gebt
dem blinden Mann ein gutes Wort,
daß er den Bären an der Leine hält.
Und würzt die Lämmer gut.

's könnt sein, daß dieser Bär
sich losreißt, nicht mehr droht
und alle Zapfen jagt, die von den Tannen
gefallen sind, den großen, geflügelten,
die aus dem Paradiese gefallen sind.

Das Attribut des Hermetischen verweist auf zwei zusammenhängende Prozesse: Produktionsästhetisch bezeichnet es einen **Widerstand gegen poetische Konventionen** und sprachliche Klischees, rezeptionsästhetisch wird der lyrische Hermetismus als endgültige Durchbrechung epigonaler Erlebnis- *und* Bekenntnislyrik betrachtet. Je mehr der Text selbst einen Widerstand gegen mühelose Vereinnahmung aufbaut, desto entschiedener formiert sich gegen ihn eine Distanz auf Seiten der in ihren Erwartungen enttäuschten Leser, denen am Ende alles das ›hermetisch‹ erschien, was sich rascher Lektüre entzog.

Noch als Schlagwort verstanden, geht in den Begriff der hermetischen Lyrik eine Abneigung gegen eine auf Reflexion, nicht auf Sentiment gerichtete Literatur der Moderne ein. Zumindest in den 50er Jahren sind Lyriker, die von der Literaturkritik rasch der hermetischen Dichtung zugeordnet wurden, kaum mehr als mit höflicher Distanz – wie Paul Celan, öfter aber mit Ablehnung rezipiert oder gar negiert worden, wie Rose Ausländer, Ernst Meister und Johannes Poethen.

Noch 1975 heißt es in Büttners Einführung in die Nachkriegslyrik, einem Beispiel von vielen (67):

> Das Experimentieren und Kombinieren bringt üppige, bizarre und phantastische Gebilde hervor oder schmale, magere Figuren, sprachliche Splitter und Späne. [...] Liest man viele solcher experimentellen und hochartifiziellen Gedichte, so erfreut man sich wieder an der natürlichen, unkomplizierten Lyrik, etwa an Gedichten von Peter Gan, Georg von der Vring, Georg Britting oder Walter Helmut Fritz.

Das **Ressentiment gegen hermetische Lyrik** entzündet sich hier am Artifiziellen und Konstruierten. Dessen Tradition reicht, wie die gesamte hermetische Lyrik, bis ins späte 19. und frühe 20. Jahrhundert zurück, in eine Zeit, die mit der Idee einer ›natürlichen‹, ›unkomplizierten Lyrik‹ gebrochen hat und im Zeichen der Moderne steht. Ihr Signum ist, wie Adorno in seinem 1953 veröffentlichten Vortrag »Der Artist als Statthalter« am Beispiel Paul Valérys entwickelt hat, die »Pointierung von Technik und Rationalität gegenüber der bloßen Intuition«, »die Hervorhebung des Prozesses gegenüber dem ein- für allemal fertigen Werk« (Adorno 1958, 190). Der Hermetismus ist eine Spielart dieses »Prozesses«. Friedrich hat in seiner Abhandlung *Die Struktur der modernen Lyrik*, die lange Zeit über als eine Art Brevier der Moderne missverstanden wurde, einige Merkmale des Hermetismus zusammengestellt (1967, 178):

> Moderne Lyrik nötigt die Sprache zu der paradoxen Aufgabe, einen Sinn gleichzeitig auszusagen wie zu verbergen. Dunkelheit ist zum vorherrschenden Prinzip geworden. Sie ist es, die das Gedicht übermäßig absondert von der üblichen Mitteilungsfunktion der Sprache,

> um es in einer Schwebe zu halten, in der es sich eher entziehen als annähern kann. [...] Dunkle Lyrik spricht von Vorgängen, Wesen oder Dingen, über deren Ursache, Ort, Zeit der Leser nicht informiert ist und nicht informiert wird. Aussagen werden nicht gerundet, sondern abgebrochen.

Der Begriff des Hermetismus, der *poesia ermetica*, wurde um 1930 in Italien für die Dichtung Ungarettis verwendet und »bald zur Umschreibung der modernen Dichtung schlechthin« (Durzak 1976, 152). Ungaretti freilich hatte bereits Anregungen des französischen Symbolismus und der französischen Avantgarde (u.a. Apollinaire; Saint-John Perse) aufgegriffen. Auch für ihn wurde – wie etwa analog für George (1868–1933) – Stéphane Mallarmé (1842–1898) zum Ausgangspunkt eines Experimentierens, an dessen Ende die verdichtete, konzentrierte Gedicht-Komposition steht: jene dunklen »lyrischen Tonformeln« (Friedrich 1967, 180), die einen Moment lang den Monolog des Schweigens unterbrechen. Wenn sich nach 1945 »noch einmal ein Aufblühen der hermetischen Dichtweise« (Durzak 1976, 153) vollzieht, so ist diese Phase in der Geschichte der Lyrik längst vorbereitet und eine vorerst letzte Spielart des hermetischen Gedichts. Vor diesem Hintergrund erscheint der Hermetismus keineswegs als ein epochales Phänomen, sondern als Prämisse jener literarischen Moderne überhaupt, deren ›Dunkelheit‹, deren **semantische Polyvalenz** Garant ihrer Selbstbehauptung ist: um den Preis latenter Unverständlichkeit als wirksamste Form ihres Schutzes.

Hermetische Lyrik ist weder ein fest definiertes Genre noch eine bestimmte Schule der Moderne, sondern eine vage Zusammenfassung jener durchaus differierenden Versuche, die poetische Sprache gegen lyrisches Epigonentum und triviale Inspirationsästhetik resistent zu machen und sich in der Konzentration auf artistische Techniken zugleich der Vereinnahmung durch Ideologie und Weltbild-Surrogate zu entziehen.

Nach 1945 setzt das hermetische Gedicht nicht einfach Traditionen fort, sondern beginnt Erfahrungen faschistischer Herrschaftsformen mitzureflektieren, wie es im Kontext anderer, zur gleichen Zeit entstandener Lyrik höchst ungewöhnlich ist. Gerade die hermetische Tendenz erhält ihre aktuelle Begründung aus dem Konnex von Sprache und Herrschaft, sprachlich sich manifestierender Gewalt und politischer Barbarei. Das **Experimentieren im hermetischen Gedicht** erfährt so eine Brisanz, die über eine bloß restituierte Avantgarde-Nachfolge hinausführt. Das **Sprachdenken** kulminiert daher nicht im sich selbst genügenden Wortspiel, sondern im poetischen Widerstand des hermetischen Gedichts gegen ein alltägliches privates und öffentliches Sprechen, das mit seinen Phrasen und Schlagwörtern die Wirklichkeit fest im Griff zu haben glaubt, ohne deren Zurichtung und Verformung im sprachlichen Klischee wahrzunehmen.

Hermetische Lyrik ist Einspruch gegen den instrumentellen Gebrauch der Sprache, daher keineswegs eine Variante ästhetizistischer, ins eigene Experiment versunkener Dichtung. Sie konkretisiert ihren Einspruch nicht in Motiv- und Themenkreisen, sondern im artistischen Arbeitsprozess an der Sprache selbst. Deren Substanz soll, emphatisch formuliert, offengelegt werden, wozu Verfahren der Entrealisierung, Entpersönlichung und Entgegenständlichung dienen. Die referentielle Bedeutung des poetischen Wortes wird stark reduziert, bis zur Negation von Wirklichkeitssubstraten, während die artifizielle Machart ihren bloß funktionalen Wert verliert und sich verselbständigt. Das **Repertoire hermetischer Lyrik** reicht von der irritierenden Klangfigur bis zur syntaktischen Auflösung von Versen, von sprachlichen Lakonismen bis zur absoluten, ihren Bildinhalt transzendierenden Metapher, wenn sie ihren Widerstand gegen Epigonentum und Sprachmissbrauch ästhetisch formiert. Dass sie dabei nicht nur auf ein monotones Pathos der Sprachzertrümmerung angewiesen ist, sondern alle möglichen Formen der **Destruktion und Konstruktion** gleichsam spielerisch und experimentell sich zueignen kann, darin zeigt sich nicht zuletzt die Spannweite hermetischer Lyrik in den 50er Jahren.

Ernst Meister

Es gehört zu den krassesten Missverständnissen der Lyrikrezeption nach 1945, dass hermetische Dichtung unverständlich sei. Dabei gilt das Unverständliche als ein glatter Verstoß gegen jene bereits zur Norm erhobene Kommunikativität, die der Fetisch einer Informationsgesellschaft geworden ist. Ihm soll sich die Sprache derart funktional unterordnen, dass die Realität mit möglichst simplen *headlines* in den Griff zu nehmen sei. Störungsfreie Kommunikation aber ist gerade das, was hermetische Lyrik konterkariert. Wie sie ihre Gegenperspektive entfaltet, lässt sich am Beispiel des Gedichts »Ein Stück Zeitungspapiers« (1964, 127) von Ernst Meister (1911–1979) näher erläutern:

Liegt herum, gilb,
wurde gebraucht, bei Zittergras
räkelt es sich.

Zerknüllt
Nachrichten, Tode,
der Wind
beschnuppert sie.

Auch
Fliegen
sind
interessiert.

Das Gedicht nimmt ein schon funktionslos gewordenes »Stück Zeitungspapier« zum Anlass, dessen Wort-Müll zu betrachten. In kargen Versen wird das, was sich da noch ein letztes Mal in Szene setzt (»bei Zittergras / räkelt es sich«) zum Bild einer gleichsam gegenläufigen Lektüre der Zeitung, deren Anspruch, Information zu sein (»Nachrichten, Tode«), benannt wird: allmählich zerfallender Unrat. Dabei zwingt der Text nicht – wie sein Gegenstand – zur mühelosen Aneignung einer Information, sondern sperrt sich gegen sie, indem deren Bedeutung aufgedeckt wird.

Nicht zufällig entzündet sich Meisters Reflexion am Medium der Presse. Arntzen hat mit **Blick auf die Zeitungssprache** ein dichotomisches Bezugssystem in der Meisterschen Lyrik beschrieben (Arntzen 1985, 106):

> Was das Unproblematische des gängigsten öffentlichen Sprechens zu sein scheint, zeigt sich als Gerede, wenn denn das Sprechen der Gedichte ein gelingendes Sprechen sein sollte. Die Kürze der Gedichte, die geringe Anzahl von Wörtern behauptet ja, es ließe sich, was zu sagen sei, mit dieser Zahl an Wörtern sagen. *Ex negativo* wird dies abermals demonstriert durch den großen Anteil, den weißes, unbedrucktes Papier an dem Ganzen des Bandes hat.

Der Unterschied zum öffentlichen »Gerede« äußert sich darüber hinaus etwa auch in der semantischen Funktionalität des einzelnen Wortes im Gedicht. Dem Medium tritt ein Gedicht gegenüber, in dem der »kommunikativ-umgangssprachliche Gestus des Sprechens [...] aufgehoben, ja zerstört« (107) wird und der Text eine erhöhte Aufmerksamkeit verlangt – jenseits störungsfreier Kommunikation. Demnach ist die Sprachlichkeit hermetischer Lyrik kein Rückzug in einen esoterischen Bezirk reiner Kunst. Meisters Gedichte sind daher »nicht Exempel für schwierige Lyrik und ihre kritische Bewältigung«, sondern »die Infragestellung üblichen kritischen Sprechens [...], um dessen Veränderung zu produzieren« (109).

Meisters erster Gedichtband *Ausstellung* stammt aus dem Jahr 1932. 1953 erscheint die Sammlung *Unterm schwarzen Schafspelz*, 1954 *Dem Spiegelkabinett gegenüber*, 1955 *Der Südwind sagte zu mir*, 1957 *Fermate* sowie »*... und Ararat*«, 1958 *Pythiusa* und *Zahlen und Figuren* und 1960 *Lichtes Labyrinth*. Aber Meister bleibt, trotz dieser umfangreichen Produktion, ein weithin unbekannter Dichter. Dass er sich »Stilmittel einer ausgesprochen intellektuellen Lyrik« bediene, hat Knörrich behauptet (Knörrich 1978, 253). Aber Meisters Verse sind nur oberflächlichem Anschein nach ›Gedankenlyrik‹, in Verse transformierte Philosophie, auch wenn sich in ihr solche Spuren – von Platon bis Heidegger – finden lassen. Die Verse proklamieren keine Wahrheiten, sondern reflektieren sie, indem sie deren begriffliche Komplexe erproben und nach deren sprachlicher Valenz suchen. In einem Gedicht mit dem Titel »Gedächtnis« (Meister 1964, 111) hat Meister die mühevolle Prozedur dieses Suchens paradigmatisch beschrieben:

> Verdacht gedacht,
> Gram –
> Bücher Grams gegrämt
> und wiederholt
> so Fragen wie Geduld.
>
> Du holde Kunst...
> Ist Sinn um Sinn gebracht,
> erschrickt das Holde noch
> in seiner Huld.
>
> Es ist die Last
> nie größeren Gewichts.

Die »Last / nie größeren Gewichts« kann als metaphorisches Zeichen für jene hermeneutische Arbeit gelesen werden, die Meister in das lyrische Sprechen selbst gelegt hat, wenn es »Gedächtnis« sein will.

Zur Basis einer solchen Lyrik gehören **Intellektualität, Reflexion und Bewusstheit.** An sie ist das hermetische Gedicht – darin ist es Teil der Moderne schlechthin – schon deshalb gebunden, weil sein Ziel eines prägnanten lyrischen Sprechens und seine Technik der Aussparung überflüssiger Redundanzen ohne sie gar nicht möglich wäre. Gerade am Beispiel Meister'scher Lyrik ließe sich dieses Ziel bis ins Detail verfolgen. Die Texte werden lakonischer, ›dichter‹; wer sie verstehen will, muss sich den einzelnen Gedichten zuwenden, in immer erneuter Annäherung, ohne dass ihm eine vorformulierte Symbolsprache oder ein Werk übergreifendes Motivgeflecht oder ein einheitlicher Stilzug die Arbeit abnähme.

Nelly Sachs

Hermetische Lyrik ist zu einem großen Teil poetische Erinnerungsarbeit. Damit zeichnet sich ein Begründungszusammenhang ab, der das auf Sprachlichkeit gerichtete Dichterwort als etwas Exzeptionelles begreift. Freilich geht es nicht um die Erneuerung einer auratischen Dichterfigur, um zelebrierte Esoterik, sondern um die Prozedur des Dichtens selbst. Sie kann, wie bei Nelly Sachs (1891–1970), im existentiellen Sinne ein Überleben bedeuten. Poesie meint hier die immer erneute **Spurensicherung** innerhalb einer Todeslandschaft, deren Topographie Politik und Öffentlichkeit von 1945 an systematisch zu verdrängen versuchten: bis hin zur bloß *musealen* Rezeption einer jüdischen Lyrikern wie Nelly Sachs, über deren vermeintliche Geschichtlichkeit schon zu Lebzeiten gerade auch aus Anlass öffentlicher Ehrungen orakelt wurde.

Nelly Sachs hat nicht erst in den 50er Jahren zu schreiben begonnen. Ihre ersten Gedichtbände, *In den Wohnungen des Todes* und *Sternverdunkelung*, erschienen schon 1947 bzw. 1949. Ihr Gedichtband *Und niemand weiß weiter* kam 1957 heraus; ihm folgte 1959 *Flucht und Verwandlung*. Ihre Lyrik fand in dem Maße eine Resonanz, wie deren elegische und pathetische Klageformen als unpolitische Dokumente jüdischer Trauer um Verfolgung und Massenmord missverstanden wurden. Nelly Sachs' Gedichte wurden in der Gewissheit geschrieben, dass eine poetische Sprache noch das Entsetzen formulieren konnte: als »Grabschriften in die Luft geschrieben« (Sachs 1961, 33). Ein Gedicht erinnerte an den »Golem Tod« (84), an die »Meute der Hunde« (85), und sprach doch von neuem Anfang (85):

In den Ruinen aber wohnt doppelte Sehnsucht!
Der Stein umschläft grün mit Moos sich
und Sternblumen im Gras
und goldene Sonnen auf Stengeln entstehn.

Und in den Wüsten
sieht man Schönes in der Ferne,
und wer die Braut verlor

umarmt die Luft,
denn nicht kann Geschaffenes ganz zugrunde gehn –

Und alle entgleisten Sterne
finden mit ihrem tiefsten Fall
immer zurück in das ewige Haus.

Derart ins Positive gewendet, verliert die hermetische Kraft allmählich ihre Wirkung. Je stärker das, woran das Gedicht erinnert, zu einem »Urzeitspiel von Henker und Opfer, / Verfolger und Verfolgten«, zur enthistorisierten Beschwörung des »blutschwitzenden Mars« (77) wird, desto mehr verflüchtigt sich die zeitgeschichtliche Signatur. Der Rekurs auf die Sprache der Bibel, der Kabbala, der jüdischen Mystik allein – so zeigt sich im Werke von Sachs – bringt noch nicht jenen hermetischen Widerstand hervor, der Ideologien durchkreuzt. Er leistet vielmehr einer **Mythisierung der Geschichte** Vorschub, wie der Vergleich Hitlers mit »Saul« (106) beweist, der gerade in den 50er Jahren gängigen Verdrängungsstrategien ins Kalkül passte.

Zumindest die frühen Gedichte von Nelly Sachs exemplifizieren ihren Sinnzusammenhang noch im Bewusstsein eines Sprechen-Könnens, das emphatisch an die Macht des zuletzt doch unversehrten Dichterwortes glaubte. Das Pathos einer solchen Poetik ließ das **Formrepertoire** der ersten Nachkriegsbände in die Nähe des lyrischen Traditionalismus rücken, der in der Sprache Hölderlins, Rilkes und Trakls noch eine verbindliche poetische Norm sah. Ähnliches lässt sich für die frühen Gedichte Rose Ausländers beobachten. Noch ist die Sprache, wie es in einem Gedicht heißt, Jehovas »Ebenbild, in Klang gehaun« (Ausländer 1984, 3, 303), eine, wie Baumann betont, der »Ethik des Schreibens« (Baumann 1981, 52) verpflichtete Dichtung. Erst gegen Ende des Jahrzehnts verstärkte sich ein skeptischer Pessimismus, und zwar im Anblick jener »novembernen Menschen«, welche die Vergangenheit und vor allem *ihre* eigene Geschichte längst vergessen hatten. Rose Ausländer entfernte sich aber noch nicht in dem Maße von konventionellen lyrischen Formen, wie dies für Sachs gleichzeitig beobachtet werden kann.

Hermetische Tendenzen in der Lyrik von Nelly Sachs verstärken sich am Ende der 50er Jahre, und zwar immer dort, wo ihre Beschwörung numinoser Mächte zur Metapher, nicht aber zur Sinnperspektive der Gedichte wird. In archaischen Bildern werden Versteinerung, Erstarrung und Grauen sichtbar gemacht, verbunden mit Motiven der Sehnsucht. Der Gedichtbandtitel *Flucht und Verwandlung* (1959) hält den **Widerspruch zwischen Barbarei und utopischem Bilderrest** offen:

EINEN AKKORD spielen Ebbe und Flut,
Jäger und Gejagtes.
Mit vielen Händen
wird Greifen und Befestigung versucht,
Blut ist der Faden.

Finger weisen Aufstellungen,
Körperteile werden eingesetzt in sterbende Zeichnungen.

Strategie,
Geruch des Leidens –

Glieder auf dem Wege zum Staub
und die Gischt der Sehnsucht
über den Wassern (Sachs 1961, 161).

Die Gezeiten-Metapher setzt keine historische Sinnmarkierung als naturalisierten Geschichtsmythos, der mit seiner Botschaft vom ewigen »Akkord« aus »Jäger und Gejagtem« vertrösten soll, sondern reflektiert deren barbarische Essenz: »Blut ist der Faden«. Sachs' Gedichte – vor allem in »Flucht und Verwandlung« – werden nicht nur lakonischer, sondern auch verschlossener. Statt Pathos und Emphase plastischer Bildlichkeit treten Verfahren der Unterbrechung, Konzentration und Verknappung hervor, bis hin zu epigrammatischer Reduktion, die den frühen Gedichten völlig fehlte:

Du
in der Kerbe des Jahrhunderts gewiegt
wo Zeit mit gesträubten Flügeln
fassungslos ertrinkt
in der Überschwemmung
deines maßlosen Untergangs. (266)

Das Gedicht hat mit einem bloßen »Warngedicht«, das ein gut gemeintes »Zeugnis von einer elementaren Menschlichkeit und Mitmenschlichkeit« (Höck 1969, 107) ablegen will, nichts mehr zu tun. Obsolet ist eine solche **Zeugenschaft** am Ende der 50er Jahre schon deshalb, weil sie die Tendenz eines restaurativen Kulturbetriebs anzeigt, gerade jüdischen Dichterinnen und Dichtern eine Chronistenfunktion zuzuschreiben, so als beträfen ihre Verse längst historisch gewordene Wahrheiten.

Der frühe Paul Celan

Nicht nur Nelly Sachs, sondern vor allem auch Paul Celan (1920–1970) ist auf die Rolle eines ›Blutzeugen‹ festgelegt worden, ganz im Sinne jener so genannten ›Vergangenheitsbewältigung‹, deren gegenaufklärerisches Geschäft in der Adenauer-Ära so rigide und skrupellos nach dem Prinzip betrieben wurde, dass die überlebenden Opfer die ›Entsorgung‹ der Vergangenheit noch am besten übernehmen könnten.

Celans Gedicht »**Die Todesfuge**« (1983, 1, 41) spiegelt in seiner Rezeptionsgeschichte diesen Zusammenhang in bestürzender Weise wider. »Die Todesfuge«, so notiert Hans Mayer 1967, hatte »den Namen Paul Celan bekannt gemacht. [...] Aber das Gebilde machte sich selbständig, erhielt bald in der Literaturkritik, dann sogar als ›Pensum‹ im Deutschunterricht eine Warendeklarierung mit: auf den Weg. [...] Nun machte man daraus so etwas wie ein Ritualgedicht im Geiste christlich-jüdischer Verständigung« (Mayer 1969, 357).

Celans »Todesfuge«, wohl 1944 bereits entstanden (Martin 1984, 81), gehört zur frühen Dichtung, also zu einem Werkkontext, der eng mit den literarischen Anfängen im rumänischen Czernowitz zusammenfällt. Celans Geburtsort, eine Stadt in der Bukowina mit hohem jüdischen Bevölkerungsanteil, mit deutscher und hebräischer Schule, ist zugleich die erste Station literarischen Interesses, das Celan etwa mit Immanuel Weißglas, Alfred Margul-Sperber und Rose Scherzer-Ausländer teilte. Nach Stiehler zeigen deren in Czernowitz entstandene Gedichte Parallelen mit der »Todesfuge« auf (Stiehler 1972) und verweist auf das Gedicht »Er« von Weißglas: »Wir heben Gräber in die Luft und siedeln / Mit Weib und Kind an dem gebotnen Ort. / Wir schaufeln fleißig, und die andern fiedeln, / Man schafft ein Grab und fährt im Tanzen fort.« Auch auf »Gretchens Haar« und den »Tod« als einen »deutschen Meister« gibt es bei Weißglas einen Hinweis: »ER spielt im Haus mit Schlangen, dräut und dichtet, / In Deutschland dämmert es wie Gretchens Haar. / Das Grab in Wolken wird nicht eng gerichtet: / Da weit der Tod ein deutscher Meister war« (Weißglas 1994, 107). Die Metapher »schwarze Milch« – jene »schwarze Milch der Frühe« bei Celan – kommt in einem Gedicht Rose Ausländers vor: »Nur aus der Trauer Mutterinnigkeit / strömt mir das Vollmaß des Erlebens ein. / Sie speist mich eine lange, trübe Zeit / mit schwarzer Milch und schwerem Wermutwein.« (Ausländer 1984, 1, 66).

So wichtig solche literarischen Bezüge für die Entstehungsgeschichte der frühen Lyrik Celans auch sind: in seinen Texten, wie in der »Todesfuge«, werden jene literarischen Quellen und Anregungen zusammen mit allen anderen Einflüssen in eine Poesie transformiert, die sich des konventionellen lyrischen Tones, der bei Weißglas und Ausländer noch klar vorherrscht, ebenso entledigt wie der Einordnung moderner Dichtung unter Theologie und Religion. Die »Todesfuge« wird 1948 in Celans Sammlung *Der Sand aus den Urnen* veröffentlicht; freilich zieht der Autor den gesamten Band nach seinem Erscheinen sofort zurück und lässt ihn einstampfen. Das Schicksal der ersten Sammlung hat Uwe Martin näher beschrieben (Martin 1984).

Die **Popularität der »Todesfuge«** hat mehrere Gründe. Gerade jene »unkenntliche Linie, welche Klage von Anklage trennt« (Neumann 1968, 57), hat es so anziehend gemacht. Die hermetische Tendenz schien deshalb in dem Moment relativierbar, in dem sie zu einem Formproblem, dem einer Fugenkomposition, gemacht wurde. Celan habe, so die These, sein Gedicht analog zu musikalischen Aufbauprinzipien einer Fuge konzipiert und entsprechende Wiederholungs- und Gegensatztechniken verwendet. Wo das Gedicht aber seines ästhetischen Gehaltes wegen geschätzt werde, da verfalle es zum »Wiedergutmachungsgedicht« (Voswinckel 1974, 100f.). Es gehört zu den Paradoxien der Wirkungsgeschichte moderner Lyrik, dass gerade dieses Gedicht Celans zum **Schulexempel hermetischer Dichtung** werden konnte, das doch in der Tat, von seiner Rezeption her beurteilt, längst aller Hermetik beraubt war. Schon Heselhaus hatte sich an den »Stimmen« enthusiasmiert, »die vom Grauen der Konzentrationslager geblieben sind« (Heselhaus 1961, 432). Müller nennt den Text »ein einziges lyrisches Paradoxon« (Müller 1970,127). Und Büttner spricht die Intention jener »Todesfugen«-Lektüre, welche die Hermetik des Textes überwältigt, unmissverständlich aus (Büttner 1975, 98):

> Hinzu kommt das Überraschende, daß dieses Gedicht trotz des entsetzlichen Geschehens nicht mit einer hetzerischen Verdammung der Deutschen endet. Am Ende stehen Margarete und Sulamith gleichwertig nebeneinander, nur unterschieden durch Haarfarbe und Namen. Eine menschliche Verständigung, eine Versöhnung erscheint trotz Auschwitz in Zukunft möglich.

Freilich bleiben auch Deutungen unbefriedigend, die nicht Büttners Ideologem der Verdrängung reproduzieren, sondern es aufzudecken versuchen. Begriffe wie »Eindringlichkeit« und »Erschütterung« (Büttner 1975, 104) überwinden derartige Fehllesungen der »Todesfuge« nicht. Voswinckels These hat zuletzt doch einige Beweiskraft (Voswinckel 1974, 101):

> Die Verdinglichung, der die ›Todesfuge‹ im Kulturbetrieb anheimgefallen ist, läßt sich einstweilen nicht rückgängig machen. Jede neue Interpretation würde dasselbe Schicksal erleiden wie das Gedicht selbst: sie würde seine Rolle als Kulturgut bestätigen und fände Anklang bei jenen, die die ›Todesfuge‹ zum Konsumartikel gemacht und damit getötet haben.

Drei Gedichtbände Celans erscheinen in den 50er Jahren: *Mohn und Gedächtnis* (1952), *Von Schwelle zu Schwelle* (1955) und *Sprachgitter* (1959). Von Sammlung zu Sammlung verstärkt sich die Neigung zur aufs Wesentliche verknappten Verssprache mit ihren fragmentarischen Lakonismen. Von Anfang an kennzeichnet Celans Gedichtbände ein **zyklisches Aufbauprinzip**, an George und Rilke erinnernd. **Motive und Metaphern-Komplexe** kehren wieder: Auge, Lid, Licht, Stern, Stein, Brunnen, Eis und Tod. Aber ihre Bedeutung liegt nicht fest. In jedem Gedicht sind sie aufs Neue nach ihrer Semantik zu befragen, die im Sprechen selbst, im einzelnen Gedicht aufgehoben ist. Celan erprobt nicht, wie Stéphane Mallarmé, die Sprache, um sich ihrer schöpferisch-befreienden Potenz zu vergewissern. Vielmehr schreibt er im Bewusstsein der ›Grenze‹ der Sprache, bis hin zum Motiv des Stammelns und Stotterns, das noch einzig verhüllte Wahrheit birgt, aber auch bis zur pessimistischen Einsicht ins Scheitern des Gedichts: »Welches der Worte du sprichst – / du dankst / dem Verderben« (Celan 1983, 1, 129), »Wahr spricht, wer Schatten spricht« (135).

Die **Selbstthematisierung der Poesie**, des dichterischen Sprechens wird zu einem zentralen Thema Celan'scher Lyrik überhaupt und kommt in einer Vielzahl seiner ›poetologischen Gedichte‹ zum Ausdruck; sie nehmen von Sammlung zu Sammlung zu. Das Gedicht »Argumentum e silentio« (138) macht deutlich, dass von der »Nacht« nur noch etwas sagen kann, der das »erschwiegene Wort« sucht:

> Ihr, der Nacht,
> das sternüberflogne, das meerübergossne,
> ihr das erschwiegne,
> dem das Blut nicht gerann, als der Giftzahn
> die Silben durchstieß.

Ihr das erschwiegene Wort.
Wider die andern, die bald,
die umhurt von den Schinderohren,
auch Zeit und Zeiten erklimmen,
zeugt es zuletzt,
zuletzt, wenn nur Ketten erklingen,
zeugt es von ihr, die dort liegt
zwischen Gold und Vergessen,
beide verschwistert von je –

Denn wo
dämmerts denn, sag, als bei ihr,
die im Stromgebiet ihrer Träne
tauchenden Sonnen die Saat zeigt
aber und abermals?

Oelmann hat darauf verwiesen, dass hier der »Prostituierung« des Sprechens, jener für »Schinderohren« bestimmten Sprache, die »Notwendigkeit des Läuterungsprozesses« (Oelmann 1980, 314) gegenübergestellt werde. Die Dichtung nur nähert sich ihm an, und auch nur unter der Voraussetzung, dass sie Gedächtnis jener »Nacht« ist. In der Koinzidenz von Leiden und Dichtung wird eine poetologische Konzeption sichtbar, deren im Bild des Meridians verschlüsselte Programmatik Celan erst 1960 in seiner Darmstädter Rede formuliert, deren Grundzüge sich aber bereits in den »Sprachgittern« offenbaren.

Der letzte Zyklus dieses Bandes, »Engführung« (Celan 1983, 1, 197), ist dafür ein Paradigma. »Engführung« greift ein Element der Fugenkomposition wieder auf und meint zunächst die äußerste semantische Verdichtung der Wortzeichen auf engstem Raum, ein Verfahren, das im Gedicht zugleich erprobt und zum Thema wird. Auch in diesem Text werden die Worte der Dichtung, das »Partikelgestöber«, von der Sphäre des bloßen Geredes und Meinens strikt geschieden:

Orkane.
Orkane, von je,
Partikelgestöber, das andre
du
weißts ja, wir
lasens im Buche, war
Meinung. (200)

Celans »Engführung« ist kein Selbstzweck, kein ›absolutes Gedicht‹ im Bennschen Sinne. In seiner Bremer Ansprache anlässlich der Entgegennahme des Literaturpreises der Stadt hatte Celan 1958 davon gesprochen, dass das Gedicht »eine Erscheinungsform der Sprache und damit seinem Wesen nach dialogisch«, ja »unterwegs« sei: »Auf etwas Offenstehendes, Besetzbares, auf ein ansprechbares Du vielleicht, auf eine ansprechbare Wirklichkeit« (Celan 1983, 3, 186). Nicht auf Information und Mitteilung ist dieses Dialogische gerichtet, sondern auf jene Bedeutung der Sprache als Widerstand, die Celans Lyrik eigen ist.

Ingeborg Bachmann

Adorno hat zu Celan die Frage gestellt, wieweit die Gedichte »tatsächlich hermetisch« (Adorno 1970, 475) seien. Er relativiert ihr hermetisches Element, indem er ihren Einspruchcharakter gegen eine instrumentalisierte Sprache hervorhebt. Kunst sei »integer einzig, wo sie bei der Kommunikation nicht mitspielt« (476). Ihre Abgrenzung gegen diese Sprache macht in letzter Instanz den Grad des Hermetischen im Gedicht aus. Solchen Widerstand gegen eine gefügig gemachte Sprache kennen auch Ingeborg Bachmanns (1926–1973) Gedichtbände *Die gestundete Zeit* von 1953 und die *Anrufung des Großen Bären* von 1956.

Bachmanns Sprachskepsis – diese verbindet die Autorin mit anderen Konzeptionen der hermetischen Dichtung – hat zunächst eine **philosophische Wurzel** und ist an Wittgenstein geschult. Ihre **existentialistische Motivierung** verweist auf Heidegger, über den die Autorin 1949 in Wien promovierte. Ihre Gedichte sind Beispiele dafür, dass die Lyrik der 50er Jahre intensiv am philosophischen Diskurs partizipiert hat. Schon der Titel *Die gestundete Zeit* nimmt einen philosophischen Gedanken auf, der ästhetisch gewendet und zum Ausgangspunkt für eine Erkundung menschlicher Existenz jenseits tradierter Sinnsysteme wird. Bachmanns Verse unterlaufen damit jenes restaurative, auf Expansion und Sicherheit gerichtete Fortschritts- und Wohlstandsdenken der 50er Jahre, indem sie deren andere Seite: das Unbehagen entfremdeten Lebens formulieren. Chiffre solchen Unbehagens ist ein lyrisches Untergangs- und Endzeitbewusstsein, das nur noch schwach mit utopischen Elementen durchsetzt ist und der Dichtung eine pessimistische Aura verleiht.

Nicht vom Aufstieg der Systeme ist die Rede, sondern vom »Fall aus der Zeit« (Bachmann 1978, 31), nicht vom herrschenden Freiheitspathos in Ost und West, sondern davon, »daß wir des Kontinentes Gefangene bleiben / und seinen Kränkungen wieder verfallen« (57). Zu einem Panoramagedicht jenes existentialistischen Unbehagens, das sich als oppositionelle Stimme im Kulturbetrieb der Restauration versteht, weitet Bachmann ihren Gedichtzyklus »Von einem Land, einem Fluß und den Seen« (84) in der *Anrufung des Großen Bären* aus. Zugleich aber zeigen sich auch die Grenzen einer Poesie, die ihre Untergangsbilder auf gekonnte, ästhetische Weise entwirft und – jenseits aller Sprachskepsis – von »Gesetz« und »Ordnung« träumt, welche »in der schönen Sprache, / im reinen Sein« (92) verborgen lägen.

Die Eingangsstrophe des Titelgedichts »Die gestundete Zeit« ist ein Beispiel für jene bei Literaturkritik und Leserschaft gleichermaßen beliebte Ästhetik des Unbehagens:

Es kommen härtere Tage.
Die auf Widerruf gestundete Zeit

wird sichtbar am Horizont.
Bald mußt du den Schuh schnüren
und die Hunde zurückjagen in die Marschhöfe.
Denn die Eingeweide der Fische
sind kalt geworden im Wind,
Ärmlich brennt das Licht der Lupinen.
Dein Blick spurt im Nebel:
die auf Widerruf gestundete Zeit
wird sichtbar am Horizont.

Der Text variiert seine Katastrophenahnung in einer schillernden, vieldeutigen Bilderkette, welche die Floskel »Es kommen härtere Tage« trotz ihres Kassandra-Tones im Vagen belässt. Das lyrische Ich vertraut auf seinen überlegenen Blick, auf sein Endzeitbewusstsein, das es wortreich auszusprechen weiß, ohne es je zu präzisieren. Bachmanns kritische Perspektive droht im Pathos engagierter Rede und dramatischer Effekte zu affirmieren. Sie ist in der Tat oft nur »mahnende Ansprache« (Svandrlik 1984, 31) mit kritischer Absicht, die zwar mit ihren »Bildern des Erstarrens, des ausgehenden Lichtes, der zunehmenden Kälte und des Abschieds Metaphern« (29) der Endzeit ausmalt, aber doch in ihrer poetischen Sprache sich nicht verschließt, sondern ihre Chiffren als offene Angebote zur Entschlüsselung bereithält.

So bleibt auch der Gestus der **Sprachskepsis** im ersten Gedichtband allenfalls ein avisierter, nicht jedoch eingehaltener Anspruch radikaler Hermetik, den der Drang zur wort- und bildreichen Kommunikation mit den Lesern verdrängt. Die *Anrufung des Großen Bären* jedoch relativiert diese Neigung zu einer Metaphysik des Scheiterns, die noch das Scheitern im goutierten Endzeitsyndrom erträglich machen will, und verstärkt Bachmanns Pessimismus. Die 25 »Lieder auf der Flucht« in der *Anrufung* verweigern jede inszenierte Auktorialität des Ichs, indem es die Gewissheit *eigener* Passion, eigenen Erleidens mitreflektiert und im Todesthema konkret werden lässt, bis hin zur »kompromißlosen Verwerfung der eigenen, ›wirklichen‹ Wirklichkeit« (Weissenberger 1981, 263).

Johannes Poethen

Dass der Begriff der hermetischen Lyrik ein weit zu fassender sein muss, zeigt sich nicht zuletzt im Bachmannschen Werk und seiner Spanne zwischen strikter Abgeschlossenheit und evozierten, auf Kommunikation gerichteten Vermahnungen. Zumindest in seinen ersten Gedichten hat auch Johannes Poethen (* 1928), der den Bekanntheitsgrad Bachmanns nicht im Ansatz erreichte, am moralischen Pathos des Warnens und Mahnens einen Anteil. Dem lyrischen Traditionalismus noch verpflichtet, trägt sein erster Gedichtband, *Lorbeer über gestirntem Haupt* aus dem Jahr 1952, die emphatische Gattungsbezeichnung *Sechs Gesänge.* 1956 erscheint die Sammlung *Risse des Himmels*, 1958 *Stille im trockenen Dorn.* Celans Einflüsse sind unverkennbar. Poethen arbeitet mit zyklischen Aufbauformen; Gedichttitel wie »Stein«, »Stern«, »Muschel«, »Gras«, »Dornbusch« (Poethen o. J., 94f.) lesen sich, als ob sie Zitate wären, und Gleiches gilt für eine Reihe von Motiven, die stets wiederkehren: Auge, Lid, Blindheit, Traum, Stille, Krug, Brunnen.

Für Poethen ist das Gedicht ein »floß«, eine »fügung aus treibholz«, ein »tagwerk / das der sturm aufhebt« (72). **Schweigen und Verstummen** werden zur drohenden Gefahr einer gewaltsamen, sprachlosen, in Entfremdung verharrenden Welt, der auch das lyrische Ich allenfalls nur eine gebrochene, schwache Stimme verleihen kann: »Ins stumme schlug ich die höhle / ins lärmgestein. // Mein nachbar ist gläsern« (68). Poethen erprobt die Metaphern-Sprache hermetischer Dichtung und nimmt auch gewagte Bildkonstruktionen in Kauf: »Mein auge vom zimmer bewahrt / hüllt sich ein weil es friert / tief in den mantel des lids« (35).

Seine Gedichte fügen sich nicht zu einem trügerischen Sinnganzen, ihre Hermetik ist vielmehr ein Abbild deformierter Sinnkonzepte. Auch die in den 50er Jahren grassierende Reise-Lyrik mit südlich-mediterranem Flair wird bei Poethen zum gebrochenen Zitat, wenn der »Südwind«, jener »hieroglyphenwind aus gefiedertem blau«, melancholisch »zum dauernden flugbild des sturzes« (43) sich paart.

Im Gegensatz zu Celan und eine Reihe anderer Lyriker folgt Poethen nicht der Tendenz zur pointierten Verknappung der Versstruktur; im Gegenteil weiten sich seine Texte zeitweilig zu umfangreichen Prosagedichten aus. Damit entzieht sich der Dichter freilich angestrebter sprachlicher Reflexion und neigt zu einer gewissen monotonen Wiederholung schon adaptierter Formeln und Muster.

Poethens Gedichte kennzeichnet ein lyrisches Ich in der Rolle eines Fragenden, Meditierenden, dem jede überhebliche Pose abgeht. Zur Poetik des Hermetismus nach 1945 gehört daher als eine seiner adäquaten Satzfiguren die Frage, und zwar nicht die rhetorische, sondern eine von Staunen, Spontaneität, Skepsis und Entsetzen bestimmte. Sie hat noch im poetischen Selbstgespräch einen dialogischen Zug, zumindest denjenigen, der zum Mit-Zweifel anstiften könnte.

Marie Luise Kaschnitz

Dass solche Lyrik »wirklichkeits-wund und Wirklichkeit suchend« (Celan 1983, 3, 186) sei, davon hatte Celan in seiner Bremer Rede gesprochen. Noch deutlicher hebt dies Marie Luise Kaschnitz (1901–1974) hervor. Sie befreit sich vom traditionsbezogenen Glauben an eine zeitenthobene Unversehrtheit poetischer Sprache. Ihr ist seit den 50er Jahren gewiss, dass die Literatur, will sie ihre Aphasie verlieren, mühsam sich wieder auf die Sprache zu bewegen muss. Kaschnitz' Gedichtband *Zukunftsmusik* von 1950 ist ein erster, noch sehr unsicherer Schritt in diese Richtung. Die *Neuen Gedichte*, 1957 erschienen, zeigen die Veränderungen deutlicher an.

Für Kaschnitz ist der »Sinn [...] nicht länger ein fix und fertig geknüpfter Teppich, sondern die Spurensuche, die detektivische Arbeit am ich« (Szondi 1972, 69). Im »Tutzinger Gedichtkreis« (Kaschnitz 1985, 245ff.), jener Initiation in die *Neuen Gedichte*, klingt die Mühe solcher »Arbeit« (248): Die Sprache, die einmal ausschwang. Dich zu loben, / Zieht sich zusammen, singt nicht mehr / In unserem

Essigmund. Es ist schon viel, / Wenn wir die Dinge in Gewahrsam nehmen, / Einsperren in Kästen aus Glas wie Pfauenaugen.« Und sie betrachten am Feiertag.«

Im Zyklus »Sizilianischer Herbst« heißt es lapidar: »[...] Was ist das Ganze? / Brot, Blut und Stein. Ein Stückchen Abendland« (262). Erst jenseits des »Ganzen« kann die dichterische Sprache ihren Ausgangspunkt nehmen. Kaschnitz' Verse zeigen, dass hermetische Tendenzen, die Abgeschlossenheit gegen Ideologie und Gerede, nicht unbedingt Unverständlichkeit implizieren müssen. Die Gedichte entfalten ihr Potenzial, auch wenn die »Neuen Gedichte« schon knapper, karger und unterbrochener wirken als ihre früheren, in einem **Panoramabogen**, teils in breit angelegten Zyklen, teils in vielstrophigen Gedichten. Ihren Charakter des Suchens und Zweifelns verlieren sie trotzdem nicht.

Hermetische Tendenzen bei Kaschnitz fallen mit dem Widerstand gegen geborgte Ganzheitskonzepte und Fortschrittsteleologien zusammen. Das Gedicht »Hiroshima« (258) ist ein Paradigma für eine solche Poesie des Einspruchs: »Der den Tod auf Hiroshima warf / Ging ins Kloster, läutet dort die Glocken«, so beginnt das Gedicht, ein Klischee aus Sühne und Buße zitierend, um es dann – mit einem Blick auf ein rundum zufriedenes, saturiertes Bürgergesicht – desto gründlicher und unnachsichtiger zu destruieren: »Nichts von alledem ist wahr.« – Es gibt keine treffendere Umschreibung dessen, was hermetische Lyrik in den 50er Jahren bedeutet, als jener Gestus des Einspruchs, der sich noch im Sprechen – »Nichts von alledem ist wahr« – jeder Positivität entsagt.

2.3 Inszenierungen des lyrischen Ichs. Zur Poetologie des Nachkriegsgedichts

Adornos Satz, es sei »barbarisch«, »nach Auschwitz ein Gedicht zu schreiben«, zielte auf die Erkenntnis, dass der Kunst nach 1945 die Erfahrungen faschistischer Diktatur inhärent bleiben mussten. In ihrer poetischen Praxis haben Adorno letztlich nur diejenigen unter den Lyrikern widerlegt, die seine Erkenntnis bestätigten: deren Werken das Bewusstsein eingeschrieben ist, dass sich die Kunst keiner Positivität des Denkens, keiner Totalität von Sinnkonzepten je wieder fügen dürfe. Die Radikalität und Konsequenz solcher Einsichten hatten freilich zunächst wenige begriffen; und so verwundert es nicht, dass in den nach dem Krieg rasch einsetzenden poetologischen Debatten die **Reflexion der Zeitgeschichte** kaum eine Rolle spielte. Eher galt es – beinahe in Umkehrung des Adornoschen Verdikts –, dem Reiz einer irgendwie befreiten, potentiell Neuland erschließenden Lyrik nachzuspüren. Skeptische Verweigerungsgesten, wie sie Adornos Kulturkritik eigen waren, passten nicht ins Bild eines Wiederaufbaus, an dem in den frühen 50er Jahren auch die Lyrik partizipiert hatte.

Debatten um die Poetologie des Nachkriegsgedichts

Wie fix sich aus Namen, Anspielungen und Zitaten eine provisorische Plattform zimmern ließ, vermittelt beispielhaft Hans Egon Holthusens frühe Nachkriegsessayistik. In ihr scheint das Bild vom »unbehausten Menschen« auf, der »in einer Welt ohne Boden und ohne Himmel« (Holthusen 1948, 162f.) existiert, hineingestellt in eine leere Transzendenz, ergriffen von kulturpessimistischen Selbstzweifeln und dem **Bewusstsein existentieller Verlorenheit.** Holthusen grenzte sich strikt von der literarischen Avantgarde des frühen 20. Jahrhunderts ab. Die Form, so scheint es, wird »zur unbedingten Sicherung seines Halts« (Krolow 1963, 23): Wenn schon der Himmel nichts anderes als leere Transzendenz ist, dann hat das Gedicht zumindest klassizistische Eleganz zu bieten. Auf dieser Basis entwirft Holthusen sein Verständnis vom Dichter. Poeten seien Magier, Artisten und Metaphysiker, die stets »am Rande des Nichts intellektuell und künstlerisch operieren« (Holthusen 1951,145): exzeptionelle Subjekte, die mit einer »Verskunst von Goethe bis Rilke« (Meister 1957) im Tornister – alle Feindfahrten in die unbekannte, obdachlose Wirklichkeit unbeschadet überständen.

Die **Souveränität des Dichters** wurde zur Apologie künstlerischer Subjektivität erweitert, der letztlich nichts etwas anzuhaben vermag. An der Diskussion über die Rolle des lyrischen Ichs haben viele Dichter teilgenommen. Je unbedeutender die Autoren waren, umso stilisierter waren ihre Proklamationen. Die Poetiken waren im Kern Rechtfertigungen eigenen Schreibens, keineswegs bloße Formdebatten oder gar gelehrte Dispute über Themen, Motive und Stile. Nicht um Metrik und freien Vers wurde gestritten, sondern um Selbstlegitimation.

Hans Benders Anthologie *Mein Gedicht ist mein Messer* (1955) stellt den poetologischen Wettstreit einer Reihe von Nachkriegslyrikern öffentlich aus, indem er deren kurzgefasste Theoreme präsentiert. So gibt Hagelstange selbstbewusst die Losung aus »Die Form als erste Entscheidung« (37), freilich mit dem Eingeständnis: »Man erfindet nichts Neues – man findet das Vorhandene« (43). Max Hölzer bekennt, er habe »nie um des Gedichtes, sondern der Wahrheit willen« (60) geschrieben: eine emphatische Selbstreklame, die im Zitat klassischer Ästhetik ein lyrisches Ich inthronisieren möchte.

Krolows Maxime, das »Schreiben von Gedichten« sei »ein sachlicher Vorgang« (71), liest sich fast wie eine befreiende Objektivität. Aber er stilisiert seine Schreibsituation nur auf andere Weise, indem er sich der **Maske von Ironie und Spiel** bedient (75):

> Der Lyriker – meine ich – sollte sich von Zeit zu Zeit als ein Mann fühlen, der Singvögel unter seinen Hut hält und sie dann im rechten Augenblick in einen eingebildeten Äther entweichen läßt, als ein heiterer Zauberer, dem eine ganze Welt der Imagination zur Verfügung steht, wenn er nur will.

Da kehrt, zwar nicht sehr ernst genommen, Merlin wieder, die Figur des Magiers, der die Lyrik seit Jahrzehnten verzückt hatte. In solchen Verweisen zeigt sich zugleich die Grenze poetologischer Experimente, die etwa Krolow mit seiner Propaganda für ein ›offenes Gedicht‹ intendierte. Zumindest »das Herrlichste der Spiele« hat nach Karl Schwedhelm »das Schreiben von Gedichten« zu sein: »Spiel allerdings in jenem ernstesten Sinne, daß hellste Leichtigkeit, letztes Wagnis nur am Abgrund möglich sind. Dort aber«, so glaubte der Verfasser einiger schmaler Lyrikbände, werde »das schöpferische Spiel vom Zeitvertreib zum Zeitgewinn, weil es alle Zeit aufhebt im Glück endlich gefundener Gestalt« (84). Jargon durchherrscht eine Vielzahl von Poetologien in den 50er Jahren, bis hin zu Platitüden wie »Poesie ist das Dasein selber« oder Phrasen von der »nahtlosen Identität von Kunstwerk und Ich« (83). Immer wieder wird die Gestalt eines produktiven lyrischen Subjekts entworfen, das exzeptionelle, ja megalomanische Züge trägt.

Bender hat seiner Anthologie ein Vorwort vorangestellt, das die Richtung angibt, auf die einige seiner Autoren zugeschrieben haben. Er nennt Gottfried Benns Marburger Vortrag »**Probleme der Lyrik**« aus dem Jahr 1951 »für die junge lyrische Generation eine Ars poetica« (8): eine berechtigte Wertschätzung, wenn man die Präzision und Stringenz der Bennschen Position an den Deklarationen der Jungen misst. Hatten diese den Kontakt zur europäischen Moderne nach 1945 sich im Schnellverfahren angeeignet und mit deren Nomenklatur bis in die 50er Jahre hinein unsicher experimentiert, so ist Benn selber deren historischer Exponent gewesen, der Theorie und Praxis moderner Lyrik seit dem frühen 20. Jahrhundert in ihren einzelnen Phasen und Paradigmenwechseln aus eigener Anschauung kennt.

Später Ruhm: Benn

Der späte Ruhm Gottfried Benns (1886–1956) war unmittelbar nach dem Krieg nicht abzusehen. »Damals unerwünscht, heute von neuem unerwünscht«, notiert Benn Ende 1945 in einem Brief und gibt zu verstehen, dass gerade diese Isolation die »Bestätigung« seines »Grundgefühls« sei: »daß Kunst außerhalb der Zusammenhänge von Staat u. Geschichte steht u. daß ihre Ablehnung durch die Welt zu ihr gehört« (zit. n. Uerlings 1984, 61). Die Rolle des außenstehenden, unbeteiligten Beobachters spielt Benn auch weiter, als er nach ein paar Jahren zum *poeta laureatus* der Bundesrepublik avanciert, mit Preisen und Bundesverdienstkreuz ausgezeichnet. Er hat damit freilich die **Erwartungen der Öffentlichkeit** um so mehr erfüllt, als diese in Benn jemanden zu erkennen glaubt, der Kontinuität verbürgt und in seiner Unabhängigkeit als moderner Schriftsteller gegenüber Politik und Gesellschaft eine distanzierte Haltung einnimmt. Noch das Schweigen zum Faschismus, zur widersprüchlichen eigenen Vergangenheit konnte dann mühelos als Signum artistischer Souveränität ausgelegt werden.

Mit seinem »Berliner Brief« im *Merkur*, den *Statischen Gedichten* (1948) und Prosaveröffentlichungen (»Der Ptolemäer«, »Ausdruckswelt«) war Benn 1949 wieder präsent; seine Anhänger in den Redaktionsstuben und Herausgeberkreisen der literarischen Zeitschriften, besonders des *Merkur*, der *Neuen Literarischen Welt* und des *Literarischen Deutschland*, jener »literarischen Regierungspartei«, wie Enzensberger sie 1962 nannte –, sorgten schnell für eine geradezu propagandistische Verbreitung der Benn'schen Kunstdoktrin.

Ihren programmatischen Ausdruck fand diese Doktrin in Benns Marburger Vortrag »Probleme der Lyrik« (Benn 1959). Benn entwirft sein **Konzept von Artistik**, die er als »Versuch der Kunst« definiert, »innerhalb des allgemeinen Verfalls der Inhalte sich selber als Inhalt zu erleben und aus diesem Erlebnis einen neuen Stil zu bilden«, »gegen den allgemeinen Nihilismus der Werte eine neue Transzendenz zu setzen: die Transzendenz der schöpferischen Lust« (500). Diese »Artistik« ist kein Ästhetizismus, aber schon erst recht keine epigonale Stimmungslyrik, kein anachronistisches ›Ansingen‹ der Dinge.

»Lyrik muß entweder exorbitant sein oder gar nicht« (505), so wendet Benn sich an jene Mittelmäßigkeit, die sich nach 1945 literarisch zu artikulieren versuchte. »Form *ist* ja das Gedicht« (507), hält Benn fest. Er erinnert damit an die Tradition der Moderne, und zwar so, dass er deren Avantgarde-Phase – Expressionismus, Dadaismus, Surrealismus – nur in groben Konturen skizziert, aber einer moderaten, zurückgenommenen, ›klassischen‹ Moderne desto entschiedener das Wort redet. Benns Formbegriff gibt davon ein beredtes Zeugnis. Form sei »das Sein, der existentielle Auftrag des Künstlers, sein Ziel« (508), das Wort sei »der Phallus des Geistes« (510): eine Metaphysik, die in ihrer artistischen Variante sich jeder Philosophie, jeder Theologie entschlägt und selber als deren Surrogat erscheint.

In seinem poetologischen Schlüsseltext »Statische Gedichte« (Benn 1986, 224) hat Benn die **autonome Stellung des artistischen Subjekts** veranschaulicht und dabei dessen Distanz zur Gesellschaft, aber auch die Bedeutung von Melancholie und Isolation hervorgehoben. Die ersten zwei Strophen des Gedichts lauten:

Entwicklungsfremdheit
Ist die Tiefe des Weisen,
Kinder und Kindeskinder
Beunruhigen ihn nicht,
dringen nicht in ihn ein.

Richtungen vertreten,
Handeln,
Zu- und Abreisen
ist das Zeichen einer Welt,
die nicht klar sieht.
Vor meinem Fenster
– sagt der Weise –
liegt ein Tal,
darin sammeln sich die Schatten,
zwei Pappeln säumen einen Weg,
du weißt – wohin.

Benns Entwurf läuft keineswegs auf einen triumphierenden Rückzug hinaus, sondern schließt den Preis dafür ein: Einsamkeit bis in den Tod (»die Schatten, / zwei Pappeln säumen einen Weg«). Vor diesem Hintergrund kann Benn die **Bedeutung des lyrischen Ichs** formulieren (Benn 1959, 512):

> Das lyrische Ich ist ein durchbrochenes, ein Gitter-Ich, fluchterfahren, trauergeweiht. Immer wartet es auf seine Stunde, in der es sich für Augenblicke erwärmt, wartet auf seine südlichen Komplexe mit ihrem ›Wallungswert‹ nämlich Rauschwert, in dem die Zusammenhangsdurchstoßung, das heißt die Wirklichkeitszertrümmerung, vollzogen werden kann, die Freiheit schafft für das Gedicht – durch Worte.

Benn rekurriert in seiner magischen Beschwörung der »Stunde« des Worts auf frühere Positionen und knüpft an eigene Theorien zum Thema ›Ich-Verfall‹ und ›modernes Ich‹ an. Was er verteidigt, ist die Autonomie eines lyrischen Ichs, das auf sich selbst zurückgeworfen bleibt, jenseits von Geschichte und Gesellschaft stehen will und letztlich nur im Moment artistischer ›Mache‹ existiert. Strikt monologisch hat solche Lyrik zu sein: »das absolute Gedicht, das Gedicht ohne Glauben, das Gedicht ohne Hoffnung, das Gedicht an niemanden gerichtet, das Gedicht aus Worten, die Sie faszinierend montieren« (524).

Die Bedeutung der **Theorie vom »absoluten Gedicht«**, Kernstück des Marburger Vortrags, liegt zunächst darin, dass Benn die moderne Lyrik auf Form, Stil und Ausdruck festlegen will. Der Artistik ordnet er eine Suggestion des Wortes zu; und indem er dessen »Rauschwert« hochhält, verhilft er einem artistischen Mystizismus zum Durchbruch. »Nichts – aber darüber Glasur« (Burger/Grimm 1961, 28), so hat Grimm die Konstellation einer modernen Poesie genannt, die in ihrer kühlen **Form-Kombinatorik** dem Realitätsverfall noch wahrhaft magische Töne abzutrotzen versteht. Gerade die Verbindung von **Intellektualität**, behaupteter **Autonomie des Ichs** und faszinierender **Wortmagie** macht Benns Programm in der Tat zu einer *ars poetica* westdeutscher Lyrik in den 50er Jahren (Gnüg 1983, 218):

> Es ist der Wille nach einem objektiven Wert jenseits einer Trümmerwirklichkeit, einer demoralisierten Gesellschaft, der Wille nach einem letzten Sinn, der auch nicht mehr in diesem als zufällig, verführbar, fragmentarisch erlebten Subjekt liegen konnte, der die Lyriker eine neue ›Objektivität‹ im absoluten Gedicht suchen ließ.

Benns **Apologie des lyrischen Ichs** wirkte wie eine Art Befreiung vom Zwang gesellschaftlicher Legitimation; denn er sparte das empirische Ich, dessen Erfahrungswelt, dessen Einbezogenheit in den prognostizierten Realitätsverfall, sorgfältig aus, indem er das lyrische Ich um so mehr mit allen Vollmachten seines ›Artistenevangeliums‹ ausstattete. »Benns Bekenntnis zur Form«, hebt Wellershoff hervor, »kann nur existentiell verstanden werden. Die autonomen, abgeschlossenen, in sich ruhenden Gebilde sind das Gestalt gewordene Ohne-mich« (Wellershoff 1958, 235).

Von wenigen seiner rasch zahlreicher werdenden Anhänger wurde in den 50er Jahren erkannt, dass Benns Theorie des »absoluten Gedichts« keine adäquate lyrische Praxis folgte. Sein Ich ist ein schwaches Subjekt noch dort, wo es sich als Stratege der Form souverän auszuweisen versucht. Es weiß um das Bewusstsein seiner Vorläufigkeit, hat eine Neigung zur Resignation und vermag Erkenntnis nur noch als unausgefüllte Leerstelle zu akzeptieren. Benns Ich-Figur ist eine Figur des Rückzugs in eine synthetische Formwelt, also letztlich eine Verabschiedung lyrischer Subjektivität.

In Benns späten Texten fehlt nicht zufällig jene artistische Souveränität des lyrischen Ichs, die dem »**absoluten Gedicht**« inhärent sein müsste. Viel stärker tritt dagegen ein gebrochenes, ja leidendes Ich hervor, das sich einer banalen, zweckorientierten Gesellschaft verweigern möchte und in melancholischer Verharrung der Kälte profitsüchtiger Aufstiegsmentalität innewird.

Moderne Lyrik: Der internationale Kontext

Die Poetik des Nachkriegsgedichts beließ es, von Benn und einigen anderen Autoren abgesehen, bei einer Rezeption der Moderne aus zweiter Hand, indem sie den Marburger Vortrag in den Rang epochaler Verbindlichkeit erheben wollte. Allerdings war Benn nicht die alleinige Autorität. Für eine gewisse Zeit jedenfalls erfahren die Werke und Schriften von William Carlos Williams, Ezra Pound, Saint-John Perse, Henri Michaux und in besonderem Maße von T.S. Eliot eine große Resonanz innerhalb der Lyrik der 50er Jahre. Schon Benn hatte auf ausländische Dichter verwiesen. Vor allem solche Konzeptionen werden bevorzugt, die einer moderaten Moderne das Wort reden und sich von avantgardistischen Positionen abgrenzen. Einen repräsentativen Querschnitt aus den Texten jener ›Anreger‹ hat Walter Höllerer in seiner Dokumentation zur *Theorie der modernen Lyrik* (Höllerer 1965) vorgestellt.

Es ist schwierig, die Adaption amerikanischer und europäischer Vorbilder in der Nachkriegslyrik konkret zu belegen. Eine unspezifische Flut von Namen und Zitaten deutet oft eher auf den Gestus weitläufiger Informiertheit hin, der eigenen Provinzialismus Lügen strafen soll. Die **Differenz zur modernen Avantgarde** bleibt aber ein fast durchweg konstitutives Element der Lyrik-Theorien und wurde erst Ende des Jahrzehnts abgelöst durch ein verstärktes Interesse am Expressionismus und Surrealismus aus der Perspektive der Konkreten Poesie und der Rezeption des frühen Benn bei Enzensberger und einigen anderen Autoren.

Der wohl abgewogene Vortrag, der geistreiche Essay sind die bevorzugten Textsorten der Nachkriegspoetik, nicht das provozierende Manifest. Das gepflegte Feuilleton hat die erregten Debatten der frühen Moderne abgelöst; auch die Lesungen der Gruppe 47 bestätigen den Hang zum konstruktiven Gespräch. Der Lyriker nach 1945 ist im Idealfall ein *poeta doctus*, studierter Germanist, kein Bohemien mit radikalen Attitüden und unbürgerlichen Manieren. Moderate Töne werden bevorzugt, die grelle Sprache des Schocks verabscheut, die Lyrikertreffen als Kammerspiel veranstaltet. Die Benn-Epigonen unter den Poeten verkennen dabei häufig die Konsequenz Bennscher Ich-Reduktion, wenn sie wortreich über das Artistische plaudern und jenes »Mysterium der Kunst« (Benn 1959, 534), das Benn in seiner Darmstädter Rede zur Verleihung des Büchner-Preises noch einmal beschwört, als rhetorisches Ornament okkulter Hermetik missverstehen.

Die ersten Einwände gegen Benns Konzeption monologischer Lyrik stehen im Zeichen eines kritischen Verständnisses von Wirklichkeit. Damit geraten die Wirkung von Poesie und ihr gesellschaftlicher Ort ungleich schärfer als bei Benn und seinen Epigonen in den Blick. So weist Günter Eichs Essay »Der Schriftsteller vor der Realität« (1956) schon im Titel auf das Interesse an einer Wirklichkeit, die bei Benn kaum mehr als das Material zu ihrer eigenen ›Zertrümmerung‹ liefern sollte: »Ich schreibe Gedichte, um mich in der Wirklichkeit zu orientieren. Ich betrachte sie als trigonometrische Punkte oder als Bojen, die in einer unbekannten Fläche den Kurs markieren« (Eich 1973, 4, 441). Die **topographische Metapher** bewahrt ein artistisches Element, indem sie Lyrik als einen auf Wirklichkeit gerichteten Konstruktionsversuch begreift.

Im selben Jahr variiert Höllerer im Vorwort zu seiner Anthologie »Transit« eine ähnliche Metapher, wenn er davon spricht, dass Verse »dem Bewußtsein ein neues Grad-Netz im noch nicht definierten Bereich von Wirklichkeit« (Höllerer 1956, XII) schaffen könnten. Hier zumindest deutet sich ein »Drang nach Synthese« an, den Rolleston für die Poetiken der 50er Jahre als charakteristisch ansieht: den Versuch einer **Synthesis aus Benn und Brecht**, aus artistischem Monolog und wirklichkeitsbewusster Distanz, aus Hermetik und Didaxe (Rolleston 1981). Freilich gibt es im strikten Sinne mit Enzensberger nur einen einzigen Autor der 50er Jahre, der sich einer solchen Kombinatorik konsequent bedient hat.

Konstellationen in der DDR

Während Brecht im Westen nur sehr zögernd rezipiert wurde, avancierte er auch in der DDR noch nicht zum Epoche machenden Literaturtheoretiker. Einer seiner wichtigsten Konkurrenten war Johannes R. Becher, dessen theoretische Bemühungen sich in den 50er Jahren streckenweise wie ein Versuch lesen, so etwas wie eine verbindliche, neue Poetologie zu scharfen. Mehr als um Versuche handelte es sich freilich nicht, wenn man die Resonanz seiner Schriften zum Maßstab macht und die Ergebnisse der Schriftstellerkongresse von 1950, 1952, 1956 und zahlreicher Parteikonferenzen berücksichtigt. Der dort propagierte **Kampf gegen Formalismus und Dekadenz** war in den frühen 50er Jahren – in der Zeit der Stalin-Kantaten – zugleich verbunden mit einem misstrauischen Angriff gegen das so genannte ›Hässliche‹ einer für überwunden erklärten bürgerlichen Moderne. Eine merkwürdige Parallele zur Verdrängungsfunktion traditioneller Naturlyrik zeigt sich, wenn etwa Erich Weinerts »Lied für Stalin« Zeitgeschichte in Naturbildern vermittelt und einen sakralen Ikonenstil pflegt: »Ewig keimen wird der Same, / Ewig grünen wird das Feld. / Wie die Sonn' wird Stalins Name / Ewig scheinen auf der Welt« (Jäger 1977, 42). Dass der Lyriker mit seiner Sonnenmetaphorik sich zum Propagandisten der Phrase macht, dazu berechtigt ihn eine Literaturtheorie, die – jedenfalls in den 50er Jahren – noch mit ideologischen Fünfjahresplänen arbeiten wollte.

Weinerts **Konzeption einer Sprechdichtung**, so sehr sie Agitationsdichtung der Weimarer Republik und Kabarett-Tradition – eigene, frühe Erfahrungen – beerben wollte, blieb im Propagandastil des aufrüttelnden Besserwissers stecken und verkam zur versifizierten Parteirede. Als Massenlied war das Kampflied, Heimatlied, Arbeiterlied von vornherein auf eine verordnete Wahrheit festgelegt. Wenn Franz in seiner Geschichte der DDR-Lyrik schreibt, dass das lyrische Ich solcher Texte ein »kommunikatives Subjekt« sei, das »den Idealfall kommunikativer Einheit von

Autor und Leser« (Franz 1969, 793) herstelle, so verklärt er den dürftigen Agitationskern derartiger Lieder zur neu begründeten Tradition.

Franz sieht auch die Bedeutung, die die Frage nach der **Rolle des lyrischen Subjekts** für die Nachkriegspoetik hat. So unterscheidet er zunächst zwei Richtungen der DDR-Lyrik, die »pontifikale Linie« und die »profane Linie«; erstere arbeite ungestisch und sei auf »erschwerte Verständlichkeit« gerichtet, während die zweite eine (im Brecht'schen Sinne) »gestische Sprechweise« favorisiere und, mit Brecht, »das Komplizierte einfach sagen« (Mon 1960) möchte. Die Inszenierung des lyrischen Ichs hat ihre Grenze, wie es scheint, in jenem ›Individualismus‹, der sich einem kollektiven Wir verweigert.

Die Wiedersprüche einer solchen Doktrin, die einer Positivität der Weitsicht, einem vagen Wir-Gefühl verpflichtet ist, hat **Georg Maurer** – Lehrer am Leipziger *Institut für Literatur*, dem *Literaturinstitut Johannes R. Becher*, Förderer junger Autoren in der DDR – aufgezeigt und damit indirekt die kritische Funktion lyrischer Texte verteidigt (zit. n. Jäger 1977, 76):

> »Durch die dauernden Behauptungen, daß das Leben wunderschön ist, wird das Leben noch nicht wunderschön. Mag sein, daß die Lyriker und Lyrikerinnen, während sie so etwas schreiben, dieser Autosuggestion verfallen. Eine suggestive Macht solcher Verse auf die Leser hat es kaum gegeben. [...] Offenbar sind ihr nur noch die Zeitungsredakteure verfallen«

Maurers Empfehlung, sich der Tradition der Moderne, vor allem des Expressionismus, zu erinnern, aber auch das Werk Celans und die Gedichte Ingeborg Bachmanns zu studieren, macht das Dilemma einer Poetik des DDR-Gedichts deutlich: Ihre ideologische Untermauerung ist indiskutabel geworden, aber ihre kritische Situierung innerhalb der Gesellschaft steht aus und müsste bei einer schonungslosen Kritik des längst gescheiterten Agitations- und Produktionsgedichts beginnen. Ansätze zu einer **kritischen Replik** gibt es in theoretischen Schriften nur sporadisch, dafür umso mehr in Gedichten selbst, die vor einem solchen Horizont zu poetologischen Gedichten werden. Ein Beispiel dafür ist Heinz Kahlaus Gedicht »Vorwurf« (Kahlau 1956, 15), das eine Antwort auf ein heroisches Arbeiterporträt der Stalinzeit sein könnte:

> Erzähle mir nichts
> von der Kraft deiner Hände.
> Steine brichst du,
> Bäume brichst du,
> Brot brichst du.
> Brichst du dein Joch?
> Ich glaube nicht
> an die Kraft deiner Hände.

Der junge Kunert

Die Form des Epigramms setzt nicht nur bei Kahlau eine deutliche Zäsur zu Kantate, Hymne, Volkslied, jenen Gedichtformen des Einverständnisses, die auf Gemeinschaftlichkeit und Suggestion gerichtet sind. Für Günter Kunerts Gedichtband *Wegschilder und Mauerinschriften* (1950) notiert Franz Entsprechendes: »Der Band bringt Gedichte ohne feste strophische Gliederungen, kurzzeitig gebrochen, unregelmäßig rhythmisiert. Das lyrische Ich wahrt Distanz zum Leser, ein erlebendes Ich gibt sich kaum preis« (Franz 1969, 1185). Das **Epigramm** verzichtet auf lyrischen Dekor und pflegt einen Lakonismus des Zweifels, der Intellektualität und unabhängiges Urteil beansprucht.

Günter Kunerts (* 1929) erste Gedichtbände *Wegschilder und Mauerinschriften* und *Unter diesem Himmel* (1955) gehören zur **Gattung des sozialistischen Aufbaugedichts**, das, vom Pathos eines neuen Zeitalters beseelt, optimistischen Zukunftswillen ausstrahlen und verbreiten soll. Der DDR-Sozialismus bot sich als Quintessenz aus der Geschichte politischer und sozialer Kämpfe, vor allem aber als in die Tat umgesetzte Lehre aus der faschistischen Vergangenheit an. Der Dichter des Aufbaugedichts hat seine Aufgabe dann erfüllt, wenn er das »Wegschild« (Kunert 1950, 9) in die leuchtende Zukunft richtig zu beschriften vermag:

Ihr, mit den Fahnen in den Händen,
euer Marsch – herausgeschnitten aus dem schnarchenden Körper des
Klotzes Welt – hat euch erst einen
Schritt in das morgige Land getragen.

Ihr, mit den zerschabten Jacken,
euer Gesang ist das Stammeln der
ersten Worte einer noch nie gewesenen
Sprache.

Diese Einleitungsverse aus Kunerts Auftaktgedicht zu den *Wegschilder[n] und Mauerinschriften* konturieren ein längst obsoletes Agitationsklischee: Der Dichter, der »Sprache« mächtig, weist den Unwissenden und Sprachlosen den Weg. Die Dichotomie von Dichter und Masse (»Ihr«) verweist jenseits des poetologischen Programms auf autoritäre Spielregeln des politischen Diskurses. Es charakterisiert die Ideologie des Gedichts, dass diese Zusammenhänge ebensowenig zur Sprache kommen wie die politische Hierarchie, die in der DDR über die »Wegschild«-Aufschriften sorgfältig wachte.

Solange Kunert beispielsweise in *Unter diesem Himmel* eben jenen »Himmel« über der DDR meinte und diesen selbstbewusst als Gestaltungs- und Experimentierraum des neuen Aufbaus in seinen Versen aufscheinen ließ, solange gab es mit dieser Art systemisch konformen Lyrik auch keine Konflikte. In seinem ersten Gedichtband hatte er sogar unter dem Titel »Partei« eine Ergebenheitsadresse formuliert: »Als Geschenk gebe ich / zurück, / was ich bekam, / der großen Vereinigung, / die es weitergeben wird / an alle« (Kunert 1950, 78).

Die Rolle als »Multiplikator und Propagandist der Parteimeinung« (Kasper 1995, 35) hat Kunert allerdings nur kurze Zeit gespielt. Seine weitere Entwicklung als Lyriker lässt sich jeweils am immer größer werdenden Abstand zu den eigenen Anfängen bemessen, bis hin zum Parteiausschluss und zum Verlassen der DDR. Mit dem 1965, erst einige Jahre nach Fertigstellung des Manuskripts (ebd., 45) erschienenen Gedichtband *Der ungebetene Gast* vollzog Kunert die Wende zur systemkritischen, spätere Konflikte vorprogrammierenden DDR-Lyrik. Dieser »Paradigmawechsel« (ebd., 51) hat noch ein wichtiges Indiz: Schon 1963 war ein Großteil der Gedichte unter dem Titel *Erinnerung an einen Planeten* zuerst im Westen veröffentlicht worden: Ausdruck einer Spannung, die ein neues Verständnis der eigenen literarischen Autorschaft dokumentiert – den bis zu einem gewissen Grade unabhängigen, gerade darum in Ost wie in West gehörten Dichter.

Späte Lyrik Brechts

Einem solchen Bild des Dichters sind auch Bertolt Brechts *Buckower Elegien* verpflichtet. Sie konturieren im intellektuellen Gestus ein reflektierendes, fragendes, staunendes Subjekt, das zunächst nur der eigenen Beobachtung, dem eigenen Nachdenken traut und sich gegenüber fremden Interpretationen der Wirklichkeit misstrauisch verhält. Und doch ist das **Epigramm** *auch* diejenige Gedichtform, die eine Nähe zur Lehrdichtung, zum didaktischen Sprechen als Traditionsbestand mitbringt.

Brechts ›gestische Lyrik‹ ist nicht frei vom lehrhaften Ton. Ihre poetologische Schwäche führt auf eine in sich nicht widerspruchsfreie Konzeption vom lyrischen Subjekt. Das lyrische Ich, daran besteht kaum ein Zweifel, verfügt noch über die Wahrheit, für die es sich engagiert. Wo es sie nur verkündet – in Appellen, Imperativen, Aufforderungen –, gerät sie leicht zu einer vereinfachenden ›Botschaft‹, die ein Wissender an die Unwissenden vermittelt. Das Leitmotiv des Lehrens und Lernens, auch wenn es dialektisch bestimmt wird, ist zumindest in einigen Gedichten nicht frei von einem auktorialen Duktus. Dann besteht die Gefahr, dass Pathos-Formeln – »Was sind schon Städte, gebaut / Ohne die Weisheit des Volkes?« (Brecht 1967, 10, 1010) – analytische Schärfe ersetzen müssen. »Wie soll die große Ordnung«, heißt es im Gedicht »Frage«, »aufgebaut werden / Ohne die Weisheit der Massen? Unberatene / Können den Weg für die vielen / Nicht finden« (1018). Aber *welche* Weisheit konkret gemeint ist und welche Bedeutung Begriffe wie »Massen« und »große Ordnung« haben, wird im Text nicht präzisiert, so dass am Ende der Gestus zu einer bloßen rhetorischen Pose erstarrt. Sie kennzeichnet gewiss nicht alle späten Gedichte Brechts, aber sie zeigt deutlich an, dass das Konzept der ›gestischen Lyrik‹, das den Akt des Denkens und Beobachtens, nicht nur den Gedanken selbst vorführen will, seine Grenze im »›ex-cathedra‹-Status« des lyrischen Ichs findet, in jenen Appellen, die »wie um das Gemeinwohl besorgte Ermunterungen eines sozialistischen Hausvaters« (Hüppauf 1981, 254) klingen.

Dass solche Schwächen im Zuge der euphorischen **Brecht-Rezeption** des folgenden Jahrzehnts nicht thematisiert wurden, sollte sich bald als eine belastende

Hypothek für die Textsorte des Epigramms erweisen, das in den 50er Jahren von Brecht und anderen mit dem Anspruch, kritische ›Gebrauchslyrik‹ zu sein, in die Poetik der Nachkriegszeit eingeführt wurde.

Die widersprüchliche Struktur des lyrischen Ichs in Brechts späten Gedichten ist ein Indiz dafür, dass die Alternative Benn – Brecht in den 50er Jahren nicht die Quintessenz der Gattungsgeschichte war, zumal die Opposition auf den falschen Gegensatz von ›politischem‹ und ›unpolitischem‹ Gedicht hinausläuft. Mit klarem Blick für die Fatalität einer solchen Gegenüberstellung hat Adorno 1957 seine *Rede über Lyrik und Gesellschaft* (Adorno 1958) gehalten. Sie löst die **falsche Alternative von engagierter oder aber reiner Poesie** auf, indem sie den Nachweis führt, dass alle Poesie gesellschaftlich und dass gerade dem lyrischen Gebilde sein je historischer Ort inhärent sei, das am entschiedensten sich gegen eine gesellschaftliche Instrumentalisierung – als Botschaft, Appell, Agitation – wehrt.

Gerade als »ein der Gesellschaft Entgegengesetztes« sei Lyrik, so Adorno, »in sich selbst gesellschaftlich. Sie impliziert den Protest gegen einen gesellschaftlichen Zustand, den jeder Einzelne als sich feindlich, fremd, kalt, bedrückend erfährt, und negativ prägt der Zustand dem Gebilde sich ein: je schwerer er lastet, desto unnachgiebiger widersteht ihm das Gebilde, indem es keinem Heteronomen sich beugt und sich gänzlich nach dem je eigenen Gesetz konstituiert« (77f.). Damit aber ist evident, dass das lyrische Ich sich nicht als eine souverän anklagende oder urteilende Instanz, nicht in der Rolle eines **poetischen Zeitkommentators** zu etablieren habe (85):

> Die höchsten lyrischen Gebilde sind darum die, in denen das Subjekt, ohne Rest vom bloßen Stoff, in der Sprache tönt, bis die Sprache selber laut wird. Die Selbstvergessenheit des Subjekts, das der Sprache als einem Objektiven sich anheimgibt, und die Unmittelbarkeit und Unwillkürlichkeit seines Ausdrucks sind dasselbe: so vermittelt die Sprache Lyrik und Gesellschaft im Innersten. Darum zeigt Lyrik dort sich am tiefsten verbürgt, wo sie nicht der Gesellschaft nach dem Munde redet, wo sie nichts mitteilt, sondern wo das Subjekt, dem der Ausdruck glückt, zum Einstand mit der Sprache selber kommt, dem, wohin diese von sich aus möchte.

Nicht auf eine Synthese von Brecht und Benn, von »absolutem Gedicht« und ›gestischer Lyrik‹ ist Adornos ästhetische Prämisse gerichtet, sondern – im Kontext von 1957 betrachtet – auf die Überwindung jener Konzeptionen: als eine in ihren Erkenntnissen noch nicht eingeholte Theorie. Sie legt, indem sie an historischen Exempeln von Mörike bis George ihre Thesen demonstriert und sich jedes Kommentars zum aktuellen Stand der poetologischen Debatten versagt, die Schwächen jener Poetiken offen, in denen das lyrische Subjekt nicht den **»Einstand mit der Sprache«** sucht, sondern sich Philosophien, Weltbildern, Politiken verschreibt oder bloß mit modischen Rollen – von Benns Artisten bis Krolows Zauberer, von Brechts Intellektuellen bis Eichs Landvermesser – kokettiert. Nicht die Inszenierung des lyrischen Ichs, sondern die »Selbstvergessenheit des Subjekts« hatte Adorno herausgestellt und darauf verwiesen, dass erst die »Sprache Lyrik und Gesellschaft im Innersten« vermittle. Ein Bewusstsein von der radikalen Konsequenz solcher

Einsicht hatten wenige Dichter. – Dass ihre Stimme, wie die Celans, sich in den 50er Jahren angesichts tönender Selbstinszenierungen kein Gehör verschaffte, war fast ein beredtes Schweigen, das die Skepsis gegenüber allen Inthronisierungen des lyrischen Subjekts vorwegnahm.

2.4 Anfänge der Konkreten Poesie. Rückkehr zum Experiment

Das Bild der Lyrik zwischen 1950 und 1960 bliebe unvollständig, wenn es nicht um jene Richtung ergänzt würde, die später unter der vagen Bezeichnung ›Konkrete Poesie‹ ihren Platz in der Nachkriegsliteratur behauptet hat. Ihren Höhepunkt sollte sie zwar erst von der Mitte der 60er bis zur Mitte der 70er Jahre finden, aber ihre **Initiationsphase beginnt um 1953/54**, obwohl selbständige Publikationen und Dokumentationen bei manchen Autoren zu einem späteren Zeitpunkt erfolgten.

Die Unschärfe des Begriffs ›Konkrete Poesie› deutet darauf hin, dass er keineswegs einen Gruppennamen darstellt, unter dem sich ohne Mühe das gesamte Spektrum – von Eugen Gomringer bis Gerhard Rühm, von H.C. Artmann bis Claus Bremer – subsumieren lässt. Der Begriff hat sich freilich in dem Maße durchgesetzt, wie sich, aus der Retrospektive betrachtet, eine gewisse Kongruenz der Positionen unter den einzelnen Protagonisten abzeichnete.

Konkrete Poesie wurde zum **Synonym für alle literarischen Versuche**, die mit Attributen wie visuell, akustisch, elementar, material, experimentell, ja sogar abstrakt in Verbindung gebracht werden und in denen Verfahren der Kombination, Reduktion, Konstruktion, des Spiels, der Collage und Montage als Prinzipien der Textherstellung signifikant werden. Nicht irgendwelche Inhalte, sondern die Materialität der Sprache selbst steht im Mittelpunkt des Interesses; sie allein ist Objekt und Ziel der Experimente.

Sprache soll gegenständlich, konkret werden, indem ihre Funktion als bloßes Instrument der Kommunikation außer Kraft gesetzt wird. Die Richtung des **Experiments** ist stets die Sprache, deren fragwürdige Verfügbarkeit als ›Medium‹ von Informationen und Nachrichten im jeweiligen literarischen Versuch evident werden soll. Eine destruktive Komponente ist der Konkreten Poesie eigen, wenn sie gerade phonetische, syntaktische, semantische und pragmatische Konventionen des alltäglichen Sprechens und Daherredens durchbrechen und in ihrer Struktur erfahrbar machen will. Freilich ist eine solche Destruktion zugleich *auch* ein Spiel mit Sprachgewohnheiten und linguistischen Regeln, bis hin zum kalkulierten mathematisch-logischen, seriellen Experiment.

Avantgarde in Österreich

Eine besondere Rolle spielte in Österreich, aber auch in anderen europäischen Ländern der Nachkriegszeit, die literarische Rezeption des Surrealismus. Seine

Anziehungskraft lag nicht zuletzt darin, dass er zum einen ein breites Spektrum vieldeutiger, von Traum, Halluzination und Obsession erfüllter Bilder bot und so eine Aura des Hermetischen, schwer Zugänglichen schuf, zum anderen aber eine kreative Lust am Experimentieren und Ausprobieren verbreitete. **H.C. Artmanns** (1921–2000) Gedichte gehören zu den ersten wirkungsvollen Paradigmen eines produktiven surrealistischen Rekurses und reizten ihrerseits wieder zu neuen literarischen Versuchen.

In einem seiner frühesten Gedichte, »mein Herz« (Artmann 1970, S. 11), löst Artmann mit seinen anaphorisch konstruierten Langzeilen eine Metaphernflut aus, die unterschiedlichste Bildelemente durchmischt und so die verrätselte, ineinander verschlungene, wie zufällig entstandene Bildlichkeit als Assoziationskette an den Leser weitergibt: »mein herz ist das lächelnde kleid eines nie erratenen gedankens / mein herz ist die stumme frage eines bogens aus elfenbein / mein herz ist der frische schnee auf der spur junger vögel / mein herz ist die abendstille geste einer atmenden hand / [...].« In anderen Gedichten arbeitet der Autor mit vielstrophigen, um sprachlich-thematische Grundmotive locker angeordneten Verskompositionen, die, wie Artmanns »kleine percussionslehre« (19–26), sich im dauernden Wechsel von Kurz- und Langzeilen, syntaktisch schwierigen und mühelos eingängigen Sätzen über mehrere Seiten erstrecken können.

Von Beginn an waren Artmanns Experimente **Arbeit an der Sprache**. Dabei reichte der Bogen von exakt beobachteter Alltagsrede bis zu sprachhistorischem Material, wie in den »epigrammata in teutschen alexandrinern« (33f.). Artmanns bedeutsamster Schritt aber war der Weg zum Mundart- und Dialektgedicht, dessen provinziellen, auf Heimatkunst festgelegten Charakter er mühelos durchbrach. 1958 kamen seine Dialektgedichte unter dem Titel *med ana schwoazzn dintn* im renommierten Literaturverlag Otto Müller (Salzburg) heraus; sie repräsentierten im Rückgriff auf Mundart und Dialekt eine neue Phase experimenteller Dichtung und fanden schon früh ihre Nachahmer.

Artmann lässt sich bereits in seinen frühen Texten nicht auf Sprachspiel, Ulk und Wortwitz festlegen. Ihm standen ein **breites Repertoire an Quellen und Anregungen** zur Verfügung. Er arbeitete mit kultur- und literaturgeschichtlichem Textmaterial ebenso virtuos wie mit journalistischen Fundstücken, Vulgarismen und Soziolekten. In seinem erst 1966 veröffentlichten, aber bereits 1954 begonnenen *verbarium* findet sich eine politische ›verb-arie‹, die mit ihrer lakonischen Kommentiertechnik – eine in der »Weltpresse« erschienene Nachricht wird in Verse gesetzt und entsprechend verfremdet – den kunstlosen Stil politischer Epigramme der 60er Jahre vorwegnahm (Artmann 1966, 19):

auf dem kleinen friedhof in
der nähe des befehlstandes
von general de castries
setzten gestern die französisch-
vietnamesischen truppen
ihre gefallenen bei, die

in fallschirmseide gehüllt
worden waren, weil es in der
festung keine särge mehr gibt.

Neben Artmann war, später eher vergessen, ein anderer österreichischer Dichter schon um 1950 ein Protagonist des Experimentellen: **Andreas Okopenko** (* 1930). Sein erster Gedichtband *Grüner November* (1966) erschien im selben Jahr wie Artmanns Dialektlyrik. Aber schon lange vor 1958 hatte Okopenko begonnen, Gedichte voller **Bildprovokationen** zu schreiben und dabei Sprache, Themen und konventionelle lyrische Mittel zu verfremden. Anders als die Konkrete Poesie mit ihren ins Formale ausgreifenden Experimenten arbeitete Okopenko mit Irritationseffekten, in denen traditionelle Genres wie das Jahres- und Tageskreisgedicht und die Natur- und Landschaftslyrik aus veränderter, neuer Perspektive erscheinen. Ein schlichter Ton und einfache Reimkonvention können dabei, wie in Okopenkos »Sommerliche[m] Lied« (Okopenko 1980, 94), den Blick auf eine von Erlebnisfragmenten, Gefühlen und Erinnerungsfetzen bestimmte, protokollartig notierte Wirklichkeitskonstruktion lenken:

»Die da zu leben verstanden...«
Aus einem Bad dringt Musik.
Seltsamer Tag. Die mich kannten,
ließ ich mehr Jahre zurück.

Einige Menschen gingen,
Holler stand hinterm Zaun.
(Flüchtig:) Hinter den Dingen
in die Dinge zu schaun.

»Die da zu leben verstanden...«
Aus einem Bad dringt Musik.
... wo sie sich fanden, nicht fanden...
irgendwo, weit zurück.

»Die da zu leben verstanden...«
O, geht ihr ahnungslos
Neben dem Wind, der von Land zu Land
weht, feldüber, groß.

Artmanns und Okopenkos frühe Gedichte verdeutlichen, dass längst nicht alle Ansätze experimenteller Lyrik der Konkreten Poesie zuzurechnen sind; in einen analogen Kontext gehört auch eine Vielzahl von frühen Gedichten Konrad Bayers, die teils auch surreale Motive verarbeiten (Bayer 1985, 31):

an dieser kugel stören seltsame auswüchse
nasen augen quellen sinnlos hervor und
zerstören den gesamteindruck.
ein graues wrack am septemberhimmel
hängt von der decke des schalters 2
und besichtigt die schmerzen seiner frau.
an diese billardkugel
hat sein kleiner junge
die letzten reste porzellan verschwendet.

»Konkrete Poesie«: Begriff und Begriffsgeschichte

Die Anfänge der Konkreten Poesie zu Beginn der 50er Jahre nehmen ältere Traditionen von Kunst und Literatur auf. Heißenbüttel hat 1961 auf einen der historischen Anknüpfungspunkte verwiesen (zit. n. Kopfermann 1981, 38):

> Der Begriff einer konkreten Poesie wurde gebildet in Analogie zur bildenden Kunst, vor allem zur Malerei. Dort löste er sich ab aus den historischen Vorstellungen Mondrians, der Stijl-Gruppe und Kandinskys. Ausdrücklich verwendet wurde der Zusatz ›konkret‹ wohl zuerst Von Max Bill für eine Ausstellung in der Basler Kunsthalle, die vom 8. März bis 10. April 1944 dauerte. [...] Der Begriff einer konkreten Poesie ist meines Wissens zuerst von Eugen Gomringer 1953 verwendet worden, im Erscheinungsjahr seiner *Konstellationen* und der ersten Nummer der Zeitschrift *Spirale*. Etwa gleichzeitig sprachen mehrere brasilianische Lyriker von ›poesia concreta‹.

Damit hat Heißenbüttel den Bezug zur niederländischen De Stijl-Gruppe hergestellt, deren ›**Manifest der konkreten Kunst**‹ Theo van Doesburg 1930 verfasste und in dem es programmatisch hieß: »Konkrete und nicht abstrakte Malerei, denn nichts ist konkreter, wirklicher, als eine Linie, eine Farbe, eine Oberfläche« (zit. n. Fischer 1986, 420).

Die **Ausdrucksmittel der Kunst** stehen im Vordergrund einer solchen Konzeption, nicht ihr mimetischer Charakter. Diesen Gedanken übernimmt die Konkrete Poesie, indem sie auf Verfahren der historischen Avantgarde zurückgreift und diese weiterentwickelt. Einige Formen haben freilich noch ältere **Vorläufer und Vorgänger:**

- Das **Piktogramm**, das Figurengedicht, hat eine lange Geschichte und erfährt bereits im Barock eine erste Blütezeit.
- Die Vertreter der Konkreten Poesie haben in ihren Theorien und Manifesten ihren historischen Anregern breiten Raum gewidmet. Gomringer etwa leitet seinen Essay »vom vers zur konstellation« (Gomringer 1972, 153) mit einem Motto aus einem Gedicht Stéphane Mallarmés ein.
- Aus der französischen Literatur spielen – neben späteren surrealistischen Versuchen zur *écriture automatique* – auch Apollinaires *Calligrammes* (1918) eine

Rolle für die Konkrete Poesie, weil sie mit symbolischer Bildersprache brechen und erste Experimente mit **Typogrammen** enthalten.

- Futuristische Einflüsse, etwa Marinettis Postulat der Syntax-Zerstörung, haben ebenfalls ihre Spuren hinterlassen.
- Arno Holz' *Phantasus*-Dichtung, die in ihrer Achsenkomposition mit herkömmlichen Vers- und Strophenformen bricht, ist ein Beispiel aus der Traditionslinie des späten 19. Jahrhunderts.
- Noch bedeutsamer waren Expressionismus und vor allem der Dadaismus als Anregungspotenzial, Vorbild und Impuls.

Dass die Konkrete Poesie, auf welche Weise auch immer, **avantgardistische Formelemente** aufgegriffen, verändert und variiert hat, lässt sich ohne größeren Aufwand nachweisen; aber der Abstand zur historischen Avantgarde ist nicht zu übersehen. Diese war zu einer Zeit entstanden, als in der Revolutionierung der Kunst zugleich deren Status innerhalb der Gesellschaft kritisiert und die Gesellschaft selbst in ihrer fragwürdigen Bürgerlichkeit ad absurdum geführt werden sollte. Die Konkrete Poesie aber findet nach dem Zweiten Weltkrieg andere Bedingungen vor.

Den historischen Unterschied macht nichts deutlicher als jener veränderte Ausgangspunkt nach 1945, den Franz Mon treffend am zentralen Gegenstand Konkreter Poesie, an der Sprache, umrissen hat: »Es ist eine geschlagene Sprache, bedenkt man, woran sie beteiligt war und ist. Aber welche Wahl haben wir. [...] Sprache, diese angefochtene, zermürbte Sprache als ›Material‹ nehmen, wobei auch ihre Erinnerung und die Spuren ihres Geschickes mitzählen, um vielleicht im skeptischen Umgang mit ihr der Möglichkeiten inne zu werden, die noch immer und vielleicht gerade auf Grund ihrer erschreckenden Geschichte bestehen« (zit. n. Kosler 1978, 7).

Die Wiener Gruppe

Es kann nicht überraschen, dass die Konkrete Poesie in jenen Ländern zuerst entsteht, welche entweder – wie die Schweiz – vom Faschismus nicht erfasst wurden oder – wie Österreich – nicht volle zwölf Jahre. Bis 1938 war Wien noch Metropole europäischer Literatur; zahlreiche Emigranten fanden hier vorübergehend Exil. In den folgenden sieben Jahren änderte sich die politische und kulturelle Situation zwar grundlegend, aber die Zäsur war, wie sich in den 50er Jahren zeigte, nicht ganz so gravierend gewesen wie in Deutschland. Das **Klima für literarische Experimente** war auch in der Schweiz und in Österreich nach 1945 alles andere als günstig. So zitiert Reinhard Döhl eine Polemik Max Rychners, des Schweizer Dichters, der noch im Jahr 1960 die Konkrete Poesie als »Schnickschnak« aus »Sprachknochensplittern« (Durzak 1976, 263) abgetan hat. Auch aus Wien sind ähnliche, teils noch viel heftigere Reaktionen auf die ersten öffentlichen Manifestationen der Konkreten Poesie zu berichten.

Angeregt durch H.C. Artmann (der zeitweilig auch dazugehörte), hatten sich eine Reihe von Schriftstellern, die so genannte ›Wiener Gruppe‹, zu Lesungen,

Aktionen und Gemeinschaftsarbeiten zusammengefunden. Zu ihr zählten Friedrich Achleitner, Konrad Bayer, Oswald Wiener und Gerhard Rühm. Die Gruppe konstituierte sich in einer Kulturszene, die – jenseits breiter Publikumsresonanz – Avantgarde und Moderne wieder entdeckte und sich, etwa im **Wiener ›Artclub‹**, ihrer Tradition öffnete, in der bildenden Kunst ebenso wie in der Literatur. Artmann hatte 1953 – zur selben Zeit, in der auch der Schweizer Eugen Gomringer zu experimentieren begann – seine »acht-punkte-proklamation des poetischen actes« (Rühm 1967, 9f.) verkündet. Keller, Cafes, kleine Bühnen wurden Orte, an denen die Konkrete Poesie ihren ersten Aktionsraum entwickelte. Die Atmosphäre hat Gerhard Rühm später plastisch beschrieben (Rühm 1967, 7):

> der ›artclub‹ machte von sich reden; in der presse erschienen hämische artikel. schnell wurde deutlich, dass die mehrheit wohl vieles gegen die nazistische kriegspolitik, aber im grunde nichts gegen die ›gesunde‹ kulturpolitik einzuwenden gehabt hatte. jetzt, da man der ›entarteten kunst‹ wieder offen begegnen konnte, erregte sie die gemüter oft bis zu handgreiflichkeiten. schon wer für sie interesse zeigte, wurde für verrückt, abwegig erklärt – erst recht die, die sie vertraten. in den folgenden jahren wurde es eher noch schlimmer, denn unmittelbar nach beseitigung des naziregimes herrschte allgemeine verwirrung, unsicherheit und die angst, sich durch irgendeine äusserung als nazi zu entlarven [...] in einer atmosphäre von ignoranz und wütender ablehnung war man aufeinander angewiesen, um nicht ganz isoliert zu sein.

Neben Rühm hat auch Friedrich Achleitner einen eigenständigen Beitrag zur Konkreten Poesie geleistet. Seine 1956 und 1957 entstandenen *konstellationen* experimentieren mit Elementarformen, Texten aus stark reduziertem Wortmaterial und Ansätzen zum **visuellen Gedicht**. Es finden sich Wiederholungsreihen, die in ihrer kargen Rhythmisierung wie Zufallskonstellationen erscheinen, doch zugleich, wie im Gedicht »rot«, die Vielzahl an Varianten einer Farbe aufrufen, ohne sie sprachlich zu realisieren: »rot / anstatt / rot / anstatt / rot / anstatt / rot / anstatt / rot / anstatt / rot« (Achleitner 1970, 48). Anders als Artmann stellen Achleitners Dialektgedichte eine **Verbindung zwischen Dialektdichtung und Konkreter Poesie** her, auch hier orientiert an elementarsten Strukturen, in denen aus wenigen phonetischen Klangdifferenzen ein serieller Text entsteht: »wos / na / ge // ge / na / wos // na / wos / ge // ge / wos / na // wos / ge / na // na / ge / wos« (80).

Aber nicht die Publikation, sondern die Manifestation und der **öffentliche Auftritt** stehen im Vordergrund, wie überhaupt die Entstehung der Konkreten Poesie in den 50er Jahren primär keine Frage der Veröffentlichungen von Büchern und Textbänden war. So kurzlebig die Zeit der Wiener Gruppe auch gewesen sein mag (sie zerfiel schon 1964), sie hat doch mit ihren zahlreichen Aktivitäten, vor allem aber mit der Wiederbelebung des literarischen Kabaretts eine Vorkriegstradition erneuern und innerhalb des Österreichischen Literaturspektrums ein Gegengewicht zum vorherrschenden Provinzialismus schaffen können. Für sie charakteristisch sind ihre Gemeinschaftsarbeiten: Montagen, kleinere Bühnenstücke, Dialektgedichte, Kabarettnummern, Chansons, Formen, in denen eine Aktionskunst voller **Provokation und Spontaneität** sich entfaltet und eine Befreiung vom metaphysischen Tiefsinn und hehrem Ernst angestrengter provinzieller Dichtung der 50er

Jahre anzeigt: Spott und Ironie gehören zu solcher Literatur, deren Stärke darin besteht, dass sie den Ton klassizistisch-strenger Verse noch im banalen Ulk imitiert und der Lächerlichkeit preisgibt, wie etwa Konrad Bayer in seinem Gedicht »alte wunde« (Rühm 1967, 46):

alte wunde
ganz geschwollen
wohin hätt sie wachsen sollen?
nirgendwo war für sie platz
birgt den nibelungenschatz

Indem die Mitglieder der Wiener Gruppe, einzeln oder als Gemeinschaft, mit ihren teils ironisch-sarkastischen und teils sprachanalytisch-experimentellen Versuchen den Traditionalismus in Kunst und Literatur konterkarieren und mit Hohn und Spott als Epoche verabschieden, nehmen sie in ihren Ausdrucksformen und ihren Intentionen Tendenzen der 60er Jahre vorweg. Die Bedeutung der Wiener Gruppe liegt also, aus der Retrospektive betrachtet, weniger im einzelnen Beitrag zur Konkreten Poesie, sondern in ihrer Funktion als **innovatives Zentrum kritischer, experimenteller Literatur** in Österreich. Die Anregungen der Wiener Gruppe – vom Arrangement öffentlicher Auftritte bis zur Verbindung von Improvisation, Lesung und aktionistischer Manifestation in der Öffentlichkeit – werden erst Jahre später wieder aufgenommen, zu einem Zeitpunkt, an dem ein Teil von ihren Protagonisten bereits die eigenen Versuche in wohlgesetzten gesammelten Werken als historisch gewordene Zeugnisse eigener literarischer Vergangenheit feilzubieten beginnt.

Der **Befreiungsakt der Wiener Gruppe** galt dem versteinerten Kulturbetrieb Österreichs. Freilich scheiterte sie letztlich doch an ihm; denn er bewies sich als besonders unflexibel und, wie Rühm in einem Rückblick betont, als ein »arroganter Provinzialismus« (Rühm 1967, 33). Ein Teil der Gruppe verließ Wien und ging ins Ausland. Indes zeichnete sich insgesamt, über ihren ersten regionalen Schwerpunkt hinaus, ein größeres Interesse an literarischen und künstlerischen Experimenten ab, das auf die Konkrete Poesie belebend wirkte.

Eugen Gomringer hat schon 1953 in Bern seine ersten *konstellationen* veröffentlicht. 1954 folgten Claus Bremers *poesie* (1954) Helmut Heißenbüttels *Kombinationen* (1954). 1956 erschienen Heißenbüttels *Topographien.* Bereits 1953 meldete sich mit Hans Arp ein Dichter zu Wort, der noch zu den Akteuren des Dada gehört hat und in den folgenden Jahren kontinuierlich eine Reihe von Gedichtbänden herausbringt: Texte, in denen das Experiment zu reinem Spiel mit Wortkaskaden und Metaphernassoziationen, ja zu gebetsförmiger Ekstase und zur »Glossolalie« (Höck 1969, 127) wird. 1958 hat H.C. Artmann seinen ersten großen Erfolg mit der Mundartdichtung *med ana schwoazzn dintn*; 1959 schließlich erschienen Franz Mons *artikulationen.* Am Ende des Jahrzehnts hat die Konkrete Poesie die Phase erreicht, in der sie sich innerhalb einer weithin misstrauischen, ja feindlichen Literaturkritik zumindest einer stärkeren Aufmerksamkeit als in ihren Anfangsjahren sicher sein darf. Eine Zeit hoher öffentlicher Anerkennung bahnte sich an.

Die Rückkehr zum Experiment war zugleich eine Hinwendung zu einer **Literatur des Erprobens und des Versuchs.** Ihre Bezeichnung als Artikulation, Konstellation, Textbuch signalisierte eine Abgrenzung zu den zeitgenössischen Dichtern, die an der antiquierten Aura lyrischer Wortmagie festhielten. Das Experiment hat daher in den 50er Jahren eine durchaus **rationalistische, ja positivistische Seite**; es machte sich sogar Tabellen und Zahlenkombinatorik zunutze.

Ästhetische Sensibilität evozierten solche Experimente vor allem da, wo sie jenseits bloßer Spielerei und Zufälligkeit eine kreative, sprachkritische Reflexion bewirken wollten. In den Theorien der Konkreten Poesie hat eine solche Begründung stets einen breiten Platz eingenommen, bis hin – etwa in Heißenbüttels Schriften – zur Nähe linguistischer Sprachtheorie und Poetik. Für Franz Mon hat Kosler den historischen Kontext poetologischer Maximen der Konkreten Poesie erläutert und dabei die Bedeutung von Karl Kraus herausgestellt. Mons Werk sei »**sprachreflektorische Dichtung**« und »Literatur nach Karl Kraus« (Kosler 1978, 6), mit dem Mon eine »radikale Infragestellung der Umgangssprache« und der Versuch verbinden, »Sprache aufs Neue erfahrbar zu machen« (7).

In der Tat wählte die Konkrete Poesie oft Alltagssprache, Floskeln und Redewendungen, kurz: den **Wortschutt der Massenmedien** und der öffentlichen Kommunikation zum Ausgangspunkt ihrer Experimente. Der Erfolg von Artmanns Dialektdichtung ist nicht zuletzt darauf zurückzuführen, dass er bis in die phonetische Präsentation hinein Redewendungen und sprachliche Eigenarten des Dialekts und der Wiener Mundart aufgreift und im Gedicht – gleichsam in Verse gebrochen – auf verfremdende Weise darbietet. Der Unterschied zu Kraus liegt darin, dass die Konkrete Poesie dessen Sprachbegriff in seinen sprachphilosophischen Prämissen und Konsequenzen nicht annähernd erreicht. Das gilt auch für entsprechende Analogien zum Werk Ludwig Wittgensteins und Fritz Mauthners. Auch wenn die Protagonisten der Konkreten Poesie sich eines solchen sprachtheoretischen Horizonts bewusst waren, zeigen ihre eigenen Theorien, vor allem aber ihre literarische Praxis die Begrenztheit des eigenen sprachkritischen Engagements deutlich an.

Die »Konkreten«: Mon, Gomringer und andere

Franz Mons *artikulationen* (1959) sind dafür ein Paradigma. Zwar wird kräftig experimentiert, aber sein Verfahren bleibt in einer arrangierten Versuchsreihe stecken, die ›Artikulationen‹ verschiedener Art ausprobiert – von der Lautreihung über Spiegelschrifteffekte bis zur Buchstabenakkumulation und zum Piktogramm. Aber in derart aufgelösten Partikeln konkretisiert sich in dem Maße keine »sprachreflektorische Dichtung« (Kosler 1978), wie Mons Prinzipien der Reduktion mit der Technik von variablen Versuchsanordnungen identisch sind, ohne das Sprachbewusstsein zu tangieren. Überspitzt formuliert: Bloß zu zeigen, was mit Sprache alles, im wörtlichen Sinne, ›gemacht‹ werden kann, erzeugt noch kein kritisches Interesse für das, was mit ihr im alltäglichen Sprechen, im instrumentalisierten

Zugriff der Presse alles tagtäglich ›gemacht‹ wird. Vollends in Gegensatz zu Karl Kraus gerät die Konkrete Poesie in jenen Varianten, die sich dem Design angenähert haben und mühelos von der Reklame imitiert werden können, also selbst Objekte sprachkritischer Analysen sein müssten.

Erfahrungen mit Industrie-Design und Reklame hat auch Eugen Gomringer gemacht. Freilich waren seine *Konstellationen* (Gomringer 1972) 1953 noch ganz von dem Anspruch erfüllt, mit offenen, vieldeutigen Texten ein Bewusstsein für den Spielraum der Sprache zu schaffen. In seinem Programm »vom vers zur konstellation« kehrt dieser kreative, auf Innovation gerichtete Anspruch wieder (156):

> das neue gedicht ist [...] als ganzes und in den teilen einfach und überschaubar. es wird zum seh- und gebrauchsgegenstand: denkgegenstand – denkspiel. es beschäftigt durch seine kürze und knappheit. es ist memorierbar und als bild einprägsam, es dient dem heutigen menschen durch seinen objektiven spielcharakter, und der dichter dient ihm durch seine besondere begabung zu dieser spieltätigkeit. er ist der kenner der spiel- und sprachregeln, der erfinder neuer formeln. durch die vorbildlichkeit seiner spielregeln kann das neue gedicht die alltagssprache beeinflussen.

Ein solcher Impetus freilich ist ein Beispiel für überzogene Erwartungen an die Konkrete Poesie. Ihre Manifeste waren – und hier liegt eine ihrer entscheidenden Schwächen – stets anspruchsvoller und durchdachter als ihre literarische Praxis. Es bestand sogar die Neigung, theoretische Konzepte als Erklärungsmuster in die Veröffentlichungen aufzunehmen.

Mons *artikulationen* enthalten eine Reihe solcher theoretischer Zusatztexte, und zwar zu Themen wie »text und lektüre« (Mon 1957, 14f.), »gruppe und reihe« (20f.) und »ausdruck und äußerung« (43f.). **Mons Programm** weist wie das von Gomringer ein hohes Ziel auf (31f.):

> sprechen, das sich zur poesie umkehrt, ist ein versuch, des selbstverständlichsten, das unter den komplizierten und aufreibenden arbeiten der sprache vergessen wurde, habhaft zu werden, poesie geht darin nicht auf, aber sie fahndet danach, sie braucht die primitive materiale erfahrung. sie kann dem elementaren gar nicht ausweichen, denn früher als das sprechen übten die lippen, zungen, zähne die tätigkeiten des einverleibens, des zerstörens, des liebens, der lust.

Unversehens kehrt mit dieser Idee einer »primitiven materialen erfahrung« eine Vorstellung von Poesie zurück, die über das Experimentieren hinausgeht und eine fast mythische Dimension berührt. Konkrete Poesie als Sprachakrobatik und als sensibilisierendes Kreativitätstraining zu verstehen, hieße diese Dimension völlig zu verkennen. Manifeste der Konkreten Poesie können bis hin zu romantischen Ursprachen-Theoremen zurückreichen.

Gibt ihre Nähe zur Spielerei, zum Nonsens die eine Richtung an, in die sich Konkrete Poesie entwickeln kann, so ist ihre Neigung zur mystizistischen Sprachschau die Gegentendenz dazu. Untersucht man die Worte und semantischen Felder, die in der Konkreten Poesie mit Vorliebe zum Objekt experimenteller Erprobungen wurden, so fällt auf, dass nicht nur die Alltagssprache, die alltägliche Kommunikation Paradigmen bereitstellt, sondern gerade auch der Grundwortschatz lyrischer Konventionen.

Einen **meditativen Charakter** hat Gomringers Experiment »schweigen« (Gomringer 1969, 27), eines der berühmtesten und bekanntesten Beispiele Konkreter Poesie:

schweigen schweigen schweigen
schweigen schweigen schweigen
schweigen   schweigen
schweigen schweigen schweigen
schweigen schweigen schweigen

Nicht diskursiv wird das Thema »schweigen« entfaltet, sondern als visuelle Konstellation. Sie erscheint zunächst wie ein bloßer beiläufiger Einfall, der im Spiel aus Wortreihen, Wiederholungen und unausgefülltem Zwischenraum entsteht, damit aber die Semantik des Wortes selbst konkret werden lässt (Korte 2000, 69ff.). Die spielerische Komponente ist freilich nicht mehr als ein oberflächlicher Rekonstruktionsversuch, der nur die Machart des Textes berührt. Gomringer hat 1964, ein Jahrzehnt nach der Erstveröffentlichung, in einem Kommentar zu seinem Gedicht gleichsam dessen meditative Seite beschrieben: »der dichter ist einer, der ein schweigen bricht, um ein neues schweigen zu beschwören, er ist kein redner. wenn er reden muß, redet er darum herum, seine sache sind die worte. ein wort sagen, ein schweigen brechen – der dichter beginnt« (zit. n. Wagenknecht 1970, 15). Die **Autorisation** gibt dem Text eine **Aura** zurück, der er sich in seiner Durchsichtigkeit, seiner kargen Struktur strikt entzogen hat. Wiederum ist es die theoretische Explikation, die unter deutlichem Legitimationszwang zu stehen scheint: so als bedürften eine derartige Textkonstellation und ihr Produzent dichterischer Beschwörungen und der Prozess ihrer Herstellung einer zugkräftigen Mythenbildung.

Helmut Heißenbüttel

Der Weg zum Experiment war in Westdeutschland vielschichtiger, als es das Beispiel Gomringers und der Konkreten Poesie zunächst vermuten lässt. So hat Helmut Heißenbüttel (1921–2000) seine frühen Gedichtbände *Kombinationen* (1954) und *Topographien* (1956) bereits mit Titeln versehen, die unter dem heute recht angestaubt klingenden Etikett ›experimentelle Texte‹ wie ein zukunftsweisendes Programm erscheinen. Jedoch haben seine frühen Gedichte noch nichts mit ausgetüftelten Experimenten zu tun. Statt dessen bietet Heißenbüttel Reflexionen an, in denen er Bewusstseinslagen der frühen Nachkriegsjahre thematisiert. Auffällig sind vor allem in den *Kombinationen* solche Metaphern und Vergleiche, die Modelle von Wirklichkeit verschlüsseln: »Die Traurigkeit des Vergangenen ist wie eine / Landschaft. / Die Flucht nach vorn stockt. / Ihr totes Lächeln breitet bleich die Maskenscheiben mir entgegen.« (Heißenbüttel 2000, 19).

Der Autor wusste um die Bedeutung der europäischen Moderne, die seinen eigenen Schreibversuchen eine Orientierungsperspektive gab. So drängte sich Surreales, surrealistische Bild- und Sprachtechniken, in die »Kombinationen«, aber auch schon früh ein Interesse an konstruktiven, rational beschreibbaren Ordnungen der Syntax. Das **Material zum Kombinieren** boten alltägliche Beobachtungen, Einfälle, Redewendungen und Ideologismen. Und manchmal zeigten sich bereits Spuren Heißenbüttelscher Tautologie-Techniken, also jene Verfahren der Wiederholung und Variation, die später zum Basiselement seiner Schreibtechnik wurden: »Das Muster der Wege ist ein Muster gegangener Wege« (ebd., 31).

Der **Bruch mit traditionalistischen Poesie-Traditionen** war bei Heißenbüttel von Anfang an unumkehrbar. Er zeigt sich im Ausloten einer erneuerten, nicht selten prosaisch-nüchternen Verssprache. Der Aufbruchswille ist manchen Versen zum Programm geworden: »Unausfüllbarer Hunger nach Unausdenkbarem. / Kombinationen von Abfahrtszeiten / ohne Ankunft« (ebd., 18). Eine neue Arbeitsstufe erreichte der Autor in seinen *Topographien*: Die Metapher spielt nur noch eine untergeordnete Rolle, der Duktus ist noch karger, zurückgenommener geworden. Der Titel umschreibt präzise einen Ortsbestimmungsversuch innerhalb der modernen Poesie. Orientierungsfiguren moderner Kunst werden dabei in den Texten selbst aufgerufen, sie sind zuweilen sogar das Thema. So ist von Picasso und Miró die Rede; im »Pamphlete«-Zyklus kommen Hans Arp und Gertrude Stein, Ludwig Wittgenstein und Henri Michaux hinzu (ebd., 73ff.).

Wie wichtig bei Heißenbüttel **sprachreflexive Gedichtkomponenten** sind, führt sein Gedicht »Einfache grammatische Meditationen« vor, deren Struktur Satz- und Sprachfiguren präformieren, die in den 1960er Jahren in den Prosa-*Textbüchern* wiederkehren: »der Schatten den ich werfe ist der Schatten / den ich werfe / die Lage in die ich gekommen bin ist die Lage / in die ich gekommen bin / die Lage in die ich gekommen bin ist ja und nein / Situation meine Situation meine spezielle Situation / Gruppen von Gruppen bewegen sich über leere / Flächen [...]« (ebd., 97).

Es charakterisiert Heißenbüttels frühe Lyrik, dass sie mit überraschenden Metaphernfeldern und Anspielungshorizonten das ästhetische Prinzip des Unerwarteten zu realisieren versucht. Seine Gedichte wollen verblüffen und verwirren, um so ihr **Aufmerksamkeitspotenzial** zu erhöhen. Das Moment der Überraschung kalkuliert die Interpretationserwartung als produktives Element mit ein und will sie zugleich auf kreative Weise enttäuschen. Bluff und Verblüffung, erschwerte Verständlichkeit und produktive Neugierde sind derart eingeplant, dass sie gerade eine vor allem in den 50er Jahren gepflegte ›Kunst der Interpretation und ihren schwülen, pathetischen Jargon ironisch zum Schweigen bringen. So zwang die Konkrete Poesie zu einer geschärften Wahrnehmung und förderte eine Reflexion auf die Möglichkeiten der Sprache und Literatur. Vor diesem Horizont ist Gomringer zuzustimmen, die Konkrete Poesie habe mit »dem wort« auch »die Schönheit des materials und die abenteuerlichkeit des Zeichens« entdeckt. Dass sie damit auch »das letztmögliche absolute gedicht« (Gomringer 1972, 157) geschaffen habe, gehört allerdings zu jenen trügerischen Fiktionen, die sich spätestens in der Mitte der 70er Jahre als

Selbstüberschätzung erweisen sollten. Bis dahin freilich hatte die Konkrete Poesie ihre große Zukunft noch vor sich.

Zitierte Anthologien und Sammlungen

Bender, Hans (Hg.): Mein Gedicht ist mein Messer. Heidelberg 1961 [zit. n. 2., erw. Aufl. München 1961].
Bender, Hans (Hg.): Deutsche Gedichte 1930–1960. Stuttgart 1983.
Höllerer, Walter (Hg.): Transit. Lyrik der Jahrhundertmitte. Hg. von W. Höllerer. Frankfurt a.M. 1956.
Gomringer, Eugen (Hg.): Konkrete Poesie. Stuttgart 1972.
Rühm, Gerhard (Hg.): Die Wiener Gruppe. Achleitner, Artmann, Bayer, Rühm, Wiener. Texte, Gemeinschaftsarbeiten, Aktionen. Reinbek 1967.

Zitierte Werkausgaben

H.C. Artmann: The Best oft H.C. Artmann. Hg. von Klaus Reichert. Frankfurt a.M. 1970.
Achleitner, Friedrich: prosa, konstellationen, montagen, dialektgedichte, studien. Reinbek 1970.
Bayer, Konrad: Sämtliche Werke. Hg. von Gerhard Rühm. Bd. 1. Stuttgart 1985.
Brecht, Bertolt: Gesammelte Werke in 20 Bänden. Bd. 10. Frankfurt a.M. 1967 [Gedichte: Bd. 8–10].
Gomringer, Eugen: worte sind schatten. Die konstellationen 1951–1958. Hg. von Helmut Heißenbüttel. Reinbek 1969.
Heißenbüttel, Helmut: Kombinationen / Topographien. München 2000.
Ausländer, Rose: Gesammelte Werke in 7 Bänden. Bd. 1. Hg. von Helmut Braun. Frankfurt a.M. 1984.
Bachmann, Ingeborg: Werke. Bd. 1. Hg. von Christine Koschel u.a. München/Zürich 1978.
Celan, Paul: Gesammelte Werke in fünf Bänden. Bd. 1. Hg. von Bela Allemann u. Stefan Reichert. Frankfurt a.M. 1983.
Kaschnitz, Marie Luise: Gesammelte Werke in 7 Bänden. Hg. von Christian Büttrich u. Norbert Miller. Band 5. Gedichte. Frankfurt a.M. 1985.
Meister, Ernst: Gedichte 1932–1964. Neuwied/Berlin 1964.
Poethen, Johannes: Gesammelte Gedichte 1946–1971. Hg. von Jürgen P. Wallmann. Hildesheim 1985.
Sachs, Nelly: Fahrt ins Staublose. Die Gedichte der Nelly Sachs. Frankfurt a.M. 1961.
Arendt, Erich: Aus fünf Jahrzehnten. Mit einem Nachwort von H. Czechowski. Rostock 1968.
Bobrowski, Johannes: Gesammelte Werke in 6 Bänden. Bd. 1: Die Gedichte. Hg. von Eberhard Haufe. Stuttgart 1998.
Brecht, Bertolt: Buckower Elegien. In: B.B.: Werke. Große kommentierte Berliner und Frankfurter Ausgabe. Hg. von Werner Hecht u.a. Bd. 12: Gedichte 2: Sammlungen 1938–1956. Bearbeitet von Jan Knopf. Frankfurt a.M. 1988.
Eich, Günter: Gesammelte Werke. Hg. von Susanne Müller-Hanpft u.a. Frankfurt a.M. 1973 [Bd. 1: Die Gedichte].
Krolow, Karl: Gesammelte Gedichte. Bd. 1. (1944–1964.) Frankfurt a.M. 1965. [Bd. 1: 1965; Bd. 2: 1975; Bd. 3: 1985].
Lehmann, Wilhelm: Gesammelte Werke. Bd. 1. Sämtliche Gedichte. Hg. von Hans Dieter Schäfer. Stuttgart 1982.
Schaefer, Oda: Die leuchtenden Feste über der Trauer. Erinnerungen aus der Nachkriegszeit. München 1977.

Weitere zitierte Literatur

Adorno, Theodor W.: Kulturkritik und Gesellschaft. In: Th. W. A.: Kulturkritik und Gesellschaft I. Hg. von Rolf Tiedemann. Frankfurt a.M. 1977, S. 10–30.
Adorno, Theodor W.: Noten zur Literatur I. Frankfurt a.M. 1958.

Adorno, Theodor W.: Ästhetische Theorie. Hg. von Grete Adorno und Rolf Tiedemann. Frankfurt a.M. 1970.

Alter, Reinhard: Gottfried Benn zwischen Weimarer Republik und BRD. In: »Die Mühen der Ebenen«. Kontinuität und Wandel in der deutschen Literatur und Gesellschaft. 1945–1949. Hg. von Bernd Hüppauf. Heidelberg 1981, S. 331–359.

Arnold, Heinz Ludwig (Hg.): Kritisches Lexikon zur deutschsprachigen Gegenwartsliteratur. München 1978ff.

Arntzen, Hellmut/Wallmann, Jürgen P. (Hg.): Ernst Meister. Hommage. Überlegungen zum Werk. Texte aus dem Nachlaß. Münster 1985.

Arntzen, Helmut: Ernst Meister. Moderne hermetische Lyrik und ihre Wirkung. In: Literatur in Wissenschaft und Unterricht 18 (1985), S. 101–113.

Baumann, Gerhart: Rose Ausländer – Aufbruch in das »Land Anfang«. In: Neue Rundschau 92 (1981), H. 4, S. 45–60.

Berlinger, Josef: Das zeitgenössische deutsche Dialektgedicht. Zur Theorie und Praxis der deutschsprachigen Dialektlyrik 1950–1980. Frankfurt a.M. u.a. 1983.

Beyer, Renate: Innovation oder traditioneller Rekurs? Beobachtungen zum wirkungspoetischen Aspekt der Konkreten Poesie. In: Text + Kritik 30 (1971), S. 23–32.

Bezzel, Chriss: dichtung und revolution. In: Text + Kritik 25 (1970), S. 35ff.

Buhr, Gerhard: Celans Poetik. Göttingen 1976.

Bürger, Christa: Ich und Wir. Ingeborg Bachmanns Austritt aus der ästhetischen Moderne. In: Text + Kritik, Sonderband Ingeborg Bachmann. Hg. von Heinz Ludwig Arnold. München 1984, S. 7–27.

Dehmel, Herta: Wiederholte Umkehr des Sprechvorgangs. Zur Autoren-Theorie des Gedichts im 20. Jahrhundert. Diss. Bonn 1982.

Döhl, Reinhard: Konkrete Poesie. In: Die deutsche Literatur der Gegenwart. Aspekte und Tendenzen. Hg. von M. Durzak. 3., erw. Aufl. Stuttgart 1976, S. 263–290.

Durzak, Manfred (Hg.): Die deutsche Literatur der Gegenwart. Aspekte und Tendenzen. 3., erw. Aufl. Stuttgart 1976.

Eykman, Christoph: Schreiben als Erfahrung. Poetologische und kunsttheoretische Positionen von Schriftstellern und Künstlern im Zeitraum von 1945 bis 1983. Bonn 1985.

Fischer, Ludwig (Hg.): Literatur in der Bundesrepublik Deutschland bis 1967. München/Wien 1986.

Franz, Michael: Zur Geschichte der DDR-Lyrik. In: Weimarer Beiträge 15 (1969), S. 561–619, S. 763–810, S. 1166–1228.

Friedrich, Hugo: Die Struktur der modernen Lyrik. Von der Mitte des neunzehnten bis zur Mitte des zwanzigsten Jahrhunderts. Erw. Neuausgabe. Hamburg 1967.

Gebhard, W.: Naturlyrik. In: Neun Kapitel Lyrik. Hg. von Gerhard Köpf. Paderborn u.a. 1984, S. 35–82.

Gnüg, Hiltrud: Entstehung und Krise lyrischer Subjektivität. Vom klassischen lyrischen Ich zur modernen Erfahrungswirklichkeit. Stuttgart 1983.

Greiner, Bernd: Im Zeichen des Aufbruchs: Die Literatur der fünfziger Jahre. In: Die Literatur der DDR. Hg. von Hans Jürgen Schmitt. München/Wien 1983, S. 337–384.

Hamacher, Werner/Menninghaus, Winfried (Hg.): Paul Celan. Frankfurt a.M. 1988.

Hartung, Harald: Experimentelle Literatur und konkrete Poesie. Göttingen 1975.

Heißenbüttel, Helmut: Über Literatur. München 1970.

Hermand, Jost, u.a. (Hg.): Nachkriegsliteratur in Westdeutschland. 1945–49. Schreibweisen, Gattungen, Institutionen. Berlin 1982.

Hoffmann, Ferdinand/Berlinger, Josef: Die Neue Deutsche Mundartdichtung. Tendenzen und Autoren, dargestellt am Beispiel der Lyrik. Hildesheim/New York 1978.

Holbeche, Brian: Die Lyrik Gottfried Benns im westdeutschen Literarischen Leben der 50er Jahre. In: »Die Mühen der Ebenen«. Kontinuität und Wandel in der deutschen Literatur und Gesellschaft. 1945–1949. Hg. von Bernd Hüppauf. Heidelberg 1981, S. 307–330.

Höllerer, Walter (Hg.): Ein Gedicht und sein Autor. Lyrik und Essay. Berlin 1967.

Höllerer, Walter (Hg.): Theorie der modernen Lyrik. Dokumente zur Poetik I. Reinbek 1965.

Janetzki, Ulrich: Alphabet und Welt. Über Konrad Bayer. Königstein, Ts. 1982.

Janz, Marlies: Vom Engagement absoluter Poesie. Zur Lyrik und Ästhetik Paul Celans. Königstein, Ts. 1976.
Jung, Jochen: Mythos und Utopie. Darstellungen zur Poetologie und Dichtung Wilhelm Lehmanns. Tübingen 1975.
Kasper, Elke: Zwischen Utopie und Apokalypse. Das lyrische Werk Günter Kunerts von 1950 bis 1987. Tübingen 1995.
Kessler, Dieter: Untersuchungen zur konkreten Dichtung. Meisenheim 1978.
Knörrich, Otto: Die deutsche Lyrik seit 1945. 2., neu bearb. und erw. Aufl. Stuttgart 1978.
Kopfermann, Thomas (Hg.): Theoretische Texte zur Konkreten Poesie. Texte und Bibliographie. Tübingen 1974.
Kopfermann, Thomas: Konkrete Poesie. Fundamentalpoetik und Textpraxis einer Neo-Avantgarde. Frankfurt a.M. 1981.
Korte, Hermann: Lyrik von 1945 bis zur Gegenwart. 2. Aufl. München 2000.
Kosler, H. Ch.: Sprachkritik und Spracherotik in der experimentellen Literatur. Die Poetik Franz Mons im Umfeld einer möglichen Wahrnehmung. In: Text + Kritik 60 (1978), S. 4–19.
Kroll, Friedhelm: Anverwandlung der ›Klassischen Moderne‹. In: Literatur in der Bundesrepublik Deutschland bis 1967. Hg. von L. Fischer. München/Wien 1986, S. 244–262.
Kroll, Friedhelm: Literaturpreise nach 1945. Wegweiser in die Restauration. In: Nachkriegsliteratur in Westdeutschland 1945–49. Schreibweisen, Gattungen, Institutionen. Hg. von Jost Hermand u.a. Berlin 1982, S. 143–164.
Krolow, Karl: Aspekte zeitgenössischer deutscher Lyrik. München 1963.
Lehmann, Wilhelm: Kunst des Gedichts, in: W.L.: Sämtliche Werke in drei Bänden, Bd. 3. Gütersloh 1962, S. 365–421.
Lüdke, W. Martin: Zu reden wäre von der Echternacher Springprozession. Adorno und der Literatur nach Auschwitz. In: Akzente 26 (1979), S. 579–590.
Mandalari, Maria Teresia: Ein Dialog mit der Macht: Ingeborg Bachmanns *Anrufung des Großen Bären*. In: Kucher, Primus-Heinz/Reitani, Luigi (Hg.): »In die Mulde der Stummheit leg ein Wort.« Interpretationen zur Lyrik Ingeborg Bachmanns. Wien/Köln/Weimar 2000, S. 164–171.
Mayer, Hans (Hg.): Über Peter Huchel. Frankfurt a.M. 1973.
Meinecke, D. (Hg.): Über Paul Celan. 2., erw. Aufl. Frankfurt a.M. 1973.
Meuthen, Fritz: ›Grenzüberschreitung‹ und ›Ehrenrettung der Poesie‹. Über Sinn und Unsinn in den Arbeiten der Wiener Gruppe. In: Deutsche Lyrik nach 1945. Hg. von Dieter Breuer. Frankfurt a.M. 1988, S. 200–230.
Morley, Michael: Kontinuität und Wandel in Brechts Gedichten nach 1945. In: »Die Mühen der Ebenen«. Kontinuität und Wandel in der deutschen Literatur und Gesellschaft. 1945–1949. Hg. von Bernd Hüppauf. Heidelberg 1981, S. 249–269.
Müller-Hanpft Susanne: Lyrik und Rezeption. Das Beispiel Günter Eich. München 1972.
Müller-Hanpft, Susanne (Hg.): Über Günter Eich. Frankfurt a.M. 1970.
Nagele, Rainer: Die Arbeit des Textes. Notizen zur experimentellen Literatur. In: Deutsche Literatur in der Bundesrepublik seit 1965. Hg. von Peter Michael Lützeler u. Egon Schwarz. Königstein, Ts. 1980, S. 30–45.
Neumann, Peter Horst: Zur Lyrik Paul Celans. Göttingen 1968.
Oelmann, Ute Maria: Deutsche poetologische Lyrik seit 1945: Ingeborg Bachmann, Günter Eich, Paul Celan. Stuttgart 1980.
Ohde, Horst: Die Magie des Heilen. Naturlyrik nach 1945. In: Literatur in der Bundesrepublik Deutschland bis 1967. Hg. von Ludwig Fischer. München/Wien 1986, S. 349–367.
Pöggeler, Otto: Spur des Worts. Zur Lyrik Paul Celans. Freiburg i. Br.1986.
Raddatz, Fritz J.: Tradition und Tendenzen. Materialien zur Literatur der DDR. Frankfurt a.M. 1972.
Rey, William H.: Poesie der Antipoesie. Moderne deutsche Lyrik. Genesis – Theorie – Struktur. Heidelberg 1978.
Riha, Karl: Das Naturgedicht als Stereotyp der deutschen Nachkriegslyrik. In: Tendenzen der deutschen Literatur seit 1945. Hg. von Th. Koebner. Stuttgart 1971, S. 157–178.
Rolleston, J.: Der Drang nach Synthese: Benn, Brecht und die Poetik der fünfziger Jahre. In: Die deut-

sche Lyrik 1945–1975. Zwischen Botschaft und Spiel. Hg. von Klaus Weissenberger. Düsseldorf 1981, S. 78–94.
Rückert, Gerhard: Experimentelle Lyrik – Konkrete Poesie. In: Neun Kapitel Lyrik. Hg. von Gerhard Köpf. Paderborn u.a. 1984, S. 179–201.
Rumold, Rainer: Sprachliches Experiment und literarische Tradition. Zu den Texten Helmut Heißenbüttels. Bern/Frankfurt a.M. 1975.
Sander, Gerhard: Ernst Jandls Gedichte zum Sprechen. Hören und Sehen im Alltag. In: Duitse Kroniek 34, H. 3 (1984), S. 28–51.
Schäfer, Hans Dieter: Naturdichtung und Neue Sachlichkeit. Die deutsche Literatur der Weimarer Republik. Hg. von W. Rothe. Stuttgart 1974, S. 359–381.
Schäfer, Hans Dieter: Wilhelm Lehmann. Studien zu seinem Leben und Werk. Bonn 1969.
Schäfer, Hans Dieter: Zur Spätphase des hermetischen Gedichts In: Die deutsche Literatur der Gegenwart. Aspekte und Tendenzen. Hg. von Manfred Durzak. 3., erw. Aufl. Stuttgart 1976, S. 152–174.
Schmidt, Siegfried J.: Konkrete Dichtung: Theorie und Konstitution. In: Poetica 4 (1971), S. 13–31.
Schumann, Klaus: Grundpositionen der westdeutschen Lyrik zwischen 1949 und 1970. Eine literaturgeschichtliche Skizze. Diss. Leipzig 1972.
Sorg, Bernhard: Das lyrische Ich. Untersuchungen zu deutschen Gedichten von Gryphius bis Benn. Tübingen 1984.
Steinhagen, Harald: Die Statischen Gedichte von Gottfried Benn. Die Vollendung seiner expressionistischen Lyrik. Stuttgart 1969.
Strutz, Joseph: Die Trägheit der Metaphernsprache. Zur traditionalistischen Lyrik der fünfziger Jahre. In: Literatur der Nachkriegszeit und der fünfziger Jahre in Österreich. Hg. von Friedbert Aspetsberger u.a. Wien 1984, S. 207–222.
Svandrlik, Rita: Ästhetisierung und Ästhetikkritik in der Lyrik Ingeborg Bachmanns. In: Text + Kritik, Sonderband Ingeborg Bachmann. Hg. von Heinz Ludwig Arnold, München 1984, S. 28–49.
Vieregg, Axel: Die Lyrik Peter Huchels. Zeichensprache und Privatmythologie. Berlin 1976.
Voswinckel, Klaus: Paul Celan. Verweigerte Poetisierung der Welt. Versuch einer Deutung. Heidelberg 1974.
Wagenknecht, Christian: Variationen über ein Thema vom Gomringer. In: Text + Kritik 25 (1970), S. 14–16.
Weiss, Christine: Konkrete Poesie als Sprachkritik. In: Literatur in der Bundesrepublik Deutschland bis 1967. Hg. von L. Fischer. München/Wien 1986, S. 420–435.
Wellershoff, Dieter: Gottfried Benn. Phänotyp dieser Stunde. Köln/Berlin 1958.

3. Die sechziger Jahre: Umbrüche

3.1 Hermetik und Naturlyrik in den sechziger Jahren. Vor dem Verstummen?

Das Jahr 1960 markiert keine literarische Epochengrenze. Zwar gibt es deutliche Anzeichen dafür, dass eine seit 1930 andauernde Literaturperiode in einen Umbruch gerät; aber von einer signifikanten Zäsur kann 1960 noch keine Rede sein. Vielmehr vollzieht sich die literarische Evolution zunächst jenseits aller spektakulären Einschnitte. Nicht die Lyrik, sondern der Roman ist das erste Paradigma einer epochalen Veränderung, indem er seine Rolle als literarische ›Leitgattung‹ 1959 noch einmal vollauf bestätigt: mit dem gleichzeitigen Erscheinen von Uwe Johnsons *Mutmaßungen über Jakob*, Günter Grass' *Blechtrommel* und Heinrich Bölls *Billard um halbzehn*.

Anzeichen für neue Tendenzen

Für die Lyrik beginnt Anfang der 60er Jahre insofern ein neuer Abschnitt, als das hermetische Gedicht, sein angeblich leserfeindlicher Gestus und sein Beharren auf Autonomie zunehmend in Misskredit geraten. Suspekt wird aber auch eine Naturlyrik, der der Wirklichkeitsanteil zu fehlen scheint, der nun mit Nachdruck zum Kriterium des ›offenen‹, sich der modernen Nachkriegskultur öffnenden Gedichts erhoben wird. Heinz Piontek hat im Titel seines Gedichtbandes *Klartext* (1966) das neue poetische Ideal treffend umrissen als die Konzeption eines unprätentiösen, schlichten, unverstellten, zugleich wirklichkeitsfreudigen und optimistischen Gedichts, das keine Erbauung, sondern Einsichten in die Wirklichkeit präsentieren will. Vor diesem Horizont verwundert es nicht, wenn **Peter Rühmkorf** schon 1962 in seiner berühmt gewordenen **Abrechnung mit dem »lyrischen Weltbild der Nachkriegsdeutschen«** eine »Wandlung in Lebensgefühl und Diktion« wahrzunehmen glaubt und die Stichwörter dazu gleich mitliefert: »Abkehr von aller feierlichen Heraldik und kunstgewerblichen Emblemschnitzerei, Absage an tragische Entsagungsmuster und sauertöpfische Heroität, Ablösung des Klagegesangs durch die Groteske, Verstellung von Pathos durch Ironie« (Rühmkorf 1978, 41).

Begriffe wie »Abkehr«, »Absage«, »Ablösung« signalisieren einen programmatischen Richtungswechsel, der seine Motivation aus einer strikten Distanz zu den 50er Jahren erhält. Die ***Veränderung der Lyrik*** (Theobaldy/Zürcher 1976) wird zu einer Aufgabe erhoben, die das gesamte Jahrzehnt bestimmt und eine Diskussion um den Wert der Lyrik und das Selbstverständnis des Lyrikers provoziert. Nicht erst 1968, dem Jahr der größten Studentenunruhen, wird offenbar, dass das

Gedicht im Kulturbetrieb des Westens längst seine auratische Unangreifbarkeit verloren hat. Daraus folgt freilich nicht, wie etwa eine Geschichte der *Westdeutschen Literatur der sechziger Jahre* (Hinton/Bullivant 1975) suggeriert, in der man vergebens die Namen Celan, Meister, Poethen, aber auch Lehmann, Schaefer und von der Vring sucht, dass diese »Veränderung der Lyrik« bereits eine ausgemachte Sache gewesen sei.

Die bloße Polarisierung zwischen angeblich traditionsverhafteten Hermetikern und Naturlyrikern auf der einen und einer neuen, auf Änderung bedachten Generation von Gedichteschreibern auf der anderen Seite verkennt die Struktur des literarischen Prozesses, vor allem aber die Bedeutung und den Rang jener nun zum veralteten, restaurativen Kulturgut geschlagenen Lyrik. So gehen etwa Theobaldy und Zürcher davon aus, dass die (auf ein Schlagwort reduzierte) hermetische Lyrik »die Intensität ihrer Anfänge eingebüßt« und nur noch deren »Haltung und Sprache übernommen« (Theobaldy/Zürcher 1976, 24) habe. Die von ihnen behauptete »Veränderung der Lyrik« ist daher gleichsam identisch mit einer Ablösung, ja einem Zerfall der unproduktiv gewordenen hermetischen Dichtung.

Aber gerade diese selbst im mechanistischen Fortschrittsdenken der 60er Jahre verhaftete Perspektive nimmt nicht einmal im Ansatz wahr, dass das Jahrzehnt zugleich *auch* eine **Dekade sich *verändernder* Naturlyrik** und hermetischer Poesie gewesen ist: dass etwa, um ein paar Beispiele aufzuzählen, Celans Lyrik von der *Niemandsrose* (1963) bis zum (postum 1976 veröffentlichten) *Lichtgehöft* sein Werk produktiv weiterführt, dass in einer Vielzahl von Gedichten Meisters und Poethens **neue Formen hermetischer Dichtung** erprobt werden, dass schließlich mit den in rascher Folge erscheinenden Gedichtbänden Johannes Bobrowskis sich nicht etwa ein »neuer Ansatz« im Zeichen »unartifizieller Formulierung« (26) Bahn bricht, sondern ein neues Formbewusstsein jenseits des Klassizismus und Traditionalismus früher Nachkriegszeit.

Es kennzeichnet die literarische Evolution in den 60er Jahren, dass sie keine bloße Ablösung von ›Schulen‹ darstellt, sondern dass sich alle Richtungen und Genres vor dem Horizont eines sich verändernden politisch-sozialen und kulturellen Kontextes neu zu definieren hatten. Tendenzen und Positionen überlagerten sich, Grenzziehungen wurden unübersichtlich, lösten sich auf, und es entstand insgesamt – in Ost und West gleichermaßen – eine **Produktivität des Umbruchs und der Veränderung**, die sich allenthalben bemerkbar machte, nicht nur bei denjenigen, die, wie Enzensberger, Grass und Rühmkorf, das Etikett des Neuen für sich reklamieren.

Das vorläufige Ende der traditionellen Naturlyrik?

In welchem Maße Diskontinuität vorherrscht, zeigt ein Blick auf die Naturlyrik der 60er Jahre. Zwar bleibt das, was schon eine Dekade früher zum Inbegriff anachronistischer Dichtung gehörte, auch weiterhin epigonal bis zum faden Selbstzitat; Wilhelm Lehmanns *Abschiedslust* (1962) provoziert in dieser Hinsicht geradezu mit seinem Aufgebot an Mythos und Bukolik. Und Georg von der Vrings Gedichtbände

Der Mann am Fenster (1964) und *Gesang im Schnee* (1967) dokumentieren über weite Strecken sentimentale Rückschau und schlichte Ratlosigkeit, wenn sie im gewohnten Ton dem Jahreskreis der Natur ihre Geheimnisse abzuringen versuchen.

Dass die traditionelle Naturlyrik zunehmend suspekt werden muss, wenn sie ihre Verfahren und Formeln selbstzufrieden reproduziert, davon gibt Karl Krolow einen ersten Eindruck. Ironisch-distanziert notiert er: »Undankbares Handwerk, / zu beschreiben, wie es / grün wird«, »grün bis an die Augen / der Metaphoriker« (Langgässer 1959, 2, 9). Die Naturgedichte werden zu Gedankenfragmenten, kurzen Momentaufnahmen irritierenden Unbehagens, bis hin zu lakonisch verknappten zweizeiligen Strophen. Eine Metaphorik der Sprache und des Textes gewinnt an Bedeutung, die stets das **Sprechen über die Natur** im Gedicht mitreflektieren lässt. Die Gedichte heißen nun etwa »Cartesianischer Mai« (13), »Postkarte vom Herbst« (27), »Buchstabenkunde« (44); und sie sind zuweilen schon eine »vorsichtige Landvermessung / der Wörter« (44) und nicht mehr versifizierte Wetterkunden und Jahreszeitenimpressionen.

Huchels Bilder der Leere und Öde

Entschieden skeptischer, pessimistischer als die Verse Krolows liest sich Peter Huchels (1903–181) Naturlyrik in den *Chausseen Chausseen* von 1963. Die Natur wird zum stummen Zeugen leidvoller geschichtlicher Erfahrung, zur »warnenden Schrift« (Huchel 1984, 114), deren Entzifferung jedoch nicht mehr gewiss ist. Huchels Naturraum ist einer der Vereisung und Erstarrung, der sich als eine Welt voller Verletzungen und Gefährdungen des Subjekts offenbart. Es wiederholen sich ad infinitum Bilder der Leere und Öde; sie verweigern sich einer Lesart, die in ihnen ein utopisches Element, einen Gestus des Idyllischen, der geschichtlichen Welt Enthobenen wahrnehmen möchte. Huchels Gedichte bestimmen ihren historischen Ort im stärkeren Maße als früher jenseits einer noch heil gebliebenen Erinnerung, in deren mythologisch verklärtem Bilderrest noch unentfremdete Heimat aufgehoben war, auch wenn Reminiszenzen an sie, wie im Gedicht »Damals« (137), zweifellos geblieben sind.

Aber Huchels Perspektive ist eine andere geworden: »Die Öde wird Geschichte«, heißt es programmatisch im Schlussgedicht der Sammlung: »Termiten schreiben sie / Mit ihren Zangen / In den Sand. // Und nicht erforscht wird werden / Ein Geschlecht, / Eifrig bemüht, / Sich zu vernichten« (157).

Peter Huchel, 1962 als Chefredakteur der Zeitschrift *Sinn und Form* entlassen, konnte seine *Chausseen Chausseen* nur im Westen erscheinen lassen. Bis 1971 aber lebte er, weithin isoliert, in der DDR. An der **Veränderung der Naturlyrik** in den 60er Jahren hat er einen deutlichen Anteil, obgleich sie – etwa im Gegensatz zur Lyrik Eichs – ihre Motive und Bilder, ihre Sprache und Formen der eigenen Werktradition noch entlehnte. »Landschaft«, so ist Rino Sanders zuzustimmen, blieb nach wie vor »das Medium, durch das Huchel Welt wahrnimmt, durch das er sich ihr mitteilt. Nahm aber früher die Welt die Züge der Landschaft an, so nimmt jetzt die Landschaft die Züge der Welt an. Sie wird rätselhaft, unheimlich, bedrohlich, wird vieldeutig und antwortlos« (zit. n. Mayer 1973, 34). Damit markiert Sanders die Zäsurstelle, die für die Naturlyrik der 60er Jahre insgesamt Bedeutung hat: ihre skeptisch-pessimistische Öffnung zur gesellschaftlichen Realität und ihr endgültiger Abschied von eigenen eskapistischen Traditionen. Auch Huchels Lyrik ist, zusammengefasst, eine stark ›eingeschwärzte‹ Dichtung, die von Angst, Kälte und Stagnation beherrscht wird. Vom »eisigen Schatten der Erde« spricht bereits das Eingangsgedicht des Bandes, »Das Zeichen« (Huchel 1984, 113), dessen letzte Strophen sich jeder Harmonisierung entziehen:

Wer schrieb
Die warnende Schrift,
Kaum zu entziffern?
Ich fand sie am Pfahl,
Dicht: hinter dem See.
War es das Zeichen?
Erstarrt
Im Schweigen des Schnees,
Schlief blind
Das Kreuzotterndickicht.

Huchels Begriff des »Schweigens« verweist bereits auf die **Poesie des Verstummens**, die für eine Reihe von Dichtern in den 60er Jahren – von Celan bis Bachmann – signifikant wurde. Nur im Zusammenhang mit dem Todesmotiv ist noch ein Vers denkbar wie »Das Wort / ist die Fähre« (116). Öfter ist vom »Schweigen« die Rede, von »tauben Ohren der Geschlechter« (153), ›unauffindbarem‹ »Versinken« der »Stimmen« (117), von der erstickten, »rauhen Klage« (123), oder aber vom »Getöse der Öde« (130), der »singenden Öde am Fluß« (134).

Dass das Thema des Verstummens, der gebrochenen Klage und zum Schweigen gebrachten Zeugenschaft nicht nur als ein allgemeiner Entfremdungstopos – die Situation des mit sich selbst, der Gesellschaft und der Natur entzweiten, orientierungslosen Menschen – zitiert wird, daran lässt das Gedicht »Winterpsalm« (154) keinen Zweifel, indem es im Motiv des Schweigens auch das »Verscharrte« aufnimmt, also die tabuisierte, unverarbeitete, verdrängte Geschichte faschistischer Barbarei. Wie in kaum einem anderen Gedicht Huchels ist der Naturraum in »Winterpsalm« zum Reflexionsort historischer Erfahrungen geworden:

Da ich ging bei träger Kälte des Himmels
Und ging hinab die Straße zum Fluß,
Sah ich die Mulde im Schnee,
Wo nachts der Wind
Mit flacher Schulter gelegen.
Seine gebrechliche Stimme,
In den erstarrten Ästen oben,

Stieß sich am Trugbild weißer Luft:
»Alles Verscharrte blickt mich an.
Soll ich es heben aus dem Staub
Und zeigen dem Richter? Ich schweige.
Ich will nicht Zeuge sein.«
Sein Flüstern erlosch,
Von keiner Flamme genährt.

Wohin du stürzt, o Seele,
Nicht weiß es die Nacht. Denn da ist nichts
Als vieler Wesen stumme Angst.
Der Zeuge tritt hervor. Es ist das Licht.
Ich stand auf der Brücke,
Allein vor der trägen Kälte des Himmels.
Atmet noch schwach,
Durch die Kehle des Schilfrohrs,
Der vereiste Fluß?

Huchels »Winterpsalm« zeichnet in seinen Landschafts- und Jahreszeiten-Chiffren, seinem Winterbild epochaler ›Vereisung‹ die Lage eines schutzlosen, ohnmächtigen Ichs und hält den Moment des Verstummens in hilfloser Betroffenheit fest. Er verbindet damit zugleich die Situation des Naturlyrikers nach dem Krieg mit der Signatur eines geschichtlichen Augenblicks: Noch im Schweigen wird das »Verscharrte« und in den »Staub« Geworfene zur Sprache gebracht. Es ist gerade diese Dialektik von Schweigen und Klage, die in Huchels »Winterpsalm« zur historischen Erfahrung wird und ihn – über alle scheinbare »Privatmythologie« (Weiss 1979) hinaus – zu einem der wichtigsten Gedichte der 60er Jahre gemacht hat.

Günter Eichs gesellschaftskritische Naturlyrik

In welchem Maße die Naturlyrik des Jahrzehnts in ihrem Bild des Naturraums historisch-gesellschaftliche Dimensionen freigab, zeigt auch Günter Eichs (1907–1972) Dichtung, und zwar bis hin zur ironischen Kontrafaktur eigener naturlyrischer Traditionen. Kennzeichnend für Eichs Gedichtbände *Zu den Akten* (1964) und *Anlässe und Steingärten* (1966) war ein **Gestus der Verweigerung**, der noch die letzten Reste idyllischer Naturtableaus aufstöberte und zerstörte. »Natur / ist eine Form der Verneinung« (Eich 1973, 109), konstatiert Eichs »Bericht aus einem Kurort«: »Die Gedichte in der Kurzeitung / sind besser.«

Eichs Lakonismen – aufgelöste Satzkonstruktionen, Ellipsen, Andeutungen – waren Skizzen aus der verwalteten Welt, deren entfremdetes Panorama der Autor mit kargem Ton entwirft. Das lyrische Ich registrierte allenthalben eine durch und durch unidyllische Republik. Engagiert ist diese Dichtung nicht in dem Sinne, dass sie für etwas streiten, also appellieren, warnen, aufrütteln will. Eichs Engagement bleibt auf Verweigerung gerichtet und hatte keine Appell-Struktur wie jene gegen

Ende des Jahrzehnts aufkommende Agitpropliteratur. Damit aber sichert er seinen Gedichten eine Radikalität über ihre bloßen »Anlässe« hinaus.

Eich forciert die **Destruktion traditioneller Naturdichtung.** Er liefert den Beweis dafür, dass nicht erst eine neue Schriftstellergeneration sich der sozialen Topographie von Staat und Gesellschaft zuwenden konnte. Eichs Gedichtbände durchkreuzen sogar, wie etwa in seiner ironisch mit »Lange Gedichte« überschriebenen Replik auf Höllerer, den Optimismus der Jüngeren, die von scheinbar neuen Möglichkeiten poetischer Welterkenntnis jenseits der Tradition fasziniert waren. Eine »Ode an die Natur« (167) gerät zum lakonischen Dreizeiler: »Wir haben unsern Verdacht / gegen Forelle, Winter / und Fallgeschwindigkeit.«

Eich verkürzt in einem anderen Epigramm den Anlass naturlyrischen Sprechens auf eine bloße Situation des Verweigerns: »Die Kastanien blühn. / Ich nehme es zur Kenntnis, / äußere mich aber nicht dazu« (166). Programmatisch ist seine »Topographie einer schöneren Welt« (128), die von der Unmöglichkeit positiv formulierbarer Utopien zeugt, indem sie im Bild des Todes und der Qual den alltäglichen, banalen Zynismus moderner Gesellschaften offenlegt:

Vergeblich die böse Hoffnung,
daß die Schreie der Gemarterten
die Zukunft leicht machen:
Gib acht, wessen Stimme vor Rührung bebt,
wem es das Herz bewegt,
wenn der Warenwechsel verkürzt wird
auf achtundzwanzig Minuten.
Seid gegrüßt, Friedhöfe!

Im Gedicht »Tauerntunnel« (115) hat Eich seinen Standpunkt der Verweigerung karg umrissen, freilich so, dass er nicht als neue Poetologie zu lesen ist, sondern als Ende eines Genres, das die Wirklichkeit längst eingeholt hat:

Nicht einverstanden
mit den Zäsuren
der Schienen und der Beleuchtung,
der Täuschung,
die sich ins Freie fortsetzt,
in Stellwerk
und Sternenhimmel.
Trochäen, Reime
vor ungereimten Zimmern.
Einmal betroffen
von der Harmonie im Gang der Gestirne,
überhörst du den Seufzer derer,
die Hungers sterben.

Dass eine Art zu schreiben, dass eine literarische Gattung historisch obsolet werden kann, dafür liefert Eichs Lyrik frappante Beispiele. Auch Eichs Naturgenre mag »Agonie und Verstummen« provozieren und Elemente von »totalem Pessimismus« (Müller-Hanpft 1972, 139) enthalten; seine Gedichte bewahren aber noch im selbstzerstörerischen Akt, im konsequenten Zurücknehmen seiner poetischen Konzeptionen einen produktiven Anstoß.

Bachmanns Verdikt »Nichts mehr wird kommen«

Auf diesem Hintergrund ist auch das Schlagwort vom »Verstummen« zu verstehen, das oft mit den Todesdaten Celans (1970), Sachs' (1970) Eichs (1972) und Bachmanns (1973) in Verbindung gebracht und als Beweis für Stillstand, Scheitern und Zäsur gewertet wird. Ingeborg Bachmann (1926–1973), die in den 60er Jahren nur noch ein paar Gedichte schrieb, hat ihre schmerzhafte Erfahrung auf die Formel gebracht: »Nichts mehr wird kommen« (Bachmann 1978, 171). Von 1957 bis 1964 schrieb sie ein einziges Gedicht (Bartsch 1997, 122). 1968 erschienen im Enzensbergerschen *Kursbuch* die Gedichte »Keine Delikatessen«, »Enigma«, »Prag Jänner 64« und »Böhmen liegt am Meer« (Bachmann 1968, 91–95). Bachmanns Zweifel äußerten sich gleich auf zweifache Weise. Einerseits schrieb die Autorin kaum noch Gedichte, andererseits zögerte sie Veröffentlichungen heraus oder sperrte sich gegen Gedichtpublikationen. Auch bei Bachmann wurde die Skepsis im Gedicht selbst thematisiert, beispielweise in »Keine Delikatessen«: »Nichts mehr gefällt mir«, heißt es pointiert im Eingangsvers.

Soll ich
eine Metapher ausstaffieren
mit einer Mandelblüte?
die Syntax kreuzigen
auf einen Lichteffekt?
Wer wird sich den Schädel zerbrechen
über so überflüssige Dinge –

Noch ganz in der modernen Tradition der poetisch zur Sprache gebrachten **Zweifel an Poesie** greift Bachmann zwei Verfahren heraus, um sie zu destruieren: moderne Bildlichkeit, modernes Experiment und »Kunstautonomie« (Kaulen 1991). Im Schlussteil des Gedichts spitzt die Autorin ihre Vorbehalte noch weiter zu, indem sie ihre eigenen Anstrengungen ironisiert und im Pathos einer Verweigerungsgeste auflöst. Das »Nichts mehr gefällt mir« des Anfangs erreicht im Vernichtungswunsch seinen Endpunkt: »Mein Teil, es soll verloren gehen.«

Muß ich
Mit dem verhagelten Kopf,
mit dem Schreibkrampf in dieser Hand,

unter dreihundertnächtigem Druck
einreißen das Papier,
wegfegen die angezettelten Wortopern,
vernichtend so: ich du und er sie es,

wie ihr?

(Soll doch. Sollen die anderen.)

Mein Teil, es soll verloren gehen.

Es hieße den Text vorschnell auf eine autobiographische Deutung festzulegen, wollte man das Gedicht nur im Konnex einer die Autorin existentiell erfassten Sinn- und Schreibkrise lesen. Bachmanns Kritik war, mit Höller formuliert, »ihre Absage an die ästhetizistische Vermarktung« von Lyrik und »von der Weigerung getragen, die Unverbindlichkeit der Kunst in der Gesellschaft zu akzeptieren« (Höller 2000, 255). Nicht zufällig werden in »Keine Delikatessen« die Selbstzweifel in Konsummetaphern, an »ästhetische[r] Delikatesse« (Hildebrand 2003, 319) vorgeführt: »Soll ich / [...] Augen und Ohr verköstigen / mit Worthappen erster Güte? / erforschen die Libido eines Vokals, / ermitteln die Liebhaberwerte unserer Konsonanten?«

Bachmanns **Zurückweisung ästhetizistischer Auffassungen** vom Gedicht einerseits und geschmäcklerisch-kulinarischer Lyrikrezeption andererseits ist auch in ihren Frankfurter Vorlesungen belegt, und zwar mit einer dezidiert poetologischen Akzentuierung des Erkenntnisanspruchs (Bachmann 1978, 215):

> Die Gedichte, so verschiedenartig, sind nicht genießbar, aber erkenntnishaltig, als müssten sie in einer Zeit äußerster Sprachnot aus äußerster Kontaktlosigkeit etwas leisten, um die Not abzutragen. Aus dieser Leistung beziehen sie eine neue Würde, eine Würde, die sie nicht einmal anzustreben wagen. Außer sich geraten mit dem Feuerhelm verwunden sie die Nacht.

Vor dem Hintergrund eines aus »äußerster Sprachnot« sprechenden Gedichts ist nach der Bedeutung des Leitbegriffs ›Verstummen‹ zu fragen. Es geht nicht um einen Rückzug, sondern eine bewusste, sich der Grenze des Gedichts und seiner Möglichkeiten ständig vergewissernde poetische Konzentration. Über den eigenen Schriftstellertypus sagt sie: »Wir, befaßt mit der Sprache, haben erfahren, was Sprachlosigkeit und Stummheit sind – unsere, wenn man so will, reinsten Zustände! –, und sind aus dem Niemandsland wiedergekehrt mit der Sprache, die wir fortsetzen werden, solange unser Leben Fortsetzung ist« (ebd., 60).

Hildebrand (2003, 311) ist zuzustimmen:

> Die Sprachlosigkeit dessen, dem das Gerede der Welt die Sprache verschlägt, wird so zum eigentlichen Gravitationszentrum der Dichtung, sie markiert den Ort der intellektuellen Umkehr und generiert das lyrische Wort. Vor diesem Hintergrund sind jene ›Stürze ins Schweigen‹, die für Bachmann die Lyrik des 20. Jahrhunderts kennzeichnen und in deren Geschichte sie sich [...] selbst einordnet, heilsame Krisen, auf deren schöpferisches Potential die Kunst nicht verzichten kann.

Den Topos vom »furchtbaren Verstummen« (Celan 1983, 3, 195) verwendete auch Paul Celan, und zwar im Zusammenhang mit dem 1960 weit verbreiteten **Vorwurf der »Dunkelheit«** und seiner Interpretation des Büchnerschen »Gegenworts« (189), jenes Ausrufs »Es lebe der König!«, den Lucile am Ende von *Dantons Tod* erhebt. Das »Verstummen« ist bei Celan kein Moment bloßen Scheiterns, sondern der Augenblick einer »Atemwende«, die Dichtung »bedeuten« könne. Das Gedicht, so Celan weiter, zeige zwar »eine starke Neigung zum Verstummen«, aber auch in dem Sinne, dass es sich »am Rande seiner selbst« behaupte: »es ruft und holt sich, um bestehen zu können, unausgesetzt aus seinem Schon-nicht-mehr in sein Immer-noch zurück« (197).

Schweigen, Verstummen und Sprechen

Die Einkreisung der Bedingungen der Möglichkeit von Poesie, wie sie im Leitwort vom Verstummen deutlich wird, folgt keineswegs den Gesetzen einer akademischen Debatte, sondern hat sowohl einen zeitgeschichtlichen Horizont – die (Un-) Möglichkeit ästhetischer Praxis nach Auschwitz – als auch einen existenziellen Boden. So war es kein Zufall, dass beispielsweise Celan und Bachmann, die sich schon kurz nach Kriegsende in Wien begegneten, einen Gedicht-Dialog begannen, der poetologische Grundthemen wie Schweigen, Verstummen und Sprechen berührte.

Und auch als Nelly Sachs anlässlich der Entgegennahme des Droste-Preises in Merseburg 1960 Celan und Bachmann traf, war dies keine zufällige Begegnung im Kontext von Preisverleihungsritualen, sondern ein Gespräch, das schon wegen der zeitgeschichtlichen Konstellationen – Nelly Sachs hatte deutschen Boden seit 1940 nicht mehr betreten – brisant war und bei allen Beteiligten Gedicht-Spuren hinterließ (Erdle 1997). So waren in den Dialog über Möglichkeiten und Grenzen des poetisch Sagbaren stets auch Signaturen traumatischer Erinnerungen einbezogen: ein Andrängen, ein Aufstand der Bilder, der schon als Schutz vor Überwältigung eine konsequente Selbstbehauptung in der radikalen Selbstzurücknahme der Sprache verlangte. Dass ein solches Verstummen die Möglichkeit des »Immer-noch« (Celan) einbezog, verweist auf eine – allerdings kaum im Gedicht konturierte – Hoffnung auf Grenzüberschreitung.

In ihrem Gedicht »Schallendes Schweigen« (Ausländer 1984, 2, 334) hat **Rose Ausländer** (1907–1988) das Motiv des Verstummens aufgenommen und dabei ein ihm eingeschriebenes utopisches Moment hervorgehoben: »Aus der Nacht / krochen Hände / ziegelrot vom Blut der Ermordeten // [...] / Feuermusik / Dann schwieg der Tod / Er schwieg // Es war ein schallendes Schweigen / zwischen den Zweigen / lächelten Sterne«. Das »Schweigen« wird in diesem Text zur paradoxen Möglichkeit der Erinnerung, die eine letzte Spur hat, sich zu entfalten. Es kennzeichnet Ausländers Lyrik in den 60er Jahren, dass sie, anders als Eich, Huchel und Celan, noch mit einiger Emphase von »Erwartung und Wandlung« zu schreiben wagte: »Wir erschauern / vor den Mahnrufen aus dem Wasser / und halten den Atem an / in der Erwartung der Wandlung« (275).

Johannes Poethen (* 1928) entwirft in seinem Zyklus »Brief aus Atlantis« die Fiktion eines Schreibens aus einem versunkenen Land, eine Metapher für die Poesie überhaupt: »Meine Unternehmungen scheitern im nebel / beschlagen alle spiegel und fenster verschlagen die augen« (Meister 1979, 208), heißt es im »Brief«. »Wir möchten endlich die schwärze besprechen / aber wir finden noch immer den Spruch nicht« (216). Poethen nimmt die Frage »Weshalb aber schreiben daraus / weshalb den Untergang aufheben?« letztlich – wie Ausländer – positiv auf: »Es ist die hergewölbte frage / es ist die gegengewölbte antwort / [...] // es ist die moira« (208). Poethens Lyrik will diese gegen alle Skepsis und Selbstzweifel, die ihm wie jedem Hermetiker kommen und im Werk immer wieder thematisiert werden, mit Pathos behaupten.

In den Gedichtbänden von Johannes Poethen gibt es für die 60er Jahre eindrucksvolle Beispiele dafür, dass hermetische Lyrik keinen Rückzug in eine ästhetizistische Enklave der Poesie bedeutet. So steht Poethens Zyklus *Im Namen der Trauer*, 1967 geschrieben und 1969 mit Holzschnitten H.A.P. Grieshabers veröffentlicht, ganz unter dem Eindruck des faschistischen Militärputsches in Griechenland. Freilich sind seine Gedichte keine Protestlyrik, die mit gut gemeinten Losungen scheinbar ahnungslose Leser aufschrecken will. Vielmehr rekonstruiert Poethen im mythologisch bestimmten Bild von Gewalt und Folter jene Dimension menschlichen Leidens, die im täglichen Medienbericht fehlt. Poethens Perspektive steht »im Namen der Trauer«, nicht im Zeichen von Aktualität und Sensation. Das Geschehen bleibt nicht länger ein in Daten gefasstes Ereignis, eine Chronologie jenes »dreifach gekrönten planspiels« (220) zur Unterwerfung eines Landes, sondern es wird im mythologisch verfremdeten Zugriff der Aktualität enthoben. Die Hermetik der Bilder schottet sich gegen ihre verharmlosende Lesart ab; es ist gerade ihre hermetische Ikonographie, welche die Bilder vom Jargon der Berichterstattung fernhält.

Das »Gebet zu finden / das die verstümmelten Silben zusammenfügt / in ihre dunkle Harmonie« (Rühmkorf 1976, 339), von dieser Hoffnung kündet auch **Nelly Sachs'** (1891–1970) Gedicht »Auf dem Markt«. Zwar kennt auch ihre späte Lyrik das Motiv des Schweigens, aber es bedeutet auch hier eine äußerste, jedoch nicht die letzte Möglichkeit des Eingedenkens:

> Sterben
> bezieht seinen Standpunkt aus Schweigen
> und das blicklose Auge
> der aussichtslosen Staubverlassenheit
> tritt über die Schwelle des Sehens
> während das Drama der Zeit
> eingesegnet wird
> dicht hinter seinem eisigen Schweißtuch. (334)

»Warte / bis die Buchstaben heimgekehrt sind / aus der lodernden Wüste« (335), heißt es in einem anderen Gedicht, das ebenfalls eine Perspektive jenseits von Schweigen und Verstummen entwirft.

Ernst Meister (1911–1979) schließlich hat in seinem Gedicht »Reden und Schweigen« (Meister 1964, 81) gleichsam eine **Philosophie des Schweigens** angedeutet, indem er einen Moment des Meditierens mit der Reflexion auf das »Schweigen« als den Widerpart des »Redens« und Geredes verbindet. In einer solchen Apologie des Schweigens wird nicht nur ein romantisches Sprechen, Mondschein- und Naturpoesie, zitiert, sondern angesichts der Frage nach dem Tod die latente Banalität bloßen »Sagens«, des Sprechens von etwas und über etwas und mit jemandem, im Gedicht virulent – und damit der verborgene Sinn poetischen Schweigens:

> [...]
> Zuwider ist mir Sagen,
> darum schweig ich,
> rede mit niemand,
> auch nicht mit mir,
>
> laß scheinen
> den Mond
> auf eine alte Figur
>
> (die weiß,
> wann ich geh
> von hier).

Von einer »absurden Position am Rand des Verstummens« (Theobaldy/Zürcher 1976, 12) oder gar, mit Blick auf Meister, von »Pseudotiefsinn« (23) zu sprechen, hieße das poetische Motiv des Schweigens zu verkennen. Die Zurücknahme überkommener lyrischer Sprachrepertoires ist das Resultat einer Wachheit, eines Misstrauens, nicht aber ein Absinken ins wirklichkeitsferne Mysterium sprachloser Leere. Nicht um ein »Wiedergängertum der Schattenhaftigkeit« (Krolow 1963, 149) geht es also, sondern um eine artikulatorische Klarheit, die auf eine im Alltag oft verdunkelte, verstellte Wirklichkeit gerichtet ist. Auf Adorno anspielend, heißt es in einem Brief Meisters an Wilhelm Lehmann: »Auschwitz zum Beispiel muß Sprache nicht unbedingt lähmen, im Gegenteil – Sprache, die nicht umhin kann, Wirklichkeit anzuheben (was nicht heißt, sie zu poetisieren), anderenfalls bleibt Wirklichkeit Geröll unter Geröll« (Meister 1987, 16).

Im Bild von der »Sprache, die nicht umhin kann, Wirklichkeit *anzuheben*«, hat Meister zugleich ein **Ziel hermetischer Dichtung** umschrieben, ein Ziel indes, das nicht auf eine apriorische Wirklichkeitsnähe »unartifizieller Formulierung« (Theobaldy/Zürcher 1976, 26) rechnet, wie sie eine antihermetische Lyrik nach 1965 zum Programm erhebt. Es charakterisiert die Lyrik der 60er Jahre, dass sie – als Paradigma einer Literatur der Widersprüche und der Umbrüche – ein Spektrum gegensätzlicher Genres und Positionen hervorgebracht hat. In ihm bleibt aber das hermetische Gedicht, gerade indem es sich an der Grenze zum Unsagbaren, zum Schweigen bewegt, ein agiles und produktives, ja avantgardistisches Element. Davon zeugt nicht nur die weithin ungebrochene Schaffenskraft Ernst Meisters in den

Gedichtbänden *Die Formel und die Stätte* von 1960, *Flut und Stein* von 1961 und *Zeichen um Zeichen* von 1968.

Celans Poetik: Die Büchner-Preis-Rede von 1960

Auch Paul Celans (1920–1970) Werk mit den Sammlungen *Die Niemandsrose* (1963), *Atemwende* (1967), *Fadensonnen* (1968), *Lichtzwang* (1970), *Schneepart* (postum 1971) und *Zeitgehöft* (postum 1976) ist ein Beispiel für eine äußerst konzentrierte Arbeit am eigenen Spätwerk. Celan hatte im Oktober 1960 anlässlich der Verleihung des Büchner-Preises das theoretische Fundament hermetischer Poesie noch einmal umrissen, und zwar in solcher Präzision, dass seine Rede zu den wenigen poetologischen Manifesten von Rang gehört, die seit 1945 geschrieben wurden. Mit Adornos *Ästhetischer Theorie* (1970) vergleichbar ist **Celans »Meridian«**, wie die Schrift ihrer zentralen Metapher wegen genannt wird, ein Konzept der Moderne aus dem Bewusstsein ihrer kategorialen Differenz zur Wirklichkeit und ihrer Sistierung in einem von geschichtlichen Katastrophen bestimmten Jahrhundert.

Luciles Ausruf »Es lebe der König!«, gesprochen – so jedenfalls interpretiert Celan den Schluss von *Dantons Tod* – im Angesicht einer pervertierten Revolution, wird gerade in seiner Absurdität, seines von Zweck und Propaganda freien Ziels, seiner politischen Nutzlosigkeit zu einem »Akt der Freiheit« (Celan 1983, 89). In ihm werde, so Celan, »keiner Monarchie und keinem zu konservierenden Gestern gehuldigt«, sondern »der für die Gegenwart des Menschlichen zeugenden Majestät des Absurden« (190). Luciles »Gegenwort« wird zu einer Metapher für das Gedicht, zu dessen poetologischer Legitimation: **Das Gedicht ist ein solches »Gegenwort«**, weil es jeder Indienstnahme widerspricht, weil es *als Wort,* nicht als Parole, als Freiheitslosung für jene »Gegenwart des Menschlichen« zeugt, und zwar in seiner schutzlosen, bedrohten Existenz (denn Büchners Lucile spricht ihr »Gegenwort« unmittelbar vor ihrer Verhaftung, die im »Namen der Republik« erfolgt).

Celans **»Majestät des Absurden«** ist ein Bild für die Dichtung selbst, die für die »Gegenwart des Menschlichen« einzig dadurch einsteht, dass sie das »Menschliche« bis zur Selbstaufgabe Ideologien entzieht und jede Form eines zugewiesenen, instrumentalisierten Engagements negiert. Mit dieser »Majestät des Absurden« fällt zusammen, dass das Gedicht, analog zu jenem **»20. Jänner«** in Büchners Erzählung *Lenz,* seiner historischen Signatur, »seiner Daten eingedenk«, »immer nur in seiner eigenen, allereigensten Sache« spricht – um »gerade auf diese Weise auch in fremder [...], *in eines Anderen Sache* zu sprechen« (Celan 1983, 3, 196).

Die weiteren Metaphern der Rede ordnen sich dem Gedicht als dem »Gegenwort« zu, etwa das Bild vom Gedicht, das »einsam und unterwegs«, ein »verzweifeltes Gespräch« (198), eine »ins Offene und Leere und Freie verweisende Frage« (199) sei. So werde es zu einer »alle unserer Daten eingedenk bleibenden Konzentration« (198), eben kein bloßes Sprachspiel oder leere, um sich selbst krebsende Wortakrobatik. Das Meridian-Bild am Schluss der Rede fasst dies noch einmal zusammen (202):

> Ich finde etwas – wie die Sprache – Immaterielles, aber Irdisches, Terrestrisches, etwas Kreisförmiges, über die beiden Pole in sich selbst Zurückkehrendes und dabei – heitererweise – sogar Tropen Durchkreuzendes –: ich finde ... einen *Meridian*.

Celan hat in seiner »Meridian«-Metapher sich einer normativen Poetik des hermetischen Gedichts schon dadurch entzogen, dass seine Gedanken einen Moment des Suchens und Findens umkreisen, wie Pöggeler zu Recht annimmt, »jene Linie, die die modernen Dichter verbindet, die ihren Ort aus diesem oder jenem Grunde verlassen mußten, in die Fremde (oder in den Turm in Tübingen) gestoßen wurden« (Pöggeler 1986, 160). Celan bietet keine Lösung an, sondern stellt den Interpreten eine Aufgabe, und zwar – im wörtlichen und im übertragenen Sinne – die einer »Toposforschung«, aber einer »im Lichte der Utopie«: mit dem Gedicht den »Ort« zu finden, »wo alle Tropen und Metaphern ad absurdum geführt werden wollen« (Celan 1983, 3, 199). Gelegentlich ist diese Stelle der »Meridian«-Rede als eine paradoxe Umschreibung für ein sich selbst zerstörendes Gedicht gelesen worden, also für eine zum Programm erhobene, absurde Selbstaufhebung der Dichtung, die bis zur Sprachlosigkeit, ja bis zum Scheitern führen müsse.

Celans Lyrik der 60er Jahre

Dabei wird freilich übersehen, dass auch Celans Lyrik der 60er Jahre ihre Sprachlichkeit als eine »aller unserer Daten eingedenk bleibende Konzentration« gewinnt. Sie ist keine Poesie im Sinne von Benns ›absoluter Dichtung‹ schon gar kein bloßes Spiel um Vieldeutigkeit und sprachliche Innovationen. So durchkreuzt Celans *Niemandsrose* einen nach Auschwitz obsolet gewordenen Erlösungs- und Sühnegedanken, der im überlieferten Wort eine geschichtsenthobene, eschatologische Institution zu erkennen glaubt: »Ein Nichts / waren wir, sind wir, werden / wir bleiben, blühend: / die Nichts-, die / Niemandsrose« (Celan 1983, 1, 225). Im Schlussgedicht der Sammlung *Lichtzwang* beschreibt Celan eine analoge Situation, wenn es heißt: »durchgründet vom Nichts, / ledig allen / Gebets« (2, 328). Die Königsmetapher der »Niemandsrose«, die den Gedichtband konstituiert, nimmt ein Element der Passionsgeschichte auf – »Mit / [...]/ der Krone rot / vom Purpurwort, das wir sangen / über, o über / dem Dorn« (1, 225) – und wendet es ins Menschliche, freilich so, dass es einen uneingelösten Anspruch jenseits heilsgeschichtlicher Vertröstung offen legt.

Celans Verse, häufig zurückgenommen bis auf ein einziges Wort, durchsetzt von zerstückelter Syntax, von Ellipsen, Anakoluthen (brüchigen Sätzen), eingeklammerten Strophen, sind selbst da, wo sie noch auf Anlässe, Begegnungen, Orte, Religion und Mystik anspielen, auf die Metaphorik des Niemands und des Nichts hin gerichtet, die ihre Transformation in bloße Aussagen und Inhalte verhindert. Sie lassen sich nicht in Philosophie und Geheimwissen rückübersetzen.

In seinen letzten Gedichtbänden hat Celan diese Tendenz zur »Unterbrechung, Suspendierung, Zäsur [...] der Sprache« (Hamacher/Menninghaus 1988, 39) noch verstärkt, indem er sein **Verfahren der Reduktion** bis zur vieldeutig-fragmentarischen Offenheit weniger Wortelemente, ja bis zur Grenze, bis zu deren Auflösung in einzelne Laute radikalisiert: »Das Gedicht«, so beschreibt es Voswinckel, sei »ein Gedicht auf dem Sprung. Der Moment des Umschlagens in eine neue, außerpoetische Qualität« sei bereits »ein Moment der Sprachlosigkeit, der physisch wird« (zit. n. Wellershoff 1958, 205).

Schon in *Atemwende* (1967), der ersten zum Spätwerk zählenden Gedichtsammlung, ist dieser Augenblick fast erreicht. Er schließt eine programmatische Abkehr von frühen Positionen ein: »Unmissverständlich« sei, so Emmerich, »die Absage an die eigenen [...] Anfänge« (Emmerich 1999, 133), gerade auch an *Sand in den Urnen.* »Keine Sandkunst mehr, kein Sandbuch, keine Meister«, heißt es bei Celan (2, 39):

Nichts erwürfelt. Wieviel
Stumme?
Siebzehn.

Deine Frage – deine Antwort.
Dein Gesang, was weiß er?

Tiefimschnee,
Iefimnee,
I-i-e.

Es hieße freilich Celans Spätwerk auf eine einzige Tendenz zu reduzieren, wenn man die Verse für die notwendige Konsequenz radikaler Verweigerung nähme. Vielmehr geht es, wie Vietta hervorhebt, um einen »Durchgang durch die Dialektik der Vernichtung« (zit. n. Weissenberger 1981, 131), letztlich also um eine sprachreflexive Erkundung aller poetischen Möglichkeiten im Bewusstsein ihrer Grenze. Das schließt Resignation ebenso wenig aus wie Experimentierfreude.

Aus »**fundamentaler Sprachskepsis**« (Schmitz-Emans 1993, 188) kann bei Celan sogar eine Nähe zum (Sprach-)Spiel und eine Verwandtschaft mit der Konkreten Poesie gefolgert werden, ohne die Diskrepanzen zwischen Selbstverständnissen und Schreibweisen zu leugnen. Schmitz-Emans hat Analogien an Motiven wie Lallen und Stottern und Nonsens-Konstellationen aufgewiesen (ebd., 181–233). Das Experiment kann sogar die eigenen Verfahren der Reduktion und konzentrierenden Verknappung einbeziehen, wenn gerade die letzten postum veröffentlichten Gedichte mit ihrer Technik fragmentarisierter Zitat- und Wortfolgen den bedeutungsschweren Lakonismus hermetischer Lyrik in pointierte, flüchtige Polysemien aufzulösen versuchen.

Celans späte Gedichte

Celans **Experimentierfreude** kann aber auch eine Dimension lustvoller, derber Erotik einschließen, wie etwa in den Gedichten »Wenn ich nicht weiß, nicht weiß« (Celan 1983, 2,154), »Unbedeckte« (218) und »Haut Mal« (220) aus der späten Sammlung *Fadensonnen*, die mit ihren Liebesgedichten ein bei Celan vom Frühwerk an signifikantes, bisher kaum untersuchtes Genre fortsetzt. Celans erotische, ja auch seine spielerisch-heiteren, wie ein Ulk wirkenden Verse fügen sich in den Kontext einer prinzipiellen Fremdheit und Abgeschlossenheit, für die gerade das Motiv der »Fadensonnen« einsteht:

FADENSONNEN
über der grauschwarzen Ödnis.
Ein baum-
hoher Gedanke
greift sich den Lichtton: es sind
noch Lieder zu singen jenseits
der Menschen. (26)

Aber noch auf dem schmalen Grat zwischen Scheitern und Gelingen hat Celans »Gestus des Rückgängigmachens« (Wellershoff 1958, 211) und »Schlußmachens« (220) seine Sprache, ja seine ihm gemäße geschichtliche Wahrheit.

Ihr kommt insofern eine wichtige Bedeutung zu, als sie in den 60er Jahren den auch unter Lyrikern immer wieder thematisierten Gegensatz zwischen *poésie pure* und *littérature engagée* gänzlich auflöst. Schon in seiner »Meridian«-Rede hatte Celan auf die **Poesie als »Gegenwort«** und das ihr gemäße historische (Anspielungs-)Datum verwiesen, darauf, »daß jedem Gedicht« – in Anlehnung an den Erzähleingang in Büchners »Lenz« – »sein ›20. Jänner‹ eingeschrieben« (Celan 1983, 3, 196) sei. Der ›20. Jänner‹ freilich bleibt bei Celan keine vage Metapher für die Geschichtlichkeit von Literatur, sondern sie wird in dem Maße konkret, wie sich das poetische »Gegenwort« an seinen je geschichtlichen Momenten entzündet. Janz hat hervorgehoben, dass der 20. Januar nicht nur ein Datum aus Büchners *Lenz* zitiert, sondern auch den Tag der Wannseekonferenz, den 20. Januar 1942, an dem in Berlin die Massendeportation und Vernichtung der Juden beschlossen wurde (vgl. Janz 1976, 205). Gellhaus interpretiert den für Celan wichtigen »Vorgang der Datierung« (Gellhaus 1996, 191):

> Das Datum des Gedichts bei Celan gewinnt seine Bestimmung aus seinem Gegenwartspunkt zwischen einem Woher und einem Worauf-zu, es ist jedoch kein Punkt auf der Skala eines historischen Lineals, sondern eine Verdichtung von Zeitbezügen, als deren Zentrum sich ein dem Erscheinenden zugewandtes Ich erweist – dessen Aufmerksamkeit.

Das Gedicht »In eins« aus Celans *Niemandsrose* (Celan 1983, 1, 270) belegt diese geschichtliche Zeugenschaft, und zwar nicht nur deshalb, weil es etwa den Wiener Arbeiteraufstand vom Februar 1934, den »Dreizehnten Feber«, und die republikanische Losung »No pasaran« des Spanischen Bürgerkrieges, das »Eislicht des Kreuzers ›Aurora‹« der Russischen Revolution und die alttestamentliche Parole »Schibboleth« verbindet, also ›in eins‹ setzt, sondern – umgekehrt – wegen der jenseits von Reminiszenzen liegenden, nur im lyrischen Sprechen flüchtig aufscheinenden utopischen Dimension, die im Schlussvers sich zum (verkürzten) Zitat des *Hessischen Landboten* verdichtet: »Friede den Hütten!«

Das Celan'sche Spätwerk kennt eine Reihe von Daten und Anlässen, zumeist freilich solche Ereignisse, in denen einer Geschichte gedacht wird, die *nicht* Realität wurde, **die Geschichte der vergessenen, verdrängten Niederlagen und erloschenen Utopien.** Ihnen gilt, als »Majestät des Absurden« (3, 190), Celans »Gegenwort«, bis hin zum Gedicht »Du liegst« aus der Sammlung *Schneepart*, das auf die Ermordung Rosa Luxemburgs und Karl Liebknechts am 15. Januar 1919 und den 20. Juli 1944 anspielt (2, 334):

DU LIEGST im großen Gelausche,
umbuscht, umflockt.

Geh du zur Spree, geh zur Havel,
geh zu den Fleischerhaken,

zu den roten Äppelstaken
aus Schweden –

Es kommt der Tisch mit den Garben,
er biegt um ein Eden –

Der Mann ward zum Sieb, die Frau
mußte schwimmen, die Sau,
für sich, für keinen, für jeden -

Der Landwehrkanal wird nicht rauschen.
Nichts
stockt.

Celans Spurensuche nachzugehen heißt nicht, seine Gedichte in Kommentare zu überführen, so gelehrt sie auch sein mögen. Pöggelers Satz, Celans Gedichte sprächen »nur für jene [...], die sich ganz aus dem Eigenen heraus ihnen nähern« (Pöggeler 2000, 143), hat sicher einen wahren Kern: »nur in einer Pluralität von Text- und Lebensspuren schenken sich diese Gedichte, ohne dass das Substantielle eines Werkes vorgezeigt werden könnte« (ebd.). In welchem Maße das zitierte Gedicht, exemplarisch für andere, Elemente des Biographischen mit einer genuin poetischen Dimension verbindet, haben neben anderen Szondi (1972) und Janz (1976) mit unterschiedlichem Resultat dargestellt und dabei auch die Entstehungsgeschichte des Textes (Weihnachtswoche 1967) rekonstruiert.

Entscheidender jedoch als die Frage nach dem Biographischen des Gedichts ist sein Einspruchcharakter gegen jenes »Nichts / stockt«, gegen das Vergessen, gegen das, was *nicht* Geschichte werden konnte: **Engagement und Hermetik** fallen im Celanschen »Gegenwort« zusammen.

Erich Arendts poetische Chiffren

Erich Arendt (1903–1984) hat in seinen 1967 erschienenen, in der ersten Hälfte der 60er Jahre geschriebenen *Ägäis*-Gedichten **zeitgeschichtliche Themen** mit dem Genre der Reiselyrik verknüpft. Er spürt in seiner strikten Aussparung zufälliger Impressionen oder gar Reiseeindrücke Chiffren historischer Erfahrungen auf, indem er sich einer versteinerten, verkarsteten Landschaft zuwendet. Arendts Verse sind evokativer, assoziativer Art. Sie bevorzugen einen sparsamen, lakonischen, aber zugleich recht emphatischen und pathetischen Ton. Ihre Perspektive gilt der »Totenstille / der Ägäis« (Arendt 1968, 364), einer »tödlichen /Bläue« (341), einer Steinlandschaft ohne eine Spur von Bukolik. »Todesenge, / Furcht«, »Leere« und »schreckende Stille« registriert das Huchel gewidmete Gedicht »Orphische Bucht« (334).

Arendts gegengeschichtliche **Versteinerungsmetaphorik** hat die Funktion, Ideologien zu destruieren. Im Gedicht »Nach dem Prozeß Sokrates« (382) wird auf ideologisches Sprechen direkt angespielt: »Worte / gedreht und / gedroschen: Hülsen / gedroschen, der / zusammengekehrte Rest.« Das Gedicht verweigert jede obligate Utopie: »Blutwimper, schwarz: / das Jahrhundert.« Horst Domdey hat den »Verlust des Geschichtsoptimismus« bei Arendt präzise beschrieben und für die »Ägais«-Gedichte herausgearbeitet, wie sie aus der Position eines »Avantgardebewußtseins« (Domdey 1984, 80) mechanistische Fortschrittsmythologeme der 50er und 60er Jahre (und nicht nur diejenigen der DDR-Gesellschaft) durchbrechen.

Auf die Rezeption der geschichtsphilosophischen Schriften Walter Benjamins hat Wichner (Wichner 1984) verwiesen. Noch der letzte eschatologische Bilderrest des Benjaminschen ›Engels der Geschichte‹ freilich ist bei Arendt getilgt: »Wolfshunger Geschichte« (Dischner 1970, 387), nichts als ein »geschleiftes Troja« (386), von dem zu berichten wäre.

Von einem ratlosen, an seine Grenze gekommenen Späthermetismus ist auch in Arendts Lyrik der 60er Jahre nichts zu spüren. Und sie bewahrt, wie Meisters und Poethens Dichtung, auch im folgenden Jahrzehnt ihre produktive Kraft. Arendts Pessimismus ist kein Ausdruck krisenhaften Verstummens, sondern eine Resultante hermetischer Poetologie: ihrer Aufkündigung ideologischer Indienstnahmen, ihrer gegen herrschendes Bewusstsein resistenten Sprachlichkeit. Gerade die 60er Jahre brachten in Ost und West einen **Optimismus des Umbruchs** hervor, der die instrumentelle Planbarkeit und Machbarkeit von Geschichte im großen Stile feierte, im Zeichen technokratischer Moderne.

Arendts Gedichte irritieren diesen Optimismus derart radikal, dass sie mit ihren Chiffren geologischer Versteinerung wie ein ungetümes, prähistorisches Memento inmitten einer sich aufs 21. Jahrhundert einrichtenden Kultur wirken müssen. Die Kraft ihrer Provokation, ihrer Hymnen auf »schwarze Asche« und »erkalteten Stein« (400) hält an.

Johannes Bobrowski

Den ›eingeschwärzten‹ Hymnen Arendts stehen die Gedichte eines anderen DDR-Lyrikers gegenüber, mit denen sie in vielem sich berühren: die Gedichte und Oden Johannes Bobrowskis (1917–1965). Zu einem Teil bereits in den 40er und 50er Jahren entstanden, beginnt deren Rezeption erst spät, nur ein paar Jahre vor Bobrowskis frühem Tod (2. 9. 1965). In rascher Folge erschienen von 1961 an die *Sarmatische Zeit, Schattenland Ströme* und *Wetterzeichen.* 1970 folgen postum der Nachlassband *Im Windgesträuch* und 1977 die Xenien *Literarisches Klima.* Die **verspätete Wirkung seiner Verse** ist selbst ein Element literarischer Evolution, und zwar in dem Sinne, dass seine Gedichte, im Kontext von Eich und Huchel gelesen, ein weiteres Paradigma für die **produktive Überwindung natur-lyrischer Rückzüge** früherer Jahrzehnte sind.

Celans Wort vom »20. Jänner«, der allen Gedichten ›eingeschrieben‹ sei, kehrt bei Bobrowski in deutlicher Analogie wieder. Seinen Versen, bis in die Titelgebung hinein, ist das Jahr 1941, sind die Jahre des Krieges mitgegeben, vor allem das **Entsetzen über die faschistische Barbarei in Osteuropa**. Die Gedichte entwerfen die Topographie einer Erinnerungslandschaft ohne falschen Schmelz, indem sie in ihren dunklen, weichen und melancholischen Farben nie ein Moment irreversibler historischer Zerstörung und brutaler Unterwerfung verleugnen. Der Naturraum selber – »Uferweide, bittrer Geruch, / ein Grün wie aus Nebeln« (Bobrowski 1987, 1, 9) –, jene Tieflandebene mit ihren Strömen und Niederungen, zeigt Spuren einer verstörten Idylle unmittelbar vor ihrer Vernichtung.

Am Rand der Geschichte, in Sarmatiens Winkeln findet Bobrowski die Menschen, die zunächst wie ihrer Zeit enthobene Gestalten einfachen Lebens erscheinen, dann aber um so mehr als die Opfer der ›großen‹ Geschichte sich erweisen. Der Autor nimmt keine Welt in Besitz, sondern registriert deren Konturen im Bewusstsein ihres Verlustes: ihre hilflose Menschlichkeit, aber auch ihr latentes Bedrohtsein, ihre Todeszeichen und Untergangsembleme. Das Gedicht »Der Ilmensee 1941« (Bobrowski 1998, 1, 53) ist dafür ein Paradigma:

Wildnis. Gegen den Wind.
Erstarrt. In den Sand
eingesunken der Fluß.
Verkohltes Gezweig:
das Dorf vor der Lichtung. Damals
sahn wir den See –

– Tage den See. Aus Licht.
In der Wegspur, im Gras
draußen der Turm,
weiß, fort wie der Tote von seinem
Stein. Das geborstene Dach im
Krähengeschrei.
– Nächte den See. Der Wald.

In die Moore hinab
fällt er. Den alten Wolf,
fett von der Brandstatt,
schreckte ein Schattengesicht.
– Jahre den See. Die erzene
Flut. Der Gewässer steigende
Finsternis. Aus den Himmeln
einmal
schlägt sie den Vogelsturm.

Sahst du das Segel? Feuer
stand in der Weite. Der Wolf
trat auf die Lichtung.
Hört nach des Winters Schellen,
heult nach der ungeheuren
Wolke aus Schnee.

Das Datum 1941 gibt dem Text nicht nur seinen historischen Ort als erklärenden Zusatz, sondern ist dessen integraler Bestandteil. Der Moment, bevor, wie es das Bild aufnimmt, der »Wolf / auf die Lichtung« tritt, ist in den Chiffren der Landschaft präzise fixiert, bis hin zum »Vogelsturm«, zur »Finsternis«, zum unheilvollen »Krähenschrei«. Ein naturlyrischer Impetus, der nach der Bedeutung von Zeichen und Bildern fragt, ist vielen Gedichten Bobrowskis inhärent: »Lehr mich reden, Gras, / lehr mich tot sein und hören« (80).

Vor allem das **Motiv der Ströme und Flüsse** gibt Bobrowski einen Reflexionsraum, dessen Topographie einer **Erinnerungslandschaft** gleicht. Das Land der Ströme ist immer schon ein historisch bestimmtes: ein Land der potentiellen Opfer. Das Gedicht »Die Memel« deutet ein solches »Bild aus Schweigen« an: »Strom, / alleine immer / kann ich dich lieben / nur. / Bild aus Schweigen. / Tafeln dem Künft'gen: mein Schrei. / Der nie dich erhielt. / Nun im Dunkel / halt ich dich fest« (68). Auch im Gedicht »Schattenland« (Bobrowski 1998, 1, 160) entfaltet Johannes Bobrowski ein Flussmotiv aus der Perspektive der »Finsternis«:

Kalt. Auf der Spitze des Grashalms
die Leere weiß
bis an den Himmel. Der Baum
aber alt, dort ist
ein Ufer, Nebel mit dünnen
Gelenken gehn auf dem Fluß.

Finsternis, wer hier lebt,
spricht mit des Vogels Stimme.
Aus gefahren sind
Windlichter über den Wäldern.
Kein Atem hat sie bewegt.

Bobrowskis historische Erinnerungsarbeit gilt auch, wie in seinen zahlreichen Porträtgedichten, einzelnen Gestalten der Geschichte, namenlosen und bekannten Zeugen. Beispiele dafür sind Gedichte wie »Hölderlin in Tübingen« (ebd., 107) »Gertrud Kolmar« (116), »An Klopstock« (161), »Barlach in Güstrow« (188), aber auch »Auf den jüdischen Händler A. S.« (15), und »Eszther« (196). Sie fügen sich zusammen mit den Naturgedichten zu einem geschichtlichen Bilderbogen, freilich einem, der keine Ganzheitsfiktionen und Geschichtsphilosophien suggeriert, sondern deren zerbrochene Reste.

Das lyrische Ich der Gedichte ist stets ein suchendes, fragendes, zweifelndes: eines, das sich der Interpretation seiner Erinnerungsfragmente strikt entzogen hat. Der nicht selten als Vorwurf gemeinte Verdacht, Bobrowski sei ein schwieriger Dichter, hat hierin seine eigentliche Ursache.

Die Frage nach der ›**Dunkelheit**‹ **Bobrowskischer Gedichte**, nach seinem Anteil am Späthermetismus, darf nicht verdecken, dass der Autor – im Unterschied zu Celan, aber auch zu Arendt und Huchel – mit einer offeneren, weniger auf sprachliche Konzentrate hin angelegten Odenform arbeitet, die die Texte nicht derart abgeschlossen und verrätselt wirken lässt. Gedichtbandtitel wie *Wetterzeichen* wären etwa bei Celan in den 60er Jahren nicht mehr denkbar. Sie wollen in der Tat nichts verstellen, sondern als Zeichen gelesen werden, deren Semantik noch rekonstruierbar ist. Dass zuletzt auch die Sprache »auf dem endlosen Weg / zum Hause des Nachbarn« (ebd., 177) sei, davon war Bobrowski überzeugt. In dieser Hoffnung freilich hat am Ende alle hermetische Dichtung ihren Grund.

3.2 Paradigmenwechsel der Lyrik. Die »Entdeckung der Wirklichkeit«

In den 60er Jahren erfolgt der bisher tiefste Einschnitt innerhalb der Geschichte der Lyrik seit Kriegsende. Er fällt mit einer **Legitimationskrise** ausgerechnet derjenigen Gattung zusammen, die eine Dekade früher geradezu als Königsweg der Dichtung gegolten hat. Noch 1960 gab Celans Darmstädter Rede ein Zeugnis davon, wie emphatisch die Poetologie des Gedichts entworfen werden konnte. Zehn Jahre später dagegen sind, wie es Heinrich Vormweg in seiner Einleitung zu den *Gesammelten Gedichten* von Günter Grass formuliert, »Dichter [...] in Verruf geraten. Gedichte erregen Mißtrauen. Es besteht Verdacht, daß Dichter und Gedichte den Nebel miterzeugen, der das Reale der Wahrnehmung entzieht.« Und er fügt lapidar hinzu: »Der Verdacht ist begründet« (Grass 1971, 5).

Veränderte Konstruktionen von ›Wirklichkeit‹

Was die Lyrik, wie es scheint, so »in Verruf« gebracht hat, ist genau jener Gestus der Verweigerung, der etwa in Celans »Meridian« gegen landläufige Auffassungen des »Realen« zur Prämisse des Gedichts erhoben worden war und nun als »Nebel«

bezeichnet wird. Die Metapher vom »Nebel« fixiert einen veränderten ästhetischen Wert, der ein erstes Indiz für den **Paradigmenwechsel in der Lyrik** liefert. Das Gedicht wird zum »Nebel«, wenn es Realitäten verhüllt, verstellt, unscharf werden lässt. Im Maßstab eines »Realen« ist damit aber zugleich ein lyrisches Formrepertoire suspekt geworden, das semantische Vieldeutigkeit hervorruft.

Die Klarheit eines verständlichen, ja auf Kommunizierbarkeit hin angelegten Gedichts erscheint als Ideal eines Paradigmenwechsels, der, unausgesprochen oder expressis verbis, die Konzeption hermetischer Lyrik in ihr Gegenteil zu verkehren sucht. Der Dichter wird zum »Gedichteschreiber« (Grass 1971, 5), so wie das Dichten zum unartifizell gemeinten ›Schreiben‹ und die Gedichte zu ›Texten‹ werden.

Der erweiterten Taschenbuchausgabe von Benders Anthologie *Mein Gedicht ist mein Messer* (1961) war immerhin noch Peter Gans »Epistel über das Entstehen von Gedichten« vorangestellt worden. In Renate Matthaeis Sammlung *Grenzverschiebung. Neue Tendenzen in der deutschen Literatur der 60er Jahre* (1970) heißen die Essays der Autoren kurz und bündig »Statements«. Celans »Meridian« ist einem flott geschriebenen, publizistische Formen kopierenden Stil gewichen, der Kommentar, Leitartikel, Glosse zu sein vorgibt und bewusst jede Assoziation auf eine neue *ars poetica* vermeidet: (ebd., 234)

> Ich schreibe Nachrichten, die als Gedichte erscheinen, weil die Zeilen nicht vollgeschrieben sind, also links und rechts Luft bleibt«, heißt es bei Reinhard Lenau, der hinzufügt: »Allerdings handelt es sich meist um Nachrichten, deretwegen es sich nicht lohnt, eine Geschichte oder einen Aufsatz zu schreiben.

Für Erich Frieds ›Agitpropgedicht‹ dagegen ist entscheidend, »daß ein verständlicher Text in einen Zusammenhang gebracht wird, in dem er zum Denken, Formulieren und Handeln anregen kann« (148). Dieter Wellershoff sieht das »Schreiben« als »eine Probierbewegung ohne vorwegnehmbare Resultate« (311), während Günter Herburger in deutlicher Analogie sein »Statement« mit der Formel »Präzision + Sinnlichkeit = Phantasie« versieht und ihr eine wichtige Bedeutung zuerkennt (205):

> Das Ordnen der Wirklichkeit mit ihren Sachverhalten, Möglichkeiten, Tücken, Plattheiten, Protuberanzen und klebrigen Wiederholungen kann eine solche Entdeckergier hervorrufen, daß der Schreibtisch zu einem Vorposten wird, von dem aus alles erreichbar zu sein scheint.

Die **Hinwendung zur Realität**, in welcher spezifischen Form auch immer, legitimiert das Gedicht und gibt die Richtung an, in die sich der Paradigmenwechsel vollzieht. Seine Rechtfertigungsformel heißt ›Wirklichkeit‹ und meint die ›unpoetische‹ Erfahrungs- und Tatsachenwelt, der, mit Herburgers Worten, lyrische »Entdeckergier« nun zu gelten hat. Diese setzt freilich nicht erst 1970 ein, sondern gut ein Jahrzehnt früher und wird zum Kennzeichen eines Anspruchs, den vor allem eine neue Schriftstellergeneration zu realisieren versucht.

Die neue Generation

Im Zeichen des lyrischen Paradigmenwechsels stehen bereits Grass' Gedichtband *Vorzüge der Windhühner* (1956), Enzensbergers *Verteidigung der Wölfe* (1957), Frieds *Gedichte* (1958), Kurt Martis *Republikanische Gedichte* (1959) und Rühmkorfs *Irdisches Vergnügen in g* (1959). Als **Auftakt zum Jahrzehnt der Umbrüche** erscheinen 1960 Enzensbergers *Landessprache* und Grass' *Gleisdreieck.* Schon zwei Jahre später, 1962, macht sich die neue, zweite Lyrikergeneration nach dem Krieg allenthalben bemerkbar, mit Rolf Dieter Brinkmanns *Ihr nennt es Sprache*, Günter Bruno Fuchs' *Trinkermeditationen*, Rolf Haufs' *Straße nach Kohlhaasenbrück*, Volker von Törnes *Fersengeld*, Rühmkorfs *Kunststücken* und Christoph Meckels *Wildnisse.* Hans-Jürgen Heise, Helga M. Novak und Christa Reinig legen ihre ersten Gedichtbände in den frühen 60er Jahren vor. In der zweiten Hälfte des Jahrzehnts stoßen Lettau, Herburger, Yaak Karsunke, Friedrich Christian Delius, Arnfrid Astel, Nicolas Born und Oskar Pastior hinzu. Auch in der DDR beginnt **eine neue Lyrikergeneration** sich durchzusetzen, mit Volker Braun, Karl Mickel, Heinz Czechowski, Sarah Kirsch, Wolf Biermann, Günter Kunert und Reiner Kunze.

Der Paradigmenwechsel in der Lyrik war nicht allein das Werk einer neuen Schriftstellergeneration in Ost und West. Die Debatte nämlich um ein **verändertes Wirklichkeitsverständnis** wurde zunächst von Autoren wie Eich, Höllerer, Bingel und Krolow bestritten, bevor Enzensberger, Grass und später Brinkmann und Herburger sich Gehör verschafften. Schon 1956 hatte Eich in seinem Essay »Der Schriftsteller vor der Realität« einen wichtigen Anstoß zum Paradigmenwechsel gegeben, indem er bekannte: »Erst durch das Schreiben erlangen für mich die Dinge Wirklichkeit. Sie ist nicht meine Voraussetzung, sondern mein Ziel. Ich muß sie erst herstellen« (Eich 1973, 4, 441).

1962 macht Bender in seiner Anthologie *Widerspiel* darauf aufmerksam, dass »von Brecht bis zu Enzensberger und Fuchs [...] sich eine Verbindungslinie« ziehen lasse, und zwar im »Vorsatz, Gedichte sollen ›Dokumente‹ sein, ›Gebrauchs-Gegenstände‹, ›Flugblatt-Texte‹« (Bender 1962, 10f.). 1963 skizzierte Bingel im Vorwort seiner Sammlung *Zeitgedichte* einen »Durchbruch zur industriellen, pluralistischen Gesellschaft«, welche »an den Dichter neue Anforderungen« stelle: »Die Wachheit seines Bewußtseins muß die aller werden, der Bauern, Handwerker, Angestellten« (Bingel 1963, 122). Damit kam eine **politische Dimension in die Lyrik-Debatte**, für die Bingels Sammlung freilich nur ein erstes Indiz lieferte. Dass »auch heutzutage offene, durchscheinend helle, für den Menschen und seine Sache leidenschaftlich parteinehmende Gedichte geschrieben« (Piontek 1964, 5) würden, hebt Heinz Piontek in seinen *Neuen deutschen Erzählgedichten* hervor und umreißt ein Genre, das in der Folgezeit hohe Konjunktur hatte.

Eine Lyrik-Debatte: Das kurze oder das lange Gedicht

Einen weiteren Akzent innerhalb der poetologischen Diskussion markiert der im Rückblick so unzulänglich und missverständlich geführte Streit um das so genannte ›kurze‹ oder ›lange‹ Gedicht. Als sein Vorspiel gilt die »Arbeitstagung Lyrik«, die im Rahmen des 6. internationalen Schriftstellerkongresses 1960 stattfand. »**Aug in Aug mit der Wirklichkeit**« (Akzente 1961, 56), so lautet Rühmkorfs Parole zum lyrischen Paradigmenwechsel. In seinen »Thesen zum langen Gedicht« griff Höllerer die Forderung nach einer der Wirklichkeit zugewandten Lyrik auf. Nicht um Fragen der Quantitäten ging es ihm, sondern um einen veränderten »Umgang mit der Realität« und damit um einen Auszug aus der hermetischen Enklave. Der konzentrierten, lakonischen Struktur des hermetischen Textes setzte er eine »Perspektive« entgegen, »die Welt freizügiger zu sehen« und »die Denkgefängnisse zu zerbröckeln« (Höllerer 1965, 128).

Die **Metapher von der Öffnung**, vom »Sich-einlassen« (129) wurde zum Zeichen jener als Innovation verstandenen Tendenz: »Alle Feierlichkeiten weglassen«, empfahl Höllerer, und er interpretierte diesen Weg als eine auf den Leser gerichtete Zielsetzung, die sich in Sprache und Thema fundamental gegen »erzwungene Preziosität und Chinoiserie des kurzen Gedichts« (129) behaupten müsse. **Verständigung und Kommunikation** erschienen in dieser Konzeption nicht länger als Antithese des Gedichts, sondern als dessen Voraussetzung. Einen solchen Richtungswechsel begriff Höllerer, wie das ›lange Gedicht‹ überhaupt, »schon seiner Form nach politisch«, so dass der Enthusiasmus des neuen Paradigmas in einer politischen Utopie kumulierte: »Die Republik wird erkennbar, die sich befreit« (128).

Höllerers Thesen riefen zunächst ein zwiespältiges Echo hervor; es zeichnete sich jedoch die Tendenz ab, in der Kritik nicht das Programm einer antihermetischen, der Wirklichkeit sich öffnenden Lyrik zu bestreiten, sondern die in die Debatte aufgenommene Frage nach der ›Länge‹ und der ›Kürze‹ von Texten. So hält Krolow, der am fundiertesten antwortete, an Höllerers Urteil fest, dass das neue Gedicht »das Gedicht nach der Rückkehr aus dem Schweigen« (Krolow 1966, 272) sei und nichts weniger als eine »Demokratisierung des lyrischen Sprechens« (277) auf der Tagesordnung stünde. Dabei weist Krolow aber zu Recht, mit Bertolt Brechts Gedichten argumentierend, Höllerers Fixierung auf die ›Länge‹ zurück und deutet auf das zwar lakonische, aber umso treffendere, knappe Gedicht. Schließlich war, bei aller zeitgebundenen Kontroverse, der Konsens rasch hergestellt, wie Höllerers Antwort auf Krolow in ihren Schlagwörtern beweist: »gegen Begrenztheit, Kurzatmigkeit, gegen die Theorie des Verstummens, – für eine neue Art des Zusammenlebens unter gemeinsamen, bedrohlichen Bedingungen, für Verständigung und Kommunikation« (Höllerer 1965, 381).

Kaschnitz' Lyrik der 60er Jahre

Höllerers Angriff gegen das vermeintliche ›Schweigen‹ des hermetischen Gedichts liest sich wie eine prinzipielle Abwehr der ersten Phase deutscher Nachkriegsdichtung. In der literarischen Praxis jedoch handelt es sich um einen Prozess, der zum Teil sogar im Werk der Lyriker selbst zu beobachten ist. Marie Luise Kaschnitz' (1901–1970) Gedichtband *Dein Schweigen – meine Stimme* von 1962 ist dafür ein Beispiel; auch die 1965 folgende Sammlung *Ein Wort weiter* indiziert den Paradigmenwechsel als Element der Werkgeschichte. Gerade die zyklischen Gedichte können für jenes ›lange‹ Gedicht zeugen, dem Höllerer das Wort geredet hatte, und zwar nicht nur wegen ihrer Wirklichkeitssubstrate, sondern vor allem wegen ihrer **komplexen Panorama-Struktur**, in der sich eine gesamte Epoche konstituiert.

Das Gedicht »Ich lebte« (Kaschnitz 1985, 342) entwirrt ein solches Zeitbild, das gerade als Selbstreflexion die Offenheit besitzt, von der nicht nur Höllerer ein verändertes Verständnis der Wirklichkeit erwartete. Kaschnitz zeichnet, wie im Zyklus »Chronik« (332), das Bild eines zivilisatorischen »Ödlands«, indem sie dessen Sprachmaterial aufgreift: »Ein Mercedes, ein Bentley, ein Isetta fuhren an / Und summten wie Libellen. Der Hirte schrie: / Fort mit euch Schafen, fort mit euch Lämmern. / Ist das Kind gestorben? Das Kind stirbt nie« (335).

Gerade die Kombination aus tradiertem poetischen Stoff (das Gedicht trägt den Titel »Dezembernacht«) und ›unpoetischen‹ Sprachelementen bewirkt die veränderte, der aktuellen Realität geltenden »Neugier«, die Kaschnitz im letzten Gedicht ihres Bandes »Dein Schweigen meine Stimme« zum Thema macht (372):

> Meine Neugier, die auswanderte, ist zurückgekehrt.
> Mit blanken Augen spaziert sie wieder
> Auf der Seite des Lebens.
> Salve, sagt sie, freundliches Schiefgesicht,
> Zweijährige Stimme, unschuldig wie ein Veilchen,
> Grünohren, Wangen wie Fischhaut, Tausendschön
> Alles begrüßt sie, das Häßliche und das Schöne.

Anders als eine Reihe von Gedichten des späten Günter Eich, die sich ins flüchtige, zuweilen gar kalauerhafte Räsonnement verlieren, ist Kaschnitz' Sammlung *Ein Wort weiter* keine bloße Reflexion resignierenden Scheiterns, auch wenn sich die Perspektive verdüstert hat. »Zwischen meiner Sprache und Eurer«, heißt es im Gedicht »Mein Land und Ihr«, »Zwischen meiner Sprache und Eurer / Die dieselbe ist, gibt es keine Verständigung« (Kaschnitz 1985, 404). Dennoch ist der Wandel in ihren Gedichten der 60er Jahre ein Exempel dafür, dass die Geschichte der Nachkriegslyrik keine strikt voneinander abzugrenzenden Richtungen und Schulen kennt, die einander ablösen, sondern dass ein **Paradigmenwechsel der Themen und Genres** generationenübergreifend sein kann, so dass in der Werkchronologie der Kaschnitz die Evolution der Lyrik in nuce zu studieren ist, über einzelne Phasen und Dekaden hinweg bis in die frühen 70er Jahre.

Peter Rühmkorf

Dagegen ist Peter Rühmkorfs (* 1929) Lyrik von Beginn an geradezu ein Markenzeichen des Paradigmenwechsels, den der Autor nicht zuletzt in seinen Essays programmatisch zu begründen versucht hat. Rühmkorfs Invektive zielt direkt auf die traditionellen lyrischen Muster der 50er Jahre, die er mit einem ironisch-parodistischen Verfahren konterkarieren will. Die Brechung wird zur Prämisse einer neuen lyrischen Ausdruckskraft.

So sind Rühmkorfs Parodien auf Klopstock, Hölderlin und Eichendorff Versuche, aus ideologischem Material, sozusagen aus Bildungsschutt eine **Collage bundesrepublikanischer Wirklichkeit** zu gestalten. Nicht auf die literarischen Vorbilder ist ein solcher Angriff gerichtet, sondern auf deren philiströse Rezeption. Der Klopstocksche Vers etwa wird in seiner poetischen Struktur noch zitiert, aber in einer Sprache des Wirtschafts- und Politik-Jargons, der Straße, der Medien und Regierungserklärungen, so dass in der alten Hülle, in Ode, Sonett und Lied, gerade die Historizität lyrischer Formen das Interesse auf die Wirklichkeit selbst lenkt. In der ›alten‹ Sprache bildet sich die Kontur einer von Profit und Markt bestimmten Ordnung umso irritierender heraus: »Sing', neurotische Seele, die aufbereitete Unschuld«, so parodiert Rühmkorf den Anfang des Klopstockschen Versepos *Der Messias*, »sing' dein Glück aus der Büchse, singe Bilanz! / Fast wie Größe kommt's und es trieft mein Auge von Ruhm, / der ich das Schandfeld betrete, feig und fintenreich. // Aufgeblasen unter Geblendeten, bläh, / sich ein Heil zusammenstümpern, es preist / mich der Flor meiner Feinde / oh, niedere Eintracht! – / sagt, wer flötet mir heut die feinste Lüge ins Ohr?« (Rühmkorf 1976, 69).

Schon Rühmkorfs *Kunststücke* (1962) waren an Liedformen orientiert, die eine antihermetische Tendenz haben und einen veränderten poetologischen Standpunkt beanspruchen. Gedichte wie das »Lied der Naturlyriker« und das »Lied der Benn-Epigonen« zeigen die Abgrenzung, die für Rühmkorf konstitutiv werden wird. In der Travestie spricht sich ein Anachronismus lyrischer Traditionen selber aus:

Zwischen Ohr und Zehen
ganz mit Glanz versehen,
du : im Mondensud –
Will dich reflektieren,
eh wir uns verlieren
zwischen Flut und Flut.

Tirilyrileier,
juninachts im Feuer,
auf – ge – riss – nen Munds!
Schließ das Äug, das närrsche,
spüren schon die Ärsche
Fliehkraft unter uns. (9)

Zwei Tendenzen enthalten Rühmkorfs Parodien: Sie illustrieren stets aufs Neue, dass eine Phase feierlich-deklamatorischer Poesie vorbei ist, indem sie im konterkarierten Vers die Banalität und Trivialität solchen Sprechens offenlegen. Die Parodien sind aber auch Kunstformen, die sich literarischer Verfahren bedienen. Die vielzitierte ›Rückkehr‹ zur Wirklichkeit ist literarischer Art und gewinnt erst ihren Anspruch als Literatur.

Zeitlyrik

Am Genre des Zeitgedichts lässt sich der behauptete Anspruch eines veränderten, auf die Wirklichkeit gerichteten Gedichttypus exemplarisch diskutieren. So ist etwa **Christoph Meckels** (* 1935) Gedicht »Der Pfau« (1979, 15), das die Nachkriegssituation treffend charakterisiert, noch einer poetischen Bildersprache verpflichtet, freilich so, dass diese eine politische Metaphorik sein will:

Ich sah aus Deutschlands Asche keinen Phönix steigen.
Räumend mit dem Fuß in der Asche
stieß ich auf kohlende Flossen auf Hörner und Häute –
doch ich sah einen Pfau, der Asche wirbelnd
mit einem Flügel aus Holz und einem aus Eisen
riesig wachsend die Flocken der Feuerstelle
peitschte und sein Gefieder stählte.

Meckels Deutschlandbild registriert Widersprüche eines Staates, der seine jüngste Geschichte in eitler ›Pfauen‹-Pose verdrängt hat. Das lyrische Subjekt stellt sich als ein reflektierendes, kritisches Ich dar, das in seiner Katastrophenvision über eine bloße Bestandsaufnahme hinausgeht, freilich recht vage und unbestimmt: »[...] und sah / Elsternschwärme in seine Goldfedern stürzen / Läuse finster aus seinem Gefieder wachsen / große Ameisen seine Augen zerfressen.« Meckels Bildersprache zitiert expressionistische Elemente, die seinen Zeitgedichten eine dramatische Komponente geben.

Die **Vorliebe für Balladen und Liedformen** teilt Meckel mit einer Reihe anderer Dichter der 60er Jahre, etwa mit Volker von Törne (1934–1980). Dabei arbeitet er mit ironisch-satirischen und karikierenden Formen, die zuweilen an den französischen Dichter François Villon erinnern. Törnes Zeitgedichte sind vor allem dort richtungsweisend, wo sie sich zum Epigramm entwickeln, also den balladesken, bilderreichen Sprachstil lakonisch auf treffende Pointen konzentrieren. Ein Beispiel liefert das Gedicht »Anstoß« (54), das Rudi Dutschke – und zwar nicht dem Sprecher einer außerparlamentarischen Opposition, sondern dem Objekt von Medienkampagnen, dem Attentats Opfer – gewidmet ist:

Mit sowas
machen wir
kurzen Prozeß:

Rübe ab!
Flötentöne
Heil Hitler
Zackzack!

Törnes Verse rekonstruieren in ihrem Protokoll eine Mischung aus Gewaltphantasien und Aggression, die ihren historischen Ort nicht verleugnet. Neben dem Epigramm steht zuweilen auch die Groteske, die dem Zeitgedicht einen bitter-satirischen oder aber einen komischen, heiteren Unterton gibt.

Epigramm, Ballade, Lied, Groteske, Parodie: Der Paradigmenwechsel in der Lyrik der 60er Jahre zeigt sich nicht nur im Themenwechsel und in einem veränderten Sprachgestus, sondern auch in der Erprobung von Genres und Formen, die nach dem Krieg kaum eine Rolle gespielt haben. Der Wechsel, wie immer er für den einzelnen Autor konkret motiviert sein mag, zielt auf jene von Peter Hamm geprägte Formel von der »**Wiederentdeckung der Wirklichkeit**« (Bender 1977, 46), die er seiner Anthologie *Aussichten* 1964 programmatisch mitgegeben hat. Jedenfalls ihrem Selbstverständnis nach interpretiert eine jüngere Generation von Autoren den Paradigmawechsel als eine »Rückkehr zur Realität« (63) oder, um eine Wendung Krolows aufzugreifen, als »neue Wahrnehmungsfähigkeit« (Krolow 1966, 71). Schon die Titel der Gedichte signalisieren ihr Interesse am Detail, am Wirklichkeitsausschnitt, der in seinen Einzelheiten, nicht in seiner möglichen symbolischen Bedeutung von Belang ist.

Günter Grass

So nennt etwa Günter Grass (* 1927) Gedichte seines Bandes *Gleisdreieck* (1960) schlicht »Freitag« (Grass 1971, 82), »Mein Radiergummi« (88), »Klappstühle« (92), »Im Ei« (101), »Zugluft« (136), »Ausverkauf« (138), »Köche und Löffel« (147). Die Entdeckung der **Wirklichkeit als Detailrealismus** hat Grass in den 60er Jahren zur Poetik-Doktrin erhoben. Er notiert über das Schreiben von Gedichten: »In meinen Gedichten versuche ich durch überscharfen Realismus faßbare Gegenstände von aller Ideologie zu befreien, sie auseinanderzunehmen, wieder zusammenzusetzen und in Situationen zu bringen, in denen es schwerfällt, das Gesicht zu bewahren« (zit. n. Riha 1971, 125). Konkret heißt das zum Beispiel für das Gedicht »Die Vogelscheuchen« (103), dass der Autor seine Gegenstände bis zum grotesken Ulk verfremdet, freilich mit dem Ziel, in ihnen eine engstirnige Wirklichkeit zu karikieren:

Ich weiß nicht, ob mein Gartenzaun
mich einsperren, mich aussperren will.
Ich weiß nicht, was das Unkraut will,
weiß nicht, was jene Blattlaus will bedeuten,
weiß nicht, ob alte Jacken, alte Hosen,
wenn sie mit Löffeln in den Dosen
rostig und blechern windwärts läuten,

zur Vesper, ob zum Ave läuten,
zum Aufstand aller Vogelscheuchen läuten.

Grass vermag in solchen **ironischen Kommentaren** die muffige Restaurationsära vorzuführen, und zwar ohne angestrengte moralische Kritik. Aufgedeckt werden sollen die Banalität, aber auch die latente Aggressionsbereitschaft und Inhumanität einer Epoche, deren mediokre Selbstzufriedenheit in ihrer eigenen Sprache aufscheint: in umgangssprachlichen Wendungen, Alltagssentenzen, Kalauern, eben in jenem ›Schutt‹ alltäglichen Sprechens, an dem ein lyrisches Ich süffisant partizipiert, wie im Gedicht »Vom Hörensagen« (126); »Mit meinem Ohr habe ich heute / viermal die Feuerwehr gehört. / Ich saß am Tisch mit meinem Ohr / und sagte; / Schon wieder die Feuerwehr. // Ich hätte auch sagen können: / Der große Tütenverbrauch. / Oder: / Die Schuhe müssen zum Schuster.«

Der Anspruch solcher Lyrik fällt mit Situationen zusammen, die exemplarisch sein, also im ausschnitthaften ›Zitat‹ der Wirklichkeit deren signifikantes Bild offen legen sollen. Auch bei Grass ist das Gegenständliche, sind die Realien nie Selbstzweck, sondern einbezogen in eine Diagnose von Verhaltens- und Denkmustern, in eine zum Teil satirisch zugespitzte **Replik auf kleinbürgerliche Nachkriegsmentalität**, wie im Gedicht »Am Atlantikwall« (107):

Noch waffenstarrend, mit getarnten Zähnen,
Beton einstampfend, Rommelspargel,
schon unterwegs ins Land Pantoffel,
wo jeden Sonntag Salzkartoffel
und freitags Fisch, auch Spiegeleier:
wir nähern uns dem Biedermeier!

Noch schlafen wir in Drahtverhauen,
Verbuddeln in Latrinen Minen
und Träumen drauf von Gartenlauben,
von Kegelbrüdern, Turteltauben,
von Kühlschrank, formschön Wasserspeier:
wir nähern uns dem Biedermeier!

Muß mancher auch ins Gras noch beißen,
muß manch ein Mutterherz noch reißen,
trägt auch der Tod noch Fallschirmseide,
knüpft er doch Rüschlein seinem Kleide,
zupft Federn sich vom Pfau und Reiher:
wir nähern uns dem Biedermeier!

Der kritische Impetus solcher Verse findet dort seine Begrenzung, wo er vom Stalingradmythos bis zur feisten Saturiertheit in einer kabarettistischen Nummernrevue zur Lage der Nation spricht, aber im spöttischen Bonmot stecken bleibt.

»Harmlosigkeit« (Paulsen 1971, 132) haftet vielen dieser Gedichte an, so dass Grass' Polemik gegen das »Protestgedicht« im Zyklus »Zorn Ärger Wut« (Grass 1971, 216ff.) mühelos von der Sache her auf seine eigenen Verse zurück bezogen werden könnte:

Ist das Gedicht eine Waffe?
Manche, überarmiert, können kaum laufen.
Sie müssen das Unbehagen an Zuständen
als Vehikel benutzen:
sie kommen ans Ziel, sie kommen ans Ziel:
zuerst ins Feuilleton und dann in die Anthologie:
Die Napalm-Metapher und ihre Abwandlungen
im Protestgedicht der sechziger Jahre.

Zwar hat Grass keine »Traktatgedichte« im »hilflosen Stil berechtigter Proteste« (218) geschrieben, aber auch ein spöttisch-überlegener Ton kann nur vorübergehend vergessen machen, dass er im Kern nur ein diffuses »Unbehagen« andeutete, bis es dann bei Enzensberger seine poetische Form fand: als Mixtur aus **Artistik und Engagement**, als Mischung aus Benn und Brecht.

Hans Magnus Enzensbergers frühe Lyrik

Enzensbergers Gedichtband *Verteidigung der Wölfe* ist 1957 in der Tat als eine unerhört neue Stimme registriert worden, und nicht ohne Grund, geht sie doch über die Bemühungen vieler Statement-Verfasser von Zeitgedichten weit hinaus. Enzensberger (* 1929), ein *poeta doctus* mit akademischen Würden, weiß um die Schwäche hausgemachter Gedicht-Theorien, wie sie in den 50er Jahren grassierten, und sucht von Anfang an die **Auseinandersetzung mit der historischen Avantgarde**, mit der europäischen Moderne. Zu den Prämissen seines Werks gehören eine prinzipielle Distanz zur Gruppe der Naturlyriker und ein Vorbehalt gegen eine literarische Brecht-Rezeption, die Literatur zum papierenen Werkzeug aktueller Tageskritik machen will und einer trivialen Wirkungsästhetik, einem naiven Glauben an die Macht des Wortes huldigt.

Charakteristisch für Enzensbergers Gedichte ist ein lyrisches Subjekt in der Figur überlegener, skeptischer Intellektualität. Ein solches Ich vermag ein **Katastrophenbewusstsein** zu inszenieren, ohne in moralistisches Klagen zu verfallen. Das lyrische Subjekt ist in den Strukturen einer entfremdeten Welt geradezu heimisch: als deren geborener, wortgewandter Kritiker. Sprachskepsis ist Enzensberger fremd, auch wenn er sich mit dem Phänomen der Bewusstseinsindustrie und Massenkommunikation schon recht früh intensiv auseinandersetzt. Enzensbergers Ich beherrscht seine Rollen souverän; es vermag die zornig-pathetische Pose genauso treffend zu deklamieren wie ein ironisch-sarkastisches Understatement und dabei noch jeweils den Ton zu treffen, der gerade en vogue ist.

Ein Programmgedicht des frühen Enzensberger ist »Candide« (Enzensberger 1983, 25) aus der *Verteidigung der Wölfe*, das Bild eines skeptischen Intellektuellen, der freilich seine Überlegenheit selbstbewusst auszuspielen und so gegen alles Katastrophengerede seine stoische Unabhängigkeit zu behaupten weiß: »Dämonie? Ist gewöhnlich Dilettantismus. / Katastrophen? Kaffeeklatsch der Geschichte / überdauert von Tonkrügen, von Profilen, / und von deinen Aprikosen, Candide.« Allerdings ist dem Autor selbst, der sich in der Candide-Figur zu spiegeln glaubt, jener »Kaffeeklatsch« nicht fremd, wie sein Gedicht »Ins Lesebuch der Oberstufe« (81) zeigt, das zugleich die Möglichkeiten und Grenzen der frühen Lyrik umreißt:

> Lies keine Oden, mein Sohn, lies die Fahrpläne:
> sie sind genauer. Roll die Seekarten auf,
> eh es zu spät ist. Sei wachsam, sing nicht.
> Der Tag kommt, wo sie wieder Listen ans Tor
> schlagen und malen den Neinsagern auf die Brust
> Zinken. Lern unerkannt gehn, lern mehr als ich:
> das Viertel wechseln, den Paß, das Gesicht.
> Versteh dich auf den kleinen Verrat,
> die tägliche schmutzige Rettung. Nützlich
> sind die Enzykliken zum Feueranzünden,
> die Manifeste: Butter einzuwickeln und Salz
> für die Wehrlosen. Wut und Geduld sind nötig,
> in die Lungen der Macht zu blasen
> den feinen tödlichen Staub, gemahlen
> von denen, die viel gelernt haben,
> die genau sind, von dir.

Das Gedicht entwirft in seiner pathetischen Vision aus »Wut und Geduld« einen Belagerungszustand der Republik und trifft in diesem Bild die **Atmosphäre Adenauer'scher Restaurationszeit.** Ein solcher Text ist nicht bloß ein Dokument für das existentielle Unbehagen, das auf die Situation des Intellektuellen in der Nachkriegsära verweist, sondern auch ein Paradigma dafür, dass die in den Versen fixierte Exilperspektive Verdrängtes der jüngsten Geschichte wieder hervorzuholen versteht: »Der Tag kommt, wo sie wieder Listen ans Tor / schlagen [...]«.

Die (schon im Titel des Gedichtbandes ironisch verkündete) *Verteidigung der Wölfe* (1957) spielt auf den Faschismus an und seine latente Gegenwart im Wohlstands- und Fortschrittsbewusstsein einer Zeit, zu deren kritischen Antagonisten nicht zuletzt Enzensbergers lyrisches Ich zählen will. Wie in fast allen Gedichten bleibt indes unklar, wer denn genau das »sie« der »Ode«, wer denn die »Wölfe« sind und in welchem Maße der Text über eine dunkle Metaphorik der Macht hinausreicht. Enzensbergers Chiffren brutaler Ursurpation lösen sich noch am ehesten als literarische Anspielungen auf, gleichsam als archetypische Zitate, die vom »Tag« sprechen, von »Listen«, »Paß« und »dem kleinen Verrat«, aber eben im dramatisierten Arrangement einer poetischen Sprache, die auf die Wirkung ihrer Bilder rechnet.

Auch in den Gedichtbänden der 60er Jahre, etwa in Enzensbergers *Landessprache* (1960) und in der *Blindenschrift* (1964), lässt sich ein analoges Verfahren studieren. Hinderer deutet den **Hang zur deklamatorischen Pose** und zur **inhaltlichen Unschärfe** gar als Ausdruck dafür, dass es dem Autor »weniger auf einen lokalisierten Wirklichkeitszusammenhang im Deutschland« von 1960 ankomme, als »vielmehr auf Akte einer ›diktatorischen Phantasie‹, welche die Objekte nur als Vorwände für Metaphern, syntaktische und rhythmische Kombinationen zu nutzen scheint« (Paulsen 1971, 115).

Enzensbergers **Ästhetik der Provokation** hat ihre Schwachstelle nicht in einem ›Überschuss‹ an Poesie, vor allem nicht in der Virtuosität, mit der er über poetische Verfahren und rhetorische Techniken verfügt, sondern in seiner ausgeprägten **Vorliebe für die Inszenierung des lyrischen Ichs**, die noch aus der Tradition der 50er Jahre stammt und ein ganzes Repertoire an Rollen und Kostümen durchmustert, vom zornigen jungen Mann bis zum rebellischen Heros, vom resignierenden Außenseiter bis zum philologisch versierten, mit Bildungsreminiszenzen wohlausgestatteten Intellektuellen, der in den Metropolen der Welt Zuhause ist: eine erste Adresse für Kritik. »Was habe ich hier verloren, / in diesem Land« (89), so hebt Enzensbergers »Landessprache« an, um es dann in einer Ekloge negativer Attribute zu ›feiern‹.

Die Bestandsaufnahme des Landes, »wo es aufwärts geht, aber nicht vorwärts« (Enzensberger 1983, 89), gerät bei Enzensberger bisweilen zu einer **ästhetischen Collage kalter Zivilisationsprozesse**, in denen, wie es den Anschein hat, das lyrische Subjekt seine Kritikerrolle erst recht entfalten kann, ausgestattet mit souveränem Weitblick und erhaben über jene von ihm so gescholtenen »Scheintoten [...] vor den Kartellämtern« mit »Schecks« und »Aktentaschen« (97). Enzensbergers Gedicht »Das Ende der Eulen« (109) wirkt wie eine Einübung in eine Rhetorik des »Ernstfalls«, nicht aber als historisch prägnante Analyse eines längst obsolet gewordenen Fortschrittsbewusstseins:

Wir sind schon vergessen.
Sorgt euch nicht um die Waisen,
aus dem Sinn schlagt euch
die mündelsichern Gefühle,
den Ruhm, die rostfreien Psalmen.
Ich spreche nicht mehr von euch,
Planern der spurlosen Tat,
und von mir nicht, und keinem.
Ich spreche von dem was nicht spricht,
von den sprachlosen Zeugen,
von Ottern und Robben,
von den alten Eulen der Erde.

Für alle Sparten seiner **Gesellschaftskritik** lässt sich ein solches Szenario aus Provokation, Endzeittopoi, Zitaten und Anspielungen aufweisen. In der *Blindenschrift* reicht das Spektrum von der Medienschelte – wie im Gedicht »Abendnachrichten« (169) – über die Momentaufnahme von Konsum und »Freizeit« (187) bis zur sozialen Kritik im »Middle Class Blues« (188), ja bis zur Katastrophenvision in Gedichten wie »Doomsday« (198) und »Countdown« (201). Wo sich Enzensberger freilich aller Inszenierung des lyrischen Subjekts enthält, gelingen ihm über Deklamation und Pathos hinausweisende Perspektiven eines betroffen machenden Geschichtspessimismus.

Das Gedicht »Abgelegenes Haus« (170), Eich gewidmet, ist dafür ein Beispiel, oder auch das Gedicht »Blindenschrift« (200). Ohne rhetorische Effekte kommt auch seine Antwort auf Brechts Exilgedicht »An die Nachgeborenen« aus, wenn es im Gedicht »Weiterung« lakonisch heißt: »Wer soll da noch auftauchen aus der Flut, / wenn wir darin untergehen? // Noch ein paar Fortschritte, / und wir werden weitersehen. // [...]/ weiter nichts // keine Nachgeborenen / keine Nachsicht // nichts weiter« (204).

Darin, dass Enzensberger »an jeglicher politischen Realität verzweifelt und dennoch leidenschaftlich zum politischen Handeln drängt und aufruft«, hat Grimm »das Paradox dieses Schriftstellers« (Grimm 1972, 142) sehen wollen. Solange es nur rhetorisch blieb, hat Enzensberger das »Paradox« freilich eher zum Markenzeichen seiner Poesie gemacht. Aber in der »Blindenschrift« ist in der Tat »der provokativ-zornige Impetus [...] fast gänzlich gewichen« (Dietschreit/Heinze-Dietschreit 1986, 30), und es zeichnet sich eine Tendenz zu einer geschichtspessimistischen Perspektive ab, die – wie bei Arendt, Celan und Eich – im ›eingeschwärzten‹ historischen Vexierbild den technisch-instrumentellen, machtorientierten Fortschrittsglauben des Jahrzehnts konterkariert.

Gerade der elegische Ton des mit »schattenwerk« (Enzensberger 1983, 223) überschriebenen letzten Abschnitts der *Blindenschrift* macht deutlich, dass Enzensbergers Verse jenseits aller gewaltigen, lauten Deklamation ihre Poesie erst recht zu entfalten verstehen (242):

Schatten sind meine Nächte
Nachtschatten
Schatten sind meine Werke

und ich bin ein Schatten
den andere Schatten
der Zukunft entgegenwerfen
anderen Nächten
ändern Gesichtern
neuen Werken zu

Schatten sind meine Werke

Günter Herburger

Wer das Selbstverständnis eines gesellschaftskritischen Lyrikers der 60er Jahre untersucht, der muss dessen historische Position berücksichtigen. Die Gedichte dieses Autoren-Typus lesen sich wie eine verspätete Reaktion auf die politische Abstinenz des lyrischen Traditionalismus und erkunden förmlich die Palette möglicher Themen und Stoffe. Hatte Enzensberger, Benn und Brecht gleichermaßen folgend, es noch sorgfältig vermieden, zu allen aktuellen Fragen der Nation ein paar Zeilen zu liefern, so ändert sich dies bei anderen Autoren der neuen Generation im Verlauf des Jahrzehnts radikal. Die Anthologie *Denkzettel* (Voigtländer/Witt 1977) dokumentiert exemplarisch, in welcher Weise das Gedicht zum **versifizierten Kommentar politischer und sozialer Zustände** geworden ist, zum lyrischen Potpourri, das die Lage der Republik schlaglichtartig beleuchtet. Keineswegs nur explizit politische Themen werden bevorzugt, der Bogen reicht vom Protestgedicht bis zu epigrammatischen Notizen aus dem Alltagsleben.

Am Beispiel Günter Herburgers (* 1932) haben Zürcher und Theobaldy dieses ›neue‹ Gedicht begründet: »Es hat [...] kein exquisites Thema, vielmehr vertraut der Lyriker darauf, dass sein Gegenstand sehr vielen bekannt ist. Was das Gedicht sagt, kann von jedermann überprüft werden, der keine Lyrik schreibt« (Theobaldy/Zürcher 1976, 30). Das intendierte »egalitäre Verhältnis sowohl zum Leser als auch zu dem, über den es redet« (31), erinnert an Krolows Forderung nach einer **»Demokratisierung« des Gedichts** (Krolow 1966a, 277), die – etwa bei Herburger – den Verzicht auf eine prononciert lyrische Sprache, vor allem auf Metaphern, Vergleiche und Symbole ebenso einschließt wie das Vertrauen auf eine Umgangssprache, deren Zitat das Gedicht aus der Aura feierlich-wirklichkeitsferner Kunst befreien möchte. Ein Paradigma aus Günter Herburgers 1966 erschienenem Gedichtband *Ventile* lautet (20):

Der Wirsing der Blumenkohl
Rettiche Suppenwürfel Mehl
Büchsenmilch und alle anderen
tausend Pfennige
in den Regalen
wo ich stehe und mich bücke
und durchs Fenster
knapp die Straße übersehe
wenn sie Rollschuh laufen
mit einer Wunde am Knie
den Geruch voll Eifer
für den ich mich
anstrengen möchte
an dieser Kurve
gerade noch sichtbar für mich
wo sich der Rock hebt
ein Lätzchen ein Steg
das macht mich froh

tief innen im Laden
[...]

Zürcher und Theobaldy nehmen an, Herburgers »Aufzählung« zur »Kennzeichnung des Milieus« habe »keine kritische und erst recht keine denunziatorische Funktion«; denn es ginge ja um eine »gewöhnliche, jedem vertraute Umgebung« (Theobaldy/Zürcher 1976, 33). Der Text ist keine Spiegelung unmittelbarer Erfahrung, die sich einer fremden Perspektive, eines Rollen-Ichs bedient und dieses zugleich mitthematisiert. Herburger lässt sich von Situationen leiten, deren Alltagssujet er fast stereotyp verkürzt. »Ich sehe ihn in der Halle« (Herburger 1966, 22), so beginnt ein Text, oder: »Man kann nicht mehr sitzen hat sie gesagt« (22), »Da sitzt er bohrt im Ei das zu weich ist« (29), »Ich kann Eierlikör trinken oder Cola« (40).

Hartung hat im Zusammenhang mit Herburgers zweitem Gedichtband *Training* (1970) darauf verwiesen, dass »das sprechende Ich des Gedichts [...] eine Fiktion« sei (Hartung 1985, 34f.):

> Es ist jedenfalls ein verallgemeinertes, typisiertes, das seine Wiederholungszwänge in eine durch Repetition verschliffene und dadurch quasi objektiv gewordene Sprachform bringt. Es spricht durch die vom Autor bereitgestellte Sprachmaske. Das erklärt die Weise, in der hier gesprochen wird: sachlich, unemotional, ohne persönliche Färbung, ohne Variation des Tons – ein Bericht, der ein Verhaltensschema durch nüchterne Rede wiedergibt.

Rolf Dieter Brinkmann

Die Variationsbreite solcher Gedichte – daran lassen auch die Texte von Rolf Dieter Brinkmann und Nicolas Born keinen Zweifel – ist willkürlich, damit aber bis zu einem gewissen Grad auch monoton: zufällige Wiederkehr erinnerter Momente. Allerdings hat gerade Brinkmann (1940–1975) eine solche Gefahr gespürt und eben nicht bloß irgendwelche Wirklichkeitspartikel in ausufernder Rede kompiliert, sondern seine *Standphotos* (1980), wie es ein Gedichtbandtitel metaphorisch umschreibt, als Schnappschüsse betrachtet, als nach dem Prinzip des Zufalls entstandene Texte. Dabei gewinnt die Perspektive dieser *Standphotos* eine besondere Bedeutung.

Brinkmann folgt keiner soziologisch oder psychologisch rekonstruierbaren Repräsentanz seiner Wirklichkeitsausschnitte, sondern dem **Arrangement zufälliger Beobachtungen**, an denen sich freilich die Reflexion eines lyrischen Ichs entzündet. Gegen eine nüchterne Protokoll- oder Rollen-Ich-Sprache setzt Brinkmann – etwa im Unterschied zu Herburger – ein subjektives, fast emphatisches Idiom und überwindet so alles bloß Gestellte, Zurechtgemachte, Konstruierte seiner ›Standphotos‹. Damit entzieht er sich einer Theorie des Alltags ebenso wie einer Fetischisierung lyrischer Momentaufnahmen.

Die **Entdeckung der Einzelheit**, des isolierten Ausschnitts, der vom Ich her bestimmten, teils sogar verfremdenden, stets aber subjektiven Perspektive gibt Brinkmanns Versen eine authentische Dimension, die sie modischer Alltagslyrik enthebt. Brinkmann hatte 1967, als er mit *Was fraglich ist wofür* bekannt wurde und sich 1968 mit seiner Sammlung *Die Piloten* einen Namen machte, schon erste Gedichte veröffentlicht. Seine Lyrik unternimmt den Versuch, einen ›Kult der Oberfläche‹ zu realisieren, teilweise in gewisser Analogie zur Pop-Art und zur Pop-Kultur (Schäfer 1998). Brinkmann hat seine Verse nicht zur gefälligen Alltagskultur werden lassen, auch wenn seine **Rezeption zeitgenössischer amerikanischer Lyriker** mit einer entschiedenen Hinwendung zur Massenkultur, zur Photographie, Film und Kino einherging. Brinkmanns Interesse galt einer neorealistischen Situierung des Gedichts, das seinen Platz in einer von Pop, Trivialmythen, Konsum und Industriekultur bestimmten Welt finden sollte.

Eine besondere Rolle nimmt bei dieser Interpretation von Wirklichkeit die **Thematisierung von Sexualität** ein. Brinkmanns Provokationen zielen, indem sie die Perspektive der Massenkultur und deren sprachliche Muster gegen tradierte Formen der Liebespoesie ausspielen, auf die obskure Tabuzone der Gesellschaft, die über Sexualität öffentlich schweigt, sie zugleich aber von der Illustrierten bis zum Pornofilm vermarktet. Es werden die Konturen einer beschädigten, menschenverachtenden Industriekultur sichtbar, deren semantisches Gefüge im Kern nur noch von fiktionalen Mustern massenhaft verbreiteter Medienfabrikate zusammengehalten wird. Vor einem solchen Horizont freilich hat Brinkmanns Gedicht »Photographie« (Brinkmann 1980, 52) zuletzt fast schon wieder, als Alltagsgenre neu entdeckter Wirklichkeit, einen ›allegorischen‹ Charakter:

Mitten
auf der Straße
die Frau
in dem
blauen
Mantel.

3.3 Lyrik und Lyrik-Debatten um 1968. Das »Gedicht im Handgemenge«

Mit selbstbewusstem Optimismus hat Rolf Dieter Brinkmann die Stimmungslage derer umrissen, die mit ihrer Distanz zum hermetischen Gedicht zugleich Ästhetik und Poetologie mitverabschieden wollten: »Man muß vergessen, daß es so etwas wie Kunst gibt! Und einfach anfangen« (Bender/Krüger 1977, 97). Dabei waren die 60er Jahre alles andere als ein Neubeginn unvoreingenommen-naiven Gedichteschreibens. Die Debatten um die Funktion von Kunst und Literatur hatten nämlich im Verlauf des Jahrzehnts einen derart breiten Raum eingenommen, dass sie für einen Moment die literarische Praxis beinahe verdrängten und in der Tat niemand ›einfach anzufangen‹ wagte.

Zweifel an Literatur und Lyrik

Die Diskussion begann vor 1968. Es war Enzensberger, der schon im Jahr 1962 mit seinem Essay *Poesie und Politik*, weithin Adorno folgend, programmatisch begründete, dass alle Konzeptionen politisch engagierter Dichtung, die auf eine direkte, operative Aktionsform setzten, mit einer solchen Instrumentalisierung der Kunst zugleich die Illusion einer ›Eingreif-Ästhetik‹ erzeugten, deren Umsetzung in der Praxis schnell zum Scheitern verurteilt sein würde. Enzensberger verstand Brecht, der in den späten 60er Jahren zum Kronzeugen undialektischer ›Kunst ist Waffe‹-Parolen avancierte, als Paradigma dafür, dass alle Poesie politisch sei.

Das Gedicht, so Enzensberger, sei »in den Augen der Herrschaft [...] anarchisch« und »unerträglich, weil sie nicht darüber verfügen« könne; es sei »durch sein bloßes Dasein subversiv« (Enzensberger 1962, 136) – oder eben keine Poesie, sondern ideologisches Sprechen. Freilich: in den 60er Jahren ist es gerade Enzensbergers Zeitschrift *Kursbuch*, die in ihren Beiträgen dieser Auffassung vom Gedicht zugleich einen auf Aktualität und unmittelbare Resonanz gerichteten Anspruch des Schriftstellers entgegensetzt.

Das Schlagwort von der **›Politisierung‹ der Literatur**, das eine Zeitlang zum Etikett einer von Studentenbewegung, außerparlamentarischer Opposition und Anti-Vietnam-Kampagnen bestimmten Öffentlichkeit wurde, entstand nicht zuletzt im Umfeld eines zum direkten Engagement drängenden, Kunst und Ästhetik misstrauenden Aktionismus. Das politische Interesse reicht bis in die Debatten um die Wiederbewaffnung der Bundesrepublik Deutschland, bis in die Bewegung ›Kampf dem Atomtod!‹ zurück, an der sich viele Schriftsteller mit Aufrufen, Protestadressen, Manifesten und öffentlichen Kundgebungen beteiligt hatten. Die literarische Dimension dieses Engagements war, wie Kurscheid (1981) nachgewiesen hat, eher dürftig gewesen.

Mit der ›Spiegel‹-Affäre von 1962 setzt sich die **Tendenz zur Einmischung in die Politik** weiter fort: in propagandistischen Auftritten für einen Bonner Regierungswechsel, im späteren Protest gegen die Große Koalition, im erbitterten Affront gegen deren Notstandsgesetze, im Widerspruch zur amerikanischen Invasion in Vietnam, in Solidaritätskampagnen für Befreiungsbewegungen der ›Dritten Welt‹, in einer breiten Sympathie mit der Studentenbewegung. Allein diese Auflistung deutet an, in welchem Maße Schriftsteller der 60er Jahre in einen politischen Prozess einbezogen wurden, der sie nicht nur, wie vorher beim Engagement gegen NATO-Beitritt und Wiederbewaffnung, zu Aufrufen und Erklärungen provozierte, sondern auch ihr Selbstverständnis und ihre literarische Praxis substantiell betraf.

Die kurze Konjunktur des Protestgedichts

Die Forderung nach einer **›Politisierung‹ der Literatur** forcierte einen Gedichttypus, der Protestgedicht und operative, handlungsorientierte Poesie sein wollte:

unmittelbare Reaktion auf aktuelle Ereignisse, Missstände und Skandale und integraler, aktuell wirksamer Teil der politischen Bewegung. 1967 entwirft Rühmkorf in seinem Essay »Das Gedicht als Lügendetektor« (Rühmkorf 1978) emphatisch das Konzept einer **»Parteinahme« der Lyrik** (65). Er rechtfertigt das Protestgedicht gegen ein »Verlangen, einer kritischen Minorität die Lust am Widerstand zu verderben« (72), namentlich gegen Günter Grass' Einwände gegen die Vietnam-Lyrik jener Tage. Eine poetische »Enthüllungsstrategie«, wie sie Erich Fried eigen war, wurde für einen Augenblick zum intendierten Ziel politischer Dichtung erhoben, einer Dichtung, die, mit Rühmkorfs Worten, »Wahrheit vor Augen führt als eine frisch erkannte, neu aus dem Staub gezogene« (77).

Zumindest als »Lügendetektor« hatte die Poesie eine Aufgabe, eine Funktion, so dass die vehement diskutierte Legitimationskrise der Literatur, vor allem der Lyrik, wenigstens für Rühmkorf positiv gelöst schien: mit einer kritisch-aufklärerischen, »Wahrheit« beanspruchenden Pathos-Formel. Sein Plädoyer für das Gedicht war eine Rechtfertigung der Lyrik als politischer Poesie, als **Zeitgedicht**. Er zieht damit die Konsequenz aus Erkenntnissen, die schon 1963 im Essay »Einige Aussichten für Lyrik« (Rühmkorf 1978) angelegt waren und nun aufgrund der Zeitkonstellation um 1968 eine besondere Bedeutung erlangten. Rühmkorf schrieb (57):

> daß es dem Vers sehr gut anstehen würde, wenn er dort Laut gibt, wo stummes Einvernehmen waltet zwischen Führungskräften und Angeführten; wenn er dort Zweifel säte und Skrupel entfachte, wo das Verhängnis sich als demokratisch gewählt täglich rechtfertigen kann; wenn er dort unangemeldet mit der Wahrheit hervorkäme, wo das Geschäft der Wahrheit schon von niemandem sonst mehr besorgt wird, [...] wenn er dort mächtig aufklärte, wo Irrationalismus und Hermetismus an der allgemeinen Verfinsterung weben.

Mit dieser der Lyrik zugewiesenen **Aufklärungsfunktion** hat Rühmkorf dem Paradigmenwechsel im Gedicht der 60er Jahre eine gesellschaftskritische, politische Wendung gegeben, die zuweilen wie ein Synonym für den Wechsel überhaupt erscheint und dabei, ebenso einseitig wie unbegründet, den »Hermetismus« als bloßes Amalgam »der allgemeinen Verfinsterung« denunziert. Der Aufklärungstopos war nicht allein für Rühmkorf ein Legitimationsbegriff ersten Ranges, sondern für eine Vielzahl von Protestlyrikern. In diesem Begriff waren zwei Momente idealer Selbstinterpretation aufgehoben: der Status des Lyrikers als eines aufklärenden, Wahrheit verbreitenden Individuums und der stets mitgedachte Wirkungsmodus, also die durch Lyrik aufzuklärende, das politische Wort, das kritische gute Buch dankbar aufnehmende Lesergemeinde.

Die Protestgedichte von Peter Schutt, Uwe Wandrey, Hannes Stütz – die Anthologie *Denkzettel* (Voigtländer/Witt 1977) hat die bekanntesten Texte der Autoren zusammengestellt – sind aus der Position auktorial verbürgten lyrischen Sprechens geschrieben, bis hin zum Gestus eines Predigertons, der in seiner Rhetorik des Aufrüttelns einen autoritären Zug nicht verleugnen kann, da das Gedicht auf der Fiktion gründet, es agiere ein wissendes lyrisches Subjekt vor noch unmündigen, aufzuklärenden Massen. So heißt es in Schutts Gedicht »Bedenkt: der Klassenfeind schläft nie« (447):

In schwachen Stunden den Kopf hängen lassen:
das könnte den Kopfjägern so passen!
Beßres kann ihnen doch nicht passieren,
als daß wir selber den Kopf verlieren!

Genossen, bei aller Theorie
bedenkt: der Klassenfeind schläft nie!

Sie sehen doch zu gern, daß wir beizeiten
uns über Weg und Ziel zerstreiten!
Sie brauchen, um den Fortschritt aufzuhalten,
uns dann nur noch aufzuspalten!

Genossen, bei aller Theorie
bedenkt: der Klassenfeind schläft nie!

Kampfreime hat Wandrey 1968 seine Texte genannt und sie mit dem Untertitel »Handliche, mit scharfen Kanten ausgestaltete Kampfausgabe für die Phase des revolutionären Widerstands« herausgebracht, versehen mit einem Hinweis für ihren operativen Einsatz: »Für Transparente, Wände, Bretterzäune, Mauern, Plakate, Flugblätter, Wandzeitungen, Schultafeln und als Sprechchöre«. Unter dem Titel *Songs* erschienen 1970 weitere seiner Texte.

Wandreys Hinweis auf die operativen Einsatzfelder seiner Verse zeigt an, dass dem Protestlyriker ein Begriff politischen Handelns vorschwebt, der sein **Gedicht unmittelbar zur Aktion** werden lassen möchte. Die Präsentation von Lyrik in schmalen, schmucken Bändchen wird für einen Moment obsolet. An deren Stelle experimentieren Autoren mit den Möglichkeiten operativer Literaturproduktion. Beispiele dafür sind neue Formen der Dichterlesungen – etwa der Vortrag von Lyrik auf Massenkundgebungen, Festivals, Demonstrationen –, aber auch die Integration von Poesie in Beat- und Rock-Konzerte. Es gehört zum charakteristischen Lebensstil eines jugendlichen Publikums in den 60er Jahren, dass es sich auf solche Experimente eingelassen und – wenn auch nur für kurze Zeit – Experimentformen wie Beat-Poesie, Pop-Lyrik, ›underground‹-Literatur und Happening akzeptiert hat. So konnte Peter O. Chotjewitz 1969 enthusiastisch formulieren (zit. n. Hinton/Bullivant 1975, 22):

> Unsere Klassiker heißen Julie Discoll und Jimmy Hendricks. Sie sind es. Sie entfalten eine nie geahnte Unkultur. Man hat sie in die Welt gesetzt, aber hier tun sie mehr, als nur ihr Geld zu bringen. Kein Sterben mehr für die Kultur, für den Schah von Persien, für Luftmarschall Ky. Keine Kämpfe mehr für die Kultur, kein Hungern, kein Leiden mehr für die Kultur.

Die alternative Pop-Kultur stellt sich als eine Art unentfremdeter Entfaltungsraum dar und wird bisweilen zu einem utopischen Ort stilisiert. Diese Illusion war ein Kennzeichen jener operativen Literaturtheorien, die einem ungebrochenen Glauben an die Macht und Wirkung des öffentlichen Wortes folgten. Am schnellen Scheitern der so genannten **Agitprop-Bewegung um 1968** wurde klar, dass mit einer undialektischen Pädagogisierung des Verses zur oberlehrerhaften Sentenz nicht einmal kurzfristig kollektive Erfahrungen zu formulieren und die politischen Phänomene auch nur im Ansatz zu begreifen waren.

Tod der Literatur?

Die Agitprop-Bewegung hat mit ihren zum Teil misslungenen Texten nicht zuletzt prinzipielle Vorbehalte gegen politische Aktionskunst verstärkt und denjenigen Argumente geliefert, die am Ende der 60er Jahre die Literatur ohnehin als überflüssigen kulturellen Überbau betrachteten. »L'art est mort!« so hatte es 1968 an einer Pariser Mauer gestanden: ein Graffiti, der eine Debatte um den ›Tod der Literatur‹ inspiriert zu haben schien.

Dabei war, wie viele Sprüche und Motti des Jahres 1968, auch der Topos vom ›Tod der Literatur‹ im Kern nur eine rhetorische Phrase. Ralf Schnell ist zuzustimmen, dass es 1968 einen »*Mythos* vom Tod der Literatur« (Schnell 1986, 246) gegeben habe; denn in Wahrheit ging es nirgendwo um ein »Plädoyer für die Abschaffung der Literatur«, sondern um »entscheidende Argumente für eine **Funktionsveränderung des Dichters** und insoweit, vermittelt also, auch für eine Funktionsveränderung der Dichtung« (250).

Enzensbergers *Kursbuch* hatte die Debatte aufgegriffen. Karl Markus Michel flocht einen *Kranz für die Literatur* (1968), und Enzensberger schickte seine *Gemeinplätze, die Neueste Literatur betreffend* (1974) nach. Es ist für Michel signifikant, dass er zwar behauptet, »unsere Welt« ließe »sich nicht mehr poetisieren«, dass er aber daraus eben keinen absoluten Primat politischer Aktionen ableitet, sondern »Poesie wie Theorie virtuell in ein neues Stadium getreten« sieht, »das seine Sprache erst noch finden« (Michel 1968, 185) müsse.

So bleibt die Poesie trotz ihrer Mangelhaftigkeit ein zukunftsträchtiges Element sich verändernder Kultur. Enzensberger bestimmt die Bedeutung dieses Elements noch eindringlicher, wenn er, mit Blick auf das theoretisch dünne Fundament der Diskussion um den ›Tod der Literatur‹, an deren Avantgarde-Tradition erinnert und die »Liquidierung der Literatur« als ein »revolutionäres Gefuchtel« bezeichnet, bei dem sich eine politische Bewegung »statt mit der Staatsmacht mit älteren Belletristen anlegte« (Enzensberger 1974, 52). So war es schließlich nur konsequent, dass er 1970 seine erste Werkausgabe herausbrachte und die Debatte versandete.

Der kurzlebige **Mythos vom ›Tod der Literatur‹** hatte, aus der Retrospektive betrachtet, eher zu ihrer innovativen Veränderung beigetragen als die Dichter zum Verstummen gebracht. Die 60er Jahre bleiben ein System konkurrierender Literaturen, in dem aus der Situation des Umbruchs heraus heterogene Tendenzen einander gegenüberstehen und der Dichtung eine in der Nachkriegsphase einmalige Weite und Vielfalt verliehen wird.

Der Protestsong

Das heißt nicht, dass alles, was in jenen Jahren produziert wurde, den Tag überdauert hat. Vielmehr gehören das zeitgebundene Experiment ebenso wie die lyrische ›Kleinkunst‹ zur Charakteristik des Jahrzehnts. Ein Beispiel dafür ist der Protestsong der 60er Jahre. Er verweist auf eine **Balladentradition**, die nach 1945 mit Namen wie Franz Josef Degenhardt und Dieter Süverkrüp, aber auch mit Stephan Hermlin und Wolf Biermann verbunden ist. Gewisse Formen des Bänkelsangs haben auch Christa Reinig und Helga M. Novak aufgegriffen. Reinigs »Ballade vom blutigen Bomme«, 1960 im Gedichtband *Die Steine von Finisterre* (1981, 43) veröffentlicht, zeigt bereits einen **Hang zum Parodistisch-Satirischen** und nimmt Tendenzen der späteren 60er Jahre vorweg. Engagement und Bänkelsang gehen eine Verbindung ein, in der sich neue Darbietungsmöglichkeiten kritischer Dichtung andeuten.

Ein Paradigma dieser Liedermacher-Tradition ist das Werk **Franz Josef Degenhardts** (* 1931), das bis in die 50er Jahre zurückreicht und seismographisch die einzelnen Etappen des Protestsongs und modernen Bänkellieds fixiert. Es gelingt dem Autor in Liedern wie »Weintrinker« (Degenhardt 1981, 12), »Deutscher Sonntag« (18), »Horsti Schmandhoff« (30), »In den guten alten Zeiten« (33) und »Wenn der Senator erzählt« (40) ein satirisch-groteskes Bild vom kleinbürgerlich-verspießerten Nachkriegsdeutschland zu zeichnen; ein Paradigma dafür ist das Gedicht »Feierabend« (38):

Vorstadt – Feierabend,
dick von Fliederduft.
Abendglocken schwingen vogelfrei.
Mauersegler schrein,
zersicheln diese Luft.
Küster kichern in der Sakristei.
Süßer Wind weht lind
und lau vom Ehrenfriedhofhain.
Rasenmäher metzeln
Nachbarscherze kurz und klein.
Lustig flackert's Licht
im Schlachthaus auf. Die Kälber schrein.
Kinder lachen frank
und frei Jehovas Zeugen aus.
Komm
wir gehn nach Haus.

Schließ die Fensterläden.
Bring mir das MG.
Zapf ein Kännchen Schnaps vom Faß.
Schlaf bei unsren Kindern.
Küß mich, und dann geh.
Halt – verbrenn noch den Familienpaß.
Horch, sie singen Lieder.
Gläser klingen. Siehst du was?

Öffnet man die Kragen?
Ballt man schon die Hand ums Glas?
Nein, dies Lachen kenn ich -
alles ist noch halber Spaß.
Ich entsichre erst,
wenn man im Chor und Marschtakt lacht.
Wann
beginnt die Nacht?

Die Poesie und Musikalität solcher Verse nimmt die Dialektik von trivialer Kleinbürgerlichkeit und aggressiver Gewaltphantasie auf, die auch bei Eich und Enzensberger zur Charakteristik einer Epoche gedient haben, welche die faschistische Vergangenheit als Bedrohungspotenzial mit sich schleppt. Vor allem Degenhardts melancholische Lieder registrieren diese trübe, unbehagliche Atmosphäre sehr genau, und sie treffen besonders die Gefühlslage derer, die sich im Bild der »Schmuddelkinder« (15), der »Kumpanen, Sangesbrüder« (42) als eine erste Opposition gegen die Protagonisten der Restaurationsära zusammenfinden (103):

Kommt an den Tisch unter Pflaumenbäumen,
der Hammel ist gar überm Lauch.
Paprika soll uns im Halse brennen,
der reife Kartoffelschnaps auch.
Lachen wollen wir wieder wie damals,
bis morgen der Nachtvogel schreit,
wieder gute Geschichten erzählen
von damals und von dieser Zeit.

Das epigrammatische Zeitgedicht

Zu den Genres, die den 60er Jahren, kurzfristig genug, ihre charakteristische Signatur in der Geschichte der Nachkriegslyrik gegeben haben, gehören auch das Epigramm und das epigrammatische Zeitgedicht. Von Günter Grass bis Arnfrid Astel, von Günter Bruno Fuchs bis Erich Fried gibt es kaum einen Lyriker aus dem Umfeld des Paradigmenwechsels, der keine Epigramme geschrieben hat, und auch die jüngsten Autoren bedienen sich, wie die Anthologie *Wir Kinder von Marx und Coca Cola* (Brunner 1971) zeigt, fast durchweg dieses Genres. Das Epigramm bietet als Zeitgedicht eine Möglichkeit verdeckter und zugleich pointierter Modellierung von Situationen und Zusammenhängen. Es versucht, an Brecht anknüpfend, eine dialektische Denkfigur zu realisieren, die einen Lernprozess initiieren will, ohne in einen belehrenden Ton zu verfallen.

Günter Bruno Fuchs (1928–1977) etwa trifft in seinen Texten jenen Lakonismus, der eine kritische Perspektive ohne jedes überflüssige Dekor entfalten kann. Sein Gedicht »Fahneneid« (Fuchs 1965, 26) lautet:

Ich gelobe,
nicht nachzugeben. Mein Vorbild
sind die Skelette von Ensor. Ihr Streit
um den toten Hering.

In seinen *Blättern eines Hof-Poeten* aus dem Jahr 1967 verbindet Fuchs, der auch die Gattung des Chansons und Bänkellieds wiederzubeleben versucht, den kritischen Gestus epigrammatischen Sprechens mit **Rollenlyrik und Mundartdichtung**. Das Epigramm ermöglicht, über das bloß Groteske und Komische hinaus, zuweilen eine in ihrer Einfachheit bestechende Prägnanz der Beobachtung, die das Zeitgedicht zum Medium der Reflexion macht, ja zu einem Erfahrungsmoment in nuce, wie ihn sein Gedicht »Rat des Sozialamtes« (26) bietet:

Wenn Sie
keine Arbeit finden,
dann sollten Sie
schlafen
und überwintern. Sie
haben dadurch
die seltene Möglichkeit,
einigen Tieren näherzukommen.

In den 60er Jahren gibt es freilich auch eine andere Tendenz der Epigrammdichtung, und zwar den Hang zur Protokollnotiz dessen, was ohnehin bekannt war, und die Neigung zur Pointenbildung aus Wortspielen und oberflächlichen Einfällen. **Kurt Marti** (* 1921), ein Schweizer Zeitlyriker, der das Genre seit seinen *Republikanischen Gedichten* (1959) erprobt hat, entgeht der Gefahr zum harmlosen Verbalradikalismus dadurch, dass er seinen Wortwitz und seine Pointen in den Funktionszusammenhang einer kritischen Perspektive stellt. Freilich sind die Texte nicht immer ohne moralische, ja religiöse Emphase: »mit dem kopf / in den händen des windes / steine schlagen / zu tal // wer sind wir / wenn abends die berge brennen / und morgen / das land im feuer verloht« (Marti 1982, 17).

Dabei ist die politische Dimension zuweilen an ein Pathos geknüpft, das das lyrische Subjekt solcher Zeitgedichte zum integren Sprecher kritischer »Leichenreden« werden lässt: »das könnte manchen herren so passen / wenn sie in ewigkeit / herren bleiben im teuren privatgrab / und ihre knechte / knechte in billigen reihengräbern« (55). Der didaktische Ton, der ohnehin dem Genre stets eigen ist, entfaltet sich bei Marti öfter derart stark, dass die offene, pointierte Struktur des Gedichts zur trockenen Kurzepistel zu werden droht.

Erich Fried

Einer solchen Gefahr ist Erich Fried (1921–1989), der weitaus produktivste Epigrammatiker nach 1945, zumindest in den 60er Jahren noch selten erlegen. Frieds »Gedicht im Handgemenge« (Bender/Krüger 1977, 169) ist kein bloßes Alltagsgedicht, das einen Augenblick fixieren will, sondern auf etwas Exemplarisches gerichtet: einen Gedanken, eine These, eine Erkenntnis. Fried kalkuliert die Wirkung seiner Verse ein, indem er seine Schlusspointen und Wortspiele auf Konklusionen hin anlegt, die ein Leser nachvollziehen soll. Die dialektische Denkfigur seiner Epigramme meidet Polyvalenzen und schätzt einen offenen parteilichen Standpunkt.

Damit ist zugleich eine mögliche **Wirkungsästhetik des epigrammatischen Zeitgedichts** intendiert: Das lyrische Subjekt arrangiert eine zugespitzte Erkenntnis, eine Gegenmeinung zu herrschenden Vorurteilen und geht von einer Entschlüsselbarkeit, ja einem Mitteilungscharakter der Texte aus. Das Zeitgedicht, vor allem das Epigramm, versucht sich in den 60er Jahren als ›**Gedankenlyrik**‹, nicht bloß als ›Warngedicht‹. Aber gerade die auf Erkenntnis gerichtete Dimension des Textes entbehrt bei Fried zuweilen nicht einer pathetischen Verstärkung, einer Tendenz zum aphoristischen Sinnspruch, der nur dem Anschein nach lakonisch-karge Pointe sein will. In der Tat ist die rhetorische Machart nur entsprechend zurückgenommen, aber mit um so deutlicheren Absichten.

Zum Kalkül Friedscher Wirkungsästhetik gehört nicht nur das angebotene Reflexionspotenzial der Gedichte, sondern auch die **Selbstdarstellung als Aufklärer**, als Vermittler, ja Vereinfacher, nicht aber als Sucher von Wahrheit. Damit aber gerät er zumindest mit einem Teil seiner Gedichte in die Nähe zu den Medienstrategien, denen er – im Namen der missbrauchten Wahrheit – den Kampf ansagen wollte.

Fried thematisiert seit seinen *Warngedichten* 1964 in immer erneutem Anlauf die Macht der Bürokratien und die Allgewalt von Anpassungs- und Manipulationsinstanzen sowie das faschistische Potential verdrängter, tabuisierter Zeitgeschichte. Wortspiel, Ironie, Einfall, Alliteration, Pointe: Frieds Gedichte entnehmen ihre Struktur häufig aus einfachen, aber wirkungsvollen Redeformen: »Verbrannt der Phönix im Nest / Krieg seiner Asche / Drei Tage dann kriecht der Krieg / als Wurm wieder heraus« (38).

Das lyrische Subjekt verfügt über eine gestische Sprache. Es demonstriert, exemplifiziert, verurteilt und lobt. Nur selten ringt es mit der Wahrheit, die es zur Mitteilung, ja (der Autorintention nach) zur ›Botschaft‹ machen möchte. Ihre Wirkung nehmen die Texte aber gerade aus ihrem auf Selbsterfahrung hin angelegten Potenzial, nicht aus ihren vorfabrizierten Parolen und auch nicht allein aus ihrer Moralität, ihrem Pathos, das zwischen gut und böse beinahe souverän zu unterscheiden weiß. In seinem Gedichtband *und VIETNAM und* (1966) hat Fried allerdings ein lyrisches Subjekt entworfen, das sich als ein mitbetroffenes zeigt und gerade, indem es sich des Kommentars bewusst zu enthalten versucht, einen Zeitmoment kritisch zu reflektieren versteht, wie im Gedicht »17.–22. Mai 1966« (23):

Aus Da Nang
wurde fünf Tage hindurch
täglich berichtet:
Gelegentlich einzelne Schüsse
Am sechsten Tag wurde berichtet:
In den Kämpfen der letzten fünf tage
in Da Nang
bisher etwa tausend Opfer

Fried benötigt hier keine Attributierungen, keine Epitheta, um eine Welt von Folterknechten und Mördern, von Tötungsmaschinen und mitkämpfenden Rotationspressen zu zeichnen. Wo seine Verse dies versuchen – häufig nur mit unscharfen Personalpronomen arbeitend und mit Chiffren, in denen Leser den politischen Gegner ausmachen können –, werden sie zu Kommentaren, die eine Erkenntnis präsentieren: zum Nachvollzug, nicht zur produktiven, selbstreflexiven Erfahrung. Auch die Gedichtbände *Anfechtungen* (1967), *Zeitfragen* (1968) und *Die Beine der größeren Lügen* (1969) sind nicht frei von bereits entworfenen Lösungen eines souverän entscheidenden lyrischen Ichs.

Die **zeithistorische Wirkung** der Friedschen Lyrik aber ist in ihre Analyse einzubeziehen. Gerade die Vietnam-Gedichte des Autors haben ihre Bedeutung in einer spezifischen Zeitsituation voll entfaltet, und zwar als Inschriften moralischer Empörung, die zu historischen Dokumenten geworden sind, weil sie den Weg frei machten für eine **Reflexion auf Krieg, Barbarei und Faschismus**, die nach dem Krieg ihresgleichen sucht und mitgeholfen hat, den politischen Protest überhaupt zu ermöglichen. Für einen Moment wenigstens wird Frieds Zeitgedicht zum Element einer aufklärenden Geschichtskorrektur jenseits von Parteiprogrammen und -interessen: zur Kritik, die in der Dichtung ihre Sprache findet.

3.4 Neue Formationen in der DDR-Lyrik. Die zweite Generation

Der sich im Westen als Paradigmenwechsel vollziehende Anspruch jüngerer Autoren, Naturlyrik und Späthermetismus den Rücken zu kehren, hat in der DDR eine auffallende Analogie. Seit Anfang der 60er Jahre kommt hier – von Kunert (* 1929) abgesehen, der schon im Jahr 1950 Gedichte veröffentlichte – eine Lyriker-Generation zu Wort, die zwischen 1930 und 1945 geboren wurde. Sie konstituiert sich zwar nicht als Gruppe, wohl aber als eine **zweite Generation von DDR-Schriftstellern**, die sich von der ersten, der Kriegsgeneration thematisch und poetologisch abgrenzt und in kurzer Zeit ihren Platz in der so genannten ›Literaturgesellschaft‹ der DDR findet.

Mit Wolf Biermann, Volker Braun, Heinz Czechowski, Adolf Endler, Uwe Greßmann, Manfred Jendryschik, Sarah Kirsch, Wulf Kirsten, Reiner Kunze und Karl Mickel macht sie sich rasch einen Namen auch außerhalb der DDR. Dass sie als eine neue Generation betrachtet wird, hängt mit den offiziösen, eng gezogenen Grenzen zusammen, die die Nachkriegslyriker in den 50er Jahren geschaffen haben, nicht zuletzt mit ihrer Festlegung auf einen gesellschaftlich umrissenen Auftrag und dessen poetologische Fixierung im Normensystem des sozialistischen Realismus.

Der rasche Aufstieg der jungen Generation

Die Situation, die die zweite Generation vorfindet, ist widersprüchlich: Zwar bleiben die 60er eine Phase rigider Literatur- und Kulturpolitik, die auf Kritik oft mit herber Polemik und handfester Repression reagiert; aber es sind gerade kulturelle Institutionen der DDR, wie etwa die Akademie der Künste zu Berlin oder das Literaturinstitut Johannes R. Becher in Leipzig, die für die literarischen Anfänge der neuen Generation so wichtig werden. Zudem war die ›Lyrik-Welle‹, wie sie gelegentlich genannt wurde, zu Anfang der 60er Jahre ohne fördernden Zuspruch Stephan Hermlins, Georg Maurers und Erich Arendts gar nicht denkbar. Ihr Einfluss, ihre Initiativen haben mitgeholfen, ein **experimentierfreudiges Klima** zu schaffen und dabei einen ›Modernismus‹ zu fördern, vom dem sich die offiziöse Literaturdoktrin noch Jahre vorher strikt abgrenzen wollte.

Schließlich zeigt das rasche Emporkommen der neuen Generation, dass die Praxis des Agitations- und Produktionsgedichts, die etwa Max Zimmering, Helmut Preißler und Uwe Berger auch in den 60er Jahren weiterhin fortzusetzen versuchen, keine Zukunft hatte und in ihren ästhetischen Schwächen immer offener erkannt wurde, so dass sie als literarische Orientierung nicht mehr in Frage kam und die Zeit für neue Richtungen und Wege günstig war.

Lyrikabende, Lesungen in Berlin, Jena, Leipzig eröffnen das Szenario des Debüts, begleitet von massiver Pressekritik, freilich auch von Anerkennung, ja Nachahmungsbereitschaft. In der DDR war gerade beim jugendlichen Publikum Lyrik sehr populär. Der »**Slogan ›Lyrikwelle‹**« machte die Runde, »nachdem Stephan Hermlin schon im Dezember 1962 seinen berühmt gewordenen Lyrikabend unter der an den Namen der späteren Anthologie anklingenden Parole ›Neue Lyrik – unbekannt und unveröffentlicht‹ in der Akademie der Künste organisiert hatte« (Labroisse/Visser 1994, 88f.). Die Reaktionen der Staatsmacht aber waren schon im ersten Aufkeimen dieser Welle bedrohlich und deutlich genug: Hermlin »wurde als Sekretär der Sektion ›Dichtung und Sprachpflege‹ abgesetzt. Gelesen hatte er Gedichte von 26 Autoren; zum ersten Mal kamen so z. B. auch Texte von Wolf Biermann an die DDR-Öffentlichkeit« (ebd.).

Literatursoziologisch war es ein deutliches Zeichen, dass gerade Lesungen die Popularität der Lyrik erhöhten und das große Interesse an ihr signalisierten. Der Begriff der Lesung galt in diesem Zusammenhang nicht einem kleinen, intimen Publikum, sondern einer großen Hörerschaft, die an sich schon eine Art Demonstration für die zeithistorische Bedeutung aktueller Poesie war. Nie war der Einfluss von Gedichten – und derjenige ihrer Produzenten – nach 1945 derart groß gewesen. Und auch wenn »die Vortragsabende«, die nach dem Hermlin-Debakel die FDJ organisierte, »schon etwa 1964/65 ohne viel Aufhebens« ausklangen (ebd., 89), so schrieben sie Lyrikgeschichte.

Übrig aus diesen bewegten Zeiten blieben langfristige Erfolgsprojekte wie die Anthologie *Poesiealbum*, die bis 1990 immerhin 275 Hefte aus der Feder von Autoren aus allen Generationen der DDR-Lyrik umfasste, und, ebenso häufig gelesen, die periodische Lyriksammlung »Auswahl«, die 1963 unter dem Titel »Auftakt« zu erscheinen begann (Labroisse/Visser 1994).

Schon 1964 signalisiert die – unter harmlosem Titel veröffentlichte – Anthologie *Sonnenpferde und Astronauten* (Wolf 1964), welche Bedeutung die neue Formation, vor allem die erst spöttisch, dann eher respektvoll so genannte ›**Sächsische Dichterschule**‹ bereits erreicht hat. Sie etabliert sich weder als ein Kollektiv gemeinsam arbeitender Lyriker noch als eine auf Statuten fixierte und auf Programme festgelegte Gruppierung, sondern als ein lockerer Zusammenschluss von Individuen, von befreundeten Autoren. Und es sind gerade diese individualistischen Züge, die der neuen Generation ihr charakteristisches Gepräge geben: im Recht auf einen persönlichen Standpunkt, im Postulat eines eigenständigen literarischen Interesses. Kunzes Gedichtbandtitel *Sensible Wege* (1969) gibt diesen Anspruch gültig wieder.

Günter Kunert

Die Richtung einer sich nicht im trügerischen politischen Kollektiv verlierenden Lyrik, die aus der dialektischen Spannung von Individuum und Gesellschaft ihre Motivation erfährt, hatte als einer der ersten Günter Kunert (* 1929) beschritten, und zwar schon vom 1950 erschienenen Band *Wegschilder und Mauerinschriften* an, dessen Gedicht »Über einige Davongekommene« (7) sich bereits zu einem frühen Zeitpunkt einem Fortschrittsoptimismus verweigert und sich in der Retrospektive wie eine Vorwegnahme des Epigramms der 60er Jahre liest:

> Als der Mensch
> Unter den Trümmern
> Seines
> Bombardierten Hauses
> Hervorgezogen wurde,
> Schüttelte er sich
> Und sagte:
> Nie wieder.
>
> Jedenfalls nicht gleich.

Kunerts Gedichtband *Tagwerke* von 1961 konstituiert ein lyrisches Subjekt, dessen Individualität, wie Czechowski zu Recht hervorgehoben hat, »keinem Kollektiv zugestellt werden kann« (zit. n. Krüger 1979, 43). Damit aber erreicht Kunert eine **Autonomie des Gedichts**, die – Brecht folgend – eine kritische Perspektive erst ermöglicht. Er misstraut nicht der Utopie an sich, sondern den für sie ersatzweise geschaffenen Allgemeinplätzen und Formeln. Damit aber provoziert er Irritationen und macht sich, an den Direktiven der Kulturpolitik gemessen, eines Subjektivismus verdächtig. Kunerts »melancholisches Kalkül« (Laschen 1971, 88) ist Ausdruck einer Skepsis gegenüber allzu optimistischen und glatten Zukunftsparolen. So vermag er Widersprüche und Brüche in einem ideologischen Gefüge zu entdecken und im Gedicht zu formulieren: als Reflexionen eines suchenden, prüfenden lyrischen Ichs. Die Epigramme des Zyklus »Geschichte« in der *Verkündigung des Wetters* (Kunert 1966, 25ff.) illustrieren die Position des Kunertschen Ichs, vor allem den Anspruch auf ein eigenständiges Urteil (27):

Geschichte sage ich und weiter noch: Wenig bleibt.
Glücklich wer am Ende mit leeren Händen dasteht
Denn aufrecht und unverstümmelt dasein ist alles.
Mehr ist nicht zu gewinnen.

In solchen Versen nähert sich Kunert dem Geschichtspessimismus Huchels und Arendts an, der ebenfalls vollmundige Zukunftsphrasen ironisieren und einer philosophisch motivierten, nihilistischen Geschichtsinterpretation das Wort reden will. Seine gesellschaftskritische Perspektive realisiert Kunert mit einem prägnanten **Lakonismus**, etwa wenn er der Bürokratie sein Epigramm »In den Herzkammern der Echos« (38) ins Stammbuch schreibt:

IN DEN HERZKAMMERN DER ECHOS
Sitzen Beamte. Jeder
Hilferuf hallt
Gestempelt zurück.

Dagegen wird – im Zeitalter der Produktionsfortschritte und kosmonautischen Erfolge – auf die »kleine fossile Wahrheit« gesetzt, die dem Dichter geblieben ist (83):

AUF UNZEITGEMÄSS VERFERTIGTEM PAPIER
Schreibe ich
Eine kleine fossile Wahrheit
In der Schrift
Welche vor den täglichen Weltuntergängen
Verständlich war.

Günter Kunerts Lyrik hat Bilanz-Charakter allenfalls in einer vorläufigen, subjektiven Form. Gerade darin ist ihm die neue Generation der DDR-Lyriker in den 60er Jahren gefolgt. Die an Kunert gerichtete, als Vorwurf gemeinte Frage von Michael Franz, »Wo bleibt die Wissenschaft der Klassiker‹?« (Franz 1969, 1194), beantwortet ein lyrisches Subjekt, das in seiner beanspruchten Unabhängigkeit die Chance zu einem Urteil jenseits vorfabrizierter Musterlösungen und ›Klassiker‹-Zitate gewinnt.

Gerade in dieser Autonomie liegt die Brisanz einer Lyrik, die in der DDR über Jahrzehnte hinweg nicht nur aufmerksam verfolgt worden ist, sondern auch zum Gegenstand leidenschaftlicher Debatten wurde. Kunert hat einen Gedichttypus mitzugestalten versucht, der noch in seiner provisorischen Kürze, in seinen kargen Wortspielen ein Potenzial an Unruhe und Verstörung aktiviert, und zwar über eine in der DDR-Gesellschaft längst überwunden geglaubte Position, den Einspruch des Ichs gegen ein vermeintlich zur Herrschaft gekommenes Wir. »Ewiges Provisorium: / Ich«, so heißt es in Kunerts *Notizen in Kreide* (Kunert 1966, 7).

Aber gerade dieses »Provisorium« kann, weil es sich Offenheit und Sehschärfe zugleich bewahrt hat, für verbindlich gehaltenen kollektiven Sinnkonzepten trotzen und stattdessen **innere Widersprüche des sozialistischen Staates** aufzeigen. Der oft strapazierte Vergleich zu Brecht darf nicht darüber hinwegtäuschen, dass sich Kunerts lakonische Gedichtsprache auch einem lehrhaften Gestus verweigert, vor allem aber Brechts Figuration des lyrischen Ichs als eines souverän urteilenden Intellektuellen par excellence nicht übernimmt.

Wie sich die Perspektive verkehrt hat, illustriert Kunerts Gedicht »Auf der Schwelle des Hauses« (1963, 79), das einen für die *Buckower Elegien* typischen Reflexionsmoment zitiert: den Augenblick eines Innehaltens, aber in der provozierenden Privatheit flüchtiger Friedensutopie Brechts gestische, politisch motivierte Epigrammsprache durchkreuzt:

In den Dünen sitzen. Nichts sehen
Als Sonne. Nichts fühlen als
Wärme. Nichts hören
Als Brandung. Zwischen zwei
Herzschlägen glauben: Nun
Ist Frieden.

Von einer »ursprünglich ausgebildeten und anfänglich entschieden praktizierten Lehrgedichtkonzeption« (Hähnel 1981, 137) hatte sich Kunert in der Tat weit entfernt. Es gehört jedoch zu den Paradoxien der 60er Jahre, dass **das literarische Erbe Brechts** bei westlichen Autoren immer sakrosankter wird, bis hin zur emphatischen Imitation seiner Themen und Stile, während in der DDR sich die Literatur in dem Maße weiterentwickelt, wie sie ein Brecht-Epigonentum überwindet und etwa in der Lyrik ein neues, eigenständiges Kapitel eröffnet.

Volker Braun

Einem neuen Gedichttypus gab auch Volker Braun (* 1939) mit seinem Band *Provokation für mich* (1965) geradezu programmatische Impulse, nicht zuletzt wegen des signifikanten Titels, der auf Subjektivität pochte. Bereits die Eingangsverse des Gedichts »Kommt uns nicht mit Fertigem« (7) notieren **Elemente einer veränderten Poetologie:** »Kommt uns nicht mit Fertigem. *Wir* brauchen Halbfabrikate. / Weg mit dem Rehbraten – her mit dem Wald und dem Messer. / Hier herrscht das Experiment und keine steife Routine. / Hier schreit eure Wünsche aus: Empfang beim Leben.«

Braun sucht nicht die ideologische Schablone der Wirklichkeit, sondern goutiert deren sinnliche Dimension und erschließt damit einen neuen sprachlichen Horizont, der Formen der Umgangs- und Jugendsprache aufnimmt. Anders als Kunert rechnet Brauns lyrisches Subjekt mit einer solidarischen Leserschaft, mit einer Kommunikativität, die zumindest prospektiv kollektive Wünsche und Bedürfnisse zu vereinen glaubt. Brauns »Jazz«-Gedicht (12) zeigt das Utopische eines solchen Entwurfs:

> [...] bewegliche Einheit –
> Jeder spielt sein Bestes aus zum gemeinsamen Thema.
> Das ist die Musik der Zukunft: jeder ist sein
> Schöpfer
> Du hast das Recht, du zu sein, und ich bin ich:
> Und mit keinem verbünden wir uns, der nicht er selber
> ist
> Unverwechselbar er im Lieben, im Haß.

Jugendlicher Enthusiasmus bestimmt die Perspektive. Das Ich nimmt sich das **Recht auf einen eigenen Standpunkt** heraus. Freilich schließt Braun an eine Tradition jugendlich-oppositioneller Provokationen an, die in der Sowjetunion bereits herausgebildet waren und im Lauf der 60er Jahre in der DDR rezipiert worden sind.

Eingreifen des autoritären Staates

Die Rezeptionssituation der DDR-Lyrik lässt sich paradigmatisch am Beispiel einer Debatte erläutern, welche die FDJ, die Jugendorganisation der Staatspartei SED, in ihrer Zeitschrift *Forum* 1966 veranstaltete. Ein Jahr nach dem berüchtigten X. Schriftstellerkongress, auf dem die Partei auf rigide, autoritäre Weise die engen Grenzen literarischer Kritik in der DDR demonstrierte, ging es nun um den **Zusammenhang von Ideologie und Poesie.** Ausgangspunkt der *Forum*-Diskussion war die Frage nach dem Verhältnis von Literatur und technologischer Zukunftsentwicklung. An der Debatte beteiligten sich neben Sarah und Rainer Kirsch auch Kunert, Czechowski, Mickel, Endler und Uwe Berger. Unmissverständlich machte der Literaturwissenschaftler Hans Koch klar, worauf die *Forum*-Debatte abzielte (vgl. Labroisse/Visser 1994).

Es galt die Autoren auf die »Züge des sozialistischen Menschenbilds« festzulegen und so jede Möglichkeit einer gleich als destruktiv schroff zurückgewiesenen Kritik auszuschließen: »Im lyrischen Ich, das – bei aller notwendigen Subjektivität und eigentümlichen Individualität – niemals *privat* ist, sind Züge des sozialistischen Menschenbilds besonders eindringlich gestaltbar. Um den *sozialistischen* Charakter dieses Menschenbilds geht es« (Kasper 1995, 60f.). Die Debatte zeigte, wie sehr in einem geschlossenen semantischen System, dessen Sensorien für leiseste Zwischentöne und brisante Anspielungen empfänglich waren, sogar die Konstitution eines lyrischen Subjekts einen durch Ideologie legitimierten Staatsapparat beschäftigen konnte: Die Wirkung von Lyrik war unter solchen Bedingungen sogar an staatlichen Reaktionen und öffentlichen Kritiken ablesbar und brachte Autorinnen und Autoren in eine zwar exzeptionelle, aber im buchstäblichen Sinne angreifbare Position. Das »Forum« war insofern kein zufälliger Platz, als der politisch-literarische Diskurs vor jungem Publikum stattfand und somit alle Muster der Einschüchterung, des Dogmatismus und der Grenzziehungen zugleich an die junge Generation der DDR gerichtet war.

Wolf Biermann

Der Liedermacher und Poet Biermann (* 1936) geht in den 60er Jahren weit über Brauns eher unbestimmte Protestattitüden hinaus; denn er weiß um die politischen Konstellationen der DDR, die die »Gefühle der Enge, der Verhärtung, der allmählichen Vergreisung« (Hermand 1973, 77) hervorgebracht haben. Dass sie nicht auf einen Generationskonflikt zu reduzieren sind, ist Prämisse Biermannscher Lyrik. Nur im Westen erscheinen 1965 *Die Drahtharfe* und 1968 der ebenfalls Gedichte, Balladen und Lieder umfassende Band *Mit Marx- und Engelszungen.*

Biermanns Engagement ist innerhalb der neuen Formation in der DDR-Lyrik ohne Nachfolge geblieben; das **absolute Publikationsverbot** war daher umso leichter gegen ihn durchzusetzen. Dabei ist gerade für Biermann Brechts Vorbild-Figur besonders relevant geblieben. Die ›Buckower Balladen‹ der *Drahtharfe* verweisen auf diesen intendierten Bezug. Biermann kennzeichnet das Bild einer preußischen, kleinbürgerlichen, muffigen Republik, in der die weiterhin hoch geschätzte sozialistische Utopie pervertiert und eine historische Chance vertan worden ist. Seine Verse sind nicht frei von Resignation und Bitterkeit, und sie zeigen ein verwundbares Ich, dem die Jahre der Isolation anzumerken sind:

Ich Ich Ich
bin voll Haß
bin voll Härte
der Kopf zerschnitten
das Hirn zerritten
Ich will keinen sehn!
Bleibt nicht stehn!
Glotzt nicht! Das Kollektiv liegt schief

Ich bin der Einzelne
das Kollektiv hat sich von mir
isoliert
Stiert mich nicht so verständnisvoll an!
[...]

Dieses Gedicht, »Rücksichtslose Schimpferei« (Biermann 1977, 77) genannt, klagt einen Anspruch ein, der den Autor in den folgenden Jahren immer weiter in die Opposition treibt. Biermann beschränkt sich in seinem Werk freilich nicht auf DDR-Themen, sondern erweitert das Repertoire seiner Lieder in Texten wie »Die Legende vom Soldaten im dritten Weltkrieg« (293), »Soldat Soldat« (299) und in einer Reihe von Liebesliedern. Biermanns Beitrag zum Zeitgedicht der 60er Jahre wird in Gedichten wie »Ermutigung« (325) besonders deutlich, das Huchel gewidmet ist und exemplarisch die Situation der zum Verstummen gebrachten Dichter aus betroffener Perspektive entwirrt:

Du, laß dich nicht verhärten
In dieser harten Zeit
Die all zu hart sind, brechen
Die all zu spitz sind, stechen
und brechen ab sogleich

Du, laß dich nicht verbittern
In dieser bittren Zeit
Die Herrschenden erzittern
- sitzt du erst hinter Gittern -
Doch nicht vor deinem Leid
[...]
Wir wolln es nicht verschweigen
In dieser Schweigezeit
Das Grün bricht aus den Zweigen
Wir wolln das allen zeigen
Dann wissen sie Bescheid

Eines anarchistischen Individualismus verdächtigt und süffisant der Wehleidigkeit bezichtigt, blieb Biermann bis zu seiner Ausbürgerung 1976 ein Autor ohne Publikationsmöglichkeit in der DDR, aber zugleich einer ihrer populärsten Dichter.

Rainer Kunze

Der Subjektivismusvorwurf war nicht nur im Kontext politischer Kritik ein Repressionsgrund, sondern bereits, wie der Fall Reiner Kunzes (* 1933) belegt, im Zusammenhang mit einem bloßen Insistieren auf eine zunächst noch recht unpolitische, private Autonomie. »Ausgesperrt aus büchern / ausgesperrt aus zeitungen / ausgesperrt aus sälen« (Kunze 1969, 19), so umreißt Kunze karg und pointiert das

Schicksal der Opponenten. Im Gegensatz zu Biermann werden, zumindest in Auswahl, noch bis 1973 seine Gedichte in der DDR veröffentlicht. Die Konfrontation mit dem sozialistischen Staat ist nicht zufällig. Sie betrifft vor dem Hintergrund der Neuorientierung der Lyrik der DDR gerade den Dichter, der im Vergleich zu Mickel, Braun und Kirsch die Basis sozialistischer Wirkungsästhetik am konsequentesten negiert. Indem das lyrische Ich nichts anderes als seine individuelle Wahrnehmung zulässt und diese auch ausspricht, verweigern seine Gedichte jeden Ansatz zu einer ideologisch verordneten Perspektive.

Kunze vermag, wie im »Dezember«-Gedicht (45), dabei ein Bild der Wirklichkeit aus komprimierten Notizen zu entwerfen, das mit wenigen Versen eine mit großem Aufwand betriebene Verklärungs- und Verschleierungstaktik durchkreuzen kann:

> Stadt, frisch, reglos
> stehst du in der Tiefe
>
> Zugefroren
> der himmel über uns
>
> – – –
>
> überwintern, das
> maul am grund

Karl Mickel

Kunze und Biermann waren in der 1966 herausgegebenen Anthologie *In diesem besseren Land* (Endler/Mickel 1966) nicht mehr vertreten. So entzündete sich die Diskussion über diese für die DDR-Lyrik so bedeutsame Sammlung an anderen Autoren, und zwar zunächst vor allem an Karl Mickels (* 1935) Gedicht »Der See«, das – stellvertretend für die neue Lyrik der 60er Jahre – zum Programmgedicht der jungen Lyrikergeneration stilisiert wurde. Die erste Strophe lautet (Mickel 1966, 14):

> See, schartige Schüssel, gefüllt mit Fischleibern
> Du Anti-Himmel unterm Kiel, abgesplitterte Hirnschal
> Von Herrn Herr Hydrocephalos, vor unsern Zeitläuften
> Eingedrückt ins Erdreich, Denkmal des Aufpralls
> Nach rasendem Absturz: du stößt mich im Gegensinn
> Aufwärts, ab, wenn ich atemlos nieder zum Grund tauch
> Wo alte Schuhe zuhaus sind zwischen Weißbäuchen.

Dass im Naturtableau keine Impression einer Landschaft angelegt war, sondern eine **Interpretation gesellschaftlicher Erfahrungen**, war allen Kritikern schnell klar, die sich in der FDJ-Zeitschrift *Forum* zu Wort meldeten. Mickels Gedicht versucht erst gar nicht, den »Anti-Himmel« zu verschönen, sondern verzichtet auf eine poetische Glättung des Themas. Der individuelle Akzent dominiert; und er bricht konsequent, und zwar auch im Hinblick auf die Verstehensschwierigkeit des Textes, mit dem im Bitterfelder Weg so prononciert umrissenen Ziel der sprachlichen und gedanklichen Einheit von Arbeiterklasse und Schriftsteller.

Dem Ökonomen Mickel hält Hans Koch in seiner Polemik dann auch rasch eine »soziale und historische Unstimmigkeit« vor, die er darauf zurückführt, »daß die Welt-Anschauung dieses Gedichts außerhalb des eigenen Subjekts nichts« kenne und entdecke (zit. n. Schmitt 1983, 281). Der Subjektivismus-Vorwurf indiziert eine politisch verdächtige Entfernung vom vorgegebenen Schema, so dass die Kritik umso schärfer ausfallen und die Diskussion um den Text umso brisanter werden musste. Es ist gerade die Abwendung vom Geschichtsbild des wie selbstverständlich reklamierten Fortschritts, die Mickels Gedicht bestimmt und sich in seiner Naturauffassung spiegelt.

Nicht jeder Lyriker der jungen, viel beachteten Generation fand in der DDR günstige Bedingungen für den Aufbau einer Schriftstellerexistenz. So kehrte Mickel, der zunächst von 1961 bis 1965 freier Schriftsteller war, zunächst in einen wissenschaftlichen Beruf zurück, bevor er am Berliner Ensemble Mitarbeiter der Intendanz wurde. 1978 begann er als Dozent an der Hochschule für Schauspielkunst »Ernst Busch« in Berlin zu arbeiten. Mickels Texte sind voller Anspielungen und Zitate. Der Bogen reicht von der Antike bis zu Versen zeitgenössischer Dichter.

Es ist Mickel neben Volker Braun und wenigen anderen gelungen, ein Publikum und nicht zuletzt auch das DDR-Feuilleton für ›schwierige‹ Gegenwartslyrik und schließlich auch für literarhistorische **Traditionen der Poesie** zu gewinnen, nicht zuletzt für Hölderlin. Mickel bevorzugt lange Verszeilen und Langgedichte; er arbeitet mit strengen metrischen Mustern, aber kann diese innerhalb eines einzelnen Gedichts durchaus wieder wechseln und durchmischen. Beim Publikum wird die Bereitschaft vorausgesetzt, sich komplexe syntaktische Strukturen ebenso selbständig zu erarbeiten wie das Netzwerk der Bildlichkeit, das durch ein verschlungenes Ineinander des Metaphernmaterials geprägt ist. Das Zentrum seiner Gedichte bildet jedoch das lyrische Ich, der Mittelpunkt eines prozessual entfalteten Gedankens, der erst vom Ende, vom Resultat her rekonstruiert werden kann.

Aber Mickel schreibt nicht einfach die Tradition von Gedankenlyrik fort. Die Sprache seiner Gedichte hat der Rezipient zu studieren, wenn er Mickels Ideenreichtum erfassen will. Nichts schmiegt sich der Alltagssprache an. Hinzu kommt – eine weitere **Verstehenshürde** – eine Tendenz zur lakonischen Verknappung und Verdichtung, zuweilen auch eine Neigung zu Sprachwitz und -komik, zu Ironie und Polemik.

Im Gedicht »Die Elbe« (Drews 1995, 164), seinem wohl bekanntesten Gedicht, kann Mickels Technik des abrupten Bild- und Perspektivenwechsels beobachtet werden. Die erste Strophe, abgeschlossen mit einem Blick auf die Landschaft (»Im dürren Weinberg von den schwarzen Ästen / Träuft der Regen wie ein Schwarm von Kirschblüten«), wird gleich am Beginn der zweiten durch einen Selbstkommentar des lyrischen Ichs unterbrochen: »So sah ich das. Jedoch das exponierte / Material reicht weiter.« Was folgt, ist die Transformation des Flussbildes auf die gesellschaftliche Realität, vermittelt über die Metapher vom »Verkehrsstrom«. Und auch diese spielt vieldeutig mit der sexuellen Bildvariante, die zeitweilig sogar zum Stichwortgeber eines neuen Bildfeldes wird (»der Interruptus auf der Straße«):

> So sah ich das. Jedoch das exponierte
> Material reicht weiter. Männer, Frauen
> Vernetzt gekoppelt, schlagen Wellen, Fluß
> Neben dem Fluß, der Verkehrsstrom
> Reißt, der Interruptus auf der Straße
> Und die Menge, wenn zwei Autos sich
> Vernichteten, kreist um die Leere
> Wie der Strom ums Aug des Strudels wirbelt.
> Umgekehrt. [...]

Es ist evident, »daß der Text als Verarbeitungsstufe vorhandener poetischer ›Bilder‹ gelesen werden soll« (Heukenkamp 1985, 22). Zugleich aber inszeniert sich ein souveränes Ich, das am Schluss sogar kryptisch auf Pindar und Hölderlin abzielt (»Vgl. auch den Kommentar zu Pindar / Von Hölderlin [...]«) und zum Dreh- und Angelpunkt eines komplexen Sprach- und Bildspiels wird.

In solchen wortgewaltigen Kaskaden löst sich der Bildungs- und Traditionskanon auf, der zunächst wie eine feste Basis Mickel'schen Schreibens erschien und sich nach etwas intensiverer Lektüre auch nur als »exponierte[s] / Material« erweist. Aus ihm formte Mickel ein vom Motiv und von der Tradition her zwar an Hölderlins Stromgedichte erinnerndes »Elbe«-Poem, zugleich aber einen poetischen Kommentar zum Geschichts-, Gesellschafts- und Geschlechterdiskurs der 60er Jahre: Der Subjektivismus der Einfälle und Assoziationen löst eine provozierende Irritation aus, zumal bei denen, die im Gedicht einen mechanistischen Fortschrittsglauben ebenso wenig wiederfanden wie die Spur kommunistischer Geschichts- und Gesellschaftsteleologie mit der Elbe als politischem Trennstrom zwischen Ost und West, Reaktion und Realsozialismus.

Dass sich diese Lyrik ideologischen Vorgaben zu entziehen wusste, machte sie für die DDR-Gesellschaft so bedeutend und prädestinierte sie zum öffentlichen Diskussionsobjekt. Sie scheuchte zumindest zeitweise jenen »Sozialistischen Biedermeier« (Domin 1970, 18) auf, den Kurt Bausch so treffend beschrieben hat: »Zwischen Wand- und Widersprüchen / Machen sie es sich bequem. / Links ein Sofa, rechts ein Sofa / In der Mitte ein Emblem.«

Erst vor diesem Horizont wird die auf Subjektivität setzende Haltung der Lyriker in ihrem zeitgenössischen Kontext als provozierende Geste überhaupt erst verständlich. Ihnen ging es nicht um eine bloße Individualperspektive, die das Recht auf subjektive Erfahrungen und Empfindungen einfordert, sondern um eine **literarische Authentizität**, bei der das lyrische Subjekt gerade als ein einzelnes, individuelles die Wahrheit noch zu verbürgen wusste.

Kollektiven Parolen sollte eine Sprache gegenübergestellt werden, in der sich ein kritischer Standpunkt überhaupt erst wieder formulieren ließ. Die auffällige Sympathie älterer Lyriker wie Georg Maurer und Erich Arendt für die mit anderen Verfahren arbeitenden jungen Autoren hat ihren tieferen Grund in dieser Resistenz lyrischen Sprechens gegen das zum Klischee erstarrte Kollektiv-Vokabular. Selbst Autoren wie Uwe Greßmann, die eher einer unpolitisch wirkenden Idyllen-Tradition verpflichtet schienen, haben in ihrer authentischen Perspektive ein Widerstandspotenzial gegen eine zum Schlagwort verkommene Sprache. Greßmanns Gedichtband *Der Vogel Frühling* (1966) etwa gelingt eine Wiederentdeckung jener sinnlichen Dimension von Erfahrung, deren Sprachlichkeit im ideologischen Jargon fast zunichte gemacht worden war.

Sarah Kirsch

In welchem Maße die zweite Lyrikergeneration an einer Erneuerung naturlyrischer Traditionen interessiert war, zeigt sich nicht zuletzt auch in den frühen Gedichten von Sarah Kirsch (* 1935). Ihre *Gedichte* (1967), später unter dem Titel *Landaufenthalt* herausgebracht, bezeugen das Recht eines lyrischen Subjekts auf eine individuelle Erfahrung, in deren Wahrnehmungsmodi sich eine ästhetische Sensibilisierung vorbereitet, eine von Schablonen befreite Naturanschauung. Im Gegensatz zu Mickel und Braun ist das persönliche Element bei Kirsch von Anfang an stärker ausgeprägt; es sucht nicht die sofortige Konfrontation mit einem Kollektiv, sondern zunächst überhaupt **die subjektive Dimension einer Erfahrung.** Das Gedicht »Schwarze Bohnen« (Kirsch 1967, 54) etwa, so sehr es einen Alltagsmoment zu fixieren scheint, deutet im unprätentiösen Gestus der Addition von Tätigkeiten an, mit welcher Vehemenz der Anspruch auf die individuelle Seite von Erfahrungen und Eindrücken eingefordert wurde – bis in die geheime Trivialität des Privaten hinein:

Nachmittags nehme ich ein Buch in die Hand
nachmittags lege ich ein Buch aus der Hand
nachmittags fällt mir ein es gibt Krieg
nachmittags vergesse ich jedweden Krieg
nachmittags mahle ich Kaffee
nachmittags setze ich den zermahlenen Kaffee
rückwärts zusammen schöne
schwarze Bohnen
nachmittags zieh ich mich aus mich an
erst schminke dann wasche ich mich
singe bin stumm

Dass ein solcher Text 1969 als dekadente Poesie gescholten und mit republikfeindlichen Tendenzen in Verbindung gebracht worden ist, zeigt einmal mehr, welche Wirkung die zweite Generation von Lyrikerinnen und Lyrikern in der DDR hatte:

beinahe bis an die Grenze unangemessener Aufmerksamkeit für eine Poesie, die gar zuweilen, wie im Gedicht »Schwarze Bohnen«, mit ein paar harmlosen, in Verse gebrachten Realien eine den Realismus im Namen rührende Literaturdoktrin aus der Fassung bringen konnte.

3.5 Möglichkeiten und Grenzen Konkreter Poesie. Manifestation und Kalkül

In einem literarischen Klima des Umbruchs und Experimentierens, wie es für die 60er Jahre charakteristisch war, hat die Konkrete Poesie von Anfang an ihren Platz gefunden: mit dem Anspruch, künstlerische Avantgarde zu sein, freilich auch, eher defensiv, mit dem behaupteten Recht auf eine Freiheit des Spiels, das die Gefahr des Misslingens nicht ausschließt. Waren die Produzenten Konkreter Poesie in den 50er Jahren, wie etwa die Wiener Gruppe, noch als unbürgerlich-subversive Außenseiter und Irrläufer verschrien, denen sich in Österreich kein Verlag öffnete, so änderte sich im folgenden Jahrzehnt nicht zuletzt auch die Einstellung des Literaturmarktes und des Publikums, das allmählich das literarische und künstlerische Experiment zu akzeptieren begann. In welchem Maße das Interesse gestiegen war, lässt sich anhand der steigenden Zahl an Publikationen Konkreter Poesie ablesen. Dass zugleich das Selbstbewusstsein ihrer Protagonisten gewachsen war, zeigt sich in einer Vielzahl von **Manifesten und Deklarationen**, in denen enthusiastisch eine programmatische Neuorientierung der Kunst und Literatur entworfen wurde, zum Teil weit über die Grenzen eigener Möglichkeiten hinaus.

Konjunktur der Konkreten Poesie

Schon das Jahr 1960 ist »eine Art erster Höhepunkt innerhalb der Geschichte« Konkreter Poesie (zit. n. Durzak 1976, 267). Helmut Heißenbüttels erstes *Textbuch*, Eugen Gomringers *33 Konstellationen* und Friedrich Achleitners Band *schwer schwarz* erscheinen. Mit seiner Anthologie *movens* (Mon 1960), die, wie es im Untertitel heißt, »Dokumente und Analysen zur Dichtung, bildenden Kunst, Musik, Architektur« präsentiert, hat Franz Mon, ihr Herausgeber, den Nachweis erbracht, dass eine deutsche Avantgarde – freilich über die Grenzen Konkreter Poesie hinaus – wieder in einen internationalen Zusammenhang gebracht werden kann.

Sind in Mons Sammlung auch Autoren wie Claus Bremer und Gerhard Rühm nur spärlich vertreten (übrigens neben Grass, Arp und Höllerer), so ist doch ihre Präsentation im Kontext mit Emmett Williams, Bazon Brock, Victor Vasarely, Alberto Giacometti mehr als nur eine Pose behaupteter Internationalität. Auch die **Vielfalt von Variationen**, die unter dem vagen Begriff der Konkreten Poesie vereinigt werden, ist in *movens* nicht zu übersehen.

In der ersten Hälfte der 60er Jahre erscheint eine Reihe weiterer, für die **Entwicklung der Konkreten Poesie** wichtiger Versuche. 1961 bringt Bremer in Gomringers Reihe ›konkrete Poesie – poesia concreta‹ seine *tabellen und variationen* und Heißenbüttel sein *Textbuch 2* heraus. 1962 folgen weitere *Konstellationen* von Gomringer und Heinz Gappmayrs *Zeichen.* Mit Ernst Jandls *Langen Gedichten* stößt 1964 ein Autor zur Konkreten Poesie, der sie im weiteren Verlauf maßgeblich zu prägen versteht. Gegen Ende der 60er Jahre dokumentieren einige Sammlungen und Anthologien, dass die Konkrete Poesie nicht nur die Literatur des Jahrzehnts mitgestaltet, sondern ihren Höhepunkt allmählich überschritten hat. Die Erfahrung moderner Avantgardebewegungen, dass Variationen begrenzt sind und Wiederholungen stets Anzeichen von Stagnation enthalten, spiegelt sich bereits in diesen zusammenfassenden Kompendien wider. 1967 gibt Rühm seine Sammlung *Die Wiener Gruppe* heraus, 1969 legt Gomringer unter dem Titel *worte sind schatten* seine bisherigen *Konstellationen* und seine theoretischen Schriften vor, Heißenbüttel schließt im selben Jahr seine *Textbücher* ab, und H.C. Artmann veröffentlicht seine gesammelten Gedichte unter dem Titel *ein lilienweißer brief aus lincolnshire*, 1970 folgen Rühms *Gesammelte Gedichte und visuelle Texte.*

Die Verleihung des Büchner-Preises an Heißenbüttel im Jahr 1969 ist ein Indiz öffentlichen Ruhms zu einem Zeitpunkt, an dem die Konkrete Poesie an ihre Grenze gekommen war. Vor diesem Hintergrund lesen sich die Nummern 25 und 30 der Zeitschrift *Text + Kritik* (1970/71) wie erste literarhistorische Würdigungen einer Dichtung, die schließlich 1972 mit Gomringers Anthologie *Konkrete Poesie* (vorgelegt in Reclams Universal-Bibliothek) für einen breiten Leserkreis zugänglich geworden war.

Ernst Jandl

Im Kontext ihrer Protagonisten hat Ernst Jandl (* 1925) einen hohen Anteil an der Popularisierung der Konkreten Poesie. Vor allem das spielerisch-ironische, heitere Element seiner Texte macht ihn im Vergleich zu anderen, eher spröder und strenger wirkenden Verfassern von Konstellationen und visuellen Texten zu einem Autor, dessen Irritationen einen dialogischen Zug haben: sie versprechen Verständlichkeit zumindest im kreativen Nachvollzug poetischer Konstruktionen, wie im berühmt gewordenen Gedicht »lichtung« (Jandl 1985, 249), das einen linguistischen Grundsatz über lautliche Distinktionen persifliert:

manche meinen
lechts und rinks
kann man nicht
velwechsern.
werch ein illtum!

Jandls Erfolg liegt nicht zuletzt auch darin, dass er auf Kalkül und Mathematik, auf die reine serielle Permutation wenig Wert legt und eher mit unvorhergesehenen, die Regelmäßigkeit störenden Variationen semantischer, phonologischer und visueller Art eine pointenhafte Zuspitzung seiner Texte erzielt und so den häufig in der Konkreten Poesie vorherrschenden Zwang zu Logik und Rationalität konterkariert. Jandls **Spiel mit dem Unerwartbaren**, mit Brüchen, Zufällen und dekonstruierten Sprachstrukturen fand in den folgenden Jahrzehnten viele Nachahmer, so dass seine Wirkung auf die deutschsprachige Lyrik weitaus intensiver war als beispielsweise die Gomringers oder Rühms.

Hinzu kommt seine Ausweitung der Themen und Gegenstände, der Anlässe und Spielmöglichkeiten Konkreter Poesie. Jandl verliert sich nicht, wie etwa Gomringer im Verlauf der 60er Jahre, in einen Mechanismus von Konstellationen, der im Kern auf wenige, immer wiederkehrende Grundtypen der Konkretion, auf ein paar elementare Wörter und deren symmetrische Anordnungen auf einem spärlich bedruckten Blatt Papier, zurückzuführen ist, sondern erweitert, bis hin zu Ironie und Selbstironie, ihr kreativ unausschöpfbares Potenzial. Damit aber gehört er zu den wenigen Protagonisten Konkreter Poesie, die über das Jahrzehnt hinaus noch mit produktiven Neuversuchen aufwarten können.

Beispiele experimenteller und Konkreter Poesie

Auf andere Weise hat schon H.C. Artmann das Ziel spielerischer Offenheit jenseits serieller Kalkulatorik zu realisieren versucht. **Dialekt und Umgangssprache** sind das Material seiner Verse und Texte und eine wesentliche Garantie dafür, dass seine Gedichte in einem Realitätszusammenhang stehen, der ein ganzes Spektrum von Anspielungen, grotesken Verfremdungen und Wirklichkeitsperspektiven umfasst. Artmanns »fragment eines reisegebets« (Artmann 1978, 57) etwa, ein Gedicht aus dem Zyklus »Der Schlüssel des heiligen Patrick«, vermittelt einen exemplarischen Eindruck von solchen Möglichkeiten spielerisch-ironischer Lyrik:

jeglichen lichtes bin ich bar,
dunkelheit ist um meine augen
... der griff des Vogelfängers
... zwei eilein der seemöve ...

jeglichen lichtes ....
.... verwirrte wege ....
einsam, ohne stern, ohne mond,
in der dunklen schrecklichen
schlinge .... regen ...

einsam in dieser nacht ohne mond,
einsam in dieser nacht ohne stern,
einsam .... mit dem öl
deiner lampe deiner Wahrheit im ...

.... das gute licht deiner
Wahrheit, O JESU, auf allen wegen
des leibes, auf den wegen der seele,
tröstlich .... stunde des sterbens.

Dass die Konkrete Poesie schließlich die Tradition nicht einfach negiert, sondern stets auch zu ihrem Thema macht, zeigt beispielhaft eine Parodie Gerhard Rühms mit dem Titel »sonett« (Rühm 1970, 174):

erste strophe erste zeile
erste strophe zweite zeile
erste strophe dritte zeile
erste strophe vierte zeile

zweite strophe erste zeile
zweite strophe zweite zeile
zweite strophe dritte zeile
zweite strophe vierte zeile

dritte strophe erste zeile
dritte strophe zweite zeile
dritte strophe dritte zeile

vierte strophe erste zeile
vierte strophe zweite zeile
vierte strophe dritte zeile

Das Gedicht folgt einem Verfahren, das die Gattung als puren Rahmen einer bedeutungslosen Ordnung zitiert, damit aber zugleich den irreversiblen Moment eines geschichtlich obsolet gewordenen Genres verdeutlicht. **Experimente mit Gedichtformen**, gerade auch mit dem Sonett, lassen sich nicht nur bei Rühm nachweisen, wie sich am Beispiel des Gedichts »Sonett« (Jandl 1985, 443) von Jandl zeigt, das im sinnentleerten Schema von Wiederholungen, Normierungen und ›Reimzwängen‹ die strenge Kompositionsform der Gattung ironisiert:

das a das e das i das o das u
das u das a das e das i das o
das u das a das e das i das o
das a das e das i das o das u

das a das e das i das o das u
das u das a das e das i das o
das u das a das e das i das o
das a das e das i das o das u

das o das u das a das e das i
das i das o das u das a das e
das e das i das o das u das a

das o das u das a das e das i
das i das o das u das a das e
das e das i das o das u das a

Insgesamt lässt sich am Ende der 60er Jahre ein **breites Spektrum der Möglichkeiten Konkreter Poesie** ausmachen: Artikulationen, Konstellationen, Variationen, Zitatcollagen, Lautgedichte gehören zu ihrem festen Repertoire. Visuelle Texte und Lautgedichte, Dialektdichtung und Piktogramme, serielle Manifestationen und literarische *minimal art* sowie deren experimentelle Mischungen haben der konkreten Dichtung für mehr als ein Jahrzehnt eine innovative Kraft zur ständigen Metamorphose verliehen.

War noch die Wiener Gruppe um Rühm, Achleitner und Bayer in einer kabarettistischen Subkultur verwurzelt, zeigt Eugen Gomringers Werk (* 1925), wie etwa das *Stundenbuch* (1965), sogar eine auffallende Nähe zur spirituellen Meditation.

Mit Max Bense (Kopfermann 1974, 2ff.), aber auch mit Heißenbüttel hatte die Konkrete Poesie **Programmatiker**, die an ästhetischen und literaturtheoretischen Diskursen zu partizipieren und in ihren Beiträgen oft weit über den Reflexionshorizont von Lyrikern aller Sparten und Richtungen hinausgreifen. Ohnehin ist das ***theoretische* Fundament Konkreter Poesie** zuweilen derart stabil, dass deren literarische Praxis den eigenen Ansprüchen und Positionen kaum zu folgen wusste. Einfall, Intuition und Experiment waren stets nur die eine Seite konkreter Dichtung, die andere bestimmte ein Hang zur wissenschaftlich-kybernetischen, ja **maschinell-mathematischen Modellierung** des kreativen Moments. Rationalität, wie sie etwa in Benses Theoremen ausdrücklich gefordert und als gegenideologisches, kulturkritisches Element begründet wird, bleibt noch an der Grenze zur asemantischen Spielerei, zur Tautologie ein produktionsästhetisches Movens aller Konkreten Poesie.

Helmut Heißenbüttel

Kritische Rationalität jedenfalls charakterisiert Helmut Heißenbüttels (1921–2000) sechs *Textbücher*, die zwischen 1960 und 1967 erschienen sind (1980). Ihre Zuordnung zur Gattung der Lyrik normativ zu entscheiden hieße die Bedeutung der *Textbücher* wie die Konkrete Poesie überhaupt misszuverstehen. Zur Basis seines großangelegten Experiments wird **Heißenbüttels ›Antigrammatik‹** gerade deswegen, weil sie sich rubrizierbaren Einordnungen entzieht und mit vorgegebenen Systemen zu brechen versucht. In seinen Frankfurter Poetik-Vorlesungen erläutert er sein Konzept näher (Heißenbüttel 1970, 145f.):

> Antigrammatische, antisyntaktische Sprachveränderung und Sprachreproduktion sind wirksame Prinzipien der Literatur des 20. Jahrhunderts. […] Die Betrachtung der Relationen zwischen Literatur und Sprache, Literatur und Grammatik, in der neueren Literatur sollte eins deutlich machen, dass nämlich die Werke des 20. Jahrhunderts zuerst daraufhin angesehen werden müssten, wie weit in ihnen antigrammatische sprachreproduzierende und sprachverändernde Prinzipien wirksam sind.

Die »antigrammatische Sprachveränderung« steht bei Heißenbüttel im Kontext »neuer poetischer Möglichkeiten« (152f.), und er belegt sie an der surrealistischen *écriture automatique*, am Simultan- und Lautgedicht des Dadaismus, an Raoul Hausmann, Kurt Schwitters und Hugo Ball. Dass sich der Autor der historischen Avantgarde ohne bloßen Imitationsgestus verpflichtet weiß, zeigen nicht zuletzt die vielen Zitatcollagen in den *Textbüchern*, die Zeilen von Hans Arp bis Ludwig Wittgenstein, von Gertrude Stein bis Henri Michaux enthalten.

Heißenbüttels ›Antigrammatik‹ zerstört nicht nur, sie reproduziert auch ihr Sprachmaterial, schichtet es um, stellt es unter neuen Konstellationen zusammen. Dabei negiert der Autor zugleich eine literarische Grammatik, also ein System von Symbolen, Metaphern und Formelementen der Dichtung, bis hin zur Destruktion der psychologischen Ordnung der Gefühle und der menschlichen Wahrnehmung. Der Enthusiasmus und Anspruch diesen Experimentierens hat Heißenbüttel bis zur Kritik konstitutiver Subjekt-Objekt-Relationen der Sprache getrieben (Heißenbüttel 1970, 210):

> Ich erkenne [...] (oder glaube zu erkennen), daß das alte Grundmodell der Sprache von Subjekt-Objekt-Prädikat nicht mehr standhält. Wir benutzen es noch. Aber es ist bereits starr. Es erscheint abgenutzt, bröckelt ab, verwittert. Das System der Sprache selbst beginnt im Sinne der Konservatoren ›klassisch‹ zu werden. Wo Konservatoren am Werk sind, muß eine Leiche zu erwarten sein.

Heißenbüttels **Antikonventionalismus** ist keine neue, revolutionäre Sprachtheorie, sondern eine Proklamation experimenteller Versuche in Permanenz. Dass eine solche Dichtung nicht auf einen Bedeutungszusammenhang verzichtet, sondern ihn im Experiment neu zu finden glaubt, das wird deutlich, wenn man Heißenbüttels Sprachmanifestationen mit der von ihm kritisierten Wirklichkeit vergleicht, deren collagierte Phrasen, Wortfelder und Satzmuster er zum Material seiner Texte macht. So vermag er eine allenthalben entfremdete, von technokratischer, nicht von kritischer Rationalität beherrschte Ordnung in ihren sprachlichen Formeln abzubilden und, wie in der folgenden Wortaddition, eine fragmentarisierte, instrumentalisierte Wahrnehmungsschablone aufzudecken (Heißenbüttel 1980, 93):

ungerade
unberechenbar
ungelenk
nicht zu beurteilen
fraglich
authentisch

Tatsachen
Erfahrungen
Meinungen
Ansichten

Niedrigwasser
Geröll

Eisenbahngeräusche
Doppelfenster

Entfernungen Richtungen
Richtungen Berichtigungen

Hartung hat darauf hingewiesen, dass das »Gefühl von Verfremdung, das bei der Reihung von Sprachmaterial und Sprachbedeutung entsteht, [...] unbestimmt und offen« (Hartung 1975, 62) sei. Die Richtung der ›Antigrammatik‹ bleibt vage und wirkt beliebig, wenn sie, wie im letzten, sechsten *Textbuch*, in der Makrofläche einer Zitat-Collage zu ›Deutschland 1944‹ das Prinzip von Material-Destruktion und -Neufügung auf ein Thema hin zentriert.

Als »Einübung auf die Vieldimensionalität der Sprache« (Vietta 1970, 178) hat Vietta Heißenbüttels Konstruktionstechnik bezeichnet. Die Präsentation seiner Montagen hat freilich keinen semantischen Ort, kein Subjekt, da sie selbst zufällig ist, so dass am Ende die »Bedeutungsfluktuation« (179) die Sprache selbst verflüchtigt und damit das Experiment unter einen permanenten Wiederholungszwang stellt.

Zum Poetik-Diskurs der Konkreten Poesie

Die Frage nach der Subjekt-Rolle in der Konkreten Poesie führt zum Kern ihres Selbstverständnisses. Der Experimentator nämlich ist keineswegs ein zufälliger Produzent von Texten. So glaubt etwa Franz Mon, dass im ästhetischen »Aufnehmen der Wirklichkeitsstrukturen« das Subjekt »das ursprüngliche Austauschverhältnis zwischen Objektivität und Subjektivität im Spiel wiederherstellen« könne (Kopfermann 1974, 20). Gegen die »Manipulatoren einer weitgehend gleichgeschalteten Gesellschaft« (42), nimmt auch Jandl in seinem Plädoyer für die Kunst Stellung. Jochen Gerz hält visuelle Texte für »experimentelle Freilegungen autoritärer Kommunikationsmechanismen auf das Niveau von Schrift und Sprache« und behauptet weiter: »Sie sind exemplarisch insofern, als sie, innerhalb einer am nichtfreigelegten, entfremdenden Sprachgebrauch interessierten Gesellschaft, nur die Funktion von dessen beispielhafter Überwindung haben können« (65f.).

Schmidt spricht von »drei Erfahrungsweisen«, die im »Umgang mit konzeptionellen Texten [...] integriert« würden: »Werkerfahrung, Selbsterfahrung und Sinnerfahrung; darin liegt der Erkenntnis- und Erlebniswert der Auseinandersetzung« (69) mit solchen Objekten. Entschieden emphatischer ist Chris Bezzel, wenn er in seinem Manifest *dichtung und revolution* – beinahe bis zum (nicht kenntlich gemachten) Zitat längst historisch gewordener Kunstavantgarde des frühen 20. Jahrhunderts'– die These aufstellt (Bezzel 1970, 36):

> revolutionär ist [...] eine dichtung, die das medium sprache selbst verändert, umfunktioniert, die den hierarchischen sprachlichen charakter zerstört, die in neuartigem sprachspiel und durch das neuartige sprachspiel diejenige gesellschaftliche Umwälzung vorwegnimmt, für die alle revolutionäre arbeiten.

In der Figur des aufklärenden, auf Einübung, Sensibilität, Reflexion, Erkenntnis und Erfahrung gerichteten Dichters kehrt eine Tradition wieder, die gerade in der Konkreten Poesie der 60er Jahre stets aufgehoben ist und sie für einen Moment zum Inbegriff literarischer Sprachkritik macht. Einen solchen Anspruch freilich hat sie kaum aufrecht erhalten können; denn in dem Maße, wie sie gesellschaftliche Anerkennung erfährt, also zum Lesebuchexempel und preiswürdigen Objekt wird, ebnet sie das Irritationspotenzial ein, statt eine vertiefte Reflexion auf Sprache und Sprechen zu initiieren.

Die Konkrete Poesie ist in dem Moment historisch geworden, in dem sie den Raum eines internen Poesie-Diskurses verlassen hat und ihre Konstellationen, Artikulationen und Montagen ausstellungsreif waren. Die besondere Anerkennung Jandls ist vor diesem Hintergrund erklärbar. Seine Texte setzen Erfahrungen mit Konkreter Poesie voraus, führen sie beinahe ironisch weiter und sind, wie Hartung hervorgehoben hat, fast »schon Parodien Konkreter Poesie« (Hartung 1975, 98), zumindest aber ein schier unerschöpfliches, kreatives Potenzial ihrer Weiterentwicklung. Als solche zumindest setzen sie die innovative Tradition konkreter Dichtung in den 70er und frühen 80er Jahren wirksam fort.

Zitierte Anthologien und Sammlungen

Bender, Hans/Krüger, Michael (Hg.): Was alles hat Platz in einem Gedicht? München 1977.
Bender, Hans (Hg.): Widerspiel. Deutsche Lyrik seit 1945. München 1962.
Bingel, Horst (Hg.): Zeitgedichte. Deutsche politische Lyrik seit 1945. München 1963.
Brunner, Frank u.a. (Hg.): Wir Kinder von Marx und Coca Cola. Gedichte der Nachgeborenen. Wuppertal 1971.
Drews, Jörg (Hg.): Das bleibt. Deutsche Gedichte 1945–1995. Leipzig 1995.
Endler, Adolf/Mickel, Karl (Hg.): In diesem besseren Land. Gedichte der Deutschen Demokratischen Republik seit 1945. Halle 1966.
Matthaei, Renate (Hg.): Grenzverschiebung. Neue Tendenzen in der deutschen Literatur der 60er Jahre. Köln/Berlin 1970.
Rühm, Gerhard (Hg.): Die Wiener Gruppe. Achleitner, Artmann, Bayer, Rühm, Wiener. Texte, Gemeinschaftsarbeiten, Aktionen. Reinbek 1967.
Voigtländer, Annie/Witt, Hubert (Hg.): Denkzettel. Politische Lyrik aus den 60er Jahren der BRD und Westberlins. Frankfurt a.M. 1977.
Wolf, Gerhard (Hg.): Sonnenpferde und Astronauten. Gedichte junger Menschen. Halle 1964.

Zitierte Werkausgaben

Arendt, Erich: Aus fünf Jahrzehnten. Mit einem Nachwort von Heinz Czechowski. Rostock 1968.
Artmann, H.C.: The Best of H. C. Artmann. Hg. von K. Reichert. 2. Aufl. Frankfurt a.M. 1978.
Ausländer, Rose: Gesammelte Werke in sieben Bänden. Hg. von H. Braun. Frankfurt a.M. 1984ff.
Bachmann, Ingeborg: Werke. Bd. 4. Hg. von Christine Koschel u.a. München/Zürich 1978.
Biermann, Wolf: Nachlaß 1. Noten, Schriften, Beispiele. Köln 1977.
Bobrowski, Johannes: Die Gedichte. 2 Bände. Hg. von E. Haufe. Berlin/Stuttgart 1987.
Bobrowski, Johannes: Gesammelte Werke in sechs Bänden. Hg. von Eberhard Haufe. Stuttgart 1998f.
Celan, Paul: Gesammelte Werke in fünf Bänden. Hg. B. Allemann u. St. Reichert. Frankfurt a.M. 1983.
Eich, Günter: Gesammelte Werke. Bd. 1. Hg. von S. Müller-Hanpft u.a. Frankfurt a.M. 1973.
Enzensberger, Hans Magnus: Die Gedichte. Frankfurt a.M. 1983.

Grass, Günter: Gesammelte Gedichte. Mit einem Vorwort von H. Vormweg. Darmstadt/Neuwied 1971.
Huchel, Peter: Gesammelte Werke in zwei Bänden. Hg. von Axel Vieregg, Bd. I. Die Gedichte. Frankfurt a.M. 1984.
Jandl, Ernst: Gesammelte Werke. Bd. 1. Gedichte 1. Hg. von K. Siblewski. Neuwied 1985.
Kaschnitz, Marie Luise: Gesammelte Werke in sieben Bänden. Bd. 5. Gedichte. Hg. von Christian Büttrich u. Norbert Miller. Frankfurt a.M. 1985.
Langgässer, Elisabeth: Gesammelte Werke in Einzelbänden. Gedichte. Hamburg 1959.
Marti, Kurt: Schon wieder heute. Ausgewählte Gedichte 1959–1980. Darmstadt/Neuwied 1982.
Meckel, Christoph: Ausgewählte Gedichte 1955–1978, Königstein, Ts. 1979.
Meister, Ernst: Ausgewählte Gedichte 1932–1979. Erw. Neuausgabe. Nachwort von Bela Allemann. Darmstadt/Neuwied 1979.
Meister, Ernst: Gedichte 1932–1964. Neuwied/Berlin 1964.
Poethen, Johannes: Gesammelte Gedichte 1946–1971.
Reinig, Christa: Sämtliche Gedichte 1959–1976. Stierstadt 1981.
Rühm, Gerhard: Gesammelte Gedichte und visuelle Texte. Reinbek 1970.
Rühmkorf, Peter: Gesammelte Gedichte. Reinbek 1976.
Rühmkorf, Peter: Strömungslehre I. Poesie. Reinbek 1978

Zitierte Sekundärliteratur

Bartsch, Kurt: Ingeborg Bachmann. 2. Aufl. Stuttgart/Weimar 1997.
Bezzel, Chris: dichtung und revolution. In: Text + Kritik 25 (1970), S. 35ff.
Dietschreit, Frank/Heinze-Dietschreit, Barbara: Hans Magnus Enzensberger. Stuttgart 1986.
Dischner, Gisela: Konkrete Kunst und Gesellschaft. In: Text + Kritik 25 (1970), S. 37–41.
Domdey, Horst: Verlust des Geschichtsoptimismus. Bilder historischer und geologischer Zeit in Erich Arendts Lyrik. In: Text + Kritik 82/83 (1984), S. 71–89.
Domin, Hilde: Nachkrieg und Unfrieden. Gedichte als Index 1945–1970. Neuwied/Berlin 1970.
Durzak, Manfred (Hg.): Die deutsche Literatur der Gegenwart. Aspekte und Tendenzen. 3., erw. Aufl. Stuttgart 1976.
Emmerich, Wolfgang: Paul Celan. Reinbek 1999.
Enzensberger, Hans Magnus: Poesie und Politik. In: H.M.E.: Einzelheiten. Frankfurt a.M. 1962.
Enzensberger, Hans Magnus: Palaver. Politische Überlegungen (1967–1973). Frankfurt a.M. 1974.
Erdle, Birgit R.: Bachmann und Celan treffen Nelly Sachs. Spuren des Ereignisses in den Texten. In: Boeschenstein, Bernhard/Weigel, Sigrid (Hg.): Ingeborg Bachmann und Paul Celan. Poetische Korrespondenzen. Vierzehn Beiträge. Frankfurt a.M. 1997, S. 85–115.
Franz, Michael: Zur Geschichte der DDR-Lyrik. In: Weimarer Beiträge 15 (1969), S. 561–619, 763–810 u. 1166–1228.
Gellaus, Axel: Das Datum des Gedichts. Textgeschichte und Geschichtlichkeit eines Textes bei Celan. In: Gellhaus, Axel/Lohr, Andreas (Hg.): Lesarten. Beiträge zum Werk Paul Celans. Köln u.a. 1996, S. 177–196.
Grimm, Reinhold: Bildnis Hans Magnus Enzensberger. Struktur, Ideologie und Vorgeschichte eines Gesellschaftskritikers. In: Basis IV (1972), S. 131–174.
Hähnel, Ingrid (Hg.): Lyriker im Zwiegespräch. Traditionsbeziehungen im Gedicht. Berlin/Weimar 1981.
Hamacher, Werner/Menninghaus, Winfried (Hg.): Paul Celan. Frankfurt a.M. 1988.
Hartung, Harald: Experimentelle Literatur und konkrete Poesie. Göttingen 1975.
Heißenbüttel, Helmut: Über Literatur. München 1970.
Hermand, Jost: Biermanns Dilemma. In: Basis IV (1973), S. 175–191.
Heukenkamp, Ursula und Rudolf: Karl Mickel. Berlin 1985.
Hildebrand, Olaf: Keine Delikatessen? Zur Poetik des Verstummens in einem späten Gedicht Ingeborg Bachmanns. In: O.H. (Hg.): Poetologische Lyrik von Klopstock bis Grünbein. Gedichte und Interpretationen. Köln/Wien 2003, S. 308–323.

Hinton Thomas, Richard/Bullivant, Keith: Westdeutsche Literatur der sechziger Jahre. München 1975.
Höller, Hans: »Schallmauer« und »In Feindesland«. Zwei späte unveröffentlichte Gedichte von Ingeborg Bachmann. In: Kuchler, Primus-Heinz/Reitani, Luigi (Hg.): »In die Mulde meiner Stummheit leg ein Wort...«. Interpretationen zur Lyrik Ingeborg Bachmanns. Wien u.a. 2000, S. 253–263.
Höllerer, Walter: Thesen zum langen Gedicht. In: Akzente 12 (1965), S. 128–131.
Janz, Marlies: Vom Engagement absoluter Poesie. Zur Lyrik und Ästhetik Paul Celans. Königstein, Ts. 1976.
Kasper, Elke: Zwischen Utopie und Apokalypse. Das lyrische Werk Günter Kunerts von 1950 bis1987. Tübingen 1995.
Kaulen, Heinrich: Zwischen Engagement und Kunstautonomie. Ingeborg Bachmanns letzter Gedichtzyklus *Vier Gedichte.* In: Deutsche Vierteljahrsschrift für Literaturwissenschaft und Geistesgeschichte 65 (1991), S. 755–776.
Kopfermann, Thomas (Hg.): Theoretische Texte zur Konkreten Poesie. Texte und Bibliographie. Tübingen 1974.
Krolow, Karl: Poetisches Tagebuch. Frankfurt a.M. 1966.
Krüger, Michael (Hg.): Kunert lesen. München/Wien 1979.
Kurscheid, Raimund: Kampf dem Atomtod! Schriftsteller im Kampf gegen eine deutsche Atombewaffnung. Köln 1981.
Labroisse, Gerd/Visser, Anthonya: Im Blick halten. Lyrik der DDR. Neue Beiträge des Forschungsprojekts DDR-Literatur an der Vrije Universiteit Amsterdam. Amsterdam 1994.
Laschen, Gregor: Lyrik in der DDR. Anmerkungen zur Sprachverfassung des modernen Gedichts. Frankfurt a.M. 1971.
Mayer, Hans (Hg.): Über Peter Huchel. Frankfurt a.M. 1973.
Meister, Ernst: Brief an Wilhelm Lehmann vom 07.01.1965. In: Text + Kritik 96 (1987), S. 16ff.
Michel, Karl Markus: Ein Kranz für die Literatur. Fünf Variationen über eine These. In: Kursbuch 15 (1968), S. 169–186.
Mon, Franz (Hg.): Movens. Dokumente und Analysen zur Dichtung, bildenden Kunst, Musik, Architektur. Wiesbaden 1960.
Müller-Hanpft, Susanne: Lyrik und Rezeption. Das Beispiel Günter Eich. München 1972.
Paulsen, Wolfgang (Hg.): Revolte und Experiment. Die Literatur der sechziger Jahre in Ost und West. Fünftes Amhester Kolloquium zur modernen deutschen Literatur. Heidelberg 1971.
Piontek, Heinz (Hg.): Neue deutsche Erzählgedichte. Vorwort. Stuttgart 1964, S. 5–14.
Pöggeler, Otto: Spur des Worts. Zur Lyrik Paul Celans. Freiburg 1986.
Pöggeler, Otto: Der Stein hinterm Aug. München 2000.
Riha, Karl: Das Naturgedicht als Stereotyp der deutschen Nachkriegslyrik. In: Tendenzen der deutschen Literatur seit 1945. Hg. von Thomas Koebner. Stuttgart 1971, S. 157–178.
Schmitt, Hans-Jürgen (Hg.): Die Literatur der DDR. München/Wien 1983.
Schäfer, Jörgen: Pop-Literatur. Rolf Dieter Brinkmann und das Verhältnis zur Populärkultur in der Literatur der sechziger Jahre. Stuttgart 1998.
Schmitz-Emans, Monika: Die Sprache der modernen Dichtung. München 1997.
Schnell, Ralf: Die Literatur der Bundesrepublik. Autoren, Geschichte, Literaturbetrieb. Stuttgart 1986, 2., überarb. u. erw. Aufl. 2003.
Szondi, Peter: Celan-Studien. Hg. von Jean Bollack. Frankfurt a.M. 1972.
Theobaldy, Jürgen/Zürcher, Gustav: Veränderung der Lyrik. Über westdeutsche Gedichte seit 1965. München 1976.
Vietta, Silvio: Sprache und Sprachreflexion in der modernen Lyrik. Bad Homburg 1970.
Wagenknecht, Christian: Variationen über ein Thema vom Gomringer. In: Text + Kritik 25 (1970), S. 14–16.
Weiss, Karl: Theorie und Ästhetik konkreter Poesie. In: Literaturwissenschaftliches Jahrbuch 20 (1979), S. 261–276.
Weissenberger, Klaus (Hg.): Die deutsche Lyrik 1945–1975. Zwischen Botschaft und Spiel. Düsseldorf 1981.

Wellershoff, Dieter: Gottfried Benn. Phänotyp dieser Stunde. Köln/Berlin 1958.
Wichner, Ernst: Homer, Odysseus und der »Engel der Geschichte«. In: Text + Kritik 82/83 (1984), S. 90–110.
Zustand 1969. Eine Rundfrage und ihre Beantwortung. In: Literatur und Kritik 31 (1969), S. 67–95.

4. Die siebziger Jahre: Lädierte Utopien

4.1 »Alltagslyrik«. Anspruch und Wirklichkeit eines Genres

Wer das von Enzensberger herausgegebene *Kursbuch* als eine Art Positionsbestimmung liest, dessen Koordinaten zumindest in den 60er und frühen 70er Jahren verlässlich den aktuellen Trend bundesrepublikanischer Kultur fixieren, der kann im 1970 erschienenen *Kursbuch 20* den Auftakt zu einer neuen literarischen Dekade beobachten, die eine Phase selbstzerstörerischer Manifeste und Programme endgültig hinter sich gelassen hat.

Die Rückkehr zur Literatur

So fordert Hans Christoph Buch in seinem Essay *Von der möglichen Funktion der Literatur* (1970) den Abschied vom vulgärmarxistischen Ökonomismus und die **Reflexion auf den utopischen, phantasiereichen und befreienden Charakter der Kunst:** »Die bürgerlichen Intellektuellen vergessen allzu schnell, was sie ihrer Lektüre verdanken« (50), konstatiert Buch und folgert, es »sollten die Intellektuellen die Aufgabe übernehmen, das utopische Versprechen, das in den großen Kunstwerken verschüttet liegt: die Hoffnung auf Befreiung [...] freizulegen« (51). Als »Metakritik« (42) zurückliegender Debatten gedacht, ist ein solches Plädoyer zugleich ein Indikator für eine Rückkehr zur Literatur. Diese wird aber nicht mehr wechselnden politischen Tagesparolen untergeordnet, sondern jenseits aller Instrumentierung in ihrer spezifischen, eigenständigen, ja autonomen Bedeutung begriffen.

Vor diesem Horizont kann festgehalten werden, dass die Lyrik der 70er Jahre insgesamt eine **Restitution der Gattung** bewirkt: gegen frühere Selbstzweifel und bodenlose Nützlichkeitspostulate. Uneinheitlich freilich bleibt ihr Erscheinungsbild weiterhin. Mit Erich Arendt, Peter Huchel, Ernst Meister, Marie Luise Kaschnitz, Rose Ausländer und Georg Maurer hat eine Lyrikergeneration einen recht hohen Anteil an der literarischen Produktion jener Jahre, deren Werke in die 50er Jahre und darüber hinaus weisen, während sich die in den 60er Jahren debütierenden Autoren in Ost und West gleichermaßen weiter durchsetzen und auf dem Markt etablieren.

Für eine Reihe von Autorinnen und Autoren markieren die 70er Jahre kaum eine Zäsur. Sie setzen ihre Produktion fort und bekennen sich, wie Christine Bustas Gedicht »Entdeckung« (Busta 1975, 79) zeigt, weiterhin zur Poetik einer von Aktualität, Politik und Gesellschaft strikt geschiedenen Naturlyrik:

Sag:
Grasnarbe.
Sag es langsam.

Du sprichst
ein vollkommenes
Gedicht.

Vor diesem Hintergrund bedarf die Rede von den Veränderungen in der Lyrik der 70er Jahre einer Erläuterung. Es gibt zwar Trends, Richtungen werkgeschichtliche Zäsuren, aber es gibt keinen verallgemeinerbaren Konsens, sondern ein im Verlauf der Dekade zunehmend disparates Nebeneinander, einen **poetologischen und ästhetischen Pluralismus**, der eine Vorstellung von Geschichte als kontinuierlichem Wandel auflöst.

Die Skepsis gegenüber »Veränderung durch die Kunst«

Damit erhält Ingeborg Bachmanns schon 1960 in ihrer Frankfurter Poetik-Vorlesung (Bachmann 1978, 21) entwickelte Skepsis gegenüber einem Begriff wie Veränderung eine besondere Aktualität:

> Kunst als Veränderndes ...? Überhaupt ›Veränderung‹, das ist die Frage, die zu den ersten, zweifelvollen, furchtbaren Fragen gehört. Was meinen wir mit Veränderung und warum wollen wir Veränderung durch die Kunst?! Denn etwas wollen wir doch damit! Die Kunst ist schon so viele Male umgezogen, vom Gotteshaus in das Haus der Ideale, vom *house beautiful* auf das *bateau ivre*, und dann in die Gossen, in die nackte Wirklichkeit, wie man sagte, und dann wieder in das Haus Traum und in die Tempel mit hängenden Gärten, und wieder fort in die pseudomystische Stickluft von Blut und Boden, und weiter in das Haus der Humanität und in das Haus Politik. Als hätte sie nirgends Ruhe, als wäre kein Obdach ihr für immer zugedacht. Sie empfängt und anerkennt eine Weile die Kommandos und beginnt eines Tages, auf neue zu hören. Das ist ihr eigentümliches Fortschreiten, ihr Weiterziehen.

Daher sind »Fortschreiten« und »Weiterziehen« keineswegs sakrosankte Bewegungsprinzipien, sondern eher ein Mangel an »Ruhe« und »Obdach«. Die Modernität des Neuen scheint ohne Ruhelosigkeit nicht möglich, aber das Neue markiert keinen Fortschritt, sondern nur ein »Weiterziehen«.

In diesem Sinne sind beharrende Schreibstile, Poetiken und Selbstbilder nur die Kehrseite des unter den Begriff ›Geschichte‹ subsumierten Kreislaufs der »Veränderung«. Den gesellschaftlichen Rahmen einer in Fragmente aufgesprengten Historie hat Ingeborg Bachmann an der Geschichte des Privaten erläutert (22):

> Unsere Existenz liegt heute im Schnittpunkt so vieler unverbundener Realitäten, die von den widersprüchlichsten Werten besetzt sind. Sie können in Ihren vier Wänden ein Familienglück patriarchalischen Stils pflegen oder die Libertinage, oder was immer Sie

> wollen – draußen routieren Sie in einer funktionellen Nützlichkeitswelt, die ihre eigenen Ideen über Ihre Existenz hat.

Vor diesem Horizont sind die im Folgenden skizzierten Veränderungen nur die eine Seite eines stärker ausgeleuchteten Prozesses, dessen andere, nur im Hintergrund aufscheinende Seite von Beharrung, Werkkonstanz und Kontinuität geprägt ist. Eine auf- und abwertende Perspektive ist mit der Deskription von »Fortschreiten« und »Weiterziehen« nicht verbunden.

Trends zur Revitalisierung der Lyrik

Die Gattungsgeschichte der Lyrik um 1970 war jenseits von Moden und Trends mit einer deutlichen Revitalisierung verbunden. Hatte Rolf Dieter Brinkmann schon 1968 mit seiner These »Ich bin keineswegs der gängigen Ansicht, daß das Gedicht heute nur noch ein Abfallprodukt sein kann« (Brinkmann 1968, 6) die Gattung gegen ihre Kritiker in Schutz genommen, so wurden die 70er Jahre eine Dekade ausgesprochen **positiver Neubestimmungsversuche**.

Von der »zukunftsmächtigen Kraft des poetischen Denkens« (Handke 1984, 46) sprach Peter Handke anlässlich der Entgegennahme des Büchner-Preises 1973. Aus einer anderen Perspektive, aber mit einem ebenso optimistischen Grundverständnis von Poesie notierte in der DDR Heinz Czechowski (* 1935) in seinem Gedicht »An meine Freunde, Sommer 1975« (Czechowski 1981, 35): »Kurze Sekunden des Glücks, / In Verse gebunden. // Aufgegeben, / Was nicht zu erreichen ist. // Ziellos, / Doch nicht ohne Hoffnung.« Für andere Autoren trat die Lyrik überhaupt erst wieder ins Zentrum der eigenen literarischen Praxis. »Wörter, ich bin zurückgekommen« (Theobaldy 1980, 9), resümierte Jürgen Theobaldy (* 1944) am Ende der Dekade.

Die Lyrik der frühen 70er Jahre ist ein Paradigma jener **selbstbewussten Rückeroberung der Literatur.** Hilde Domins Vermutung aus dem Jahr 1968, es sei »keineswegs eine schlechte Zeit für Lyrik« (Domin 1968, 31) angebrochen, bestätigte sich spätestens um die Mitte des Jahrzehnts. Ein Beispiel dafür ist Theobaldys Anthologie *Und ich bewege mich doch ...* (1968). Der Herausgeber braucht nicht mehr – wie Domins gut gemeinter, aber anstrengend defensiver Versuch *Wozu Lyrik heute?* (1968) – eine Gattung umständlich zu rechtfertigen, sondern kann sie, sogar schon mit Blick auf »eine Vielfalt lyrischer Schreibweisen« (221), gegen ad acta gelegte Politisierungsdebatten ausspielen: als Restitution einer poetischen Subjektivität, die im Alltäglichen und Persönlichen, ja Autobiographischen das Schlagwort von der fälligen ›großen Veränderung‹ durchkreuzt. Theobaldy (1968, 222) spricht im Nachwort seiner Anthologie von der

> Hinwendung auf Alltägliches bei jenen Lyrikern, deren Erfahrungen in der politischen Lyrik nicht mehr oder nur bis zum Begriff abgemagert vorkamen. Wenn man sich nachmittags zu einer Demonstration gegen die Ermordung von Black-Panther-Führern in den USA traf und abends im Kino sich bei reaktionären Western amüsierte, wo der Held über Leichen ging, so waren solche Erfahrungen mit den Mitteln des abstrakt aufklärerischen Gedichts

nicht mehr darzustellen. Der persönliche Bezug zu alltäglichem Geschehen, das weder mystifiziert noch ausgespart werden wollte, ist von jenen Schreibern hergestellt worden, die auch das Politische nicht mehr nur den Politologen, Berufsrednern und Kommentatoren überließen. Was sind gesellschaftliche Veränderungen wert, die den Alltag der Beteiligten, der Verfechter und der Gegner nicht verändern?

Kontroversen um die Poetik des Alltagsgedichts

Die Poetologie des neuen »Alltagsgedichts«, wie es bald genannt wurde, ist freilich recht diffus, wenn man Theobaldys Hinweisen folgt: »Mitteilung [...] statt Monolog, Erlebnis statt Idee, Wörter statt des Worts, Umgangssprache statt Chiffre« (223). Es deutet sich hier die Illusion einer Erlebnisdichtung an, die mit ihrem kommunikativen Gestus eine Authentizität lyrischen Sprechens schlicht an »Umgangssprache« und scheinbar kunstlose, wiewohl poetische Wörter-Reihen binden will und damit eine Unmittelbarkeit von Lyrik suggeriert, die kaum noch von anachronistischer, vormoderner Erlebnisdichtung abzugrenzen ist. Indes zeigt Theobaldys Anthologie auch für diejenigen, die seine poetologischen Prinzipien nicht teilen, ein neues Selbstbewusstsein von Lyrikern der jungen Generation. Schon in der bloßen Auflistung ihrer Namen zeichnet sich das Bild einer vielfältigen, produktiven Dichtung ab, die aus den politisch bestimmten Diskussionen über die so genannte gesellschaftliche Relevanz der Literatur gestärkt hervorgegangen ist.

Bis zu seinem frühen Tod im Jahr 1975 erscheint Rolf Dieter Brinkmann, dessen Gedicht »Schlaf, Magritte« (13) die Anthologie einleitet, als einer der agilsten und wichtigsten Protagonisten der deutschen Lyrik der 70er Jahre. Die veränderte Tendenz, also die **Hinwendung zum »Alltagsgedicht«**, lässt sich aber auch an Texten von Nicolas Born, Günter Herburger, Rolf Haufs, Ursula Krechel, Hugo Dittberner, Karin Kiwus und Godehard Schramm studieren, die – jeder auf seine Weise – Theobaldys These illustrieren könnten, dass der »Bezug auf das Selbsterlebte [...] der Versuch« sein soll, »Verläßliches, Überprüfbares zu sagen angesichts der öffentlichen Parolen« (223).

Und wer – wie F.C. Delius, Yaak Karsunke und Peter-Paul Zahl – das politische Sujet vorerst noch nicht aufgibt, der perspektiviert es zumindest in subjektiver Form, so dass Agitation und Aufklärung zunehmend einer (selbst-) reflexiven **Bestandsaufnahme eigener Erfahrungen** weichen. Ernst S. Steffens Gedicht »Ich bin noch da« (130) liest sich vor diesem Hintergrund wie eine Losung für den neuen, veränderten Trend nach 1968: »Ich bin noch da. / Manchmal ertappe ich mich, / daß ich noch da bin. / Manchmal ganze Sekunden lang.«

Skeptischer sprach 1979 Michael Zeller im Rückblick auf die Literatur nach 1968 von einer drohenden »Erstarrung in jungmeisterlicher Idyllik«, ja von »der Verengung der Perspektive auf den Kirchturm« und vom »neuen Provinzialismus« (Zeller 1979, 11). Umgekehrt stilisieren Theobaldy und Zürcher die »Veränderung der Lyrik« seit 1965 – sie meinen die Tendenz zur »unartifiziellen Formulierung« (Theobaldy/Zürcher 1976, 26) der Verse im »Alltagsgedicht« – zur Zäsurmarke der Nachkriegslyrik schlechthin. Sie entwerfen das Bild einer Lyrik, die sich selbst »alltäglichste Verrichtungen [...] zum Ausgangspunkt« (143) wählt, eng mit einer

Jugend-, Film- und Rock-Kultur verbunden ist und »**ein neues Bedürfnis nach Poesie**« (150) dokumentiert, freilich eines, das im »Typus des langen, autobiographischen Gedichts« (155) das eigene Ich auszusprechen wünscht.

Noch ablehnender ist Otto Knörrichs Urteil zur »Alltagslyrik« der 70er Jahre. Er hebt, von Brinkmann ausgehend, den »Protest gegen das Defizit an echter, nicht scheinhafter, noch nicht kommerzialisierter Bedürfnisbefriedigung [...] als eines der zentralen Motive der ›neuen Lyrik‹« hervor. Aber er verweist zugleich darauf, dass »**der neue lyrische Subjektivismus**« sich »immer wieder den Vorwurf gefallen lassen« müsse, »er propagiere nur den Rückzug aus der Politik und Gesellschaft in eine private Innerlichkeit, in der Ich-Erfahrung allzuleicht zum bloßen Selbstgenuß« (Knörrich 1978, 81) degeneriere.

Dietschreit dagegen wertet den »Rückzug ins Private als Ausdruck eines neuen Verständnisses von Literatur und Individuum im politischen Prozeß« (Dietschreit 1983, 285). Ein solcher »Rückzug« sei »nicht frei von regressiven Zügen«, aber er entfalte gerade in seiner »Konzentration auf Alltagsprobleme« eine »identitätsstiftend und ich-stabilisierend« (291) wirkende Dimension.

Auch Hinderer relativiert den häufig gegenüber der »Alltagslyrik« erhobenen Vorwurf eines »neuen **Rückzugs aus dem Engagement** fürs Öffentliche« und behauptet: »Die Versessenheit aufs kleine und nahe Detail und die bekannte Umwelt zeigt nach wie vor ein Interesse für die Vermittlung gesellschaftlicher Realität samt ihrer Widersprüche.« Schließlich stelle – »trotz aller Einschränkungen« – »die neue Schreibweise eine Befreiung« dar, »die nicht zuletzt dem Gedicht wieder Leser zugeführt« habe (Hinderer 1994, 111).

Dagegen fällt Hartungs Kritik schärfer aus, wenn er jene »Lyrik der neuen Subjektivität« eine »eindimensionale Poesie« (Hartung 1985, 48) nennt, ihre »lässige Attitüde« als »Mischung aus Schlamperei und Prätention« geißelt, »die durch Chuzpe einschüchtern möchte« (50) und eine »**neue Formlosigkeit**« (62) beklagt, in der »eine kunstlose, auf Verbrauch gerichtete Lyrik in unserer Wohlstands- und Wegwerfgesellschaft aufs trostloseste ihrer gegenwärtigen Ideologie« (65) entspreche.

Lyrik und Poetik Rolf Dieter Brinkmanns

Basis für jede literarhistorische Interpretation der so genannten »Alltagslyrik« der 70er Jahre ist ein breites Spektrum an Gedichtbänden unterschiedlichster Autoren, so dass eine pauschale Kritik nur um den Preis notwendiger Differenzierungen möglich wäre. *Das* »Alltagsgedicht« der 70er Jahre gibt es ebensowenig wie es eine verbindliche poetologische Doktrin gibt, die eine neue Schule, eine neue Richtung zu begründen verstanden hat. Es gehört zu den Paradoxien der Lyrik in den 70er Jahren, dass gerade die überzeugendsten Paradigmen des »Alltagsgedichts« das viel gerühmte neue Sujet transzendieren.

So entfaltet Brinkmann (1940–1975), dessen Texte vielfach mit der »Alltagslyrik« identifiziert werden, gerade in seinen letzten Sammlungen, *Gras* (1970) und *Westwärts 1&2* (1975), ein Reflexionspotenzial, das in seiner permanenten Durchmusterung sprachlicher Stereotypen die Silhouetten einer verfallenden Zivilisationslandschaft konkret werden lässt. Im fixierten Moment ist eine Positionsbestimmung des lyrischen Subjekts enthalten, das Erfahrungen beschädigter, orientierungsloser Existenzen formuliert. Brinkmanns Reproduktionsmodell geht damit nicht in bloßer Alltagswiedergabe auf, sondern konturiert Erfahrungen, ohne sie freilich zu deuten und in Sinnkontexte zu stellen. Die Reproduktion ist eine Notiz momenthafter Wahrnehmung jenseits mitgelieferter Bedeutungen. Das Gedicht registriert erinnerte Augenblicke wie ein **Aufschreibsystem** und arbeitet sich in immer erneuter Anstrengung an Frustrationen, Wünschen und Ängsten ab.

Zuweilen ist diese Arbeit an einen fast pathetisch vorgetragenen, fanatischen Wahrheitsanspruch geknüpft, der sich nicht mit ideologischen Orientierungshilfen zufrieden gibt, dabei aber gleichzeitig das eigene Defizit zur Genüge kennt, seine Wahrnehmungen und Empfindungen in den Grenzen einer zerstörten, verbrauchten Sprache artikulieren zu müssen.

Brinkmann teilt nicht die Illusion Theobaldys, dass die Umgangssprache per se eine authentische Kraft besitze, die einer poetischen Diktion allemal vorzuziehen sei. So adaptiert Brinkmann zwar umgangssprachliche Wendungen, bis hin zur **Anhäufung eines vulgären Jargons im Gedicht**, aber nicht, weil sie eine Welt jenseits hermetischer Verklärung zu zeigen verstünden, sondern weil sie in ihren alltäglichen Paradigmen eine Reproduktionsform menschenverachtender Industriekultur par excellence darstellen. Daher entgehen seine Texte der Gefahr, ins harmlose Alltagsklischee abzugleiten.

Seine Gedichte malen, auch wenn sie sehr präzise und geradezu detailversessen ihre Gegenstände entwickeln, keine Alltagsgenres aus, in denen die Wirklichkeit moderner Lebenswelt bloß verdoppelt wird. Sie sind vielmehr Facetten eines fortwährenden Reflexionsprozesses, die sich in täglichen Konfrontationen mit den eigenen Erfahrungen und Einsichten ergeben. Der Alltag ist kein Ziel Brinkmann'scher Gedichte, sondern ihr Material. Darin unterscheidet er sich von den Lyrikern der 70er Jahre, deren Texte im zufälligen Schnappschuss einen begrenzten Wirklichkeitsausschnitt wie auf einem Foto festhalten wollen.

Die Faszination, mit der Brinkmann schon in Gedichtbänden wie *Ihr nennt es Sprache* (1962) und *Raupenbahn* (1966) die **Pop-Kultur** auf Gegenstände und Sujets durchmustert, legt den berechtigten Schluss nahe, dass Pop auf ihn eine große Anziehungskraft ausübte. So war Brinkmann einer der ersten, der Film-, Kino- und Star-Kulturen einen breiten Platz einräumte. Seine Konstruktion einer metaphysisch entschlackten Wirklichkeit reichte, wie der »selbstgefertigten Umschlagcollage« (Schäfer 1998, 78) der *Piloten* (Brinkmann 1968) zu entnehmen ist, von der Polit-Ikone Mao Tse-Tung über die Kultschauspielerin Marilyn Monroe bis zu Comic-Stars und Pin-up Girls. Von Schallplatten, Beat-Bands, Rockmusik-Konzerten, *open air festivals* ist die Rede, von »Korridoren«, »Fernsehfilmgeräusche[n]«, »Apartment«-Wohnungen (Brinkmann 1975, 144) und auch vom »Nightclub auf dem Land, im umgebauten Kuhstall« (109).

In seinen *Standphotos* (1980) hat Brinkmann den **Sexualitätsdiskurs**, der im intellektuellen Milieu der Studentenbewegung mit einer Wiederentdeckung von Sexualtheorien, Psychoanalyse und Psychotherapie verbunden war, gerade umgekehrt mit der sinnlichsten, für manche obszön klingenden Stimme verbunden – als Sprechgestus in einem durchkomponierten Text: » [...] laß dich / ficken, von vorne oder von hinten / das ist mir völlig gleich / der Tag / ist / schon / ein / Fick- / tag!« (169)

Gedichte wie »Meditation über Pornos« (162) lösen die Konventionalität liebeslyrischer Muster ebenso mühelos wie wortstark auf. Die Bedeutung solcher Gedichte, die wegen ihrer **Tabubruch-Impulse** keineswegs »Anti-Kunst« (Dencker 1971, 92) sind, liegt weniger darin, dass in ihnen ein Autor mit gesellschaftlichen Tabus spielt, sondern in der markanten Rolle des Medialen, die alle Intimität zurückgedrängt hat. So ist am Ende Brinkmanns »Meditation« eine Recherche über die Medialität und Textualität des Sexuellen, eine Beobachtung über die sinnlich-konkrete Prozedur stimulierender, imaginativer Bilder, deren Perspektiven und Schnitte eine ebenso wichtige Rolle spielen wie die dem Gedicht unterlegte Stimme der Erregung und des Begehrens.

Noch in den 70er Jahren erschien der selbstverständliche Umgang mit populärer Alltagskultur aus dem **Jugend-Milieu** wie eine Provokation eben derjenigen Gattung, die mit dem literarischen Gegendiskurs zur oberflächlich-banalen Gegenwart identifiziert wurde. Im Titelgedicht »Westwärts« (Brinkmann 1975, 44) finden sich Verse wie »Kleenex aus dem Schlitz // in der Wand, zum Abwischen der Liebe, wessen?« direkt neben der im Text zitierten, für Momente zur Lyrik gewordenen Motel-Adresse am »Highway Austin / Texas 78705«. Die Verse allerdings zielen nicht auf eine bloße Irritation der Gedichtleser, sondern verdanken sich einer bei kaum einem anderen Autor derart konsequent zu beobachtenden Technik der Archivierung des Alltags. Brinkmanns wacher Blick entfaltet sich aus der Wahrnehmung von Details; Einzelheiten dominieren, keine Theorien und Weltbilder.

Die **Lust des Archivierens** treibt Brinkmanns Gedichte an, und zwar nicht im Sinne einer musealen Aneignung, sondern als ein direkt nutzbares, nützliches Archiv, das Erinnerungen aufruft und überhaupt ein sinnliches Potenzial bereit stellt. So ist Schäfer zuzustimmen: »Solche populärkulturellen Effekte werden von Brinkmann nicht etwa [...] als Auswirkungen einer bewußtseinszerstörenden Manipulation stigmatisiert, sondern als Stimulans der subjektiven Imagination geradezu euphorisch begrüßt« (Schäfer 1998, 173).

Brinkmann und die Pop-Kultur

Ob damit, wie Schäfer behauptet, die »Suche der traditionellen Literatur nach Sinn« bereits »aufgegeben« wird und der Autor sich stattdessen »der *Sinnlichkeit* der Realität« (ebd.) aussetzt, darüber gibt es in Brinkmanns Texten keine erhellenden Anhaltspunkte. Ebenso wenig Aussichten auf ein Resultat hat die Frage, inwieweit Brinkmann, der poetische Archivar, selbst ein Phänomen der Pop-Kultur war.

Der Lyriker Dieter M. Gräf bietet als Lösungsformel an: »Pop-Dichter, Beat-Dichter. Die Pop-Elemente sind da, aber ich würde es vorziehen, den Begriff Brinkmann verstärkt vom Leib zu halten« (Gräf 2001, 177). Als **»vermeintliche[r] Pop-Dichter«**, den sich Gräf in der »poppigen Gesellschaft« des Milleniums mit einigem

Recht »kaum vorstellen« (ebd., 181) kann, war Brinkmann einer der entschiedensten Lyriker der jüngeren Generation, der sich vom theorielastigen intellektuellen Milieu der 68er Bewegung konsequent entfernte – und dort zugleich hochpopulär war.

Brinkmanns Momentaufnahmen sind keine simplen Abbildungen im Sinne einer lyrischen Fotokunst, sondern Gedichte, in denen quasi das Subjekt der Kameraführung stets mit präsent ist: als Demonteur glatter, oberflächlicher Alltagswiedergabe. Im Gedichtband *Gras*, der 1970 erschienen ist, wird diese Rolle des lyrischen Ichs zuweilen besonders evident, wenn der Autor, wie in »›Optik‹«, ein Foto selbst zum Thema macht. Dabei wird die Demontage eines zunächst erregenden, aufreizenden Bildes zum Protokoll einer Frustration, wenn der Betrachter am Ende »die Geschichte einer Leidenschaft, / die nicht die unsere ist« (Brinkmann 1970, 27), andeutet und den Text entsprechend drastisch abschließt: »es ist die ›Scheiße‹, / die nachher erzählt werden / kann // mit dem einen / Wort // Scheiße«.

Urbes These, Brinkmann unternehme den »Versuch, in Lyrik an die photographischen Medien anzuknüpfen« (Urbe 1985, 51), darf nicht über Brinkmanns zunehmend kritische **Resistenz gegen Mythen und Trivialitäten** einer Medienkultur hinwegtäuschen. So findet sich im »Gedicht ›Für Frank O'Hara‹« (Brinkmann 1970, 16) – einer Hommage an den amerikanischen Lyriker, den Brinkmann Ende der 60er Jahre übersetzt hatte – nichts mehr vom früheren Glanz optimistischen Oberflächenkults, sondern Anzeichen mühevoller Selbstreflexion, die im Arrangement fragmentarischer Verse, Prosanotizen und collagierten Erzählsequenzen aufscheint.

Brinkmann experimentiert vielfach in seinen Texten mit irritierenden Kompositionsformen und gibt sich keineswegs damit zufrieden, in so genannten ›langen‹ Gedichten Alltagseindrücke in epischer Breite zu schildern. Das Experiment wird zum Kennzeichen einer Lyrik, die sich einer hermetischen Tradition strikt entzogen hat, ohne indes einer Trivialpoetik authentischen, ›kunstlosen‹ Schreibens und schlichter, einfacher Formen zu folgen. Brinkmann löst feste Strophen- und Zeilenfügungen auf und tendiert zu einer **Technik permanenter Unterbrechungen und Störungen.** Auch in dieser Hinsicht negiert er ein Kohärenzprinzip fotografischer Momentaufnahmen und experimentiert mit Montage- und Collage-Elementen, mit Fragmentformen, Überblendungen und Abbrüchen. Die offene Struktur seiner Texte verstärkt so den Versuchscharakter der Gedichte, ihre Vorläufigkeit, die zugleich ein Zeichen prozessualer Beweglichkeit und Agilität ist.

Brinkmanns Gedichtbuch »Westwärts 1&2«

Brinkmanns Form-›Aufsprengungen› sind auch in *Westwärts 1&2* (1975) ein Indiz für sein Suchen nach einem Gedichttyp, der sich für einen offenen Aufschreibprozess besonders eignet. Freilich zeigt dieser letzte Gedichtband noch keine einheitliche Tendenz und ist ein **Produkt anhaltenden Experimentierens.** Beispiele dafür sind Gedichte wie »Westwärts« (Brinkmann 1975, 42), »Westwärts, Teil 2« (48) und »Betrachtungen zu einem Arbeitersong« (116). Aber es gibt auch Versuche mit festen Strophenfügungen und regelmäßigeren Verskompositionen; die Vorliebe für Zeilen- und Strophensprünge bleibt und wird als Verfahren noch stärker vervollkommnet.

Dass Brinkmann seine Lyrik zunehmend auf ihre poetologischen Prämissen hin reflektiert, daran lässt »Ein Gedicht« (15) keinen Zweifel. Der Autor fügt eine Liste von Negationen zusammen, in welcher der eigene Anspruch auf kontrafaktorische Opposition programmatisch formuliert wird:

> Hier steht ein Gedicht ohne einen Helden.
> In diesem Gedicht gibts keine Bäume. Kein Zimmer
> zum Hineingehen und Schlafen ist hier in dem
> Gedicht. Keine Farbe kannst du in diesem
>
> Gedicht hier sehen. Keine Gefühle sind
> in dem Gedicht. Nichts ist in diesem Gedicht
> hier zum Anfassen. Es gibt keine Gerüche hier in
> diesem Gedicht. Keiner braucht über einen Zaun
>
> oder über eine Mauer in diesem Gedicht zu klettern.
> Es gibt in diesem Gedicht hier nichts zu fühlen.
> Das Gedicht hier kannst du nicht überziehen.
> Es ist nicht aus Gummi. Kein weißer Schatten
>
> ist in dem Gedicht hier. Kein Mensch kommt
> hier in diesem Gedicht von einer Reise zurück.
> […]

In seiner gleichförmigen, 24 Strophen langen Kette von **Verneinungen** rekonstruiert Brinkmann Voraussetzungen einer Lyrik, die ihren Ort jenseits der Nachkriegstradition zu behaupten versucht und dabei metaphysischen Schmelz ebenso zu ironisieren versteht wie hermetische Poesie-Muster. Brinkmann entmystifiziert Theorien, Stoffe, Gegenstände, aber auch eingeschliffene Interpretationsstrategien und Lesererwartungen, bis hin zum naiven Realismus, der Gedichtinhalte vorschnell als Abbild und Kopie von Wirklichkeiten missversteht. Und er ironisiert zuletzt jede Form eines poetischen Spiritualismus, der im lyrischen Sprechen eine weihevolle Mythe ausgesprochen glaubt.

Brinkmanns Versuch, sich vom Ballast der Stoffe, Genres und Erwartungen zu befreien, erschöpft sich freilich nicht in der Verneinung. Die Komposition des gesamten Gedichtbandes, der mehr als eine bloße additive Sammlung zwischen 1970 und 1974 geschriebener Gedichte ist, verweist im **Motiv der Reise und Fahrt** (»Westwärts«) auf eine übergreifende Perspektive. Das Ziel ist aber keine utopische Ferne, sondern deren Zurücknahme: Brinkmanns Weg »westwärts« ist eine Art negativer Aufbruch in eine zerstörte, kalte Zivilisation, zu deren Abraumhalden, Müllplätzen und unwirtlichen Vierteln inmitten scheinhafter Hektik und Dynamik.

Späth charakterisiert deshalb *Westwärts 1&2* zu Recht als »großes, apokalyptisches Gemälde über den Zustand der westlichen Zivilisation im Stadium ihres

Zerfalls«, als ein Bild, das immer wieder »Bruchstücke einer unheilvollen Schreckenslandschaft« präsentiert (Breuer 1988, 166). Brinkmanns früherer Optimismus, seine verhaltene Zuversicht auf eine spezifische Vitalität großstädtisch-moderner Subkulturen sind bis zu dem Punkt zurückgenommen, wo alle Provokation nur noch stärker eine Angstatmosphäre und ein Untergangsbewusstsein beschwört.

Das lyrische Ich selbst kann seinen Blickpunkt der Negation, ja des Hasses nur um den Preis eigener Beschädigungen und Neurosen behaupten und wird so mehr zum Opfer als zum reflektierenden Zeugen tiefer Orientierungskrisen. In einer solchen **Phase verdüsterter Perspektiven** ist es folgerichtig, dass Brinkmann nach historischen Voraussetzungen seiner Gegenwart fragt und dabei, wie in den Gedichten »Notizen zu einer Landschaft bei Vechta [...]« (109) und »Lied von den kalten Bauern auf dem kalten Land [...]« (112) bis in die Kriegs- und frühe Nachkriegszeit zurückblickt in eine Welt voller kleinbürgerlicher Verklemmungen, Schuldkomplexe und Versagungen: »Allein mit der Angst // meiner fremden Mutter, allein mit der Abwesenheit meines / fremden Vaters, allein mit dem Bahndamm in der Nähe, allein mit den / Zäunen, naß und feucht beschlagen, allein Luft um mich herum [...]«.

Westwärts 1&2 ist ein **unsentimentales Gedichtbuch**, freilich eines, das nun nicht mehr eine farbenfrohe Pop-Fassade oder die »sichtbare und erfahrbare Oberfläche der Warenwelt« als »natürliche Umwelt des Menschen« (Späth 1981, 47) zu begreifen sucht. Den Abschied von solchen Illusionen hat der Autor in Gedichten wie »Im Voyageurs Apt. 311 East 31st Street, Austin« (Brinkmann 1975, 76) ausgedrückt, in denen früheren Träumen vitaler, jugendlicher Lebenserfüllung die Erfahrung frustrierter, resignierter Verkümmerung entgegengehalten wird:

Roll rüber, Beethoven! Die Jungen
sind richtig gewesen. Sie haben Kilo
Meterweit gesehen, so lange die Batterien

liefen. Ihre Gesichter waren klar,
als sie auf die andere Straßenseite gingen,
wo die Motorräder standen.
[...]
Sie fickten die Mädchen auf dem Feldweg.
Ah, die Schuljungen mit den Schlagringen in der
Schultasche, sind müde und traurig geworden.

Sie sind leer und erschöpft auseinander
gegangen. Ah, die Obstgärten im August
sind zerstückelt. Die Geisterbahnschreie

haben aufgehört und die Gegend ist
verschwunden. Nun essen sie
abends Pommes Frites, Beethoven.

Nur noch in wenigen Gedichten stellt Brinkmann einer solchen Einsicht in ein mediokres Schicksal, das für ihn zugleich auch das der 68er Generation bedeutete (gegen deren Utopismen er resistent war und deren nachträgliche Mythisierung er karikiert hat), eine schwache Hoffnung auf ein erfüllteres Leben entgegen. Ein Beispiel dafür ist sein Gedicht »Einen jener klassischen« (25):

> Einen jener klassischen
> schwarzen Tangos in Köln, Ende des
> Monats August, da der Sommer schon
>
> ganz verstaubt ist, kurz nach Laden
> Schluß aus der offenen Tür einer
>
> dunklen Wirtschaft, die einem
> Griechen gehört, hören, ist beinahe
>
> ein Wunder: für einen Moment eine
> Überraschung, für einen Moment
>
> Aufatmen, für einen Moment
> eine Pause in dieser Straße,
>
> die niemand liebt und atemlos
> macht, beim Hindurchgehen. Ich
>
> schrieb das schnell auf, bevor
> der Moment in der verfluchten
>
> dunstigen Abgestorbenheit Kölns
> wieder erlosch.

Brinkmanns Text – Urbe zählt ihn zu den »berühmtesten Gedichten« (Urbe 1985, 133) des Autors – hält einen »Moment« fest, der zwar, vom Arrangement des lyrischen Subjekts her, ein alltäglicher ist, aber zugleich darüber hinausweist: als eine plötzliche, augenblickshafte »Überraschung«, eine »Pause«, als ein die »dunstige Abgestorbenheit« übersteigernder, enervierender Reiz. Der Schreibprozess, sonst an Frustration und Aggression geknüpft, nimmt einen »Moment« lang ein utopisches Signal auf, ohne es freilich zu interpretieren oder es gar mit Inhalten zu verbinden. Die **Vieldeutigkeit des sinnlichen »Moments«** ist ein »Aufatmen«, dessen Positivität im Augenblick des Aufschreibens noch nachwirkt. Brinkmann fixiert den Augenblick, den flüchtigen »Moment« einer Erfahrung, aber er enthält sich aller weiteren Auslegung, wie es seinem poetischen Reproduktionsmodell entspricht.

In keinem anderen Gedicht von *Westwärts 1&2* ist der Schreibprozess derart ungebrochen emphatisch reflektiert worden; und es bleibt letztlich eine Paradoxie der Wirkungsgeschichte, dass gerade dieser Text – aus seinem eigentlichen Zusammenhang, dem Panorama von Tod und Erstarrung, herausgelöst – zum poetologischen Ideal einer mühelos verständlichen, den Alltag anscheinend so trefflich umfassenden Lyrik werden konnte.

Die komplizierte, über einen Abbildrealismus hinausführende **Kompositionsstruktur** von *Westwärts 1&2*, Brinkmanns Experiment mit dem »Typus der Flächenkomposition« (Weissenberger 1981, 399) und den »Flächen- und Löchergedichten« (401), verweist auf einen sprachkritischen Ansatz des Dichters. Brinkmann arbeitet mit dem unverstellt-vitalen, manchmal obszönen Idiom jugendlicher Subkulturen der 60er Jahre und dem spezifischen Wortschatz großstädtischer Metropolen, indem er sie als Sprachmaterial für eine Ästhetik der industriellen Lebenswelt begreift.

»Lyrik für Leser«?

Brinkmann radikalisiert seine **Sprachskepsis** seit Beginn der 70er Jahre, indem er sein Sprachmaterial zunehmend als Wahrnehmungs- und Empfindungsschablone, ja als ›Wortmüll‹ und adäquaten Ausdruck einer zutiefst ruinierten Sprache auffasst. Der noch zuletzt geäußerte Wunsch, »Gedichte einfach genug zu machen, wie Songs, wie eine Tür aufzumachen, aus der Sprache und den Festlegungen raus«, wird von der Einsicht durchkreuzt, »daß deutsch bald«, wie es im Vorwort des letzten zu Lebzeiten erschienenen Gedichtbandes heißt, »eine tote Sprache« (Brinkmann 1975, 7) sei.

Damit aber geht Brinkmanns Sprachskeptizismus weit über gängige Theoreme der »Alltagslyrik« hinaus. So loben etwa Theobaldy und Zürcher (1976, 31) an einem Text Herburgers, dass er »so selbstverständlich, so unprätentiös« sage, »was er meint«, und dass das, was da vom Autor mitgeteilt werde, »auch von jedermann überprüft werden« könne, »der keine Lyrik schreibt« (30).

Das »Alltagsgedicht« haben viele seiner Produzenten als authentische Nachricht für jedermann verstanden: als *Lyrik für Leser* (Hage 1980), wie Hage seine Anthologie treffend genannt hat. Prämisse solcher Theorien ist ein **Sprachrealismus**, der alltäglichem, öffentlichem Sprechen – im Gegensatz zur obsoleten, als hermetisch denunzierten Poesie – noch alle Kraft unverstellter, authentischer Erfahrung zutraut. Die Tendenz zum Protokoll ersetzt dabei, wie in Michael Buselmeiers Gedicht »Samstags« (ebd., 56), jede weitere Reflexion:

Nach einem Sommerregen
dampft der Asphalt
es riecht süßlich nach Topfblumen
Dreckmuster
auf den nackten Beinen der Kinder
Karin im Bett
unzufrieden mit sich, ihrer Arbeit, mir
Ich soll mich bei Erich Fromm
über meine psychische Homosexualität informieren
Wir schreien uns jetzt öfter an
Line kreischt und hält sich die Ohren zu
Ich habe mir heute blaue Sportschuhe gekauft
die vorzüglich sitzen
Die Regierung verkündet Steuererhöhungen
[...]

Das lyrische Ich, mit dem Addieren von Gedankenfetzen und Assoziationen beschäftigt, erschöpft sich im Räsonnement unbegriffenen Alltags, das ein gleichförmiges **Monologisieren** darstellt und willkürlich beendet wird.

Analoge Beispiele ließen sich in Mengen finden, die ohne Schwierigkeiten nach Wochentagen, Daten, Berufsfeldern, sozialen Rollen oder wie in Christa Reinigs Diarium *Müßiggang ist aller Liebe Anfang* (1979) – schlicht nach den 365 Tagen im Jahr zu ordnen wären. »Mittags aßen wir weißes Fleisch / von dem mir nur die Gewürze schmeckten« (Hage 1980, 131), beginnt eine **Bestandsaufnahme** von Ludwig Fels mit dem Titel »Heute«. »Ich stand an der Bushaltestelle / und wartete«, so hebt Wolf Wondratscheks Gedicht »Endstation« (113) an.

Auch F.C. Delius beginnt sein Gedicht »Einsamkeit eines alternden Stones-Fans« (Delius 1975, 14) mit obligater Situationsangabe: »Er latscht in den Diskshop und gleich / auf die Platte los, die er will, die neuen Stones. / Um ihn rum, Kopfhörer um die Ohren, / die 10 oder 15 Jahre jüngeren Typen, / die längst was andres hören.«

Plattenläden, Haltestellen, Büros, Wohn-, Schlaf- und Kinderzimmer, Urlaubsstrände, Hörsäle, Landstraßen : Im »Alltagsgedicht« der 70er Jahre bilden sie das Ambiente für schlaglichtartige Momentaufnahmen, die Alltäglichkeit suggerieren sollen, wie sie jeder kennt. Der **Identifikationsspielraum** für die Leserschaft ist Teil einer poetologischen Strategie, nach der dasjenige Gedicht am gelungensten ist, das in seiner Normalität bekannte Wirklichkeitsmuster am adäquatesten umzusetzen versteht.

Ein latenter **Hang zum Klischee und zum Stereotyp** ist solchen Gedichten von Anfang an eigen. Willkürlich gebrochene Zeilenfügungen, in denen der Vers seine semantische Einheit – elementare Basis der Gattung Lyrik – verliert, machen aus dem »Alltagsgedicht« ein Protokoll ausgedachter, eingebildeter Erfahrungen, eine **triviale Fiktion scheinhafter Lebenswirklichkeit**. Gabriele Wohmanns Gedichtband *Grund zur Aufregung* (1978) ist ein Beispiel dafür, wie am Ende des Jahrzehnts ein noch bei Brinkmann sprachkritisch inspirierter Aufschreibprozess zu einem modischen Verfahren wird, das längst Vorfabriziertes noch einmal umwälzt.

Schon die Titel zeigen imitierte Sujets an: »Schöner Augenblick« (11), »Später Nachmittag« (25), »Flug 690 PAA« (39), »Der kleine wahre Moment« (50). Gleichsam bei »Kaffee und Kuchen« (77) entwirft das lyrische Subjekt, in alle Nebensächlichkeiten und Tücken seines Alltags verstrickt, lang aufgeschichtete Mitteilungen in Form von Schablonen und kalkulierten Leerstellen. Das, was neue Subjektivität zu sein beansprucht, wird zur bloßen Hohlform klischierter Wahrnehmungs- und Erfahrungsmuster:

Ich breche auf, das dauert schon zu lang
Nur weiter und nur weg mit mir
Das schnelle Fahrzeug paßt mir sehr
Die Gegend sieht vertont genug aus
Was ich jetzt fühle hab ich schon beschrieben.
So unfreundlich so aufgeregt
So höflich war ich allzu oft

Der Eindruck hier ist auch nur wiederholt
Ich weiß doch auswendig wie das dann sein wird.
[...] (11)

Ein Zitat alltäglicher Bewusstlosigkeit überwindet diese nicht, auch wenn sie in Zeilen gesetzt wird, sondern ästhetisiert eine Alltag genannte Erfahrung in langgezogenen, weitschweifigen Episteln.

Alltagssprache im Gedicht

Theobaldys Sammlungen *Blaue Flecken* (1974) und *Zweiter Klasse* (Theobaldy 1976) etwa variieren eine ganze Palette von Möglichkeiten, vorherrschende Bewusstlosigkeit in die Hohlform einzelner sozialer Rollenklischees zu setzen. Der Autor trifft den Duktus eines sensiblen, inzwischen privatisierenden Alt–68ers, wie im Gedicht »Irgend etwas« (Hans u.a. 1979, 323): »Und gern bin ich mit dir am Tisch / schaue dich an und lausche auf / den Wein, wie er langsam in den Abgrund / hinter unsren Augen rieselt [...]«. Er beherrscht aber auch Slapstick-Imitationen, halbstarkes Cliquen-Gerede, nüchternen Angestellten-Jargon und, wie im Gedicht »Was hier los ist« (324), einen schnoddrigen Umgangston:

Die hier bedient, nennen sie Friedel.
Wenn du öfter herkommst, wirst du
von ihnen hören, daß sie immer lacht.
Zuhause ihr Mann sitzt im Rollstuhl.

Gemessen an seiner Rente hat er
eine Arschbacke zu viel. Tja,
deshalb bedient hier Friedel und lacht.

Vor dem Hintergrund des bei Brinkmann längst herausgebildeten Reproduktionsmodells, in dem das Gedicht sein **Sprachmaterial aus alltäglichen Assoziations- und Erfahrungsfetzen** noch im Vorgang des Reproduzierens verfremdet, erscheint im gängigen »Alltagsgedicht« der 70er Jahre – von Karin Kiwus bis Ludwig Fels – das Sujet wie eine enthusiastische Neuentdeckung von Wirklichkeitsdimensionen, die der Lyrik bisher unbekannte Wege zur Schilderung authentischer Gegenwart eröffnen könnten.

Nicht alle Texte freilich bleiben auf dieser Stufe resignativer Larmoyanz stehen. Das »Alltagsgedicht« nimmt in dem Maße sogar Widersprüche und Bruchstellen einer Wirklichkeit in den Blick, wie diese in ihrem Arrangement als eine entfremdete, fragwürdige erscheint und zum Gegenstand kritischer Reflexion gemacht wird. Doch es gibt eine erkennbare Tendenz zur selbstgenügsamen, sympathetischen Impression.

Nicolas Borns Aufschreibtechniken

So ist Nicolas Borns (1937–1979) Gedicht »Bahnhof Lüneburg, 30. April 1976« (Theobaldy 1968, 150) ein Versuch, in detailversessener Beobachtung frühmorgendlicher Bahnhofsatmosphäre die Stimmung des lyrischen Ichs festzuhalten. Jung ist zuzustimmen, dass bei Born die »Umgebung [...] gleichsam nur das nach außen getretene Spiegelbild des Innen« sei, »dessen Befindlichkeit das Gefühl der Einsamkeit und Verlassenheit – in den Dingen selbst wiederkehrt« (Breuer 1988, 265).

Ein Zug ist eingefahren; wenn er steht, hört man ihn
knistern und stöhnen. Das Material erschöpft
und müde.
Vor nicht langer Zeit lag hier Schnee.
Schlafende Parkuhren.
Schlafende Oberleitung.
Diesige Helligkeit schwebt ein, ohne jede Härte wie
– ich muß mich zusammennehmen – die weiche Hand mit der
Äthermaske.
Welch ein Morgen und welch ein Auge darin.
Wie verlassen und müde ich bin.
Wie krank und verwohnt ein Schnellzug vorbeiweht.

Die Impression wird zu einer psychologischen Stimmungsskizze und wendet sich nach innen: um den Preis anachronistischer Traditionen, die von emphatischen Evokationen (»Welch ein Morgen«) über die Personifikation der Dinge (»Schlafende Parkuhren«) bis zur gespreizten Metapher (»Diese Helligkeit schwebt ein«), ja bis zur geheimnisvollen, dunklen Chiffre (»die weiche Hand mit der Äthermaske«) reicht und so, einmal mehr, den Beweis dafür liefert, dass mit dem »Alltagsgedicht« keine verblüffend neue Epoche deutscher Lyrik begonnen hat.

Nicolas Borns Gedichte sind durchzogen von **flüchtigen Momentaufnahmen mit Naturmotiven**. So hebt das Gedicht »Ausgeträumt« mit den Versen an: »Heute wie gestern / die erstaunlichen Bäume in meiner Straße / rote Backsteinkamine / eine Schwalbe / schnippelt das Blau« (Born 1978, 127). Unter dem Stichwort »ES IST SONNTAG« notiert Born: »Heute lohnt es sich / nicht einzuschlafen / das Licht geht langsam über in etwas / Bläuliches / das sich still auf die Köpfe legt«. Wie aus einer anderen Welt wird hier auf lakonische Weise ein Naturtableau in einen fremden Kontext (»ES IST SONNTAG / die Mädchen kräuseln sich [...]«) einbezogen, den es durchmischt: »Diese Dunkelheit mitten im Grünen / dieses Tun und Stillsitzen / dieses alles ist / der Beweis für etwas anderes« (ebd., 129).

Der melancholische Ton kündigt auch bei Born eine teils verstörende Ratlosigkeit, teils aber auch einen **meditativen Rückzug** in eine kaum wirklich lebbare Privatheit an. Aber Borns Lyrik bricht dieses Fluchtverhalten immer wieder auf und kontrastiert Privatsphäre und öffentlichen Raum. Dabei geht es kaum mehr um Erkenntnisse, um den kritischen Blick auf Staat und Gesellschaft, der die 60er Jahre prägte. Borns lyrische Texte füllen sich Vers um Vers mit spontanen Eindrücken, Empfindungen und Kurzkommentaren, jedoch auf eine so provozierend unstrukturierte Weise, dass das lyrische Subjekt wie eine kraftlose Instanz des bloßen Registrierens und Reagierens erscheint.

Dieser **Stichwort-Stil** äußert sich in Gedichttiteln wie »Fortsetzungsgeschichte« (ebd., 202), »Münchner Hotel« (214), »Kleine Zeichnung« (216), »Miniatur« und »Entsorgt« (221), einem Gedicht, das seinen Eingangsvers »So wird der Schrecken ohne Ende langsam normales Leben« konsequent weiterführt, um sich am Schluss mit vagen Andeutungen zu begnügen, »Folgen starker Wörter / die leblos sind«:

> Hier entstehen Folgen starker Wörter
> die leblos sind, das verruchte Gesindel
> spürt nichts, sie schließen die Kartelle
> keine Ahnung was sie in die Erde setzen
> Ahnung nicht, nur Wissen
> Was sie in die Erde setzen in Luft und Wasser
> für immer
> kein Gefühl für »immer«. Den Tod
> sonderbehandeln sie wie einen Schädling
> der gute Tod vergiftet wie die liebe Not.

Bei Born werden die Details, die Dinge für einen Moment wieder zu **Stimmungsträgern von Melancholie und Einsamkeit**. Die Ikonographie des Alltags holt die Lyrik ein, die zunächst, wie Brinkmanns Beispiel zeigte, gerade einer traditionellen Poetisierung der gewöhnlichen, alltäglichen Realien sich verweigerte.

4.2 Erfahrungen nach 1968. Kontroversen um ›neue Subjektivität‹

Die Geschichte der Lyrik seit 1945 schließt die Historie der Kontroversen ein, die von Anfang an um das Nachkriegsgedicht, seine Modernität, sein Wirklichkeitsverständnis, seine Legitimation geführt worden sind. Dabei war der poetologische Ertrag solcher oft mit Leidenschaft und Verbissenheit ausgetragenen Debatten eher kümmerlich. Schon der Streit um das lange und kurze Gedicht etwa hat ebensowenig zu neuen poetologischen Prämissen geführt wie die noch heftigere Lyrik-Diskussion in der DDR der 60er Jahre.

Lyrische Subjektivität: Konturen und Unschärfen eines Begriffs

Dennoch ist es falsch, die Kontroversen nur vor dem Hintergrund ihres Niveaus zu beurteilen, das alle Unzulänglichkeit und Vorläufigkeit feuilletonistischer Literaturkritik widerspiegelt. Die Debatten selbst und ihr Verlauf, nicht deren ästhetische und literarische Plausibilität wurden historisch wirksam. So hat sich in der DDR eine Lyrikergeneration durchsetzen können, die ihren Anspruch auf Autonomie und Individualität in der Öffentlichkeit zu behaupten verstand, und zwar bis in die 80er Jahre hinein. Analog hat der Streit um die Kürze und Länge von Gedichten ein Bewusstsein für den Traditionsbruch verstärkt, der sich seit Mitte der 60er Jahre immer mehr zeigte und gerade im Gedicht einen Paradigmenwechsel provozierte. Die Kontroversen sind, zusammengefasst, Indikatoren literarischer Diskontinuität und epochaler Positionsbestimmungen.

In den 70er Jahren kommt dem **Streit um eine vermeintlich ›neue Subjektivität‹** im zeitgenössischen Gedicht eine solche seismographische Funktion zu. Es wird Autoren und Kritikern klar, wie sich im Lauf weniger Jahre der mit dem Mythos von 1968 verbundene politisch-programmatische Optimismus bereits überlebt und die einstigen Protagonisten der Revolte vor die Notwendigkeit gestellt hat, ohne Flucht in trügerische Kollektive einen eigenen, individuellen Standort in einer keineswegs revolutionär, sondern technokratisch sich verändernden Gesellschaft zu finden.

Den Abstand von 1968 auszuloten und zu beurteilen, ist ein wesentliches Moment der Debatten um eine ›neue Subjektivität‹. Hinzu kommt die Reflexion auf einen literarischen Anspruch, auf die Frage, was eine Konzeption zum Scheitern brachte, die Literatur als politische Manifestation verstanden wissen wollte. Damit aber war zugleich die Frage nach einem **veränderten Selbstverständnis** vor allem der Lyriker aufgeworfen, die erst am Ende der 60er Jahre zu schreiben anfingen und nun – unter dem seit 1975 rasch grassierenden Etikett ›neue Subjektivität‹ zusammengefasst – Kassensturz machten.

Rühmkorf hat 1975 als einer der ersten und aufmerksamsten Beobachter lyrischer Trends in seinem Essay *Kein Apolloprogramm für Lyrik* (1978) von einer »Gegengattung« gesprochen, »die man ›neue Subjektivität‹« nenne, »egal, wieviel betroffenen Subjekten sich dabei die sensiblen Haarspitzen sträuben mögen.« (88) Er versucht eine vorläufige **Definition dieser »Gegengattung«** zum epigrammatischen Lehrgedicht der 60er Jahre, die er durch Autoren wie Born, Theobaldy, Krüger und Delius repräsentiert sieht (89):

> Was diese Poeten, ungeachtet ihrer individuellen Spielfarben, verwandt erscheinen läßt, ist meist recht unzimperlich selbstbewußte Herauskehrung eines Ich von ziemlich gleicher Herkunft (klein- bis mittelbürgerlicher), ähnlichem sozialen Status (literarisches Wanderarbeitertum) und vergleichbarem politischen Werdegang (ApO und die Folgen bis zur statistisch signifikanten Italien-Euphorie). Die Charakteristik ergibt sich zwanglos aus den Gedichten selbst. Fast bei allen in Frage stehenden Autoren datiert die Geburtsstunde des neuen Ich-Gefühls mit Zerfall der Studentenbewegung. [...] Im krassen Gegensatz zu Agitprop und Agitplatt wird über die Verfassung eines Wesens Auskunft gegeben, das man beim großen Solidaritätswirbel schon fast aus den Augen verloren hatte und das sich nun aus dem Schutt seiner zerschmetterten Hoffnungen ganz neu berappeln muß.

Rühmkorf bestimmt die ›neue Subjektivität‹ aus ihrem Abgrenzungsritual, dessen Zeichen die Ich-Behauptung ist, und lässt sich so trotz aller ironischen, ja polemischen Spitzen auf den selbstbewusst herausgekehrten Nimbus der »Gegengattung«

ein. Weiteren Stoff erhält die Kontroverse um ›neue Subjektivität‹ mit Theobaldys Anthologie, dessen Titel »*Und ich bewege mich doch …*« (1968) mit Galileischer Unbeugsamkeit eine epochale Wende zu indizieren versucht.

In den *Akzenten* des Jahrgangs 1977 eröffnet Jörg Drews mit seinem Essay *Selbsterfahrung und Neue Subjektivität in der Lyrik* (1977) die Diskussion über solche Trendänderungen. Drews konstatiert gescheiterte Hoffnungen nach 1968, vor allem ein **Ende politischer Aufbruchsstimmung** und eine zunehmende Resistenz gegen einen verbreiteten politischen Jargon. »Die Wendung zum eigenen Subjekt«, so Drews, erfolge aber »nicht aus freien Stücken, sondern mangels eines Besseren, und diese unfreiwillige Rückkehr in die Vereinzelung« erkläre »auch einen Großteil der Melancholie, die aus der Lyrik der ›Neuen Innerlichkeit‹ oder ›Neuen Subjektivität‹ abzulesen« (90) sei.

Diese Kritik will Drews um eine literarische ergänzt wissen. Die Lyrik der ›Neuen Subjektivität‹ arbeite »schon wieder mit poetischen Standard-Posen«, gar tendenziell mit einer »neuen zarten Ding-Mystik« und befördere »einen sanften Narzißmus, ein sanftes Selbstmitleid« (92). Den Anspruch auf »neue Einfachheit« konterkariert Drews als Trend zu einer »neuen Naivität«, zum »Parlando-Ton« (94), ja zur »Beliebigkeit, Schlampigkeit«, zu einem »geringen Grad sprachlicher Verdichtung« (94).

Theobaldys (1977) Antwort richtet sich gegen Drews' Pauschalisierungen und rechtfertigt die subjektive Dimension neuer Gedichte als Versuch, die **Spannung zwischen Ich und Gesellschaft** erfahrbar zu machen. Drews kann in seiner Replik einer solchen Legitimation von Subjektivität mit dem Hinweis darauf begegnen, dass der gesellschaftliche Horizont etwa im Alltagsgedicht »nicht scharf, nicht dialektisch genug realisiert« sei und »daß diese sozial vermittelten Subjekte einander zum Teil so verflixt ähnlich« seien, »daß ihre Gedichte untereinander schon fast austauschbar« (Drews 1977, 379) würden.

Darin stimmt Drews mit Ludwig Fischer überein, der gerade die **literarische Schwäche** jener zur ›neuen Subjektivität‹ hochgelebten Lyriker herausstellt, also den Gegensatz zwischen ambitioniertem Anspruch und zum Teil kümmerlicher Realisierung. Der Alltag werde in einer oberflächlichen, additiven Ablichtung nicht durchdrungen, sondern schlicht als »Unmittelbarkeit« (Fischer 1977, 375) vorausgesetzt: Ohne erkennbare Anstrengung, die Realität zu erfassen, reproduziere die Alltagslyrik vielfach nur »den Schein der Realität« (376).

Der Begriff der Subjektivität – Zimmermann macht bereits in der *Akzente*-Debatte von 1977 darauf aufmerksam (Zimmermann 1977) – bleibt in der **Kontroverse um ›*neue* Subjektivität‹** zunächst sehr vage. Nicht bedacht etwa wird die Dimension des Subjektiven als eines konstituierenden Elements aller Lyrik, in der das lyrische Ich stets Reflexionsraum von Erfahrungen, Erkenntnissen und Empfindungen ist. Kaum in den Blick gerät ferner die vorschnelle Identifikation subjektiver Perspektiven mit Privatheit und sentimentalem Regress, also die Denunziation des Subjektiven als bloß resignativer, nach innen gerichteter Selbstthematisierung.

Die Beliebigkeit schlagwortartiger Synonyme wird zum Indiz einer semantischen Unschärfe, die bald alle produktiven Ansätze der Kontroverse zunichte macht:

›neue Subjektivität‹, »neue Innerlichkeit«, »neue Sensibilität«, »neue Weinerlichkeit« sind zuletzt inhaltsleere Etiketten geworden. Vor allem erscheint es paradox, dass der Subjektivitätsbegriff, der seit dem 18. Jahrhundert herausgebildet wurde im – wie Gnüg schreibt – »Prozeß einer sich immer radikaler behauptenden ästhetischen Autonomie des Subjekts und einer wachsenden Verdinglichung sozialer Beziehungen« (Gnüg, 1983, 3), nun mit einer wenig durchdachten, widersprüchlichen Konzeption ineins gesetzt wird, die im **Abschildern von Befindlichkeiten** und Oberflächenphänomenen gerade den Zerfall subjektiver Selbstbehauptung und Autonomiepostulate fortwährend demonstriert: eine notorische Ich-Schwäche, die viele Alltagsgedichte eben nicht zur individualisierten, je persönlich-authentischen Wahrnehmung befähigt und sich im fetischisierten Rauschwert des Ich-Begriffs ein Surrogat schafft für eine tatsächliche Durchdringung von Wirklichkeit und Gesellschaft aus der Perspektive sich literarisch manifestierenden Selbstbewusstseins.

Den vielen **Brinkmann-Imitatoren** der 70er Jahre, die ihren diffusen Hunger nach Erfahrung schon als sensible Ich-Wahrnehmung werten und in Zeilen brechen, misslingt die radikale sprachliche Anstrengung, in der sich Autonomie als permanentes ›Durcharbeiten‹ eigener Erfahrungen und Empfindungen erweist. Zuletzt wird gar aus Brinkmanns aggressivem Selbsthass tendenziell eine einfühlsame Ich-Monade mit melancholischer Veranlagung. Peter Roseis Vorwort zu seinem Gedichtband *Regentagstheorie* (1979) gibt darüber beredt Auskunft: »Was mich am Gedicht interessiert, ist selbstvergessenes Sprechen. Indem ich die Welt anschaue, spreche ich über sie. Ich spreche schon, indem ich sie anschaue« (3).

Die literarische Praxis solcher hausgemachten Poetik zeigt, wie die eigene Anschauung der Welt, wenn sie sich sprachlich artikuliert, zum geborgten Bild, zum versteckten Zitat, zur epigonalen Stimmungspoesie Zuflucht nehmen muss:

> Wolkenwetter abends: Wie das langsam dunkel
> wird. In dem Fluß der letzten Sonne fliegt
> ein Flugzeug heim. Auf den Wegen gehen Müde
> in Gedanken. Drüben fährt ein Traktor laut
> durchs Feld. Vögel fliegen um die Brücken. (19)

In Gedichten von Alfred Kolleritsch wird sentimentaler Schmelz mit einer simplen Poetik des Schreibens begründet: »Wenn man schreibt, / gehen die Türen nicht zu« (Kolleritsch 1978, 39). Der Anspruch, »alles anders zu sehen«, wird zur pathetischen Überschätzung eigener Möglichkeiten: »es ist die Hoffnung, / alles anders zu sehen: / die Welt wie eine gemeinsame Arbeit, / in der die Gefühle verteilt sind, / auch die Beobachtung, / daß es weitergeht.« (99)

Noch naiver hat Rainer Malkowski in seinem Gedichtband »Was für ein Morgen« (Malkowski 1975) das Ideal poetischer Unmittelbarkeit und Sensibilität formuliert, wenn er in seinem Gedicht »Mitten in einen Vers« (35) schon den Ansatz einer Reflexion mit einer anrührenden, trivialen Pointe durchkreuzt:

Mitten in einen Vers
über die Vergeblichkeit menschlicher Beziehungen
klingelt das Telefon.
Sollen wir kommen? fragen die Freunde.
Ja, rufe ich erleichtert, ja!
Und der Vers bleibt auf dem Schreibtisch liegen,
wo er eine Weile verstaubt.

In anderen Gedichten wird gerade jenen schon angestaubten Versen eine exzeptionelle Bedeutung zuerkannt, so etwa im Gedicht »An die Dichter« (Hinck 1982, 67) von Karin Kiwus, einem epigonalen Aufguss von Romantizismen:

Die Welt ist eingeschlafen
in der Stunde eurer Geburt

allein mit den Tagträumen
erweckt ihr sie wieder

roh und süß und wild
auf ein Abenteuer

eine Partie Wirklichkeit lang
unbesiegbar im Spiel

Die Figur des die Welt wieder erweckenden Dichters gerät zur Bildungsreminiszenz ohnegleichen. Der Versuch von Walter Hinck, dieses Gedicht gar in den »Bann einer Ästhetik des Vor-Scheins und der Hoffnung« (Hinck 1982, 416) zu stellen, missversteht den geborgten Exotismus einer Weltfreudigkeit (»roh und süß wild / auf ein Abenteuer«) als »Akt der Welteroberung« (415), der doch zunächst nichts weiter als Angelesenes aus zweiter Hand präsentiert.

Der Text, ein paar Jahre nach Celans Tod geschrieben, zeigt die ganze Misere eines bodenlos gewordenen Geredes vom ›neuen‹ Gedicht, das mit naiven Unmittelbarkeitsidealen und abgestandenen Traditionalismen nicht einmal im Ansatz das Reflexionsniveau hermetischer Poesie und deren Bewusstsein von der Geschichtlichkeit und Sprachlichkeit moderner Lyrik tangiert.

Jürgen Beckers poetische Subjektivität

Nicht alle vielfach zur ›neuen Subjektivität‹ geschlagenen Autoren sind freilich in eine solche Kritik einzubeziehen. Jürgen Becker (* 1932) etwa ist ein Beispiel dafür, dass sich im Verlauf der 70er Jahre die **Dimension des Subjektiven** verstärkt hat, ohne gleich zur bloßen Mode zu werden. Beckers Ausgangspunkt ist die avantgardistisch-experimentelle Dichtung der 60er Jahre. Der Gedichtband *Schnee* (1971) erweist sich als Produkt intellektueller Reflexion, die im Bild der Landschaft alle divergenten Elemente und Ebenen zeitgenössischer Gegenwart zusammenbringen kann: perspektiviert durch ein lyrisches Ich, das geradezu paradigmatisch Höllerers Forderung nach einem ›Langgedicht‹ einlöst.

Beckers Gedichte sind keine Statements oder Zeitkommentare, sondern sie entwerfen ihren Gegenstand jeweils aus einem konkreten Realitätsbezug. Das kann die Assoziation eines Musikstücks sein, ein Erlebnis auf der Straße, ein Blick aus dem Fenster. Das lyrische Subjekt verknüpft Beobachtung, Gedanken und Reflexion zu einer Einheit, und zwar so, dass deren komplexes Bild in der Struktur des Verses, in den vielen zerrissen wirkenden, abgehackten, unruhigen Zeilen präsent bleibt. Nichts deutet auf eine Divergenz des Privaten zum Öffentlichen hin. Die ***Einheit* der Erfahrungen** strukturiert die ersten Texte Beckers.

Im Gedichtband *Das Ende der Landschaftsmalerei* (1974) setzt Becker diese Tendenz fort, öfter mit einer geradezu unbegrenzten **Collage verschiedenster Details**, welche die Wirklichkeit in ihren Facettierungen festhalten will. Das lyrische Subjekt konstituiert einen Reflexionsraum aus unterschiedlichsten Schichten der Realität. Und doch haben die Gedichte zuweilen etwas Zurückgenommenes: Sie beginnen in Einzelbeobachtungen zu zerfallen; die organisierende Ganzheit ist dann nur noch vorgetäuscht, erzwungen. Eine Konzentration auf das Ich und dessen begrenzte Perspektive deutet sich an, die mit einer Vorliebe für epigrammatische Formen einhergeht, wie im Gedicht »Gegend mit Stadtautobahn« (Becker 1981, 107):

damals, die Amsel in der Machabäerstraße
morgens um fünf, und die lebendigen Ruinen der Altstadt,
ein Regen, grau wie der Mai jetzt

In Beckers Gedichtband *Erzähl mir nichts vom Krieg* (1977) werden Sprachexperimente seltener, die Texte im Ton vorübergehend etwas konventioneller. Mit der verstärkten **Innenperspektive des Ichs** verbreitet sich eine Atmosphäre der Trauer, des Melancholischen, die zuweilen gar in sentimentale Wehleidigkeit übergeht. Beckers Gedichte, die vorher eher ein Reflexionspotenzial aktivierten, setzen nun mehr auf Alltäglichkeit und ihre Phänomenologie der Oberflächenwahrnehmung, des Rundblicks auf Hochhäuser, gereizte Großstadtmenschen, Autofahrer, Spaziergänger, Reisende und ein wenig Stimmungslandschaft.

Auch sein Gedichtband *In der verbleibenden Zeit* (1979) setzt diese Tendenz fort, aber sie wird nun stärker poetisiert, metaphorisiert, bis hin zu hermetischen Elementen. Der elegische Ton bestimmt zuletzt ganz den Vers, bis hin zum lakonischen Schweigen (Becker 1981, 226):

Sprechend in der grauen Luft,
ein ratloser Mann, der noch nicht weiß,
fliegt er oder fällt er.
...
Leerer Himmel im Fensterkreuz,

zwischen den entscheidenden Jahreszeiten,
wenn die Reisenden entweder kommen
oder sie entfernen sich.
...
Heranziehend dunkles Gewölk;
die schon geflohen sind, sagen,
kein Unwetter kommt.

Viele Gedichte von Autoren, die unter das Etikett ›neue Subjektivität‹ subsumiert werden, haben den Charakter von Selbstverständigungstexten, von mehr oder minder flüchtig entworfenen Stichwortsammlungen, aus denen jede Situation nach 1968 – vom resignativen Rückzug ins Private bis zum emotionalen Aufschwung in aufregende Leib- und Körperlichkeitsphantasien – kaleidoskopartig rekonstruiert werden kann. Nur in wenigen Paradigmen verdichtet sich diese poetische Situationsanalyse zu einem kritischen Rückblick, der über bloße Stimmungselegie hinaus den historischen Zusammenhang der 70er Jahre erfasst.

Rolf Haufs' Selbstverständigungsgedichte

In einem »Gedicht« (Haufs 1976, 56) genannten Text von Rolf Haufs (* 1935) etwa wird die Aporie, »von sich selbst zu reden in dieser / Stillen Zeit« herausgearbeitet, indem die Situation des lyrischen Ichs, Ratlosigkeit und Orientierungskrise, auf verdeckte Widersprüche eigener Vergangenheit zurückgeführt wird:

[...] Ich habe
Den ganzen Abend in den Klassikern geblättert und fand
Keine Erklärung. Früher wußten sie alles. Was
Hat sie so hilflos gemacht gegenüber
Den täglichen Fragen. Noch vor kurzem boten sie
Kurzweil selbst an heißen Sommertagen. Es ist
Wirst du einfach sagen dein eigener Kopf. Oder etwas
Das noch beschrieben werden müßte von H.
Dem Schatten.

Haufs nimmt keine Zuflucht zum Zitat, sondern registriert ein Misstrauen gegenüber jenen »Klassikern« (des Marxismus), deren Kanonisierung lange genug betrieben worden war. Das Gedicht stellt nicht nur den Moment vor, an dem »von sich selbst zu reden« wäre, sondern fixiert dessen historische Signatur: als Augenblick einer verunsicherten, skeptischen Rückschau, die die Distanz zu 1968 bemisst. Das »Gedicht« ist nicht mehr ein Selbstverständigungstext für die Gruppe, die solche Erfahrungen teilt; aber es ist zugleich ein Versuch, in dem eine subjektive Dimension sich dadurch legitimiert, dass sie kollektive Megalomanien einer Generation andeutet.

Gedichte wie das von Haufs arbeiten mit bekannten Losungen und Mustern, Mythen und Emblemen, indem deren einstige revolutionär interpretierte Inszenierung nun auf ihren wirklichen Kern hin befragt wird. So lässt sich am zunehmend pejorativ verwendeten Motiv des Südens, das mehrere Autoren in ihren Gedichten übernehmen, der Abstand zu den Tagträumen und Illusionismen präzise bestimmen, die einst reichhaltigen Stoff für Aufbruch und Revolten geboten haben: »Immer wieder treibt es uns / Hinunter in den Süden«, heißt es in einem Gedicht von Haufs: »Jemand sagt / Du mußt Verona sehn. Als stünden dort / Prinzen und erklärten dir dein Leben« (55).

Der einstige utopische Schein, der das Motiv umgab, wird ironisiert und bricht im Kontrast zur übermächtigen Frustration des Tages zusammen: »Abgenabelt sagen dir / Därme und Herz wo du bist und weiß vor Elend / Liegst du in trockenen Betten« (55).

Poesie als Lebensgefühl: Wolf Wondratschek

Wolf Wondratschek (* 1943), der in seinem Gedichtband *Das leise Lachen am Ohr eines andern* (1976) allzu oft nur ein Brinkmannsches Lebensgefühl, freilich ohne dessen poetische Durchdringung, kopiert und sich der in den 70er Jahren mächtig ins Kraut schießenden Liebeslyrik verschrieben hat, entwirft in seinem Gedicht »In den Autos« (1981, 82) ein **Panorama des Scheiterns**, in dem die Misere nach 1968 in ihren einzelnen Facetten und Varianten aufscheint. Damit aber wird der Text zum Selbstverständigungsgedicht einer ratlos gewordenen Generation:

Wir waren ruhig,
hockten in den alten Autos,
drehten am Radio und suchten die Straße
nach Süden.

Einige schrieben uns Postkarten aus der Einsamkeit,
um uns zu endgültigen Entschlüssen aufzufordern.

Einige saßen auf dem Berg,
um die Sonne nachts zu sehen.

Einige verliebten sich,
wo doch feststeht, daß ein Leben
keine Privatsache darstellt.

Einige träumten von einem Erwachen,
das radikaler sein sollte als jede Revolution.

Einige saßen da wie tote Filmstars
und warteten auf den richtigen Augenblick,
um zu leben.

Einige starben,
ohne für ihre Sache gestorben zu sein.

Wir waren ruhig,
hockten in den alten Autos,
drehten am Radio
und suchten die Straße
nach Süden.

Die Reste der westdeutschen Studentenbewegung, abgewandert ins Privatleben, in die Drogenszene, in die höhere Sphäre fernöstlicher Religionen und Jugendsekten, in terroristische Zirkel: Wondratscheks Bestandsaufnahme gerät zu einer Absage an jenen »Süden«, der – als zerlesener Traum von Befreiung – nicht einmal mehr zum Zitat taugt.

Eine solche Reflexion ist notwendigerweise schon in ihrem Ansatz, Illusionen und Wünsche zu durchmustern, subjektiv besetzt; aber sie konstituiert damit noch keine ›neue Subjektivität‹. Das lyrische Subjekt solcher Gedichte will weder eine weltschmerzliche Gefühlskultur noch einen autistischen Ich-Kult errichten. Es bleibt auf der Suche nach historischen Positionsbestimmungen, nach vorläufigen Erkundungen und misstraut fertigen, fixen Lösungen.

Was die 70er Jahre zu einer Dekade des Gedichts gemacht hat, das sind – inmitten einer breit aufgeschwemmten, längst schon historisch gewordenen Lyrik-Welle – die **Rekonstruktionsversuche des Subjektiven**, die gegen alle bornierte Ich-Versponnenheit ein schon fast zerredetes Reflexionspotenzial der Poesie erneuern. Jenseits von Alltagsnotiz und Stimmungsseismogramm ist das zu suchen, was von diesem Jahrzehnt noch übrig blieb.

4.3 Zur experimentellen Poesie. Jenseits des Trends

Die Situation experimenteller Dichtung in den 70er Jahren lässt sich nicht auf Ratlosigkeit und Konzeptionslosigkeit festlegen, auch wenn Harald Hartungs Argumente gegen den raschen Gewöhnungsmechanismus experimenteller Irritationen zutreffen (Hartung 1975). Zugleich begann die Kanonisierungsgeschichte einiger Protagonisten der experimentellen Dichtung der 60er Jahre.

Im Kontext der Avantgarde-Geschichte überrascht es nicht, dass gerade diejenigen Versuche, die die Grenzen des aktuellen Kunst- und Literaturbegriffs ausloten und so die Mechanismen des Kunst- und Literaturbetriebs offen legen wollen, nur von kurzer Dauer waren. Diese Tendenz war seit Beginn des 20. Jahrhunderts zu beobachten. Aber gerade dort, wo, wie im Feld der Konkreten Poesie, Experimentreihen abgeschlossen waren, entwickelten sich neue Perspektiven, die über die bekannten Versuche hinausführten.

Jochen Gerz

Zu den Protagonisten dieser zunächst im Windschatten von Gomringer, Rühm und Bremer arbeitenden Künstler gehörte Jochen Gerz (* 1940). Als Grenzgänger zwischen bildender Kunst und literarischer Textproduktion gewann er seit den 70er Jahren eine neue, bald auch international anerkannte Position, die den Traditionsrahmen Konkreter Poesie aufsprengte. Gerz' Installationen, fotographische Arbeiten, seine Texttafeln und Performances stellen das Werk eines bildenden Künstlers dar, der sich selbst allerdings, wie er 1972 bekannte, zunächst als Schriftsteller verstand (Martinez 1999, 2):

> Falls es nützlich ist, sich einzuordnen, würde ich mich als Schriftsteller bezeichnen. Erst lineare Texte, dann begann ich, die Buchstaben und die Wörter zu stören, von ihrem angestammten Platz zu drängen, eben weil sie mich störten. Ich machte das, was man visuelle Poesie nennt, Später merkte ich, daß nicht allein Buchstaben mich störten, beengten, sondern das Papier, auf dem die Buchstaben standen; das Papier und das Buch als Medium, dessen tautologische Struktur immer wieder dazu einlud, das gleiche zu tun.

Beispiele für Gerz' **Variante der visuellen Poesie**, die freilich nur den Auftakt bildete für die Arbeit mit künstlerischen Medien wie Photographie und Video, waren Werke wie *Foto/ Texte 1975–1978* (1978). Gerz, der 1967 nach Frankreich übersiedelte, gehört bis heute zu den forciert gesellschaftskritischen Künstlern. Daher gilt sein Interesse weniger der Sprache in ihrer systemischen und grammatologischen Struktur als vielmehr dem **autoritären Gestus sozialer Kommunikation** und dem auf Herrschaft und Macht begründeten Repräsentationsanspruch eines deformierten, entfremdeten Sprachgebrauchs.

Vor diesem Hintergrund war es nur konsequent, dass Gerz sich in *EXIT/ Das Dachau-Projekt* (1978) mit politisch-gesellschaftlichen Tabu- und Verdrängungsformen intensiver auseinandersetzte und in den 80er und 90er Jahren mit künstlerischen Projekten zum Thema ›Erinnerung und Vergessen‹ sowie einer Reihe von Denkmal- und Mahnmal-Projekten öffentliche Resonanz erzielte (Gerz 1997).

Reinhard Priessnitz

Einer der unbekannteren Protagonisten der experimentellen Dichtung war und ist Reinhard Priessnitz (1945–1985), der doch mit seinen zwischen 1964 und 1978 entstandenen Arbeiten eine Reihe avantgardistischer Schriftsteller Österreichs beeinflusst hat. Als er seine *vierundvierzig gedichte* (1978) veröffentlichte, schien die hohe Zeit experimenteller Poesie bereits abgelaufen zu sein (Hartung 1975). Priessnitz blieb bis heute eine Art Geheimtip für Eingeweihte, ein Kanon-Vorbild lediglich für diejenigen, die seine experimentelle Virtuosität erkannten und seiner Spur als Anreiz eigener Schreibversuche folgten.

Seit 1964 hatte Priessnitz an seinen Gedichten gearbeitet. Die Zäsur zur inzwischen historisch gewordenen, um ihren Platz in der Literaturgeschichte bemühten Konkreten Poesie ist bei Priessnitz allenthalben zu beobachten. **Offenheit und Dog-**

menferne kennzeichnen seinen Schreibansatz. Bereits der Titel der Sammlung signalisiert Zurücknahme: Nicht von Texten, Konstellationen oder Typogrammen ist die Rede, sondern von Gedichten. Priessnitz setzt Wort-, Satz- und Textsemantik nicht außer Kraft, in manchen Gedichten spielt er sogar mit traditionellen Formen wie dem Sonett, mit Terzinen- und Stanzenstrophen, mit Lied- und Balladentönen.

Block hebt zu Recht hervor, Priessnitz' *vierundvierzig gedichte* grenzten sich »vom traditionellen Kontext Konkreter Poesie u. a. dadurch ab, daß sie wieder deutlich die ›Großform‹ des (grammatischen) Satzes als Gestaltungselement einbringen. Verbunden ist damit das Interesse, im Rahmen einer Poetik des Verstehens das Problem der Bedeutungserzeugung im immer noch elementaren Bereich zwischen Wort und Satzverband zu erkunden« (Block 1999, 181).

Das Eingangsgedicht »premiere« (1978, 7) hat in seiner ironisierenden Leichtigkeit für Priessnitz' Gedichtbuch einen Signalcharakter.

& schwarze & weisse
rosen zu knatschen zu
schwarzen & weissen rosen
zu mantschen & leise
quatschen von weissen
und schwarzen rosen sie
quetschen & tätscheln
um alle aufzuputschen
zu schwarzen & weissen
rosen sie abzuwatschen
um sie zu weissen um
sie zu schwärzen sich
darum zu reissen & leise
[...]

Das Thema, eine Premierenimpression, entfaltet sich aus dem Spiel mit den (Garderoben-) Farben Schwarz und Weiß, der Kopula »&« und Infinitiven von Handlungsverben, während sich die zwei- und dreihebigen Kurzverse zu einer einzigen unauflöslichen Satzfigur verbinden, die noch beliebig fortzusetzen wäre. Eine elementare **Wiederholungs- und Kontraststruktur** bestimmt das Gedicht, dessen Sprachrhythmus Alliterationen, Binnen- und Stabreime unterstützen. Statt serieller Geschlossenheit bietet Priessnitz' »premiere« eher zufällige Kompositionsmuster, die wie kleine bewegliche Einheiten miteinander verbunden werden. Der ironische Duktus macht vor den eigenen Versuchen nicht halt.

Die Sammlung spielt selbstkritisch und selbstironisch mit der **Präsentationsform von Gedichten**. So ist zwar der »white horse song« (9) noch lesbar, aber einzelne sprachliche Wendungen werden mit einem eingeklammerten Fragezeichen versehen, als ob sie noch austauschbar wären oder dem Autor nun doch nicht mehr gefallen, der dann konsequent das gesamte Gedicht mit einem diagonalen Strich ausstreicht und zurücknimmt.

Das Misslungene als genuiner Bestandteil experimenteller Poesie, als Prozess-Kalkül, als Signatur der Offenheit und Unabgeschlossenheit? Ein anderes Gedicht, »lied« (44) erscheint als Schreibmaschinenfaksimile mit unterschiedlich deutlichen Anschlägen, so dass mancher Buchstabe und manches Wort nicht mehr lesbar sind. In diesen Zusammenhang gehören auch der gelegentliche Wechsel von der Drucktype zur Handschrift und zur flüchtigen Bildskizze oder die sichtbar gemachte handschriftliche Korrektur. Charakteristisch für Priessnitz ist das Ernstnehmen der thematischen Felder, die seine Gedichte streifen. Viele von ihnen enthalten Reste kleiner Erzählungen oder Spuren eines epischen Tons.

Zugleich notieren die Texte gleichsam en passant Erfahrungen des Alltags, Empfindungen, Stimmungen, Landschaftsbilder. Das Ich erscheint als ein reflektierendes, mit seiner eigenen Sprache und Sprechweise experimentierendes Subjekt, aber durchaus auch als eine unbeholfene, vom eigenen Scheitern eingeholte, zuweilen recht komische, sich selbst nicht recht ernstnehmende Figur.

Ein selbstreflexives Thema durchzieht viele Gedichte, das Schreiben, und zwar **Schreiben in allen Tätigkeitsfacetten**: als Technik, als entäußernder Gestus, als kinästhetische Bewegung, als Aufschreibprozess, als Formgestaltung und nicht zuletzt als reaktivierte Tradition, die sich in kryptischen, einmontierten Zitaten zeigt. Priessnitz erfüllt sogar Schreibmetaphern mit Leben; Buchstaben, Zeilen, Sätze können sich nicht nur verflüssigen, sondern sich auch zu Figuren verselbständigen: »die gelittene zeile, geleitet/ von einer zeile, die leidet, geleitet,/ begleitet von einer zeile, die litt,/ auf einer weiteren zeile als leiter/ zu einer in lettern gekleideten zeile [...]« (32).

Solche Verse rekurrieren auf keine poetisch bis zur Unkenntlichkeit verstellten Theorie-Chiffren, sondern ironisieren pathetische Substitutionen von Sprache und Schrift. Getarnt als harmloses Reisegedicht mit dem Titel »orvieto« (37) variiert der Text das Wortspiel des Einleitungsverses »in schrift sei eine inschrift eintrompetet« zu unterschiedlichen Bildwendungen: »in schrift sei eine inschrift, doch als träne«, »in schrift sei eine inschrift, doch als schere« und »in schrift sei eine inschrift, doch als schraube«.

Priessnitz' Gedichte bauen, indem sie sich traditioneller poetischer Verfahren bedienen, Erwartungen auf. Aber während der an Konventionen der Form und der metaphorischen Rede geschulte Leser noch deren Bedeutungspotenzial zu entschlüsseln versucht, spielt das Gedicht mit eben jenen von Sinnsuche bestimmten Erwartungshaltungen. Mit Sprache experimentieren, heißt bei Priessnitz mit poetischen Formen und Effekten zu spielen. Imitation und Camouflage können Teile eines solchen Spiels sein, wie im Gedicht »tragödie« (50) das mit der altertümlich-umständlichen Wendung »traun!« anhebt und im Blankvers einen hoch pathetischen Monolog inszeniert, um ihn am Ende gründlich ins Banale und Triviale auslaufen zu lassen:

wenn dieser jambus auch ein nimbus ist,
den ich um diese rede rhythmisch legte,

so nur, das deren inn're schauer wieder,
nach denen ich so lange ausschau hielt,
mir, da zu versfuss ich herbeigeeilt,
in einer melodie herniederprasseln,
die ihresgleichen in der sprache sucht
[...]
und hol'pre stolpernd aus des verses szene,
nur pfützen hinterlassend, kringel, kritzel,
[...]
lebt wohl!
(und stirbt bei vollem licht).

War für einen Großteil der Protagonisten aus dem Umfeld der Konkreten Poesie ihre fast dogmatische Festlegung auf eine bestimmte Spielart von Theorie charakteristisch, so gab es für Priessnitz keine fixierbare Schreibpoetik. Priessnitz' Schreibweisen leugnen die Traditionen nicht, die sie weiterführen, ohne sich auf sie als Vorbilder zu kaprizieren.

Diese sind unterschwellig im Duktus, im Tonfall, in pointierten Wendungen aufzuspüren: Kurt Schwitters, Hans Arp, H.C. Artmann, Ernst Jandl. Die Rolle des 1985 früh verstorbenen Autors und die Bedeutung seiner *vierundvierzig gedichte* im Kontext experimenteller Literatur liegt darin, dass eine entdogmatisierte, nicht auf Sprach- und Texttheorien festgelegte Poetik das **Experimentieren als Praxis dichterischen Sprechens**, als *poiesis* in einem elementaren, konzeptionellen Sinne wiederentdeckt.

Damit markiert Priessnitz nicht den Schlusspunkt einer längst historisch gewordenen Tradition, sondern den Auftakt und die Wende zur experimentellen Dichtung der 80er und 90er Jahre, die sich jenseits wissenschaftlichen Theorie-Designs alle Freiheiten einer von Versuch und Irrtum bestimmten Poetik des Ausprobierens erlaubt und die eigene Praxis aus dem breiten Fundus experimenteller Möglichkeiten erschließt – jenseits literaturtheoretischer, sprachphilosophischer und soziologischer Legitimationsdiskurse.

Ferdinand Schmatz hat die Rolle der »Spracharbeit« bei Priessnitz pointiert umschrieben und dabei eine Position vorweggenommen, an die seit den 90er Jahren eine sprachbewusste und sprachproduktive Lyrik wieder anschließen sollte (Schmatz 1992, 167): einer

> Spracharbeit, durch die sich das Denken zu quälen hat, bis es als Sprache tönt und schreibt, daß es weder das andere, noch das eine ist, obwohl man es so sehen kann. [...] Ein Vers ist eine Idee, der Rest des Gedichts ist Arbeit. [...] In seiner Freiheit steuert sich das Gedicht in den Kreislauf der ständigen Wiederholung des Neuen.

4.4 Tendenzen der 70er Jahre. Utopien im Widerspruch

Es gibt – über einzelne Stile, Moden und Trends hinweg – bei den meisten Lyrikerinnen und Lyrikern der 70er Jahre eine ausgesprochen misstrauische, kritische Haltung gegenüber einem Utopiepotenzial, das eine Dekade früher alle Erwartung auf Neubeginn und Aufbruch in sich trug.

»Die Fakten holen die Fiktionen ein«

Skeptisch geworden gegenüber kollektiven Phantasien von Befreiung und Glück, entzieht sich die Lyrik der Indienstnahme durch einen trügerischen Optimismus und Aktionismus; sie wird resistent gegenüber einem nur dahergesagten ›Prinzip Hoffnung‹, dessen Verlust die Poesie seit je eingeklagt hatte. Im 3. Band des *Literaturmagazins*, das sich mit dem Thema »Literatur als Utopie« auseinandersetzt, notiert Born schon in seiner Vorbemerkung (Literaturmagazin, 1977, 10):

> Die Fakten holen die Fiktionen ein. Die Fakten haben uns überholt. Die Erde ist aufgeteilt. Landnahmen für utopische Gemeinwesen sind nicht mehr möglich. Kein unentdeckter Kontinent wartet auf uns. Die Utopie ist zerplatzt wie eine Panoramascheibe. Sie ist imperialistisch geworden, hat sich in raubende und mordende Armeen verwandelt. Die Natur trifft der Schlag – sie elektrifiziert. In den Scherben der zerplatzten Utopie erkennen wir unsere eigene Zersplitterung. Im Schweiße unserer Angesichter sammeln wir sie auf und wickeln sie ein in die eigene Haut.

Ein solches emphatisches **Bekenntnis eigener Desillusionierung** ist literarhistorisch keineswegs neu und deutet, gegen den Strich gelesen, im Kern nichts anderes an als die Reformulierung von Einsichten in die gesellschaftliche Isolation moderner Kunst, die den Preis ihres Überlebens ausmacht. Das Moment der Entillusionierung betrifft zunächst den Zweifel am zu kurz gegriffenen Utopismus.

Selbst **Erich Fried**, der in seinen ersten Gedichtbänden nach 1968 noch im hohen Maße den Elan der Studentenbewegung zumindest literarisch zu retten versuchte, konnte einen solchen Optimismus in seinem Band *Die bunten Getüme* (1977) nicht mehr aufrechterhalten. Ironisch notiert sein Gedicht »Freier Wettbewerb« (31): »Die Revolutionäre sitzen am Rand / und angeln nach dem versunkenen Licht / tief unten // Rechts und links von ihnen fischen Reaktionäre / aus dem selben Wasser / die Finsternis«. Was den »Revolutionären« bleibt, daran lässt Fried keinen Zweifel: Sie ziehen »nur alle heiligen Zeiten / einen einzigen kleinen glimmenden Funken« hervor.

Gedichte wie »Verlorene Sicherheit« (34), »Schlechte Zeiten« (36), »Ermüdung« (39) und »Ein kalter Hinweg« (66) zeigen an, dass auch in Frieds Lyrik die Spannung zwischen utopischem Horizont und frustrierender Gegenwart zum Thema wird. Es ist die literarische Figuration Hölderlins, in der sich nicht nur bei Fried ein solcher Perspektivenwechsel literarisch ausspricht. Frieds Gedicht »Hölderlin an Sinclair« (17) wird zum Schlüsselgedicht einer um sich greifenden ›Verstörung‹:

Was ist geblieben?
Nichts mehr und alles. Nämlich,
Was war, das ist und wird sein,
Auch gegen sich selbst.
Zuviel aber ist umsonst,
Und was mir schien,
Scheint nicht länger.

Fried bleibt indes nicht auf der Stufe der Resignation stehen; die zweite Strophe formuliert noch einmal alte Gesten der »Empörung«: »Es kann doch keinem / Auferlegt werden, alles / Mitanzusehen, daß er es ewig ertrage / Ohne Empörung, selbst um der Liebe willen.« Es sind »Mut« und »Mitleid«, die weiterhin beschworen werden: traditionelle Trostformeln Friedscher Aufklärungsrhetorik. Aber selbst diese bilden nicht den Schluss des Gedichts, das kaum mehr als den »Gesang« zu retten weiß: »Doch wo / Gesang fehlt, dort erblindet / Der arme Gefangene. / Das letzte aber ist Leben.«

Friedrich Hölderlin als Identifikationsfigur der 70er Jahre

Hölderlin als Identifikationsfigur für **Leiderfahrung und Verzweiflung** am Status quo gesellschaftlicher Repression: Längst wurde nach 1945 die Basis einer solchen Rezeption geschaffen, von Celan bis Bobrowski, von Eich bis Haufs (Breuer 1988). In den 70er Jahren aber zeigt Hölderlins immer wieder erneute Thematisierung im Porträtgedicht eine veränderte historische Bewusstseinslage. Hölderlin wird zum **Dichter der eigenen gescheiterten Hoffnungen**, zum Inbegriff derer, die sich – Biermanns sofort populär werdenden Topos zu zitieren – »wie Fremdlinge im eigenen Haus« (Biermann 1977, 395) fühlen und die Bruchstelle zwischen Aufschwung und Desillusion geradezu als psycho-soziale Katastrophe erleben. Hölderlins Schicksal wird zur **Exempelgeschichte eines Dichtertums**, dessen Untergang die eigene Niederlage interpretieren soll.

Wolf Biermanns »Hölderlin-Lied« (ebd.) entwirft ein solches Selbstporträt, in dem die Distanz zwischen Dichter und Publikum, zwischen poetischer Sprache und alltäglichem Sprechen sich zur historischen Standortbestimmung verdichtet, zur Gewissheit eines in »kältre Kälten« hinabführenden Zeitalters:

In diesem Lande leben wir
wie Fremdlinge im eigenen Haus
    Die eigene Sprache, wie sie uns
    entgegenschlägt, verstehn wir nicht
    noch verstehen, was wir sagen
    die unsre Sprache sprechen
In diesem Lande leben wir wie Fremdlinge
[...]

In diesem Lande leben wir
wie Fremdlinge im eigenen Haus
Ausgebrannt sind die Öfen der Revolution
früherer Feuer Asche liegt uns auf den Lippen
kälterer, immer kältre Kälten sinken in uns
Über uns ist hereingebrochen solcher Friede!
solcher Friede!
Solcher Friede.

Biermanns Verse, 1972 im Gedichtband *Für meine Genossen* erschienen, treffen eine gegen Ende des Jahrzehnts allenthalben verbreitete Stimmungslage. Folgerichtig greift Bender in seiner Anthologie zur Gegenwartslyrik, *In diesem Lande leben wir* (1978), das charakteristische Zitat auf und hebt den elegischen Ton besonders hervor, der dem **Abgesang auf Revolte und Utopie** eigen ist. Dabei gerät das Thema der Gedichte zuweilen fast in die Nähe trivialer Identifikationsstrategien, in denen die eigene Ratlosigkeit sich den Namen eines zum Mythos gewordenen Vorbildes borgt. So heißt es in Novaks Gedicht »Dunkle Seite Hölderlins« (Novak 1983, 108):

ach Hölderlin
Vaterland haben wir keins
nur die bleichen hinter Orden
und gezogenen Läufen sich verbergenden Landesväter
immernoch
die Nacht auf deiner Seite war nicht die letzte

Novaks Gedicht ist in der Tat »Identifikationssuche«, und zwar eine, die »ihren Widerhall in der Turmexistenz des umnachteten Dichters« (Breuer 1988, 386) findet. Aber diese Suche bleibt im Identifikationsschema stecken und kann nicht die Widersprüche und Bruchstellen bestimmen, die zur bloß erinnerten, zitierten »Turmexistenz« führten. Hatte Celan noch, etwa in seinem Gedicht »Tübingen, Jänner« (Celan 1983, 1, 226), die Grenzsituation eigenen Schreibens im Hölderlin-Thema konkret werden lassen, verflüchtigt sich in den 70er Jahren die im Porträtgedicht angelegte Selbstverständigung beinahe durchgängig zu einer Mystifikation des Suchens und Scheiterns, die im Mythos Hölderlin verklärt, aber nicht durchdrungen wird.

Dabei ist die Wendung zu Hölderlin ein Indiz dafür, dass ein neues Selbstverständnis sich durchzusetzen beginnt und im literarisch beschworenen Imago des großen Vorbilds endgültig von der Fiktion des gewerkschaftlich organisierten Schriftsteller-›Kollegen‹ Abschied genommen wird. Die **Turmmetapher** konkretisiert die eigene Schreibsituation: den Stillstand früherer Aufbruchsphantasien, die Isolation von der Gesellschaft, ja den Regress in die literarische Psychopathographie.

So kann der wahnsinnige, in den Turm gesperrte Hölderlin zur Leidensfigur schlechthin werden, in dessen Zügen sich grenzenlose Enttäuschung spiegelt, wie sie etwa Herburgers 1979 veröffentlichtes Gedicht »Hölderlin« (1979, 63) umschreibt:

> [...]
> Irrtum, beschwör ich ihn
> und spucke in sein Gesicht,
> fragend ob er es bemerke?
> Er wischt sich ab und sagt,
> uns geschehe wohl.

Auch eine eher kämpferische Lesart des Tübinger Dichters – wie in Volker Brauns Gedichtband *Gegen die symmetrische Welt* (1974), der Hölderlin-Reminiszenzen schon im Titel zitiert – überwindet den von Melancholie und Ratlosigkeit getragenen Stilisierungsprozess nur bis zu dem Punkt, wo einer vagen politischen Gemeinschaftsutopie das Wort geredet wird. Im Gedicht »An Friedrich Hölderlin« (Braun 1979a, 54) heißt es: »Bis doch zu eingeborenem Brauch / Wird, was uns guttut, und / Brust an Brust weitet sich so, daß sie aufsprengt diese / eiserne / Scheu voreinander!« Auch wenn Brauns Verse nicht »als rückwärts blickende Huldigung« zu verstehen sind, so ist doch gerade der »Rahmen seines eigenen Kampfes für eine bessere Welt« (Lermen/Loewen 1987, 397) eine bloß schwache, blasse Konturierung utopischer Dimensionen, die über visionäre Formeln kaum hinauskommen.

Volker Brauns Lyrik der 70er Jahre

Die Lyrik Volker Brauns (* 1939) in den 70er Jahren exemplifiziert, weil sie ihre früheren utopischen Perspektiven nicht von vornherein auflöst, die Aporien literarischer Praxis unter den Bedingungen einer gesellschafts- und kulturpolitischen Verhärtung in der DDR, deren Symptome schon 1973 im Ansatz, dann aber seit der Ausbürgerung Biermanns 1976 vollends sichtbar wurden. Wallace hat darauf aufmerksam gemacht, dass Braun in der zweiten Hälfte der 70er Jahre allmählich bewusst werde, »wie sehr sich die politischen Machtverhältnisse in der DDR verfestigen« (Wallace 1983, 187). Der Gedichtband *Training des aufrechten Gangs* (1979b) liefert dafür reiches Anschauungsmaterial, freilich nicht nur, wie Wallace meint, »als Aufzeichnung der Krise des Dichters in seiner dunklen Periode« (Wallace 1983, 197), sondern auch als **Suche nach Lösungen**. Cosentino und Ertl verweisen auf eine »illusionsärmere Erfahrung des sozialistischen Alltags«, auf resignative, jedoch noch »immer gedämpft optimistisch« (Cosentino/Ertl 1985, 123) wirkende Perspektiven.

Die Probleme einer Lyrik, die sich nicht vom utopischen Goldgrund früherer Zukunftspanoramen trennen mag, werden bei Braun signifikant: »Die große / Gewißheit der Klassiker und die langen / Gesichter der Nachwelt. Wohin soll ich denken?« In dieser »Rechtfertigung des Philosophen« (Braun 1979, 138) ist jede Spur eines DDR-Lobs verbannt; übrig bleibt mehr und mehr eine Skepsis, die selbst geübte dialektische Kunstgriffe – »Was immer kommt ist besserschlechter oder als. / Was mir die Augen, öffnet nicht die Lippen« (138) – zunehmend unsicherer handhabt.

Auch das Gedicht »Vom Besteigen hoher Berge (Nach Lenin)« (136) zeigt ein lyrisches Ich in der **Situation resignativen Zweifelns**, die nach Wallace kaum eine »radikalere Infragestellung des vom real existierenden Sozialismus eingeschlagenen Weges zum Kommunismus« (Wallace 1983, 208) sein könne:

> Wo wollen wir eigentlich hin.
> Ist das überhaupt der Berg, den wir beehren
> Oder eine ägyptische Pyramide.
> Warum sind wir so müde.
> Müssen wir nicht längst umkehren
> Und von unsern Posten herabfahren.
> Und uns aus den Sicherungen schnüren
> Denn dieser Weg wird nicht zum Ziel führen.
> Tappen ins Ungewisse, aus dem wir aufgestiegen waren.
> Die Reibung unser einziger Halt.
> Tagelang arbeiten, um einen Zoll zurückzugehn
> Verschwinden, um zu bestehn.
> [...]

Brauns Gedichtband *Training des aufrechten Gangs* zitiert zwar im Titel noch mit einer Anspielung auf Ernst Bloch ein Utopiemoment schlechthin, jedoch wird dieses in dem Maße zurückgenommen, wie allgewaltige Konturen starrer, kalter Machtinstanzen im sozialistischen Staate sichtbar werden. Dessen historisches Erbe, zur monumentalen Pose geronnen, ist für Braun ein Material, an dem eine Kontrafaktur zum ideologischen Schema erprobt werden kann.

So bleibt im Gedicht »Richtplatz bei Mühlhausen« (140) keine Spur musealen Dekors übrig. Der Blick auf den Schlachtort von 1525, dessen Protagonisten namenlos sind, wird zum Blick auf eine Bauernkriegslandschaft der Niederlage und des Untergangs, die eben »kein Zeichen« mehr freigibt, das noch nach vorn, gar auf den sozialistischen Erben, wiese:

> Der Acker, abhängend
> Vor den Hügeln, randlos
> Beladen mit gelbem Korn. Im Regen
> Der blank zieht aus dem Gewölk
> Die Schlacht, mit Riesengräten, fuder-
> Dröhnend ins Dorf.
> Kein Zeichen sonst. Die Zerrissenen
> Unsichtbar lange, spät
> In einem goldenen Feld.

Es ist für Brauns Gedichte der späten 70er Jahre charakteristisch, dass sie – wie im Schlusstableau vom »goldenen Feld« – keineswegs alle utopischen Spuren restlos tilgen, sondern aus der **Spannung zwischen resignativer Enttäuschung und vagem Hoffnungsschimmer** zu verstehen sind. In jedem Fall aber haben sie einen deutlich reflektorischen Akzent. Sie appellieren nicht mehr, indem sie wie in den 60er Jahren ein ›Wir‹-Gefühl, eine jugendliche Aufbruchsstimmung evozieren, sondern sind voller Selbstzweifel und bohrenden Fragen.

Die Krise des Utopischen bei Braun ist kein rein innerliterarisches Phänomen. Sie entwickelt sich vor dem Hintergrund des VIII. Parteitages der SED (1971) und steht im Zeichen **gesellschafts- und kulturpolitischer Verhärtungen** um die Mitte der 70er Jahre, deren spektakulärer Ausdruck die Zwangsausbürgerung Biermanns (November 1976) war: Beginn eines Exodus, der gerade auch die Lyrik der DDR empfindlich getroffen hat, nachdem kurz danach Thomas Brasch, Sarah Kirsch, Reiner Kunze, Bernd Jentzsch und später auch Günter Kunert, Frank-Wolf Matthies und Kurt Bartsch die DDR verließen.

Es wäre falsch, nach diesem Westexodus die Lyrik der DDR für provinziell und unbedeutend zu erklären. Aber die politisch-kulturellen Repressionen haben auf eine Literatur zurückgewirkt, die in permanenter Auseinandersetzung mit staatlichen Ansprüchen und Ideologien ihre Rolle in der einst so verheißungsvoll ausgerufenen ›Literaturgesellschaft‹ der DDR zu behaupten versteht. Tendenzen zur Sprachskepsis, ja zur »fortschreitenden Hermetisierung« (Hartmann 1985, 122) am Ende der 70er Jahre sind Symptome einer **kritischen Distanz zu Parteilichkeitsfloskeln**, die Jahre vorher noch das Auftragsgedicht propagandistisch einforderten. Gerade solche zurückgenommenen Positionen erlauben – ganz im Zeichen individueller Selbstklärungen und Selbstzweifel – einen Abstand zu Ideologie und Doktrin, der zuweilen alle Züge einer poetisch verschlüsselten Kontrafaktur trägt.

Sarah Kirschs Naturlyrik

Eine Ausdrucksform dieser Distanzhaltung ist das Naturgedicht, das in den 70er Jahren wieder zu einem **signifikanten Genre der DDR-Lyriker** geworden ist. Vorbereitet wird diese Entwicklung nicht zuletzt durch Sarah Kirsch (* 1935). Der Gedichtband *Landaufenthalt* von 1967 etwa nimmt Impressionen aus der Natur zum Anlass, die eigene Subjektivität an ihnen zu erproben. Das lyrische Ich registriert, indem es im Privaten und Persönlichen ein Stück Leben *für sich* fordert, eine unbekannte, neue Dimension der Wirklichkeit.

Kirschs Märchenanspielungen – sie werden im 1973 erschienenen Band *Zaubersprüche* deutlich – sind ein Ausdruck für den besonderen Reiz dieser wiederentdeckten, nicht so leicht zu vereinnahmenden Perspektive. Der 1976, kurz vor der Ausreise aus der DDR veröffentlichte Gedichtband *Rückenwind* (1976) zeigt die Rolle der **Naturlyrik**, die zuweilen mit Kirschs zweitem großen Genre, dem **Liebesgedicht**, verbunden wird. Die Lyrikerin legt sich auf keinen philosophisch bestimmten Naturbegriff fest, sondern experimentiert von der flüchtigen Impression bis zur Landschaftsbetrachtung, vom faszinierenden Schein ephemeren

Details bis zum entgrenzenden Bild mit unterschiedlichen Formen des Naturgedichts.

Kirsch beherrscht in ihrem Repertoire die konventionelle Liedstrophe ebenso wie das Prosagedicht. Gemeinsamkeiten stiftet allenfalls das lyrische Subjekt selbst, das einmal heiter-übermütig, ein andermal eher melancholisch Reflexionen skizziert. Bei aller evidenten Skepsis gegenüber politischer Zukunftsrhetorik hat Kirsch sich ein **Element des Utopischen** bewahrt, und zwar nicht als Vorschein einer neuen Welt, sondern als erinnertes, trotz aller Beschränkungen der Existenz zu rettendes Glück. Bis an die Idylle reicht die Anspielung auf Utopie, wie im Gedicht »Im Sommer« (Kirsch 1976, 51):

[...]
Noch fliegt die Graugans, spaziert der Storch
Durch unvergiftete Wiesen. Ach, die Wolken
Wie Berge fliegen sie über die Wälder.

Wenn man hier keine Zeitung hält
Ist die Welt in Ordnung.
In Pflaumenmuskesseln
Spiegelt sich schön das eigne Gesicht
und Feuerrot leuchten die Felder.

Der idyllische Zug kann sogar, wie in einem anderen Gedicht, die momenthafte Einheit des Ichs mit einer friedlichen Welt noch weiter verdichten: »Mit rotem Handtuch raus in die Sonne. / Warme Wolkenschatten auf Steinen / Akazienblätter. // Ich seh durch den Kamm in das Licht – / Alles vertraut« (56).

Naturlyrik in der DDR

Sarah Kirschs Lyrik ist nicht das einzige Beispiel für die **Renaissance des Naturgedichts in den 70er Jahren.** Auch Wulf Kirsten etwa, bis dahin außerhalb der DDR noch wenig bekannt, hat mit seiner Hinwendung zum Landschafts- und Naturgedicht eine auf Huchel zurückgehende Tradition erneuert, im Panorama des abseits Gelegenen, ja Dörflich-Rückständigen die Gegenwart in ihren Widersprüchen aufzudecken. Mit einem »›Dorfdichter‹« hat **Wulf Kirsten** (* 1934) nur für die Leser Ähnlichkeiten, die seine Gedichte bloß als heitere »Impressionen« oder als idyllische »Bilderbögen von altem und neuem Leben« (Kindler 1980, 3, 302) begreifen.

Kirsten entwirft seine Landschaften gerade nicht als Enklaven harmonischen Rückzugs, sondern skizziert sinnlich erfahrene Widersprüchlichkeiten, sichtbare Spannungen und Asymmetrien, die Anlass zu gesellschaftlicher Reflexion bieten. So beginnt das Gedicht »dort« (Kirsten 1987, 37) mit einer Bestandsaufnahme ökologischer und planerischer Unzulänglichkeit: »die zersiedelte siedlung, / wie sie verwegen abhängt, / zerfleddert und zerpflückt / zwischen wilden müllkippen, / die sich verzetteln / von unort zu unort.«

Heukenkamps Hinweis auf eine »**regelrechte Müllkippenpoesie**« (Heukenkamp 1983, 91) in der DDR-Lyrik der 70er Jahre – sie nennt Beispiele von Adolf Endler bis Uwe Kolbe und Wulf Kirstens Anthologie *Veränderte Landschaft* (1979) – ist ein Indiz für die Bedeutung, die diese Sujets erlangt haben. In seinem Gedicht »eisgang« (Kirsten 1987, 22) führt Kirstens Spurensicherung einer ruinösen Flusslandschaft zur Vision einer düsteren Bedrohung:

ertrinkende stille,
Strudel inmitten,
fische bäuchlings und phenol.
es schwimmen die inseln
durch der flußvögel schlaf.
grelle schreie im ohr
seit herzlosen wintern.
bei klirrendem frost
ein tod -
scheffelweise die toten
auf den treibenden schollen.
auf die Schwimmhäute fiel schnee.
aus dem wasser steigt
des flusses schlechter atem.
phönixleer der himmel.
rauch ist gestiegen,
ruß ist gefallen,
weich wie die flocken des schnees.

Im Todesmotiv wird, vorbereitet in der Anspielung auf »phenol« und »des flusses schlechten atem«, die Rücknahme des utopischen Scheins direkt ausgesprochen: »phönixleer der himmel«. Nicht in jedem Gedicht entwirft Kirsten eine derart perspektivlose Naturkulisse; aber es gibt auch in den anderen Texten kein Zurück mehr zur Verbindlichkeit kollektiver Standpunkte.

Karl Mickel

Noch stärker ist deren Irritation im Werk von Karl Mickel (* 1935) zu beobachten, der im Gedicht »Die Elbe« (Mickel 1975, 36) ebenfalls das Thema das Flusses zum Katastrophentopos erweitert, und zwar in einer assoziativen Anspielung auf den »Verkehrsstrom« inmitten der Flusslandschaft:

[...]
Neben dem Fluß, der Verkehrsstrom
Reißt, der Interruptus auf der Straße

Und die Menge, wenn zwei Autos sich
Vernichteten, kreist um die Leere
Wie der Strom ums Äug des Strudels wirbelt.
Umgekehrt. Hier Eine am Boden
Gespickt rundum, und Reisig kerbt die Hüfte
Dann ziehen ihre Blicke aus der Leiche
Passanten. Glimmend um die Trümmer
Kreist das Volk von Weixdorf bis Pesterwitz
[...]

Als »Verfremdung der lyrischen Rede« (Heukenkamp 1983, 87) wertet Heukenkamp das Gedicht. Der Text, dessen letzte Verse »Vgl. auch den Kommentar zu Pindar / Von Hölderlin, Belebendes (Kentauren)« zunächst apokryphe Schlusssetzungen bleiben, die zum nochmaligen Durcharbeiten aller Anspielungen und Sinnebenen der Großmetapher ›Elbe‹ zwingen, zerlegt eine teleologische Ausdeutung von Geschichte in ihre Bestandteile, bis hin zum Prinzip der Sprachstörung an eben der Stelle, die dem Untergang der Elbmetropole Dresden im Februar 1945 gilt:

[...]
Sanft wie die Berge neben dem Fluß
(Czechowski) kriechen Bestien in die, aus dem
Zoo, bei Kindern, nach dem Angriff
Achselhöhlen. [...]

»Mickel reagiert«, so heben Lethen und Berendse in ihrer Interpretation des Gedichts hervor, »auf die rhetorische Tradition des Flusses als Denkbild der Geschichtsphilosophie, indem er sie erstmal solange übermalt, bis sie unkenntlich geworden ist« (Lethen/Berendse 1987, 132).

Der Verweis auf Hölderlin ersetzt nicht mehr die eigene Reflexion durch ein identifikatorisches Einverständnis, sondern bietet eine offen gehaltene Montage an, die korrespondierende Sinnebenen bereithält. Sie zu lesen, gar zusammenzufügen ist Sache der Interpreten, deren Ergebnisse das Gedicht mit seinen an die Konkrete Poesie erinnernden Verfahren nicht a priori verbürgt. So wird Mickels Gedicht zum Exempel einer Lyrik, die nach Heukenkamp »in ziemlich schroffer Abweisung der überlieferten Lesegewohnheiten« für »Erschwernisse« gesorgt hat, nicht zuletzt dadurch, dass sie »die Unmittelbarkeit der Kommunikation zwischen Autor und Leser oder Text und Leser« (Heukenkamp 1983, 83) unterbricht.

Heinz Czechowski

Die Tendenz zur behaupteten Autonomie, die schon in den 60er Jahren angestrebt wurde, verstärkt sich bis hin zum Anspruch auf einen sprach- und ideologiekritischen Status. 1972 bereits macht Czechowski (* 1935) in einem Essay klar, dass sich ein »Provinzialismus« nicht zuletzt »in einem kalten, kalkulierten Kunstgewerbe« äußere, und »daß z.B. die Vietnam-Thematik, diese für uns oft unvorstellbaren Leiden und Kämpfe, mit Bambus, Wasserbüffeln und dem Mond über dem Mekong garniert« (*Sinn und Form* 1972, 900) werde. Damit grenzt er sich strikt gegen eine wie Leitartikel und Auftragskunst produzierte Lyrik ab. Er fordert einen Freiraum, der die Publikationsbreite von Gedichten ebenso einschließt wie eine Kritik ästhetischer Dogmen, die eine freie Entfaltung der Lyrik erschweren.

In der Auseinandersetzung um diese Prämissen gewinnt über die 70er Jahre hinweg eine Tendenz an Einfluss, die sich von verordneten Weltbildern und politischen Bevormundungsversuchen löst. Offensiv nimmt Endler in seinem ironischen »Aufruf an die Kunstarmee« (Endler 1974, 79) das frühere Propagandagedicht aufs Korn: »Aufzuweisen daß der Mensch in unserm Lager besser ist / Besser besser besser besser besser besser / Aufzuweisen daß der Mensch in unserm Lager viel mehr lacht.« Die Möglichkeiten freilich, solche Distanz strikt durchzuhalten, sind, wie der Autonomieanspruch, vor dem Hintergrund staatlicher Kulturpolitik begrenzt. In seinem Gedicht »An meine Freunde, Sommer 1975« notiert Czechowski lapidar: »Spektakuläre Durchbrüche / Gelingen uns nicht. / [...] / Aufgegeben, / Was nicht zu erreichen ist. // Ziellos, / Doch nicht ohne Hoffnung« (Bender 1978, 33).

Günter Kunerts Lyrik der 70er Jahre

Czechowskis Beschwörung der »Hoffnung« noch im Moment skeptischen Fragens ließe sich ohne Mühe auch im Werk Günter Kunerts (*1929) nachweisen, dessen Gedichtbände sukzessive den allmählichen **Zerfall politisch-sozialer Utopismen** dokumentieren, bis hin zu deren Widerruf. Kunert, der die DDR 1979 verlässt und bis 1972 SED-Mitglied war, hat schon 1970 in seinem Gedichtband *Warnung vor Spiegeln* die Voraussetzungen und Möglichkeiten des Gedichts thematisiert.

Seine poetologischen Gedichte können in den 70er Jahren als Versuche gelesen werden, die Basis einer Lyrik vor dem Horizont weltweiter Machtapparaturen und Manipulationszentren zu erkunden.

Zwar kann er dabei, wie im Gedicht »Regen« (Kunert 1982, 14), noch in der »Welt der zerstörten Bilder«, Brechts Vorbild folgend, ein Wahrheitspostulat aussprechen: »Studiere den Regen: jeder Tropfen / ist wahr.« Aber in der »Spekulation des Gedichteschreibers übers Gedichteschreiben« (27) liest sich ein solcher Trost entschieden zurückgenommener: »Schweigen / wäre / eine meßbare Frequenz nicht verlautbarter / lauterer Wahrheit.«

Noch ist Kunerts Lösung dialektisch: »Das Rechte zu sorgen, ist mehr / als das Richtige.« Im Gedichtband *Unterwegs nach Utopia* (1977) fehlt bereits der Optimismus solcher Verse. »Langsam / verlieren wir das Bewußtsein / von unseren Verlusten / und so leiden wir / an Knappheit keinen Mangel« (Kunert 1977, 11), notiert ein Epigramm Kunerts. »Die Träume vergilben verschwinden / An den Wurzeln der Standpunkte / hat die Fäulnis gesiegt«, heißt es im Gedicht »Psychogramm«, das auch von der »Vergiftung durch Worte«, von der »Angst vor der Angst« spricht und damit anzeigt, in welchem Maße eine selbstreflexive Dimension Kunerts Gedichte der 70er Jahre durchherrscht. Sie grenzt zuweilen gar an Sprachskepsis: »Aber immer drängt sich / das falsche Wort vor und /das Innerste der Welt / bleibt dunkel / weiterhin» (56).

Dennoch gewinnt der Dichter eine ästhetische Perspektive, die am Ende das Gedicht legitimiert – trotz aller Zweifel am Modus lyrischen Sprechens (175):

> Das Gedicht bloß gewahrt
> was hinter den Horizonten verschwindet
> etwas wie wahres Lieben und Leben
> die zwei Flügel des Lebens
> bewegt von letzter Angst
> in einer vollkommenen
> Endgültigkeit.

So emphatisch Kunert ein Utopiemoment entwirft, so vieldeutig und unbestimmt bleibt es. Ein pejorativer Zug verstärkt sich gerade im Versuch, ideologische Muster zu zerbrechen. »Ein neues Mittelalter bloß / auf Rädern und auf langen Schienensträngen / und dann: Ein Halt«, definiert Kunert jenes vielbeschworene wissenschaftlich-technische Zeitalter und wendet dessen Kollektivsymbol, die Eisenbahnfahrt, ins Negative: »Du bist nur in der Heimat / deiner eigenen Müdigkeit und fährst / zu keinem andren Ende hin / als diesem« (51).

Noch deutlicher nimmt das Gedicht »Klassiker II (Marx)« (55) eine selbstzufriedene, um sich selbst kreisende Geschichtsphilosophie ins Visier, deren kommunistisches Fernziel längst im historischen Prozess verkommen ist:

> wir stolpern
> von deinem Wort geleitet
> von einer in die andre Finsternis
> rasiert und angestellt
> und rettungslos.

Berücksichtigt man die Funktion des Porträtgedichts in der Lyrik der DDR, also die im historisch-biographischen Material angelegte Positionsbestimmung der Gegenwart, dann hat Kunerts ›Marx‹-Gedicht – jenseits aller Fragen nach Größe, Ruhm und Aktualität der »Klassiker« – ohne Wenn und Aber den **Abgrund zwischen Theorie und Praxis** offengelegt: als unüberbrückbaren Antagonismus zwischen Befreiungstraum und entfremdeter Realität, dem nicht nur »die Quader / für neue Kerker« entstammen, sondern auch die gegenutopische Lesart aus »dem Steinbruch der Geschichte«, die »andre Finsternis« einer ehemals verheißenen neuen Zeit.

Gerhard Wolfs Hinweis, die »Umkehrung bisher als Ideologie akzeptierter Werte«, bei Kunert »einer kopernikanischen Wende vergleichbar« (zit. n. Krüger 1979, 101f.), hat schon für die 60er Jahre Gültigkeit und erinnert noch einmal an werkgeschichtliche Voraussetzungen einer so fundamentalen Abgrenzung vom doktrinären Marxismus. Im Verlauf der 70er Jahre aber zeigt sich das ganze Ausmaß jener »Wende«, die nicht mehr nur »das Positive vom Negativen her« (103) zu definieren trachtet, sondern mit aller politisch beanspruchten Positivität abrechnet.

Wie wenig übrig geblieben ist, deutet Kunerts Gedicht »Keine Neuigkeit aus Troja« (443, 72) an: »was vom Bekenntnis der Wahrheit / auf Erden verbleibt / ist mir fremd / nichts Menschliches // Erbrochenes Blut / ein Farbfleck / das Wegwischen / nicht wert«. Küntzel hat die Bedeutung dieser »Geschichtsgedichte« (Küntzel 1982, 258) für die Lyrik der 70er Jahre hervorgehoben. In ihnen werde, wie bei Kunert, aber auch bei Braun, die »Entfernung von den Geschichtsentwürfen der Klassiker« (260) sinnfällig, nicht zuletzt auch Erfahrungen von Misserfolgen und Fehlern. Vor diesem Hintergrund wird auch der Abschied von einer bloß gesellschaftlich und politisch gebundenen Position des Lyrikers deutlich.

Nicht in der Analogie, sondern im **Dissens zum »Zeitgeist«** ist nach Kunert das Gedicht zu verorten: »Wäre das Gedicht primär das gesellschaftlich herrschende Bewußtsein einer Epoche [...], wäre es restlos vom Geiste seiner Zeit bestimmt, es würde zusammen mit dem Zeitgeist erlöschen. Übrig blieben unleserliche, nichtssagende Verse, Asche, in der höchstens Literaturwissenschaftler stochern würden« (Kunert 1976, 266).

Erich Arendts späte Gedichte

Neben den bereits genannten Autoren nimmt das »**Geschichtsgedicht**« auch im Werk von Mickel und Arendt eine wichtige Rolle ein. Arendt hat das Genre in seinen Möglichkeiten erprobt, schon bevor die Generation Volker Brauns und Kunerts es entdeckten. Auf Walter Benjamins Bild vom ›Engel der Geschichte‹ anspielend, deutet Arendts Gedicht »Im Museum«, 1978 im Gedichtband *Zeitsaum* erschienen, den Einspruch gegen einen letzten messianischen Utopismus an, indem er die »Mordlust Geschichte« als eine einzige Widerlegung geschichtsphilosophischer Fortschrittsparadigmen zu lesen weiß:

Hautlos ins Unfaßbar
zurück...

die Helme nur
dicht bei dicht,
hohl-
äugendes Spähen,
sie weisen
die Mordlust Geschichte,
ganz.

Futurhin
Aberglück
verheißend ihr

weitausschreitender Engel.
Rückwärts gewandten Blicks
er sah
Trümmer allein.
[...]

Die Idee historischer Progression bricht in sich zusammen, wenn sie ihres trügerischen »Aberglücks« entledigt wird. Die Metapher »**Mordlust Geschichte**« kommentiert auf radikale Weise marxistische Fortschrittsteleologie und deutet – übrigens auch im Unterschied zu Benjamin – an, dass für die Poesie nicht Sinnstiftung, sondern das Gedächtnis an die »Trümmer allein« ausschlaggebend ist.

Hier und nur hier liegt die **politische Funktion der Dichtung**. Entschiedene Zeitgenossenschaft, keine geschichtslose Metaphysik bestimmt Arendts Hermetismus, der sich von Jahrzehnt zu Jahrzehnt verdüstert und in seiner Bedeutung weit über die DDR hinausführt. So wie der ideologisch konträre, faktisch aber in Ost und West gleichermaßen fetischisierte Glaube an den technischen Fortschritt und die ›Machbarkeit‹ der Welt ein Konvergenzprinzip der 70er Jahre ist, so präzise und klar fällt Arendts Kontrafaktur aus, an ihren kargen Versen scheitert alle Indienstnahme der Geschichte, welche Seite sie auch immer – im Namen von Fortschritt und Humanität beansprucht (Arendt 1978, 86):

Vom Aufblitzen
der Waffe Agamemnons
bis zum Kugelfang Schrei
der Mauer
kein fühlbarer
Rest.

Arendt liest den Mythos des Trojanischen Krieges zu Ende, indem er ihn gegen eine zum Mythos verklärte Gesetzmäßigkeit progressiver Geschichtsverläufe wendet. Sein Lakonismus ist symptomatisch für eine kräftig gebliebene Tradition hermetischer Lyrik. Dabei ist Arendt, wie etwa Huchels postum erschienener Gedichtband *Die neunte Stunde* (Huchel 1979) belegt, nicht der einzige Autor einer älteren Dichtergeneration, der in den 70er Jahren sich an der Destruktion jener Ideologeme beteiligt, die in Ost und West politische Administrationen beherrschen.

Der späte Huchel

Auch Peter Huchel (1903–1981) notiert, im Gedicht »Das Grab des Odysseus« (Huchel 1984, 231) auf den griechischen Mythos rekurrierend, einen Pessimismus historischer Perspektiven, an dem Illusion und Utopie zerbrechen:

Mein ist alles, sagte der Staub,
das Grab der Sonne hinter der Wüste,
die Riffe voller Wassergetöse,
der endlose Mittag, der immer noch warnt
den Seeräubersohn aus Ithaka,
das Steuerruder, schartig vom Salz,
die Karten und Schiffskataloge
des alten Homer.

Die erneute Adaption des Mythos, in den 70er Jahren allenthalben beobachtbar, nimmt alle Aufbruchsphantasien zurück, deren Entstehung und Verbreitung eine Dekade früher auch die Literatur mächtig vorangetrieben hatte. Huchel freilich beteiligte sich nicht daran; eher bestätigt nun die neue Rezeption des Mythos, was seit langem zum Bestand Huchelscher Gedichte gehörte: dass angesichts einer vom Untergang bedrohten Welt kein Anlass zu Hoffnungsprognosen gegeben ist. **Motive der Vergeblichkeit, des Endes und Todes** (wie im Titel »Die neunte Stunde«) mehren sich in Huchels letztem Gedichtband.

Mit dem immer wieder aufgenommenen Motiv der misslungenen Entzifferung von Schriftzeichen und Chiffren – »Die Namen verdämmern, / keiner entziffert den Text« (234); »Wegzeichen wohin? Schriftzeichen, / nicht zu entziffern« (258) – wird vollends deutlich, dass es Huchel nicht um eine geschichtsenthobene Fortsetzung naturlyrischer Traditionen zu tun ist, sondern dass er im Zeichen der »neunten Stunde« zugleich den Untergang markiert (253):

Was bleibt, ist nicht mehr
als der schwarze Draht in der Luft,
der zwei Stimmen vereinigt.

In der weißen Abtei des Winters
ein lautloser Flügelschlag.
Im Namen dessen –
bis ans Ende der Tage.

Huchels Gedichte, geschrieben nach der Übersiedlung in den Westen, korrespondieren mit Kunerts und Arendts **geschichtspessimistischen Denkfiguren** und zeigen einmal mehr, dass die **Tendenz zur Negativierung**, ja zur kompletten Destruktion des Utopischen keine politischen Grenzen kennt. Wie etwa Arendts Kontrafaktur trügerischer Geschichtsmächtigkeit moderner Gesellschaften Ost und West gleichermaßen betrifft, so ist auch Huchels späte Lyrik an keine Systemfrage gebunden.

Kälte-Metaphern und Krisenbewusstsein

Die Irritation optimistischer Zukunftsbilder und der Einspruch gegen Ideologien verbindet in den 70er Jahren viele Lyriker. So findet z.B. Huchels ins Naturbild gefasste Skepsis – »wir werden dem Schnee, / der ins schwarze Wasser sinkt, / kein Tedeum mehr sprechen« (237) seine Parallele bei Karl Krolow, der das Bewusstsein vom Ende traditioneller naturlyrischer Chiffren verstärkt (Krolow 1985, 3, 30):

> Manches stimmt nicht mehr wie
> der gleichmäßige Wind
> im stinkenden Sommer.
> Das ist jetzt anders. Du muß dich
> vornüber halten. Das riecht nun
> nach anderem Abfall, nassem Getreide
> und verbranntem Grasboden.
> Das Realitätsprinzip setzt sich durch -
> [...]

Vor dem Horizont ökologischer Krisen verlieren Krolows Gedichte ihr heiter-spielerisches Element; sie reagieren, wenn auch zuweilen unbestimmt und verunsichert, auf veränderte politische und kulturelle Stimmungen in der Bundesrepublik.

Zustandsbeschreibungen eigenen Unbehagens sind in den späten 70er Jahren recht verbreitet. Die rasch grassierende **Metapher von der »Eiszeit«** wird, wie bei Volker von Törne, zum Ansatzpunkt resignativen, ja ratlosen Räsonierens: »Ja / Es ist finster / Geworden / Leitartikel / Nageln sie / Wie Bretter / Vor den Kopf / Wie einen Knebel / Stoßen sie dir / Neue Gesetze / In den Hals« (Törne 1981, 153).

Durchschaut freilich wird die »Eiszeit«-Situation kaum; ein Zitat aus Hölderlins Gedicht »Hälfte des Lebens«, zur obligaten Phrase ›linker‹ Melancholie verformt, ersetzt am Ende die eigene, über eine bloße Identifikationsübung hinausgehende Kritik:

> Ja
> Es ist kälter
> geworden
> *Im Winde*
> *Klirren*
> *Die Fahnen*

Die Kälte-Metapher umschreibt ein **allgemeines gesellschaftliches Unbehagen:** »Die Zeit verrinnt, Angst und Kälte nehmen zu«, heißt es in Herburgers 1977 erschienenem Gedichtband *Ziele*, der in vielem ein Ende des kurzlebigen Alltagsgenres ankündigt und sich schließlich auch Hölderlin'sche Bilder ausborgt: »Aber wir, was machen wir, / wenn es dunkel [...] wird im Winter / ohne Blumen, ohne Licht?« (Herburger 1977, 95).

Meckels Gedicht »Was dieses Land betrifft« (Meckel 1979, 81) notiert einen ähnlichen Befund: »Dies ist kein Ort / für mehr als ein Dasein in Kälte, ausgeschieden / einsilbig und überstimmt.« Und Michael Krügers »Gedicht über einen Spaziergang am Stausee und über Gedichte« (Bender 1983, 44), dessen Eingangsvers »Am Abend wurde es unheimlich kalt« bereits das Thema eröffnet, schildert die Situation, in der die Kälte-Metapher ausgesprochen wird: »[...] Rasch bilde ich eine / Neue Theorie über das Alte Leiden, aber die Kälte / nimmt zu, auch die Müdigkeit.«

Peter Rühmkorfs lyrische Ironie

Vor dem Horizont dieser negativen Standortbestimmung fällt es denen schwer, die, wie Rühmkorf (* 1929) in seinem Gedichtband *Haltbar bis Ende 1999* (1979), »jenen ›Utopie‹ genannten Unort« retten wollen, also das Gedicht weiterhin als einen »**utopischen Raum**« definieren, »in dem freier geatmet, inniger empfunden, radikaler gedacht und dennoch zusammenhängender gefühlt werden kann als in der so genannten ›wirklichen Welt‹. [...] Nur in Gedichten, denen es nicht gelungen ist, ein eigenes Magnetfeld aufzubauen, erscheint die Utopie fast regelmäßig ausgelagert« (112f.).

Rühmkorfs Plädoyer bleibt, sogar vor dem Hintergrund seiner eigenen Gedichtproduktion gelesen, ein vages Versprechen. Das lyrische Ich nimmt zwar zuweilen die Rolle des Promotors, ja des Animateurs für neue Formen des Sich-Wehrens ein, schon um verbreiteter Weinerlichkeit ein Ende zu setzen. Aber trotz der Losung »Laß leuchten« (85), die einem Optimismus zuspricht, ist Rühmkorfs Poesie so konzipiert, dass sie gerade die **Differenz zum Aufbruchspathos der 60er Jahre** immer wieder reflektiert.

Uerlings hat zweifellos recht, wenn er darauf verweist, »der unbekümmerte, übermütige Tonfall der in den 50er und 60er Jahren verfassten Gedichte, das ausgesprochen spielerische Umkreisen der eigenen Identität« sei »einem eher melancholisch-resignativen und vor allem defensiven Ton gewichen.« Rühmkorfs »Selbstbehauptung« vollziehe sich »deutlich stärker aus einer Position der Verteidigung und des Pessimismus heraus«, die auch »die Aggressivität der Verse [...] bitterer und zynischer« (Walther 1973, 232) erscheinen lasse. Uerlings hebt damit selbst für einen Autor wie Rühmkorf, der in seinen poetologischen Schriften auch in den 70er Jahren noch einem Utopie-Begriff zuspricht, eine veränderte, zurückgenommene Akzentuierung des Utopischen hervor.

So als wolle er die im Winterbild verborgene Kälte-Metapher positiv wenden, adaptiert sein »Vorletztes Lied« (Nicolas Born gewidmet) wieder und wieder **Formeln tröstlicher Zuversicht**: »Da ist doch, denke ich, noch etwas Rot im Spiel / bei jedem grauen Spuk. / Schöne Gedanken gibts nicht mehr so viel, / Gespenster gibts genug« (Rühmkorf 1979, 89). Rühmkorfs Appelle haben aber selbstreflexiven Charakter und dürfen nicht als Anstiftung zu utopischem Träumen missverstanden werden. Die historische Zäsur 1968 ist auch für ihn die wichtigste Bruchstelle zwischen Utopie und Wirklichkeit: eine, die noch im Moment ihrer Fixierung nicht ganz den Gestus enthusiastischen Aufbruchs vernichten kann.

Enzensbergers Lyrik der 70er Jahre

Rühmkorfs Lyrik steht im engen Konnex zu seinem essayistischen Werk. Sie gleicht in diesem Punkte der Poesie Hans Magnus Enzensbergers (* 1929), die eng mit dessen politischen und ästhetischen Schriften korrespondiert. Im Unterschied zu Peter Rühmkorf hat es Enzensberger nicht schwer, gerade die Aporien utopischen Denkens in den 70er Jahren zu beschreiben, da seinen Gedichten stets ein **Element der Skepsis** eignet und er einem politischen Utopismus nie weiten Raum zukommen ließ.

Sein literarisches Werk, ganz auf der Kammhöhe intellektueller Debatten und Trends, wird zum Spiegel für die **Zurücknahme politischer Aufbruchsphantasien.** 1975, im Augenblick vielbeschworener ›Tendenzwenden‹, unterbreitet Enzensbergers Gedichtband *Mausoleum* in großangelegten historischen Porträtgedichten gleichsam eine Enzyklopädie der historischen Aufklärung, aber als kritische Montage, in der die Geschichte kaleidoskopartig in ihre Widersprüchlichkeiten und verlorenen Gelegenheiten zerfällt.

Damit nimmt der Autor eine Perspektive auf, die allenthalben zu den 70er Jahren gehört. Das *Mausoleum* besichtigt ein lyrisches Subjekt, das über die Fähigkeit verfügt, Geschichte souverän zu memorieren. Nicht Betroffenheit, sondern Belesenheit beeindruckt bei diesem Durchgang durch Gelehrtenbiographien, Wissenschaftlerlaufbahnen und Philosophenschicksale. Soviel Material dieses lyrische Kolleg, mit Index und Erläuterungen für den unkundigen Leser ausgestattet, auch zutage befördert: ein *Mausoleum* bleibt der Gedichtband – verglichen etwa mit der Lyrik Kunerts und Arendts – schon deshalb, weil es hinter seinen illustrativen Exempeln kaum den schmerzhaften, radikalen Schnitt offenbart, der in der konsequenten Zurücknahme und Kontrafaktur historischer Sinnsysteme und Geschichtskonzeptionen liegt.

Die Schwäche dieses *Mausoleums* wird daher gerade an der Stelle deutlich, wo Enzensberger statt der Dekonstruktion geschichtlicher Mythen in Sentimentalität verfällt, wie im Bakunin-Gedicht mit seinem pompös inszenierten Schlusspathos: »Nach Polizei riecht Europa immer noch. Darum, und weil es nie und nirgends, / Bakunin, ein Bakunin-Denkmal gegeben hat, gibt oder geben wird, / Bakunin, bitte ich dich: kehr wieder, kehr wieder, kehr wieder« (88).

Einen sarkastischen Rückblick auf die 70er Jahre formuliert Enzensberger im Gedicht »Andenken« (Elm 1992, 43). Aber wer ein Bild mit spezifischen Konturen der Dekade erwartet, wird zunächst enttäuscht. Ein paar Utopiereste, routiniertes Alltagshandeln im Umgang mit Katastrophen und anderen schrecklichen Ereignissen, ein Blick auf ein Jahrzehnt, das sich am Ende »selber verschluckt«: mehr ist dem kritischen Autor die Erinnerung offenbar nicht wert.

Also was die siebziger Jahre betrifft,
kann ich mich kurz fassen.
Die Auskunft war immer besetzt.
Die wunderbare Brotvermehrung

Beschränkt sich auf Düsseldorf und Umgebung.
Die furchtbare Nachricht lief über den Ticker,
wurde zur Kenntnis genommen und archiviert.

Widerstandslos, im großen und ganzen,
haben sie sich selber verschluckt,
die siebziger Jahre,
ohne Gewähr für Nachgeborene,
Türken und Arbeitslose.
Daß irgendwer ihrer mit Nachsicht gedächte,
wäre zuviel verlangt.

Den historischen Maßstab seines Urteils liefert Enzensberger anspielungsreich mit. Er zitiert nämlich drei Stellen aus Bertolt Brechts eine Epoche umgreifendem Gedicht »An die Nachgeborenen«. Aus dem Vers »Der Lachende hat die furchtbare Nachricht nur noch nicht empfangen« wird die für Mediengesellschaften am Ende des Jahrhunderts so charakteristische Nichtbetroffenheit (»zur Kenntnis genommen und archiviert«). Auch die »Nachgeborenen« tauchen auf, und zwar im Resümee der Dekade (»die siebziger Jahre, / ohne Gewähr für Nachgeborene«).

Von Brechts pathetischer Bitte »Gedenkt unserer mit Nachsicht« bleibt nur eine nüchterne Feststellung des Gegenteils: »Daß irgendwer ihrer mit Nachsicht gedächte, / wäre zuviel verlangt.« Als Parodie des Brecht-Klassikers gelesen, hält Enzensbergers »Andenken« gerade jenen Brecht-Epigonen seinen kritischen Spiegel vor, für die das Jahrzehnt mit dem Verlust von Tagträumen und großen Hoffnungen verbunden war.

Ernst Meisters späte Gedichte

Direkt konträr zu Enzensbergers breit angelegten, langzeiligen Porträtgedichten des *Mausoleums* steht Ernst Meisters Lyrik (1911–1979), die einer mit allem Schliff rhetorischer Eleganz versehenen Gedichtsprache misstraut. Meister hat sich nicht an Utopien abzuarbeiten, deren Scheitern er sich resignativ eingestehen müsste. Vielmehr reflektiert seine Lyrik, im Kontext der 70er Jahre betrachtet, gerade das Widersprüchliche und Ungenügende utopischer Denkmuster von ihrer sprachlich veralteten Struktur her.

Während für einige Zeit die Illusion poetischer Unmittelbarkeit zum ästhetisch-politischen Ideal eines neuen Gedichttypus erhoben wird, so als sei der Vers in der Tat eine jemandem zu überbringende ›Botschaft‹: und nicht deren kritische Negation, ist Meisters Lyrik die Einübung in eine gegenläufige Lektüre, die mit dem als Chance begriffenen erschwerten Verständnis zugleich an die Sprachlichkeit der Welt erinnert.

Lädierte Utopien, welche die Lyrik der 70er Jahre auf vielerlei Weise thematisiert, sind, von Meisters Gedichten her beurteilt, allemal Exempel einer beschädigten Sprache: formelhafter, unreflektierter, flüchtig entworfener Rede. Was noch zu sagen bleibt, vor allem aber, unter welchen Prämissen und Mühen, wenn auf alle trügerischen Hoffnungschiffren verzichtet wird, darauf verweist etwa Meisters Gedicht »Die Gestalt« (Meister 1979, 120) in der letzten Strophe:

> Gerettet sind wir
> durch nichts,
> und nichts
> bleibt für uns.

Stand am Anfang des Jahrzehnts noch die allgemeine Hoffnung auf Humanität und Erneuerung, so ist an seinem Ende wenig mehr übrig als eine **durch und durch negative Utopie.** »Es macht die Todesrechnung / den Zwang, / das Rechte zu finden« (118), heißt es in Meisters Gedicht »Du Erde voller Schädel«. Die Differenz zum Beginn des Jahrzehnts könnte nicht adäquater als im Lakonismus dieser Verse umgriffen werden.

Zitierte Anthologien und Sammlungen

Bender, Hans (Hg.): In diesem Land leben wir. Deutsche Gedichte der Gegenwart. München 1978.
Elm, Theo (Hg.): Kristallisationen. Deutsche Gedichte der achtziger Jahre. Stuttgart 1992.
Hage, Volker (Hg.): Lyrik für Leser. Deutsche Gedichte der siebziger Jahre. Stuttgart 1980.
Kirsten, Wulf (Hg.): Veränderte Landschaft. Leipzig 1979.
Theobaldy, Jürgen (Hg.): Und ich bewege mich doch. Gedichte vor und nach 1968. München 1968.

Zitierte Werkausgaben

Becker, Jürgen: Gedichte 1965–1980. Frankfurt a.M. 1981.
Bender, Hans: Deutsche Gedichte 1930–1960. Stuttgart 1983.
Biermann, Wolf: Nachlaß 1. Noten, Schriften, Beispiele. Köln 1977.
Braun, Volker: Gedichte. Frankfurt a.M. 1979[a].
Celan, Paul: Gesammelte Werke in fünf Bänden. Hg. von Beda Allemann u. Stefan Reichert. Frankfurt a.M. 1983.
Gerz, Jochen: Dran Denken. Texte in Arbeiten 1980–1996. Düsseldorf 1997.
Huchel, Peter: Gesammelte Werke in zwei Bänden. Hg. von Axel Vieregg. Bd. 1. Die Gedichte. Frankfurt a.M. 1984.
Krolow, Karl: Gesammelte Gedichte. Bd. 3. Frankfurt a.M. 1985.
Kunert, Günter: Warnung vor Spiegeln. / Unterwegs nach Utopia. / Abtötungsverfahren. München 1982.
Meckel, Christoph: Ausgewählte Gedichts 1955–1978. Königstein, Ts. 1979.
Meister, Ernst: Ausgewählte Gedichte 1932–1979. Erw. Neuausgabe. Nachwort von B. Allemann. Darmstadt/Neuwied 1979.

Zitierte Sekundärliteratur

Bachmann, Ingeborg: Frankfurter Vorlesungen. Probleme zeitgenössischer Dichtung. München 1978.
Block, Friedrich W.: Beobachtung des ›Ich‹. Zum Zusammenhang von Subjektivität und Medien am Beispiel experimenteller Poesie. Bielefeld 1999.

Breuer, Dieter (Hg.): Deutsche Lyrik nach 1945. Frankfurt a.M. 1988.
Buch, Hans Christoph: Von der möglichen Funktion der Literatur. Eine Art Metakritik. In: Kursbuch 20 (1970), S. 42–52.
Cosentino, Christine/Ertl, Wolfgang: Zur Lyrik Volker Brauns. Königstein, Ts. 1984.
Dencker, Klaus Peter: Sprache als ornamentaler Protest. Drei Kapitel zum Vorverständnis der Pop-Literatur unter besonderer Berücksichtigung von Rolf Dieter Brinkmanns Gedichten. In: Hermann Glaser (Hg.): Jugend-Stil. Stil der Jugend. München 1971, S. 79–101.
Dietschreit, Frank: Zeitgenössische Lyrik im Gesellschaftsprozeß. Versuch einer Rekonstruktion des Zusammenhangs politischer und literarischer Bewegungen. Frankfurt a.M. 1983.
Domin, Hilde: Wozu Lyrik heute. Dichter und Leser in der gesteuerten Gesellschaft. München 1968.
Drews, Jörg: Selbsterfahrung und Neue Subjektivität in der Lyrik. In: Akzente. Zeitschrift für Literatur 24 (1977), S. 89–95.
Fischer, Ludwig: Vom Beweis der Güte des Puddings. Zu Jörg Drews' und Jürgen Theobaldys Ansichten über neuere Lyrik. In: Akzente. Zeitschrift für Literatur 24 (1977), S. 371–379.
Gnüg, Hiltrud: Entstehung und Krise lyrischer Subjektivität. Vom klassischen lyrischen Ich zur modernen Erfahrungswirklichkeit. Stuttgart 1983.
Gräf, Dieter M.: Das auf den Rücken fallende E ist ein doppeltes U. Anmerkungen zu Pop, Brinkmann. In: Gudrun Schulz/Martin Kagel (Hg.): Rolf Dieter Brinkmann: Blicke ostwärts – westwärts. Beiträge des 1. Internationalen Symposions zu Leben und Werk Rolf Dieter Brinkmanns Vechta 2000. Vechta 2001, S. 175–182.
Handke, Peter: Die Geborgenheit unter der Schädeldecke. In: Büchner-Preis-Reden 1972–1983. Mit einem Vorwort von Herbert Heckmann. Stuttgart 1984, S. 42–48.
Hans, Jan u.a. (Hg.): Lyrik-Katalog Bundesrepublik. Gedichte, Biographien, Statements. München 1979.
Hartmann, Anneli: Der Generationswechsel – ein ästhetischer Wandel? Schreibweisen und Traditionsbezüge in der jüngsten DDR-Lyrik. In: Jahrbuch zur Literatur in der DDR 4 (1985), S. 109–134.
Hartung, Harald: Deutsche Lyrik seit 1965. Tendenzen – Beispiele – Porträts. München/Zürich 1985.
Heukenkamp, Ursula: Kunstbewußtsein und geistige Strenge. Zur Entwicklung der Lyrik in der DDR der siebziger Jahre. In: Literatur der DDR in den siebziger Jahren. Hg. von P.U. Hohendahl u. P. Hermighouse. Frankfurt a.M. 1983, S. 82–113.
Hinck, Walter (Hg.): Gedichte und Interpretationen. Bd. 6. Gegenwart. Stuttgart 1982.
Hinderer, Walter: Arbeit an der Gegenwart. Zur deutschen Literatur seit 1945. Würzburg 1994.
Kindlers Literaturgeschichte der Gegenwart. Autoren, Werke, Themen, Tendenzen seit 1945. Aktualisierte Ausgabe. Frankfurt a.M. 1980.
Knörrich, Otto: Die deutsche Lyrik seit 1945. 2., neu bearb. und erw. Aufl. Stuttgart 1978.
Krüger, Michael (Hg.): Kunert lesen. München/Wien 1979.
Kunert, Günter: Warum schreiben? Notizen zur Literatur. München/Wien 1976.
Küntzel, Heinrich: Ein Windhauch aus Utopia. Über die Lyrik der Siebziger Jahre in der DDR. In: Michigan German Studies 8 (1982), S. 253–287.
Lermen, Birgit/Loewen, Matthias: Lyrik aus der DDR. Exemplarische Analysen. Paderborn 1987.
Lethen, Herbert/Berendse, Gerrit-Jan: Im Zeichen der Kentauren. Überlegungen zum Gedicht »Die Elbe« von Karl Mickel. In: Jahrbuch zur Literatur in der DDR 6 (1987), S. 119–142.
Martinez, Matias: Jochen Gerz. In: Arnold, Heinz Ludwig (Hg.): Kritisches Lexikon zur deutschsprachigen Gegenwartsliteratur. München 1999, S. 1ff.
Rühmkorf, Peter: Strömungslehre I. Poesie. Reinbek 1978.
Schäfer, Jörgen: Pop-Literatur. Rolf Dieter Brinkmann und das Verhältnis zur Populärkultur in der Literatur der sechziger Jahre. Stuttgart 1998.
Schmatz, Ferdinand: Sinn & Sinne. Wiener Gruppe, Wiener Aktionismus und andere Wegbereiter. Wien 1992.
Späth, Sibylle: Die Entmythologisierung des Alltags. Zu Rolf Dieter Brinkmanns lyrischer Konzeption einer befreiten Wahrnehmung. In: Text + Kritik 71 (1981), S. 37–49.
Theobaldy, Jürgen/Zürcher, Gustav: Veränderung der Lyrik. Über westdeutsche Gedichte seit 1965. München 1976.

Theobaldy, Jürgen: Literaturkritik, astrologisch. Eine Antwort auf Jörg Drews. In: Akzente. Zeitschrift für Literatur 24 (1977), S. 188–191.

Urbe, Burglind: Lyrik, Fotografie und Massenkultur bei Rolf Dieter Brinkmann. Frankfurt a.M. 1985.

Wallace, Ian: Das Dennoch und der Triumph der Selbstbehauptung. Identitätssuche und Zivilisationskrise bei Volker Braun. In: Jahrbuch zur Literatur in der DDR 3 (1983), S. 185–208.

Walther, J.: Drei Interviews (V. Braun, B. Jentzsch, M. Stade). In: Akzente. Zeitschrift für Literatur 20 (1973), S. 385–408.

Weissenberger, Klaus (Hg.): Die deutsche Lyrik 1945–1975. Zwischen Botschaft und Spiel. Düsseldorf 1981.

Zeller, Michael (Hg.): Aufbrüche: Abschiede. Studien zur deutschen Literatur seit 1968. Stuttgart 1979.

Zimmermann, Hans Dieter: Die mangelhafte Subjektivität. In: Akzente. Zeitschrift für Literatur 24 (1977), S. 280–287.

5. Die achtziger Jahre: Diffusion und neue Wege

5.1 Nach der ›neuen Subjektivität‹. Die Wiederkehr traditioneller Formen

Innerhalb der Geschichte der Lyrik markiert der Beginn der 80er Jahre weder ein signifikantes Zäsurdatum noch eine Nahtstelle literarischer Trendwenden. Und dennoch zeigen sich, verglichen mit den frühen 70er Jahren, einige bedeutsame Veränderungen. So gewinnt eine **neue Generation in der Lyrik der DDR** immer mehr Raum, im Begriff, sich neben den Älteren, neben Braun, Mickel, Endler, Czechowski, zu behaupten. Hartungs These, die »Generation Volker Brauns« sei »bislang nicht abgelöst worden« (Hartung 1983, 26), muss angesichts einer recht umfangreichen Liste jüngerer, freilich noch wenig bekannter Autoren zumindest relativiert werden. Viele von ihnen haben Elke Erb und Sascha Anderson, ein nach der Wende als Spitzel der DDR-Staatssicherheit entlarvter, bis Ende der 80er Jahre freilich äußerst agiler Protagonist der Ostberliner alternativen Künstler- und Literaturszene, 1985 in der Anthologie *Berührung ist nur eine Randerscheinung* (Erb/Anderson 1985) im Westen vorgestellt, darunter auch solche, die bereits – wie Lutz Rathenow und Uwe Kolbe – Gedichtbände veröffentlichten. Zusammen mit schon früher bekannten Autoren wie Richard Pietraß, Peter Gosse, Manfred Jendryschik, Andreas Reimann, Wolfgang Hilbig und Elke Erb bilden sie jene uneinheitliche, offene Gruppe, die ihre Produktivität, bei aller Unterschiedlichkeit in Theorie und Praxis, aus einem kritischen Verhältnis zur Wirklichkeit ableitet.

Das rasche Ende des Alltagsgenres

Veränderte Bedingungen zu Beginn der 80er Jahre sind in der westdeutschen Lyrik kaum an neue Namen geknüpft, vielmehr an eine Umkehrung bisheriger Tendenzen, vor allem aber an ein Abrücken vom Alltagsgenre als Gattungsparadigma. Zwar werden noch Gedichte geschrieben, in denen – wie in Theobaldys Gedichtband *Schwere Erde, Rauch* (1980) – Alltäglichkeit zum atmosphärischen Ambiente des Textes gehört. Aber der Anteil reflektierender, ja räsonierender Passagen wird in den Texten stark erhöht, bis hin zur völligen Negation früherer poetischer Protokolltechniken. Frühere Projektionen eigener Allmacht werden zu Syndromen ohnmächtiger Passivität verformt. Es ist, wie in Theobaldys poetologischem Gedicht »Die Sätze« (48), die Rede von Sätzen, »die brüchig geworden sind«, von »zerbrochenen Zeilen«, »erstarrten Parolen« (48), so als würde nun nach ein paar Jahren Aufbruchsstimmung ein Prozess der Selbstanalyse mit offenem Ende eingeleitet werden.

Ein **melancholischer Gestus** jedenfalls, wie authentisch auch immer, beginnt die Gedichte zu durchziehen. Manche Lyriker scheuen sich nicht, ihn geradezu mit moralischem Pathos auszustatten, so als müsse das lyrische Subjekt sein eigenes Unbehagen kultivieren. Theobaldy etwa meditiert über die »Morgen, die vergehen« (45), wie über ein barockes Vanitas-Thema: »Viele Morgen, die vergehen, strahlend, / farblos, ohne Formen. [...] / Was zerfiel, was erst geworden war, das / Tote, jung gewesen, / schwelt in bleichen Welten, / flimmert über / Tümpeln, leeren Städten, / über Feldern, die zerbröckeln, Spuren / von erschöpften Schritten.«

Überhaupt ist eine **Tendenz zu meditativen Formen** unverkennbar, und gerade bei denjenigen Autoren, für die der Vergeblichkeitstopos gleichsam einer kopernikanischen Wende in der eigenen Weltanschauung gleichkommt. Das Meditationsmoment hat das Alltagsgenre verdrängt, indem es nun zum simplen Exempel lyrischer Einkehr wird. Damit aber verändern sich der Status des lyrischen Ichs und die gesamte Diktion der Texte. Das Detail und die Empfindung werden nicht weiter in der vermeintlichen Sprache des Alltags formuliert, sondern in getragenem, stilisiertem Ton. Der in Verse gebrochene Protokollsatz verschwindet und weicht preziösen Lyrismen. So verkehrt sich die ›neue Subjektivität‹, eben noch im Alltagsgenre erprobt, zu einem wieder geformten Ganzen, das mit seinen Herz- und Schmerztopoi, Reim- und Verskünsten gar zuweilen hinter die Moderne zurückgeht, so als gelte es, die Erlebnislyrik des 19. Jahrhunderts zu erneuern. Wer die **Wiederkehr der Form** konstatiert, sollte den Zusammenhang mit jener veränderten Statusfunktion des lyrischen Ichs bedenken. Die Form selbst, etwa der **Rückgriff auf traditionsreiche Genres, Gattungen, Vers- und Strophenformen**, ist zugleich die Wiederentdeckung einer lyrischen Haltung, eine **Rückkehr zu traditionellen Rollen, zur tradierten Gedichtsprache.**

Eine kurzlebige Form-Renaissance

Die »Wiederentdeckung der klassischen Dichterattitüde«, des »Seher-Priesters« (Bormann 1984, 5) ist eine Konsequenz aus reformulierten Traditionsansprüchen. Sie sind Ausdruck dafür, dass nicht bloß mit eigenen Aufbruchsstimmungen, optimistischen Weltbildern und platter Engagementkunst abgerechnet wird, sondern mit der epochalen Umbruchssituation der 60er Jahre insgesamt. Bormanns These, »Kunerts Rückkehr zum Reimbild« sei »auch als Absage an die Moderne«, an die »literarische Avantgarde« (ebd.) zu verstehen, gilt durchaus in einem allgemeinen Sinne, zumindest tendenziell, für die gesamte Form-Renaissance der frühen 80er Jahre. Sie zeigt sich in vielerlei Variationen und ist keineswegs an neue poetologische Einsichten geknüpft.

Nun sind auch vor 1980 Oden, Sonette, Elegien, Hymnen geschrieben worden; in der Arbeit mit der Form liegt kein literarhistorisches Novum. Aber die plötzlichen Vorlieben für

- konventionelle Reimschemata,
- antike Odenstrophen,

- streng alternierende Fünfheber,
- schlichte Lieder,
- Distichen,
- Ghaselen

korrespondieren nicht mehr mit einer von moderner Formrezeption getragenen, ja stets mitgestalteten **Spannung zwischen Moderne und Tradition.** Die Distanz ist eingezogen, bis hin zur Imitation einer feierlich-stilvollen Verssprache, die in der lyrischen Tradition Muster findet, die eigene Angst, das eigene Unbehagen, aber auch die eigene Lust am wiederentdeckten Rilkeschen ›Weltinnenraum‹, am lyrischen Dekor versunkenen Epigonentums zu formulieren: als ließe sich ein solches Repertoire lyrischer Wahrnehmungs- und Empfindungsmöglichkeiten ins ausgehende 20. Jahrhundert hinüberretten.

So beginnt Ulla Hahns Gedichtband *Spielende* (1983) schlicht mit einem »Danklied«, wie aus einem Poesie-Album zitiert: »Ich dank dir für dein schönes Angesicht / das für mich alles ist und weiter nichts. / Und auch daß ich dir nichts zu danken hab / als dies und manches andere Gedicht.« (7) So als wäre das Klischee von »leerer Straßen Traurigkeit« noch zu entdecken, als letzte Ausdrucksform authentischer Tristesse, hebt Hahns Gedicht »Mitten im Leben« (46) zu sentimentaler Rührung an:

> Wenn es tagt
> kommt mit erstickten Schritten
> durch die leeren Straßen Traurigkeit
> und ich steh am Fenster und ich warte
> daß sie kommt und bin für sie bereit

Zwar lockern Gedichte in anderer Diktion die gezierten Muster auf – »Endlich besoffen und ehrlich / und immer noch'n Sonett / Reiß mir den Himmel auf / leg mir die Welt ins Bett« (52) –, aber die Vorliebe für den Boudoir-Ton ist doch stärker, wie im Gedicht »Vorbei« (53):

> Die Zeit der süßen Weine ist vorbei
> das Paradies verkorkt. Wer aus mir trinkt
> dem rinnt das Blut zu Blei
> die Zeit der süßen Weine ist vorbei.

Verglichen etwa mit Sarah Kirschs oder Rose Ausländers später Liebeslyrik, vermag ein solches Ghasel in der – wie von Bormann angibt – Manier August von Platens und Friedrich Rückerts (Bormann 1984, 11) kaum mehr als ein harmloses Herz-Schmerz-Schema zu variieren, dessen Epigonalität evident ist. Im Gedicht »Sehnsucht« (Hahn 1983, 72) – »Nachts kreist die Sehnsucht um mein römisches Haus /

sie weiß nicht wohin seitdem ich dich nicht mehr liebe« – kehrt die ganze **Staffage nachromantischer Liebeslyrik** mit allem sentimentalen Schmelz und Dekor wieder: als römische Schwüle, nächtliche »Pinien«, »Schatten«, ja als »Vogel Sehnsucht« und »verheißendes Land«. Auch die Wiederentdeckung der »Tränen« (Hahn 1981, 20), als lyrisches Requisit ein Ausweis frisch renovierten 19. Jahrhunderts, geht nicht ohne entsprechenden sentimentalen Zierrat ab:

Ohne Tränen vorbei
gehst du in
Samt und Seide
fühlst wie ich
weine ich weine
aber dein Rock
wird nicht naß

Eine Erneuerung der Erlebnisdichtung kann eine solche Rückwendung nicht bewirken. Das Subjekt des Gedichts erfährt sich gerade nicht, wie etwa im Sturm und Drang, als ein unverfälscht-individuelles, das in seiner subjektorientierten Gedichtsprache das eigene Ich entdeckt. Es wird bei Hahn und anderen Dichtern der 80er Jahre ersetzt durch ein Klischee, das ohne individuelle Konturen bleibt und in der bloß zitierten ›Herzenssprache‹ erst recht nichts weiter als die eigene Erlebnisdefizienz offenbart.

Empfindsame Herzenssprache?

Weitere Paradigmen für den zu unverhoffter Aktualität gekommenen Herztopos lassen sich in der Lyrik der 80er Jahre ohne Mühe finden. So heißt es in Michael Krügers Gedicht »Herzklopfen« (Krüger 1985, 94):

Es sind die einfachen Dinge,
die uns nicht schlafen lassen:
ein Herzklopfen,
eine Handergreifung,
ein verwundertes Umsichschauen.
Nicht die krausen Gedankenspiele,
nicht die wunderlichen Grübeleien,
nicht der tolle Maskenscherz der Wahrheit.
[...]

Das »Herzklopfen« bedeutet Erinnerung an eigene Empfindungs- und Wahrnehmungsfähigkeit. Es wird zum Medium einer Sprache, die an »wunderlichen Grübeleien«, am »tollen Maskenscherz / der Wahrheit« keinen Gefallen mehr findet, dafür jedoch den Blick auf »die einfachen Dinge« schärft. In Krügers Gedichtband *Die Dronte* (1985) ist schon in der »Vorrede« von »Herzverdrahtungsplänen« und »flimmernden Zeichen« (7) die Rede, später, in anderen Gedichten, von »Herzzeit« (26), vom »Herzen des Sees« (34), von »Herz und Wunde / der Malerei« (77), ja vom Herzen, das sich »bewaffnete« und »blasig« kochte »unter der trockenen Haut« (77f.). Der Topos wird gleichsam zum Erkennungszeichen einer neuen Empfindsamkeit, die sich im traditionellen Vokabular mitteilt und endlich wieder darauf vertraut, dass wenigstens in der Lyrik Schmerz wieder Schmerz und Herz wieder Herz genannt werden darf.

Die **Konventionalität der ›Herzenssprache‹** zeigt das Dilemma formbewusster Lyrik der 80er Jahre. Sie ersetzt die trügerische Unmittelbarkeit des Alltagsgenres und des Parlando-Stils durch einen traditionalen Gestus, hinter dem freilich die Dimension des Subjektiven wiederum zurücktritt, diesmal nicht vor lauter prosaischer Banalität, sondern angesichts einer fast steifleinen und geziert wirkenden Lyrik, die melancholische Denkfiguren zum Jargon einer glatten, künstlichen Gefühlskultur absinken lässt. In diesem Sinne ist die Wiederkehr der Form nur eine Variante lyrischer Subjektivitätskrisen, nicht aber ihre Überwindung; denn sie wechselt im Anspruch auf Sensibilität und Individualität nur den Code aus. Schmerz, Enttäuschung, Liebesleid und der melancholische Schatten auf den Dingen werden im Begriffssystem einer literarischen Innerlichkeit fixiert, das die eigene Authentizität stilvoll hinter gepflegten Metapherntraditionen und moderaten, preziösen Sprachschablonen verdeckt.

Sogar die lyrische Sentenz und die majestätische **Wir-Form** werden rekultiviert. »Wir müssen«, so lautet eine Merkstrophe bei Ludwig Fels, »auswandern / aus Kopf und Herz / in die Fieberstürme der Gefühle reisen / bevor wir versteinen« (Fels 1984, 91). Oder: »Hinter uns liegt die Zukunft / und alle, aber auch alle / starren nach vorn« (106). Das **Pathos des Spruchhaften** kennen auch Krolows späte Sonette, so als ob am Ende das Gedichteschreiben doch kein »sachlicher Vorgang« (Bender 1961, 71) mehr bleibt und erneut eine Metaphysik des Worts beschworen werden darf: »Die Wörter sind nicht schamlos, / wenn du sie / im Munde führst. Und wer sie ruhig spricht / wie du, der überhört sie nicht / in ihrer Freiheit und ihrer Melodie« (Krolow 1985, 236).

Selbst **Wolf Wondratschek**, ehemals Protagonist unprätentiöser Protestattitüden, beginnt in seinem Sonettzyklus »Die Einsamkeit der Männer« die Sentenz zu schätzen: »Wer lange einsam war«, so nimmt er eines der aktuellen Themen der 80er Jahre auf, »den ängstigt diese Nacht / im Widerschein der roten Wände, / der fällt, als sei er nirgends festgemacht, / und fühlt im Fallen seine Hände« (Wondratschek 1983, 26). Solche Rilke-Reminiszenzen sind verbreitet und erweisen sich als Konsequenz eines veränderten poetologischen Selbstverständnisses, das nach einer Phase des Umbruchs und Experimentierens in den 60er Jahren und fortschreitender Desillusionierung in den 70er Jahren einen weiteren Paradigmenwechsel vorzubereiten versucht. Die Wiederkehr der Form ist ein Anzeichen dafür.

Das »Unbehagen am Massenausstoß von Parlandopoesie, am Flattersatz einer in Zeilen gehackten Prosa, an der sich darin artikulierenden stimmungshaft-privaten Subjektivität« (Hartung 1985, 86) nennt Hartung mit Recht als Basis eines erneuerten Formwillens, den er mit dem Hinweis verteidigt: »Warum muß eine Rückkehr zum Reim Rückkehr zu Klang und Magie« (88) sein? Freilich ist der an recht unbekannt gebliebenen Autoren wie Greve, Leisegang und Burger demonstrierte Rekurs auf lyrische Formen der Tradition erst dann »Rückgewinnung der Komplexität« (89) dichterischen Sprechens, wenn sie nicht jene »in Zeilen gehackte Prosa« durch bloß zitierte, den Gedichten oktroyierte Traditionalismen ersetzt. Nicht das Fehlen oder Vorhandensein von Reim, Metrum und Rhythmus an sich kann – triviale Feststellung genug – Gegenstand ästhetischer Kritik sein, sondern deren *Bedeutung* im Gedicht.

Wenn jedoch eine Gefühlssprache beschworen wird, deren Muster – wie der Herztopos und das Repertoire der Innerlichkeit – zum **Klischee** abgesunken sind, wenn – bei Lyrikern mit so unterschiedlicher Werkgeschichte wie Wondratschek und Krolow – das Sonett in der Tat wieder Feierlichkeit und Pathos beschwört, das es zur poetischen Hohlform werden lässt, dann ist ein solcher Prozess letztlich nichts anderes als ein ratloses Rückschreiten in den Bann verstaubter Traditionen: Das Paradigma wechselt, die Neigung zum sterilen Klischee ist geblieben.

Ursula Krechels Gedichtband *Vom Feuer lernen* (1985) ist ein Beispiel für eine Lyrik, die von konventionellen poetischen Hohlformen nicht frei ist. Vor allem im Versuch, sich einer **traditionellen Metaphorik** zu bedienen, zeigt sich die neue Tendenz. Die »Welt gebiert« wieder »Ackerfurchen / und wilde Kaninchen in Hecken« (Krechel 1985, 9); vom »Weltenbrand« (34) ist die Rede, vom »dornigen Schlaf« (35), vom »Mandelmond hinter dem Vesuv« (38), gar von der »Reliquie der Zukunft« (64). Krechel thematisiert freilich, wie im Gedicht »Was jeder weiß« (23), das Dilemma eigenen Schreibens, das die Tradition zitiert – von der »blauen Welt« bis zur »Wüstenei« – und zugleich in ratloser Distanz verharrt:

> wer schreibt, schreibt: wie es einmal war.
> Die Milch vereist, die blaue Welt vergreist
> was rund und bunt war – eine Wüstenei. Schon
> leiden wirs. Die Klassiker sind abgereist.

Im Gedichtband »Vom Feuer lernen« wird die Widersprüchlichkeit der Traditionsbindung nicht aufgelöst. Von »Wind und Weißdornhecken« (85) weiß das lyrische Ich wieder zu berichten, ja sogar vom mysteriösen »Einhorn« (86), aber es ist sich zugleich bewusst: »Wir haben kein Erbe zu verzehren / und bleiben, wo nichts ist als im Bleiben / geblieben sein mit hoffnungslos ungedeckten Schecks« (72).

Die Künstlichkeit der Form

Die »Rückwendung zur Formtradition« (Bormann 1984) ist keine Frage der Generationen, welcher der Lyriker angehört, sondern eine in den frühen 80er Jahren allenthalben zu beobachtende Tendenz. Sie hat Wondratschek und Ludwig Fels ebenso beschäftigt wie Kunert und Krolow, den – mit Hartung zu sprechen – »Proteus der deutschen Poeten, der im Strophenreichtum der Naturlyrik begann, im Zeichen seiner Surrealismusrezeption den Vers libre kultivierte«, dann »auf einen prosahaft ausgenüchterten Parlandostil eingeschworen schien« und nun »zum alten Spiel mit der Form zurückkehrt« (Hartung 1985, 84). Krolows **Sonettkunst** rekultiviert eine deutlich auf Rilke verweisende Dingmystik. »Es bleibt im Nun / nur Staub zurück auf fremden Gegenständen«, notiert feinsinnig das Sonett »Blut im Schuh« (Krolow 1985, 235). Dass eine solche Poesie an der Grenze zum Epigonentum steht, also im entlehnten Bild, im wiederholten Duktus nichts mehr als eine äußere, geschichtlich gewordene Hohlform reproduziert, die selbst sprachlos ist, dazu liefert das Sonett »Das Licht aus fremden Augen« (233) reichliches Anschauungsmaterial:

Das Licht in ihren Augen kommt von einem Andern,
der sie mit seinen Augen lange angeschaut.
Es ist geborgtes Licht, das sich getraut
unruhig mit den Blicken hin und her zu wandern.

Das macht sie schön und leicht. Mit ihren feuchten
Blicken, die auf den Gegenständen sehnsüchtig ruhn,
weckt sie bei andern Sehnsucht, und es tun
sich fremde Räume auf bei diesem Leuchten.

Es ist die andre Welt, die ungeborgte,
die man ihr glaubt, wenn sie sich so versorgte
mit Glanz, der aus den fremden Augen kam.

Der offne Raum: man sieht sein Ende nicht.
Man sieht nur dieses offene Gesicht,
das Licht, das kommt und bleibt, ganz ohne Scham.

Die **Künstlichkeit der Form** bleibt das Problem derjenigen Lyriker, die ihre vermeintliche Wiederkehr ohne Interpretation ihrer Geschichte betreiben; denn die Geschichtlichkeit der Form lässt sich nicht im voluntaristischen Akt einer irgendwie beschlossenen Erneuerung oder gar eines Modetrends vergessen machen. Die Form wendet sich zuletzt gegen eine bloß herbeigeredete, erzwungene Reminiszenz und verfällt zur leeren Hülse.

Die Wiederkehr der Form schließt eine **Rückwendung zu Metaphysik und Existentialismus** nicht aus: eine Parallele zu den 50er Jahren, die sich nicht zuletzt auch in einer verstärkten Rilkeverehrung äußert. Gedichte einer stattlichen Reihe von Autoren sind Paradigmen für jene »Rätsel«-Neigung, in denen sich, wie Kurz am Exempel Rainer Malkowskis erläutert, ein »meditativ-mystischer Zug« (Kurz 1986, 124) spiegelt.

Erst recht gilt dies für die Lyrik von Alfred Kolleritsch, dessen Gedichte die Vorliebe für Sentenzen kultivieren, bis hin zur Einsinnigkeit von Poesiealben: »ein Tag und alle Tage / sind derselbe Weg, / das Wechselhafte / darin erhält sich selbst« (Buchwald/Krechel 1985, 105). Die Meditation entzündet sich an allem, was das Auge erblickt und dann mit Sorgfalt und Sachverstand zu Blankversen geformt wird – Gedankenlyrik über »Dinge und Gestein«, über ›Dauer im Wechsel‹:

Die Bilderschrift vom Auge in die Hand
bewegt das weiße NICHTS, es öffnet Raum
und das Erscheinen, Dinge und Gestein,
die Grenze, und das Ganze: Landschaft,
Schönes, Wechselhaftes, das sich austauscht,
nichts bleibt, es sind die Weltgerinnsel, Dank,
so wenig und doch alles, hervorgeholt
das Fehlende, Geschenk, das eins sein läßt.

Die Form wird zum Signum eines Traditionswillens, der doch nur Hohlformen produziert und fast den Versuch ermuntert, jeden Vers, jedes Bild als ein schon einmal dagewesenes nachzuschlagen. Kolleritsch ist nicht auf solche Formen festzulegen. Es gibt indes keinen Lyriker, der in den 80er Jahren erklärtermaßen mit aller Konsequenz zum traditionellen Formkünstler geworden wäre. Auch Krolow, Kunert, Hahn, Krechel adaptieren am Ende nur Traditionalismen, aber sie verschreiben sich ihnen nicht. Die Wiederkehr der Form hat daher etwas Vorläufiges; sie indiziert Abkehr vom unprätentiösen Sprechen, von der versteckten, schlichten Prosa der ›neuen Subjektivität‹ jedoch ohne einer poetologischen Programmatik zu folgen. Sie ist eher Ausdruck für den partialen Charakter der neuesten Lyrik, ja am Ende gar für ein weiteres Dilemma der Moderne selbst: ein Beispiel für die um sich selbst, ihre Verfahren und ihre Vergangenheit kreisende Kunst des 20. Jahrhunderts.

Ein neugieriges Spiel mit der Form

Selbstverständlich waren nicht alle Form-Restitutionen von einem neotraditionalistischen Interesse gesteuert. Der Rekurs auf Metrum, Reim und strenge, geschlossene Formen war von Neugier und Experimentierfreude begleitet. In welchem Maße Formvirtuosität mit einer thematischen und literarischen Erweiterung poetischer Schreibpraxis eng verknüpft war, dazu liefern Hermann Burgers *Kirchberger Idyllen* (1980) anschauliche Beispiele. Burgers *Idyllen* gehören zur Gattung der Elegien; meisterhaft beherrscht der Autor die Technik, elegische Distichen nicht nur im metrischen Schema zu realisieren, sondern sie in der Anspielung auf elegische Friedhofspoesien des 18. Jahrhunderts für seinen Fensterblick auf einen kleinen Schweizerischen Flecken – dessen Tal, Menschen, Geschichte und Gottesacker – bis zum satirischen Widerspruch zwischen hohem Formpathos und provinzieller Abseitigkeit zu steigern (7).

Was man denn, frug ich die Großmutter, wenn man studiere, studiere,
War mir doch längstens klar: Pfarrer, das ist mein Beruf!
Schwarz im Talar auf den Klängen der Orgel durch Kirchen zu schweben,
Unter dem Ärmel die Schrift, Scheiben-Apostel im Chor,
Stufe um Stufe das gotische Schnitzwerk der Kanzel zu stürmen,
Atem zu holen fürs Wort: dies war ein lohnendes Ziel.
Heute bin ich ein Pfarrhaus-Verweser und brauche nur Wörter,
Neble das Südzimmer ein, wo einst die Predigt gedieh.
Bücher in Massen statt eines in Flammen geschriebenen Textes,
Order, Skripte und Wust; Duden, die Schreibkonkordanz.
[...]
Rauchringe blasend studier ich, was wohl ein Studierter studierte:
Zweimal im selben Fluß schwimmt man nicht gegen den Strom.

Burgers **Beschreibungspoesie** gerät nirgends zur bloßen Nachahmung von Friedrich Gottlieb Klopstock und Johann Heinrich Voss, auch wenn Burger deren Art und Weise, mit Epitheta (ausschmückenden Adjektivattributen) zu arbeiten sowie die Sprache des Alltags und der Dichtung in der Elegie zusammenzuführen, bis zur Kombination mundartlicher und erlesener Wendungen, ja bis zur rhythmischen Nuancierung des ›steigenden‹ Hexameters und ›fallenden‹ Pentameters ausgestaltet: »Grünlich wie damals im Siechenhaus, als ich im Kindersaal lechzte, / Dürstend nach Wasser schrie, tausend Klingen im Bauch, / Mehlgrün das Täfer, der Plafond, die Röhren, das Fenster, die Schranktür, / Einst hat der Kobold geglotzt, heute gähnt knarrend der Tod: / Knochen-, Geschichtenmann, greinend und grämlich in härener Prosa, / Höhnt mit pfeifendem Tod: Ars moriendi, mein Sohn!« (Burger 1980, 45).

5.2 Poesie und Poetik der Betroffenheit. Ahnung, Mahnung, Warnung

Solche Töne waren im Kontext der Form-Renaissance eher selten. Es dominierte der zum Pathos anschwellende, resignative Duktus einer steifen Feierlichkeit, derer sich auch Autoren bedienten, die früher gerade einem solchen Duktus misstrauten.

Günter Kunerts Poetik der Versteinerung und Erstarrung

Günter Kunerts (* 1929) Gedichte kennzeichnet ein »Grundgestus der Absage, der Verzweiflung, der Einsicht in Vergeblichkeit« (Bormann 1984, 5). Damit deutet sich in der Tat zumindest insoweit eine »**Absage an die literarische Moderne**« (6) an, als Kunert deren artistische Prämissen, deren hohe Reflektiertheit und Intellektualität relativiert. Fast scheint es, als wünsche der Lyriker wieder, statt Sinnsysteme und

Ideologien zu bezweifeln und zu destruieren, altvertraute poetische »Flaschenpost« (Kunert 1985, 26) anzubieten oder wenigstens den Lesern Trost zuzusprechen.

Der erste Gedichtband nach Kunerts Übersiedlung in den Westen trug den sprechenden, resümierenden Titel *Abtötungsverfahren* (1980). Im Gedicht »Rückblick« hat der Dichter, ausgehend von autobiographischen Erfahrungen, den irreversiblen Bruch mit der DDR in düsteren Bildern existenzieller Todesdrohung festgehalten (ebd., 8):

Dem eigenen fremden Leib
entschlüpft
ledig der Last
und aus der Ferne
einen verdorrten Leichnam
einen Kokon
seh ich an meinerstatt

Ein gewisser Tod
hatte sich bei mir angemeldet
erster Vorsitzender der guten
oder sogar besten Gesellschaft
aller denkbaren doch
ich entkam ihm
nordwärts in ein neues Hemd
und in Richtung
Ultima ratio

»Ultima ratio« war der Weg in die Bundesrepublik Deutschland, und die Ankunft dort war keine Ankunft im Freiheitsparadies oder Freizeitpark. Viele Gedichte stehen im Zeichen des Rückblicks und kreisen um »Angst, Versteinerung, (Gefühls-) Kälte, Zerstörung (Sklerose) als Ergebnisse totalitärer Herrschaft« (Kasper 1995, 110), aber auch um konkrete Erlebnisse der Bespitzelung, wie das Gedicht mit dem prägnanten Titel »Belagerungszustand« (Kunert 1980, 50), das über ein Jahrzehnt, bevor im Westen die Arbeit der DDR-Staatssicherheit ausgeleuchtet wurde, deren Praxis beschrieb:

[...] Sonntag
und vorm Haus drei Autos
Stunde um Stunde
im Fond Marx Engels Lenin Stalin
ad usum Delphini

Sie kommen direkt aus dem Hauptquartier
der Utopie in Berlin-Lichtenberg
rauchen und lesen Zeitung und
erwarten den Widersatz

meiner armseligen und zaghaften Worte
[...]

Kunerts **Poetik der Versteinerung und Erstarrung** hat auf der Ebene der Bildkompositionen eine gewisse Nähe zu Erich Arendt, hat aber im deutlichen Unterschied zu diesem eine moralisierende Tendenz. Darin klingt grenzenlose, von Melancholie und Bitternis gleichermaßen geprägte **Desillusionierung** nach. Manches apokalyptische Motiv hat hier seinen tieferen lebensgeschichtlichen Grund. Dazu passt auch ein beharrliches Insistieren auf der Macht der Poesie noch oder gerade im Moment ihrer Ohnmacht. Zwar schließt Kunerts Gedicht »Eine Poetik« (Kunert 1980, 61) mit den Versen »Ohne Bewegung ohne Bedeutung / ohne Bestand«. Aber die apodiktische Negation hat keine absolute Gültigkeit: »Das wahre Gedicht / löscht sich selber aus / am Schluß / wie eine Kerze so plötzlich / aber was sie beleuchtet hat / brennt / das abrupte Dunkel / der Netzhaut ein.« Als eine Art negativ eingebranntes Erinnerungszeichen bewahrt das Gedicht zumindest seine ihm gemäße, einzigartige Kraft.

In den 80er Jahren war eine solche Poetik im Westen hochpopulär. Zugespitzt formuliert: Utopien aller Art waren zwar erloschen, aber die Macht der Utopie war auf die poetische Rede als **Warngedicht** und **Kassandraruf** übergegangen. In seinem Kommentar »Zum allerneuesten Bewusstsein« nannte Kunert den Poeten den »letzten Sachwalter einer veralteten Ethik« (Kunert 1980a, 13).

Aus solchem Verständnis heraus sind auch **Kunerts Berlingedichte** entstanden, die er unter dem Titel *Berlin beizeiten* (1987) veröffentlichte. Augenblicksimpressionen und Stadtreminiszenzen ergeben zusammen mit einigen Reisegedichten eine teils distanzierte, teils sentimentale Berlinretrospektive eines Autors, der seine Prägung durch die Stadt nicht verleugnen kann. Poetische Erinnerung erscheint wie die Kehrseite poetischer Kassandra-Warnungen. Den Texten eingeschrieben sind bedrohliche Bilder, die wie ein Alpdruck die Großstadtatmosphäre verdunkeln. So hebt die »Swinemünder Straße« (Kunert 1989, 17) mit einem plastischen Erinnerungsmotiv an (»Alte Straße bedeckt mit altem Pflaster«), am Schluss aber transformiert der Autor die Straßenkulisse unversehens in eine Schreckensvision: »[...] Denn die alte Straße endet / als Fluch / weil sie in einem Traum anhebt / aus dem die Vernunft kein Erwachen / wagt.«

Im Gedicht »Spaziergang« ist anfangs die Rede von »berieselten Vorgärten« und »wachsbleichen Automobilen«, dann aber verkehrt sich das Bild in bedrohlichen Mythos: »Zutraulich aber blickt währenddem / aus jedem Fenster / das Haupt einer Gorgone« (ebd., 26). Die Mythisierung des Schreckens, den Kunert als Konstante der Menschheitsgeschichte versteht und dessen ›trojanische‹ Spur er bis in die Gegenwart zieht, steht im Gedicht »Totenbeschwörung« (ebd., 42), einem Schlüsselgedicht des gesamten Gedichtbands, im Mittelpunkt. In der Topographie und Architektur der Stadt sind die tiefsten Schichten einer heillosen, auf Untergang gerichteten Historie präsent, auf die der Dichter in diesmal völlig unverstellter, an die trojanische Unheilsprophetin Kassandra erinnernde Pose verweist:

O Staub /
unfaßliche Masse der schon Troja erlag /
Hotels Kaufhäuser Bahnhöfe Parkplätze und
Pissoirs / Vergraute schöne Helena / Ohne Aussicht
auf Wiederbelebung / auf Rückkehr Schliemanns
oder daß einer wie er trostvoll
unser unerbauliches Trümmerstückwerk /
das zunehmend Vergängliche vor
den staunenden Augen von Nachwelt
auferstehen ließe im fahlen Glanz
sinnloser Gerechtigkeit

Schon im Gedicht »Mein Troja«, einem Schlüsseltext des Lyrikbands *Stilleben* (Kunert 1983, 33) hatte der Dichter an Kassandras vergeblicher Warnung vor der Apokalypse der großen Stadt erinnert: »Die Tragödie schlief noch / in den Steinen der Stadt: / [...] / Einmal noch leuchteten sie auf / in einem altertümlichen Glanz / um brandig nachzuglühen / wie Kassandra gewusst.« Elke Kasper ist zuzustimmen, dass Kunert »Berlin als Todeslandschaft« (Kasper 1995, 155) entwirft, und zwar nicht mit der Intention eines Appells, sondern »als pars pro toto der deutschen Geschichte, in dem sich exemplarisch die historische Landschaft zur Trümmerlandschaft verdüsterte« (ebd., 159). Die Poetik solcher Gedichte hat Kunert im Gedichtband *Fremd daheim* (1990) reflektiert und mit Recht die **immanente Schwäche seiner Verse** als Ausdruck ihrer fragmentierten, assoziativen ›Zittrigkeit‹ gedeutet. Unter dem Titel »Bekenntnis« (Kunert 1990, 89) hält es in der Dichotomie von intendierter »Bildsäule aus Sprache« und realisiertem Produkt (»grauer Schotter«) das Brüchige der Poetik-Konzeption eines Autors fest, der den weiten Weg vom marxistischen Optimisten zur monologischen, mit sich selber sprechenden Kassandra der Apokalypse zurückgelegt hat:

Schön? Ich kann
keine schönen Gedichte schreiben.
Tote
unschön vertrieben aus ihrem Leben
legen ein Gewicht
auf meine Hand. Die Worte
werden zittrig statt trefflich.
Eine Bildsäule aus Sprache
sollte es sein und wird
grauer Schotter
niederprasselnd
in einem andauernden
Sturz.

Kunerts Verse verdichten eine poetologische Grunderfahrung, indem sie auf einem Axiom der Moderne beharren: die Einsicht, dass das moderne Gedicht keine »Bildsäule aus Sprache« mehr produzieren kann, weder als göttliche Flammenschrift noch als die Zeiten überdauerndes Monument. In seinen 1985 erschienenen Frankfurter Poetik-Vorlesungen indes sucht man eine solche Quintessenz vergeblich. Was dort unter dem zugkräftigen Titel *Vor der Sintflut. Das Gedicht als Arche Noah* zusammengetragen wurde, lässt zumindest der Tendenz nach eine Aussicht auf Rettung vermuten und nennt das Gedicht »eine Botschaft über unsere innere und äußere Befindlichkeit, eine kompetente Selbstdiagnose, ohne die Konsequenz einer Therapie« (Kunert 1985, 26f.). Die »Arche Noah«-Metapher aber war in den 80er Jahren jene verbreitete, zugkräftige Poesie-Metapher, die den **Betroffenheits- und Befindlichkeitston der Lyrik** legitimierte.

Debatten um Moderne und Postmoderne

Die am Ende der 70er und zu Beginn der 80er Jahre verstärkte Debatte über Moderne und Postmoderne greift Tendenzen der Kunst und Literatur nur als Exempel auf, wenn es um Paradigmen kultureller Veränderungen geht. War etwa für Rolf Dieter Brinkmann wie für den amerikanischen Postmodernismus der 80er Jahre die moderne Lebenswelt mit ihren Reizen *und* ihren Beschädigungen ohne Alternative geblieben, so zielt der nun inflationär verkündete Begriff der Postmoderne auf deren soziale und kulturelle Grundlagen. Die Moderne steht nicht nur als ästhetische Praxis zur Disposition, sondern vor allem in ihrer technologisch-industriellen Erscheinungsform, also mit ihren Fortschrittsformeln, ihrem Optimismus, ihrer instrumentellen Rationalität.

Ist die Kritik ihres Selbstverständnisses bereits Ausdruck postmodernen Denkens, dann war, überspitzt formuliert, Literatur – vor allem die Lyrik – seit je auf der Seite der Kritiker, hatte sie doch immer wieder systemstabilisierende Fortschritts- und Modernisierungsideologeme ad absurdum geführt, gerade auch in den 60er und 70er Jahren. »**Postmodernes Denken**«, so erläutert Petersen, sei »offenbar beherrscht davon, daß wir nicht mehr tun dürfen, was wir tun können, wenn Mensch und Welt überleben sollen« (Petersen 1988, 20): Von Brecht bis Brinkmann, von Kaschnitz bis Kunert haben Lyriker seit 1945 kaum anderes vertreten – freilich ohne ›postmodern‹ zu sein.

Wie wenig der Begriff für die Geschichte der Nachkriegslyrik taugt und wie sehr er in seiner Schlagwortartigkeit pauschale Urteile erzwingt, zeigt sich auch für andere Seiten der Debatte. Eine Postmoderne, die Begriffe wie ›Sinn‹ und ›Bedeutung‹ und die Kategorie des Subjekts emphatisch aus den Diskursen verbannen will, begründet zumindest keine neue Epoche des Gedichts. Dieses vermag nämlich noch in dem Moment, in dem der ›Tod der Moderne‹ verkündet wird, nichts anderes als die eigene Subjektivität auszusprechen, derer sie sich nur um den Preis ihrer Abschaffung als Literaturgattung entschlagen könnte. Anders formuliert: Konstituens der Lyrik bleibt, über alle Metamorphosen des lyrischen Ichs hinweg und trotz aller möglichen Einwände gegen den Subjektbegriff in der Philosophie, die lyrische Subjektivität selbst, deren Krise freilich schon vor der Debatte über die Postmoderne signifikant war und sich nun im schnellen Altern der Moden und Trends weiter fortsetzt.

Die Kassandra-Rolle des Dichters

Während die technologische Mediatisierung der Gesellschaft als Signum postmoderner Strukturen voranschreitet, bleibt die Lyrik auf eigentümliche Weise traditionsgebunden, und zwar gerade auch diejenigen Autoren, die – wie der Kunert der *Stilleben* (1983) – zuweilen schon als Kronzeuge der Postmoderne zitiert wurden. In *Vor der Sintflut* (Kunert 1985), seinen Frankfurter Poetik-Vorlesungen von 1981, entwirft Kunert eine Poetologie des Gedichts, die Auskunft über den historischen Ort der Lyrik der 80er Jahre geben kann. Zunächst beschwört er von der Identitätskrise bis zum Entfremdungssyndrom bekannte Bildfacetten verbreiteter **Zeitkritik**. Kunert weiß, dass das Gedicht eine Arche Noah wohl »höchstens doch in Taschenausgabe« sei, aber zugleich so etwas »wie eine Flaschenpost« (26). Das Gedicht nämlich enthalte, »wenn auch nicht wirklich, eine Botschaft über unsere innere und äußere Befindlichkeit, eine kompetente Selbstdiagnose, ohne die Konsequenz einer Therapie« (26f.). Damit hat der Dichter eine Argumentationsskizze entworfen, die kein verblüffend neues, gar postmodernes Lyrikverständnis zeigt, sondern an längst bekannten, ja abgenutzten Konzeptionen der Nachkriegszeit vielfältig partizipiert. Der moralisierende Ton der Vorlesung, der schon im **Katastrophentopos** des Titels durchschien, macht den Text stellenweise zur Erbauungslektüre. Die Reminiszenz an einen Seher-Dichter geht bis zur mystifizierenden Beschwörung einer neuen Kassandra-Rolle des Lyrikers.

Mit postmodernen Theoremen hat eine solche Poetologie nichts zu tun, eher wohl mit Traditionslinien der 50er Jahre, die nun – nach dem Ende optimistischen Umbruchs und der Auszehrung materialistischer Dialektikbegriffe – gerade in ihrer so vormodern wirkenden metaphysischen Ausprägung auf den Autor eine besondere Anziehungskraft ausüben müssen. So einsichtig Kunert historische Konstellationen erfasst, die ein Insistieren auf Geschichtsteleologien und politische Ideologeme früherer Jahrzehnte unmöglich macht, so ratlos, ja epigonal ist seine poetologische Konsequenz: die literarische Erneuerung des alten Prophetenstandes im Angesicht erwarteter »Sintflut« und die Wiederauflage einer Gedichttheorie, die im Bild von der »Arche Noah« lyrisches Sprechen als rettende Beschwörung imaginiert.

Neue Empfindsamkeit?

Was bei Kunert freilich noch einen diskursiven Begründungszusammenhang erfuhr, das wird bei anderen Autoren leicht zur frei flottierenden Phraseologie. So gibt Ludwig Fels seinem Gedichtband *Der Anfang der Vergangenheit* (1984) ein Vorwort bei, das zum Manifest hilfloser Schwärmerei gerät. »Diese Gedichte«, so versichert der Autor einer staunenden, gläubigen Gemeinde, »habe ich geschrieben für die einfache Schönheit, für die sanfteren Träume, für die geduldigere Hoffnung und nicht zuletzt für die Rache, die man an der Sehnsucht nimmt, wenn es die Brust vor Schmerz aufreißt über das Wissen, gefangen zu sein im Terrarium der Realität und getrennt von den Geräuschen der Erde und für immer vom nächsten Planeten« (10). Das Gedicht als zelebriertes kosmisches Hochamt und ›blaue Stunde‹: Fels kompiliert ein **Programm pathetischer Empfindsamkeit** aus einem in der Tat antimodernistischen Gestus, der Intellektualität vergessen möchte und sie doch, bis ins verquere Zitat hinein, mit sich schleppen muss.

Von einer lebens- und werkgeschichtlich konträren Position aus hat sich auch Hans-Jürgen Heise schon 1979 zum Begriff des Empfindens bekannt und auf jene Kategorie gesetzt, die in der Ästhetik der Moderne einst zum Ausgangspunkt permanenter schöpferischer Destruktion geworden war. Er schreibe, so offenbart Heise, Lyrik als »Sinnenmensch«: »ich habe das Bedürfnis«, bekennt er, »meinem Empfinden Ausdruck zu geben« (Heise 1979, 138). Das Gedicht, das einer solchen Schreibsituation entspringt, hat nicht mehr die Bewusstheit eines Textes aus der Feder der ›klassischen‹ Moderne. Die Distanz zum eigenen Schreiben wird bis zur Linie vager Selbsttäuschungen eingezogen; und am Ende bleibt wenig mehr übrig als eine an Dilettantismus erinnernde, vormoderne Poetik.

Im nicht mehr auf seine Tauglichkeit hin geprüften Begriff der Empfindung konvergieren so unterschiedliche Lyrik-Konzeptionen wie die von Fels und Heise, einem der früheren Gegner ›neuer Subjektivität‹. Lyrische Empfindungen auszudrücken, möglichst nachvollziehbar und ursprünglich, heißt zugleich die auf Konstruktion, Artistik, ja ›Kälte‹ zielenden Verfahren der Moderne zu unterlaufen. Schwärmerei für ein beiläufiges Naturerlebnis, moralische Empfindungen, Melancholie, Hypochondrie, Selbstmitleid und Leidenschaft bilden in ihrer diffusen Einheit den Hintergrund, auf dem sich ein verändertes Dichterbild abzeichnet.

Nicht in jedem Falle ist damit schon eine anachronistische lyrische Empfindelei verbunden. So gibt es – um ein Beispiel zu nennen – in **Guntram Vespers** Gedichtbänden *Die Illusion des Unglücks* (1980) und *Frohburg* (1985) zwar, wie Kurz näher erläutert hat, eine Tendenz zu »monologisierenden Stilisierungen« (Kurz 1986, 126) und rhetorisch veräußerlichter melancholischer Pose, aber auch eine Aktivierung jenes lyrischen Reflexionspotenzials, das im Selbstdialog mit der eigenen Vergangenheit zumindest soviel erkannt hat, dass Poesie die »Illusion des Unglücks« ästhetisch begreift und nicht das »Unglück« selbst sprechen lässt. Der Blick nach innen wird vor allem im Gedichtband *Frohburg* zur Rückschau: auf einen literarischen Ort früher Kindheit und Jugend, deren Erinnerungschiffren Vesper fixiert, ohne sentimental zu werden. Dass eine solche Reflexion auf die **»Spur« der Vergangenheiten** auch deren latente und offene Barbarei ans Licht bringt, daran besteht bei Vesper kein Zweifel: »Wie sie den jüdischen Drogisten / unten am Markt / aufs Kreuz gelegt hatten / beim Verkauf des schönen / stattlichen Hauses« (Vesper 1985, 20), heißt es im Gedicht »Die Spur«; und im Gedicht »Das Knarren der Tore Anfang November« (21) greift Vesper das Thema noch einmal auf :

Aus den Ulmen
hinter dem Judenhaus
klettert die Nacht

und legt sich
als Erinnerung
schwer vor die Tore

wir wissen
und haben gewußt.

Kleinstadt und dörfliche Kulissen als Ort einer von Gewalt und Niedertracht beherrschten Gesellschaft, aber auch als ›Kinderbild‹ sächsischer Heimat: Vespers Texte sind ihrem Sujet nach vielen Gedichten nachempfunden, die nach 1945 »Spuren« verfolgen, ob im vergessenen Detail einer Stadtgeschichte, ob in Natur und Landschaft. Im Nachwort seines Gedichtbandes vergleicht der Autor seine »Erlebnisse« mit »Chiffren«, die es zu entziffern gelte als »Doppelbild des Gestern und Heute« (73). Der Hinweis auf Peter Huchel überrascht nicht. Vespers Interpretation des Rückgriffs gerade auf diesen Dichter wird zu einem Bekenntnis, das in nuce eine Poetik der 80er Jahre sein könnte – ein Paradigma für die **Rehabilitation traditionalistischer Orientierung:** »Gleichweit von jedem modischen Gestus wie von jedem Spruchband entfernt«, so Vespers Laudatio, »wirken Peter Huchels Gedichte wie Muster, wie Vorbilder einer Poesie, die das Hochartifizielle und das Einfache verbindet und so Texte hervorbringt, die von größter sprachlicher, gedanklicher Eigenart und Besonderheit sind und die gleichzeitig allgemeine Dokumente unseres Jahrhunderts und unser aller Geschichte darstellen« (86). Die Vergangenheit als lyrisches Thema und der Rückgriff auf ihre literarische Tradition als poetisches »Muster« und »Vorbild«: Nichts könnte den Abstand zu den 60er und 70er Jahren deutlicher machen als solche Tendenz. Die Paradoxie der Situation besteht darin, dass Vesper auf den frühen Huchel zurückgeht, während dieser selber in seinem letzten Lebensjahrzehnt keineswegs mehr den älteren »Mustern« nachgeschrieben hat.

Je unsicherer, unentschiedener die eigene Perspektive ist, umso mehr verstärkt sich die Bereitschaft, einen Perspektivpunkt anzuvisieren, der neuen Halt bieten kann. Tradition und festes Formrepertoire gehören dazu, aber auch die permanente Reproduktion des eigenen, einmal eingeschlagenen Weges, die Orientierung am eigenen Werk. Poethens Gedichtband *ach erde du alte* (1981) offenbart Aporien einer solchen, sich selbst verpflichteten Dichtung, die doch am Ende nur bereits Gesagtes ad infinitum variiert und über ein allgemein verbreitetes **Lamento**, die Klage über jene trübe Eiszeit der Gegenwart in immer wieder neu umgewendeten mythischen Bildern nicht hinauskommt.

Lamentostil

Den Parlandostil der 70er Jahre hat überhaupt ein Lamentostil beerbt, der zuweilen schon etwas Predigerhaftes an sich hat. Apokalyptische Motive werden zum Dekor solcher Texte und ersetzen jede konsistente Argumentation durch besonders dramatische, im Übrigen den Lesern längst bekannte Untergangsszenarien aus Bibel und Mythos. Heinz Pionteks Gedichtzyklus *Vorkriegszeit* (1980) ist ein Beispiel dafür. Von Jesaja bis Jakob Böhme werden biblische und mystische Motive in die Leerstellen der Gedichte eingerückt: dort, wo sich die Katastrophenvision und das Menetekel an der Realität erweisen und diese in ihrer historischen Signatur erfassen müssten. Das lyrische Subjekt reklamiert die Kassandra-Pose bis zur hypostasierten Identifikation mit einer fiktiven Propheten-Rolle (30f.):

Er *sah* mit zugehaltenen Augen,
hörte mit Wachs in den Ohren
die STIMME.

Sie drang durch und durch.
An einem eisernen Nagel
hing sein Feiertagskleid,
Staub und Spinnen überlassen.
In einem anderen Winkel,
weggeschleudert,
die schönen Sandalen.
[...]
Weh, Blume Zion! -
Weh euch, Judas Löwen!
Sanftgrün folgte
der Morgen, und hoffnungslos erblaßte
der Morgenstern.
So lag er auf einer Maultierdecke.
Papyrus raschelte
oder die spitzköpfige Ratte.
Während seiner Gesichte wurden
Ihm die Schläfen salzweiß.
[...]

Im Porträtgedicht eines Propheten des Unheils wird ein Anspruch erhoben, der vor lauter Mystifizierung eine profane Wirklichkeit nicht mehr erreicht. Aber gerade deren profane Logik von Ausbeutung und Zerstörung wird zu einem mythischen Schicksal wahrhaft ungeheuren Ausmaßes stilisiert, ohne je im Gedicht erkannt oder benannt zu werden.

Auch Lyriker, deren Werk bisher geradezu Synonyme für Aufklärung und Kritik gewesen sind, bleiben gegenüber dem Katastrophentopos und der in ihm aufgehobenen **Dichter-Seher-Konfiguration** nicht unempfänglich. Erich Frieds Nekrolog »Für Rudi Dutschke« ist ein Beispiel dafür. »Und *deine* Güte und Liebe und Freiheit / und *deine* Einsicht«, schwärmt das Gedicht, »sind so gewesen daß du vielen ein Freund bleiben konntest / die einander nicht Freunde geblieben waren« (Fried 1985, 464). Dutschke wird zum Märtyrer im Kampf gegen »Tyrannen und Reichsverweser und Verräter und Bürokraten«, ein Heiliger aus »Einsicht und Güte«, ja – leitmotivisch immer wieder hervorgehoben – aus »Liebe«: »Diese Sehnsucht hat in dir gelebt / und hat dich lebendig erhalten / und die Augen dir offen gehalten auch für Verstreute / die sich immer noch sehnen nach ihr« (465). Der Warner und Mahner Fried hat sich schließlich auf die Sentenz verlegt, die er im Propheten- und Predigerton vorträgt. Gedichtstitel wie »Die Letzten werden die Ersten sein« (489) sind Entlehnungen biblischer Gestik ohne jede Ironie.

Das Gedicht sei immerhin ein verbliebener »Rest Menschlichkeit«, schrieb Ludwig Fels in seinem Essay »Über Gedichte und Dichter Fortsetzung 1001« (Fels 1988, 8): »Der Dichter heute«, so Fels, werde »unter dem Schmutz einer unwirtlichen Zivilisation begraben«. Er habe aber seine »Stimme« zu erheben »gegen die neuen Barbaren, gegen ihre Maschinen, gegen ihre Musikkonserven«. Und er habe schließlich sich im Wissen, »daß man Menschen foltert, daß die Heimat stirbt und daß die Tiere von der Erde verschwinden«, zu fragen: »wie paßt das ins Gedicht?« (ebd.).

Das Räsoniergedicht

Ein solches Dichterbild erinnert nach Fels an jene Zeiten, als die Lyriker noch »einsame Geißler und fidele Narren, himmlische Eiferer und gepuderte Helden« (ebd., 9) waren. Der »Arche Noah«-Gestus solcher Poesie-Manifeste kehrt in den 80er Jahren auf vielfältige Weise wieder, ja er bildet ein eigenes Genre heraus, eine Art Räsoniergedicht, das sich durch Waldsterben, Meeresverschmutzung, Atommüll, Raketenaufrüstungen und männlichen Chauvinismus hindurcharbeitet zum **versifizierten Zeitkommentar**. Botschaften, die längst aus der Zeitung und vom Button am Revers bekannt sind, sollen zur Mahnung aller ›herübergebracht‹ werden. Das Genre hat im Restaurationsklima des zweiten Kabinetts Kohl gute Konjunktur und füllt eine Vielzahl von Gedichtbänden auf. Je prinzipieller, allgemeiner und verbindlicher das Statement ausfällt, um so mehr Zustimmung kann vom sympathetischen Leser erwartet werden (Fried 1989, 124):

> Und wer sich noch immer nicht krank fühlt
> an dieser Zeit
> in der wir leben müssen
> der ist krank

Das Räsoniergedicht zielte auf Zustimmung und Konsens. Und es suggerierte eine moralische Kompetenz, deren entrüstender Duktus niemanden verstörte und alle Erwartungen erfüllte. Wie sentimental und pathetisch in einem Jahrzehnt, das den Begriff ›Waldsterben‹ in Deutschland populär machte, beispielsweise Baumgedichte waren, lässt sich an Peter Hamms Erinnerungsverse »Für einen Baum« demonstrieren – einem Text, der in seiner Diktion auf breite Zustimmung rechnen konnte und keines erläuternden Kommentars mehr bedurfte: »Damals war meine Liebe / ein Baum. / Kleine bittere Früchte, / mehr die Idee von etwas / als zum Genuß bestimmt. // Das Gefühl des Lebensrechts / in seinem zittrigen Schatten. // Seine Windgespräche / erhellten mich / in der *bleiernen Zeit.* // Und kam nicht weiter / als alle. // Die arglosen Äxte! // Ich breite mich / unter ihren / Blitz« (Hamm 1983, 72). Die Anspielung auf die »bleiern[e] Zeit« griff einen Filmtitel Margarete von Trottas über die RAF-Gruppe auf, der zur viel zitierten Formel für die von Schriftstellern und Intellektuellen als immer bedrückender empfundenen späten 70er Jahre wurde. Hamms Verse zitieren den Naturraum, für den die »Windgespräche« und der Baum stehen, als Gegensatz zum gesellschaftlichen Raum – und damit ein längst obsoletes **Poesieklischee.**

Der Klageton mit seiner latenten Weinerlichkeit ersetzte die Kraft der Reflexion und die Schärfe der Analyse. Larmoyanz und Klischee bilden eine Einheit, wie in Ralf Rothmanns Versen zur prekären Lage der von Katastrophenmeldungen überhäuften Fernsehzuschauer: »immer nur ausgeliefert sein / den vergifteten Wettern / den Küssen mit Farbstoff / der verlogenen Milch« (Rothmann 1987, 9). Die Wirkung von Allgemeinplätzen sollte sich in solchen Texten noch steigern, in denen das lyrische Ich als Platzhalter aller anderen sprach und sich des pluralis majestatis, der »Wir«-Formel«, bediente. So wollte Treichels »Gespräch unter Bäumen« (Treichel 1986, 17) betroffen machen angesichts vage angedeuteter Naturkatastrophen: »Daß es die Bäume / die Schwalben noch gibt / könnte ein Trost sein / auch wenn sie das Blühen / das Fliegen verlernen / und daß wir noch immer / im reglosen Schatten / Worte mit Worten berühren / als fehlte uns nichts.« Ein unaufdringlich stiller **Predigerton** vermittelte in schlichten, überschaubaren Versen melancholische Nachdenklichkeit. War in den 70er Jahren zumindest als zerbrochenes Ideal von Zukunftsentwürfen die Rede, so minimalisiert sich das ›große Ganze‹ nun auf Allerweltsgewohnheiten und andere Allgemeinheiten, die Haufs im Titel seines Gedichtbandes *Allerweltsfieber* (1990) eingefangen hat.

Themen aus den Massenmedien

Es gehört, zugespitzt formuliert, zur Eigenart des Jahrzehnts, dass die Grenze zwischen Professionalität und gut gemeintem Gedichte-Schreiben im Fluss ist. Das Öko-, Umwelt- und Anti-Atomkraft-Gedicht las sich von Anfang an wie eine in Verse verbrachte Fernsehnachricht, deren Botschaft alle längst empfangen hatten und die nun durch ein Gedicht eine Art höhere poetische Beglaubigung erfuhr. Im Stabreimton nach dem Motto »Bang folgt der Blick / den Wolken Wohin sind / ihre traumgekannten Gesichter« wird ein »Augenaufschlag« mit dem Zusatz »Nach Tschernobyl« besungen und an den berüchtigten radioaktiven Wind erinnert: »Was er vor sich hertreibt / über die unseligen Plätze / deine mühevollen Anwesenheit / entblößt dich bald / bis auf die Knochen« (Kunert 1989, 49). Hannelies Taschaus »Tschernobyl«-Gedicht ruft mahnend die Vergänglichkeit der Zeitungs- und Fernsehnachrichten ins Gedächtnis: »Wir hörten Reden und sahen Bilder / von Heldentum und Opfermut / Was noch / Ich weiß nicht mehr / Inzwischen ist schon wieder so / viel geschehen« (Taschau 1990, 16).

Das Alltagsgedicht der 70er Jahre hatte die tägliche Erfahrung als einen hochpoetischen Stoff vermittelt und in den besten Paradigmen dieses Genres die Poesie des Alltags zu entdecken versucht. Das Räsonier-Gedicht dagegen kennt enervierende Erlebnisse nicht mehr, sondern zeigt sich sensibel für alle Problemlagen der Welt und versteht sich als moralische Instanz. Mahn-, Warn- und Trostgedichte haben entsprechende Konjunktur.

Viele dieser Texte rekurrieren auf Themen der Massenmedien und recyclen **mediale Erfahrungen**. Und doch sind die Medien keineswegs ein selbstverständlicher Teil der Lebenswelt, sondern – im Sinne einer Medienkonkurrenz – eine misstrauisch beobachtete Institution: »Wir sind Zuschauer, / die verstehen / und nicht verstehen, / was sie verstehen. / Wir sind Zuschauer, / wache, heitere Zuschauer. / Wir haben Eintrittskarten. / Wir haben Angst« (Wagner 1991, 69). Das Leitmotiv »Wir haben Angst« war in den 80er Jahren eine den Jargon der Betroffenheit charakterisierende Losung. Es machte aus dem Lyriker, etwa aus Peter Härtling, einen echten Katastrophenspezialisten: »Die Zurückgelassenen / rotten sich zusammen / und reiben die Erde heiß, / Wälder wachsen aus / ihren Schlüsselbeinen. / Die Horizonte fransen aus. // Ist die Erde, fragst / du mich, eine Kugel? / Nein, antworte ich, nein / und verwandle mich / in meine Schwester. / Wir werden zusehen, wie / die Kugel sich auflöst / und unser Gedächtnis ausreicht / für ihr Ende.« (Härtling 1987, 10). »Schwarze Zeilen« hat Härtling ein anderes Gedicht genannt und die Technik der Katastrophen-Poesie auf den Punkt gebracht (ebd., 62):

> Wie komme ich
> davon?
> Warum hat die Sonne,
> die du aufziehst,
> einen Ascherand?
> Wie kann ich sterben
> ohne dein
> Zutun?
> Mit welchem Vorschlag
> Bringst du mich
> Um?

Poetik der schlichten Unmittelbarkeit

Die schlichte, einfache Unmittelbarkeit war das Poetik-Ideal dieser Art Lyrik, die freilich ohne rhetorische Pointen und ohne sentenziösen **Moralismus** nicht auskam. Erich Frieds Gedicht »Drei Fragen zugleich« hat das Bewusstsein vom ›bedeutenden‹ Gedicht auf den Punkt gebracht: »Darf ein Gedicht / in einer Welt / die an ihrer Zerrissenheit / vielleicht untergeht / immer noch einfach sein?« (Fried 1989,

129). Die Antwort zeigt ein weithin ungebrochenes Vertrauen in die eigentümliche Macht des Gedichts: »Darf eine Welt / die vielleicht an ihrer / Zerrissenheit untergeht / einem Gedicht / Vorschriften machen?« (ebd.). Noch dort, wo sie sich mit der Welt, ihrer »Zerrissenheit« und ihrem drohenden Untergang, einlässt, soll das Gedicht seinen autonomen Status behalten.

Das Gedicht zeigt Perspektiven. Wohin indes Orientierungslosigkeit führen kann, zeigt Walter Helmut Fritz im Gedicht »Auch das« (Elm 1992, 80):

Rastlosigkeit ist gut.
Verlieren ist gut.
Versäumen ist gut.
Verkehrte Wege wählen ist gut.
Nicht weiter wissen ist gut.
Auch das ist ein volles Leben.

Die Perspektive ist moralisierend; sie zielt auf Einspruch durch einen Leser, den Verse wie »Sich leer fühlen ist gut« noch zu provozieren vermögen. Ein solcher Rezipient ist Mitspieler, fast ein alter ego des Poeten, im besten Sinne aber jemand, der noch mitzufühlen und mitzudenken versteht und daher die Fähigkeit besitzt, die Pointen eines Epigramms zu dechiffrieren. Endzeitstimmung kam in den 80er Jahren auch als eine Art ***Posthistoire*-Ankündigung** daher.

Auf schlichte, prägnante Weise fing Krolows Gedicht »In den achtziger Jahren« (Elm 1992, 87f.) diese Stimmung ein: »In den achtziger Jahren / ist es so wie immer. / Man bügelt D-Mark-Scheine, / zerdrücktes Eis auf der Haut, // weil Sommer ist wie sonst. [...] Man hat seinen Denkapparat, / der kriecht die Straßen entlang / bei ähnlicher Anatomie, / wenn die Robinien blühn // oder ganz andere Bäume. / Man fällt auf sein Gesicht / vor Müdigkeit im Wachen. / Man zittert durch die Gegend // und ist seit Jahren tot. [...]« Zum *Posthistoire*-Syndrom gehören jene ›subjektschwachen‹ »Man«-Sätze, die Krolows Text strukturieren. Die entdramatisierte Welt des Einerlei, karikiert in Formeln wie »so wie immer« und »wie sonst«, hat ihre geschichtliche Signatur ebenso verloren wie ihre zeithistorische Identität. Das Einerlei der Einleitungsverse kommt ohne jede semantische Differenz aus und bildet die Ideologie eines Zeitalters jenseits der Geschichte zwar nicht ab, aber spielt mit ihr und führt sie in ihrer sprachlichen Banalität vor.

Es ist frappierend, wie diese Art **Epigrammatik** immer wieder mit der Wirkung einfacher Botschaften rechnet, in deren tröstlicher Gewissheit sich Dichter und Publikum wie in einer Symbiose zusammenschließen. Späte Gedichte Erich Frieds gehören in diesen Kontext. Ein Beispiel dafür ist das Gedicht »Lebenslauf«, das über seine autobiographische Dimension hinaus eine breite Identitätsfläche bietet: »[...] Als Mensch bin ich aufgewachsen / und habe Unrecht erlitten / und manchmal Unrecht getan / und manchmal Gutes // Als Mensch empöre ich mich / gegen Unrecht und freue mich / über jeden Schimmer von Hoffnung / Als Mensch bin ich wach und müde / und arbeite und habe Sorgen / und Hunger nach Verstehen / und nach Verstandenwerden / [...]« (Fried 1987, 31).

Unverstellt und ohne die für ihn in früheren Jahren so charakteristischen Pointen, Wortspiele und scharfzüngigen Polemiken formuliert Fried die Summe eines fast fünfzigjährigen Dichterlebens im Lichte humanistisch und sozialkritisch verstandener Aufklärung. Er erneuert als einer der letzten Lyriker des 20. Jahrhunderts, dessen Stimme öffentliches politisches Gewicht hatte, die Poetik der Einmischung durch Poesie, die **Poetik des lyrischen Engagements.** An seinen zeitweilig großen Einfluss der letzten Jahrzehnte konnte er jedoch nicht mehr anknüpfen. Die Verleihung des Büchner-Preises 1987 änderte daran nichts und war eher eine längst überfällige, nun aber fast anachronistische Geste, begleitet von peinlichen politischen Attacken konservativer Politiker und Feuilletonisten gegen den von schwerer Krankheit bereits gezeichneten Autor.

Fried verkörperte ein emphatisches Dichtersubjekt, das seine Autonomie konfliktreich einfordert. Ein solches Dichterbild war in den 80er Jahren weit verbreitet. So nannte Christoph Meckel in seinen Poetik-Vorlesungen mit dem bezeichnenden Titel »Von den Luftgeschäften der Poesie« den Dichter einen »Partisan der Handschriftlichkeit« (Meckel 1989, 12): jemanden, der sich auf uralte Weise den medialen Welten und ihren Aufschreibsystemen nicht nur verweigert, sondern gleichsam subversiv das Recht des alten Traditionsmediums und seiner Schreibpraxis Geltung verschaffen will. Eine ähnliche Position findet sich auch bei Ludwig Fels (1988, 8f.):

> Daß man Licht, Zeit und Papier hat und einen Rest Mut, um über all das unzählige Male Gesagte neu nachzudenken und das meiste davon, wenn man noch stolz ist, ungeschrieben zu lassen, ins Vergessen zu schicken, das, glaube ich, ist, was den Lyriker auszeichnet und ihn, der nicht mit Empörung geizt, sondern düstere Paradiese anlegt in den Menschen, den Städten, ehrt.

5.3 Experiment Reflexion. Sprachräume der Lyrik

Ernst Jandls sarkastische »idyllen«

Einer, der den »Luftgeschäften der Poesie« schon lange nicht recht traute, war Ernst Jandl (1925–2000). Sein Gedichtband *idyllen* (1989) war eine der bedeutendsten Lyrikpublikationen des Jahrzehnts. Hier schrieb nicht nur ein Routinier, sondern ein Autor, der sogar gegenüber seiner eigenen Lust zur Ironie auf Distanz gehen konnte und gegen das weit verbreitete Bild vom humoristischen Sprachbastler und Poesie-Clown vehement anschrieb. **Skeptizismus und Pessimismus** kennzeichneten mit zunehmender Tendenz die Verse des späten Jandl. Sie dekuvrieren Kassandra-Posen und konventionelle Sinn-Suche, indem sie immer bissiger, bösartiger und zynischer werden. Jandl vernichtet schon im Ansatz jeden Hang zum Räsonnement-Stil und entlarvt die umtriebige Banalität epigonaler Erlebnispoesie und den oberpriesterlichen Gestus lyrischer Untergangsmaler. Bei Jandl heißt es (19):

hier liegt
ein gelegtes gedicht, darüber
brütet ein dichter vielleicht
vielleicht noch lange

Ein anderes Gedicht mit dem simplen Titel »dieses Gedicht« (22) nimmt das Thema wieder auf und variiert ein weiteres Mal die skeptische Ironie der vielfach sarkastischen, bitteren Jandl-*idyllen*: »es ist noch nicht gut / und du mußt daran noch arbeiten / aber es stürzt nicht die welt ein / wenn du es dabei beläßt / es stürzt nicht einmal das haus ein.« Das Gedicht wirkt wie eine Antwort auf die zur gleichen Zeit in Mode kommenden Arche-Noah-Poetiken (s. S. 215). Schon das Eingangsgedicht der *idyllen* – »die ersten zwölf zeilen« (7) – lässt in spielerischer Form die Perspektive dessen deutlich werden, der im Bekenntnis zum »schreiben / von zeilen, welche zählbar bleiben« den poetologischen Ort des Dichters ironisiert und dessen artifizielle Arbeit als lyrische Fingerübung vorführt. Unversehens wird die historische Abnutzung moderner Lyrik zum Thema: in einer Phase, die sich gerade in der Restauration des Formenrepertoires gefällt und auf die Autorität brav gereimter Strophen setzt. Jandls Paarreimkommentar dekonstruiert den pontifikalen Ton zeitgenössischer Poetiken in einem poetologischen Gedicht eigener Art:

die zeile, die vor mir steht still
und eine zweite zeile will
ich habe diese ihr erfunden
und schon zwei weitre dran gebunden
ein ende ist noch nicht in sicht
ich mag sie bisher alle nicht
weil jede schamlos nur enthüllt
mein denken als von nichts erfüllt
nichts andrem nämlich als dem schreiben
von zeilen, welche zählbar bleiben
für den, der an zwei mehr noch glaubt
als ihm der finger zahl erlaubt.

Jandls *idyllen* ironisieren jenes poetische »schreiben« von allen möglichen Perspektiven aus. So hat der Autor in »minor poet« (26) den Prozess des Verstummens unprätentiös auf den Begriff gebracht: »bei zusammengebrochener produktion / sich aufrichten, die jacke nehmen / nach draußen gehen und zu den sich bewegenden / leuten, als wäre man selbst / zur arbeitsstätte unterwegs.« Das Sonett »hohe kunst« (105) führt, indem es (mit hochpathetischer Inversion) »des gebisses reinigung« in vollendeter Eleganz besingt, die Form-Renaissance der 80er Jahre ad absurdum. Jandls **Sprachspiele** verspotten zuletzt die poetologische Verklärung des Gedichts überhaupt und bringen die Gattung mit der Formel »stückwerk ganz« (30) auf den Begriff.

Solche **epigrammatische Lakonik** ist ganz und gar reflektiert und unsentimental. Sie hält in ihrer pessimistischen Sprödigkeit und Kargheit Möglichkeiten einer Poesie ohne Botschaft, Auftrag und Erwartung fest. Das Spektrum der Sprachakrobatik und des Wortwitzes ist weit gefasst. Jandl weiß mit der Aura konventioneller Genres ebenso zu spielen, wie er die Präzision knappster, lakonischer Verse zu beherrscht versteht und so die eigene Tradition fortsetzt: Experiment, Irritation und Destruktion. Der Gedichtband *idyllen* verdichtet in seiner Verweigerung von Sinn und Bedeutung eine eigene Gedichtpoetik, die in ihrer Radikalität ihresgleichen sucht. Noch die scheinbar konventionellste Rückkehr zu Strophenform und Reim erweist sich als eine ironische Konstellation aus längst verbrauchter Poesie. Die Reduktionstendenz wird in seinen Drei- und Zweizeilern besonders evident, und zwar als eine **Form der Verknappung und Pointierung** – »vielmals allein / es sei keinem getraut / zieht ab mir die haut« (183) –, aber auch der illusionslosen Zuspitzung: »herausgeritten aus muttern, hineingetrabt / in dieses unmenschliche geschlecht« (182).

Ironisches Spiel mit Katastrophenlyrik

Jandl war nicht der einzige, der jenes »mürrisch(e) Parlando« durchkreuzt, von dem Robert Gernhardt zu Recht behauptet, sein »ästhetischer, sentimentaler oder gar intellektueller Ertrag« sei »naturgemäß gering« (Gernhardt 1990, 14). Sein Plädoyer für »Komik« und »Nonsens«, verstanden als »Regelverletzung und »verweigert[en] Sinn«, verweist unter satirischem Vorzeichen auf ein neues, von Larmoyanz und Betulichkeit befreites Experimentieren mit Sprache. Unter dem Titel »Drei nervöse Wahrnehmungen« (32) hat er gleichsam als **Travestie** aller gegenwärtigen und künftigen Räsonier- und Katastrophenpoeme am Ausgang des 20. Jahrhunderts eine spezielle Rückschau auf das Jahrzehnt des Betroffenheitsgedichts gehalten. Gernhardt notiert mit Spürsinn drei Simultankatastrophen, das All, die Welt und zuletzt gar jenen aus dem Wandsbecker Boten bekannten ›kranken Nachbarn‹ betreffend:

Drei nervöse Wahrnehmungen

Die erste

Diese feinen Risse im All!
Seht ihr sie nicht?
Jede Sekunde
Scheint der Kosmos zu bersten.

Die zweite

Dieser scharfe Gestank in der Luft!
Riecht ihr ihn nicht?
Jede Minute
Scheint die Welt zu entflammen.

Die dritte

Dies Rauschen in der Wand!
Hört ihr es nicht?
Alle Halbestunde
Scheint mein Nachbar zu scheißen.

Bei aller drastischen Zuspitzung der drei nach dem Prinzip der Antiklimax konzipierten Strophen besticht die Mühelosigkeit, mit der Gernhardts Verse Kassandra-Posen des Jahrzehnts konterkarieren. Gedichte dieser Art zielen auf kategoriale Abgrenzung von einem verbreiteten Dichterverständnis.

So hat auch Uli Becker in seinem mit dem Zukunftstopos spielenden Gedichtband *Das Wetter von morgen* nicht nur die aktuellen Katastrophen-Vorhersagen, sondern auch ihre Produzenten zur Karikatur werden lassen. Als wären hier Kunert und Härtling direkt angesprochen, heißt es schon im Eingangsgedicht »O Tempora, Dolores!« kurz und bündig: »Vom Dichter wünscht man sich den Blick / fürs Große Ganze, Tips auf Knopfdruck:/ Bin ich Souffleur im Grand Guignol? / [...] // Mich abarbeiten an den Letzten Fragen? / Ist nicht mein Bier. Hab anderes vor« (Becker 1988, 11). Und unter dem beziehungsreichen Titel »Probleme der Lyrik« (78ff.) erinnert Becker an Gottfried Benn und Theodor W. Adorno, nun freilich ohne große Aussichten auf »*Poesie* im Sonntagsstaat«: »Probleme der Lyrik? Der Sarg bleibt zu! / Theo, halt die Ohren steif, hörst du, // als Klartexter jetzt Trübsal blasen, / ist das der neue Hohe Ton? / Glaube ich / kaum: Ich glaub, mein Schwein pfeift.« Wo der »Hohe Ton« und der lyrische »Sonntagsstaat« fehlen, kehren Experimentieren und Probieren, kehren Sprachreflexion und Sprachkritik in einer Intensität zurück, die an den Enthusiasmus der späten fünfziger Jahre erinnern.

DDR-Lyrik am Prenzlauer Berg

Der hohe Anteil junger Autorinnen und Autoren aus der DDR an unterschiedlichsten **Spielarten einer experimentierenden Neoavantgarde** hat viele Gründe. Zum einen gehörte nach wie vor die literarische Moderne und vor allem deren Avantgarden zum verminten Gelände der staatstragenden Ästhetik-Doktrin des Sozialistischen Realismus. Auch wenn dieser inzwischen keinen spürbaren Einfluss auf die DDR-Literatur der 80er Jahre mehr hatte, grenzte sich die Kulturpolitik weiterhin kategorisch vom so genannten Modernismus und Formalismus ab. Das machte jene Positionen aber gerade bei denjenigen um so attraktiver, als sie ein der Öffentlichkeit entzogenes, abgelehntes Feld künstlerisch-literarischer Praxis besetzen konnten.

Eine der attraktiven, gleichsam zum Selbstversuch einladenden Sparten des Experimentierens war die Konkrete und die visuelle Poesie, aber sie war in der Tat nur eine der vielen Varianten literarischer Praxis. Unter solchen Prämissen entstanden Spielarten eines literarischen *undergrounds*, besonders anziehend und attraktiv für eine junge Literatur-, Musik und Kunst*szene*, die jenseits des offiziellen Literatur- und Kulturbetriebs ihre informellen Strukturen aufbaute. Die Produktionsweise glich beinahe der Frühphase der Wiener Gruppe. **Schreibmaschinen-Experimente** bildeten die Produktionsgrundlage. Texte wurden als hektographierte Handzettel veröffentlicht; es gab eine Fülle von Textunikaten, beispielsweise Kugelschreiber-Versuche: Was entstand, wirkte provisorisch und unfertig – und gerade dadurch authentisch und ansprechend.

Die unter dem Namen *Prenzlauer Berg Connection* rasch in die Literaturgeschichte sich eingeschriebene Gruppe von Künstlern, Musikern und Literaten, die in den 80er Jahren am Berliner Prenzlauer Berg lebte und arbeitete – »300 Maler und Grafiker sowie 35 Schriftsteller« (Grosinski 1997, 193) –, war literatursoziologisch eine subkulturelle Szene innerhalb der DDR. Die ältesten dieser informellen Gruppe mit entsprechend breiter Fluktuation waren – wie Jan Faktor, Sascha Anderson, Stefan Döring, Thomas Günther, Cornelia Schleime und Michael Wüstefeld – Anfang der 50er Jahre geboren. Zu den Jüngsten am Prenzlauer Berg gehörten der Autor, Schauspieler und Stückeschreiber Ulrich Zieger (* 1961), der in Dresden geborene Lyriker Durs Grünbein (* 1962) und der als freier Autor in Berlin lebende Johannes Jansen (* 1966). Mit seinen literarischen Arbeiten voller Produktivität, Ironie und Sprachgewalt ragte der 1956 geborene Mecklenburger Bert Papenfuß unter den **Aktivisten des Prenzlauer Bergs** hervor, der sich bis 1995 Papenfuß-Gorek nannte und unter diesem Namen veröffentlichte. Freilich gab es weder offizielle Verlage noch Kulturzeitschriften des staatlich gelenkten Literaturbetriebs, die jener *Connection* Publikationsmöglichkeiten gewährten. Und doch fanden sich provisorische Szenemedien, die mit einfachsten, aber um so einfallsreicheren Mitteln eine Art Binnenkommunikation schufen; die Zeitschriften hießen *Ariadnefaden*, *Bizarre Städte*, *Mikado*, *Liane*, *Schaden*, *Und*, *Entwerter/Oder*, *Schaden* und *Verwendung*. Schon in den 80er Jahren über den Szene-Kontext hinaus bekannt wurden die Lyriker Uwe Kolbe (* 1957) und Lutz Rathenow (* 1952).

Die *Prenzlauer Berg Connection* (vgl. Leeder 1996; Böthig 1997; Berendse 1999) wäre freilich ohne jene Protagonisten der älteren Schriftstellergeneration nicht denkbar, die nicht nur ihre Namen, sondern auch ihre Erfahrungen und ihr Wissen um die Auseinandersetzung kritischer Autoren mit dem DDR-Staat in die Szene einbrachten. Vor allem Adolf Endler und Elke Erb spielten eine besondere Rolle, am Rande sogar Volker Braun. Zwar hatte ein Teil der Lyriker schon in Publikationsreihen wie *Poesiealbum* Gedichte veröffentlicht und an mancher (auch im Westen erschienenen) Anthologie mitgewirkt. Aber erst nach dem Ende der DDR kam eine Vielzahl von Publikationen und Dokumentationen zum Prenzlauer Berg heraus. Diese Veröffentlichungen hatten mit den Präsentationsformen der 80er Jahre nichts mehr zu tun.

Eine Zeitschrift wie die von Rainer Schedlinski und Andreas Koziol herausgegebene *Ariadnefabrik* beispielsweise, die von 1986 bis 1989 mit insgesamt 24 Heften herauskam, wurde als Typoskript verbreitet und hatte eine Auflage von 40 bis 60 Stück. *Bizarre Städte* entstand als Computerausdruck und wurde teilweise xerokopiert, teilweise aber auch mit Fotoarbeiten und Handzeichnungen versehen. Noch geringer war die Auflage von *Entwerter/Oder*, die mit der Schreibmaschine vervielfältigt wurde (Heft 1 und 2 umfassten vier Exemplare).

Subkultur als Gegenkultur, Sprachkritik als Systemkritik?

In seiner Retrospektive »Was ist neu an der jungen Literatur der achtziger Jahre« hat Jan Faktor Ende 1988 ebenso selbstkritisch wie anschaulich die provisorische **Struktur der Szene-Aktivitäten** beschrieben (Faktor 1992): die Lesungen in Privaträumen und Kirchen, Debatten um Ausreiseanträge, Schreibversuche und autonome Kunstpolitik, die Abgrenzung von der »penetranten Didaktik der älteren Schreiber« (379), die »Abkoppelung von irgendwelchen vordergründigen Staatsangelegenheiten« (ebd.) und den Konnex von bildender Kunst, Literatur, Grafik, Lyrik, Ausstellung und Künstlerbuchproduktion. Für die zahlreichen Gedichte nannte Faktor zu Recht jenes »große Schlagwort« zur Charakteristik der vielfältigen Lyrikstimmen, die »›Arbeit an der Sprache‹« (373).

Diese Arbeit schließt Ironie und Spott ein, beispielsweise verfremdete, ad absurdum geführte Zitate aus dem sozialistischen Kanon. So konterkariert Rüdiger Rosenthals Gedicht »frage« (Michael/Wohlfahrt 1992, 152) ein Lenin-Poem Majakowskis (»er rührte an den Schlaf Welt mit Worten / die wurden Brot«) mit einer Collage aus Zitatfragmenten, Alltagskommentaren und Entmystifizierungen der überlebensgroßen Gründerfigur der Sowjetunion:

er rührte an den schlaf der welt
mit worten, die machen müde uns, mich dich
den ganzen tag könnte ich schlafen, wenn ich nicht
schreiben müsste
lenin, wie fühlt man sich, wenn man mit stalin schläft
auch dir geht es dreckig geht es mir immer
wenn es mir gut geht
ich auf dem sofa liege, pralinen fresse
farbfernsehen sehe und niemand hilft mir niemand hilft dir
warum schaltest du nicht ab könntest du fragen
und ich müsste sagen, ja warum

Manche Gedichte, wie Stefan Dörings »schulterschlag« (Arnold 1990, 174), wirken wie eine aus längst versteinerten Sprachresten zusammengestellte Imperativ-Sammlung, die ein despektierliches Gegenüber mit Gegensprüchen kontert; die aufeinander treffenden Stimmen bilden konträre Positionen ab, ohne auch nur im Ansatz einen Dialog zu initiieren:

»begrenzt die grenzen«, »aber sicher«
»durchschaut die verhältnisse«, »aber unbedingt«
»verändert die umstände«, »aber klar«

»enttäuscht die erwartungen«, »aber ohne zweifel«
»befreit die gefühle«, »aber bestimmt«
»entfesselt die gewalten«, »aber natürlich«

»kontrolliert die erkenntnisse«, »aber gewiss«
»beschränkt die berechnungen«, »aber logisch«
»entmachtet die willkür«, »aber selbstverständlich«

Die DDR war ein semantisch geschlossenes System, das entsprechend störanfällig war: Sobald ein Satz, eine Metapher, eine lyrische Wendung die sprachlich-ideologische Ordnung zu stören begannen, potenzierte sich die Aufmerksamkeit auf eine ebensolche Stelle. Daher ist es erklärbar, dass Gedichte, die aus heutiger Perspektive kaum mehr als ein Spiel mit Anspielungen und Aufmerksamkeitssignalen sind, eine Art Gegensprache darstellen konnten. So heißt es bei Rainer Schedlinski (Arnold 1990, 165):

[...] wir lesen
die zeitungen selbstredend, sie sprechen
in der tat, was ich dir schreibe

bleibt postgeheimnis, das auge
hört mit, das ist das gesetz
der brechung, es liegt

ein schweigen über dem schweigen &
damit es jeder erfährt
haben wir endlich das sprechen gebrochen

Die **Bloßstellung öffentlicher Sprache** ging einher mit der prinzipiellen Kritik an Wahrnehmungsrastern. **Ironisierung** und Collagentechnik hängen in solchen Texten eng zusammen. Man experimentierte mit fragmentarisierten Sprachfetzen und Losungen, destruierte, verformte und verhöhnte sie. Das lyrische Subjekt litt weder an den Verhärtungen eines an sich erstrebenswerten Sozialismus noch stellte es sich als kritische Instanz eines politischen Diskurses dar. Es führte vielmehr den ritualisierten, von festen Regeln umstellten politischen Diskurs der DDR-Öffentlichkeit selbst vor, indem es seine Sprache, seine Worthülsen, seine Herrschaftslogik, seine alltägliche Einschüchterungspraxis ins Bewusstsein rief. Michael Thulin (d.i. Klaus Michael) hat die Literatur des Prenzlauer Bergs in der Formel »**Sprachkritik und Gegenkultur**« (Arnold 1990, 236) zusammengefasst:

> Grundlage dieser Kritik ist ein Sprachverständnis, das sich weigert, Sprache als einen instrumentalen Mechanismus aufzufassen. Als einen Mechanismus, der den Schreibenden einem hermetischen Diskurs einbindet und ihn der Freiheit seiner Sinne beraubt. Sprache erscheint vielmehr als ein System freibeweglicher Einheiten, in dem der Blick von der Sache auf das Zeichen wechselt – um den Gegenstand zu bedenken, ohne seiner diskursiven Befangenheit zu verfallen. Sprache, und das ist das gemeinsame Kennzeichen vieler Texte, verfährt nicht mehr mimetisch, sondern imaginativ, sie ist, wie Kleidung und Frisur oder der jeweilige Musikstil, ein ganz bestimmter Ausdruck des Lebensgefühls.

Bert Papenfuß-Goreks performative Poetik

Ob die Lyrik, die am Prenzlauer Berg in der paradoxen Atmosphäre eines abgezirkelten, vom Staat genau kontrollierten ›Freiraums‹ entstand, mehr als nur ein »bestimmter Ausdruck des Lebensgefühls« in den enervierenden Subkulturzonen eines verfallenden Staatssystems war, also beispielsweise die poetische Manifestation auf Sprache jenseits ihrer »diskursiven Befangenheit«, darüber ließe sich heute sicher trefflicher streiten als in den 80er Jahren. Im Kontext der Lyrik jener Dekade stehen Lyriker wie Bert Papenfuß-Gorek (*1956) für einen spielerisch-leichten, trotz vielfach praktizierter Langzeilentechnik sehr beweglichen, wendigen Duktus, der in diametralem Gegensatz zur Lethargie und Starre des DDR-Systems kurz vor dem Exitus steht. So verspottet Papenfuß-Goreks Gedicht »ich bin das Paradies« kurzerhand schon im Titel den letzten utopischen Schein kommunistischer Visionen und schließt mit dem Vers ab: »na gott, komm ruhig ruin« (Buchwald/Erb 1986, 56). Der Autor verfügt über ein breites Repertoire, seinen Texten mit verfremdenden, teils auch historisierenden Sprach- und Formelementen einen eigentümlichen Sound zu verleihen; ein Beispiel ist die »ausdrückliche klage aus der inneren immigration« (Geist 1991, 221):

aus sieche, schimpf & scham erhebe ich meine klage
aus meiner wunden wildem fleisch, aus wildem blut
aus zank, glut & brunst stieben lange melodiebögen
schriller töne arrhythmie die trostlose elevation
stockenden pulses; trauer, die stirbt zu vergehen
wie das lachen vergangen ist, die ohnmächtigen nächte
& die liebe allen mitleids anfang ist selbstmitleid
in's reine zu kommen haucht der sinn des wahn aus

Papenfuß-Goreks Gedichte sind für den Vortrag gemacht, und zwar weniger für Dichterlesungen als für Bühneninszenierungen und Musikauftritte. Vor diesem Hintergrund spielt auch für die Beurteilung seiner Texte die **performative Poetik** eine wichtige Rolle, also der **Partiturcharakter der Gedichte**, die erst im Vollzug ihrer Aufführung, ihres Vortrags durch den Autor ihre eigentliche Kraft entfalten. Der ekstatische Ton mancher Gedichte und ihr ironisch gebrochenes Pathos gehören zum Selbstdarstellungsstil einer gleichsam anarchischen, unabhängigen, autonomen Ich-Figur, die nach dem Ende der DDR keineswegs auf Westanpassung setzt, sondern schon vor der Wende mit hellsichtiger Unbekümmertheit die vom damaligen Bundeskanzler Helmut Kohl inaugurierten ›blühenden Landschaften‹ als Fata Morgana durchschaute und verspottete (Koziol/Schedlinski 1990, 112):

am saum der welt harren unserer selige landstriche
voll lockender haine, üppiger pracht, entrückung dichtbei
arbeitslosen genusses & einhelligen minnetrinkens

einflussreich hörner & der demut blechpfeifen quietschen
die gegenwart ist der gipfel der vergangenheit
die verlängerung des diesseits macht keinen unterschied
gnadenlos verlangt jede neubaute sein opfer
& so manche tilgen der ungnade wegzehrung unter uns

Durs Grünbeins Lyrik der 80er Jahre

Papenfuß-Goreks poetischer Anarchismus steht konträr zur reflektierten, die eigene **Beobachtungsposition** stets einbeziehenden Konzeption des Gedichtbands *Grauzone morgens*, den der Suhrkamp Verlag 1988 veröffentlichte. Durs Grünbein (* 1962), sein Verfasser, hatte noch vor dem Ende der DDR den Sprung aus dem Szene-Kontext geschafft. Sind Papenfuß-Goreks Gedichte Inszenierungen vor einem imaginären, kollektiven, subkulturellen ›Wir‹, so erscheinen Grünbeins Notizen gerade dort, wo sie die Prenzlauer Szene erfassen, wie ein präzises **Gedächtnisprotokoll**, auf Abstand gehalten und aus der Distanz heraus formuliert. Ein Beispiel ist das Gedicht »Nullbock« (Grünbein 1988, 47): »Prenzlauer Beg sonntags die dunstige / Schwüle in den von / Autos verstopften Straßen. Ein Junge/ in Jeans // streichelt ein Mädchen lässig beim / Telefonieren am Apparat dicht / vor der Hauswand zersplittertes Glas. Sagt / ›Nichts los heut‹ und wendet // sich um in die Richtung aus der / der Schrei eines / Kindes kommt aus- / gestreckt wenige Meter vor dem / zerquetschten Ball.«

Grünbeins Gedichtband gehört schon von seiner einschlagenden Wirkung im Feuilleton her zu der herausragenden Lyrik der 80er Jahre. Er durchkreuzt nicht nur mit seiner souveränen Diktion und seinem unbestechlichen Blick auf die »Grauzone« der Metropolen am Ende des 20. Jahrhunderts die Betroffenheitspoesie der Dekade, sondern auch die lyrische Tradition der DDR, die sich mit Anspruch und Realität des sozialistischen Staates auseinandersetzte. Grünbein steht von Anfang an **außerhalb des Utopiediskurses**, der noch bei Volker Braun und Heiner Müller mitschwingt.

Manche der **Beobachtungsgedichte** Grünbeins erinnern an Rolf Dieter Brinkmanns Gedicht-Schnappschüsse. Aber die Positionsbestimmung des lyrischen Subjekts ist eine gänzlich andere, wie die »MonoLogischen Gedichte« zeigen, die den Gedichtband abschließen (81–89). Grünbeins poetologische Gedichte umreißen die Möglichkeiten des Gedichts als eines unverwechselbaren Mediums, und zwar als eines Mediums der Distanz, des kühlen, abwägenden Blicks und der sich selbst kontrollierenden Stimme: »Es gibt heiße Medien und es / gibt kalte Medien Geschichte // egal in welche Brüchen auf / was für Zeug immer GEDRUCKT / bleiben kalt (und wenn sie / noch so heißgekocht sind). // [...] // Aus dem fauligsten Pathos / wird das belebende Sprudeln // der Luftblasen aus einer / Seele auf Tauchstation. Denn // was ist schon die Surrea- // listik der Ängste gegen die // maßlos zufälligen kleinen / Tricks eines Gedichts« (ebd., 81f.).

Volker Brauns Lyrik der 80er Jahre

Mit der *Prenzlauer Berg Connection*, der Grünbein entstammte, hatte ein Lyriker wie Volker Braun (* 1939), einer der in Ost und West bekanntesten Dichter, trotz seiner Oppositionsfunktion wenig gemein. Er repräsentierte die Tradition der staatskritischen DDR-Lyrik und mehr noch das Selbstverständnis eines Autors, der im wohl abgesteckten, ritualisierten **Spiel zwischen Andeutung, Metapher und harter politischer Kommentartechnik** zu changieren verstand, im Westen verlegt und gelesen, im Osten aber für die Systemgegner am Berliner Prenzlauer Berg eine Symbolgestalt von zwar anerkannter, aber bereits historischer Bedeutung. Braun fand daher zwar in Ost und West gleichermaßen Bewunderer, aber keine Nachahmer, begründete also unter den jungen Lyrikern weder eine Schule noch einen Stil. Das Image des großen Einzelnen, der Ausnahmegestalt, pflegte er wie Heiner Müller, mit dem ihn das Interesse am Theater wie an dem einstigen Vorbild Bertolt Brecht verband.

Autorschaft erwuchs bei Braun schon seit seinen ersten Gedichten aus der kategorischen **Differenz zu Staat und Partei**, einem Gegensatz, den der Dichter nach dem Ende der DDR auf seine Haltung zum westlichen kapitalistischen Siegerstaat im Wettkampf der Systeme übertrug. 1987 veröffentlichte Braun den Gedichtband *Langsam kriechender Morgen*, der unter dem Titel »Das Lehen« in selbstbewusster Anspielung auf die Haltung, die einst der Minnesänger Walther von der Vogelweide zu seinen Herrschern einnahm, ein **Selbstverständigungsgedicht** präsentiert (Elm 1992, 126):

Ich bleib im Lande und nähre mich im Osten.
Mit meinen Sprüchen, die mich den Kragen kosten
In anderer Zeit: noch bin ich auf dem Posten.
In Wohnungen, geliehn vom Magistrat
Und eß mich satt, wie ihr, an der Silage.
Und werde nicht froh in meiner Chefetage
Die Bleibe, die ich suche, ist kein Staat.
Mit zehn Geboten und mit Eisendraht:
Säh ich Brüder und keine Lemuren.
Wie komm ich durch den Winter der Strukturen,
Partei mein Fürst: *sie hat uns alles gegeben*
Und alles ist noch nicht das Leben.
Das Lehen, das ich brauch, wird nicht vergeben.

Im Vergleich zur frühen Lyrik fehlt seit den 80er Jahren jeder utopische Bodensatz. Der Staat hat mehr als seine Legitimationsgrundlage verloren; er wird von jenen »Lemuren« regiert, die mit ihren »zehn Geboten und mit Eisendraht«, der Mauer, ein Schattenreich befehligen. In der Tat hätten ihm früher seine »Sprüch[e]« wirklich »den Kragen kosten« können. Aber noch bis zuletzt – so stellt sich nach dem Ende der DDR qua Akteneinsicht heraus – hatten ihn die »Lemuren« unter

Kuratel gestellt, indem sie ihn von ihren Spitzeln, den Informellen Mitarbeitern der Staatssicherheit, systematisch ausspionieren ließen. Mit der Rolle eines Staatsschriftstellers und der Aussicht auf ein »Lehen« hatte die Situation Brauns in der DDR nie etwas zu tun.

Heinz Czechowskis lyrische Reflexionsprosa

Längst schrieben freilich auch diejenigen, die wie Czechowski (* 1935) in der DDR geblieben waren, keine Lyrik mehr, die in irgendeiner Form auf politische Dechiffrierungen durch ein noch erreichbares Publikum zielte. In Versen von unregelmäßiger Länge erschien die Reflexions-›Prosa‹ eines lyrischen Ichs, das kaum anderes als Standortbestimmungen in Permanenz vornahm und sich dabei noch aufs Notwendigste beschränkte. Ein solcher Duktus kam ohne Metaphorik, ohne Pathos aus und erzeugte aus ein paar Situationsskizzen zuweilen einen **melancholischen, elegischen Grundton:** »Ich, / Im ersten Drittel dieses Jahrhunderts geboren, / Hab überlebt. Mehr / Ist kaum zu sagen. Oder ich warte, / Mit all meiner Schwäche, / Daß ich verschont bleiben möge von dem, / Was ich täglich lese« (Czechowski 1987, 59).

Daraus war noch keineswegs zu folgern, dass Czechowski sich auf eine unpolitische Position zurückgezogen hatte; ob er deshalb, wie Labroisse im Resümee seiner Czechowski-Studie meint, am Ende der 80er Jahre »einen zeitgeschichtlich-politisch engagierten Autor« (Labroisse 1994, 85) verkörperte, daran bestehen mit Blick auf die Zeitkonstellation insgesamt große Zweifel: Es gab im Jahrzehnt vor der Wende jenen von Labroisse erwähnten Typus in der deutschsprachigen Lyrik nicht mehr. In Czechowskis poetischer Selbstbeobachtung und -bespiegelung verdichtete sich die utopielose **Erstarrungssituation** der DDR kurz vor ihrem endgültigen Ende. Daher blieb auch und gerade dort, wo zeithistorische Reflexionen in früheren Jahren Möglichkeiten eines Lernprozesses zumindest einkalkulierten, nur noch beharrliche Skepsis übrig: »Sancta Simplicitas, alles / Ein einziger Kommentar / Zu dem Kontinuum, / Aus dem / Nichts gelernt worden ist / In aller Stille« (Czechowski 1987, 138). Und dies galt keineswegs nur den DDR-Bürgern, sondern allen: »Nein, Deutsche, / Ihr habt nicht gelernt« (ebd.).

Czechowskis Gedichtband *Was mich betrifft* (1981) war noch ein anschauliches Beispiel für den Themenmix der DDR-Lyrik zu Beginn der 80er Jahre. Stadt und Landschaft lieferten ein breites Motivpanorama für Impressionen und Reflexionen. Das lyrische Subjekt durchmischte die Rolle des Beobachters und die des Betroffenen. Lakonisch knapp gestaltete Czechowski seine Verszeilen; Kurz- und Langgedichte wechseln sich ab. Der **nüchterne Duktus** herrscht vor und konturiert eine Poesie des Alltags, die ohne Metaphorik und Ausschmückungsstrategie auskommt, weil sie der Poetik der exakten Wahrnehmung vertraut. Es gehört zur Eigenart mancher Gedichte, dass sie zugleich historische Miniaturen sind, also eine Spur der Erinnerung in die Beschreibungs- und Reflexionspoesie aufnehmen. Beispiele sind Gedichte wie »Im Seekreis« (12), in denen eine ländliche Gegend sich in eine Geschichtslandschaft bis hinzu »Luthers und Müntzers Zeiten« verwandelt: »Bauerngeschlechter, / Grabgelegt hangwärts: der Toten Blick / Gerichtet ins Tal. Wer / Bewahr ihr Gedächtnis? / Das Rad der Geschichte, / Im Förderturm montiert: / Zwölf Stunden am Tag / Im Achtzig-Zentimeter-Streb, / Den Berg auf dem Buckel.« Die historische Dimension der Gedichte wird ergänzt durch andere Themenmischungen: Widmungsgedichte wie »Klopstock-Feier« (10), »Zeilen für Günter Eich« (21) und das Theodor Kramer, dem Exildichter, gewidmete »Die Mittagsdörfer« (24) fügen sich zu Jahreszeiten-, Reise- und Postkartengedichten.

Mancher Text schließlich rekonstruiert sogar die Geschichte der Lyrik, zwingt also den subjektiven Blick in einen selbstreflexiven Spiegel: »Die kleineren Katastrophen / Nähern sich mit dem Regen, / Der in den Vormittag fällt: / Lehmann ging durch die Knicks, / Loerkes gedenkend, da / Schlugen drei Braunhemden schon / In Berlin eine Schaufensterscheibe / In Stücke« (63). Angedeutet wird die prekäre Lage von Natur- und Landschaftslyrikern, die von der Zeitgeschichte und ihren größeren wie »kleineren Katastrophen« schneller heimgesucht werden als angenommen. Nicht nur Wilhelm Lehmann und Oskar Loerke hat dieses Schicksal ereilt: »Nun / Sind wir an der Reihe: / Wir schreiben in Halle, Berlin oder Weimar. / Ich, beispielsweise, / Sitze in Wuischke, während der Regen / Sanft in den Vormittag fällt« (ebd.).

Sarah Kirsch: Unbehagen in der Idylle

Das Unbehagen in der Idylle verband in den 80er Jahren Verse von Czechowski mit denen, die Sarah Kirsch (* 1935) nach ihrer Übersiedlung in den Westen schrieb. Sogar Historisierungsspuren und Katastrophenmotive bildeten einen gemeinsamen Schreibfundus. In Kirschs Gedichtband *Katzenleben* (1984) heißt es: »Wie sich vor unseren geübten Augen / Alles verwandelt das Dorf fliegt / Um Jahrhunderte rückwärts im Schnee« (Kirsch 1994, 209). Das Gedicht »Vorläufige Verwurzelung« (ebd., 209) zitiert eine apokalyptische Sonnenvision: »Die Sonne müht sich vergeblich Der klaren Spiegel der Pfützen halber / Durch die Wolken gelangen im weit / Fortgeschrittenen Jahr, erschöpft sich / In großangelegten barbarischen Untergängen / So sieht die Erde am Ende des Tages / Ungewiß wie ein fremder Planet aus / Mehr noch in der folgenden Nacht / Sternbilder auf mathematischen Achsen / Die vertrauten nicht auszumachen im toten / Weltall oder untergegangen.«

Schon 1982 hatte Kirsch im ihren Gedichtband *Erdreich* verstörende **Motive der Unruhe, des Unheils und des Untergangs** aufgegriffen, und zwar nicht im Sinne einer Kassandrapose, sondern einer eher beiläufigen, vieldeutigen Notiz. Ein Beispiel dafür ist das Totenmotiv in der letzten Strophe des Gedichts »Die Entfernung« (ebd., 175): »In diesem frühen Winter sah ich mich / Eines Abends den Körper verlassen / War ganz schön weit oben und hatte / Die Erde im Blick, einen hellen Fleck. / Ich verstand plötzlich alles, mehr / Läßt sich dazu nicht sagen, aber ich war / Milde und versöhnlich gestimmt.« In anderen Gedichten verflüchtigt sich wie im Gedicht »Selektion« (195) das Katastrophenmotiv wieder zu einer kleinen Beobachtung über die »Wirrnis des Gartens«: »Welche Unordnung die Rosenblätter / Sind aus den Angeln gefallen der Wind / Blies sie ums Haus auf die Gemüsebeete.« Das

Gedicht »Strahlende Beleuchtung« (201) verknüpft den Blick auf die »Katastrophe« mit anspielungsreicher Theatermetaphorik: »[...] Die Akteure spielen Leben und Sterben / Ab und zu eine Katastrophe / Sie sind begabt und einfühlsam / Ihre Rollen auf den Leib geschrieben / Die Ganoven beherrschen die Szene.«

Mit deutlich moralisierendem Duktus dagegen erscheint die **Untergangsvision** des Gedichts »Erdrauch« (202), das mit seiner »Wir«-Form ein für das Jahrzehnt symptomatisches Warngedicht darstellt und dem verbreiteten Kassandraton der Dekade entspricht: »[...] Es ist alles bekannt und vertraut / So wird es immer sein glauben wir / Und noch die furchtbaren Bilder / In den Fernsehgeräten bestärken uns / Wenigstens hier wird es so bleiben wir stapeln / Die Zeitungen die uns ruhig schlafen lassen / Sorgfältig auf bis sie abgeholt werden / Wir sind ganz lebendig hüpfen und springen / In den möblierten Wohnungen des Todes.«

Der 1989 erschienene Gedichtband *Schneewärme* verzichtet auf solche Pathosvarianten. Dafür verstärkt sich die Tendenz zu eingeschwärzten, dunklen Bildern sowie zu lakonischen Kommentaren, in denen mitunter eine kategorische **Distanz zur Gesellschaft** gesucht wird und die Autorin frühere Katastrophenmotive ironisiert: »Das Gewese der Menschen / Ist mir zuwider. // Das Meer schlägt an die / Standhaften Deiche. / Wenn ich einen / Wunsch sagen darf / So hätte ich gern / Noch einen Schafstall« (258). Nur selten noch finden sich derart unverstellte, existentielle Erfahrungen vermittelnde Verse wie im Kirschs »Wintermusik« (267):

An der Küste leuchtet ein Stein
Darauf steht: Keiner kehrt wieder.
Der Stein verkürzt mir das Leben.

Die vier Enden der Welt
Sind voller Leid. Liebe
Ist wie das Brechen des Rückgrats.

Jürgen Beckers Erinnerungs- und Beobachtungskunst

Reflexion statt Unmittelbarkeit, **Beobachtung statt Botschaft**, so könnte auch Jürgen Beckers (* 1932) Maxime in den späten 80er Jahren lauten. Sein Gedichtband *Odenthals Küste* (1986) beispielsweise erhält seine Konturen durch eine lyrische Sprecherfigur, die auf knappem Raum Wahrnehmungen notiert. Fixiert werden zunächst oft unscheinbare, zufällige Eindrücke, die im Aufschreibprozess den vorläufigen Status von Erinnerungsskizzen erhalten. Ein unspektakulärer »Großer Juli« (11) liest sich als Momentaufnahme eines Fensterblicks: »Wildnis vor den Fenstern. In der folgenden Nacht / breiten sich aus die Flächen des Lichts. Endlich / im Wind wachsen Schatten heran. Kann ich / jetzt gehen? Auf den Straßen geschieht nichts.« Beckers Verse bauen keine Sujets auf, zielen nicht auf Ereignisse ab, sondern wirken vereinzelt sogar wie sujetlose Fragmentierungen. Ein mit »Photo«

(ebd., 14) überschriebenes Gedicht verdichtet sich auf der Grenze zwischen Natur- und Stadtlyrik zu einem der kürzesten Wahrnehmungsprotokolle aus Odenthal im Bergischen Land:

Zäune, so gehen
die Leute weiter, so
dehnt sich der Stadtrand
ins Abendgrau

Becker variiert diesen Gedichttypus auf vielerlei Weise. Teils kombiniert er seine **visuelle Momentaufnahme** mit einem Dialogfragment, wie in »Winterbild I«: »Im Januar noch Äpfel im Baum; / bevor sie, sagst du, verfaulen im Keller, / leuchtet's in der kahlen Luft« (ebd., 16). Teils weitet sich die kurze Alltagsnotiz auch zu einem Erinnerungsbild: »Die Luft heute morgen gehört ihr Rasenmäher / euch So freundlich summte auch das Wochenende / nach Kriegsende Der Küster öffnete wieder den Turm / als die ersten Hummeln über den Dörfern standen« (ebd., 35).

Fragen der Wahrnehmung beschäftigen Becker noch in einem anderen, grundsätzlicheren Sinne, und zwar als mediales Phänomen. Medien nämlich gehören offenbar zur Materialbasis der Gedichtproduktion, aber sie sind zugleich auch Gegenstand und Thema einer großen Reihe von Gedichten. Mit »Sommerfilm« und »Seefenster« sind zwei Abschnitte des Gedichtbands überschrieben. Manche Gedichttitel verweisen auf mediale Kontexte: »Amerikanisches Bild«, »Radierung«, »Projektor«, »Ansichtskarten«, »Erzähltes, Zeitungspapier«, »Netzkarte«, »Raumstille mit Telefonen«, »Spotlights«. Becker restituiert keine Beschreibungspoesie und ist auch nicht der Schnappschuss-Poetik der 60er Jahre verpflichtet. Seine **Medienreflexionen** entzünden sich eher an Gedächtnisarchiven, an gesammeltem Foto- und Filmmaterial. Lyrik arbeitet diese Fundstücke des Vergangenen noch einmal nach. »Jetzt kommt, du kennst das, das Bild / mit den schwarzen Gummistiefeln«, so hebt das Gedicht »Projektor« (ebd., 21) an, um den Moment der Betrachtung samt Projektor-Knistern gegen die Banalität des Filmstreifens auszuspielen: »ein hilfloses Gefuchtel, mehr / bricht nicht an, du weißt das, was immer / die knisternde Luft verspricht.« Beckers Interesse gilt nicht den Medien selbst, sondern den Situationen, in denen sie auf vielerlei Weise im Alltag genutzt werden. Beckers Medienrecherchen, die Einbeziehung von Foto und Film als Materialfundus der Gedichtproduktion, haben dazu beigetragen, einer poetischen Arbeitstechnik zum Durchbruch zu verhelfen, die in den 90er Jahren jüngere Autorinnen und Autoren wie Thomas Kling, Barbara Köhler, Marcel Beyer und Norbert Hummelt weiter vertiefen und ausdifferenzieren werden.

5.4 Bild und Textur. Die Sprache der visuellen Poesie

Jenseits der im Westen aufmerksam verfolgten *Prenzlauer Berg Connection* und ihrer literarisch-künstlerischen *underground*-Produktion gab es in der DDR eine Reihe von Künstlerinnen und Künstlern, die auf der Grenze zwischen Literatur und bildender Kunst experimentierten. Sie arbeiteten ohne intensiven Westkontakt; allenfalls hatten sie die Bekanntschaft mit jenen Autoren gemacht, die in die DDR eingeladen wurden, wie Ernst Jandl und Pierre Garnier. Der eigenen DDR-Tradition kommt dabei eine besondere Rolle zu. Während im Westen die Protagonisten der Konkreten Poesie erfolgreich über Jahrzehnte hinweg das Feld experimenteller Literatur besetzten, war in der DDR schon seit den 50er Jahren eine Art **subkultureller Nische** entstanden, in der wenige Künstler, von internationaler Kommunikation weitgehend abgeschnitten, in einem eng umrissenen Feld und weitgehend ohne Publikum und ohne jede öffentliche Resonanz arbeiteten, wie beispielsweise Carlfriedrich Claus, Robert Rehfeldt, Horst Sagert und Ingo Arnold. Sie bedienten sich in ihren »visuellen Dichtungen« und »bildkünstlerischen Ausdrucksformen« (Deisler/Kowalski 1997, 133) ebenso unterschiedlichen wie eigenwilligen Experimentierweisen.

Carlfriedrich Claus' »Sprachblätter«

Eine der wichtigen Portalfiguren auf der Grenze zwischen bildender Kunst und visueller Poesie war Carlfriedrich Claus. Seine seit Jahrzehnten produzierten *Sprachblätter* (1987) – die frühesten stammen aus den 50er Jahren – zeichnen sich durch eine **Kombination von Handschrift-, Text- und Bildelementen** aus, deren Ausgangspunkt nicht selten die Wahrnehmung des individuellen Schreibflusses mit seinen Tusche- und Tintenkombinationen, Fingerdruckspuren, Unregelmäßigkeiten, Rhythmen, Zufälligkeiten und Schwingungen sind. Die Tätigkeit des (handschriftlichen) Schreibens ist kein mediales Hilfsmittel, sondern primärer Erfahrungsraum. Von ihm aus erschließt Claus größere Einheiten wie Text und Bild sowie die Text-Bild-Komposition des jeweiligen Sprachblatts, das unterschiedliche Formate haben kann (der Bogen reicht vom DIN A 4-Format bis zu Blättern im Format 300 x 200 cm und darüber hinaus). Zugleich nutzt Claus oft auch Laut- und Klangprozesse und kombiniert beide Seiten eines Sprachblattes, so dass die Objekte durchscheinend werden und sich miteinander zu einer neuen Einheit verbinden.

Der sprachexperimentelle und bildnerische Weg des Künstlers war mit einer immer größeren Suche nach noch tieferen, dichteren Versuchen verbunden. Am Ende der 80er Jahre hatte Claus ein gewaltiges, in seiner bildkünstlerischen und literarischen Sprache einzigartiges Gesamtwerk geschaffen, das erst in Ansätzen erforscht ist. Im krassen Gegensatz zu den Klassikern der Konkreten Poesie verlangt Claus einen sich in seine Arbeiten verstrickenden, mit Entzifferung, Suche, Verknüpfung, Dechiffrierung und permanenter Selbstkorrektur beschäftigten Betrachter, der Leser und Zuschauer zugleich sein muss, aber beide Rollen nur mit Mühe einzulösen vermag. Wer nur den Text liest, kann die aus den teilweise kreuz und quer über das Blatt verlaufenden Schriftlinien entstehende Landschaft kaum erkennen. Wer die Blätter aber in ihrer Visualität betrachtet, der entfernt sich von der Lektüre. **Prozessualität** dominiert, ja erscheint sogar als das zentrale Werkthema. Der Kontrast zur Konkreten Poesie könnte in Claus' *Sprachblättern* nicht größer sein. Seine Arbeiten versprechen keine schnellen Pointen und wollten in ihrer Handschriftlichkeit gerade keine typographischen Vorbilder für Werbung und angewandte Gestaltungskunst sein. Ihr Kontext sind, was das Prinzip der geduldigen, langwierigen und wiederholten Rezeption betrifft, eher Celans späte Texte als Gomringers Konstellationen und Bremers Piktogramme.

Während Künstler wie Claus, Rehfeldt und Sagert (sie gehören dem Alter nach zur Generation von Kunert, Biermann und Sarah Kirsch) Jahrzehnte lang Außenseiter und Einzelgänger waren, änderte sich die Situation für die jüngere Generation der in den 80er Jahren mit Text- und Bild-Kompositionen experimentierenden Autoren grundlegend: Die subkulturelle Nische wurde zu einem attraktiven Freiraum für eine künstlerisch-literarische Praxis, auch wenn nach wie vor Mut, Konsequenz und die Entscheidung für ein Künstlertum jenseits der offiziellen Kulturpolitik jedem einzelnen abverlangt wurde.

Mail Art in der DDR

Auf der Grenze zwischen bildender Kunst und visueller Poesie stand in der DDR die *Mail Art*, ein Genre, das aus dem Westen kam und einen Anfang der 70er Jahre in der neoavantgardistischen *Fluxus-Bewegung* entstandenen Begriff aufnahm. *Flux-Post*, *Correspondence Art*, *Post-Kunst*, *arte correo* und *arte postale*: Im internationalen Kontext wurde die **Korrespondenz-Kommunikation** zu einer Kunstform entwickelt, in der von der Umschlaggestaltung bis zu Briefstempel, Briefmarke, Mitteilungsfeld und Schrift alle funktionalen Kommunikationselemente eines Briefes oder einer Postkarte zu Medien künstlerischer Aktionen werden konnten (Block 2004). Wie die *Fluxus-Bewegung* insgesamt war *Mail Art* von Anfang an ein auf Internationalität gerichtetes Netzwerk. Vor diesem Hintergrund erwies sich die Transformation von *Mail Art* in die DDR sogleich als ein hochsensibles, nicht nur postalische, sondern System-Grenzen tangierendes Unternehmen.

Robert Rehfeldt »rief schon 1975 sein erstes Mail Art-Projekt *Art in Contact* ins Leben« (Block 2004, 91). Für Künstler wie Rehfeldt bot die *Mail Art* eine die DDR-Grenzen überschreitende Kommunikationsform, also ein Kontaktfeld jenseits der kulturpolitischen Kontrollen, wie überhaupt die Mail Art über ihre kommunikative Netzform eine Art künstlerisch-literarisches Forum jenseits der Öffentlichkeit war. Manches Mal griff auch die Postzensur der DDR mit dem Ziel der »Zermürbung der Mail Art-Partner« ein und sandte *Mail Art*-Kataloge an ihre Absender mit dem Hinweis zurück, es handle sich um die Verschickung verbotener Gegenstände (ebd., 52). Manches *Mail Art*-Projekt war an kleine und größere Aktionen innerhalb der DDR geknüpft; manche Ausstellung wurde in Privaträumen und im Kontakt mit Kirchen organisiert, manche aber auch von staatlichen Stellen untersagt (ebd., 36f.).

Innerhalb der *Mail Art* gab es künstlerische Formen wie die Stempelzeichnung, die eine an Kurt Schwitters erinnernde, schon von Joseph Beuys und Nam June Paik adaptierte Avantgarde-Tradition aufgriff. In der DDR eröffnete der Stempel ein weites Assoziationsfeld, die Praxis staatlicher Bürokratie. Einer der aktivsten Stempel-Künstler der DDR war **Birger Jesch** (ebd., 69). Die *Mail Art* schuf mit ihren Postkarten- und Briefaktionen eine Form der Gegenöffentlichkeit, die auch über die Grenzen der DDR hinausreichte, allerdings im westlichen Feuilleton kaum wahrgenommen wurde. So gelang es beispielsweise **Joseph W. Huber** schon 1977 mit seinem Projekt »Nature is life – save it« *Mail*-Artisten aus Europa, Australien, den USA und Brasilien zu beteiligen; nach zwei öffentlichen Ausstellungen wurde eine dritte »auf Grund der politischen Brisanz des Themas«, jener grenzüberschreitenden Idee »Nature ist life – save it«, kurzerhand »wieder abgehangen« (ebd., 96).

Spielarten visueller Poesie

Auf vielfache Weise experimentierte der aus dem faschistischen Chile 1974 zunächst nach Frankreich geflohene, seit 1986 (Gomringer 1996, 53) in der DDR lebende **Guillermo Deisler** mit Formen visueller Poesie, die auch in seine *Mail Art* Eingang fanden. Schon in Chile war Deisler mit visueller Poesie bekannt geworden. Kowalski erkennt dem von 1988 bis 1995 herausgegebenen Magazin *UNI/vers(;)* die »nachhaltigste Wirkung« (Deisler/Kowalski 1997, 135) zu. Deislers Arbeiten gestalten Reste skripturaler, typographischer Zeichen auf Papierflächen, die aus Texten poetische Bildkompositionen machen. Während bei anderen Protagonisten der visuellen Poesie in der DDR die Rolle des lesbaren Textes und die Bedeutung von Sprachzeichen als Anspielungschiffren hervortreten, nimmt Deisler das Moment der Lesbarkeit zurück: Die Dekonstruktion von Schrift und Text zielt auf Assoziationen der Zerstörung und Zersetzung, auf eine radikale Form von Negativität, die eine interkulturelle Reaktion auf Fremde, Heimatverlust und Exil darstellt.

Ohnehin ist es bemerkenswert, wie gerade die Künstler im Umfeld der visuellen Poesie eine wichtige interkulturelle Rolle spielen: in einem Land, das sich bis 1990 so strikt nach außen hin abschloss. So konnte der aus Kasachstan stammende, 1979 nach Ostberlin übergesiedelte **Valeri Sherstjanoi** nicht nur an Traditionen russischer Avantgarden anknüpfen, sondern auch »Verbindungen zwischen DDR-Künstlern und der russischen experimentellen Szene« herstellen (ebd.) und mit seinen visuellen Texturen und Performance-Aktionen Interkulturalität und Internationalität demonstrieren – unter den Bedingungen der DDR.

Sherstjanoi ist das Beispiel eines Künstlers, dessen Arbeitsmittel sich oft auf das **Medium der Handschrift** sowie auf Schreibgerät und Papier beschränkt. Auf diese Weise treten Elemente der Spontaneität und Zufälligkeit hervor. Die Arbeiten haben etwas Leichtes und Müheloses, und sie vermögen eine Aura zu entfalten, die trotz vieler Assoziationen an die Sprache der Konkreten Poesie eine eigene ästhetische Signatur behauptet. Es gehört zur Paradoxie der Konkreten Poesie, dass sie in der DDR eine Renaissance sondergleichen hatte, während sie in der deutschsprachigen Literatur insgesamt kaum mehr (mit Ausnahme der Schule) präsent war. Was im

Westen längst keine Provokation mehr auslöste und allmählich in die Museen und Literaturarchive kam, das hatte im Osten noch einmal ein Jahrzehnt lang sich entfalten können: Experimentelle Dichtung und zu einem großen Teil Konkrete Poesie als eine reflexive, mit Andeutungen und Chiffrierungen arbeitende poetische Praxis.

Jörg Kowalski und Deisler haben in ihrer Anthologie *wortBILD* die Vielfalt und Experimentierfreude dieser Texte dokumentiert (Kowalski 1990) und sie mit den Arbeiten älterer Künstler kombiniert, so dass eine breite *wortBILD*-Landschaft der DDR der 80er Jahre entstand. **Uwe Warnkes** »Dialektik« (26) ist ein Beispiel für die mit schlichtesten Produktionsmitteln und einfachsten seriellen Formen operierende Gebrauchskunst der experimentellen Szene:

DIALEKTIK

abgepackt und eingeschweißt

international
internationa
internation
internatio
internati
internat
interna
intern

Standen Texte wie diese noch unübersehbar in der Tradition der Konkreten Poesie, so lässt sich doch eine immer stärkere Rolle des Visuellen, der Bild-Text-Kompositionen und der typographischen Gestaltungsversuche mit skripturalen und anderen Zeichen beobachten. Collagen und Assemblagen, aber auch handschriftliche und handschriftlich hektographierte Arbeiten wurden produziert, so dass sich die Grenze zwischen Künstlerbuch und Gedichtband auflöst.

Franz Mons Wort-›Fallen‹

Die visuelle Poesie ließe sich mit einigem Recht sogar als künstlerisch-ästhetische Alternative zum bereits verbrauchten Genre betrachten: als Versuch, die Dimension des Künstlerischen in der Dominanz des Visuellen zu verstärken. War die Konkrete Poesie eine Art Seitenzweig zur Dichtung, von der sie sich deutlich unterscheiden wollte, so bildet die visuelle Poesie eine Brückenfunktion zur bildenden Kunst heraus, die in den letzten Jahrzehnten des 20. Jahrhunderts mit Schrift, Text und Textur experimentierte und entwirft, wie Dencker schreibt, »neue kommunikative, ästhetische und inhaltliche Modelle« (Dencker 1997, S. 176).

Hinzu kommt, dass auch für einstige Protagonisten der Konkreten Poesie, wie beispielsweise für Franz Mon (* 1926) , die Zuordnung zum früheren Genre schon seit Jahrzehnten keine Gültigkeit mehr hatte: Das Etikett ›Konkrete Poesie‹ hat Mon – wie so vielen anderen, beispielsweise Jandl – eher geschadet und mit dazu beigetragen, ihn in eine Nische des Experimenellen abzuschieben. Das heißt nicht, dass der Autor nun einen anderen zentralen Gegenstand literarischen Schreibens gefunden hätte als die **Sprachreflexion.** Diese bleibt auch weiterhin, wie für viele Protagonisten experimenteller Literatur, Mons Lebensthema. Emphatisch spricht das Gedicht »an einem der tage meines todes« vom *Telos* des eigenen Schreibzwangs: »die strategie der buchstaben,/ die das letzte wort haben.// die taktik des letzten wortes,/ zu seinen buchstaben zu kommen« (Mon 1997, 175).

Mons Schreibpraxis nimmt häufig beim Wort ihren Ausgangspunkt. Ein Wort, wörtlich genommen oder in einer Redensart aufgespürt, setzt einen Schreibprozess in Gang, den eine eigentümliche Offenheit charakterisiert. Viele solcher Versuche hat der Autor unter dem sein Programm andeutenden Titel »fallen stellen. texte aus mehr als elf jahren« (90–164) veröffentlicht. Mons Wort-›Fallen‹ entstehen meistens aus knappen, prägnanten, ganz und gar kunstlosen Sprachelementen, wie sie im Alltag allenthalben vorkommen. Eine Reihe von Texten setzt das Spiel mit seriellen Reihungen fort. Ein Beispiel ist die erste Strophe der »logischen lügen«: »ich lüge/ du logst/ wer lügt/ wir logen/ ihr logt/ viele logen« (99).

Mon spielt Konstellationen durch, zielt also keineswegs auf eine vorfabrizierte Pointe, so dass seine Texte – Poesie, Prosa, Stücke und Hörspiele gleichermaßen – etwas Versuchsartiges behalten. Das Wort, bei Mon das elementarste Ferment der Sprache und daher deren *pars pro toto*, wird nicht mehr in theoriegebundener Form thematisiert, sondern in bildlicher Plastizität; aus dem argumentierenden Essay-Stil wird eine zugleich aphoristische wie poetisch-imaginative Umschreibung, ein sprachkritisches und sprachskeptisches »worttaktik«-Brevier (103):

> wenn es dir gelingt, einem das wort, ehe er es hervorgebracht hat, im munde herumzudrehen, wirst du überrascht sein von der menge der wörter, die du nicht kennst, obwohl sie dir bekannt vorkommen. staut sich eins hinter den zähnen, fährst du mit zwei fingern zwischen die zahnreihen und ziehst es hervor, ehe es im schlund verschwindet.

Solche Ding- und Körpermetaphorik des Wortes konkretisiert die Kluft zwischen dem naiven Sprachrealismus des Alltags, dem unreflektierten Sprachgebrauch, auf der einen und der allem Sprechen vorgelagerten Sprachlichkeit der Welt und ihrer Erscheinungen auf der anderen Seite. Sie konfrontiert den Leser mit seiner eigenen »worttaktik«, die zu seiner Lebenspraxis gehört. Trotz der häufigen »du«-Formeln verengen sich die lakonischen Aphorismen nicht zu didaktischen Merksätzen, weil sie mit ihren lebendigen und kühnen Bildwendungen zu eigenen Reflexionen und Ausdeutungen einladen. Mons »worttaktik«-Sequenzen haben die Form von **Denkbildern,** welche die Sprache – ihr System, ihren Gebrauch, ihre semantischen und pragmatischen Korrelationen – in verfremdenden Bildkonstruktionen vorstellt, und zwar ohne deutenden Schlüssel, so dass allein dem Leser die Aufgabe der Deutung und Dechiffrierung zukommt (114):

jedem wort, das du einmal benutzt hast, solltest du einen namen geben, an dem du es wiedererkennst, so daß du es, wenn es abermals auftaucht, je nach dem erfolg, den es einstmals gebracht hat, streicheln oder prügeln, küssen oder kauen, stoßen oder stützen könntest. wenn du viel mit wörtern zu tun hast, solltest du dir eine liste ihrer namen anlegen, damit du kontrollieren kannst, welches wort seinen namen verdient.

Visuelle Poesie, wie sie Mon und viele andere Künstler/ Schriftsteller produzieren, war stets dem Vorwurf ausgesetzt, sie sei unverbindliches Spiel und Kunsthandwerk. In solcher Kritik spiegelt sich häufig ein tief in Traditionen verhaftetes **Misstrauen der wortdominierten Auslegerkultur gegen Bild, Bildlichkeit und Medialität.** Hinzu kommt die wissenschaftliche Konvention, dass für Texte die Philologie, für das Bild die Kunstwissenschaft zuständig sei. Visuelle Poesie steht auf der Grenze und blieb bisher trotz ritualisierter Bekenntnisse der Forschung zu interdisziplinärer Arbeit ein wenig untersuchtes Nischenfeld. Nun ist die Zuordnung visueller Poesie zur literarischen Gattung der Lyrik keineswegs zwingend, sondern eher eine provisorische Notlösung; denn bereits das Basiselement der Visualität erschöpft sich keineswegs in Zeilenumbrüchen und gestalterischer Analogie zwischen einem visuellen Artefakt und einem Gedicht. Und auch die **Nähe zum Künstlerbuch** als einem ausgewiesenen Genre aktueller Kunst lässt den Begriff ›Gedichtband‹ schon im Ansatz als problematisch erscheinen. Daher hat Klaus Peter Dencker (1997) aus plausiblen Gründen auf die Spannweite des Begriffs *visuelle Poesie* aufmerksam gemacht und deren intermedialen Kontext akzentuiert. Die visuelle Poesie gehe »einen erheblichen schritt weiter über die enge gattungsgrenze der literatur hinaus in den intermedialen bereich zwischen literatur und bildender kunst, als dies die konkrete poesie tat« (Gomringer 1996, 150).

Christian Steinbacher, Heimrad Bäcker und Johannes Jansen

Solche Grenzüberschreitungen sind keineswegs mit technologisch hochgerüsteter Intermedialität verknüpft. In den 80er Jahren sind dafür die *briefstempeltexte* des Österreichers Christian Steinbacher ein illustres Beispiel (Steinbacher 1988). Die Einfachheit der Technik steht in diametralem Gegensatz zur Bildkomplexität des Artefakts, das zunächst wie ein chaotisch bestempeltes Bildfeld erscheint, bevor der Betrachter die **Stempelbuchstaben-Collage** zu dechiffrieren beginnt, der eigenen Lese- und Sehkonvention folgend. Die Irrration des eigenen Wahrnehmungsvorgangs führt den Betrachter einmal auf die Visualität von Schrift zurück, ein andermal auf seine eigene Wahrnehmungskondition, Schriftzeichen stets nur als Instrumente der Texterzeugung zu nutzen.

Mit einfachsten Verfahren kam in den 80er Jahren neben Steinbacher auch ein anderer österreichischer Künstler und Autor aus, Heimrad Bäcker, zeitweilig Herausgeber der neoavantgardistischen Zeitschriftenreihe *neue texte* und Verleger der *edition neue texte*. Bäcker verarbeitet in seinen Texten vorgefundenes Sprach- und Textmaterial, und dies gelegentlich auf eine sehr elementare Weise. So formte er aus KZ-Abkürzungen der nationalsozialistischen Bürokratie eine Art »rotationstext« (Gomringer 1996, 18), der nichts als die Kürzel in einer seriellen Reihe präsentiert, beginnend mit »Da., Sah., Bu., Mau.« (ebd., 19), Abbreviaturen für Dachau, Sachsenhausen, Buchenwald und Mauthausen. So entstand unter dem Titel *epitaph* (Bäcker 1989) eine Texttafel, die mit ihren optischen Effekten die Routine einer Mordmaschinerie dokumentiert: mit nichts als seriell verbundenen Abkürzungszeichen, also ohne Kommentar, ohne Zusatz, ohne erklärenden und wertenden Paratext. Solche Poesie kommt sogar ohne ein einziges vollständiges Wort aus und stellt die elementarste Form einer Spurensuche dar. Die minimalen Abbreviaturen aber reichen aus, um beim Betrachter je eigene Assoziationen und Bilder auszulösen.

Zur Praxis visueller Poesie gehört schließlich auch die **Kombination unterschiedlicher Verfahren.** Ergebnisse solchen Experimentierens legte der im Umfeld des Berliner Prenzlauer Bergs arbeitende Johannes Jansen unter dem Titel *fundzeug: chamäleon. text-bild-kombinationen* (Jansen 1991) vor: eine Mixtur aus Piktogrammen, Handschriftvariationen, Textresten, Bildskizzen, Illustrationen, Collagen und Karikaturen. Es entstanden bizarre visuelle Effekte, die ein asymmetrisch angelegter Bildaufbau noch verstärkte. Die Rückkehr zu einfachen, elementaren künstlerischen Produktionsmitteln zeigt die visuelle Poesie als künstlerisches Praxisfeld, das sich den revolutionären Technologiesprüngen der Medienentwicklung entzieht und, zugespitzt in der Renaissance der Handschrift als eines künstlerischen Elementarmediums, den Blick auf die Anfänge zurücklenkt. Mit aller Emphase treten Kunst und Literatur damit noch einmal als Formationen des Gegendiskurses zum trendsetzenden Diskurs der technologischen Medienrevolution auf und aktualisieren am Ende des 20. Jahrhunderts noch einmal eine alte, tradierte Opposition, das Gegeneinander von literarisch-künstlerischer Moderne und ökonomisch-technischer Modernisierung. Ein Jahrzehnt weiter wird diese Dichotomie bereits durch **Theorien der Medienvernetzung und Intermedialtät** einerseits und neue künstlerische Praxen wie **Digitale Poesie, Multi- und Hypermedia** andererseits ins historische Archiv der Künste verwiesen werden.

Zitierte Anthologien und Sammlungen

Arnold, Heinz Ludwig (Hg.): Die andere Sprache. Neue DDR-Literatur der 80er Jahre. Sonderband Text + Kritik. München 1990.

Bender, Hans (Hg.): Mein Gedicht ist mein Messer. 2., erw. Aufl. München 1961.

Buchwald, Christoph/Krechel, Ursula (Hg.): Luchterhand Jahrbuch der Lyrik. Darmstadt/Neuwied 1985.

Deisler, Guillermo/Kowalski, Jörg (Hg.): WortBILD. Visuelle Poesie in der DDR. Halle/Leipzig 1997.

Elm, Theo (Hg.): Kristallisationen. Deutsche Gedichte der achtziger Jahre. Stuttgart 1992.

Erb, Elke/Anderson, Sascha (Hg.): Berührung ist nur eine Randerscheinung. Neue Literatur aus der DDR. Köln 1985.

Faktor, Jan: Was ist neu an der jungen Literatur der achtziger Jahre. In: Michael, Klaus/Wohlfahrt, Thomas (Hg.): Vogel oder Käfig sein. Kunst und Literatur aus unabhängigen Zeitschriften in der DDR 1979–1989. Berlin 1992, S. 367–390.

Geist, Peter (Hg.): Ein Molotow-Cocktail auf fremder Bettkante. Lyrik der siebziger/achtziger Jahre von Dichtern aus der DDR. Ein Lesebuch. Leipzig 1991.

Gernhardt, Robert: Gedanken zum Gedicht. Zürich 1990.

Gomringer, Eugen (Hg.): visuelle poesie. anthologie. Stuttgart 1996.

Koziol, Andreas/Schedlinski, Rainer (Hg.): Abriss der Ariadnefabrik. Berlin 1990.
Kunert, Günter: Zum allerneuesten Bewußtsein. In: Literaturmagazin 13 (1980a), S. 13–26.
Kunert, Günter: Vor der Sintflut. Das Gedicht als Arche Noah. München/Wien 1985.
Meckel, Christoph: Von den Luftgeschäften der Poesie. Frankfurter Vorlesungen. Frankfurt a.M. 1989.
Michael, Klaus/Wohlfahrt, Thomas (Hg.): Vogel oder Käfig sein. Kunst und Literatur aus unabhängigen Zeitschriften in der DDR 1979–1989. Berlin 1992.

Zitierte Werkausgaben

Fried, Erich: Fall ins Wort. Ausgewählte Gedichte 1944–1983. Hg. von Bernd Jentzsch. Frankfurt a.M. 1985.
Fried, Erich: Gründe. Gesammelte Gedichte. Hg. von Klaus Wagenbach. Berlin 1989.
Heise, Hans-Jürgen: Ausgewählte Gedichte 1950–1978. Hg. von Karl Otto Conrady. Königstein, Ts. 1979.
Krolow, Karl: Gesammelte Gedichte. Bd. 3. Frankfurt a.M. 1985.
Mon, Franz: Poetische Texte 1971–1982. Berlin 1997 (= Gesammelte Texte 4).

Zitierte Sekundärliteratur

Berendse, Gerrit-Jan: Grenzfall-Studien. Essays zum Topos Prenzlauer Berg in der DDR-Literatur. Berlin 1999.
Böthig, Peter: Grammatik einer Landschaft. Literatur aus der DDR in den 80er Jahren. Berlin 1997.
Block, Franziska: Mail Art in der DDR der 1980er Jahre – Bestandsaufnahme und kultureller Kontext. Siegen 2004 (unveröff. Staatsexamensarbeit).
Bormann, Alexander von: Die Rückwendung zur Formtradition in der Lyrik der 80er Jahre. In: Duitse Kroniek 34, H. 3 (1984), S. 2–12.
Dencker, Klaus Peter: Von der Konkreten zur Visuellen Poesie – mit einem Blick in die elektronische Zukunft. In: Visuelle Poesie. Hg. von Heinz Ludwig Arnold. München 1997, S. 169–184.
Grosinski, Klaus: Prenzlauer Berg. Eine Chronik. Berlin 1997.
Hartung, Harald: Deutsche Lyrik seit 1965. Tendenzen, Beispiele, Porträts. München 1985.
Hartung, Harald: In: Schmitt, Hans-Jürgen (Hg.): Die Literatur der DDR. München/Wien 1983.
Kasper, Elke: Zwischen Utopie und Apokalypse. Das lyrische Werk Günter Kunerts von 1950 bis 1987. Tübingen 1995.
Kunert, Günter: Vor der Sintflut. Das Gedicht als Arche Noah. München/Wien 1985.
Kunert, Günter: Zum allerneuesten Bewußtsein. In: Literaturmagazin 13 (1980a), S. 13–26.
Kurz, Paul Konrad: Widerstand und Wohlstand. Zur Literatur der frühen 80er Jahre. Frankfurt a.M. 1986.
Labroisse, Gerd: Verwortete Verflechtungen. Zu Heinz Czechowskis neuen Texten. In: Labroisse, Gerd/ Visser, Anthonya: Im Blick halten. Lyrik der DDR. Neue Beiträge des Forschungsprojekts DDR-Literatur an der Vrije Universiteit Amsterdam. Amsterdam 1994, S. 29–86.
Leeder, Karen: Breaking Bounderies. A New Generation of Poets in the GDR. Frankfurt a.M. 1996.
Meckel, Christoph: Von den Luftgeschäften der Poesie. Frankfurter Vorlesungen. Frankfurt a.M. 1989.
Petersen, Jürgen H.: Moderne, Postmoderne und Epigonentum im neuen Gedicht der Gegenwart. In: Amsterdamer Beiträge zur Neueren Germanistik 14 (1988), S. 1–25.

6. Die neunziger Jahre: Neue Produktivität

6.1 Veränderte Konstellationen? Lyrik nach dem Ende der DDR

Die **Öffnung der Berliner Mauer am 9. November 1989** leitete eine politische Entwicklung ein, die 1990 zur Vereinigung beider deutscher Staaten führte und zur folgenreichsten politischen Zäsur seit 1945 (vgl. Wehdeking 1995). Die politische Bedeutung dieser Zäsur steht außer Zweifel. Das Ende des Ost-West-Konflikts, die Auflösung des Warschauer Paktes und die deutsche Vereinigung lassen die These vom **Ende der Nachkriegszeit** plausibel erscheinen. Erstes Indiz für einen lyrischen Stimmungswechsel war das rasche Ende der von Katastrophen- und Kassandra-Tönen eben noch vorherrschenden Betroffenheitspoesie; wer seit 1990 Apokalypsen wahrnahm, hatte dabei nicht die Weltlage, sondern eher die individuelle psychische und physische Konstitution im Auge oder kommentierte den Krieg der Körper und den Geschlechter-Kampf.

Der politischen Zäsur korrespondiert zumindest in einem bestimmten Bereich auch ein signifikanter kultureller Einschnitt: Der Literaturbetrieb der DDR hörte auf zu existieren. Die DDR-Literatur, seit der Ausbürgerung Biermanns 1976 und dem sich anschließenden Exodus vieler Schriftstellerinnen und Schriftsteller ohnehin in eine Krisenlage geraten, verlor nun endgültig ihre politisch-gesellschaftliche und kulturelle Funktion als »Leitmedium« und »Ersatzöffentlichkeit« (Emmerich 1997, 436). Die Frage, ob damit das Jahr 1990 nicht zugleich auch ein literarisches und im engeren Sinne auch lyrikgeschichtliches **Zäsurdatum** ist, liegt angesichts des Endes der DDR und der daraus ableitbaren Konsequenzen für Schriftsteller, Publikum und Literaturinstitutionen zwischen Elbe und Oder sehr nahe. Trotzdem kann von einem abrupten Ende der DDR-Literatur keineswegs die Rede sein, zumal der Begriff selbst seit den 1980er Jahren bereits immer fragwürdiger und diffuser wurde.

1990 – Politische und / oder literarische Zäsur?

Es gibt viele Argumente, die gegen das Jahr 1990 als ein epochales Zäsurdatum in der Geschichte der Lyrik sprechen. So wie das Jahr 1945 seine markante Stellung im Kalender des 20. Jahrhunderts aus der Dominanz des Politischen erhielt, ohne gleich einen veränderten lyrischen Ton zu evozieren, bildete das Jahr 1990 einen politischen Schlussstrich mit erheblichen gesellschaftlichen Konsequenzen, stiftete aber weder in West- noch in Ostdeutschland eine neue kulturelle Identität. Im Gegenteil: Wer die im Westen nach 1990 entstandene Lyrik auf ein politisches Echo hin befragt, also untersucht, ob der Untergang der DDR, das Ende der Nachkriegszeit und die siegreiche Erweiterung der Bundesrepublik Deutschland bis an die Oder – politisch zweifellos entscheidende Daten deutscher Zeitgeschichte – irgendeine Spur im Themenspektrum zeitgenössischer Lyriker hinterlassen hat, der wird erstaunt konstatieren müssen, dass, von bemerkenswerten Ausnahmen abgesehen, kaum Stimmen vernehmbar wurden.

Das hängt zum einen damit zusammen, dass es in allen deutschsprachigen Ländern seit Ende der 70er Jahre keine bemerkenswerte politische Lyrik-Bewegung mehr gab. Zum anderen schien auch niemand auf eine solche politische Poesie zu warten; denn in den Feuilletons und literarischen Unterhaltungsshows der 90er Jahre wurde zwar leidenschaftlich nach einem großen, aktuellen deutschen Zeitroman (dem so genannten Wenderoman) Ausschau gehalten, nicht jedoch nach epochemachender politischer Dichtung.

Periodisierungsfragen sind keine Glaubensfragen mehr, hinter denen sich kollektive Identitäten verbergen. Nicht im Sinne einer literarischen Epochenwende, wohl aber als ein Jahr des kulturellen Einschnitts, hat das Datum 1990 Aussicht darauf, im pragmatischen Sinne (und sei es als Gedächtnishilfe) einen Einschnitt zu markieren. Das Jahr 1990 setzt dem Literatur- und Kulturbetrieb der DDR ein Ende, wobei wohl nur das Endes des Endes gemeint sein kann; denn der Anfang vom Ende liegt viel früher und reicht bis zur Biermann-Ausbürgerung 1976 zurück, so dass es problematisch erscheint, von einem abrupten Ende der DDR-Literatur zu sprechen.

Auch ein Begriff wie **DDR-Lyrik** sollte nach 1976 nicht unreflektiert als bequemes Etikett genutzt werden (vgl. Emmerich 1997). Schon in den 80er Jahren erfasst der Begriff nicht einfach nur die in der DDR geschriebene Lyrik. Einzubeziehen etwa sind die Gedichtbände,

- die von Lyrikerinnen und Lyrikern stammen, die aus der DDR ausreisten,
- die gar nicht in der DDR veröffentlicht wurden, sondern nur im Westen erschienen,
- die in Ost wie West publiziert wurden,
- die in der *Szene* des Prenzlauer Bergs (vgl. Leeder 1996; Böthig 1997; Berendse 1999) entstanden sind, also die nicht im offiziellen Kulturbetrieb der DDR verlegten, teils nur provisorisch vervielfältigten Texte der jüngsten Generation (Korte 2004, 65ff.).

Für diese Autorinnen und Autoren war die DDR ohnehin kein System mehr, das eine diskussionswerte Legitimationsbasis hatte. Und auch diejenigen Autoren, die, wie Volker Braun, in früheren Jahrzehnten die Identitäts- und Legitimationsfrage in den Mittelpunkt ihrer kritischen Auseinandersetzung mit der DDR stellten, waren 1990 keineswegs vom Ende der DDR überrascht worden. Es gab daher nur wenige Lyriker, für die, wie für Stefan Hermlin, die Auflösung des Staates schon deshalb ein schmerzhaftes Ereignis war, weil Privilegien wegfielen und entsprechende Prestige- und Statusverluste verkraftet werden mussten.

Wie tief der **Graben zwischen den früheren DDR-Lyrikern** selbst war, zeigt Günter Kunerts »Traum von Stephan Hermlin« (Kunert 1999, 21), das nach dessen Tod entstand und noch in satirisch-grotesker Distanz Spuren einer Verletzung offenbart, die der Dissident Kunert mit einem Autor verbindet, der sich mit dem System arrangierte und doch auch im Westen als liberaler, weltoffener Dialogpartner bekannt war:

> In einem blauen Anzug stand
> er nächtens vor mir. Zwar tot,
> doch wie im Leben elegant.
> Ein Geist, den anzurühren sich verbot.
>
> Ein Schweigestill. Bis ich
> ihn fragte, wie es »drüben« sei.
> Als wäre solch Begegnen alltäglich,
> bemerkte er wie nebenbei
>
> und resigniert: Er habe sich daran
> gewöhnt. Ich meinte zu verstehn:
> Als Schatten einmal irgendwann
> in fremden Träumen umzugehn.

Das Gedicht stellt mit seiner Gespensterszene zwar verdeckt, aber unmissverständlich deutlich auch die Frage nach der Dekanonisierung der DDR-Literatur und der DDR-Lyrik, also nach dem möglichen Status- und Aufmerksamkeitsverlust für einst viel beachtete Schriftstellerinnen und Schriftsteller.

Von einer anderen, sehr persönlichen Perspektive findet sich im Übrigen bei Durs Grünbein eine an Kunert erinnernde Hermlin-Rezeption (Grünbein 2001, 64):

> Physiognomisch blieb er mir immer unheimlich, als Schriftsteller ein beinah vollkommenes Rätsel. Sein Typus entsprach allzusehr dem des Herrenreiters, des heimlichen Aristokraten, wie ihn Ernst Jünger für die andere Deutschlandhälfte verkörperte, um so paradoxer, daß dieser hier in den Reihen der Fünften Kolonne Moskaus kämpfte.

Ob von Hermlin, vor allem aber von der (durch ihn ganz und gar nicht repräsentierten) DDR-Lyrik nur Schatten und Gespenster bleiben, ist freilich noch gar nicht entschieden. Das Forschungsinteresse beispielsweise an der DDR-Lyrik ist seit 1990 nicht rückläufig, sondern eher gestiegen. Und auch wenn ein Autor wie Hermlin – Kunerts Gedicht belegt dies auf eindrucksvolle Weise – aus dem Kanon fällt, so lässt sich daraus für die DDR-Lyrik insgesamt nichts Trendsetzendes ableiten.

Volker Braun und Heiner Müller

Im Übrigen blieben bei Autoren wie Volker Braun und Heiner Müller, **Repräsentanten einer ›DDR-Lyrik der 90er Jahre‹**, Schreibweisen und Poetiken bemerkenswert konstant. Beide hatten schon vor der Wende sowohl der DDR als auch der BRD gegenüber eine deutliche Distanz eingenommen und verstärkten diese nach 1990 in der Ablehnung kapitalistischer Strukturen und Mentalitäten. Brauns und Müllers Gedichte interpretierten das Zäsurdatum 1990 als Kontinuität einer deutschen Geschichte, die ihre Utopien und Chancen seit je verspielte. **Brauns** (* 1939) kleines Gedicht »Abschied von Kochberg« (1999, 20) aus dem schmalen Gedichtband *Tumulus* ist dafür ein Beispiel:

Die Bauern tanzen
Um den Galgen
An dem die Partei hängt, das Gesinde
Lustig Plakate im Frühling in Prag
ER IST GEKOMMEN. WIR AUCH. DEUTSCHE BANK
Das liebe Zimmer der Utopien
Entläßt den Gast in den Unsinn
ES GILT ALLE VERHÄLTNISSE stehenzulassen
IN DENEN DER MENSCH EIN GEKNECHTETES
Ich stand mit der Karre in Zeutsch
Ein Fuß auf der Bremse ein Fuß auf dem Gas
Die Äste krachten herunter und die Blätter
Wehten UND ELENDES WESEN IST

Brauns Gedicht spielt auf ein Ereignis an, das in den Anmerkungen erläutert ist: »Im September 1990. Der Galgen mit der aufgehängten SED stand auf dem Tanzboden des Gasthofs Zum Goldenen Löwen« (43). Braun rekurriert auf das Geschehen, indem er es interpretiert und wie eine Allegorie auf das Ende sozialistischer Utopien liest. »Das liebe Zimmer der Utopien« steht nicht mehr zur Verfügung; die Ankunft im Westen ist die Ankunft im »Unsinn«. Aber nicht um eine derart simple Befindlichkeit geht es Braun. Er zitiert fragmentarisch Reste aus einer Frühschrift von Karl Marx, die mit aller Emphase und Prägnanz das Ziel der Geschichte markierte, also Utopie umriss: »ES GILT ALLE VERHÄLTNISSE« umzuwerfen, »IN DENEN DER MENSCH EIN GEKNECHTETES«, unterdrücktes »UND ELENDES WESEN IST«.

Das Antonym »stehenzulassen« bezeichnet den Endpunkt einer Antiutopie und damit die Richtung der Geschichte gegen deren utopischen Vorschein bei Marx. Die Situation dessen, der ein Fahrzeug an einen Baum fährt, bremsend und Gas gebend zugleich, steht bei Braun für das Scheitern eines widersprüchlichen, nach vorn und nach rückwärts zugleich gerichteten Systems. Einbezogen wird auch die historische Möglichkeit des Prager Frühlings, jenes von Truppen des Warschauer Paktes zunichte gemachten Versuchs einer Demokratisierung des sozialistischen Systems 1967/68. Statt des politischen Frühlings von einst mit seiner utopischen Fortschrittskomponente ist nun der eigentliche Gewinner der Geschichte auch im Osten erschienen, das kapitalistische System und sein Signet: »DEUTSCHE BANK«.

Die **Technik der fragmentierten Zitat-Montage** erinnert ebenso an Brauns frühere Schreibweisen wie die Einbindung des lyrischen Ichs in den Reflexionsraum des Gedichts, das zwar nicht den (Irr-)Weg der Geschichte aufzuhalten vermochte, aber ihn zu deuten imstande ist, also fähig ist, mit einem Schlussvers wie »UND ELENDES WESEN IST« den Status quo nach 1990 auf eine bündige Formel zu bringen.

Brauns Verständnis von Geschichte ist freilich kein Ergebnis der Wende, sondern wurde bereits in den 80er Jahren herausgebildet. »Braun hat«, so Uwe Wittstock in einem Resümee des Wendejahres 1989, »die Gewißheit verloren, mit der er den Gang der Geschichte betrachtete. [...] Aber dennoch ist Braun nach wie vor nicht bereit und fähig, sich mit dem Gegebenen abzufinden« (Wittstock 1989, 197).

Eine derart verquere **Dialektik von Illusionslosigkeit und opponierender Beharrung** schreibt Wittstock dem Autor als einem zerrissenen Subjekt zu, nicht den politischen Systemen selbst. Braun jedoch hat gerade aus der Spannung zwischen Utopieverlust und Selbstreflexion die morsche Widersprüchlichkeit des »Gegebenen« in seinen Gedichten der 80er und 90er Jahre festgehalten und so die schon im *Training des aufrechten Gangs* (1979) beobachtbare Tendenz der Negation noch weiter radikalisiert. Darin liegt – über alle inhaltliche Positionsbestimmung hinaus – seine genuin literarische Bedeutung: Die aufgebrochene, fragmentarische, monologische Form seiner Gedichte ist ein permanenter poetischer Suchprozess zur Bestimmung des Verhältnisses von Individuum und Gesellschaft.

So steht auch Brauns Gedichtband *Tumulus* (1999) in der Tradition einer die Gegenwart interpretierenden, durchschauenden Zeitlyrik. Dabei gibt der Tumulus den Ort des lyrischen Subjekts an; er steht auf dem Feldherrnhügel, wie einst Cäsar, um die Bewegungen und Gegenbewegungen von Freund und Feind zu studieren. Das Gedicht »Der Totenhügel« (16) ist ein Schlüsselgedicht für die Position und den **Anspruch kritischer Zeitgedichte** Volker Brauns:

> Cäsar sah fern vom Tumulus
> Der Seeschlacht zu *Barbarenschiffe* Angstschweiß
> Eines Großen der Geschichte macht
> [...]
> So entstehen Weltreiche / Ich sah sie fallen
> Auf seinen Knochen stehnd dem Führerbunker
> Grotewohlstraße im anderen Deutschland
> [...]
> Taumelzaudernd DER TANZ AUF DER MAUER
> Die Mauerspechte mit den kleinen Hämmern
> Die Volksarmee sah zu das Heer der Arbeitslosen
> Eine Minute in Meiner Zeit

Es ist die Position des souveränen Ichs, die Braun ansteuert, der Blickwinkel dessen, der Geschichte wie Gegenwart mit emphatischer Stimme in wenigen Versen auszuformulieren versteht. Der Status des Subjekts als einer unabhängigen, zu historischem Bewusstsein und politischem Urteil exzeptionell befähigten Instanz zitiert noch einmal eine Jahrzehnte lange Tradition, die weit herausgehobene Rolle des DDR-Lyrikers, der sicher sein konnte, dass seine Texte in Ost und West gleichermaßen aufmerksam studiert wurden.

Nur wenige hatten eine solche Stellung wie Braun. Einer davon aber war **Heiner Müller** (1929–1995), der in seinen letzten Lebensjahren nicht nur als Dramatiker, sondern auch als Gedichtschreiber eine ungemein hohe Produktivität entwickelte. Manche seiner Texte – »Herakles 13 (nach Euripides)« (Müller 1998, 237ff.), »Senecas Tod« (250) und »Mommsens Block« (257) – können ihre Ähnlichkeit mit den entdramatisierten Müllerschen Theaterszenen und -fragmenten nicht verleugnen, vor allem nicht wegen ihres monologischen, pathetischen, fast monumentalen Bühnencharakters. Diesen langen **Panoramatexten** stehen allerdings stark verdichtete, **lakonische Epigramme** gegenüber. Auch sie entstammen einem fragmentarischen, stark skizzenhaften, andeutenden Schreibmodus, bei dem jedes Wort rhetorisch prägnant gesetzt wurde. Wie Braun ist auch für Müller die Annihilation des Utopischen ein immer wieder variiertes Thema. In seinem Gedicht »Schwarzfilm« (275) von 1993 heißt es:

Das Sichtbare
Kann fotografiert werden
O PARADIES
DER BLINDHEIT
Was noch gehört wird
Ist Konserve
VERSTOPF DEINE OHREN SOHN
Die Gefühle
Sind von gestern Gedacht wird
Nichts Neues Die Welt
Entzieht sich der Beschreibung
Alles Menschliche
Wird fremd

Noch im Befund der sich entziehenden »Beschreibung« der »Welt« ist Müllers »Schwarzfilm« kein bloßes Dokument der Negation. Sehen, Hören, Fühlen, Denken und Hoffen sind in einer Welt zwar nicht mehr möglich, der »Alles Menschliche« nur noch »fremd« wird. Das Gedicht aber hält eben diese verschlüsselte Wahrheit fest. Müllers späte Epigramme sind Versuche, auf knappem Raum **Bildkonstellationen** aus dem Alltag oder aus der Geschichte zu entwerfen, in denen die Signatur einer tristen, utopielosen Gegenwart für Momente aufscheint. Aus einer beiläufigen Beobachtung kann sich, wie in »Leere Zeit« (288), ein Blick auf die eigene prekäre Lage entwickeln: »Meinen Schatten von gestern / Hat die Sonne verbrannt / In einem müden April // Staub auf den Büchern // In der Nacht / Gehen die Uhren schneller // Kein Wind vom Meer // Warten auf nichts.«

Umgekehrt werden im **historischen Sujet** Gegenwartsnotizen aufgeschrieben, wie im römischen Paradigma »Feldherrngefühle« (289): »SCIPIO während seine Soldaten Salz streuten / Auf die Trümmer und Leichenberge von Karthago / Zitierte Homer EINST WIRD KOMMEN DER TAG und weinte / Polybios hat es gesehn der Geschichtsschreiber / Wann haben wir einen Sieger weinen sehn.« Das Thema des Untergangs von Systemen und Zivilisationen steht im Mittelpunkt des Textes, der in der Opposition von Rom und Karthago die Dichotomie von Ost und West in ein historisches Gewand steckt und mit fast moralischem Hintersinn den weinenden Sieger Scipio mit den Siegern von 1990 vergleicht: »Wann haben wir einen Sieger weinen sehn«?

Zu den Motiven des späten Müller (Ebrecht 2001, 116–152) gehören Schlüsselthemen wie **Schreibekel und Schreibhemmung, Krankheit und Melancholie:** Ennui-Syndrome, die eine Verweigerungshaltung gegenüber dem siegreichen Westen ausdrücken. In einem der letzten Gedichte Müllers vor seinem Tod Ende Dezember 1995 werden Apokalypse und Hoffnung (»Ich werde wiederkommen«) miteinander verknüpft, freilich so, dass das Bild nicht auf Utopie, sondern aufs Finale zuläuft (321):

> Die Welt ist beschrieben kein Platz mehr für Literatur
> Wen reißt ein gelungener Endreim vom Barhocker
> Das letzte Abenteuer ist der Tod
> Ich werde wiederkommen außer mir
> Ein Tag im Oktober im Regensturz

Deutschlandgedichte: Günter Grass, Kurt Drawert und andere

Zwar keine Endzeitstimmung und keinen Schreibekel, wohl aber eine unversöhnliche **Kontraposition zum Weg der deutschen Vereinigung** nimmt im Westen einer der wenigen Schriftsteller ein, der sich überhaupt auf das politisch aktuelle Thema eingelassen hat, **Günter Grass** (* 1927). Seine 13 *Novemberland*-Sonette (1993) sind allerdings dort, wo sie ein Zeitpanorama ausbreiten, zuweilen kaum mehr als versifiziertes Unbehagen eines Autors, der ein paar beunruhigende Nachrichtensegmente zu einem Epochenbild collagieren will, aber im Unterschied zu Müller und Braun über Obenflächenklischees kaum hinaus kommt: »Was teuer wird: das Leben, der Kredit, Benzin! / Im kahlen Garten spärlich Hagebutten glühn. / Auf allgemeinem Grau ein Farbklecks / erinnert uns an Ehestreit und sommerlichen Sex. // So abgefackelt nach nur bißchen Lustgewinn / krümmt sich Novemberland, bekümmert vom Gebrüll: / kein Penis mehr, doch tausendmal ein Skin / steht für Gewalt und unversorgten Müll« (Grass 1997, 290).

In anderen Sonetten finden sich lehrhafte Sentenzen, zu Paarreimen verknüpft: »Wer dieser Wirtschaft Zukunftsmärkte lobt, / den hat der Zeitgeist regelrecht gedopt« (292). Mit Sätzen wie »Gehegte Ordnung jeglicher Fasson / ist außer Kurs« (294) und »als Festung will Novemberland sich sicher machen / vor Roma, Schwarzen, Juden und Fellachen« (293) laufen Gedichtpolemiken ins Leere, weil ihre rhetorische und poetische Konventionalität, gemessen etwa an Brauns »Abschied von

Kochberg« oder Müllers »Schwarzfilm«, schon in der harmlosen Sonettform keine Wirkung erzielt, es sei denn, man nähme den drohenden pädagogischen Zeigefinger des Autors als Rückkehr zur Lehrdichtung ernst.

Lyrische Reflexionen über das »›Wunder‹-, ›Wende‹- und ›Wahnsinns‹-Land« (Rühmkorf 1999, 100), die erweiterte Bundesrepublik, beleben nach 1990 für kurze Zeit ein bis in den Vormärz zurückreichendes Genre, das **Deutschlandgedicht**. Es lässt sich bei Czechowski, Grünbein, Kolbe, Papenfuß-Gorek, Rathenow und anderen nachweisen. Holger Teschke schreibt einen Zyklus zum Thema »Berliner November« (Teschke 1991, 37–47).

In **Kurt Drawerts** Gedichtband *Wo es war* gerät das Gedicht »Geständnis« (Drawert 1996, 35–42) zu einem **epochalen Selbstverständigungstext**, in dem der aus der DDR stammende Autor den politischen Diskurs der Vereinigung, zeitgeschichtliche Schlüsselereignisse und nicht zuletzt die eigene Position zu Ost und West seitenlang in Terzinen abhandelt, ohne zu einem endgültigen, abschließenden Urteil zu gelangen. Polemik und Bitterkeit, Melancholie und Aggression liegen eng beieinander. Die Distanz zum »Land der Verwöhnten« (ebd.) trägt den Ton, und zwar ohne jede Spur von Ost-Nostalgie oder gar DDR-Verteidigung. Der Dichter, so Drawerts Befund, steht wie ein Außenseiter jenseits aller Fronten, ein Fremder im eigenen Land: so, wie er schon in den 60er und 70er Jahren in Ost und West von vielen Lyrikern gesehen wurde. Im Rückblick heißt es wehmütig: »Das waren noch Zeiten, / als es einen Gegenstand gab, / den es zu bewegen galt.« (10) Und mit Blick auf die neue Bundesrepublik, nach Drawert das Land der Freizeit, des Konsums und der Geschichtslosigkeit: »Geh nicht / raus. Dort sagt dir niemand, / daß das Subjekt eine Leerstelle war / im zivilen Bereich mit seinen Revolten / und erkämpften Rechten / auf Spekulatius. [...] / Es gibt keine Flaschenpost, / die im Fluß einer Datenbank / mitzieht und klagt in deinem / verlorenen Namen« (28).

Drawert hat in einem Essay die Situation des Schriftstellers aus der DDR auf der Basis der eigenen Lebensgeschichte und der neuen, unvertrauten Erfahrungen mit dem Westen eindringlicher beschrieben als in manchen seiner Gedichte. Nicht der politische Systemwechsel selbst, sondern die Reaktionen der Betroffenen darauf, die verbreitete **Sprachlosigkeit und Isolation** auch im Lager der Oppositionsbewegung, bewirkten eine Art tiefen Schock. Er sei, so notiert Drawert in seiner dem Gedichtband *Wo es war* beigefügten Rede »Die Abschaffung der Wirklichkeit«, »selbst überrascht« gewesen (116),

> wie tief die Verletzungen auf dem Grund der Erinnerungen waren, die genau dann zur Aktualisierung kamen, als sich das kleine, hinfällige Land an seine Entsorgung gemacht hat und wie Wasser in einem Spülbecken im Abfluß verschwand. Alle waren sie plötzlich weg, die man hätte fragen können [...]. Aber sie waren nicht etwa weg, sondern sie waren hinter Hunderten von anderen Meinungen verschwunden, und die Transparente hingen verwaist an den zerfallenen Wänden der Häuser, wie von keiner Menschenhand gemacht. Diese Flucht war es, die in der Sprache stattfand, die ich als unerträglich empfand. Dieser eilige Sprung auf ein anderes Pferd, das schon gesattelt auf der anderen Weltseite stand. Jeder war mit seiner Geschichte von nun an allein, und auch ich wollte mit meiner Geschichte von nun an allein sein.

Distanzformeln, wie sie für Drawert kennzeichnend sind, finden sich bei einer Reihe von Autoren, die schon vor dem Ende der DDR in den Westen kamen. Uwe Kolbes Lyrik, sonst eher zurückhaltend und reflektierend, kennt harte Attacken gegen nationale Identitäten: »Das deutsche Idiom ist Klinge im Hals, / symmetrische Kotze, röchelnder Schlund. [...] Salto bestiale im Turnvaterland. / Ich bins satt, Landsmann zu sein« (Kolbe 1994, 14). Das Leiden an einer nicht-akzeptierten nationalen Identität wird zum Gedichtthema und kehrt bei Kolbe in vielen Wendungen wieder: »Wo bin ich angelangt?« (48), »Die Sprache hätt ich gern fortgegeben« (28), »Allein sein und deutsch sein, / in Rom, ein Krieg in dir selbst« (26) und »So, ortlos, angekommen, / Kein Fluchtreflex / im Spiegel der Bucht.« (97)

Satirische Deutschlandgedichte: Thomas Rosenlöcher

Längst nicht alle Autoren mit lebensgeschichtlichen Wurzeln in der DDR haben den Rekurs auf Geschichte und Gegenwart als eine Art Trauerarbeit empfunden. Ein Paradigma für die satirischen Deutschlandgedichte, die mitunter sogar ein befreiendes Lachen, zumindest aber komische Wirkungen auslösen können, sind Thomas Rosenlöchers Gedichte. Seine Gedichtbücher *Die Dresdner Kunstausübung* (1996) und *Ich sitze in Sachsen und seh in den Schnee* (1998) verfremden zur **Karikatur**, was bei Müller und Braun den Anschein einer Geschichtstragödie hat; sie sind der **komödiantische Teil der DDR-Lyrik der 90er Jahre**. Rosenlöchers Gedicht »Benedikt verbrennt die Engel« (1996, 39) karikiert die Wendezeit-Vision blühender Schlaraffenlandschaften im satirischen Dialog:

»Sind im Westen alle Dächer
ganz aus Gold?« – »Nein, das nun nicht.
Aber wenn du brav bist, kannst du
Tag für Tag Bananen essen.«
»Wieviel Stück?« – »Ach, über tausend.«

Deutschland, Deutschland, Donnerwetter.
»Muß man auch im Westen sterben?«
»Freilich. Aber vorher darf man
Jahr für Jahr ins Ausland fahren
und wird alt durch Vitamine.«
»Wie alt?« – »Über neunzig Jahre.«

Überm Dach ein fetter Rauch.

Nimmt dieses Gedicht die Illusionen des Ostens aufs Korn, so zielt das Gedicht »Das Immobilistenballett« (54) auf die handfeste Inbesitznahme der neuen Wirklichkeiten durch »Bauland«-Spekulanten aus dem Westen:

[...] Ist ja wirklich hier
eine richtige Wildnis. Doch schwierig als Bauland.
Wie soll sich das rechnen? Rechnet sich das,
kauft man sich gleich was, und wieder drei Schritte vor,
wo man noch wirklich, und Brombeergerank
umklammert die Hosen, zu leben versteht,
in der Toscana, der Kirschbaum muß weg,
zwecks Tiefgarage – aufwehn die Schlipse,
das Grölen der Vögel malt Bögen in ihre
pragmatischen Hirne, und selbdritt drei Schritt
stolpern die Herren, SOS tippt einer
in den Taschenrechner, o Wunder, in Richtung
Toscana. Totale Kirschblütenverschüttung.

Nachspiel am Prenzlauer Berg

Rosenlöchers ironische Sicht findet in den satirisch-ironischen Texten von **Bert Papenfuß-Gorek** (* 1956) ihre Fortsetzung. Wie bei Rosenlöcher erscheint auch bei Papenfuß die Konsumlust der Nachwendezeit nicht wie eine beklagenswerte Identitätskrise, sondern als eine fast humoristische Kleinbürgersatire, die den begehrlichen Blick auf den ungewohnten »luksus« gerade nicht mit neuen Zuständen, sondern mit kleinbürgerlichen Phantasien aus der sozialistischen Zeit in Verbindung bringt. Ein Beispiel ist das Gedicht »oh tag der du ablaeufst« (Papenfuß-Gorek 1990, 27):

oh tag der du ablaeufst
wie schnullies fernsehfilm
oh wohlstand deine schnulze
geigt in geilen toenen wenn
ich unser flusensieb anbete
schwimmende kuechen auslekken
springende klo & wasserbekken
mir lieb wie luksus sind
wer sich in genuss begibt
kommt genossen darin um
wer sich nicht darein begibt
kommt parteilos drum herum
oder aber zwanglos ohne um

Solche Gedichte halten in ihrer **Karikatur des bescheidenen westimportierten »luksus«** die Erinnerungen an die DDR-Vergangenheit wach, sind also keineswegs im Sinne einer *Stunde Null* eine bloße Kommentierung allgegenwärtiger Konsumbefriedigungen der 90er Jahre. Im Übrigen verschwand auch die Kulturszene des

Prenzlauer Bergs nicht mit der deutschen Vereinigung. »Die zornigen Jungen« (Wittstock 1989, 227), zu denen auffallend viele Lyrikerinnen und Lyriker gehörten, gerieten sogar noch einmal an prominentester Stelle in die Nachrichten und Feuilletons, als Wolf Biermann öffentlichkeitswirksam in seiner Dankesrede bei der Entgegennahme des Büchner-Preises **Sascha Andersons** jahrelange, systematische und in fatalem Sinne hocheffiziente **Spitzeltätigkeit für die Staatssicherheit** entlarvte.

Damit kam für einen kurzen Moment in der Tat eine der schillerndsten, umtriebigsten und undurchsichtigsten Figuren der Szene in den Blick. Andersons Enttarnung nahm die Literaturkritik im Westen zum Anlass, das frühere Bild von den »zornigen Jungen« umzukehren und die literarische Qualität der gesamten Literatur- und Kunstproduktion als recht belanglos abzutun.

Seither gilt vielen die oppositionelle junge *Szene* am Prenzlauer Berg als eine Art Kulturclub im Schattenreich der informellen und hauptamtlichen Mitarbeiter des Staatssicherheitsministeriums. Andersons Rolle war zweifellos die einer Infiltrationsfigur, welche die Aufgabe hatte, im Mitspielen und Mitagieren die Szene zu stimulieren und nach vorn zu treiben, damit Positionen deutlich, Aktionen justiziabel und Protagonisten der *Prenzlauer Berg Connection* als staatsgefährdende Subjekte kontrolliert und schließlich überführt werden konnten. Zugleich hat es Anderson verstanden, die Betriebsamkeit und den Aktionismus nicht über einen gewissen Punkt hinaus zu steuern: Szene blieb Szene, also ohne politisches Profil und ohne systemgefährdende Binnenwirkung. Als Subkultur integrierte sie zudem ein **systemkritisches junges Potenzial**, das umso leichter als kulturelle Opposition geduldet wurde, als es sich in fein kontrollierten, ständig beobachteten Grenzen bewegte. Aber war damit der literarische *underground* bereits neutralisiert und ad absurdum geführt, weil sich Anderson und andere der Szene bedienten und als Doppel-Protagonisten ihr Unwesen trieben? Und sind die Gedichte Andersons schon deshalb keine mehr, weil sie sich einer Spitzelexistenz verdanken? Es gibt Verse, die – von heute aus gelesen – wie über sich selbst angelegte Dossiers wirken (Anderson 1982, 49):

ich bin kein artist von land zu land
ich bin kein artist von land zu land
ich bau mir meine mauer selber durch den leib
die eine hälfte fault sofort die andre mit der zeit
ich bin kein artist ich mach kein spagat
ich häng mit meinem weissen hals im heissen draht

Nach seiner Enttarnung spielte Anderson in der Lyrik der 90er Jahre keine Rolle mehr.

6.2 Im Zeichen der Sprachproduktivität. Generationenwechsel als Paradigmenwechsel

Die veränderten Konstellationen in der Lyrik der 90er Jahre waren wesentlich motiviert durch innerliterarische Prozesse, also kein Ergebnis der einschneidenden politischen Zäsuren innerhalb Deutschlands. Gerade der Blick auf Österreich vermag die Perspektive einer Literaturgeschichte erweitern helfen, die zuweilen immer noch (oder seit 1990 wieder) deutschsprachige Literatur zur (bundes-)deutschen Literatur verengt. Der schon in der Dekade zuvor beobachtete Weg zu einer höchst sprachbewussten und sprachreflexiven Lyrik, die ihre eigenen Ausdrucks- und Wahrnehmungspotenziale ständig thematisierte, verstärkte sich in den 90er Jahren und wurde zum wichtigsten Kennzeichen des **Paradigmenwechsels.**

Eben daran hatten österreichische Autoren wie Franz Josef Czernin, Ferdinand Schmatz und Peter Waterhouse ihren unbestreitbaren Anteil. Im Übrigen gehörten Ernst Jandl und Friederike Mayröcker zu den herausragendsten Leitfiguren für die jüngere Generation, weil sie die Nachkriegstradition sprachproduktiver, sprachkritischer Lyrik verkörperten. Jandl und Mayröcker widmeten jüngeren Autoren Gedichte, während umkehrt junge Lyriker Widmungsverse für die beiden verehrten Idole veröffentlichten. Vor diesem Hintergrund bedeutete der Generationenwechsel keinen völligen Neuanfang, sondern eine Wiederaufnahme und Akzentuierung einer in den 80er Jahren von Betroffenheits- und Räsonnierlyrik zeitweilig überdeckten Tendenz.

Eine neue Generation des Gedichts

Der Generationenwechsel war selbstverständlich in den 80er Jahren vorbereitet, als die ersten Gedichtbände der neuen Protagonisten erschienen, deren Namen in kurzer Zeit bekannt wurden: Kurt Drawert, Durs Grünbein, Thomas Kling, Uwe Kolbe, Barbara Köhler, Bert Papenfuß-Gorek und eine Reihe anderer mehr. Sie waren in den 50er und frühen 60er Jahren geboren, bildeten zwar kaum Gruppen aus und blieben Individualisten mit je eigenen Lebensgeschichten und Ansichten über Poesie, Poetik und literarische Autorschaft. Und doch verband und verbindet sie ein besonderes **Interesse an der Sprache** als der entscheidenden Grundlage und Antriebskraft der Dichtung.

Das **Auftreten der jüngeren Generation** lässt sich am besten mit dem Generationenwechsel in den 60er Jahren vergleichen, als Namen wie Enzensberger, Rühmkorf, Grass und Sarah Kirsch populär wurden. Auch damals war die Zäsur ein markanter sprachlicher und poetologischer Einschnitt, ein echter Wechsel der Stimmen. Im gewissen Sinne waren die veränderten Konstellationen der 90er Jahre sogar eine Abkehr von jenen in den 60er Jahren mit großen Erwartungen initiierten Poetologien. Diese standen im Zeichen der Wirklichkeit, die im Gedicht ihre moderne Signatur erfahren sollte. Mit dem Leitbegriff der Wirklichkeit war ein Anspruch auf Zeitgenossenschaft, kritische Reflexion und Gegenwartsnähe verbunden.

Aus der Perspektive der 90er Jahre erwiesen sich jene Basiskategorien aber als Konstruktionsmuster, deren Tauglichkeit zur Disposition stand. Was einst unter dem Begriff der Wirklichkeit subsumiert wurde, das galt nun als ein Verständnis von Realität, in das Denkschemata, Ordnungsprinzipien, Erwartungen und unhinterfragte Ansichten eingeflossen waren. Die neue Lyrik war daher von vornherein eine ungleich stärker reflektierende Dichtung, indem sie die **Wahrnehmung** und die **Konstruktionsprinzipien von Wahrnehmung** thematisierte, vor allem auch vor dem **Hintergrund medialer Erfahrungen** und der immer dominanter werdenden Rolle der Medien innerhalb der Gesellschaft, aber auch innerhalb der Sozialisations- und Lebensgeschichte des einzelnen Menschen.

Der **Generationenbegriff** darf freilich nicht als Erklärungsansatz für den Paradigmenwechsel gelten. Dafür sind die einzelnen Stimmen viel zu unterschiedlich konzipiert. Von einem Generations-, Epochen- und Zeitstil kann daher keineswegs die Rede sein. Die Bedeutung sprachproduktiver Konzeptionen innerhalb der jüngeren Generation war – darin liegt die eigentliche Stärke dieser Autoren – an je individuelle, teils sogar gegensätzliche Auffassungen von Lyrik, Sprache, Poesie und Literatur geknüpft. Ein Lyriker wie Durs Grünbein etwa stand und steht der experimentierenden, die Sprache fragmentierenden, verfremdenden Lyrik skeptisch, ja ablehnend gegenüber, während ein Autor wie Franz Josef Czernin aus der Perspektive einer in den 90er Jahren höchst agilen österreichischen Literaturavantgarde allen Rekursen auf Konvention eine Absage erteilt, selbstverständlich ohne Rücksicht auf das Alter der Gedichtproduzenten. Aber erst die Spannweite zwischen Grünbein auf der einen und Czernin auf der anderen Seite zeigt den Umfang und die Dynamik des Paradigmenwechsels.

Thomas Kling

Einer derjenigen, der nicht allein mit seiner lyrischen Produktion, sondern auch mit Auftritten, **spektakulären Präsentationsformen** und wichtigen poetologischen Essays der Richtungsänderung zum Durchbruch half, ist Thomas Kling (* 1957). In den 80er Jahren war er bereits im Rheinland einem an Lyrik und **neuen Formen der Lyrik-Lesung** interessierten Publikum bekannt. Er hatte in Wien, wo ihn ein Auftritt in den Margaretensälen bekannt machte, Friederike Mayröcker und Ernst Jandl getroffen. Kling war von Anfang an ein Antipode zur vorherrschenden Betroffenheitslyrik, indem er dem Räsonnierton eine vitale, selbstbewusste Poesie entgegensetzte. Kling brach – eine Parallele zu Ernst Jandls Auftrittsdramaturgie drängt sich auf – mit traditionellen Dichterlesungen in Volkshochschulräumen und Hinterzimmern von Buchhandlungen. Als Beuys-Schüler war er mit **Performance-Kunst** vertraut und begann seine Auftritte zu inszenieren. Dabei ging es nicht um eine von den Texten entfernte Selbstdarstellungsform. Klings Lyrik – am Ende der 80er Jahre lag hier ihr wesentliches Innovationspotenzial – basierte auf einer auditiven Poetik, zumindest in dem Sinne, dass die Diktion seiner Gedichte als gesprochene, vorgetragene Texte einen unverwechselbaren **Kling-*sound*** erhielten. In seinen Gedichtbüchern verstand es der Autor auf raffinierteste Weise, seiner auditiven Poetik mithilfe orthografischer Verfremdungen und Fragmentierungen ein visuelles Pendant beizufügen. Damit unterstreicht er die Rolle phonetischer Kompositionselemente in lyrischen Texten und bietet darüber hinaus einen zusätzlichen Assoziationsraum an.

Das Verdikt Gottfried Benns, moderne Lyrik sei Leselyrik, haben Kling und andere in den 90er Jahren mühelos widerlegt. Der Paradigmenwechsel lässt sich sogar mit der **neuen Rolle des Auditiven in der Lyrik** in Verbindung bringen, bis hin zu der Konsequenz, dass Autoren eine neue Konvention stiften und ihren Gedichtbänden eine Diskette beifügen. Für den Rheinländer Kling war noch eine andere Tradition wirksam: die **Erinnerung an Rolf Dieter Brinkmann**, der den Konnex von Lyrik und Mündlichkeit, Gedicht und Musik, Vortrag und Vortragsdramaturgie bereits Jahrzehnte früher reaktiviert hatte. Schon in seinem Gedichtband *geschmacksverstärker* (1989) hat Kling ein breites Feld sprachproduktiver Kompositionselemente erprobt: Ellipsen, Elisionen, Fragmenttechniken, akustische und visuelle Überblendungen, Zitat-Mixturen, Aussparungen und die Arbeit mit Wort- und Textmaterialien aus dem Szene- und Künstlermilieu und nicht zuletzt aus den Medienkontexten, die zur Lebenswelt der jüngeren Lyriker-Generation gehören.

In seinem Gedichtband *brennstabm* (1991) greift Kling noch stärker als bisher auf eine Technik zurück, die er bis zum Gedichtband *Fernhandel* (1999) noch weiter verfeinert: die Arbeit mit historischem Bild- und Textmaterial, die **lyrische Recherche** in den Archiven der Erinnerung abseits der großen historisch-politischen Linien (Korte 2004, 127ff.). Kling erweist sich als Autor, der im Medium der Lyrik (eben nicht des Romans oder des Dramas) eine Art Spurensuche und Spurensicherung betreibt. Die Bedeutung des Historischen war bereits im Motto der *brennstabm* zu finden, im Zitat der Kasseler Glossen aus dem 9. Jahrhundert: »uuanna pistu woher kommst du« (Kling 1991, 7). Die Frage »woher kommst du« ist elementarer Natur und kehrt im Gedichtband vielfältig wieder, etwa in den Abschnitten »stifterfiguren, charts-gräber« (59ff.), »Tiroltyrol« (89ff.) und »AUFNAHME MAI 1914« (123ff.).

Kling hat den Gedichtband *brennstabm* seinem Großvater Ernst Matthias gewidmet; seinen Nachlass wird er im Gedichtband »Fernhandel« für die Rekonstruktion des Ersten Weltkriegs nutzen. Klings *brennstabm* spielen schon im Titel auf den Anspruch einer Dichtung an, die sprachliche Kraftzentren aufbauen will. Statt Meditation und Zurückgenommenheit stehen deshalb bei Kling eine permanente **sprach-operative Arbeit** im Mittelpunkt seiner Texte, die ihre Chance dort sucht, wo der Leser sich an der Grenze der Überforderung ertappt. Klings Operationsfeld ist nicht der abgehobene Laborraum für Sprachexperimente, sondern die eigene Lebenswelt, der eigene Erfahrungsraum. Daher führen in *brennstabm* einige Spuren zu Joseph Beuys, dem das Gedicht »porträt JB. Fuchspelz, humboldtstrom, tomatn« (60) gewidmet ist. Kling erinnert an den Mann »im fuxxpelz« auf dem Düsseldorfer Schadowplatz 1972, als Beuys begann, seine Kunst mit spektakulären Aktionen in einen sozialen und politischen Kontext zu stellen.

Klings Arbeitsweise lässt sich am Eingangsgedicht der *brennstabm*, an »blikk durch geöffnetes garagntor« (17) demonstrieren. Seine Verstechnik erscheint ungefügig, schwierig, verlangt ein Entziffern, und zwar Wort für Wort, und konfrontiert den Leser mit **orthografischen, phonetischen, syntaktischen und semantischen Irritationen.** Erst allmählich wird das Thema des Textes, ein Kindheitserlebnis an Jagd und Hirsch-Waid, erkennbar, dessen traumatische Spur mit der Widerständigkeit der Wort-, Satz- und Verskompositionen korrespondiert. Klings Spracharbeit ist Erinnerungsarbeit:

nebeleisern blix: der jeepmann
garagn- und schußherr der da zu-
rrte, jagdgrün; in meim 11jährign
rükkn ein hochneblichter tannan-
anstieg. vor mir dies: HIRSCHGARAGE!
GARAGNWANT ALS HIRSCHWANDT! schon ap-
gesägtn geweihs der unbeschienene hu-
bertuskopf, des hirschkopfs augnfleisch
kopfunter, ausgependelt. da allgäuer
zerrnebel beidseitig raus, und aufgebro-
chn ausgeweidet ausgeräumter leib BO-
RSTIGE RAUMTEILUNG bei weggeräumtm
Innereieneimer stark! riechende –wände (g-
ruchsklaffung): der da so hinge-
hängter hingeklaffter hirsch

Klings **Wortspuren** sparen alles Überflüssige aus. Der Autor entfernt Vokale, Silben, Endsuffixe, Konjunktionen; er verändert Schreib- und Trennregeln, nutzt Interpunktionen dazu, Hervorhebungen zu markieren, und verdichtet seinen Text durch Verschleifungen, Konsonantenhäufungen, Skizzenstil und prägnante Konzentration.

Gedichte wie Klings »blikk durch geöffnetes garagntor« sind Indikatoren für eine gegenüber dem Trend der 80er Jahre radikal gewandelte Lyrik. Nicht allein die orthografisch-phonetische Präsentationsform indiziert einen Formwandel; sie ist eher ein der **Mündlichkeit** von Gedichten verpflichtetes Prinzip, an das auch die Leser erinnert werden, die gleichsam mit dem Text auch einen Partiturvorschlag zum Vortag erhalten. Wichtiger noch ist Klings Praxis – auch sie steht im Zeichen des Paradigmenwechsels –, seine Texte mit Zitaten, Anspielungen, historischen, kunst- und kulturgeschichtlichen Verweisen zu versehen, ohne dabei im Sinne eines Distinktionsgewinns mit Bildungsballast aufzuwarten.

In seinem Gedichtband *nacht. sicht. gerät* (1993) nimmt der Autor noch eine weitere Tendenz vorweg, die bis zum Ende der 90er Jahre ein Kennzeichen sprachproduktiver Lyrik sein wird: die **Praxis zyklischer, komplexer Kompositionen** und die Auflösung der klar fixierten Gedichtgrenze. Dass sich damit die Lesewiderstände noch einmal potenzieren, erscheint evident. Lyrikbände werden zu durchkomponierten Gedichtbüchern. Deutlich wird dies vor allem in den mit »bildpool« (19ff.) und »sachsnkriege oder was« (27ff.) überschriebenen Zyklen. Die einzelnen Gedichte stehen in einem textübergreifenden Dialog, nehmen **Anspielungen und**

Einfälle wieder auf, variieren Gegenstände und Themen, indem sie diese aus unterschiedlichen Perspektiven durchdringen, und erweitern das Gedichtbuch zu einem ausgeklügelten, aber vieldeutigen, von Assoziationen getragenen Poesie-Netzwerk. So ließen sich Klings »sachsnkriege« bis ins Detail mit feinen Schnitt-Techniken auf einzelne historische Schichten durchprüfen. Der Bogen reicht vom 18. Jahrhundert über den »UFA-kantinen- / geruch« bis zu den allenthalben noch sichtbaren Spuren der DDR-Vergangenheit: »1942. stechschrizz licht. UFA-kantinen- / geruch und geht nicht raus. [...] / postdam im juni. postdamer einkaufszone, / deutliches sprachspree BEI RÄUMUNG GIBT / ES TOTE, potsdamer schäferhundschnauze / potsdamer schäferhundzunge, fertiges / voll fertiges fensterglas-tattoo. NVA- / tarnnetze über der gutenbergstraße. / kehrtmarsch, voll schimmliger grenadier-/ choräle der schinkelhimmel, geflüsterter / laubengang. einzel. bild. schaltung. / friedrichs zurückgespulte blaue augn. [...]« (29).

Klings Gedichte sind weder erfundene poetische Bilderwelten noch Kommentare zur Gegenwart, die sich der Sprache als eines Mittels für Nachrichten und Botschaften bedienen. Der sprachliche Prozess selbst steht im Mittelpunkt kompositorischer Arbeit, und er ist ein aktiver, veränderbarer Prozess, bei dem am Anfang noch nicht klar ist, worauf er abzielt. Vor diesem Hintergrund setzt auch der Gedichtband *morsch* (1996) mit seiner Fließtext-Technik einen weiteren Akzent.

Klings Sprachmaterial ist keineswegs künstlich. Der Kling-*sound* ist kein von der Alltagssprache abgehobener, hermetischer Ton, sondern entsteht in der Kombination und Überblendung alltäglicher Redefragmente mit niederrheinischem Dialekt, *Slang*, Umgangssprache und elaboriertestem Code, beispielsweise der Bildungssprache. Das lyrische Subjekt führt den operativen Prozess solcher Mischungen unmittelbar vor; es kommt auf den Prozess selbst, nicht auf ein bereits fertiges, dem Leser präsentiertes Ergebnis an. Die Basis der Gedichte sind Wahrnehmungskomplexe elementarer Art: Hörwahrnehmungen, visuelle Beobachtungen, orchestrierte Stimmenreste aus allen möglichen Wirklichkeitsfeldern, urbane Töne, Spurenreste von Dichtungen.

Daher wäre es falsch, nach traditionellen lyrischen Themen zu fragen. Kling schreibt keine Liebes-, Natur-, Kriegs-, Freundschafts-, Erlebnis-, Reise- und Alltagslyrik. Dort, wo die Sprache selbst der eigentliche Gegenstand poetischer Praxis ist, dort haben Stimme und Schrift elementare Bedeutung. In einer Reflexion auf historisches Material erkennt Kling eine Verweis-Spur auf elementare Schreibtechniken, die mit seinen **Fließtext-Partituren** verblüffend übereinstimmen. Der archaische Bezug konstituiert eine moderne Poetik-Konstellation. Der »rom-sequenz« (Kling 1996, 93ff.), dem letzten Zyklus von *morsch*, stellt er ein zum Gedicht verformtes Zitat Theodor Mommsens voran: »die älteste etruskische schrift kennt / noch die zeile nicht und windet sich / wie die schlange sich ringelt« (95). Eine solche Mäandertechnik aus der Frühzeit der Aufschreibsysteme liest sich vor dem Hintergrund der Gedichte Klings und anderer **sprachproduktiver Lyriker** der 90er Jahre wie eine Allegorie höchst aktueller *poiesis*.

Zwar kennen die Gedichte die Zeilen, aber die assoziative Suchbewegung des Schreibens kennt eben keine transparente Zeilenordnung, keine Ordnungsmuster der Gedichtkomposition und keine vorgegebene Form-Inhalt-Korrelation, sondern »windet sich« in immer neuen Varianten und Richtungen. So können Assoziationen abrupt wechseln und neue Assoziations- und Bildkomplexe eröffnen, Brüche in der Komposition sind keine Zeichen unvollständiger Arbeit am Gedicht, sondern Knotenpunkte von einem **Gedicht-Cluster** zum anderen.

In *morsch* ist der erste Zyklus, »Manhattan Mundraum« (7), eine programmatische Transformation der skizzierten Schreibtechnik in einen Gedichtkomplex. Die **Gedichtarchitektur** ist so aufgebaut, dass fortwährend zwei Bildsegmente, die Text- und Schriftmetaphorik und die Großstadtmetaphorik, ineinander laufen, verschlungen zu Versmäandern. Großstadtdichtung und poetologische Dichtung bilden eine unauflösliche Einheit neuer Ordnung: »die stadt ist der mund / raum. die zunge, textus; / stadtzunge der granit: / geschmolzener und / wieder aufgeschmo- / lzner text.« Die Eingangsverse des Zyklus umreißen das Programm. Der Text handelt von New York, fängt, Stadt- und Hörarchitektur überblendend, Stimmen- und Stadtgewirr ein und liest dieses Gewebe, diesen »textus«, zugleich als Recherche über die Textur der Poesie.

Es charakterisiert Klings Konzept, dass bei ihm stets die sinnliche Konkretion den Ausgangs- und Endpunkt solcher Versuche darstellt. Der zwölfteilige Zyklus »Manhattan Mundraum« erscheint daher wie eine akustisch-sinnliche **Hör-Partitur** über New York und fragt im »manhattantextus« (11) zugleich nach den Bedingungen der Möglichkeit eines Gedichts zum Thema »die stadt ist der mundraum« (12):

die stadt ist der mundraum.
die zunge, textus. die namen,
blicknamenzerfall. geschmo-
lzene, bewegte, schwarz-
glühnde suppe. steinbrei,
der dickt. stein, abgedunkelt
von der hand: stadtzahl an
zahl, die aus den blickn,
flüchtig, aus flüchtigem,
fluchtvollem mund sich
entfernt.

In seinem *Itinerar* (Kling 1997), einer der bedeutendsten poetologischen Schriften der 90er Jahre, hat Kling auf diejenigen verwiesen, der die neue sprachproduktive Lyrik ihre Moderne-Impulse verdankt. Der Bogen reicht von Charles Baudelaire und Stéphane Mallarmé über den Dadaismus bis zur Wiener Gruppe und Reinhard Priessnitz, den Kling 1981 kennen lernte. Sogar Moscherosch, einem der in Literaturgeschichten seit dem 19. Jahrhundert verachteten Sprachexperimentatoren des 17. Jahrhunderts mit »intime[n] Rotwelschkenntnisse[n]«, wird gedacht, einem Ahnen für poetische »Schnittüberwachung, Schneide- und Montagetechnik« (44).

Das *Itinerar* stellt keine geschlossene Poetik dar, sondern ist im Gegenteil geprägt durch seine offene (Weg-)Struktur; es liefert entscheidende Stichwörter, keine gelehrten Kommentare. Kling registriert seit »Mitte der 80er Jahre [...] ein erhöhtes Interesse in der sprachkritisch-avancierten deutschen Lyrik an oralen Traditionen« (17), hebt damit aber die Rolle der Mündlichkeit für den Schreib- wie für den Rezeptionsprozess von Gedichten hervor. Daraus folgert er freilich nicht, dass sich Lyrik in Inszenierung und »Sprachinstallation« auflöst: »Das Gedicht als literales Ereignis ist die Sprachinstallation *vor* der Sprachinstallation.« (20) Programmatisch und wegweisend ist Klings Bekenntnis zu einer von Komplexität und Verstehenshindernissen geprägten Lyrik, die damit im Kontext der Moderne ihre eigene Rolle bewahrt, also nicht in den umherkreisenden Diskursen ohne Rest aufgeht (55):

> Gedichte sind hochkomplexe (»vielzüngige«, polylinguale) Sprachsysteme. Kommunikabel und inkommunikabel zugleich: Hermes als Hüter der Türen und Tore, in diesen Eigenschaften des Doorman, Schleusenwärters und Botenstoffbeförderers tritt er in Erscheinung, ein Wirklichkeitsmixer, Reaktionsfähigkeit ist gefragt. Er hat darüber hinaus Zutritt zur Totenwelt: zu (elektronischen) Bibliotheken. Das Gedicht baut auf Fähigkeiten der Leser/Hörer, die denen des Surfens verwandt zu sein scheinen, Lesen und Hören – Wellenritt in riffreicher Zone.

In der Hochschätzung des Gedichts als **komplexester Sprachformation** trifft sich Kling mit einer Reihe von Autorinnen und Autoren der jüngeren Generation. Auch das paradoxe, das moderne Gedicht jedoch grundlegend definierende Axiom »Kommunikabel und inkommunikabel zugleich« ist weithin konsensfähig, weil es einerseits eine bloße Leserorientierung abwehrt und für die Prozedur der eigenen sprachlichen Aneignungsarbeit optiert, andererseits aber Mystifikationen absoluter Autonomie und völliger hermetischer Abkoppelung zurückweist.

Durs Grünbein

Ein anderer, der für den Paradigmenwechsel der Lyrik im letzten Jahrzehnt des 20. Jahrhunderts zu nennen ist, hat die Rolle der Lyrik immer wieder in seinen Essays untersucht: Durs Grünbein (* 1962). Seine unter dem Titel *Galilei vermißt Dantes Hölle und bleibt an den Maßen hängen* (1996) erschienenen Essays geben einen Einblick in grundlegende poetologische Maximen des Autors. Wie Kling grenzt sich Grünbein von der Annahme ab, ein Gedicht sei ein aus sachthematischen Motivationen entstandener, vom Gegenstand her geplanter Text (29):

> Am Anfang weiß nichts in uns, was das Gedicht bereithält. Erst wenn das lyrische Thema zum Vorschein kommt, läßt die Balance sich ermessen, mit der es sich aufrecht hält zwischen Alpha und Omega [...]. Auftauchend aus dem Gemurmel, stellt es die Verbindung her zu jenem ortlosen, unendlich ausgedehnten Gedächtnis, einer Sphäre jenseits von Biographie und Geographie.

Jenseits der allgemeinen Diskurslage also situiert Grünbein das Gedicht und grenzt es kategorisch gegen »den Terror der Allgegenwart« (ebd.) ab. Als Autor hat sich

Grünbein intensiv mit neurobiologischen Forschungen und der **Revolutionierung des Wissens** durch die Ergebnisse der Gehirnforschung befasst, ohne dass er der Gefahr erlegen wäre, eine Art biologistische Poetik zu entwerfen. Den Konnex von Gedanke und Gedicht hat er in anschaulichen Metaphern festgehalten (33): Das

> Gedicht führt das Denken in einer Folge physiologischer Kurzschlüsse vor. Immer unterwegs auf seiner Reise durch die Zeiten (des eigenen Körpers wie jener der Gattung, Geschichte) findet es im Gedicht einen Ort zum Innehalten, einen Aufenthalt unter den flatternden Reden, den erbärmlichen Ansichten, einen Schauplatz der Zeichen und Bilder, auf denen das Lebe hinausläuft.

Noch stärker im Sinne einer anthropologischen Verortung hat Grünbein in seinen von poetologischen Sentenzen und Reflexionen durchzogenen *Berliner Aufzeichnungen* (2001) den schwierigen Konnex von Gedicht und Lebenswelt beschrieben: »In Gedichten blitzt die Welt immer wieder als *a priori* des Lebens auf, so wie sie aller Erfahrung vorausliegt. Die besten Zeilen verdanken sich jener angeborenen *experience*, von der Baudelaire im Vorbeigehn an einer Stelle spricht. Schwer zu beweisen, scheint sie die anthropologische Mitgift zum Leben zu sein« (16). Bei Grünbein ist deutlich erkennbar, dass sich das lyrische Subjekt keineswegs auf autobiographische Bindungen hinausreden kann. Damit aber wird es zu einem sehr flexiblen, schwierig bestimmbaren, von Stimmen, Haltungen und Perspektiven erfüllten Reflexionsraum des Gedichts.

Grünbeins Gedichtband *Schädelbasislektionen* (1991) ist ein Beispiel für eine Lyrik, die sich von einem emphatischen, durch ein Subjekt verbürgten Wahrnehmungs- und Denkzusammenhang gelöst hat. Gesicherte Perspektiven gibt es nicht, also auch keine irgendwie verschlüsselten Codes, Nachrichten und Botschaften. Statt dessen werden die Leser immer stärker hingezogen in **Zyklen und panoramaartige, lange Gedichte**, in denen einzelne Szenarien, Wirklichkeitsspuren und Sprachfragmente ohne überschaubare Ordnungen gemischt, verändert, erprobt und auf Metaebenen reflektiert werden.

So weitet sich der Zyklus »Niemands Land Stimmen« (21ff.) zu einer Collage aus, die in hyperrealistischer Präzision Denk- und Wahrnehmungsvorgänge durchmustert. Strophische Ordnungen, eben noch vorhanden, werden aufgelöst, Verse werden ineinander geschachtelt und wieder durchbrochen, zuweilen entsteht sogar der Eindruck, dass, wie in der U-Bahn-Sequenz des Zyklus, unterschiedliche Beschleunigungstechniken beispielsweise durch syntaktische Verschleifungen in das Makro-Gedicht einbezogen werden, und zwar nicht primär als Erlebnisprotokoll, sondern stets wieder von Reflexionen und sprunghaften Empfindungen unterbrochen: »Tagsüber die Hölle, sind diese Straßen und Plätze / hier unten / nach Mitternacht tiefenseestill, / Eine Dunkelheit, nur von kleinen / Fischen und Troglodyten durchirrt, / Zombies / Die hier im Scherbenglück / nisten, wo giftige Algen / mit Augäpfeln bespickt / An den Brandmauern treiben, gekräuselt / wie Schamhaar, zerfetzt / seit dem letzten Krieg. / Stille, zwielichtige Stille: / ein Wirbelsturm / tief in den Zellen, / Kaum spürbar, / das Rücken der Zeiger / sovieler chemischer Uhren, – / Wie lautlos das ging« (29).

In dieser zeitdehnenden Passage werden die weit gespannten Reflexionsfelder deutlich, die Grünbeins Lyrik zu einer der anspruchsvollsten intellektuell positionierten Dichtung der Gegenwart machen. Dass Wirklichkeit keine naiv-realistische Kategorie ist, darüber müsste Grünbein nicht aufgeklärt werden. Den naturwissenschaftlichen Diskurs streiften schon seine frühen Gedichte. In der *Schädelbasislektion* wird im Titel auf den forcierten **Blick in die komplexen Denk- und Wahrnehmungsapparaturen des Menschen** angespielt. Immer wieder kehren leitmotivisch fachsprachlich abgeleitete Begriffe wieder; »Hirn« – nebst »Kleinhirn« und »Stammhirn« (13) – ist eines der Schlüsselwörter des Gedichtbandes. Allerdings lässt sich Grünbeins Lyrik nicht darauf reduzieren.

So gibt es eine Reihe von Texten, die sich mit der politischen Konstellation um 1990 befassen. Das Gedicht »O Heimat, zynischer Euphon« (111) stellt, nicht zufällig Kling gewidmet, die Perspektive der jüngeren Autorengeneration auf Deutschland in den Mittelpunkt: »Der kranken Väter Brut sind wir, der Mauern / Sturzgeburt. ›Tief, tief im Deutsch...‹, ertränkt. / Enkel von Städtebauern, Fleischbeschauern: / Jedem die fremde Wirklichkeit. (›Geschenkt.‹).«

Solche politischen Anspielungen im hohen Ton fehlen im Gedichtband *Falten und Fallen* (Grünbein 1994). Dafür treten Reflexionen auf die den Menschen prägenden Gehirn-»Falten« und die daraus resultierenden anthropologischen »Fallen« um so stärker hervor. Titel sprechen bereits eine deutliche Sprache: »Mensch ohne Großhirn« (69ff.) wird ein Zyklus genannt, dem Gedichte wie »Biologischer Walzer« (71) und »Homo sapiens correctus« (75) zugeordnet sind. Zugleich löst sich der Autor von der noch in der *Schädelbasislektion* charakteristischen sprachproduktiven Form-›Chaotik‹ seiner Zyklen. Grünbein beginnt damit, sein Formenrepertoire an **klassisch-antiken und romanischen Traditionen** der Terzinendichtung auszurichten. Elegische Strophenformen und Oden beispielsweise gehören von nun an zum Experimentierfeld des Dichters. Aber Grünbein holt damit keineswegs die Formrenaissance der frühen 80er Jahre nach. Er vermag vielmehr wie kaum ein anderer Gegenwartslyriker den Formrekurs ohne sprachliche Orientierung an Mustern und Klischees zu vollziehen. Und er erlaubt sich in der Schreibpraxis Lizenzen, also Abweichungen von Formschemata, die seinen Vers und den Sprachduktus beweglich halten. Die adaptierten Formen schmiegen sich dem breiten Stimmenrepertoire seiner Gedichte an und verstärken die Prägnanz der Verse und Bilder.

Ein Schlüsselgedicht ist das dem gesamten Buch den Titel gebende Gedicht »Falten und Fallen« (97), im dem Grünbein den Versuch unternimmt, Anthropologie mit kulturellen und sozialen Befunden menschlicher Praxis zu kombinieren und so den eurozentrischen Typus Mensch an der Schwelle zum neuen Jahrtausend zu porträtieren:

Leute mit besseren Nerven als jedes Tier, flüchtiger, unbewusster
Waren sie's endlich gewohnt, den Tag zu zerlegen. Die Pizza
Aus Stunden aßen sie häppchenweise, meist kühl, und nebenbei

Hörten sie plappernd CDs oder fönten das Meerschwein,
Schrieben noch Briefe und gingen am Bildschirm auf Virusjagd.
Zwischen Stapeln Papier auf dem Schreibtisch, Verträgen, Kopien,
Baute der Origami-Kranich sein Nest, eine raschelnde Falle.
Jeder Tag brachte, am Abend berechnet, ein anderes Diagramm
Fraktaler Gelassenheit, später in traumlosem Kurzschlaf gelöscht.
Sah man genauer hin, mit der aus Filmen bekannten Engelsgeduld,
Waren es Farben, verteilt wie die Hoch- und Tiefdruckzonen
Über Europas Kartentisch. Sie glichen dem Fell des Geparden
Im Säugetier-Lexikon, den Blättern fixierten Graphitstaubs
Mit Fingerabdrücken in der Kartei für Gewalttäter. Deutlich
War diese Spur von Vergessen in allen Hirnen, Falten, Gesichtern,
Flüsternd, bis auf den Lippen das dünne Apfelhäutchen zerriß.

Ein solcher Text, bis ins Detail durchgearbeitet, hat selbstverständlich eine rhetorische Struktur, die mitunter auch pathetische Redevarianten einschließt. Diese verstärken sich in jenen dem römischen Satiriker Juvenal nachempfundenen zivilisationskritischen Texten noch, die Grünbeins Gedichtband *Nach den Satiren* (1999) enthält. Der Gedichtband zeigt eindringlich, wie stark der Autor sich in die Geschichte des großen Kanons europäischer Dichtungen von ihren Anfängen bis zur klassischen Moderne vergraben hat, ohne ein bloßer Epigone zu sein. Grünbeins eigene zivilisationskritische Perspektive, wie sie in seinem Gedicht »Falten und Fallen« schon zum Ausdruck kam, wird von den epochenkritischen Invektiven römischer Dichter geradezu angefeuert, die analoge Befunde vermeldeten: Wohlstand bei gleichzeitiger Armut, Körperkultur in Zeiten des Aussatzes, Langeweile in historischen Umbruchszeiten, soziale Distinktion in Massengesellschaften und opportunistisches Verhalten im Intellektuellenmilieu den Gewalten gegenüber, die gerade noch der eigene Vers und die eigene Schrift ein wenig kritisierten.

Es charakterisiert die Sprecherfigur der meisten Gedichte in *Nach den Satiren*, dass sie sich nicht außerhalb des eigenen Befundes stellt, sondern den Platz mit im Geschehen sucht und so die eigene Widersprüchlichkeit nicht verleugnen kann. Nicht alle Gedichte dieses Bandes halten den **Anspruch souveräner Sprachproduktivität** durch; manche stellen Haltungen aus, statt sie mit dem unbestechlich skeptischen Blick früherer literarischer Praxis zu untersuchen.

Der Zyklus der »Historien« (9–90) bildet einen der wesentlichen Kerne des Gedichtbandes. Grünbein nahm in diesen historischen Rahmen sowohl deutsche Zeitgeschichte, die dreigeteilten »Novembertage« (64–67), als auch seinen Epitaph auf Heiner Müller, den »Brief an den toten Dichter« (61–63) auf und stellte damit die zivilisationskritische Analogie zwischen der römisch-kaiserlichen Geschichte und der aktuellen Gegenwart her. Im **Epistelstil** des »Briefs an den toten Dichter« mag eine antike Literaturform durchscheinen. Und doch geht das Gedicht nicht in der Sprödigkeit dieser Form auf, sondern weitet sich zur fast intimen Eloge auf Heiner Müller, die ihre Voraussetzungen in der Nähe wie in der Distanz zu dieser Zentralgestalt der älteren Dichtergeneration der DDR hat:

[...] Und Deine Echos, ich höre sie noch,
Dein Flüstern manchmal, ein Lachen, hinten im Hals,
Wo die Krankheit heraufkroch und das war das Zeichen.
Eine Verzweiflung, die nicht aus dem Bürgertum kam.
Der Rest ist Lyrik, wie? Aber wenn alles zuwächst,
Der Traum undurchdringlich wird in der Menge,
Ist es der Vers, der ins Freie zeigt. Der geblendete Stieglitz
Singt schöner, heißt es, zu keinem Flug mehr verführt.
Was Du nur ahnen konntest, jetzt weißt Du es, tot
Neben den andern, die länger liegen und ohne Stimme
Für diese letzte Dunkelheit endlich,
Wo jeder Brief Dich verfehlt.

Bert Papenfuß(-Gorek)

Unter den sprachproduktiven Lyrikerinnen und Lyrikern der 90er Jahre nehmen auch solche aus der vormaligen DDR einen wichtigen Platz ein. Zu nennen ist Elke Erb, deren Gedichtband *Unschuld, du Licht meiner Augen* (1994) viele Facetten einer Wort- und Bildfügungen orientierten **sprachbewussten Poesie** entfaltet. Jan Factors *Körpertexte* (1994) gehören in diesen Kontext, Johannes Jansens *prost neuland* (1990) und *Text Weg Bild Spiel* (1993).

Ein prägnantes Beispiel ist auch Bert Papenfuß-Gorek (* 1956), dessen sprachexperimentelle Praxis sich vor und nach der Wende an Beobachtungen und Eindrücken aus der Lebenswelt des Berliner Prenzlauer Bergs entzündete, und zwar nicht nur am urbanen Alltag einer von Bauruinen und Spekulationsobjekten gezeichneten Stadtlandschaft, sondern gerade auch an verbreiteten Denkmustern, Erwartungen, Emotionen und Phantasien der ehemaligen subkulturellen Szene.

Seinen Gedichten ist in doppeltem Sinne Widerständigkeit eingeschrieben. Auf der einen Seite vermitteln sie in ihren von Ironismen und Anspielungen durchzogenen Versen eine wache, unsentimentale **Abwehrhaltung gegen alle Formen von Konventionalismus und Anpassung**; auf der anderen Seite bieten sie dem Leser keine fertigen Stimmungsbilder an, sondern fordern seine Geduld vor allem dadurch heraus, dass er sich durch verfremdete, orthografisch eigensinnige, im Druckbild zuweilen fast kaum durchschaubare Ordnungssysteme durchkämpfen muss.

Die Formel »schriftbruch« (Papenfuß-Gorek 1990, 69) im Gedichtband *SoJa* liest sich wie eine poetologische Chiffre der dem Autor eigenen Irritationstechnik. Der Autor präsentiert seine Gedichte in einer Vielzahl optischer Präsentationsformen. Manche Gedichte erinnern an Oden und Elegien früherer Zeiten, manche kombinieren, wie das Gedicht »enge« (13), rechts- und linksbündige Versreihungen, manche nutzen Blocksatz-Schemata und wirken dann wie Prosagedichte; wieder andere – ein Beispiel ist »ztillett« (93) – gehören in den Kontext visueller Poesie und bestehen nur noch aus Kommata, Doppelpunkt, Gedankenstrich sowie einem umgekehrten Ausrufezeichen, und ein Gedicht ist spiegelverkehrt abgedruckt, bedarf also besonderer Techniken, entziffert zu werden. Hinzu kommen schließlich auch phonetische und graphematische Eigentümlichkeiten. So bevorzugt der Autor in *SoJa* für den »ch«-Laut die altertümliche Schreibung »x«, um auf spielerischem Wege die **Selbstthematisierung von Wahrnehmung** gleich an den Leser weiterzugeben, vermehrt um weitere orthografische Neuerungen (96):

> kein befestigtes hoxland
> DER SINNLIXEN WAHRNEHMUNG
> sie ferendert six selbst
> ztendig darein begriffen
> unterztuetse ix diese
> Fertiefung Der Wahrnehmung
> gleixtseitig das wissen
> um eine ziere fuelle fon
> e r z e i n u n g e n
> Die ix Nixt Wahrnehmen Kann
> IST EMPFINDEN UNERFUELLBAR

In den 90er Jahren sind Verfremdungen wie diese symptomatisch für die sprachexperimentelle Richtung, fast sogar ein symbolischer Ausdruck des Paradigmenwechsels. Eine Nähe zu Thomas Kling ist unabweisbar, obwohl die Motive der irritierenden Schreibungen und auch deren poetologische Konzeptionen unterschiedlich sind. Papenfuß-Goreks *SoJa* beispielsweise nutzt seine »schriftbruch«-Technik auch für **politische Repliken und Verspottungen**. Der Bogen ist weit gespannt und beginnt bei simplen Sprachspielen, die freilich in ihrer politischen Prägnanz genau jenes opportunistische Wendeverhalten aufs Korn nehmen, das nach 1990 manche politische Aufstiegskarriere begleitete: »manch wettergegner / wird wetterwender« (11). Ein wenig später wird dann dieser Aufstieg zum Spruchthema: »manx wetterwender / wird wettermaxer« (71).

Auch einige der nach 1990 obsolet gewordenen Axiome und Ideologeme des dialektischen Materialismus kehren in Papenfuß-Goreks Sprachspielen wieder, etwa die Ansicht, dass der Kommunismus notwendigerweise »kommen muss«: »laufen worte / wenn ihr dorthin wollt / wort – / flugs um bestimmten / forkommnissen zuforzukommen / for ort beim wort / dass kommunismus / kommen muss« (9).

In seinem von Jörg Immendorf illustrierten Poem *Mors ex nihilo* (1994) hat Bert Papenfuß (im Namen fehlte von nun an der Zusatz »-Gorek«) seine Sprachexperimente in eine andere Richtung hin erweitert. Er schrieb eine fast 500 Verse umfassende Dichtung, der er wiederum ein paar Sentenzen hinzufügt. Vergangenheits- und Gegenwartsperspektiven vermischen sich zu einer **Bestandsaufnahme deutscher Widersprüche** am Ende des 20. Jahrhunderts. Der satirische Blick zielt nun auch auf die Position von Dichtern als Mitspielern »in der / kapitalistischen produktion« (Papenfuß 1994, unpag. [V. 181–187]):

durchgeknallte dichter, teilweise rekrutiert
aus der freiwilligen zusatzrentenreserve
auf jeden fall aber bestens bewährt in der
kapitalistischen produktion, kollidierten
routiniert mit hiebschartigen hardlinern
die sich stramm vorgenommen hatten, berüchtigt
zu werden & den ein' oder andern anzuwendenden
gedichtband zu offenbaren, um auf ihre situation
aufmerksam zu machen & ein achtwort zu sprechen

Was Papenfuß von manchem anderen Dichter der DDR unterscheidet, ist seine prinzipielle Distanz zur staatlichen Macht insgesamt, zur staatlichen Herrschaftsform. So heißt es in einer Anspielung auf das Ende der DDR und den Westanschluss:

wenn ein staat ins gras beißt, singen die dichter
wenn er zu langsam stirbt, zündeln sie die lichter:
ein einziger blick in die struktur jeder gesetzgebung
entdeckt uns die erstarrung jeglicher kodizes:
eine verletzung des öffentlichen treu und glaubens,
beleidigung des ganzen menschenbilds, beleidigung
der einzelnen glieder desselben, meyneid, betrug
und diebstahl, sind unzertrennlich in ihr vereint

Die in Prolog (»prolog auf dem schirm«), Hauptstück (»der eigentliche mors«) und Epilog (»nachspiel im stall«) gegliederte Totendichtung, eine der vitalsten ihrer Art, sucht immer wieder die **grotesken Züge der Zeitgeschichte**, den Übertreibungsduktus und die gänzlich absurden Züge. So endet der Hauptteil, eine ganze Lebensgeschichte aus alternativem Milieu sarkastisch kommentierend, mit einem absurden Dialog in Berliner Dialekt:

– warum machst'n dit allet? früh aus'n knick,
stullen schmieren, drogen rein, mündlicher
ausdruck, scheiße bauen, keine kompromisse,
bräute nerven, projekte anleiern, heiraten,
platten kaufen, scheiden lassen, tätlicher
ausdruck, illegalität & den ganzen scheiß
– dit jibt ma uffschluß, vastehste

1998 folgt eine weitere Retrospektive auf die DDR, Papenfuß nennt sie *SBZ. Land und Leute.* Das Eingangsgedicht »SBZ« besteht aus mehreren Dutzend vierzeiligen Strophen, einer Mixtur aus Oden- und Liedformen. In seiner Komplexität steht es paradigmatisch für die **sprachmächtige Lyrik der 90er Jahre**, die zyklische Kompositionen, breit ausgestaltete Panoramagedichte und vielschichtige, schwer verständliche Formensprachen goutiert. Gedichte solcher Art notieren keine spontanen Befindlichkeiten mehr, sondern repräsentieren wie seit langem nicht mehr den autonomen Anspruch einer Gattung, mit den Möglichkeiten der Poesie und der poetischen Sprache epochale Prozesse, Zeitsituationen, Zäsuren und nicht zuletzt auch Lebensgeschichten am Ende des 20. Jahrhunderts darstellen zu können. Dabei geht es nicht um die Illustrierung politischer und kultureller Diskurse, sondern um den literarischen Diskurs als **Konterdiskurs**, also als einzigartige, nur der Poesie vorbehaltene Möglichkeit zur Reflexion und Selbstreflexion.

In der *SBZ*-Dichtung zeigt sich diese autonome Kraft nicht zuletzt in jenen »furiose[n] sprachzustände[n]«, die Papenfuß als »schleier meiner erinnerung« (Papenfuß 1998, 9) bezeichnet. Da ist die Rede vom »kontemplationslager SBZ« (ebd.), von »hausbackener zonophobie« (10), von der »übliche[n] kulturschlacht« (14) und den erschöpften »reserven des wortsortiments« (ebd.), auch denen des Prenzlauer Szene-Milieus, deren Grenzen Papenfuß nun deutlicher als sonst akzentuiert: »wir bewegen uns in quatschwörtern / spicken irgendwelchen unfug damit / & machen was zum einpfeifen draus« (10). Nach dem Aus für das »kontemplationslager DDR« gelten nun veränderte Bedingungen: »raus aus den verliesen / vergnüglichen sprittisierens / vollschmierens & wortspielens / die unsere bleibe waren« (11). Die Ankunft im Westen aber war keine Ankunft in der Idylle; lakonisch heißt es dazu: »abwinde ökonomischer talfahrten / wurden uns frisch übergebraten« (16).

Lyrische Formen: Fragmentierungstechniken und großflächige Gedicht-Poeme

Die **sprachproduktive Dichtung** der 90er Jahre hat eine große Neigung zum Zyklischen, zum Gedichtbuch, zum großflächig angelegten Panoramagedicht und schließlich auch zum Monumental-Poem. Bei einem Autor wie **Jürgen Becker** (* 1932) gab es bereits in früheren Jahrzehnten Experimente mit komplexen Kompositionsformen. In den 90er Jahren hat Becker an diese Tradition angeknüpft, beispielsweise im *Foxtrott im Erfurter Stadion* (1993) und im *Journal der Wiederholungen* (1999), in dem aus kurzen, teils sogar Ein- und Zweizeilern, rhizomartig größere Komplexe entstehen.

Ein Beispiel ist ein mit »Einzelheiten. Wiepersdorfer Journal« (Becker 1999, 59–65) überschriebener Text. Er ist strikt fragmentarisch gehalten, liest sich wie eine Aufzeichnung von Notizen, die erst noch zu einer größeren Arbeit sich fügen wollen, enthalten, hintereinander gesetzt, semantisch und thematisch so weit entfernte Zeilen wie »Kahlschläge und die Arbeit des Vergessens« und »im Nebel tauchen Pferdekoppeln auf, Flugzeug-Hangars« (59). Beckers brüchige Formen sind allerdings nicht mit einem formalistischen Fragment-Puzzle zu vergleichen, sondern bilden einen zunächst kaum sichtbaren, aber in sich konsistenten Prozess: Sie sind nicht nur dem Thema, sondern auch der provisorisch erscheinenden, immer wieder abschweifenden und den Gegenstand wechselnden, in alle Richtungen chronologisch vor und zurück spulenden Erinnerungsfetzen vergleichbar, die sich aufbauen, ohne sich allerdings zu einer glatten Geschichte zu fügen.

Das lang gezogene, brüchig wirkende Gedicht ist das Protokoll einer solchen **Erinnerungsarbeit**, nicht aber dessen Ergebnis. Lyrik, so ließe sich folgern, gehört den **Archiven** an, nicht den Interpretationen und Deutungen, die eine sekundäre Form des Zugriffs auf Sprachmaterial sind. Eine Verseinheit wie »Zeilen fallen aus dem Heft; sie irren umher / und suchen ihren Zusammenhang« (61) charakterisiert diesen Becker'schen Poetik-Aspekt. Jenseits der Erinnerungsstruktur aber werden ästhetische Eindrücke aktiviert, die auf breiter Front dem Leser ein Imaginationspotenzial zur Verfügung stellen, wenn er allein damit weiterzukommen versucht: »das Rot in den Wipfeln der Kiefern // das leer bleibende Storchennest auf dem Schornstein // Besuch und Betrachtung unerwünscht: das abweisende Gesicht // des Malers auf der Ateliertür // der Rückzug auf unaufhörlich lärmende Pappeln« (63).

Bei Becker ist der dialektische **Zusammenhang von Fragmenttechnik und großflächigem Poem** Teil der Kompositionsstruktur. Die Variationsmöglichkeiten sind besonders groß; entsprechend häufig lassen sie sich in den 90er Jahren nachweisen. So reiht Stefan Döring jeweils zehn zehnzeilige Gedichte in fünf Zyklen aneinander; das konstruktivistische Prinzip kommt im Titel »Zehn« (Döring 1990) zum Ausdruck. So findet sich unter dem Titel »III/9« (o. S.) ein Gedicht, das in seiner fragmentarischen Form ein Collagenfragment enthält, ironische Anspielungen auf die DDR-Nationalhymne:

auferstanden und ruiniert
gewandter in losen gewändern
neuer vergangenheit zugewandt
heult in zukunft ruinen
zeitwinds wehn von ursprung
durch dies loch jetzt
zuhälter und aufreisser
meister im flötenspiel
dem rechten augenblick
zu pfeifen den totentanz

Sprachwitz und Groteske liegen in diesen Gedichtblöcken dicht beieinander. Eine andere – eher traditionellere, zyklischen Gewohnheiten entsprechende – Form findet sich in **Ulrich Ziegers** Gedichtband *Große beruhigte Körper* (1992). 91 Gedichte sind sechs Zyklen zugeordnet, alle Gedichte zusammen aber noch einmal römisch nummeriert, so dass auch die Zyklengrenze überschritten wird und die Texte untereinander korrespondieren. Dabei nutzt auch Zieger **Fragmenttechniken**, etwa wenn er die einzelnen Gedichte abrupt beginnen oder schließen lässt und innerhalb der Strophen mit Unterbrechungen, Satzlücken, Einklammerungen, vor den

Satz gestellten Satzzeichen arbeitet und alle Texte (auch den Schlusstext) mit einem Komma, nicht mit einem Punkt abschließt.

Solche Verschleifungen, Abbrüche und Schnitte nutzt auf kleineren Flächen auch **Dieter M. Gräf.** Seine »Partitur H« (Gräf 1994, 34) präsentiert mittig gesetzte Verse, die in drei nummerierten Blöcken geordnet sind; es stoßen Zitat-Ausschnitte aneinander; kurze, unvollständige Verse ohne semantische Bezüge wie »-unter, her- / -kommen und -holen« stehen im freien Raum, ohne dass zunächst ein Zusammenhang erkennbar ist. Gräfs »Rauschstudie« ist ein »Appendix« (83–87) genannter Anhang beigefügt, aus dem hervorgeht, dass die »Partitur H« unterschiedlichste Texte, darunter einen so genannten »Rilke-Zitatrest« (83), zusammenmischt.

Die Tendenz zur fragmentarischen Komposition einerseits und zum Ausbau von Zyklen und zyklenähnlichen Gedichteinheiten zu großflächigen Poemen sind in Ansätzen sogar bei denjenigen zu erkennen, die, wie **Kathrin Schmidt**, zunächst solche Formen nicht praktizieren. Im Unterschied zum Gedichtband *Flussbild mit Engel* (1995) arbeitet die Autorin in *Go-In der Belladonnen* (2000) nicht nur mit Zyklen-Formen, sondern, wie im Gedicht »farne fotografieren« (57–59), auch mit Schraffuren, die skizzenhaft und andeutend bleiben: »man vergaß mich. nach schlamm, nach liebesrezepten. / der niederen ordnung. / farne. fotografieren zum beispiel« (57).

Wesentlich radikaler – und zwar seit Jahrzehnten – verfährt **Friederike Mayröcker** (* 1924) mit endlos ineinander geschobenen Versen, Stimmen, Skizzen, spontanen Einfällen und Anspielungen, die ihren Gedichten zuweilen etwas Rätselhaftes, mitunter auch Zufälliges geben. Wie weit selbst in einem eng umgrenzten Zusammenhang diese mäandernde Aufschreibtechnik reicht, zeigen zwei Ernst Jandl gewidmete Gedichte des Buches *Das besessene Alter* (1992). Da hebt das Gedicht »der garten, funkelnd wie seine Gewässer« (20) auf anschauliche Weise mit einer alltäglichen Beobachtung an: »mit zwei leeren Plastiksäcken über / den Hof, mir entgegen, mit zwei leeren windgeblähten/ Plastiksäcken mir entgegen, über den Hof«, bis sich der memorierte Zusammenhang auflöst – bis zur Auflösung der Sätze am Schluss: »[...] während ich, / Irrwisch, die Augen beschattend, daß/ schwimmenden Spiegels Spur / darin / du nicht sehen sollst.«

Das zweite Gedicht, »Flugschrift« (21), beginnt gleich mit dem Rätselspiel, das erst nach mehrmaligem Lesen die Konsistenz einer Blumengartenszene preisgibt: »diese um ihre Köpfe *verstürmten* / Öhrlinge Stiefmütterchen gelb- / ohrig (zerlegt) isabellen- / farben vom brausenden / April, und legten sich vornüber /beetwärts, kniewärts / auf Knien in feuchte / Erde, Beet- / erde halbviolett, auch weiß, wie / der Nordwind wütet [...]«. In ihrem Gedichtband *Notizen auf einem Kamel* (1996) setzt die Autorin ihre Schreibpraxis fort, die nicht zuletzt auf diejenigen Autoren eine Faszination ausgeübt hat, die den Paradigmenwechsel in der Lyrik der 90er Jahre vollzogen.

Ein Beispiel für ein monumentales Gedichtpoem ist zugleich **Oswald Eggers** (* 1963) ambitionierter Versuch, an Traditionen der klassischen Moderne anzuknüpfen, ohne sie zu imitieren. Sein dreihundertseitiges Poem *Herde der Rede* (1999) mag für die Zuordnung zur Gattung des Gedichts gewiss problematisch sein, weil derartige **Monumentaltechniken** eher in der Versepos-Tradition zu finden sind. Der österreichische Autor ruft aber auf vielfältige Weise lyrische Traditionen auf, beispielsweise die **Stanzentechnik.** Egger erweist sich als ein Avantgardist tradierter Formensprache, der in seinem Werk über neunhundert (meistens neunzeilige) Strophen hinweg, untergliedert in elf größeren Zyklen, eine sprachgewaltige Dichtung entstehen lässt, die zu lesen und zu verstehen eine dem Monumentalen entsprechende Anstrengung erfordert.

Hatte H.C. Artmann in den 50er Jahren mit entlegenem Sprachmaterial experimentiert, um sprachverfremdende, surreale Effekte zu bewirken, so übersteigert Egger alle früheren Versuche. Sein aktiver Wortschatz ist derart groß, dass fast in jeder Strophe eine hohe Anzahl buchstäblich weit her geholter Nomen, Partizipien und Adjektive sowie eine Reihe fast willkürlich zusammengefügter Komposita den Wortstil bestimmen – nebst spontan gebildeten Neologismen, erlesenen Archaismen und kaum allgemein verständlichen Fachsprachen-Vokabeln. Dieser Stil wird auf verschiedenste Weise variiert und gilt für komplexeste Reflexionen wie für die Beschreibung elementarer Vorgänge oder natürlicher Prozesse. In *Herde der Rede* erscheinen alle Elemente einer Beschreibungssprache derart energiegeladen, dass kaum mehr als **sprachliche Konzentrate** übrig bleiben und der Strophe eine **wuchtige, schwere Form** geben (Egger 1999, 75):

> Mostmoose Bißweilen graubirn Birken-bar und Heim-
> gart, daß die wie Quassien bittsüß (von einer Rede
> zur andern hängelnd) sind Nielgen, labekühl die
> Schotmotten der Staubdolden-Bitumen und Bitter-
> Erde-die Flähmen der Windhalmen Labsalben und
> Küstestriemen Dehnen, und diese Scheren. Webräder
> der Trichterspinnen Baldachine, die häufige Netz-
> zärte über dem Halmschaft, die Gilde der Glieder-
> blütler und Lichtwinde Farngarn zu sommern.

Eggers Poemstil ist nicht auf diese manieristisch wirkende Konzentrat-Form der Wörter zu reduzieren. Manche Strophen heben in parataktischen Sätzen an, etwa mit Notizen zu Jahreszeiten und zum Wetter, zur Schreibsituation und zu alltäglichen Dingen: »Es kommen lichtlose und graue Tage. Sturm peitscht/ in krempelnden Kiefern, alle Kronen schwanken, ein/ aufgewühltes, Wipfel-grünes Meer der Luft, strömende/ bewege-Trift« (282).

»›Zirkumstanzen‹« (12) hat Egger seine Stanzen genannt und eine Form umschrieben, die in der Tat ihre Gegenstände immer wieder umkreist und mit Worten umrundet, bevor sich ihre Substanz in der Verszeile sedimentiert und manches verloren scheint, was einen vollständigen Satz oder eine syntaktisch korrekte Satzwendung normalerweise kennzeichnet. Die **grammatische Verknappungstechnik** unterstreicht den Eindruck der Wortblöcke und Wortmassive. Leitmotivisch kehrt die Rede von »Wort-auf-Wort« (35) bzw. »Wort-für-Wort« (46) wieder, die Mäandertechnik des Poems andeutend, also einen Redefluss, der ständig in Bewegung bleibt, sich verzweigen kann, sich zu Wortungetümen staut, dann und wann zu versiegen droht und alles andere als ein Ziel hat. Wort reiht sich an Wort, um dabei auf fast zufällige, spielerische Weise auf engstem Wortraum eine Reihe von Bild- und Bedeutungskomplexen zu aktivieren. »Die Rede drehte sich und wiege Wort-für-Wort« (184). Das Bild der sich drehenden Rede ist Eggers Umschreibung von *poiesis*: »DIE REDE DREHT SICH (›zwirn der erinnerung‹)/ ihren Enden zu, es wird Zeit, Ordnung in die Ringe/ ums Jahr zu bringen« (12).

Egger hat sein mäanderartiges Poem einem Ich zugeordnet, das sich zuweilen den Namen »Poemander« (100, 159 u.ö.) gibt. Diese Poetenfigur, deren Sprachlust und Sprachgewalt Manierismen nicht scheut und an barocke Vorbilder wie Moscherosch und Kuhlmann erinnert, bleibt in allen Zyklen eine sprachbewusste, die eigene Rede reflektierende Instanz. Dem experimentellen Gestus entspricht daher ein Sprachbegriff, der sich einem modernen sprachphilosophischen Grundsatz verpflichtet weiß: »Bloß so kann ich die Welt erklären: unerklärlich« (50). Die Grenzen des Sprechens werden in manchen Versen nüchtern umschrieben, etwa wenn ein Vers wie »Ein Tag der Fülle wars, Nacht der Flut, die Sekunde/ sinnenfroh« kontrastiert wird mit dem Verweis auf den »matten Schatten der/ gestellten Stanzen« und den Versuch, »in Sprache flüchten« (57) zu wollen. In Eggers ›**Sprachfluchten**‹ kehrt in nuce jener Anspruch experimenteller Moderne wieder, der die eigenen Versuche als eine selbstreflexive, potenzierte Form der Arbeit an der Sprache begreift, als Möglichkeit, »in der Sprache der Sprache sprechen« (94) zu können. Dem Ziel versucht Egger in seiner Imagination der Rede als Kreation von Wort- und Sprachlandschaften aus dem versunkenen, wieder erinnerten, in Bewegung gebrachten Material der Sprache nahe zu kommen (247):

> Die schlafende Sprache durchdringt die gehörige und
> wir erinnern ihren Wiesengrund und, unvordenklich,
> durchwringen ihre Weisen. Bald hier, bald da berührt
> ein laufender Toll-Hund mit hechelnder Zunge die
> gefrorenen Wörter [...]

6.3 Szenen, Milieus, Gemeinden. Das Spektrum lyrischer Stimmen und Themen

Unter dem Titel »Poesie im Auseinanderdriften« hatte die *Geschichte der deutschen Literatur von 1945 bis zur Gegenwart* bereits die Lyrik der 80er Jahre erfasst (Barner 1994, 843). Ausdifferenziert wurden

- die »rumäniendeutsche Lyrik« (843ff.) – vor allem Dieter Schlesak, Werner Söllner und Richard Wagner –,

- eine so genannte »Frauenlyrik« (846ff.) – mit Hannelies Taschau, Ulla Hahn und anderen –,
- die »Lyrik der Postmoderne« (848ff.) – von Friederike Mayröcker bis Thomas Kling –
- und schließlich die Renaissance der »Elegien vor der Jahrtausendwende« (854ff.) – von Hans Magnus Enzensberger bis Ursula Krechel.

Lässt sich dieses »Auseinanderdriften« als recht überschaubares Ordnungsschema nachvollziehen (wobei im Einzelnen noch zu fragen bleibt, warum beispielsweise die »Frauenlyrik« wie eine **Spartenlyrik** von der Postmoderne abgegrenzt wird), so fällt die Differenzierung in den 90er Jahren noch verzweigter und komplizierter aus. Das gilt im Übrigen für die gesamte deutschsprachige Literatur.

Aus literatursoziologischer Sicht pointierte Bogdal unter dem metaphorischen Titel *Klimawechsel. Eine kleine Meteorologie der Gegenwartsliteratur* die These von der **Zersplitterung der aktuellen Literatur** in unterschiedliche, kaum verbundene Sektoren. Er vertritt die Ansicht (Bogdal 1998, 14),

> daß die hegemoniale literarische Öffentlichkeit in unserer Gegenwart zerfällt. [...]. An ihre Stelle treten milieuspezifische Öffentlichkeiten. Ein Werk oder Autor wird in diesem Milieu nur noch von anderen – und zwar zunächst benachbarten – Milieus wahrgenommen, wenn es als repräsentativ für den jeweiligen Lebensstil gilt. Die Literaturkritik spricht dann von *Kultwerken* und *Kult-Autoren.*

Dieser Befund entspreche der aktuellen »Tendenz zur Differenzierung und Autonomisierung traditioneller Klassen und Schichten der modernen Industriegesellschaft zu ›Milieus‹« (11f.).

Lebensstile und kulturelle Alltagspraxen spielen daher eine deutlich stärkere Rolle als in den Jahrzehnten zuvor, und zwar gerade auch im Hinblick auf literarische Vorlieben, Rezeptions- und Konsumgewohnheiten. Bogdal leitet daraus die Konsequenz ab, dass ein Autor vor allem über den »Weg der erfolgreichen *sektoralen* Repräsentanz« (14) seine Position und seinen Rang markiere. Zugleich hebt er hervor, dass »die Literatur innerhalb der einzelnen Milieus insgesamt gegenüber den konkurrierenden Medien und anderen Sinnangeboten [...] deutlich an Prestige verloren« (ebd.) habe. Ob freilich die unabweisbare **Marginalisierung des literarischen Diskurses** für alle Gattungen gleichermaßen gilt und ob nicht gerade die Lyrik jenseits der großen Trends ihren eigentlichen Platz hat, darüber liegen kaum verlässliche Forschungsergebnisse vor. Es geht bei dieser Betrachtungsweise nicht um Kanonhierarchien und ästhetische Urteilsbildung. Innerhalb eines jeden Sektors lassen sich erfolgreiche und weniger erfolgreiche, ästhetisch ansprechende und weniger ansprechende Konzeptionen ausmachen. Das gilt auch für die Lyrikerinnen und Lyriker der älteren Generation, die für ihre Lesergemeinden schreiben und sich auf vertrautem Formterrain mit neuen Themen einbringen.

Nun ist unbestreitbar, dass schon in den 80er Jahren sich eine Tendenz zur **Diversifizierung** der Lyrik **in Sparten und Szenen** andeutete. Diese Entwicklung nahm in den 90er Jahren noch weiter zu. Zwar hatte es schon seit dem 19. Jahrhundert unterschiedlichste Literaturen gegeben, die unter dem Aspekt der **Gleichzeitigkeit des Ungleichartigen** das literarische System bestimmten. Aber es ließ sich doch in der Retrospektive stets jene »hegemoniale literarische Öffentlichkeit« ausmachen, von der Bogdal spricht, also eine Art Höhenkammliteratur, die nicht sektoral, sondern vertikal-hierarchisch gegliedert ist und sich mit unterschiedlichen Halbwertzeiten in den literarischen Kanon einschreibt.

Auch die **Literaturkritik** hat ihre Aufgabe verändert. Sie ist nicht primär an einer ästhetischen Debatte um Rang und Position interessiert, sondern hat im Zuge der **Karnevalisierung der Lebenswelten** und der populären ***fun*-Kultur** sich als Unterhaltungsinstanz und *entertainment* etabliert: mit dem Ergebnis, dass Lyrikpublikationen gleich welchen Milieus immer weniger rezensiert wurden. Allerdings gibt es signifikante Ausnahmen.

So lässt sich für die 90er Jahre durchaus noch ein Höhenkamm-Bogen konstruieren. Durs Grünbein etwa, der Georg-Büchner-Preisträger von 1995, konnte für seine Gedichtbücher die höchste Aufmerksamkeit des Feuilletons verbuchen. Als Unterscheidungsmerkmal hat ein anderer sprachproduktiver Lyriker aus dem intellektuellen Literaturmilieu, Thomas Kling, die kategoriale Opposition gegen eingängige Unterhaltung und leserorientierte Lyrik hervorgehoben: »Was darf das Gedicht dieser Jahre keinesfalls sein? Ich meine laut: Rezeptions- und Unterhaltungsindustrie. Wenn sie sich dann noch mit der Literatur verpappt, verglühen beide gemeinsam« (Kling 1997, 51).

Auch Autoren wie Hans Magnus Enzensberger, der sich gleich mit drei Gedichtbänden – *Zukunftsmusik* (1991), *Kiosk* (1995) und *Leichter als Luft* (1999) – als Lyriker zurückmeldete, standen Kling und Grünbein nicht nach. Exemplarisch ließen sich noch der in den Neunzigern hochproduktive Karl Krolow, aber auch Sarah Kirsch und Günter Kunert nennen. Und doch bleibt dieser Befund oberflächlich; denn er erfasst nicht, in welchem Maße bereits eine Schwelle tiefer die Aufmerksamkeit mit nachlassender Tendenz breiter und diffuser gestreut ist.

Lyrikszenen

Die Spannweite der Milieus, in denen gleichzeitig, aber fast ohne jede Berührung, Lyrik produziert wurde, kann ermessen, wer die seit den 90er Jahren trendsetzende, beim jungen Publikum sehr beliebte *Slam Poetry* mit der so genannten Verschenklyrik vergleicht, die im selben Zeitraum ein konstantes Marktsegment eroberte, beispielsweise mit Titeln wie *Lichter der Hoffnung* (Kruppa 1996), *Du bringst mir Glück* (Kruppa 2000) und *Kopfsprünge Herzsprünge* (Pfennig 1997). *Poetry Slams*, öffentliche Veranstaltungen und *performances* mit Lyrik-Darbietungen und Lyriker-Auftritten, nahmen Anregungen aus den westeuropäischen Ländern auf und haben inzwischen ihre eigene Poetik entwickelt: »Wer auf Slams auftritt, rechnet nicht unbedingt mit einem andächtig lauschenden Auditorium. [...] Mit den Slams hat die Literatur endlich zurück in die Clubs und Bars, zurück ins Nachtleben gefunden« (Neumeister/ Hartges 1996, 13).

Für diese Lyrik, aber auch für die unter dem Etikett »social beat« verbreitete Mixtur von Poesie und Musik (Hübsch 1995) hat der gediegene Gedichtband auf holzfreiem Papier mit seriösem Layout keine Anziehungskraft mehr. Das Publikum erwartet eine dem eigenen Lebensstil entsprechende Dichtung, die multi- und intermedial in Musik-Kontexte und theatralische Inszenierungen eingebunden ist.

Die Texte **variieren und zitieren Stile, Metaphern, Rhythmen** und Ich-Figuren. So erhebt sich unter dem Pseudonym »Hel« eine *Punk*-Stimme gegen bürgerliche Anpassung und trifft mit jedem Vers eine zur Schau gestellte Aggression der Worte: »Wir sind die offenen wunden der stadt«, so beginnt das Gedicht: »Wir sind die krätze / Alles wovon ihr verschont seid fault uns im fleisch / der schorf der häuser die schmierinfektion der plätze / und aller werfenden kätzinnen wehgeschrei / [...] Wir kommen auf: Die kakerlaken die milben / wir das eitergeschwür an der waschbetonwand« (Hübsch 1995, 23). Die breit ausholenden Zeilen konstituieren sich aus Wiederholungsmustern, die voller Hyperbeln sind und mit ihrer Destruktionsrhetorik Gruppenidentität über antibürgerliche Schreckbilder schaffen. Dem stehen Wiederholungsstrukturen gegenüber, wie im Langgedichtzyklus »Bilder ohne Landschaft« von Kersten Flenter (Hübsch 1995, 47–58), die nicht mit der »Wir«-, sondern der »Ich«-Formel **Identitätsangebote** suchen.

In diesen Versen erscheint nicht die Allmacht der Aggression, sondern eher der ohnmächtige melancholische Zweifel; beide Elemente bilden die Grundlage für den milieugerechten Parlandostil des deutschen *social beat*: »Aber wenn ich meine Tage kriege / Bin ich besessen von dieser Möglichkeit ICH / Und ich kann nicht schlafen / Ich kann nicht schlafen / Und Liebe hat versagt Ehe hat versagt / Frau und Frau Frau und Mann / Mann und Mann hat versagt / Mensch und Gummi Mensch und Leder hat versagt / Ich bin auf der Suche« (47).

Selbstverständlich ist der relative Verzicht auf prägnant durchgearbeitete Verskompositionen nicht das allgemeine Kennzeichen einer von Vortrag und Inszenierung bestimmten Lyrik, wie Klings und Papenfuß-Goreks Gedichte beweisen. Beide haben auf ihre Weise allerdings stimulierend auf den *Poetry Slam*-Trend eingewirkt, weil sie die Modi der mündlichen Darbietung nicht als Sekundärphänomen der **Lyrik-Rezeption** begreifen, sondern als eigenständige poetische Arbeit am Text. Vor allem bei Papenfuß-Gorek sind jene am Beispiel des *social beat* skizzierten Momente der Verstärkung von Wir-Gefühlen und Gruppenidentitäten des Szene-Milieus in allen Publikationen der 90er Jahre vorhanden, also noch zu einer Zeit, als die *Prenzlauer Berg Connection* längst (Literatur-)Geschichte geworden war. In diesen Zusammenhang gehören beispielsweise die satirischen Vers-Sentenzen des Autors, die häufige Verwendung der »Wir«-Formel und nicht zuletzt markante Papenfuß-Sprüche wie im Gedicht »Urbs Orbs« (Falkner 1992, o. S.):

sinnmachung ist unterdrückung
wohl ist mir nur in sinnlosigkeit
oder wenigstens einer durchgreifenden sinnkrise

Einen solchen Autor hat das Druckhaus Galrev nicht zufällig mit Szene-Attributen und Lebenswelt-Metaphern im Klappentext des Gedichtbands *SBZ* beschrieben als »schweifende Existenz, poetischer Kamikazee-Flieger, lebende Bombe« und »unsicherer Kantonist« (Papenfuß 1998).

Lesergemeinden

Konträr zum kulturellen Milieu der von Papenfuß vielfältig repräsentierten Dichtung steht eine Reihe von Konzepten, in denen Gedichte aus der **Lebensnähe zu einem bürgerlichen Milieu** zu verstehen sind, das seinen Autorinnen und Autoren oft über Jahrzehnte die Treue hält. Gedichte dieser Art sind Anregungen, die eigene Lebenswelt vor dem Hintergrund der im Gedicht entfalteten Perspektiven zu reflektieren. Die Themen- und Problemspanne der Gedichtbücher zielt teils auf Identifikation, teils auf lebensweltliche Bewältigungsstrategien. Nicht Lebensstile oder gar *life style* und *fun* stehen auf dem Programm, sondern eine Begegnung mit dem Gedicht als einem **Angebotsraum**, der durch Analogien zur eigenen **Konstruktion von Wirklichkeit und Identität** geprägt ist. Nicht Szenen, sondern Lesergemeinden bilden das Fundament dieses an Lyrik interessierten Milieus.

In einer dieser Gemeinden hat seit Jahrzehnten **Hilde Domin** (* 1912) eine große Resonanz, und zwar aufgrund ihrer Bücher, aber auch ihrer Arbeiten zum Gedicht und nicht zuletzt aufgrund ihrer Dichterlesungen, in denen der für dieses Milieu so wichtige Dialog zwischen Leser, Gedicht und Autor konkret wird. In diesen Kontext fügt sich Domins Gedichtband *Der Baum blüht trotzdem* (1999) bruchlos ein. Lesergemeinden zeichnen sich dadurch aus, dass sie, soziologisch gesprochen, konstante Sektoren sind, die, zwar zahlenmäßig gering, aber um so stärker ihrem Autor oder ihrer Autorin die Treue halten. Welche Rolle Lyrik für diese Gruppen im Alltag und in der Lebenswelt spielt, ist bisher kaum untersucht worden. So müsste geklärt werden, welche Lektüreweisen neben einer literarisch-ästhetischen Lektüre noch dominant sind: in welchem Maße Gedichte besonders verehrter Autoren in alltäglichen Lebenssituationen appliziert werden, welcher Dialog sich zwischen Leser und Gedicht entfaltet und welche Akzeptanz die in Gedichten vermittelten Reflexionen und Positionen im lebensweltlichen Kontext haben.

Innerhalb der 90er Jahre erschien eine Reihe von Gedichtbüchern, die auf jenen Sektor hin ausgerichtet sind, die also in ihrer Thematik, Form und Sprache Angebote zu einem solchen **Leserdialog** enthalten. Diese Lyrikbände zielen gerade nicht, wie diejenigen aus der Feder jüngerer Autoren, auf Autonomie, Sprachproduktivität und widerständige Lesebarrieren, sondern umgekehrt auf Öffnung und Lektüreeinladung. Zu nennen ist ein Autor wie **Peter Härtling** (* 1933) mit Gedichtbänden wie *Das Land, das ich erdachte* (1993) und *Horizonttheater* (1997).

Härtlings Lyrik trifft Stimmungen und Augenblicksmomente, er erzeugt ein breites Identifikationsfeld, das durch eine fast mühelose Verskomposition ohne komplexe Syntax und dunkle Metaphern vorbereitet wurde: als Einladungen mitzuträumen, wie im Gedicht mit dem bezeichnenden Titel »Glück« (Härtling 1997, 44):

Nichts mehr,
was dich treibt,
nichts mehr,
was dich hält.
Auf den Hügeln hinaus
Und so lange
Nach Innen singen,
bis die Stimme
dich aufhebt
und mitnimmt.

Verse wie diese haben in ihrer Positivität etwas von Kalendersprüchen früherer Zeiten und lesen sich wie Tageslosungen oder **konstruktive Aufmunterungen**. Bei Härtling stehen sie in einer weit zurückreichenden Werktradition und sind Teil seines Erfolgs. Die ungebrochene Kontinuität seiner Gedichtproduktion deutet eine dialogische Orientierung an Lesergemeinden an, die möglicherweise sogar an regionale Schwerpunkte geknüpft sind. Nachweise dafür stehen freilich aus.

Zu den Autoren mit Jahrzehnte langer Schreibgeschichte und interessiertem Leserkreis gehört auch **Walter Helmut Fritz** (* 1929), dessen Gedichte in einem konkreten Sinne auf die Gegenwart hin angelegt sind: mit umfassenden Themenrepertoires, die ihr spezifisches Lesepublikum ansprechen. Dabei fällt die **Konstanz der Formensprache** auf. Wer Lesegemeinden herausbildet, schafft sich, zugespitzt formuliert, einen an eine spezifische Stimme gewöhnten Kreis, der sich bereits lange eingehört hat, Irritationen nur in Maßen, aber keine ästhetischen Provokationen und Experimente erwartet. Noch dort, wo Fritz, wie im Gedichtband *Das offene Fenster* (1997), Prosagedichte anbietet, bereitet das Genre schon deshalb keine Verständnisschwierigkeiten, weil es mit kleinen, sprachlich eingängigen Erinnerungsnotizen aufwartet. Der aufbereitete Erinnerungsteppich, bis zur Vorkriegszeit zurückreichend, lebt aus den thematischen Details, die eigene Erinnerungen aktivieren können und so ein breites Repertoire an Lebensweltbezügen ausbreiten.

Interkulturalität, Fremdheit und Nähe

Schon für die 80er Jahre hatte die Barnersche Literaturgeschichte die »rumäniendeutsche Lyrik« (Barner 1994, 843) als eine eigene Sparte innerhalb der deutschsprachigen Gegenwartslyrik vorgestellt. Eine solche Zuordnung erscheint, je länger Autoren wie Richard Wagner, Werner Söllner und Franz Hodjak im Westen leben, zunehmend problematischer. Wagners *Schwarze Kreide* (1991) beispielsweise und auch Söllners *Der Schlaf des Trommlers* (1992) sind in ihren Themenrepertoires wie ihren Sprechhaltungen und Selbstverständnissen kaum von anderen Lyrikern zu unterscheiden.

Das **Spektrum der Interkulturalität** wird erst deutlich, wenn es in seinen vielen Facetten aufscheint. Chiellino hat mit Recht auf den noch immer verbreiteten Irrtum hingewiesen, »daß Einwanderung und Exil als vorübergehende und unwesentliche Erscheinung [...] zu betrachten seien« (Chiellino 2000, V). Es geht weder um eine exotische Randliteratur noch um ein schon quantitativ zu vernachlässigendes Phänomen. Seit 1960 sind Dutzende von Gedichtbänden in deutscher Sprache erschienen, die aus der Feder von Autorinnen und Autoren stammen, für die Deutsch nicht die Muttersprache ist. Literarhistorisch stehen sie in der Tradition, die auf Louis Charles de Chamisso (eben jenen Adelbert von Chamisso) zurückreicht. Im Übrigen: Sprachentscheidungen trafen auch Paul Celan und Rose Ausländer. So vielgestaltig und heterogen die interkulturelle Literatur auch ist – im Hinblick auf Reichweiten, Lesermilieus, Zielgruppen und Verlage: sie repräsentiert eine im deutschsprachigen Raum bisher nicht gekannte literarische Größe. Carmine Chiellino hat im Handbuch *Interkulturelle Literatur in Deutschland* (2000) eine ausführliche Bibliographie vorgelegt, die auch eine Reihe von Lyrikerinnen und Lyrikern mit deren Werken erfasst. Sie in einer Übersicht vorzustellen, vor allem aber sie im Kontext der deutschsprachigen Literatur zu diskutieren, erscheint als ein dringendes Desiderat germanistischer Lyrik-Forschung zur Gegenwart.

In welchem Maße der deutsche Lyrik-Kontext für einen Autor der interkulturellen Literatur konstitutiv sein kann, zeigt **Gino Chiellinos** Gedichtband *Sich die Fremde nehmen* (1992). Chiellinos **epigrammatischer Stil** bedient sich eines Genres, das Autorinnen und Autoren im Umfeld einer an lebensweltlichen Themen und Bezügen interessierten Lyrik als weithin bekannte Schreibform vertraut ist. Situationen, Erlebnisse, Reflexionen lassen sich in diesem Genre gut vermitteln, weil der skizzenhafte, pointierte, lakonische Stil seine Wirksamkeit der lyrischen Kurzform verdankt. Chiellinos Themen sind **deutsche Verhältnisse, mit fremden Augen gesehen.** Das lyrische Subjekt, mitunter autobiographisch bestimmbar, sieht sich »im Jahre 20« (8) der »Fremde«: »in den 20 Jahren meiner Fremde / verlief sich der vertraute Boden / und mit ihm die Zeit aus dem Hinterhalt« (13). Das deutsche Idiom wird zwiespältig gesehen: »ich schreib kein Deutsch / meine Sprache gehorcht euch nicht // sie denkt mich nach vorne« (21). Chiellinos Gedichtbuch ist durchzogen von solchen Reflexionen, aber auch von kleinen Episoden, politischen und persönlichen Katastrophen sowie Alltagsszenen, die wie Genrebild-Miniaturen erscheinen und in denen sich eine interkulturelle Lebenswelt ausspricht.

Wie weit von Chiellinos dem Alltag verpflichtete Epigramm-Poetik eine andere Schreibpraxis entfernt sein kann, die mit dem Stichwort der Interkulturalität in Verbindung gebracht werden kann, zeigt das lyrische Werk des in Siebenbürgen geborenen, 1969 in die Bundesrepublik übergesiedelten Dichters **Dieter Schlesak.** Mit dem Buch *Tunneleffekt* (2000) hat er seinen bislang umfangreichsten Gedichtband veröffentlicht. Ein paar Jahre zuvor erschienen bei Galrev unter dem Titel *Landsehn* (1997) Gedichte, in denen Schlesak Prozesse des Wahrnehmens und Erinnerns nachspürt.

In *Tunneleffekt* entfaltet der Autor ein breit angelegtes Panorama von Zeit- und Augenblicksreflexionen. Das Programm des gesamten Bandes steht unter dem Signum der Präzision, das der Verlag mit seinen Umschlagfotos aus der Welt der Nanographie, der feinsten mikroskopischen Registratur, plastisch werden ließ. Der

Blick nach innen, so die Konnotation der Buchgestaltung, reicht über Impressionen und Gefühligkeiten weit hinaus bis ins verwirrende Labyrinth der Tunneleffekte. Schlesaks Gedichtbandtitel spielt nicht auf Angst- und Fluchtmotive an, sondern auf einen physikalischen Begriff. »Tunneling« meint die Steuerung von Informationen mit Über-Lichtgeschwindigkeiten.

Nun hat – seit Grünbein – die **Korrelation von Poesie und Naturwissenschaft** in der Gegenwartslyrik hohe Konjunktur. Schlesak nahm diese Spur auf. Die Titel einzelner Gedichtzyklen heben den Zusammenhang hervor: »Die Wand der Augen« (11ff.), »Licht Tunnel« (77ff.), »Licht, die schnelle Grenze« (109ff.) und »Parallele Universen« (139ff.). Vom »Blitz der Gedanken« und vom »innern Hirngewitter« ist gleich im Eingangsgedicht »Tiefen. Harmlos« die Rede: »Gedichte auf ein Reißbrett / geworfen / geträumte Welt / schieß zu« (Schlesak 2000, 12). Auf die Frage »Mein Freund, was liest du hier noch mein Gedicht« folgt eine verblüffende Antwort: »ich schreibe jedes Wort mit einer Wunder Lampe / der Bildschirm strahlt mir jeden Reim schon ins Gesicht / die Augen sehen grob die Worte, doch blind die Zellen.« (21) Dort, wo »Schrift« und »Cyberlicht« korrelieren, zeigt sich die Topographie eines gefährlichen, gefährdeten Ortes – »global und tödlich« (ebd.).

Schlesaks Gedichte bieten weder Lösungen noch Fluchtperspektiven. Sie umkreisen ihre Gegenstände immer wieder, verzichten auf Pointen und Schlusseffekte, so dass die Gedichte manchmal unfertig wirken und bei entsprechender Offenheit einen Dialog untereinander beginnen. Leitmotive wie das Auge, das Lid, die Schrift und der Tod kehren immer wieder in immer neuen Facetten: eine Hommage an Celan, dessen produktive Rezeption in Schlesaks Lyrik an vielen Stellen aufscheint: als Bezugspunkt einer Lyrik, die ihr interkulturelles Fundament mit dem größten deutschen Nachkriegslyriker teilt. Celan hat Schlesak unter dem Titel eines der Schlüsselgedichte des *Tunneleffekts* gewidmet: »Aus ihm lesen Augen / Wimpern im Wasser unter der Haut / die Zeile lang wie das Samentelegramm in / uns und entzogen die Vor-Schrift / gelesen vom Baum der wie ein Schatten entstand. // Wortlos gehaucht / mein Haus« (121).

Schlesaks *Tunneleffekt* erschließt sich nicht auf Anhieb: Hier gibt es nichts zum *cross-reading* und zum Durchblättern, sondern eine Poesie, die zum Wiederlesen verführen und zur eigenen Reflexion einladen will. Seinen Anspruch und seine Schreibmotivationen hat der Autor unter dem Titel »Fragmente zu einer posthumen Poetik« erläutert (175–211). Schon der Umfang deutet an, dass der Begriff des Fragments hier nicht einen Statement-Stil zu rechtfertigen versucht, sondern ein Schlüssel zur eigenen Poetik bieten soll, als **Summe einer Schreiberfahrung:** »Wahr bleiben nur solche Sekundenbilder, mit Sprache zusammengesetzt wie Fotos im Labor, vergrößert, verkleinert, Momentaufnahmen, Ausschnitte, Vorder- und Hintergrunde herauspräpariert und vertauscht in Großaufnahmen, wo das ganze Gedicht dann wie eine strukturelle Metapher wirkt! Auch eine Umkehr der Bilder oder Schnitte von innen kann es geben, die zum Sinn führen. Und dann werden sie auch noch mit dem Formgefühl des lyrischen Ich retouchiert, als wären sie nur Schablonen« (199f.). Der mit dem Begriff der ›Interkulturalität‹ verbundene **Topos der Fremde und der Fremdheit** löst sich bei Schlesak nach über dreißigjährigem

Leben im Westen auf: Um so deutlicher wird die in der Lyrik bewahrte, gattungskonstituierende Fremdheit des wachen, sprachbewussten Blicks.

Lyrik und bürgerliche Lebenswelten

Die Konstanz bestimmter Grundthemen ist ein werkgeschichtliches, zugleich auch für ein Lesermilieu spezifisches Phänomen. Ein Paradigma dafür ist **Karl Krolow** (*1915). Seine Gedichtbände *Ich hörte mich sagen* (1992) und *Die zweite Zeit* (1995) haben eine gesellschafts- und kulturkritische Perspektive, sind voller Zitate und Anspielungen und wohlformulierten Angriffen gegen moderne Oberflächlichkeit und Lebensmonotonie, gegen die Arroganz des politischen Diskurses und dessen Macht, aktualisiert durch einen kritischen Blick auf die Art und Weise, wie die deutsche Vereinigung vollzogen wurde.

Krolows späte Lyrik verzichtet zunehmend auf die Anfang der 80er Jahre zu beobachtende Reim- und Formkonvention. Thematisch erweitert er sein Spektrum um eine wichtige Komponente: Alter und Krankheit werden immer wieder zum Stichwort einer Lyrik, die auf einer **lebensweltlichen Nähe zu ihrer Leserschaft** beruht. Krolow kommt in solchen Versen sofort zur Sache: »Juckreiz und Depression: / manchmal bleibt nichts / als im Kopf der Bankrott. / [...] / Man wechselt die Stimmlage, / geht auf die lange Flucht der Einfälle, / einen anderen aus sich zu machen, / wie man im Alter / sein transparentes Gerippe / verbirgt, das Abfallprodukt, / das aus Versehen noch lebt / und die Finger verschränkt, / eh man auffällt / und Tod dazwischen kommt« (Krolow 1995, 38). Innerhalb der Gedichte aus der Felder älterer Autorinnen und Autoren zum Thema Krankheit, Sterben und Tod (Korte 2004, 33–35) nimmt Krolows Gedicht »Exit« (40) einen besonderen Platz ein, weil es zu den durchkomponiertesten gehört:

> Die letzte Krankheit. Man wird ganz allein sein
> mit Apparaten. Und Dein- und Mein-Sein
> ohne Unterschied in der Agonie.
> Man wird so schmutzig oder so rein sein
> und ohne Schuld und ohne Verzeihn sein
> nach der letzten, tödlichen Therapie.

Repräsentativ für den Ton der 90er Jahre sind allerdings eher Gedichte, die kleine Geschichten aus fiktiven oder realen Biographien gestalten oder zumindest in fragmentarischer Form auf Lebensgeschichten und Lebenswelten rekurrieren. Die Poetik eines solchen Gedichts hat **Rainer Malkowski** unter dem Titel »Kurzer Text« (1994, 18) in der Vision eines auf wenige Zeilen verdichteten Epigramms veranschaulicht, das vom »zerschlissenen Traum« bis hin zur »Art, / die Menschen zu sehen« alles enthält: »Was plötzlich auf dem Papier stand, / schrieb mir ein der alte Dichter, / war nicht viel länger / als mein kleiner Finger. / Aber ich hatte mich beinahe / ganz darin untergebracht: / meinen zerschlissenen Traum, / meine Unruhe,

/ meine Art, / die Menschen zu sehen. / Von der Bestürzung / über die Einfachheit meiner Natur / machen Sie sich keinen Begriff.« Die Pointe am Schluss umspielt einen Moment der ironischen Distanz, die für Gedichte der an Alltagsthemen und Lebensgeschichten interessierten Zielgruppe eher ungewöhnlich ist.

Eher schon – **Rolf Haufs' Gedichte** sind seit den 70er Jahren dafür ein anschauliches Beispiel – ist ein melancholischer, ganz und gar unironischer Duktus dort verbreitet, wo Lesergemeinden über Identifikationen gebildet werden. Auch in den 90er Jahren nutzt Haufs daher kontinuierlich »Wir«-Formeln als einladenden Impuls: »Uns zwingt der Tag / Zu atmen. Wir hoffen / Daß niemand die braunen Flecken zählt / Auf unseren gewöhnlichen Händen.« (Haufs 1994, 23) Manche Situationen müssen nur angedeutet werden, um ein Imaginationsfeld zu öffnen: »Wie verrückt hetzen wir durch die Supermärkte / Hier Pastamista dort die Betäubung / Du legst den Finger auf, danach / Junikäfer leuchtende Schwärme« (40).

Ein Gedicht wie »Brockes-Passion in Fuhlsbüttel« (56) rekonstruiert beinahe den gesellschaftlichen Handlungsrahmen, die kulturellen Interessen und sogar die sozialen Distinktionsregeln des angesprochenen Bildungslesermilieus: »Was gibt es zu berichten außer / Daß wir nicht erreichbar waren / Für die alltäglichen Dinge / Abriß und Zauber. Allein der Haufe rief / Mit gräßlichem Geschrei: Nein, diesen / Nicht, den Barrabas gib frei! / Angetroffen haben wir niemand / Fürs erste zumindest Nur / Die Musik war zu laut« (56). **Melancholie- und Vanitas-Motive** sind anspielungsreich ins Gedicht eingesponnen und leicht zu entziffern: »Nicht die Zeit vergeht. Wir vergehen / Wo stand das noch. Bei den Propheten / War es mein Konfirmationsspruch? / Abschied bei laufendem Motor / Das hatten wir nie« (Haufs 1996, 33).

Die Variationsmöglichkeiten in der auf Alltags- und Lebenswelt eingestimmten Lyrik waren in den 90er Jahren verblüffend hoch: das ihr entsprechende Lesermilieu war entsprechend breit gestreut und machte wohl die größte Gruppe auf dem schmalen, vom Feuilleton wenig beachteten Markt aus. In diesen Kontext gehören **Autorinnen** wie Sarah Kirsch, aber auch Elisabeth Borchers, Ulla Hahn, Ursula Krechel, Helga M. Novak, Doris Runge und Hannelies Taschau in diesen Kontext, weiterhin Hans Georg Bulla, Michael Buselmeier, Heinz Czechowski, Günter Herburger, Michael Krüger, Jürgen Theobaldy und Hans-Ulrich Treichel. Sie bevorzugen oder nutzen zumindest gelegentlich epigrammatische, kürzere Formen und stehen sprachexperimentellen Versuchen ebenso skeptisch gegenüber wie den komplexeren, hermetisch wirkenden, leserwiderständigen Schreibpraktiken anderer zeitgenössischer Autoren. Ein gewisser Indikator des Erfolgs und der Resonanz sind feste Verlagsbindungen, die freilich nicht für alle der genannten Namen gelten. Unübersehbar ist die Vorliebe für die bewegliche, in den 90er Jahren fast durchweg wieder ungereimte Lyrik mit unregelmäßigen Metren, also für jene Form des zeitgenössischen Gedichts, die seit den 60er Jahren zur beherrschenden, inzwischen zur wohl konventionellsten Form geworden ist.

Auf das Kurzgedicht ist das Publikum längst eingeschworen. Eine der Meisterinnen des in seiner Form äußerst flexiblen Epigrammstils ist **Elisabeth Borchers.** So enthält ihr Gedichtband *Von der Grammatik des heutigen Tages* einen Vierzeiler, der den Konnex von »Leben«, »Innenland« und Poesie-Erfindung zu einer kleinen Sentenz verdichtet (Borchers 1992, 34):

ICH FÜHRE LEBEN

die ich niemals kennen werde
mit Nächten aus dem Tatbestand.
Ich finde Worte, die ich Dir erfinde
für ein Innenland.

Das Material, aus dem solche Erfindungen stammen, hat Borchers im die Tradition andeutenden Gedicht »Rückschritte« (44) umschrieben: »Die Konturen geben nach. / Wir halten Einkehr / in den kleineren Wörtern / in den älteren Bildern / die bereit sind uns aufzunehmen / damit wir von Jahr zu Jahr verblassen.« Der Gedichtbandtitel *Von der Grammatik des heutigen Tages* liest sich wie ein Programm-Label für jene an der **lyrischen Ethnographie heutiger Lebenswelten** interessierten Leserschaft. Den Anspruch, die »Grammatik« des Alltags poetisch zu erfassen, garantiert ein weites, grundsätzlich nicht begrenztes Themenfeld, das vom banalen Erlebnis auf der Straße bis hin zu hochfliegenden Imaginationen reicht und stets so präsentiert wird, dass es die Leserschaft berührt, Rekurse auf die eigene Lebensgeschichte eröffnet und Erwartungen an eine verdichtete Gegenwartsreflexion erfüllt.

In ihrer Frankfurter Poetik-Vorlesung *Lichtwelten. Abgedunkelte Räume* hat Elisabeth Borchers im pathetisch mit »Lichtwelten oder Wozu Gedichte?« überschriebenen Kapitel den Anspruch einer lyrischen *Grammatik des heutigen Tages* auf den Punkt gebracht: »Gedichte ersetzen Romane, Tagebücher, Gedankenbücher. Sie verfügen über eine Sprache, die das Gegengewicht darstellt zu unserer verödeten Alltagssprache, die außerstande ist, uns mit unseren Freunden und unserer Trübsal aufzufangen« (Borchers 2003, 64). Solche Zeilen, die unter den in diesem Abschnitt genannten Autorinnen und Autoren auf weite Zustimmung rechnen könnten, hätten auch fünfzig Jahre früher geschrieben werden können, und sie belegen in ihrer vergleichsweise schlichten Formulierung eine hartnäckige Poetik-Doktrin, die dem »Romane, Tagebücher, Gedankenbücher« ersetzenden Gedicht Einmaligkeiten und Bedeutsamkeiten zuschreibt, und zwar auf so emphatische Weise, dass der Beweis auf der Strecke bleibt.

Aber darauf kommt es offenbar gar nicht an. Wichtiger erscheint die **Koppelung von Literatur und Leben**; denn das Gedicht, mit der Lebenswelt seiner Leser verbunden, hat beinahe die höhere Weihe eines religiösen Textes, soll also nicht weniger sein als ein echtes »Existenzminimum«, das die Autorin nicht zufällig mit »Lichtwelten« in Verbindung bringt und zuletzt sogar in einem Personifizierungstopos verlebendigt (ebd.):

> Wenn wir also etwas über die Unbestechlichkeit, den Triumph der Sprache erfahren wollen, lesen wir ein Gedicht. Das Gedicht ist uns selbst auf der Spur, es zeigt uns Wege, die wir

verlassen haben, die wir vergessen haben, die wir finden oder wiederfinden müssen, wenn wir auf dem Weg zu uns selbst sind. Darum sind Gedichte unverzichtbar, darum gehören sie zu unserem Existenzminimum.

(Post-)avantgardistische Milieus

Als versifizierte Summe ihres Lobes zitiert Borchers drei Zeilen Konrad Rapprichs (Borchers 2003, 64):

Das Gedicht
ist der Jubel
der Sprache

So viel Deklamation und Lobpreis hat indes andere Lyriker eher skeptisch werden, ja fast verstummen lassen. Die Rückseite des letzten, postum erschienenen Gedichtbandes *peter und die kuh* von Ernst Jandl ziert ein Dreizeiler, der wie eine vorweggenommene Antwort auf Borchers erscheint (1996, 91):

die rache
der sprache
ist das gedicht

Eine solche Gedichtpoetik lässt sich nicht auf poetische Jubelarien ein, sondern setzt in diametralem Gegensatz auf **Subversivität und Destruktion**. Der kleine, vorläufige Vergleich macht deutlich, wie sehr Poetik-Konzeptionen auseinanderfallen, wie weit sie sich voneinander entfernen können. Die Geschichte der Lyrik seit 1945 setzt sich aber aus einem Kaleidoskop divergenter Stimmen und Positionen zusammen, so dass der Begriff der Geschichte dabei selbst bis zu einem gewissen Grade fragwürdig erscheint. Mancher Standpunkt, wie Borchers' sinnstiftende Idee vom Gedicht als »Spur« auf dem »Weg zu uns selbst«, erscheint zeitenthoben und bürgt für die Gegenwärtigkeit einer noch immer behaupteten Ansicht, ist aber wohl nur akzeptiert in gerade jenem Milieu, das sich auf einer solchen »Spur« sieht und Lyrik als Anregungspotenzial für den Alltag versteht.

Dass Borchers vehement widersprochen und gerade auch der Ton solcher pontifikalen Selbstfeiern – im Lob des Gedichts lobt sich der Dichter – jahrzehntelang heftig attackiert wurde, belegt einmal mehr die Kontingenz einer literarischen Gattungsgeschichte unter dem Signum **divergenter Schreibhaltungen und Rezeptionsmilieus**. Jandls Dreizeiler stellt eine Verbindung zu einem gänzlich anderen Milieu her. Dabei ist der Autor, der eine breite Lesergemeinde hatte und einer der populärsten Nachkriegslyriker war, eine Art Bindeglied zwischen unterschiedlichen Rezeptionsgruppen. Seine Gedichte waren, nachdem sie das Ghetto des Negativkanons verlassen hatten und erstaunlich schnell in den Kernkanon der Gegenwartsliteratur avancierten, Jahrzehnte lang einem breiten Publikum bekannt.

Von **Ernst Jandl** führten – darin liegt die Bedeutung eines solchen Kernkanonautors – Brücken und Verzweigungen zu unterschiedlichsten literarischen Sektoren. Jandls Texte haben maßgeblich dazu beigetragen, die Konkrete Poesie über die Gefahrenstellen hochspezialisierter Spartenliteratur zu navigieren, auch wenn er im Gegenzug das Image des Konkreten lange nach dem Ende dieser werkgeschichtlichen Phase behielt, faktisch bis zu seinem Tod im Jahr 2000.

Von Jandl lässt sich aber umgekehrt auch eine Linie zur experimentellen Literatur ziehen, deren junge, unbekannte Protagonisten er ermuntert und unterstützt hat. In den letzten zwei Jahrzehnten zweifelte niemand mehr daran, dass Jandl ein Autor der Höhenkammliteratur war und daher auch einen Platz im traditionellen Literaturmilieu fand – ein am Ende mit Staatspreisen und den höchsten Literaturpreisen geehrter Dichter. In einem der zahlreichen Literaturmilieus aber wurde Jandl zeitweilig ein *Kultautor*, dort nämlich, wo Vorlieben für Komik, Parodie, Satire und Witz die Lyrikrezeption bestimmen. So ist es kein Zufall, dass Jandl in der von Gernhardt und Zehrer herausgegebenen Anthologie der *555 komischen Gedichte* einer der drei am meisten vertretenen Autoren ist (Gernhardt/Zehrer 2004): ein Ergebnis, dass vor dem Hintergrund spektakulärer Jandlscher Lesungen und Auftritte nicht sonderlich überrascht.

Jandls späte Gedichte und seine poetologischen Schriften freilich belegen eine deutliche Nähe zur experimentellen, an avantgardistische Traditionen anknüpfenden Literatur. Sprachreflexion und Sprachkritik sind die Konstanten seines Werkes und seiner Schriften. Literatursoziologisch formuliert, hat seit den Zeiten der Wiener Gruppe das avantgardistisch-experimentelle Literaturmilieu in Österreich ohnehin einen starken Stützpunkt. An der Schwelle zum 21. Jahrhundert ist die **kulturelle Resonanz** dieses Milieus besonders kräftig – verglichen mit der im deutschsprachigen Raum ansonsten kaum wahrgenommenen aktuellen Literaturavantgarde. Für die Gegenwartslyrik sind Autoren wie Franz Josef Czernin, Peter Waterhouse, Ferdinand Schmatz und Paul Wühr (Czernin 1999) zu nennen, die auf je eigene, eigensinnige Weise die literarische Praxis Artmanns und Bayers, aber auch den Avantgardismus Friederike Mayröckers, Heimrad Bäckers und Elfriede Gerstls weiterführen.

Bekannter freilich als Bäcker und Gerstl wurde der aus Rumänien stammende Dichter **Oskar Pastior** (* 1927), der mit Gedichtbüchern wie *Vokalisen & Gimpelstifte* (1992), *Das Hören des Genitivs* (1997) und *Villanella & Pantum* (2000) Formensprachen der Dichtung vom Palindrom bis hin zum italienischen Canzone durchmustert und ein umfangreiches Werk geschaffen hat. Es steht schon deshalb im avantgardistischen Kontext, weil es auf **komplexen Sprachtheorien**, vor allem aber auf Sprachwahrnehmungen und Sprach-Experimenten aufgebaut ist. Pastior hat sich in seinem Buch *Jetzt kann man schreiben was man will* (2003) grundlegend mit jenen Formen auseinander gesetzt, die für ihn Spracharbeit in Permanenz darstellen; vom »taschengedicht« (11), so zeigt Pastior in seinen Überlegungen zum Stichwort »Gedichtgedichte« (7–87) auf, über das »druckfehlergedicht« (37) bis zum »getöngedicht« (63) und weiter reicht die Palette der durchgespielten, ironisch gebrochenen und doch theoretisch scharfsinnig erschlossenen – hypothetischen – Gedichte. Ein solches Changieren zwischen Sprachwitz und Ironie einerseits, ausgeklügeltster und ambitioniertester Poesie anderseits gibt Pastior seinen autonomen Platz innerhalb sprachbewusster und sprachexperimentierender Avantgardismen.

Für die Literaturkritik ist Pastior kein Unbekannter. Obwohl viele andere Texte avantgardistischer Lyriker im Feuilleton oder gar in den Bücherpräsentationsshows des Fernsehens kaum wahrgenommen werden, so ist dieser Umstand für die im Windschatten der Unterhaltungsrituale nach wie vor produktiven experimentellen Gruppen kein demotivierender Faktor. Selbstreferenz und Selbstbezug gehören ohnehin zu den charakteristischen Elementen dieser Dichtung, deren Untersuchungsgegenstand die Sprache, das Sprechen sowie die **Bedingungen der Möglichkeiten von Sprache und Kommunikation** sind. Literarische Zirkel und informelle Gruppen bestimmen das Bild, das sich schon wegen der Abwesenheit bekannter Verlage auf einem engen literarischen Distributionssektor bewegt – mit hochproduktiver Aktivität.

Hochambitionierte Lyrik und komplexeste Poeme entstanden in den 90er Jahren. Einer ihrer konsequentesten Produzenten ist der Österreicher **Ferdinand Schmatz** mit seinem über 150 Seiten starken Poem *Das grosse babel,n* (1999). Die wahrhaft babylonische Architektur des Werkes will Stück für Stück, Vers für Vers, Sprachblock für Sprachblock erarbeitet sein. Aber gerade eine solche Zumutung ist fast ein Ausweis für alle diejenigen, die in Österreich und anderswo sich als eine kleine Minderheit des Literaturpublikums für jenes avantgardistische Milieu interessieren. Hinzu kommt, dass die Avantgarde-Formel bei näherem Hinsehen lediglich als Schubladenetikett taugt und kaum mehr als eine erste, pragmatische Zuordnung unterschiedlichster Stimmen und Schreibweisen sein kann. Schmatz' *Babel,n*-Buch führt über Verse, Strophen, Dialogstücke, Anspielungen und zuletzt auch über verfremdete biblische Motive zu einem babylonischen Leseturm. Die monolithischen Blöcke bilden ein **Sprach- und Textmassiv,** dessen Erschließung die eigene Lesetechnik als Grenzerfahrung erscheinen lässt. Hier liegt möglicherweise der tiefere Grund dafür, dass die Literaturkritik in ihrem Tagesgeschäft keinen irgendwie bequemen Lesepfad den babylonischen Turm hinauf findet.

Avantgardistische Literatur mag heute als **Literatur für Literaten** gelten und allenfalls anschlussfähig an künstlerische und gewisse intellektuelle Milieus sein. Ihre eigene Bedeutung liegt darin, dass sie im Medium der Dichtung die Dichtung selbst thematisiert, und zwar gerade von den Grenzen ihrer Möglichkeiten her, die zu erkunden und zu erweitern stets ein Teil avantgardistischer literarischer Praxis war. Im Kontext einer Poesie, die sich immer mehr in unterschiedliche Milieus aufspaltet, bildet dieser experimentelle Impuls nach wie vor eine zwar kaum wahrgenommene, faktisch aber sehr produktive, oft in sich selbst eingekapselte Sparte der Gegenwartslyrik. So ist *Das grosse babel,n* ein literarisches Archiv, das, bildungsbürgerlich gewendet, in seinen poetischen Tiefenschichten Auskunft über einen kultur-, sprach-, literatur-, philosophie- und religionsgeschichtlich signifikanten Diskurskomplex geben kann. Damit ist die Rolle der Poesie wieder einmal als eine

Art Konterdiskurs definiert, der noch immer seinen autonomen Platz beansprucht: jenseits der verwirrenden, vernetzten Diskursfülle der Mediengesellschaft.

6.4 Offene Prozesse. Schluss-Ausblick

Obwohl Trends und Tendenzen kaum absehbar oder gar prognostizierbar sind, hat die omnipotente **Präsenz der Massenmedien**, vor allem aber der digitalen Informationstechnologie Rückwirkungen auf die aktuelle Lyrik: als Thema, Erfahrungshintergrund, lebensweltlicher Zusammenhang, inzwischen aber auch als Medium für Feuilleton- und Rezensionsangebote im Computernetz, Werbefläche und zunehmend auch als mitspielendes Element in digitalen Lyrikprojekten und schließlich auch als Kommunikationsforum der Produzenten.

Schon wieder: »Eine Generation wird gegründet«?

Im Vorwort der Anthologie *Lyrik von jetzt* (Kuhligk/Wagner 2003) hat Gerhard Falkner für die zwischen 1965 und 1981 geborenen Autorinnen und Autoren, welche die »74 Stimmen« der Sammlung bilden, auf die Rolle des Medienkontextes verwiesen (8):

> Die neue Generation [...] besitzt eine Verknüpfungsdichte und einen Beobachtungsumfang, der erst durch die Hypertrophierung von Kommunikation in allerletzter Zeit überhaupt möglich wurde und die es so bisher nie gegeben hat. Bisher waren literarische Szenen Ausstrahlungsphänomene, die erst noch stark von der Dualität zwischen Großstadt und Provinz geprägt waren [...]. Das hatte den Vorteil, daß die Nischen für Ausreifungszeiten zahlreicher waren, während heute das Überfischen der Jugendgewässer und das vollkommen enthemmte Absammeln erster Früchte in allen Sparten binnen kurz oder lang dazu führen wird, den Bestand durchschnittlich entwickelter Kunst abzuschließen und durch konstante, mittellagige Beunruhigungs- oder Belustigungspegel zu ersetzen. Wir sind dann wieder dort, wo alles einmal angefangen hat, bei Magie und Spiel.

Wer freilich die Anthologie *Lyrik von jetzt* durchblättert, kann sich des Eindrucks nicht erwehren, dass bis auf die in blauer Schrift gesetzten Titel sich kaum etwas an jenem Darbietungsgenre geändert hat, das seit dem 18. Jahrhundert Gruppentrends und Innovationen verbreitet: an der Anthologie als einem Medium mit Kanonisierungsanspruch. Zwar mag sich das selbstkritisch so genannte »Überfischen der Jugendgewässer« auf die nicht immer konstante ästhetische Qualität der Texte beziehen; aber es gibt einen Kern von Autoren, die bereits in den 90er Jahren bekannt wurden und damit Aufmerksamkeitspotenziale garantieren (u.a. Marcel Beyer, Kersten Flenter, Steffen Jacobs, Albert Ostermaier, Dirk von Petersdorff). Der **Generationenbegriff** hat eine heuristische Funktion, indem er gewisse Altersgruppen im Sinne eines äußeren Ordnungsschemas definiert.

Vor diesem Horizont mag die Erwartung an erkennbare Veränderungen gering sein. Und doch gibt es Anhaltspunkte für eine **Veränderung von Konstellationen**

und Schreibweisen, vielleicht auch von Selbstverständnissen und Selbstdarstellungsstilen. Ein Indiz für Schritte in diese Richtung ist die bei Falkner (* 1951), dem außenstehenden Beobachter, akzentuierte These: »Eine Generation wird gegründet« (Kuhligk/ Wagner 2003, 9). Außerdem handle es sich um »ein Buch, das eine Generation komplett aus dem eigenen Boden gestampft« (11) habe: eine Anspielung auf die Jugend der beiden Herausgeber und die strikte Altersgrenze des Textes.

Unprätentiöse Texte: Alltag und Parlando

Sind Veränderungen und Innovationsschübe am Ende nichts anderes als ein Ausdruck der Autopoiesis literarischer Gattungen, also ein wenig aufregendes Moderne-Phänomen, das unter einem vereinfachenden, wenig aussagekräftigen Label wie »Magie und Spiel« (Falkner) etwas Neues anbieten muss? Die Frage ist keineswegs rhetorisch gestellt, verlangt also nicht notwendigerweise ein bekräftigendes Ja. Viele Gedichte der bei Kuhligk und Wagner versammelten Lyriker sind nicht mehr mit jenen provisorischen Partituren und komplexen Zyklen zu vergleichen, die ein Jahrzehnt früher die Richtung der sprachproduktiven, von Autonomie erfüllten Dichtung ausmachte. Es gibt keine *poeta doctus*-Attitüde mehr, auch keine verblüffende, beeindruckende Gelehrsamkeit wie bei Grünbein und kein Bekenntnis mehr zur lyrischen »schädelmagie« eines Thomas Kling. Ein Beispiel für den veränderten Ton ist Matthias Göritz' (* 1969) Gedicht »Metronom« (Kuhligk/Wagner 2003, 50):

Stell dir vor: Dein Ohr ist nicht da!
Das schmale Klopfen der Welt, das du hörst,
Regen versinkt im Schweigen der Barometer.
Die Jahre vergehn. Das heißt: man ist
mit etwas befaßt. Zeit, Rhythmus, Takt.
Man sieht in die Sterne. Wenn du hineinspuckst
kannst du ihn fühlen: den kühlen Wintermorgen.
Die Scheiben der Schuhgeschäfte vorm Öffnen.
Nackt liegt das Licht über der Einkaufszone.
Du spürst Gras. Es ist zu hören das
schmale Klopfen der Welt. Regen auf Glas.
Vor deiner Haustür

Die **kleine, konventionell eingeleitete, eingängige Reflexion** zählt leicht nachvollziehbare Eindrücke auf und bietet ein Wirklichkeitspanorama an, das mit analogen Erfahrungen der Leser rechnet und zum Nachvollzug einlädt. Eine Metapher wie »Nackt liegt das Licht über der Einkaufszone« bedarf keiner besonderen Mühe; Indefinitpronomen wie »Man« und direkte Leseransprachen (»Stell dir vor«, »Du spürst Gras«) bieten einen Identifikationsraum an für ein paar Takte »Metronom«-Gedanken.

Von verschachtelten, ineinander verschobenen, komplexen, lesewiderständigen Strukturen sind Gedichte wie diese weit entfernt. Der Titel einer Reihe neuer

Gedichtbücher umspielt den intellektuell entlasteten, unbekümmertem *life style* zusprechenden, neuen Ton: *Aerobic und Gegenliebe* (Rost 2001), *Keine Zeit für Tragödien* (Corino 2001), *Loops* (Göritz 2001), *goldene momente* (Lafleur 2000), »*Na also« sprach Zarathustra* (Nitzberg 2000). Der Gestus des Witzes, unbekümmert und leicht dahergesagt, hat Experiment und Sprachreflexion abgelöst: »Ich lebe in Deutschland aber / Viele sagen ich sehe jünger aus« (Kuhligk/ Wagner 2003, 186). Diese Verse Kersten Flenters, auf dem Klappentext präsentiert, markieren das Label-Etikett ›Spiel‹. Flenter, aus der Slam-Szene stammend, hat den **assoziativen Parlando-Stil** beibehalten, der an Alltagsgedichte der 70er Jahre erinnert und einer aufgefrischten »Lyrik für Leser« (Hage 1980) verpflichtet ist.Titel wie »shopping mit melanie klein« (22), »Stilleben mit Fisch und Milch« (Kuhligk/ Wagner 2003, 30), »Beat-Gedicht« (58), »Mit Bubi im Strandbad« (63), »Das Mädchen hinter der Theke« (137), »Haikukränzchen im Café Kranzler« (158), »in der s-bahn aus potsdam« (295) und »in der milde des nachmittags liegen« (359) suchen wieder den Sitz im Leben, so dass Falkners These am Ende zutrifft: »Reine Sprachakrobatik ist im Schwinden«, ebenso wie der »intellektuell[e] Overkill der späten 80er und frühen 90er« (11).

Erfahrungen mit Medien und Medienwelten

Und doch wäre es voreilig, aus einem reklamierten Markenzeichen und Generationen-Label gleich einen Paradigmenwechsel zu konstruieren. Die über die Jahrhundertgrenze hinausreichende Kontinuität zeigt sich beispielsweise dort, wo der **alltägliche Umgang mit Medien** ein gemeinsames **Erfahrungspotenzial** geschaffen hat. Die konstitutive Rolle solcher Erfahrungen hat Hendrik Rost in seinem Gedicht »Kontraste« (21) illustriert, und zwar nicht im Parlando-Stil, sondern auf der Basis eines präzise entfalteten Kompositionsschemas:

Einmal im Nachspann als ein
Foul wiederholt wurde, sah ich
erst dann zwischen den Spielern

eine Elster in Panik vom Rasen

abheben. Für einen Moment abgelenkt,
folgte das Bild in Zeitlupe ihrem Flug,
während der Tumult

im Hintergrund unscharf wurde,

bis sich die Kamera abrupt
aus ihrem Sog löste und zurück
auf die fallenden Körper hielt.

Rosts Gedicht erzählt eine kleine Geschichte; ihr Sujet hat einen medialen Bezugspunkt und entzündet sich in paradoxer Anspielung auf Märchenanfänge an der Formel »Einmal im Nachspann«. Das **Ich des Gedichts** ist kein Beobachter oder gar Kommentator eines fremden Mediums mehr, sondern notiert, von der Medienerfahrung als einer primären Lebenswelterfahrung geprägt, auf prägnante Weise Wahrnehmungsmomente, die in der Formstruktur des Gedichts sichtbar gemacht werden. Der Beobachter registriert zwar auch das Spielfeldgeschehen, aber sein eigentlicher Gegenstand sind die Aktion der Kamera und die Sequenz der Bilder. In der zerhackten Vers- und Strophenform, bis hin zur Gestaltung von Einzeilenstrophen, erscheinen **sprachliche und formale Konturen eines Wahrnehmungsprotokolls**, in dem jedes Element seinen exakt konstruierten Platz hat.

Diese Aufschreibprozedur erinnert an Rolf Dieter Brinkmanns poetische Schnappschuss-Technik. Aber während Brinkmann die Analogie zu Kamerablick und Fototechnik im Medium des Gedichtes vorführte, ist Rosts Gedicht im medialen Kontext selbst situiert. Sein Text zeichnet »Kontraste« nach, die auf ein Fernseherlebnis rekurrieren, auf die Opposition zwischen Erwartbarem (dem TV-Bericht über ein Fußballspiel) und Unerwartbarem (der »in Panik« davon fliegenden Elster auf dem Spielfeld). So ließe sich Rosts *TV-snap-shot* als im Detail sprachlich nachkonstruierte Momentaufnahme eines Fernseh-Schnappschusses verstehen.

Deutlich wird – und diese Beobachtung gilt für Autoren der Fernseh-, Film- und Computergeneration insgesamt – die Selbstverständlichkeit, mit der mediale Alltagssujets zum Gedichtthema werden und sogar die poetischen Verfahren, die Aufschreibtechniken beeinflussen können. Dieser Erfahrungshorizont ist generationenübergreifend und reicht von Jürgen Becker bis Hendrik Rost. Es entsteht ein **Alltagsgedicht neuen Typs**, das nicht einfach in naivem Sprachrealismus unprätentiöse Wirklichkeitsfelder thematisiert, sondern die eigene Wahrnehmung und die des Mediums beobachtet und somit auch die **mediale Konstruktion von Wirklichkeit** erfasst.

Offener Schluss

Nun sind Medien-Themen seit den 90er Jahren kein neues Feld der Lyrik. Barbara Köhler beispielsweise hat es in Blue Box (1995) mit Akribie und Prägnanz bearbeitet, bis hin zur Erprobung von Schnitt- und Bildtechniken, wie sie audio-visuelle Medien seit langem praktizieren. In Gedichten wie »In the Movies« (10f.) hat die Autorin, ausgehend von Jean-Luc Godards Ausspruch »Film ist vierundzwanzigmal Wahrheit pro Sekunde«, die andrängende Bewegung von Bildern bis hin zur deren Macht und Gewalt durchgespielt.

Jüngere Autoren wie Marcel Beyer, die in der »Lyrik von jetzt« den schon arrivierten *background* bilden, setzen keineswegs auf aktuelle Alltagslyrik, sondern, wie der Gedichtband *Erdkunde* (Beyer 2002) in allen Varianten demonstriert, komplexe, zyklische Formen, die im Vergleich zu dem einige Jahre zuvor veröffentlichten Gedichtband *Falsches Futter* (Beyer 1997) deutlich mehr Geduld des Lesens einfordern: gegen Lyrik als *life style* und *fun*-Kultur. Gleich das erste, das Buch den

Titel gegebene Gedicht »Erdkunde« nimmt die Technik der Spurensuche wieder auf und verifiziert Klings Satz: »**Gedicht ist Gedächtniskunst**« (Kling 1997, 20). *Erdkunde* (Beyer 2002, 7–13) ist jene mühsame Spurensuche, die der deutschsprachigen Dichtung seit 1945 auferlegt ist und die noch keineswegs ins Geschichtsarchiv gehört:

Mir träumte von Knochen,
ich war im Gelände,
mein Gesicht, meine Füße,
ich schaute auf meine Hände,

in den Staub, den Niesel,
ich wusste nicht, bin ich
in Teplitz, in Teplice oder in Tepl,
ich berührte nichts, alles

[...]

Kontinuität schließlich, verstanden als einer der sprachproduktiven Lyrik verpflichtete Schreibpraxis, zeigt sich in Franz Josef Czernins *elemente, sonette* (2002). Und auch Peter Waterhouse hat – in einem diametralen Gegensatz zu den wuchtigen, rhetorisch durchkomponierten und Zeile für Zeile zu entziffernden Sonetten Czernins – in *Prosperos Land* (2001) den weiteren Weg einer Lyrik konturiert, in deren Mittelpunkt die Konstitution und das Ziel des Gedichts steht: die **Sprachlichkeit** der Welt. Waterhouse hat sie wie Czernin in Elemente zerlegt, aber nicht in wuchtige Blöcke, sondern in kleinste monistische Zwei- und Dreizeiler – teils nur zwei, drei oder vier Wörter lang –, so dass die zweihundert Seiten, die *Prosperos Land* aufschließen, fast leer bleiben: »Ich spüre / etwas sagen / (einen Strahl)« (89).

Auch im gerade begonnenen 21. Jahrhundert gibt es keine irgendwie verbindliche und verbindende Gedichtpoetik, nicht einmal die Spur eines Konsenses über die Frage, unter welchen Prämissen und Bedingungen Gedichte geschrieben werden. Weder die Entstehung eines Gedichtes noch sein Schreibprozess seien, so Friederike Mayröcker, vermittelbar (Mayröcker 2001, 27f.):

> Ich könnte Ihnen sagen, wie ich Gedanken, Erfahrungen, Eindrücke und Erlebnisse, Motivisches, Vorgefundenes und Übernommenes einsetze, wie manchmal durch ein zufällig aufgefangenes Wort, durch eine festgehaltene Aufschrift, durch eine ›Verhörung‹, oder ›Verlesung‹ irgend eines Zusammenhanges sich etwas weiterbewegt in meinem Bewusstsein, daß solche unscheinbaren punktuellen Verschiebungen und Verfremdungen eine Kettenreaktion von Konstellationen auslösen, die ich sich sonst nicht nach stundenlangem Nachdenken oder Experimentieren gewonnen hätte. Ich könnte Ihnen also von den minutiösen Imponderabilien eines schreibenden Menschen erzählen, aber – ich frage mich ernsthaft: wird es Ihnen etwas von dem vermitteln können, was seine Auslösung bewirkt hat?

Es geht nicht um Mystifikation poetischen Schreibens, sondern um die Skepsis, auch nur in gröbsten Umrissen schlüssige Modelle zu entwerfen oder allgemeine Verbindlichkeiten zu schaffen. Damit aber wird gleich in zweifacher Hinsicht ein Bogen zur frühen Nachkriegszeit geschlagen. Zum einen bleibt auch nach fünfzig Jahren die Position des Poeten jenseits allen Erklärungs- und Aufhellungszwangs. Zum anderen entziehen sich Gedichtpoetiken aus der Feder von Autoren jedem Funktionszusammenhang: **Das Gedicht entsteht jenseits seines Verwertungshorizontes** – und hat damit seinen privilegierten Un-Ort im wuchernden Textraum des Medienzeitalters erfolgreich verteidigt. *Über den Unwert des Gedichts* nannte Gerhard Falkner eine Sammlung von Essays, in der sich der lapidare Satz findet: **»Wir wissen nichts vom Gedicht«** (Falkner 1993, 142). Noch dort, wo, wie bei Grass, stets Klarheit eingefordert wurde, ist diese offenbar ohne die Dialektik von Licht und Dunkelheit nicht zu haben: »Die Aufgabe des Versemachens scheint mir darin zu bestehen, klarzustellen und nicht zu verdunkeln; doch muß man manchmal das Licht ausknipsen, um eine Glühbirne deutlich machen zu können« (Grass 1997, 23).

Zitierte Anthologien und Sammlungen

Gernhardt, Robert/Zehrer, Klaus Cäsar (Hg.): Hell und Schnell. 555 komische Gedichte aus 5 Jahrhunderten. Frankfurt a.M. 2004.

Hübsch, Hadayatullah (Hg.): social beat D. Berlin 1995.

Kuhligk, Björn/Wagner, Jan (Hg.): Lyrik von jetzt. 74 Stimmen. Mit einem Vorwort von Gerhard Falkner. Köln 2003.

Neumeister, Andreas/Harges, Marcel (Hg.): Poetry! Slam! Texte der Pop-Fraktion. Reinbek 1996.

Zitierte Werkausgaben

Corino, Eva: Keine Zeit für Tragödien. Berlin 2001.

Czernin, Franz Josef: elemente. Sonette. München/Wien 2002.

Göritz, Matthias: Loops. Graz 2001.

Grass, Günter: Novemberland. 13 Sonette. In: G.G.: Werkausgabe. Bd. 1: Gedichte und Kurzprosa. Göttingen 1997, S. 283–297.

Mayröcker, Friederike: Gesammelte Prosa II. 1978–1986. Hg. von Klaus Karstberger. Frankfurt a.M. 2001.

Müller, Heiner: Werke 1: Die Gedichte. Hg. von Frank Hörnigk. Frankfurt a.M. 1998.

Rost, Hendrik: Aerobic und Gegenliebe. Düsseldorf 2001.

Waterhouse, Peter: Prosperos Land. Salzburg/Wien 2001.

Zitierte Sekundärliteratur

Barner, Wilfried (Hg.): Geschichte der deutschen Literatur von 1945 bis zur Gegenwart. München 1994.

Berendse, Gerrit-Jan: Grenzfall-Studien. Essays zum Topos Prenzlauer Berg in der DDR-Literatur. Berlin 1999.

Böthig, Peter: Grammatik einer Landschaft. Literatur aus der DDR in den 80er Jahren. Berlin 1997.

Bogdal, Klaus-Michael: Klimawechsel. Eine kleine Meteorologie der Gegenwartsliteratur. In: Andreas Erb (Hg.): Baustelle Gegenwartsliteratur. Die neunziger Jahre. Opladen/Wiesbaden 1998, S. 9–31.

Borchers, Elisabeth: Lichtwelten. Abgedunkelte Räume. Frankfurter Poetik-Vorlesungen. Frankfurt a.M. 2003.
Chiellino, Carmine (Hg.): Interkulturelle Literatur in Deutschland. Ein Handbuch. Stuttgart/Weimar 2000.
Czernin, Franz Josef: Apfelessen mit Swedenborg. Essays zur Literatur. Düsseldorf 2000.
Ebrecht, Katharina: Heiner Müllers Lyrik. Quellen und Vorbilder. Würzburg 2001.
Emmerich, Wolfgang: Kleine Literaturgeschichte der DDR. Erweiterte Ausgabe. Leipzig 2. Aufl. 1997.
Falkner, Gerhard: Über den Unwert des Gedichts. Fragmente und Reflexionen. Berlin/Weimar 1993.
Grünbein, Durs: Galilei vermißt Dantes Hölle und bleibt an den Maßen hängen. Aufsätze 1989–1995. Frankfurt a.M. 1996.
Grünbein, Durs: Das erste Jahr. Berliner Aufzeichnungen. Frankfurt a.M. 2001.
Kling, Thomas: Itinerar. Frankfurt a.M. 1997.
Korte, Hermann: Zurückgekehrt in den Raum der Gedichte. Deutschsprachige Lyrik der 1990er Jahre. Mit einer Auswahlbibliographie. Münster 2004.
Leeder, Karen: Breaking Bounderies. A New Generation of Poets in the GDR. Frankfurt a.M. 1996.
Pastior, Oskar: »Jetzt kann man schreiben was man will«. München/Wien 2003.
Wehdeking, Volker: Die deutsche Einheit und die Schriftsteller. Literarische Verarbeitung der Wende seit 1989. Stuttgart u.a. 1995.
Wittstock, Uwe: Von der Stalinallee zum Prenzlauer Berg. Wege der DDR-Literatur 1949–1989. München 1989.

7. Bibliographie

7.1 Primärliteratur

7.1.1 Chronologie ausgewählter Gedichtbände von 1945 bis 2000

1945
Bergengruen, Werner: Dies irae. Zürich.
Fried, Erich: Österreich. London/Zürich.
Hagelstange, Rudolf: Venezianisches Credo. Verona.
Hermlin, Stephan u.a.: Wir verstummen nicht. Zürich.
Rychner, Max: Glut und Asche. Zürich.
Schneider, Reinhold: Die letzten Tage. Zürich.

1946
Becher, Johannes Robert: Heimkehr. Berlin.
Borchert, Wolfgang: Laterne, Nacht und Sterne. Hamburg.
Haushofer, Andreas: Moabiter Sonette. Berlin.
Hausmann, Manfred: Füreinander. Berlin.
Jünger, Friedrich Georg: Die Silberdistelklause. Frankfurt a.M.
Jünger, Friedrich Georg: Der Westwind. Frankfurt a.M.
Lehmann, Wilhelm: Entzückter Staub. Heidelberg.
Priester, Eva: Aus Krieg und Nachkrieg. Wien.
Schaefer, Oda: Irdisches Geleit. München.
Schneider, Reinhold: Apokalypse. Baden-Baden.
Schneider, Reinhold: Die neuen Türme. Wiesbaden.
Schröder, Rudolf Alexander: Auf dem Heimweg. Kassel.
Weyrauch, Wolfgang: Von des Glücks Barmherzigkeit. Berlin.

1947
Britting, Georg: Die Begegnung. München.
Britting, Georg: Lob des Weines. Hamburg.
Guttenbrunner, Michael: Schwarze Ruten. Klagenfurt.
Hagelstange, Rudolf: Es spannt sich der Bogen. Leipzig [zuerst 1943].
Hermlin, Stephan: 22 Balladen. Berlin.
Holthusen, Hans Egon: Klage um den Bruder. Hamburg.
Jünger, Friedrich Georg: Die Perlenschnur. Frankfurt a.M.
Kaschnitz, Marie Luise: Totentanz und Gedichte zur Zeit. Hamburg.
Langgässer, Elisabeth: Der Laubmann und die Rose. Hamburg.
Sachs, Nelly: In den Wohnungen des Todes. Berlin.
Schaumann, Ruth: Klage und Trost. Heidelberg.
Schönwiese, Ernst: Ausfahrt und Wiederkehr. Wien.
Schröder, Rudolf Alexander: Alten Mannes Sommer. Berlin.
Vring, Georg von der: Verse für Minette. München.

1948
Becher, Johannes Robert: Volk im Dunkel wandelnd. Berlin.
Benn, Gottfried: Statische Gedichte. Zürich.
Diettrich, Fritz: Sonette. Kassel.
Eich, Günter: Abgelegene Gehöfte. Frankfurt a.M.
Hagelstange, Rudolf: Strom der Zeit. Wiesbaden.
Huchel, Peter: Gedichte. Berlin.
Kästner, Erich: Kurz und bündig. Olten.
Krolow, Karl: Heimsuchung. Berlin.
Kuba [d.i. K. Barthel]: Gedicht vom Menschen. Berlin.
Lehmann, Wilhelm: Der grüne Gott. Heidelberg [1942].
Maurer, Georg: Gesänge der Zeit. Leipzig.
Schneider, Reinhold: Stern der Zeit. Krefeld.
Usinger, Fritz: Hesperische Hymnen. Stuttgart.
Weyrauch, Wolfgang: Lerche und Sperber. München.

1949
Diettrich, Fritz: Gesänge der Einkehr. Kassel.
Eich, Günter: Untergrundbahn. Hamburg.
Gan, Peter: Die Holunderflöte. Zürich/Freiburg.
Holthusen, Hans Egon: Hier in der Zeit. München.
Kasack, Hermann: Das ewige Dasein. Berlin/Frankfurt a.M.
Krolow, Karl: Auf Erden. Hamburg.
Lavant, Christine: Die unvollendete Liebe. Berlin/Frankfurt a.M.
Sachs, Nelly: Sternverdunkelung. Berlin.
Schröder, Rudolf Alexander: Die geistlichen Gedichte. Berlin/Frankfurt a.M.
Schröder, Rudolf Alexander: Neue Gedichte. Olten.
Weinert, Ernst: Gedichte. Berlin/Leipzig.
Weinert, Ernst: Lieder um Stalin. Potsdam.

1950
Bächler, Wolfgang: Die Zisterne. Esslingen.
Bergengruen, Werner: Die heile Welt. Zürich.
Hermlin, Stephan: Mansfelder Oratorium. Eisleben.
Kaschnitz, Marie Lusie: Zukunftsmusik. Hamburg.
Kunert, Günter: Wegschilder und Mauerinschriften. Berlin.
Lehmann, Wilhelm: Noch nicht genug. Tübingen.
Reber, Kuno: Gesicht im Mittag. Basel.
Weyrauch, Wolfgang: An die Wand geschrieben. Hamburg.

1951
Becher, Johannes Robert: Glück der Ferne – leuchtend nah. Berlin.
Bender, Hans: Fremde soll vorüber sein. Augsburg.
Benn, Gottfried: Fragmente. Wiesbaden.
Brecht, Bertolt: Hundert Gedichte. Berlin.
Britting, Georg: Unter hohen Bäumen. München.
Busta, Christine: Der Regenbaum. Wien.
Gwerder, Alexander Xaver: Blauer Eisenhut. Zürich.
Schröder, Rudolf Alexander: Achtzig Gedichte. Frankfurt a.M.
Schröder, Rudolf Alexander: Hundert geistliche Gedichte. Frankfurt a.M.

1952
Arendt, Erich: Bergwindballade. Berlin.
Becher, Johannes Robert: Deutsche Sonette. Berlin.
Celan, Paul: Mohn und Gedächtnis. Stuttgart.
Höllerer, Walter: Der andere Gast. München.
Holthusen, Hans Egon: Labyrinthische Jahre. München.
Jünger, Friedrich Georg: Iris im Wind. Frankfurt a.M.
Piontek, Heinz: Die Furt. Esslingen.
Poethen, Johannes: Lorbeer über gestirntem Haupt. Sechs Gesänge. Düsseldorf/Köln.
Usinger, Fritz: Gesang gegen den Tod. Frankfurt a.M.
Vring, Gerd von der: Abendfalter. München.

1953
Bachmann, Ingeborg: Die gestundete Zeit. Frankfurt a.M.
Burkart, Erika: Der dunkle Vogel. St. Gallen.
Fühmann, Franz: Die Fahrt nach Stalingrad. Berlin.
Gomringer, Eugen: Konstellationen. Bern.
Hagelstange, Rudolf: Zwischen Stern und Staub. Wiesbaden.
Maurer, Georg: 42 Sonette. Berlin.
Meister, Ernst: Unterm schwarzen Schafspelz. Frankfurt a.M.
Piontek, Heinz: Die Rauchfahne. Esslingen.

1954
Brecht, Bertolt: Buckower Elegien. Berlin/Frankfurt a.M.
Bremer, Claus: poesie. Karlsruhe.
Cibulka, Hanns: Märzlicht. Halle/Leipzig.
Guttenbrunner, Michael: Opferholz.
Heißenbüttel, Helmut: Kombinationen. Esslingen.
Kahlau, Heinz: Hoffnung lebt in den Zweigen des Caiba. Berlin.
Krolow, Karl: Wind und Zeit. Stuttgart.
Lehmann, Wilhelm: Überlebender Tag. Düsseldorf/Köln.
Meister, Ernst: Dem Spiegelkabinett gegenüber. Frankfurt a.M.
Schneider, Reinhold: Die Sonette von Leben und Zeit, dem Glauben und der Geschichte. Köln/Olten.
Vring, Gerd von der: Kleiner Faden Blau. Hamburg.

1955
Arp, Hans: Auf einem Bein. Wiesbaden.
Bächler, Wolfgang: Lichtwechsel. Esslingen.
Burkart, Erika: Sterngefährten. St. Gallen.
Celan, Paul: Von Schwelle zu Schwelle. Stuttgart.
Eich, Günter: Botschaften des Regens. Frankfurt a.M.
Kunert, Günter: Unter diesem Himmel. Berlin.
Meister, Ernst: Der Südwind sagte zu mir. Frankfurt a.M.

1956
Arendt, Erich: Tolú. Leipzig.
Bachmann, Ingeborg: Anrufung des Großen Bären. München.
Bingel, Horst: Kleiner Napoleon. Stierstadt.
Grass, Günter: Vorzüge der Windhühner. Berlin/Neuwied.
Heißenbüttel, Helmut: Topographien. Esslingen.
Jandl, Ernst: Andere Augen. Wien.
Kahlau, Heinz: Probe. Berlin.

Krolow, Karl: Tage und Nächte. Düsseldorf/Köln.
Lavant, Christine: Die Bettlerschale. Salzburg.
Maurer, Georg: Gedichte aus zehn Jahren. Berlin.
Meckel, Christoph: Tarnkappe. München.
Poethen, Johannes: Risse des Himmels. Esslingen.
Schnurre, Wolfdietrich: Kassiber. Frankfurt a.M.
Steiner, Jörg: Episoden aus Rabenland. Küsnacht.
Weyrauch, Wolfgang: Gesang um nicht zu sterben. Reinbek.

1957
Arendt, Erich: Gesang der sieben Inseln. Berlin.
Arp, Hans: Worte mit und ohne Anker. Wiesbaden.
Enzensberger, Hans Magnus: Verteidigung der Wölfe. Frankfurt a.M.
Fritz, Walter Helmut: Achtsam sein. Biel.
Fuchs, Günter Bruno: Nach der Haussuchung. Stierstadt.
Fühmann, Franz: Aber die Schöpfung soll dauern. Berlin.
Kaschnitz, Marie Luise: Neue Gedichte. Hamburg.
Meister, Ernst: Fermate. Stierstadt.
Meister, Ernst: ... und Ararat. Wiesbaden.
Piontek, Heinz: Wassermarken. Esslingen.
Raeber, Kuno: Die verwandelten Schiffe. Berlin/Darmstadt.
Sachs, Nelly: Und niemand weiß weiter. Hamburg/München.

1958
Artmann, H.C.: med ana schwoazzn dintn. Salzburg.
Becher, Johannes Robert: Schritt der Jahrhundertmitte. Berlin.
Burkart, Erika: Geist der Fluren. St. Gallen.
Busta, Christine: Die Scheune der Vögel. Salzburg.
Fried, Erich: Gedichte. Hamburg.
Fritz, Walter Helmut: Bild + Zeichen. Hamburg.
Hädecke, Wolfgang: Uns stehn die Fragen auf. Halle.
Härtling, Peter: Unter den Brunnen. Esslingen.
Jokostra, Peter: An der besonnten Mauer. Berlin.
Lange, Horst: Aus dumpfen Fluten kam Gesang. Stuttgart.
Meckel, Christoph: Hotel für Schlafwandler. Stierstadt.
Meister, Ernst: Pythiusa. Stierstadt.
Meister, Ernst: Zahlen und Figuren. Wiesbaden.
Okopenko, Andreas: Grüner November. Wien.
Poethen, Johannes: Stille im trockenen Dorn. Esslingen.
Saalfeld, Martha: Herbstmond. Wien u.a.

1959
Arendt, Erich: Flug-Oden. Leipzig/Wiesbaden.
Bingel, Horst: Auf der Ankerwinde zu Gast. Stierstadt.
Celan, Paul: Sprachgitter. Frankfurt a.M.
Cibulka, Hanns: Zwei Silben. Halle/Leipzig.
Domin, Hilde: Nur eine Rose als Stütze. Frankfurt a.M.
Dürr [d.i. Dürrson], Werner: Blätter im Wind. Stuttgart.
Guttenbrunner, Michael: Ungereimte Gedichte. Hamburg.
Krolow, Karl: Fremde Körper. Berlin/Frankfurt a.M.
Lavant, Christine: Spindel im Mond. Salzburg.
Marti, Kurt: Republikanische Gedichte. St. Gallen.

Meckel, Christoph: Nebelhörner. Stuttgart.
Mon, Franz: artikulationen. Pfullingen.
Reinfrank, Arno: Vor der Universität. Fürstenfeldbruck.
Rühmkorf, Peter: Irdisches Vergnügen in g. Hamburg.
Sachs, Nelly: Flucht und Verwandlung. Stuttgart.
Schaefer, Oda: Grasmelodie. München.

1960

Achleitner, Friedrich: schwer schwarz. Frauenfeld.
Britting, Georg: Will der Winter kommen? München.
Burkart, Erika: Die gerettete Erde. St. Gallen.
Dürr [d.i. Dürrson], Werner: Kreuzgänge. Tuttlingen.
Endler, Adolf: Erwacht ohne Furcht. Halle.
Enzensberger, Hans Magnus: Landessprache. Frankfurt a.M.
Gomringer, Eugen: 33 Konstellationen. St. Gallen.
Grass, Günter: Gleisdreieck. Darmstadt/Berlin.
Heißenbüttel, Helmut: Textbuch I. Freiburg [bis 1967: Textbuch II–VI; VI: Neuwied/Berlin].
Kunert, Günter: Tagwerke. Halle.
Meister, Ernst: Die Formel und die Stätte. Wiesbaden.
Meister, Ernst: Lichtes Labyrinth. Gießen.
Raeber, Kuno: Gedichte. Hamburg.
Reinig, Christa: Die Steine von Finisterre. Stierstadt.

1961

Bobrowski, Johannes: Sarmatische Zeit. Stuttgart.
Borchers, Elisabeth: Gedichte. Neuwied.
Bremer, Claus: tabellen und variationen. Frauenfeld.
Heise, Hans-Jürgen: Vorboten einer neuen Steppe. Wiesbaden.
Hoffmann, Dieter: Eros im Steinlaub. Neuwied/Berlin.
Kunert, Günter: Tagwerke. Halle.
Meister, Ernst: Flut und Stein. Neuwied/Berlin.
Poethen, Johannes: Ankunft und Echo. Frankfurt a.M.
Sachs, Nelly: Fahrt ins Staublose. Frankfurt a.M.
Vring, Gerd von der: Der Schwan. München.

1962

Bächler, Wolfgang: Türklingel. Esslingen.
Bobrowski, Johannes: Schattenland Ströme. Stuttgart.
Brinkmann, Rolf Dieter: Ihr nennt es Sprache. Leverkusen.
Czechowski, Heinz: Nachmittag eine Liebespaares. Halle.
Enzensberger, Hans Magnus: Gedichte. Frankfurt a.M.
Fritz, Walter Helmut: Veränderte Jahre. Stuttgart.
Fuchs, Günter Bruno: Trinkermeditationen. Neuwied/Berlin.
Fühmann, Franz: Die Richtung der Märchen. Berlin.
Gappmayr, Heinz: Zeichen. Innsbruck.
Härtling, Peter: Spiegelgeist, Spiegelgeist. Stuttgart.
Haufs, Rolf: Straße nach Kohlhasenbrück. Neuwied/Berlin.
Kaschnitz, Marie Luise: Dein Schweigen – meine Stimme. Hamburg.
Krolow, Karl: Unsichtbare Hände. Frankfurt a.M.
Lavant, Christine: Der Pfauenschrei. Salzburg.
Lehmann, Wilhelm: Abschiedslust. Gütersloh.
Meckel, Christoph: Wildnisse. Frankfurt a.M.

Piontek, Heinz: Mit einer Kranichfeder. Stuttgart.
Rühmkorf, Peter: Kunststücke. Hamburg.
Schönwiese, Ernst: Baum und Träne. Wiesbaden.
Törne, Volker von: Fersengeld. Berlin.
Zornack, Annemarie: Tagesanfänge. Darmstadt.

1963
Bächler, Wolfgang: Türen aus Rauch. Frankfurt a.M.
Celan, Paul: Die Niemandsrose. Frankfurt a.M.
Fried, Erich.: Reich der Steine. Hamburg.
Friesel, Uwe: Linien in die Zeit. Hannover.
Huchel, Peter.: Chausseen, Chausseen. Frankfurt a.M.
Kunert, Günter: Erinnerung an einen Planeten. München.
Mickel, Karl: Lobverse & Beschimpfungen. Halle.
Novak, Helga Maria: Ballade von der reisenden Anna. Neuwied/Berlin.
Raeber, Kuno: Flussufer. Hamburg.
Reinig, Christa: Gedichte. Frankfurt a.M.
Weyrauch, Wolfgang: Die Spur. Olten/Freiburg.

1964
Bremer, Claus: Ideogramme. Frauenfeld.
Burkart, Erika: Ich lebe. Zürich.
Domin, Hilde: Hier. Frankfurt a.M.
Eich, Günter: Zu den Akten. Frankfurt a.M.
Enzensberger, Hans Magnus: Blindenschrift. Frankfurt a.M.
Fried, Erich: Warngedichte. München.
Jandl, Ernst: Lange Gedichte. Stuttgart.
Kahlau, Heinz: Der Fluß der Dinge. Berlin/Weimar.
Maurer, Georg: Stromkreis. Leipzig.
Maurer, Georg: Gestalten der Liebe. Halle.
Mon, Franz: sehgänge. Berlin.
Reinfrank, Arno: Auf unserem Stern. Frankfurt a.M.
Schönwiese, Ernst: Geheimnisvolles Ballspiel. Wiesbaden.
Vring, Gerd von der: Der Mann am Fenster. München/Wien.
Wolken, Karl Alfred: Wortwechsel. Stuttgart.

1965
Arp, Hans: Logbuch des Traumkapitäns. Zürich.
Ausländer, Rose: Blinder Sommer. Wien.
Biermann, Wolf: Die Drahtharfe. Berlin.
Bingel, Horst: Wir suchen Hitler. München u.a.
Braun, Volker: Provokation für mich. Halle.
Brinkmann, Rolf Dieter: Ohne Neger. Gedichte 1965. Hommerich.
Busta, Christa: Unterwegs zu älteren Feuern. Salzburg.
Delius, F.C.: Kerbholz. Berlin.
Dürrson, Werner: Schattengeschlecht. Köln.
Fringeli, Dieter: Zwischen den Orten. Breitenbach.
Fuchs, Günter Bruno: Pennergesang. München.
Gomringer, Eugen: Das Stundenbuch. München.
Guttenbrunner, Michael: Die lange Zeit. Hamburg.
Kaschnitz, Marie Luise: Ein Wort weiter. Hamburg.
Kirsch, Sarah: Gespräch mit dem Saurier. Berlin.

Kunert, Günter: Der ungebetene Gast. Berlin/Weimar.
Maurer, Georg: Im Blick der Uralten. Leipzig.
Maurer, Georg: Variationen. Halle.
Mayröcker, Friederike: metaphorisch. Stuttgart.
Mon, Franz: Rückblick auf Isaak Newton. Köln.
Novak, Helga Maria: Ballade von der reisenden Anna. Neuwied/Berlin.
Piontek, Heinz: Randerscheinungen. Darmstadt.
Raschke, Ulrich: kadaver. München.
Rühm, Gerhard: farbengedicht. Berlin.
Sachs, Nelly: Späte Gedichte. Frankfurt a.M.
Usinger, Fritz: Pentagramm. Wiesbaden.
Vesper, Guntram: Gedichte. Gütersloh.
Werner, Walter: Die Strohhalmflöte. Halle.

1966

Arendt, Erich: Unter den Hufen des Winds. Reinbek.
Artmann, H. C.: verbarium. Olten/Freiburg.
Bienek, Horst: was war was ist. München.
Braun, Volker: Vorläufiges. Frankfurt a.M.
Dürrson, Werner: Schneeharfe. Fünfzehn Gedichte. Frankfurt a.M.
Eich, Günter: Anlässe und Steingärten. Frankfurt a.M.
Fried, Erich: und VIETNAM und. Berlin.
Fritz, Walter Helmut: Die Zuverlässigkeit der Unruhe. Hamburg.
Greßmann, Uwe: Der Vogel Frühling. Halle.
Herburger, Günter: Ventile. Köln/Berlin.
Hermlin, Stephan: Die Städte. München/Esslingen.
Jandl, Ernst: Laut und Luise. Olten.
Krolow, Karl: Landschaften für mich. Frankfurt a.M.
Kunert, Günter: Verkündigung des Wetters. München.
Mayröcker, Friederike: Tod durch Musen. Reinbek.
Mickel, Karl: Vita nova mea. Berlin/Weimar.
Piontek, Heinz: Klartext. Hamburg.
Poethen, Johannes: Wohnstatt zwischen den Atemzügen. Hamburg.
Reinfrank, Arno: Die Davidsschleuder. Berlin/Weimar.

1967

Arendt, Erich: Ägäis. Leipzig.
Artmann, H.C.: ein lilienweisser brief aus lincolnshire. Frankfurt a.M.
Ausländer, Rose: 36 Gerechte. Hamburg.
Bobrowski, Johannes: Wetterzeichen. Berlin.
Borchers, Elisabeth: Der Tisch an dem wir sitzen. Neuwied/Berlin.
Born, Nicolas: Marktlage. Köln/Berlin.
Brinkmann, Rolf Dieter: Was fraglich ist wofür. Köln/Berlin.
Celan, Paul: Atemwende. Frankfurt a.M.
Czechowski, Heinz: Wasserfahrt. Halle.
Degenhardt, Franz Josef: Spiel nicht mit den Schmuddelkindern. Hamburg.
Fried, Erich: Anfechtungen. Berlin.
Fritz, Walter Helmut: Die Zuverlässigkeit der Unruhe. Hamburg.
Fuchs, Günter Bruno: Blätter eines Hof-Poeten & andere Gedichte. München.
Grass, Günter: Ausgefragt. Neuwied/Berlin.
Haufs, Rolf: Vorstadtbeichte. Neuwied/Berlin.
Höllerer, Walter: Außerhalb der Saison. Berlin.

Huchel, Peter: Die Sternenreuse. München.
Ingold, Felix Philipp: Schwarz auf Schnee. Zürich.
Kaléko, Mascha: Verse in Dur und Moll. Gütersloh.
Karsunke, Yaak: Kilroy & andere. Berlin.
Kirsch, Sarah: Landaufenthalt. Berlin.
Lehmann, Wilhelm: Sichtbare Zeit. Gütersloh.
Marti, Kurt: Rosa Loui. Neuwied/Berlin.
Meckel, Christoph: Bei Lebzeiten zu singen. Berlin.
Mon, Franz: Lesebuch. Neuwied/Berlin.
Novak, Helga Maria: Colloquium mit vier Häuten. Neuwied/Berlin.
Vring, Gerd von der: Gesang im Schnee. München/Wien.

1968
Astel, Arnfrid: Notstand. Wuppertal.
Bartsch, Kurt: Zugluft. Berlin/Weimar.
Biermann, Wolf: Mit Marx- und Engelszungen. Berlin.
Brinkmann, Rolf Dieter: Die Piloten. Köln.
Celan, Paul: Fadensonnen. Frankfurt a.M.
Eggimann, Ernst: Henusode. Zürich.
Fried, Erich: Zeitfragen. München.
Gosse, Peter: Antiherbstzeitloses. Halle.
Heise, Hans-Jürgen: Ein bewohntes Haus. Frankfurt a.M.
Jandl, Ernst: Sprechblasen. Neuwied/Berlin.
Krolow, Karl: Alltägliche Gedichte. Frankfurt a.M.
Meister, Ernst: Zeichen um Zeichen. Wiesbaden.
Schönwiese, Ernst: Odysseus und der Alchimist. Wiesbaden.
Törne, Volker von: Wolfspelz. Berlin.
Wandrey, Uwe: Kampfreime. Hamburg.
Wolken, Karl Alfred: Klare Verhältnisse. München.

1969
Artmann, H.C.: ein lilienweißer brief aus Lincolnshire. Frankfurt a.M.
Brinkmann, Rolf Dieter: Standphotos. Duisburg.
Delius, F.C.: Wenn wir, bei Rot. Berlin.
Fried, Erich: Die Beine der größeren Lügen. Berlin.
Fringeli, Uwe: Das Nahe suchen. Grenchen.
Gomringer, Eugen: worte sind schatten. Reinbek.
Hoff, Kay: Netzwerk. Hamburg.
Höllerer, Walter: Systeme. Neue Gedichte. Berlin.
Karsunke, Yaak: reden & ausreden. Berlin.
Kunze, Rainer: Sensible Wege. Reinbek.
Marti, Kurt: leichenreden. Neuwied/Berlin.
Pastior, Oskar: Vom Sichersten ins Tausendste. Frankfurt a.M.
Poethen, Johannes: Im Namen der Trauer. Hamburg.
Reinig, Christa: Schwalbe von Olevano. Stierstadt.
Schäuffelen, Konrad Balder: raus mit der Sprache. Frankfurt a.M.
Wacker, Nelly: Meinen Altersgenossen. Alma-Ata.

1970
Astel, Arnfrid: Kläranlage. München.
Bobrowski, Johannes: Im Windgesträuch. Berlin/Stuttgart.
Born, Nicolas: Wo mir der Kopf steht. Köln/Berlin.

Braun, Volker: Wir und nicht sie. Halle.
Brinkmann, Rolf Dieter: Gras. Köln.
Celan, Paul: Lichtzwang. Frankfurt a.M.
Dahl, Edwin Wolfram: Zwischen Eins und Zweitausend. München/Esslingen.
Domin, Hilde: Ich will dich. München.
Fried, Erich: Unter Nebenfeinden. Berlin.
Herburger, Günter: Training. Neuwied/Berlin.
Hodjak, Franz: Brachland. Klausenburg.
Jandl, Ernst: Der künstliche Baum. Neuwied/Berlin.
Kirsten, Wulf: Satzanfang. Berlin/Weimar.
Krolow, Karl: Nichts weiter als Leben. Frankfurt a.M.
Kunert, Günter: Notizen in Kreide. Leipzig.
Kunert, Günter: Warnung vor Spiegeln. München.
Maurer, Georg: Kreise. Halle.
Meister, Ernst: Es kam die Nachricht. Neuwied/Berlin.
Rühm, Gerhard: Gesammelte Gedichte und visuelle Texte. Reinbek.
Wandrey, Uwe: Songs. Hamburg.

1971

Bartsch, Kurt: Die Lachmaschine. Berlin.
Becker, Jürgen: Schnee. Berlin.
Celan, Paul: Schneepart. Frankfurt a.M.
Fringeli, Dieter: Das Wort reden. Olten/Freiburg.
Heise, Hans-Jürgen: Uhrenvergleich. Hamburg.
Piontek, Heinz: Tot oder lebendig. Hamburg.
Sachs, Nelly: Suche nach Lebenden. Frankfurt a.M.
Sachs, Nelly: Teile dich Nacht. Frankfurt a.M.
Zeller, Eva: Sage und Schreibe. Stuttgart.

1972

Ausländer, Rose: Inventar. Duisburg.
Biermann, Wolf: Für meine Genossen. Berlin.
Born, Nicolas: Das Auge des Entdeckers. Reinbek.
Fried, Erich: Die Freiheit, den Mund aufzumachen. Berlin.
Fritz, Walter Helmut: Aus der Nähe. Hamburg.
Gerlach, Harald: Sprung ins Hafenmeer. Berlin/Weimar.
Greßmann, Uwe: Das Sonnenauto. Halle.
Huchel, Peter: Gezählte Tage. Frankfurt a.M.
Kaschnitz, Marie Luise: Kein Zauberspruch. Frankfurt a.M.
Krolow, Karl: Zeitvergehen. Frankfurt a.M.
Kunert, Günter: Offener Ausgang. Berlin/Weimar.
Kunze, Rainer: Zimmerlautstärke. Frankfurt a.M.
Meister, Ernst: Sage vom Ganzen den Satz. Darmstadt/Neuwied.
Tumler, Franz: Sätze von der Donau. München.

1973

Arendt, Erich: Feuerhalm. Leipzig.
Cibulka, Hanns: Lichtschwalben. Halle/Leipzig.
Fels, Ludwig: Anläufe. Darmstadt/Neuwied.
Heise, Hans-Jürgen: Besitzungen in Untersee. Hamburg/Düsseldorf.
Heißenbüttel, Helmut: Gelegenheitsgedichte. Darmstadt/Neuwied.
Herburger, Günter: Operette. Darmstadt/Neuwied.

Kaléko, Mascha: Hat alles seine zwei Schattenseiten. Sinn- und Unsinngedichte. Düsseldorf.
Kirsch, Sarah: Zaubersprüche. Berlin.
Marti, Kurt: undereinisch. Darmstadt/Neuwied.
Maurer, Georg: Erfahrene Welt. Halle.
Mayröcker, Friederike: Blaue Erleuchtungen. Erste Gedichte. Düsseldorf.
Pastior, Oskar: Gedichtgedichte. München.
Schutting, Julian [Jutta]: In der Sprache der Inseln. Salzburg.
Skwara, Erich Wolfgang: lotverschlossen. Karlsruhe.
Strittmatter, Eva: Ich mach ein Lied aus Stille. Berlin/Weimar.
Wagner, Richard: Klartext. Bukarest.

1974

Becker, Jürgen: Das Ende der Landschaftsmalerei. Frankfurt a.M.
Braun, Volker: Gegen die symmetrische Welt. Halle.
Endler, Adolf: Das Sandkorn. Halle.
Fried, Erich: Gegengift. Berlin.
Hodjak, Franz: Spielräume. Gedichte & Einfälle. Bukarest.
Kaschnitz, Marie Luise: Gesang vom Menschenleben. Düsseldorf.
Kirsch, Sarah: Es war dieser merkwürdige Sommer. Berlin.
Kirsten, Wulf: Ziegelbrennersprache. Darmstadt.
Kunert, Günter: Im weiteren Fortgang. München.
Meckel, Christoph: Wen es angeht. Düsseldorf.
Petri, Walther: Das Geschmeide des Harlekin. Berlin/Weimar.
Theobaldy, Jürgen: Blaue Flecken. Reinbek.
Wondratschek, Wolf: Chuck's Zimmer. Frankfurt a.M.

1975

Ausländer, Rose: Andere Zeichen. Düsseldorf.
Brasch, Thomas: Poesiealbum 89. Berlin.
Brinkmann, Rolf Dieter: Westwärts 1 & 2. Reinbek.
Czechowski, Heinz: Schafe und Sterne. Halle.
Delius, F. C.: Ein Bankier auf der Flucht. Berlin.
Dürrson, Werner: Mitgegangen mitgehangen. Gedichte 1970–1975. Darmstadt.
Endler, Adolf: Nackt mit Brille. Berlin.
Enzensberger, Hans Magnus: Mausoleum. Frankfurt a.M.
Erb, Elke: Gutachten. Berlin/Weimar.
Fels, Ludwig: Ernüchterung. Erlangen/Berlin.
Fringeli, Dieter: Durchaus. Neue Gedichte. Düsseldorf.
Heise, Hans-Jürgen: Vom Landurlaub zurück. Düsseldorf.
Koschel, Christine: Zeit von der Schaukel zu springen. München.
Kunert, Günter: Das kleine Aber. Berlin/Weimar.
Malkowski, Rainer: Was für ein Morgen. Frankfurt a.M.
Marti, Kurt: meergedichte, alpengedichte. Berlin.
Mickel, Karl: Eisenzeit. Halle.
Novak, Helga Maria: Balladen vom kurzen Prozeß. Berlin.
Reimann, Andreas: Die Weisheit des Fleisches. Halle.
Ritter, Roman: Einen Fremden im Postamt umarmen. München.
Schramm, Godehard: Meine Lust ist größer als mein Schmerz. München/Zürich.
Söllner, Werner: Wetterberichte. Klausenberg.
Zahl, Peter-Paul: Schutzimpfung. Berlin.

1976

Arendt, Erich: Memento und Bild. Leipzig.
Berkes, Ulrich: Ikarus über der Stadt. Berlin/Weimar.
Bienek, Horst: Gleiwitzer Kindheit. München.
Celan, Paul: Zeitgehöft. Frankfurt a.M.
Dittberner, Hugo: Der Biß ins Gras. Köln.
Fritz, Walter Helmut: Schwierige Überfahrt. Hamburg.
Haufs, Rolf: Die Geschwindigkeit eines einzigen Tages. Reinbek.
Jokostra, Peter: Feuerzonen. München.
Kirsch, Sarah: Rückenwind. Berlin/Weimar [zit. n. München 1977].
Kirsten, Wulf: der landgänger. Düsseldorf/Krefeld.
Kiwus, Karin: Von beiden Seiten der Gegenwart. Frankfurt a.M.
Krüger, Michael: Reginapoly. München.
Kunert, Günter: Das kleine Aber. Berlin/Weimar.
Meister, Ernst: Im Zeitspalt. Darmstadt/Neuwied.
Pastior, Oskar: Fleischeslust. Lichtenberg.
Rennert, Jürgen: Märkische Depesche. Berlin.
Schutting, Jutta: Lichtungen. Salzburg.
Schutting, Julian [Jutta]: Lichtungen. Salzburg.
Taschau, Hannelies: Luft zum Atmen. Karlsruhe.
Theobaldy, Jürgen: Zweiter Klasse. Berlin.
Wondratschek, Wolf: Das leise Lachen am Ohr eines andern. München.
Wühr, Paul: Grüß Gott ihr Mütter ihr Väter ihr Töchter ihr Söhne. München.

1977

Ausländer, Rose: Doppelspiel. Köln.
Becker, Jürgen: Erzähl mir nichts vom Krieg. Frankfurt a.M.
Burkart, Erika: Das Licht im Kahlschlag. Zürich/München.
Fels, Ludwig: Alles geht weiter. Darmstadt/Neuwied.
Fried, Erich: Die bunten Getüme. Hamburg.
Grüning, Uwe: Fahrtmorgen im Dezember. Berlin.
Härtling, Peter: Anreden. Darmstadt/Neuwied.
Herburger, Günter: Ziele. Reinbek.
Kaléko, Mascha: In meinen träumen läutet es Sturm. Gedichte und Epigramme aus dem Nachlass. München.
Kirsten, Wulf: der bleibaum. Berlin/Weimar.
Krechel, Ursula: Nach Mainz! Darmstadt/Neuwied.
Krolow, Karl: Der Einfachheit halber. Frankfurt a.M.
Kunert, Günter: Unterwegs nach Utopia. München.
Malkowski, Rainer: Einladung ins Freie. Frankfurt a.M.
Meckel, Christoph: Liebesgedichte. Berlin.
Schenck, Johannes: Zittern. Fünfundvierzig Gedichte. Berlin.
Wagner, Richard: Die Invasion der Uhren. Bukarest.
Zahl, Peter-Paul: Alle Türen offen. Berlin.

1978

Aichinger, Ilse: Verschenkter Rat. Frankfurt a.M.
Arendt, Erich: Zeitsaum. Leipzig.
Biermann, Wolf: Preußischer Ikarus. Köln.
Buselmeier, Michael: Nichts soll sich ändern. Heidelberg.
Erb, Elke: Der Faden der Geduld. Berlin.
Fried, Erich: 100 Gedichte ohne Vaterland. Berlin.

Fringeli, Dieter: Ich bin nicht mehr zählbar. Zürich.
Fritz, Walter Helmut: Sehnsucht. Hamburg.
Grosz, Christiane: Scherben. Berlin/Weimar.
Jandl, Ernst: Die Bearbeitung der Mütze. Darmstadt/Neuwied.
Jentzsch, Bernd: Quartiermachen. München.
Kolleritsch, Alfred: Einübung in das Vermeidbare. Salzburg/Wien.
Krüger, Michael: Diderots Katze. München.
Kunert, Günter: Verlangen nach Bomarzo. Leipzig.
Novak, Helga Maria: Margarete mit dem Schrank. Berlin.
Piontek, Heinz: Wie sich Musik durchschlug. Hamburg.
Priessnitz, Reinhard: vierundvierzig gedichte. Linz.
Roth, Friederike: Tollkirschenhochzeit. Darmstadt/Neuwied.
Struzyk, Brigitte: Gedichte. Berlin.
Taschau, Hannelies: Luft zum Atmen. Karlsruhe.
Wohmann, Gabriele: Grund zur Aufregung. Darmstadt/Neuwied.

1979

Aparicio, Guillermo: Meine Wehen vergehen. Stuttgart.
Ausländer, Rose: Ein Stück weiter. Berlin.
Bartsch, Kurt: Kaderakte. Reinbek.
Becker, Jürgen: In der verbleibenden Zeit. Frankfurt a.M.
Braun, Volker: Training des aufrechten Gangs. Frankfurt a.M.
Haufs, Rolf: Größer werdende Entfernung. Gedichte 1962–1979. Reinbek.
Herburger, Günter: Orchidee. Darmstadt/Neuwied.
Hilbig, Wolfgang: abwesenheit. Frankfurt a.M.
Huchel, Peter: Die neunte Stunde. Frankfurt a.M.
Kirsch, Sarah: Drachensteigen. Ebenhausen.
Kiwus, Karin: Angenommen später. Frankfurt a.M.
Lobe, Jochen: Augenaudienz. Reinbek.
Matthies, Frank-Wolf: Morgen. Reinbek.
Meckel, Christoph: Säure. Düsseldorf.
Meister, Ernst: Wandloser Raum. Darmstadt/Neuwied.
Morshäuser, Bodo: Alle Tage. Berlin.
Reimann, Andreas: Das ganze halbe Leben. Halle.
Reinig, Christa: Müßiggang ist aller Liebe Anfang. Düsseldorf.
Rosei, Peter: Regentagstheorie. Salzburg/Wien.
Rühmkorf, Peter: Haltbar bis Ende 1999. Reinbek
Taschau, Hannelies: Doppelleben. Zürich/Köln.
Wühr, Paul: Rede. München/Wien.

1980

Ausländer, Rose: Im Atombaus wohnen. Frankfurt a.M.
Brasch, Thomas: Der schöne 27. September. Frankfurt a.M.
Brinkmann, Rolf Dieter: Standphotos, Gedichte 1962–1970. Reinbek.
Burger, Hermann: Kirchberger Idyllen. Frankfurt a.M.
Cibulka, Hanns: Der Rebstock. Halle/Leipzig.
Dittberner, Hugo: Ruhe hinter den Gardinen. Reinbek.
Enzensberger, Hans Magnus: Die Furie des Verschwindens. Frankfurt a.M.
Guttenbrunner, Michael: Gesang der Schiffe. Düsseldorf.
Jandl, Ernst: Der gelbe Hund. Darmstadt/Neuwied.
Jendryschik, Manfred: Die Ebene. Halle [u. Frankfurt a.M.].
Kolbe, Uwe: Hineingeboren. Gedichte 1975–1979. Berlin/Weimar [1982 Frankfurt a.M.].

Kunert, Günter: Abtötungsverfahren. München.
Leisegang, Dieter: Lauter letzte Worte. Frankfurt a.M.
Pietraß, Richard: Notausgang. Berlin/Weimar.
Piontek, Heinz: Vorkriegszeit. München.
Reinig, Christa: Die Prüfung des Lächlers. München.
Roth, Friederike: Schieres Glück. Darmstadt/Neuwied.
Söllner, Werner: Eine Entwöhnung. Bukarest.
Theobaldy, Jürgen: Schwere Erde, Rauch. Reinbek.
Vesper, Guntram: Die Illusion des Unglücks. München.
Wondratschek, Wolf: Letzte Gedichte. München.
Zenker, Hartmut: Zeitflug ins Grün. Halle/Leipzig.

1981

Arendt, Erich: entgrenzen. Leipzig [u. Darmstadt].
Bernhard, Thomas: Ave Vergil. Frankfurt a.M.
Czechowski, Heinz: Was mich betrifft. Halle/Leipzig.
Delius, F. C.: Die unsichtbaren Blitze. Berlin.
Falkner, Gerhard: So beginnen die Körper die Tage. Darmstadt/Neuwied.
Hahn, Ulla: Herz über Kopf. Stuttgart.
Ingold, Felix: Unzeit. Stuttgart.
Kolbe, Uwe: Abschied und andere Liebesgedichte. Berlin/Weimar.
Krolow, Karl: Herbstsonett mit Hegel. Frankfurt a.M.
Kunze, Rainer: Auf eigene Hoffnung. Frankfurt a.M.
Lenz, Hermann: Zeitlebens. München.
Leutenegger, Gertrud: Wie in Salomons Garten. Düsseldorf.
Mangold, Wendelin: Erstling der Muse. Alma-Ata.
Mattheis, Frank-Wolf: Für Patricia im Winter. Reinbek.
Poethen, Johannes: ach erde du alte. Stuttgart.
Schlesak, Dieter: Weiße Gegend – Fühlt die Gewalt in diesem Traume. Reinbek.
Törne, Volker von: Im Lande Vogelfrei. Berlin.

1982

Anderson, Sascha: Jeder Satellit hat einen Killersatelliten. Berlin.
Ausländer, Rose: Mein Venedig versinkt nicht. Frankfurt a.M.
Bächler, Wolfgang: Nachtleben. Frankfurt a.M.
Becker, Jürgen: Fenster und Stimmen. Frankfurt a.M.
Buselmeier, Michael: Radfahrt gegen Ende des Winters. Frankfurt a.M.
Czechowski, Heinz: Ich, beispielsweise. Leipzig.
Erb, Elke: Trost. Stuttgart.
Fried, Erich: Das Nahe suchen. Berlin.
Gosse, Peter: Ausfahrt aus Byzanz. Halle/Leipzig.
Gutzschhahn, Uwe-Michael: In der Hitze des Mittags. München.
Herburger, Günter: Makadam. Darmstadt/Neuwied.
Karsunke, Yaak: auf die gefahr hin. Berlin.
Kirsch, Sarah: Erdreich. Stuttgart.
Kolbe, Uwe: Hineingeboren. Gedichte 1975–1979. Frankfurt a.M.
Kolleritsch, Alfred: Im Vorfeld der Augen. Salzburg.
Krüger, Michael: Aus der Ebene. München/Wien.
Mayröcker, Friederike: Gute Nacht, guten Morgen. Frankfurt a.M.
Pietraß, Richard: Freiheitsmuseum. Berlin/Weimar.
Rathenow, Lutz: Zangengeburt. München/Zürich.
Vesper, Guntram: Die Inseln im Landwehr. Pfaffenweiler.

1983

Czechowski, Heinz: An Freund und Feind. München.
Dewran, Hasan: Entlang des Euphrat. Berlin.
Erb, Elke: Vexierbild. Berlin.
Fried, Erich: Es ist was es ist. Berlin.
Fritz, Walter Helmut: Werkzeuge der Freiheit. Hamburg.
Garnier, Ilse: Fensterbilder. 24 Serigraphien. Paris.
Grosz, Christiane: Blatt vor dem Mund. Berlin/Weimar.
Hahn, Ulla: Spielende. Stuttgart.
Hamm, Peter: Der Balken. Frankfurt a.M.
Hilbig, Wolfgang: Stimme Stimme. Leipzig.
Hilbig, Wolfgang: abwesenheit. Frankfurt a.M.
Kolbe, Uwe: Abschiede und andere Liebesgedichte. Frankfurt a.M.
Kolleritsch, Alfred: Absturz ins Glück. Salzburg.
Krechel, Ursula: Rohschnitt. Darmstadt/Neuwied.
Kunert, Günter: Stilleben. München.
Mensching, Steffen: Erinnerung an eine Milchglasscheibe. Halle.
Mickel, Karl: Odysseus in Ithaka. Leipzig.
Novak, Helga Maria: Grünheide Grünheide. Darmstadt/Neuwied.
Pastior, Oskar: 33 Gedichte. München.
Senocak, Zafer: Elektrisches Blau. München.
Strittmatter, Eva: Heliotop. Berlin/Weimar.
Theobaldy, Jürgen: Die Sommertour. Reinbek.
Wondratschek, Wolf: Die Einsamkeit der Männer. Zürich.

1984

Burkart, Erika: Sternbild des Kindes. Zürich/München.
Chiellino, Gino: Mein fremder Alltag. Kiel.
Dahl, Edwin Wolfram: Zum Atmen bleibt noch Zeit. München.
Falkner, Gerhard: der atem unter der erde. Darmstadt/Neuwied.
Fels, Ludwig: Der Anfang der Vergangenheit. München.
Fried, Erich: Beunruhigungen. Berlin.
Gerlach, Harald: Nachrichten aus Grimmelshausen. Berlin/Weimar.
Haufs, Rolf: Juniabschied. Reinbek.
Hüge, Bernd-Dieter: Kaderakte eines Zugvogels. Berlin.
Karasholi, Adel: Daheim in der Fremde. Halle.
Kirsch, Sarah: Katzenleben. Stuttgart.
Krolow, Karl: Schönen Dank und vorüber. Frankfurt a.M.
Lorenc, Kito: Wortland. Leipzig.
Martens, Klaus: Heimliche Zeiten. Stuttgart.
Meckel, Christoph: Souterrain. München.
Mensching, Steffen: Erinnerung an eine Milchglasscheibe. Halle/Leipzig.
Özakin, Aysel: Du bist willkommen. Hamburg.
Rothmann, Ralf: Kratzer. Berlin.
Struzyk, Brigitte: Leben auf der Kippe. Berlin/Weimar.
Taschau, Hannelies: Gefährdung der Leidenschaft. Darmstadt/Neuwied.
Theobaldy, Jürgen: Midlands, Drinks. Heidelberg.
Waterhouse, Peter: Menz. Graz.

1985

Bartsch, Kurt: Weihnacht ist und Wotan reitet. Berlin.
Böhme, Thomas: Die schamlose Vergeudung des Dunkels. Berlin/Weimar.

Brinkmann, Hans: Wasserstände und Tauchtiefen. Berlin.
Brinkmann, Rolf Dieter: Eiswasser an der Guadelupe Str. Reinbek.
Czernin, Franz Josef: die kunst des sonetts. Linz/Wien.
Endler, Adolf: Die Nennung von Gründen. Berlin.
Fried, Erich: Um Klarheit. Berlin.
Hahn, Ulla: Freudenfeuer. Stuttgart.
Hamm, Peter: Die verschwindende Welt. München.
Kirsch, Sarah: Landwege. Stuttgart.
Krechel, Ursula: Vom Feuer lernen. München.
Krüger, Michael: Die Dronte. München.
Martens, Klaus: Angehaltenes Schweigen. Göttingen.
Mayröcker, Friederike: Das Anheben der Arme bei Feuerglut. Stuttgart.
Schenk, Johannes: Café Americain. Stuttgart.
Senocak, Zafer: Flammentropfen. Frankfurt a.M.
Vesper, Guntram: Frohburg. Frankfurt a.M.

1986

Artmann, H. C.: gedichte von der wollust des dichtens in worte gefasst. Salzburg/Wien.
Becker, Jürgen: Odenthals Küste. Frankfurt a.M.
Czernin, Franz Josef: Gelegenheitsgedichte. Berlin.
Dittberner, Hugo: Der Tisch unter den Wolken. Göttingen.
Fried, Erich: Wächst das Rettende auch? Gedichte für den Frieden. Köln.
Handke, Peter: Gedicht an die Dauer. Frankfurt a.M.
Haufs, Rolf: Felderland. München/Wien.
Hilbig, Wolfgang: die versprengung. Frankfurt a.M.
Hodjak, Franz: Augenlicht. Bukarest.
Ingold, Felix Philipp: Mit anderen Worten. Prosagedichte. München/Wien.
Kirsten, Wulf: die erde bei Meißen. Leipzig.
Kolbe, Uwe: Bornholm II. Berlin/Weimar.
Kolleritsch, Alfred: Augenlust. Salzburg.
Kunze, Reiner: eines jeden einziges leben. Frankfurt a.M.
Kurt, Kemal: Scheingedichte. Berlin.
Malkowski, Rainer: Was auch immer geschieht. Frankfurt a.M.
Mangold, Wendelin: Mir träumte im Süden von Schnee. Alma-Ata.
Mayröcker, Friederike: Winterglück. Frankfurt a.M.
Pastior, Oskar: Lesungen mit Tinnitus. München, Wien.
Rühmkorf, Peter: Außer der Liebe nichts. Liebesgedichte. Reinbek.
Schindel, Robert: Ohneland. Gedichte vom Holz der Paradieserbäume. 1979–1984. Frankfurt a.M.
Schmatz, Ferdinand: die wolke und die uhr. gedicht. Linz/Wien.
Treichel, Hans-Ulrich: Liebe Not. Frankfurt a.M.
Waterhouse, Peter: passim. Reinbek.
Zschorsch, Gerald: Klappmesser. Frankfurt a.M.

1987

Braun, Volker: Langsam knirschender Morgen. Frankfurt a.M.
Chiellino, Gino: Sehnsucht nach Sprache. Kiel.
Cirak, Zehra: Flugfänger. Karlsruhe.
Claus, Carlfriedrich: Sprachblätter. Spenge.
Czernin, Franz Josef: Gelegenheitsgedichte. Berlin.
Czernin, Franz Josef: Die Reise. In achtzig Gedichten um die ganze Welt. Salzburg.
Czechowski, Heinz: Ich und die Folgen. Reinbek.
Erb, Elke: Kastanienallee. Texte und Kommentare. Berlin/Weimar.

Fried, Erich: Am Rande unserer Lebenszeit. Berlin.
Fried, Erich: Vorübungen für Wunder. Gedichte vom Zorn und von der Liebe. Berlin.
Fritz, Walter Helmut: Immer einfacher, immer schwieriger. Gedichte und Prosagedichte 1983–1986. Hamburg.
Gernhardt, Robert: Körper in Cafés. Zürich.
Grass, Günter: Mit Sophie in die Pilze gegangen. Göttingen.
Guttenbrunner, Michael: Die Lichtvergeudung. Gedichte 1980–1987. Wien.
Härtling, Peter: Die Mörsinger Pappel. Darmstadt/Neuwied.
Krolow, Karl: Die andere Seite der Welt. Pfaffenweiler.
Kunert, Günter: Berlin beizeiten. München/Wien [Taschenbuch Frankfurt a.M. 1989].
Lenz, Hermann: Zu Fuß. Warmbronn.
Meckel, Christoph: Anzahlung auf ein Glas Wasser. München.
Mensching, Steffen: Tuchfühlung. Halle/Leipzig.
Pietraß, Richard: Spielball. Berlin/Weimar.
Roth, Friederike: Schattige Gärten. Frankfurt a.M.
Wüstefeld, Michael: Heimsuchung. Berlin/Weimar.
Zenker, Hartmut: Fürsprache. Halle/Leipzig.
Zschorsch, Gerald: Sturmtruppen. Stuttgart.

1988

Bäcker, Heimrad: referendum. Wien.
Burkart, Erika: Schweigeminute. Zürich/München.
Erb, Elke: Kastanienallee. Salzburg/Wien.
Fels, Ludwig: Blaue Alleen, versprengte Tartaren. München/Zürich.
Fritz, Walter Helmut: Unaufhaltbar. Warmbronn.
Grünbein, Durs: grauzone morgens. Frankfurt a.M.
Harig, Ludwig: Hundert Gedichte. Alexandrinische Sonette, Terzinen, Couplets u.a. Verse in strenger Form. München/Wien.
Kirsch, Rainer: Kunst in Mark Brandenburg. Rostock.
Kolleritsch, Alfred: Gedichte. Frankfurt a.M.
Leupold, Dagmar: Wie Treibholz. Pfaffenweiler.
Papenfuß-Gorek, Bert: dreizehntanz. Berlin/Weimar.
Poethen, Johannes: Wer hält mir die Himmelsleiter. Gedichte 1981–1987. Karlsruhe.
Politycki, Matthias: Im Schaffen der Schrift hier. München.
Riha, Karl: hin & retour. Wien.
Rosenlöcher, Thomas: Schneebier. Salzburg/Wien.
Schedlinski, Rainer: die rationen des ja und des nein. Berlin/Weimar.
Schindel, Robert: Im Herzen die Krätze. Frankfurt a.M.
Söllner, Werner: Kopfland. Passagen. Frankfurt a.M.

1989

Bäcker, Heimrad: epitaph. Linz.
Camastro, Gogio: io tu. konkrete poesie. Gladbeck.
Czechowski, Heinz: An Freund und Feind. München/Wien.
Delius, F. C.: Japanische Rolltreppen. Tanka-Gedichte. Reinbek.
Döring, Stefan: heutmorgengestern. Berlin/Weimar.
Faktor, Jan: Georgs Versuche an einem Gedicht und andere positive Texte aus dem Dichtergarten des Grauens. Berlin.
Falkner, Gerhard: wermut. Frankfurt a.M.
Fried, Erich: Gründe. Gesammelte Gedichte. Berlin.
Fries, Rudolf Fritz: Herbsttage in Niederbarnim. Berlin/Weimar.
Gerlach, Harald: Wüstungen. Berlin/Weimar.

Jandl, Ernst: idyllen. Frankfurt a.M.
Kirsch, Sarah: Schneewärme. Stuttgart.
Kling, Thomas: geschmacksverstärker. Frankfurt a.M.
Krüger, Michael: Idyllen und Illusionen. Tagebuchgedichte. Berlin.
Malkowski, Rainer: Das Meer steht auf. Frankfurt a.M.
Malkowski, Rainer: Gedichte. Frankfurt a.M.
Novak, Helga Maria: Märkische Feemorgana. Frankfurt a.M.
Pietraß, Richard: Was mir zum Glück fehlt. Frankfurt a.M.
Rühmkorf, Peter: Einmalig wie wir alle. Reinbek.
Schertenleib, Hansjörg: Der stumme Gast. Köln.
Vesper, Guntram: Leuchtfeuer auf dem Festland. München.
Wildenhain, Michael: Das Ticken der Steine. Berlin.

1990

Becker, Jürgen: Das englische Fenster. Frankfurt a.M.
Braun, Volker: Der Stoff zum Leben 1–3. Frankfurt a.M.
Czechowski, Heinz: Auf eine im Feuer versunkene Stadt. Halle.
Döring, Stefan: Zehn. Berlin.
Gernhardt, Robert: Reim und Zeit. Stuttgart.
Gosse, Peter: Standwaage. Berlin.
Haufs, Rolf: Allerweltsfieber. München/Wien.
Hensel, Kerstin: Schlaraffenzucht. Frankfurt a.M.
Jansen, Johannes: prost neuland. Berlin.
Kolbe, Uwe: Vaterlandkanal. Ein Fahrtenbuch. Frankfurt a.M.
Kunert, Günter: Fremd daheim. München/Wien.
Papenfuß-Gorek, Bert: SoJa. Berlin.
Papenfuß-Gorek, Bert: vorwärts im zorn usw. Berlin/Weimar.
Pastior, Oskar: Kopfnuß Januskopf. Gedichte in Palindromen. München.
Schutting, Julian: Flugblätter. Salzburg/Wien.
Taschau, Hannelies: weg mit dem meer. Frankfurt a.M.
Theobaldy, Jürgen: In den Aufwind. Berlin.
Treichel, Hans-Ulrich: Seit Tagen kein Wunder. Frankfurt a.M.
Wühr, Paul: Grüß Gott. Rede. München/Wien.

1991

Atabay, Cyrus: Gedichte. Frankfurt a.M.
Aigner, Christoph Wilhelm: Drei Sätze. Salzburg.
Beyer, Marcel: Walkmännin. Gedichte 1988–1989. Frankfurt a.M.
Camastro, Giogio: rhythmische figuren. Korschenbroich.
Daniel, Peter: Hommage an gott. Experimentell-konkrete Text-Zeichen. Wien.
Donhauser, Michael: Dich noch und. Liebes- und Lobgedichte. Salzburg.
Enzensberger, Hans Magnus: Zukunftsmusik. Frankfurt a.M.
Greve, Ludwig: Sie lacht und andere Gedichte. Frankfurt a.M.
Grünbein, Durs: Schädelbasislektion. Frankfurt a.M.
Hensel, Kerstin: Gewitterfront. Leipzig.
Kling, Thomas: brennstabm. Frankfurt a.M.
Köhler, Barbara: Deutsches Roulette. Gedichte 1984–1989. Frankfurt a.M.
Runge, Doris: wintergrün. Stuttgart.
Senocak, Zafer: Das senkrechte Meer. Berlin.
Wagner, Richard: Schwarze Kreide. Frankfurt a.M.

1992

Borchers, Elisabeth: Von der Grammatik des heutigen Tages. Frankfurt a.M.
Buselmeier, Michael: Erdunter. Heidelberg.
Chiellino, Gino: Sich die Fremde nehmen. Kiel.
Czernin, Franz Josef: gedichte. Graz/Wien.
Hummelt, Norbert: pick-ups. Siegen.
Ingold, Felix Philipp: Reimt's auf Leben. Ein Hundert Gelegenheitsgedichte. Berlin.
Jandl, Ernst: Stanzen. Hamburg/Zürich.
Jansen, Johannes: Reißwolf. Aufzeichnungen. Frankfurt a.M.
Kahlau, Heinz: Kaspers Waage. Berlin.
Kirsch, Sarah: Erlkönigs Tochter. Stuttgart.
Krolow, Karl: Ich hörte mich sagen. Frankfurt a.M.
Kunert, Gunter: Stilleben. München.
Mayröcker, Friederike: Das besessene Alter. Neue Gedichte. Frankfurt a.M.
Pastior, Oskar: Vokalisen & Gimpfelstifte. München/Wien.
Petersdorff, Dirk von: Wie es weitergeht. Frankfurt a.M.
Schindel, Robert: Ein Feuerchen im Hintennach. Frankfurt a.M.
Schmatz, Ferdinand: Speise. Gedichte. Graz/Wien.
Söllner, Werner: Der Schlaf des Trommlers. Zürich.
Theobaldy, Jürgen: Der Nachtbildsammler. Köln.
Warnke, Uwe: FERSE. serielle texte. Siegen.
Waterhouse, Peter: Blumen. Wien.
Zieger, Ulrich: Große beruhigte Körper. Berlin.

1993

Becker, Jürgen: Foxtrott im Erfurter Stadion. Frankfurt a.M.
Czechowski, Heinz: Nachtspur. Zürich.
Duden, Anne: Steinschlag. Köln.
Fritz, Walter Helmut: Teil der Dunkelheit. Warmbronn.
Gosse, Peter: 15 Gedichte. Leipzig.
Grass, Günter: Novemberland. 13 Sonette. Göttingen.
Härtling, Peter: Das Land, das ich erdachte. Gedichte 1990–1993. Stuttgart.
Herburger, Günter: Sturm und Stille. Hamburg.
Hodjak, Franz: Landverlust. Frankfurt a.M.
Hummelt, Norbert: knackige codes. Berlin.
Jansen, Johannes: Text Weg Bild Spiel. Berlin.
Kirsten, Wulf: Stimmenschotter. Gedichte 1987–1992. Zürich.
Kling, Thomas: Nacht. Sicht. Gerät. Frankfurt a.M.
Rathenow, Lutz: Oder was schwimmt da im Auge. Weilerswist.
Roth, Friederike: Wiese und Macht. Ein Gedicht. Frankfurt a.M.
Rühmkorf, Peter: Laß leuchten! Reinbek.
Schrott, Raoul: sub rosa. Innsbruck.
Taufiq, Suleman: Spiegel des Anblicks. Berlin.

1994

Anderson, Sascha: rosa indica vulgaris. Berlin.
Czechowski, Heinz: Über die dunkle Fläche. Halle.
Czernin, Franz Josef: Terzinen. Wien.
Dittberner, Hugo: Das letzte fliegende Weiß. Köln.
Erb, Elke: Unschuld, du Licht meiner Augen. Göttingen.
Faktor, Jan: Körpertexte. Hamburg/Zürich.
Gernhardt, Robert: Weiche Ziele. Gedichte 1984–1994. Zürich.

Gräf, Dieter M.: Rauschstudie. Vater + Sohn. Frankfurt a.M.
Grünbein, Durs: Falten und Fallen. Frankfurt a.M.
Haufs, Rolf: Vorabend. München/Wien.
Ingold, Felix Philipp: Restnatur. Münster.
Kirsch, Sarah: Zaubersprüche. Stuttgart.
Kolbe, Uwe: Nicht wirklich platonisch. Frankfurt a.M.
Leupold, Dagmar: Die Angst der Frauen. Frankfurt a.M.
Malkowski, Rainer: Ein Tag für Impressionisten und andere Gedichte. Frankfurt a.M.
Papenfuß, Bert: Mors ex nihilo. Berlin.
Riha, Karl: was ist mit mir heute los? moritaten, sonette, short poems. Gießen.
Senocak, Zafer: Fernsehanstalten. Berlin.
Treichel, Hans-Ulrich: Der einzige Gast. Frankfurt a.M.
Wüstefeld, Michael: Amsterdamer Gedichte. Dresden.

1995

Bulla, Hans Georg: Doppel. Bergen.
Egger, Oswald: Die Erde der Rede. Münster.
Enzensberger, Hans-Magnus: Kiosk. Neue Gedichte. Frankfurt a.M.
Franzobel: Thesaurus. Ein Gleiches. 24 konzeptuelle Gedichte. Siegen.
Hahn, Ulla: Epikurs Garten. Stuttgart.
Karasholi, Adel: Also sprach Abdulla. München.
Kirsch, Sarah: Ich Crusoe. 60 Gedichte. Stuttgart.
Köhler, Barbara: Blue Box. Frankfurt a.M.
Kolleritsch, Alfred: In den Tälern der Welt. Salzburg.
Krechel, Ursula: Landläufiges Wunder. Frankfurt a.M.
Krolow, Karl: Die zweite Zeit. Frankfurt a.M.
Meckel, Christoph: Gesang vom unterbrochenen Satz. München/Wien.
Ostermaier, Albert: Herz Vers Sagen. Frankfurt a.M.
Petersdorff, Dirk von: Zeitlösung. Frankfurt a.M.
Runge, Doris: grund genug. Stuttgart.
Schmidt, Kathrin: Flußbild mit Engel. Frankfurt a.M.
Schrott, Raoul: hotels. Innsbruck.
Seiler, Lutz: berührt, geführt. Berlin.

1996

Alabied, Ryad: Garten der Begierden. Köln.
Becker, Jürgen: Korrespondenzen mit Landschaft. Frankfurt a.M.
Böhme, Thomas: heimkehr der schwimmer. Berlin.
Braun, Volker: Lustgarten Preußen. Ausgewählte Gedichte. Frankfurt a.M.
Czernin, Franz Josef: natur-gedichte. München/Wien.
Drawert, Kurt: Wo es war. Frankfurt a.M.
Falkner, Gerhard: X-te Person Einzahl. Frankfurt a.M.
Gosse, Peter: Gleisskörper. Halle.
Haufs, Rolf: Augustfeuer. München/Wien.
Jacobs, Steffen: Der Alltag des Abenteuers. Frankfurt a.M.
Jandl, Ernst: peter und die kuh. München.
Kirsch, Sarah: Bodenlos. Stuttgart.
Kling, Thomas: morsch. Frankfurt a.M.
Krüger, Michael: Nachts, unter Bäumen. Salzburg/Wien.
Kruppa, Hans: Lichter der Hoffnung. München.
Mayröcker, Friederike: Notizen auf einem Kamel. Gedichte 1991–1996. Frankfurt a.M.
Rosenlöcher, Thomas: Die Dresdner Kunstausübung. Frankfurt a.M.

Rühm, Gerhard: Visuelle Poesie. Innsbruck.
Rühmkorf, Peter: Gedichte. Reinbek.
Waterhouse, Peter: E. 71. Mitschrift aus Bihac und Kraijna. Salzburg/Wien.
Wüstefeld, Michael: Deutsche Anatomie. Dülmen.

1997

Alabied, Ryad: Über das freie Denken. Köln.
Beyer, Marcel: Falsches Futter. Frankfurt a.M.
Bulla, Hans Georg: Flügel über Landschaft. Neustadt.
Dittberner, Hugo: Wasser Elegien. Hannover.
Fritz, Walter Helmut: Das offene Fenster. Prosagedichte. Hamburg.
Gernhardt, Robert: Lichte Gedichte. Zürich.
Gräf, Dieter M.: Treibender Kopf. Frankfurt a.M.
Härtling, Peter: Horizonttheater. Neue Gedichte. Köln.
Heise, Hans-Jürgen: Zwischenhoch. Halle.
Hummelt, Norbert: singtrieb. Basel.
Jacobs, Steffen: Geschulte Monade. Frankfurt a.M.
Krolow, Karl: Auf Erden. Frankfurt a.M.
Novak, Helga Maria: Silvatica. Frankfurt a.M.
Ostermaier, Albert: Heartcore. Frankfurt a.M.
Pastior, Oskar: Das Hören des Genitivs. München.
Pfennig, Jörg: Kopfsprünge Herzsprünge. München.
Schlesak, Dieter: Landsehn. Berlin.

1998

Aigner, Christoph Wilhelm: Die Berührung. Stuttgart.
Borchers, Elisabeth: Was ist die Antwort. Frankfurt a.M.
Czechowski, Heinz: An Freund und Feind. München.
Gerlach, Harald: Nirgends und zu keiner Stunde. Berlin.
Hensel, Kerstin: Volksfest by Bürgerbräu. Berlingedichte. Berlin.
Herburger, Günter: Im Gebirge. München.
Kirsch, Rainer: Kunst in Mark Brandenburg. München.
Kolbe, Uwe: Vineta. Frankfurt a.M.
Müller, Heiner: Die Gedichte. Hg. von Frank Hörnigk. Frankfurt a.M.
Papenfuß, Bert: SBZ. Land und Leute. Berlin.
Rosenlöcher, Thomas: Ich sitze in Sachsen und seh in den Schnee. 77 Gedichte. Frankfurt a.M.
Singh, Rajvinder: Ufer der Zeit. Berlin.
Taschau, Hannelies: Klarträumer. Lüneburg.

1999

Becker, Jürgen: Journal der Wiederholungen. Frankfurt a.M.
Braun, Volker: Tumulus. Frankfurt a.M.
Domin, Hilde: Der Baum blüht trotzdem. Frankfurt a.M.
Donhauser, Michael: Sarganserland. Basel.
Drawert, Kurt: Steinzeit. Frankfurt a.M.
Duden, Anne: Hingegend. Lüneburg.
Egger, Oswald: Herde der Rede. Frankfurt a.M.
Enzensberger, Hans Magnus: Leichter als Luft. Moralische Gedichte. Frankfurt a.M.
Grünbein, Durs: Nach den Satiren. Frankfurt a.M.
Kahlau, Heinz: Zweisam. Liebesgedichte. Berlin.
Kirsten, Wulf: Wettersturz. Gedichte 1993–1998. Zürich.
Kling, Thomas: Fernhandel. Köln.

Kunert, Gunter: NachtVorstellung. München/Wien.
Okopenko, Andreas: Affenzucker. Neue Lockergedichte. Wien/München.
Rost, Hendrik: Fliegende Schatten. Stuttgart.
Rühmkorf, Peter: wenn aber dann. vorletzte gedichte. Reinbek.
Schmatz, Ferdinand: das große babel,n. Innsbruck.

2000

Ahrens, Henning: Stoppelbrand. Stuttgart/München.
Böhme, Thomas: Die Colatrinker. Gedichte 1980–1999. Troisdorf.
Braun, Volker: Das Wirklichgewollte. Frankfurt a.M.
Erb, Elke: Sachverstand. Göttingen.
Falkner, Gerhard: Endogene Gedichte. Grundbuch. Köln.
Grünzweig, Dorothea: Vom Eisgebreit. Göttingen.
Kruppa, Hans: Du bringst mir Glück. München.
Meckel, Christoph: Zähne. München.
Nitzberg, Alexander: »Na also« sprach Zarathustra. Düsseldorf.
Pastior, Oskar: Villanella & Pantum. München.
Rothmann, Ralf: Gebet in Ruinen. Frankfurt a.M.
Schacht, Ulrich: Lanzen im Eis. Stuttgart.
Schlesak, Dieter: Tunneleffekt. Berlin.
Schmidt, Kathrin: Go-In der Belladonnen. Köln.
Seiler, Lutz: pech und blende. Frankfurt a.M.
Urweider, Raphael: Lichter in Menlo Park. Köln.
Wühr, Paul: Tanzschrift. Karlsruhe.
Wühr, Paul: Venus im Pudel. München/Wien.

7.1.2 Anthologien und Textsammlungen

Arnold, Heinz Ludwig (Hg.): Die andere Sprache. Text + Kritik. Sonderband. München 1990.
Bender, Hans (Hg.): Mein Gedicht ist mein Messer. Heidelberg. 1955 [2., erw. Aufl. München 1961].
Bender, Hans (Hg.): Widerspiel. Deutsche Lyrik seit 1945. München 1962.
Bender, Hans (Hg.): In diesem Land leben wir. Deutsche Gedichte der Gegenwart. München 1978.
Bender, Hans (Hg.): Deutsche Gedichte 1930–1960. Stuttgart 1983.
Bender, Hans (Hg.): Was sind das für Zeiten. Deutschsprachige Gedichte der achtziger Jahre. München/Wien 1988.
Bender, Hans/Krüger, Michael (Hg.): Was alles hat Platz in einem Gedicht? München 1977.
Berger, Uwe/Deicke, Günter (Hg.): Lyriker der DDR. Berlin/Weimar 1970.
Besten, Ad den (Hg.): Deutsche Lyrik auf der anderen Seite. Gedichte aus Ost- und Mitteldeutschland. München 1960.
Bingel, Horst (Hg.): Deutsche Lyrik. Gedichte seit 1945. Stuttgart 1962.
Bingel, Horst (Hg.): Zeitgedichte. Deutsche politische Lyrik seit 1945. München 1963.
Braun, Michael/Thill, Hans (Hg.): Punktzeit. Deutschsprachige Lyrik der achtziger Jahre. Heidelberg 1987.
Braun, Michael/Thill, Hans (Hg.). Das verlorene Alphabet. Deutschsprachige Lyrik der neunziger Jahre. Heidelberg 1999.
Brunner, Frank u.a. (Hg.): Wir Kinder von Marx und Coca Cola. Gedichte der Nachgeborenen. Wuppertal 1971.
Buchwald, Christoph u.a. (Hg.): Luchterhand Jahrbuch für Lyrik. Darmstadt/Neuwied 1984ff.
Chiarloni, Anna/Pankoke, Helga (Hg.): Grenzfallgedichte. Eine deutsche Anthologie. Berlin/Weimar 1991.

Conrady, Karl Otto (Hg.): Von einem Land und vom andern. Gedichte zur deutschen Wende 1989/90. Frankfurt a.M. 1993.
Conrady, Karl Otto/Pinkerneil, Beate (Hg.): Jahrbuch für Lyrik 2. Königstein, Ts. 1980.
Czechowski, Heinz (Hg.): Brücken des Lebens. Gedichte. Halle 1969.
Deisler, Guillermo/Kowalski, Jörg (Hg.): wortBILD. Visuelle Poesie in der DDR. Halle/Leipzig 1990.
Domin, Hilde (Hg.): Nachkrieg und Unfrieden. Gedichte als Index 1945–1970. Neuwied/Berlin 1970.
Drews, Jörg (Hg.): Das bleibt. Deutsche Gedichte 1945–1995. Leipzig 1995.
Elm, Theo (Hg.): Kristallisationen. Deutsche Gedichte der achtziger Jahre. Stuttgart 1992.
Elm, Theo (Hg.): Lyrik der neunziger Jahre. Stuttgart 2000.
Endler, Adolf/Mickel, Karl (Hg.): In diesem besseren Land. Gedichte der Deutschen Demokratischen Republik seit 1945. Halle 1966.
Enzensberger, Hans Magnus (Hg.): Museum der modernen Poesie. Einleitung. Frankfurt a.M. 1960.
Erb, Elke/Anderson, Sascha (Hg.): Berührung ist nur eine Randerscheinung. Neue Literatur aus der DDR. Köln 1985.
Ewers, Hans Heino (Hg.): Alltagslyrik und Neue Subjektivität. Stuttgart u.a. 1994.
Franzobel (Hg.): Kritzi Kratzi. Anthologie gegenwärtiger visueller Poesie. Wien 1993.
Fuchs, Günter Bruno (Hg.): Die Meisengeiger. Zeitgenössische Nonsensverse. München 1964.
Fuhrmann, Joachim u.a. (Hg.): Agitprop. Lyrik, Thesen, Berichte. Hamburg 1969.
Geist, Peter (Hg.): Ein Molotow-Cocktail auf fremder Bettkante. Lyriker der siebziger/achtziger Jahre aus der DDR. Leipzig 1991.
Göbelsmann, Christel (Hg.): Mörikes Lüfte sind vergiftet. Lyrik von Frauen. München 1982.
Gomringer, Eugen (Hg.): Konkrete Poesie. Stuttgart 1972.
Gomringer, Eugen (Hg.): visuelle poesie. anthologie. Stuttgart 1996.
Gnüg, Hiltrud (Hg.): Liebesgedichte der Gegenwart. Stuttgart 1989.
Hage, Volker (Hg.): Lyrik für Leser. Deutsche Gedichte der siebziger Jahre. Stuttgart 1980.
Hamm, Peter (Hg.): Aussichten. Junge Lyriker des deutschen Sprachraums. München/Berlin 1966.
Hans, Jan u.a. (Hg.): Lyrik-Katalog Bundesrepublik. Gedichte, Biographien, Statements. München 1978.
Heukenkamp, Ursula u.a. (Hg.): Die eigene Stimme. Lyrik der DDR. Berlin/Weimar 1988.
Heukenkamp, Ursula (Hg.): Der magische Weg. Deutsche Naturlyrik des 20. Jahrhunderts. Leipzig 2003.
Höllerer, Walter (Hg.): Transit. Lyrik der Jahrhundertmitte. Frankfurt a.M. 1956.
Holthusen, Hans Egon/Kemp, Friedhelm (Hg.): Ergriffenes Dasein. Ebenhausen bei München 1953.
Jokostra, Peter (Hg.): Keine Zeit für die Liebe? Moderne deutsche Liebeslyrik. Wiesbaden 1964.
Kirsten, Wulf (Hg.): Veränderte Landschaft. Leipzig 1979.
Kopfermann, Thomas (Hg.): Theoretische Texte zur Konkreten Poesie. Texte und Bibliographie. Tübingen 1974.
Koziol, Andreas/ Schedlinski, Rainer (Hg.): Abriss der Ariadnefabrik. Berlin 1990.
Kunze, Rainer (Hg.): Mein Wort ein weißer Vogel. Junge deutsche Lyrik. Leipzig 1962.
Loew, Hans M. (Hg.): Die Sammlung. Junge Lyrik aus Österreich. Wien 1947.
Mayer-Tasch, Peter Cornelius (Hg.): Im Gewitter der Geraden. Deutsche Ökolyrik. München 1981.
Meyer, P. M. u.a. (Hg.): Agit-Pop. Gurtendorf 1970.
Michael, Klaus/Wohlfahrt, Thomas (Hg.): Vogel oder Käfig sein. Kunst und Literatur aus unabhängigen Zeitschriften in der DDR 1979–1989. Berlin 1992.
Mon, Franz (Hg.): Movens. Dokumente und Analysen zur Dichtung, bildenden Kunst, Musik, Architektur. Wiesbaden 1960.
Morawietz, Kurt (Hg.): Deutsche Teilung. Ein Lyrik-Lesebuch. Wiesbaden 1966.
Motzan, Peter (Hg.): Der Herbst stöbert in den Blättern. Deutschsprachige Lyrik aus Rumänien. Berlin 1984.
Neumeister, Andreas/Hartges, Marcel (Hg.): Poetry. Slam! Texte der Pop-Fraktion. Reinbek 1996.
Piontek, Heinz (Hg.): Neue deutsche Erzählgedichte. Stuttgart 1964.
Piontek, Heinz (Hg.): Deutsche Gedichte seit 1960. Stuttgart 1980.

Piontek, Heinz (Hg.): Deutsche Gedichte der sechziger Jahre. Stuttgart 1984.
Quedens Tode, Riewert (Hg.): Gegen den Krieg in Vietnam. Eine Anthologie. Berlin 1968.
Richter, Hans Werner (Hg.): Deine Söhne, Europa. München 1947.
Rühm, Gerhard (Hg.): Die Wiener Gruppe. Achleitner, Artmann, Bayer, Rühm, Wiener. Texte, Gemeinschaftsarbeiten, Aktionen. Reinbek 1967.
Suchy, Viktor (Hg.): Hoffnung und Erfüllung. Anthologie österreichischer Gegenwartsdichtung. Graz/ Wien 1960.
Theobaldy, Jürgen (Hg.): Und ich bewege mich doch. Gedichte vor und nach 1968. München 1977.
Voigtländer, Annie/Witt, Herbert (Hg.): Denkzettel. Politische Lyrik aus den 60er Jahren der BRD und Westberlins. Frankfurt a.M. 1977.
Warnke, Uwe (Hg.): Visuelle Poesie [Ausstellungskatalog]. Rheinsberg 1997.
Weyrauch, Wolfgang (Hg.): Tausend Gramm. Anthologie. Hamburg 1949.
Weyrauch, Wolfgang (Hg.): Expeditionen. Deutsche Lyrik seit 1945. München 1959.
Weyrauch, Wolfgang (Hg.): Neue Expeditionen. Deutsche Lyrik 1960–1975. München 1975.
Wolf, Gerhard (Hg.): Sonnenpferde und Astronauten. Gedichte junger Menschen. Halle 1964.

7.1.3 Gesamtausgaben, Gesammelte Werke, Werke in Auswahl

Arendt, Erich: Aus fünf Jahrzehnten. Mit einem Nachwort von Heinz Czechowski. Rostock 1968.
Arendt, Erich: Das zweifingrige Lachen. Ausgewählte Gedichte 1921–1980. Hg. von Gregor. Laschen. Düsseldorf 1981.
Artmann, H.C.: The Best of H. C. Artmann. Hg. von Klaus Reichert. 2. Aufl. Frankfurt a.M. 1978.
Ausländer, Rose: Gesammelte Werke in sieben Bänden. Hg. von Helmut Braun. Frankfurt a.M. 1984ff.
Bächler, Wolfgang: Ausbrechen. Gedichte aus 30 Jahren. Frankfurt a.M. 1976.
Bäcker, Heimrad: SGRA. Gedichte und Texte. Eine Auswahl aus dem Werk. Berlin 1992.
Bachmann, Ingeborg: Sämtliche Gedichte. München/Zürich 1983.
Bachmann, Ingeborg: Werke in 4 Bänden. Bd. 1: Gedichte, Hörspiele, Libretti, Übersetzungen. Hg. von Christine Koschel u.a. München/Zürich 1978.
Bayer, Konrad: Sämtliche Werke. Hg. von Gerhard Rühm. 2 Bände. Wien/Stuttgart 1985.
Becher, Johannes Robert: Gesammelte Werke. Hg. vom Johannes R.-Becher-Archiv der Dt. Akademie der Künste zu Berlin. Berlin/Weimar 1966ff. [Gedichte: Bde. 1–6].
Becker, Jürgen: Die Gedichte. Frankfurt a.M. 1995.
Becker, Jürgen: Gedichte 1965–1980. Frankfurt a.M. 1981.
Benn, Gottfried: Gesammelte Werke in der Fassung der Erstdrucke. Hg. von Bruno Hillebrand. Bd. 1. Gedichte. Frankfurt a.M. 1982.
Benn, Gottfried: Sämtliche Werke. Stuttgarter Ausgabe. Hg. von G. Schuster. Stuttgart 1986ff. [Gedichte: Bde. 1 u. 2].
Biermann, Wolf: Nachlaß 1. Noten, Schriften, Beispiele. Köln 1977.
Bobrowski, Johannes: Gesammelte Werke in sechs Bänden. Hg. von Eberhard Haufe. Stuttgart 1998f.
Bobrowski, Johannes: Die Gedichte. 2 Bände. Hg. von E. Haufe. Berlin [u. Stuttgart] 1987.
Born, Nicolas.: Gedichte 1967–1978. Reinbek 1978.
Braun, Volker: Gedichte. Frankfurt a.M. 1979.
Brecht, Bertolt: Werke. Große kommentierte Berliner und Frankfurter Ausgabe. Hg. von Werner Hecht u.a. Bd. 12. Gedichte 2. Sammlungen 1939–1956. Bearbeitet von Jan Knopf. Frankfurt a.M. 1998.
Brecht, Bertolt: Gesammelte Werke in 20 Bänden. Frankfurt a.M. 1967 [Gedichte: Bde. 8–10].
Britting, Georg: Gesamtausgabe in Einzelbänden. Bd. 2. Gedichte 1940–1951. München 1957.
Burkart, Erika: Augenzeuge. Ausgewählte Gedichte. Zürich/München 1978.
Celan, Paul: Gedichte in zwei Bänden. Frankfurt a.M. 1986.
Celan, Paul: Werke. Historisch-kritische Ausgabe. Hg. von Beda Allemann u.a. Frankfurt a.M. 1990ff.
Celan, Paul: Gesammelte Werke in fünf Bänden. Hg. von Beda Allemann u.a. Frankfurt a.M. 1983.
Claudius, Hermann: Gesammelte Werke in zwei Bänden. Bd. 2. Hamburg 1957.

Degenhardt, Franz Josef: Komm an den Tisch unter Pflaumenbäumen. Sämtliche Lieder mit Noten. München 1981.
Diettrich, Fritz: Werke. Bd. 1. Dichtungen. Göttingen 1962.
Eich, Günter: Gesammelte Werke. Hg. von Susanne Müller-Hanpft u.a. Frankfurt a.M. 1973 [Bd. 1: Die Gedichte; revidierte Ausgabe. Hg. von Axel Vieregg u.a. Frankfurt a.M. 1991].
Enzensberger, Hans Magnus: Die Gedichte. Frankfurt a.M. 1983.
Enzensberger, Hans Magnus: Gedichte 1950–2000. Frankfurt a.M. 2001.
Enzensberger, Hans Magnus: Gedichte 1955–1970. Frankfurt a.M. 1971.
Fried, Erich: Fall ins Wort. Ausgewählte Gedichte 1944 bis 1983. Hg. von Bernd Jentzsch. Frankfurt a.M. 1985.
Fried, Erich: Gründe. Gesammelte Gedichte. Hg. von Klaus Wagenbach. Berlin 1989.
Fried, Erich: Gesammelte Werke. 3 Bde. Hg. von Volker Kaukoreit und Klaus Wagenbach. Berlin 1993 [Bd. 1: Gedichte 1, Bd. 2: Gedichte 2, Bd. 3: Gedichte 3].
Fritz, Walter Helmut: Gesammelte Gedichte 1979–1994. Hamburg 1994.
Fritz, Walter Helmut: Gesammelte Gedichte. Hamburg 1979.
Gernhardt, Robert: Gedichte 1954–1997. Zürich 1999.
Grass, Günter: Gesammelte Gedichte. Mit einem Vorwort von Heinrich Vormweg. Darmstadt/Neuwied 1971.
Hagelstange, Rudolf: Lied der Jahre. Gesammelte Gedichte 1931–1961. Frankfurt a.M. 1961.
Hausmann, Manfred: Gesammelte Schriften in Einzelausgaben. Bd. 1. Die Gedichte. Frankfurt a.M. 1949.
Heise, Hans-Jürgen: Ausgewählte Gedichte 1950–1978. Hg. von Karl Otto Conrady. Königstein, Ts. 1979.
Heißenbüttel, Helmut: Textbücher 1–6. Stuttgart 1980.
Herburger, Günter: Das Lager. Ausgewählte Gedichte 1966–1982. Darmstadt/Neuwied 1984.
Hermlin, Stephan: Gesammelte Gedichte. München 1979.
Höllerer, Walter: Gedichte. 1942–1982. Frankfurt a.M. 1982.
Huchel, Peter: Gesammelte Werke in zwei Bänden. Hg. von Axel Vieregg Bd. 1. Die Gedichte. Frankfurt a.M. 1984.
Jandl, Ernst: poetische werke. 10 Bände. Hg. von Klaus Siblewski. München 1997.
Jandl, Ernst: Gesammelte Werke. Bd. 1. Gedichte l. Hg. von Klaus Siblewski. Neuwied 1985.
Kaschnitz, Marie Luise: Gedichte. Hg. von Elisabeth Borchers. Frankfurt a.M. 2002.
Kaschnitz, Marie Luise: Gesammelte Werke in sieben Bänden. Bd. 5. Gedichte. Hg. von Ch. Büttrich u. Norbert Miller. Frankfurt a.M. 1985.
Krolow, Karl: Gesammelte Gedichte. Frankfurt a.M. [Bd. 1: 1965; Bd. 2: 1975, Bd. 3: 1985; Bd. 4: 1997].
Langgässer, Elisabeth: Gedichte. Hamburg 1959 [Gesammelte Werke in Einzelbänden].
Lavant, Christine: Gedichte. Hg. von Thomas Bernhard. Frankfurt a.M. 1987.
Lehmann, Wilhelm: Gesammelte Werke. Hg. von H.D. Schäfer. Stuttgart 1982 [Bd. 1: Sämtliche Gedichte].
Marti, Kurt: Schon wieder heute. Ausgewählte Gedichte 1959–1980. Darmstadt/Neuwied 1982.
Maurer, Georg: Unter dem Maulbeerbaum. Ausgewählte Gedichte. Hg. von Gerhard Wolf. Frankfurt a.M. 1977.
Mayröcker, Friederike: Ausgewählte Werke. 1944–1978. Frankfurt a.M. 1979.
Meckel, Christoph: Ausgewählte Gedichte 1955–1978. Königstein, Ts. 1979.
Meister, Ernst: Sämtliche Gedichte. 8 Bände. Aachen 1988–1999.
Meister, Ernst: Ausgewählte Gedichte 1932–1979. Erw. Neuausgabe. Nachwort von Bela Allemann. Darmstadt/Neuwied 1979.
Meister, Ernst: Gedichte 1932–1964. Neuwied/Berlin 1964.
Mon, Franz: Gesammelte Texte. 3 Bände. Berlin 1994ff.
Novak, Helga Maria: »Solange noch Liebesbriefe eintreffen«. Gesammelte Gedichte. Hg. von Rita Jorek. Frankfurt a.M. 1999.
Okopenko, Andreas: Gesammelte Lyrik. Wien/München 1980.

Reinig, Christa: Sämtliche Gedichte 1959–1976. Stierstadt 1981.
Rühm, Gerhard: Gesammelte Gedichte und visuelle Texte. Reinbek 1970.
Rühmkorf, Peter: Strömungslehre I. Poesie. Reinbek 1978.
Rühmkorf, Peter: Gesammelte Gedichte. Reinbek 1976.
Sachs, Nelly: Ausgewählte Werke. Nachwort von Hans Magnus Enzensberger. Frankfurt a.M. 1963.
Sachs, Nelly: Gedichte. Hg. von Hilde Domin. Frankfurt a.M. 1977.
Sachs, Nelly: Fahrt ins Staublose. Die Gedichte der Nelly Sachs. Frankfurt a.M. 1961.
Schaefer, Oda: Die leuchtenden Feste über der Trauer. Erinnerungen aus der Nachkriegszeit. München 1977.
Schaefer, Oda: Wiederkehr. Ausgewählte Gedichte. München 1985.
Schneider, Reinhold: Gesammelte Werke. Bd. 5: Lyrik. Auswahl und Nachwort von Christoph Perels. Frankfurt a.M. 1981.
Schröder, Rudolf Alexander: Gesammelte Werke in fünf Bänden. Band l. Die Gedichte. Berlin/Frankfurt a.M. 1952.
Taschau, Hannelies: Wundern entgehen. Gedichte 1959–1984, Darmstadt/Neuwied 1986.
Törne, Volker von: Im Lande Vogelfrei. Gesammelte Gedichte. Berlin 1981.
Vring, Gerd von der: Gedichte und Lieder. Hg. von B. Bondy und R. Goldschmit. München/Zürich 1979.
Wondratschek, Wolf: Chuck's Zimmer. Alle Gedichte und Lieder. München 1981.

7.2 Sekundärliteratur

7.2.1 Bibliographien

Albrecht, Günter/Dahlke, Günter (Hg.): Internationale Bibliographie zur Geschichte der deutschen Literatur von den Anfängen bis zur Gegenwart. Teil 2: Von 1789 bis zur Gegenwart. München/ Berlin 1972.

Bibliographie zur deutschsprachigen Schweizer Literatur. Bern 1977ff.

Bock, Stephan: Bibliographie zur DDR-Literatur (1945–1978). München 1980.

Deutsches Literatur-Lexikon. Biographisches und bibliographisches Handbuch. 3. Aufl. Bern/München 1968ff.

Giebisch, Hans/Gugitz, Gustav: Bio-bibliographisches Literaturlexikon Österreichs. Wien 1985.

Hansel, Johannes: Personalbibliographie zur deutschen Literaturgeschichte. 2. Aufl. Berlin 1974.

Pasterny, Udo/Gehret, Jens (Hg.): Deutschsprachige Bibliographie der Gegenkultur. Bücher und Zeitschriften von 1950–1980. Amsterdam 1982.

Paulus, Rolf/Steuler, Ursula: Bibliographie zur deutschen Lyrik nach 1945. 2. Aufl. Frankfurt a.M. 1977.

Schlütter, Hans-Jürgen: Lyrik – 25 Jahre. Bibliographie der deutschsprachigen Lyrikpublikationen 1945–1970. 2 Bde. Hildesheim 1974/1983.

Wiesner, Herbert u.a.: Bibliographie der Personalbibliographien zur deutschen Gegenwartsliteratur. 2. Aufl. München 1970.

7.2.2 Handbücher, Lexika, Nachschlagewerke

Albrecht, Günter u.a.: Lexikon deutschsprachiger Schriftsteller. 2 Bde. Leipzig 1972 [Nachdruck in 4 Bd. Kronberg, Ts. 1974].

Albrecht, Günter: Schriftsteller der DDR. Leipzig 1975.

Arnold, Heinz Ludwig (Hg.): Handbuch zur deutschen Arbeiterliteratur, 2 Bde. München 1977.

Arnold, Heinz Ludwig (Hg.): Kritisches Lexikon zur deutschsprachigen Gegenwartsliteratur. München 1978ff.

Becker, Eva Dorothea/Dehn, Manfred: Literarisches Leben. Eine Bibliographie. Hamburg 1968.

Böttcher, Kurt u.a.: Lexikon deutschsprachiger Schriftsteller. 20. Jahrhundert. Hildesheim u.a. 1993.

Böttcher, Karl u.a.: Schriftsteller der DDR. Leipzig 1974. Literatur des 20. Jahrhunderts. Reinbek 1984.

Brauneck, Manfred (Hg.): Autorenlexikon deutschsprachiger Literatur des 20. Jahrhunderts. Reinbek 1995.

Brinker-Gabler, Gisela (Hg.): Deutsche Literatur von Frauen. 2 Bde. München 1988.

Chiellino, Carmine (Hg.): Interkulturelle Literatur in Deutschland. Ein Handbuch. Stuttgart/Weimar 2000.

Endres, Elisabeth: Autorenlexikon der deutschsprachigen Gegenwartsliteratur. 1945–1974. Frankfurt a.M. 1975.

Frederiksen, Elke (Hg.): Woman Writers of Germany, Austria, and Switzerland. An Annotated Bio-Bibligraphical Guide. New York u.a. 1989.

Geerdts, Hans Jürgen (Hg.): Literatur der DDR in Einzeldarstellungen. Stuttgart 1972.

Glenn, Jerry: Deutsches Schrifttum der Gegenwart. Bern/München 1971.

Horst, Karl August: Kritischer Führer durch die deutsche Literatur der Gegenwart. München 1962.

Kindlers Literaturgeschichte der Gegenwart. Autoren, Werke, Themen, Tendenzen. München 1987.

Kunisch, Hermann u.a. (Hg.): Lexikon der deutschsprachigen Gegenwartsliteratur. 2. Aufl. München 1987.

Kunisch, Hermann/Hennecke, Hans (Hg.): Handbuch der deutschen Gegenwartsliteratur. 3 Bde. 2. Aufl. München 1969ff.

Kunisch, Hermann: Kleines Handbuch der deutschen Gegenwartsliteratur. 2. Aufl. München 1969.
Künzel, Franz Peter: Autorenlexikon. München 1988.
Lennartz, Franz: Deutsche Schriftsteller des 20. Jahrhunderts im Spiegel der Kritik. 3 Bd. Stuttgart 1984.
Lutz, Bernd (Hg.): Metzler-Autoren-Lexikon. Deutschsprachige Schriftsteller vom Mittelalter bis zur Gegenwart. Stuttgart ³2004.
Moser, Dietz-Rüdiger (Hg.): Neues Handbuch der deutschen Gegenwartsliteratur seit 1945. München 1990.
Munzinger, Ludwig (Hg.): Literaten. 250 deutschsprachige Schriftsteller der Gegenwart. Lebensläufe aus dem Internationalen Biographischen Institut. Ravensburg 1983.
Oberhauser, Fred/Oberhauser, Gabriele (Hg.): Literarischer Führer durch die Bundesrepublik Deutschland. Frankfurt a.M. 1974.
Olles, Helmut (Hg.): Literaturlexikon 20. Jahrhundert. Reinbek 1971.
Prokop, Hans Friedrich: Österreichisches Literaturhandbuch. Wien/München 1974.
Puknus, Heinz (Hg.): Neue Literatur der Frauen. Deutschsprachige Autorinnen der Gegenwart. München 1980.
Rosenthal, Erwin Theodor (Hg.): Deutsche Literatur im Ausland. Bern 1990.
Rothmann, Kurt: Deutschsprachige Schriftsteller seit 1945 in Einzeldarstellungen. Stuttgart 1985.
Wiesner, Herbert (Hg.): Lexikon der deutschsprachigen Gegenwartsliteratur. München 1981.
Wilpert, Gero von: Deutsches Dichterlexikon. Stuttgart 1988.

7.2.3 Grundlagenwerke zur Literaturgeschichte seit 1945 und zur modernen Lyrik

Aspetsberger, Friedbert u.a. (Hg.): Literatur der Nachkriegszeit und der fünfziger Jahre in Österreich. Wien 1984.
Bänsch, Dieter (Hg.): Die fünfziger Jahre. Beiträge zu Politik und Kultur. Tübingen 1985.
Barner, Wilfried (Hg.): Geschichte der deutschen Literatur von 1945 bis zur Gegenwart. München 1994.
Best, Otto F./Schmitt, Hans-Jürgen (Hg.): Die deutsche Literatur. Bd. 16: Gegenwart. Stuttgart 1992.
Bohn, Volker: Deutsche Literatur seit 1945. Texte und Bilder. Frankfurt a.M. 1993.
Borchmeyer, Dieter/Žmegač, Victor (Hg.): Moderne Literatur in Grundbegriffen. Frankfurt a.M. 1987.
Briegleb, Klaus/Weigel, Sigrid (Hg.): Gegenwartsliteratur seit 1968. München 1992.
Drews, Jörg u.a.: Kultur und Macht. Deutsche Literatur 1945–1989. Bielefeld 1992.
Durzak, Manfred (Hg.): Deutsche Gegenwartsliteratur. Ausgangspositionen und aktuelle Entwicklungen. Stuttgart 1981.
Emmerich, Wolfgang: Kleine Literaturgeschichte der DDR. Erweiterte Ausgabe. 2. Aufl. Leipzig 1997.
Fischer, Ludwig (Hg.): Literatur in der Bundesrepublik Deutschland bis 1967. München/Wien 1986.
Grimm, Gunter E./Max, Frank R. (Hg.): Deutsche Dichter. Leben und Werk deutschsprachiger Autoren. Bd. 8: Gegenwart. Stuttgart 1990.
Haase, Horst (Hg.): Österreichische Literatur des 20. Jahrhunderts. Einzeldarstellungen. 2. Aufl. Berlin 1990.
Hamburger, Michael: Die Dialektik der modernen Lyrik. Von Baudelaire bis zur Konkreten Poesie. München 1972.
Höllerer, Walter (Hg.): Theorie der modernen Lyrik. Dokumente zur Poetik I. Reinbek 1965.
Höllerer, Walter (Hg.): Theorie der modernen Lyrik. Dokumente zur Poetik. 2 Bände. Neu hg. von Norbert Miller und Harald Hartung. München/Wien 2003.
Holznagel, Franz/Kemper, Hans-Georg/Sorg, Bernhard/Schnell, Ralf/Korte, Hermann: Geschichte der deutschen Lyrik. Stuttgart 2004.
Lamping, Dieter: Moderne Lyrik. Eine Einführung. Göttingen 1991.

Prosche, Hannelore (Hg.): Geschichte der deutschsprachigen Schweizer Literatur im 20. Jahrhundert. Berlin 1991.
Schmitt, Hans-Jürgen (Hg.): Die Literatur der DDR. München/Wien 1983.
Schnell, Ralf: Die Literatur der Bundesrepublik. Autoren, Geschichte, Literaturbetrieb. Stuttgart 1986.
Schnell, Ralf: Geschichte der deutschsprachigen Literatur seit 1945. 2. überarb. u. erw. Aufl. Stuttgart/Weimar 2003.
Steinecke, Hartmut (Hg.): Deutsche Dichter des 20. Jahrhunderts. Berlin 1994.
Schepper, Reinhard: Was ist wo interpretiert? Eine bibliographische Handreichung für den Deutschunterricht. 8. Aufl. Paderborn 1991.
Segebrecht, Wulf (Hg.): Fundbuch der Gedichtinterpretationen. Paderborn u.a. 1997.

7.2.4 Metrik, Poetik, Poetologie

Anz, Thomas: Die Bedeutung poetischer Rede. Studien zur hermeneutischen Begründung und Kritik von Poetologie. München 1979.
Asmuth, Bernhard: Aspekte der Lyrik. Mit einer Einführung in die Verslehre. 3. Aufl. Düsseldorf 1974.
Behrmann, Alfred: Einführung in den neueren deutschen Vers. Stuttgart 1989.
Bender, Hans/Krüger, Michael (Hg.): Was alles hat Platz in einem Gedicht? München 1977.
Best, Otto F.: Handbuch literarischer Fachbegriffe. Definitionen und Beispiele. Frankfurt a.M. 1995.
Breuer, Dieter: Deutsche Metrik und Versgeschichte. München 4. Aufl. München 1999.
Burdorf, Dieter: Einführung in die Gedichtanalyse. Stuttgart/Weimar ^{2}1997.
Conrady, Karl Otto: Von Schwierigkeiten, über Gedichte zu reden. In: Jutta Kolkenbrock-Netz u.a. Bonn 1985, S. 26–44.
Domin, Hilde: Wozu Lyrik heute? Dichtung und Leser in einer gesteuerten Gesellschaft. 3. Aufl. München 1975.
Falkner, Gerhard: Über den Unwert des Gedichts. Fragmente und Reflexionen. Berlin/Weimar 1993.
Grünbein, Durs: Galilei vermißt Dantes Hölle und bleibt an den Maßen hängen. Aufsätze 1989–1995. Frankfurt a.M. 1996.
Hinck, Walter: »Wörter meinen Fallschirme«. Zum Selbstverständnis der Lyriker in poetologischen Gedichten unseres Jahrhunderts. In: Borchmeyer, Dieter (Hg.): Poetik und Geschichte. Victor Žmegač zum 60. Geburtstag. Tübingen 1989, S. 297–313.
Kling, Thomas: Itinerar. Frankfurt a.M. 1997.
Kraft, Herbert: Strukturen der Lyrik. In: Sammeln und Sichten. Festschrift für Oskar Fambach zum 80. Geburtstag. Hg. von Joachim Krause u.a. Bonn 1982, S. 324–341.
Kunert, Günter: Vor der Sintflut. Das Gedicht als Arche Noah. München/Wien 1985.
Lamping, Dieter: Probleme der Reimpoetik im 20. Jahrhundert. In: Wirkendes Wort 35 (1985), S. 283–293.
Lamping, Dieter: Moderne Lyrik. Eine Einführung. Göttingen 1991.
Lotman, Jurij M.: Vorlesungen zu einer strukturalen Poetik. Einführung, Theorie des Verses. Hg. von Karl Eimermacher. München 1972.
Meckel, Christoph: Von den Luftgeschäften der Poesie. Frankfurter Vorlesungen. Frankfurt a.M. 1989.
Oelmann, Ute Maria: Deutsche poetologische Lyrik seit 1945: Ingeborg Bachmann, Günter Eich, Paul Celan. Stuttgart 1980.
Rühmkorf, Peter: Der Reim und seine Wirkung. Bausteine zu einer Poetologie des Alltagslebens. In: Akzente. Zeitschrift für Literatur 27 (1980), S. 385–404.
Rühmkorf, Peter: Strömungslehre I. Poesie. Reinbek 1978.
Rühmkorf, Peter: Walther von der Vogelweide, Klopstock und ich. Reinbek 1975.
Schuhmann, Klaus (Hg.): Lyrik des 20. Jahrhunderts. Materialien zu einer Poetik. Reinbek 1995.
Schweikle, Günther und Irmgard (Hg.): Metzler Literatur Lexikon. Begriffe und Definitionen. Stuttgart 1990.

Sorg, Bernhard: Das lyrische Ich. Untersuchungen zu deutschen Gedichten von Gryphius bis Benn. Tübingen 1984.
Völker, Ludwig (Hg.): Theorie der Lyrik. Stuttgart 1986.
Völker, Ludwig: Hilfswerk, Begleitmusik. Dokumente zur Poetik und Poetologie. In: Arnold, Heinz Ludwig (Hg.): Lyrik des 20. Jahrhunderts. Text + Kritik. Sonderband. München 1999, S. 265–293.
Wagenknecht, Christian: Deutsche Metrik. Eine historische Einführung. 4. Aufl. München 1999.
Zeller, Michael: Gedichte haben Zeit. Aufriß einer zeitgenössischen Poetik. Stuttgart 1982.

7.2.5 Gattungen und Genres

Arnold, Heinz Ludwig (Hg.): Visuelle Poesie. Text + Kritik. Sonderband. München 1997.
Austermühl, Elke: Poetische Sprache und lyrisches Verstehen. Studien zum Begriff der Lyrik. Heidelberg 1981.
Berlinger, Josef/Hoffmann, Ferdinand: Die neue Mundartdichtung. Hildesheim 1978.
Berlinger, Josef: Das zeitgenössische deutsche Dialektgedicht. Zur Theorie und Praxis der deutschsprachigen Dialektlyrik 1950–1980. Frankfurt a.M. u.a. 1983.
Beyer, Renate: Innovation oder traditioneller Rekurs? Beobachtungen zum wirkungspoetischen Aspekt der Konkreten Poesie. In: Text + Kritik 30 (1971), S. 23–32.
Conrady, Karl Otto: Von Schwierigkeiten, über Gedichte zu reden. In: Jutta Kolkenbrock-Netz u.a. Bonn 1985, S. 26–44.
Digitale Literatur. Text + Kritik. H. 152. München 2001.
Hildebrand, Olaf (Hg.): Poetologische Lyrik von Klopstock bis Grünbein. Gedichte und Interpretationen. Köln 2003.
Friedrich, Hugo: Die Struktur der modernen Lyrik. Von der Mitte des neunzehnten bis zur Mitte des zwanzigsten Jahrhunderts. Erw. Neuausgabe. 4. Aufl. Hamburg 1971.
Fülleborn, Ulrich: Das deutsche Prosagedicht. Zu Theorie und Geschichte einer Gattung. München 1970.
Girschner-Woldt, Ingrid: Theorie der modernen politischen Lyrik. Berlin 1971.
Gomringer, Eugen: zur sache der konkreten. Bd. 2: theorie der konkreten poesie. texte und manifeste 1954–1997. Wien 1997.
Gomringer, Eugen: zur sache der konkreten. Bd. 3: eine auswahl von texten und reden über künstler und gestaltungsfragen 1958–2000. Wien 2000.
Graefe, Heinz: Das deutsche Erzählgedicht im 20. Jahrhundert. Frankfurt a.M. 1972.
Grimm, Reinhold (Hg.): Zur Lyrik-Diskussion. Darmstadt 1966.
Kopfermann, Thomas: Konkrete Poesie. Fundamentalpoetik und Textpraxis einer Neo-Avantgarde. Frankfurt a.M. 1981.
Kranz, Gisbert: Das Bildgedicht. Theorie, Lexikon, Bibliographie. 3 Bde. Köln u.a. 1981ff.
Müller-Zettelmann, Eva: Lyrik und Metalyrik. Theorie einer Gattung und ihrer Selbstbespiegelung anhand von Beispielen aus der englisch- und deutschsprachigen Dichtkunst. Heidelberg 2000.
Riha, Karl: Das Naturgedicht als Stereotyp der deutschen Nachkriegslyrik. In: Tendenzen der deutschen Literatur seit 1945. Hg. von Thomas Koebner. Stuttgart 1971, S. 157–178.
Riha, Karl: Deutsche Großstadtlyrik. Eine Einführung. München/Zürich 1983.
Rotermund, Erwin: Die Parodie in der modernen deutschen Lyrik. München 1963.
Schmidt, Siegfried J.: Konkrete Dichtung: Theorie und Konstitution. In: Poetica 4 (1971), S. 13–31.
Schwarz-Scherer, Marianne: Subjektivität in der Naturlyrik der DDR (1950–1970). Frankfurt a.M. 1992.
Segebrecht, Wulf: Das Gelegenheitsgedicht. Ein Beitrag zur Geschichte und Poetik der deutschen Lyrik. Stuttgart 1977.
Volckmann, Silvia: Zeit der Kirschen? Das Naturbild der deutschen Gegenwartslyrik: Jürgen Becker, Sarah Kirsch, Wolf Biermann, Hans Magnus Enzensberger. Königstein, Ts. 1982.

7.2.6 Literatur zur Lyrik seit 1945

Adorno, Theodor W.: Noten zur Literatur I. Frankfurt a.M. 1958 [darin: Rede über Lyrik und Gesellschaft (S. 73–104); Der Artist als Statthalter (S. 177–202)].

Arnold, Heinz Ludwig (Hg.): DDR-Literatur der neunziger Jahre. Text + Kritik. Sonderband. München 2000.

Arnold, Heinz Ludwig (Hg.): Die andere Sprache. Text + Kritik. Sonderband. München 1990.

Arnold, Heinz Ludwig (Hg.): Lyrik des 20. Jahrhunderts. Text + Kritik. Sonderband. München 1999.

Backes, Michael: Experimentelle Semiotik in Literaturavantgarden. Über die Wiener Gruppe mit Bezug auf die Konkrete Poesie. München 2001.

Bauer, Gerhard: Gewissensblitze. Moderne Gedichte als Provokationen. München 1995.

Beil, Claudia: Sprache als Heimat. Jüdische Tradition und Exilerfahrung in der Lyrik von Nelly Sachs und Rose Ausländer. München 1991.

Bekes, Peter u.a.: Deutsche Gegenwartslyrik von Biermann bis Zahl. Interpretationen. München 1982.

Berendse, Gerrit-Jan: Die »Sächsische Dichterschule«. Lyrik in der DDR der sechziger und siebziger Jahre. Frankfurt a.M. 1990.

Berendse, Gerrit-Jan: Grenzfall-Studien. Essays zum Topos Prenzlauer Berg in der DDR-Literatur. Berlin 1999.

Block, Friedrich W. (Hg.): Neue Poesie und – als Tradition. Passau 1997.

Block, Friedrich W.: Beobachtung des 'Ich'. Zum Zusammenhang von Subjektivität und Medien am Beispiel experimenteller Poesie. Bielefeld 1999.

Boeschenstein, Bernhard/Weigel, Sigrid (Hg.): Ingeborg Bachmann und Paul Celan. Poetische Korrespondenzen. Vierzehn Beiträge. Frankfurt a.M. 1997.

Boeschenstein, Bernhard: Studien zur Dichtung des Absoluten. Zürich/Freiburg 1968.

Bormann, Alexander von: »Hin ins Ganze und Wahre«. Lyrischer Traditionalismus zwischen 1930 und 1960. In: Text + Kritik 9/9a, 3. Aufl. (1984), S. 62–76.

Bormann, Alexander von: Die Rückwendung: zur Formtradition in der Lyrik der 80er Jahre. In: Duitse Kroniek 34, H. 3 (1984), S. 2–12.

Böthig, Peter: Grammatik einer Landschaft. Literatur aus der DDR in den 80er Jahren. Berlin 1997.

Brady, Philip/Wallace, Ian (Hg.): Prenzlauer Berg. Bohemia in East Berlin? Amsterdam 1995.

Brandstetter, Alois: Lyrik als Inszenierung der Grammatik. Ein Beitrag zur linguistischen Poetik. In: Literatur und Kritik 4 (1969), S. 479–491.

Brandt, Thomas O.: Gedichte, Texte, Demonstrationen. Zur zeitgenössischen Lyrik Westdeutschlands. In: Literaturwissenschaftliches Jahrbuch N.F. 8 (1967), S. 289–305.

Braune-Steiniger, Wolfgang: Das Fremde im Eigenen. Zur lyrischen Biographie der achtziger Jahre. In: Jordan, Lothar/Woesler, Winfried (Hg.): Lyrikertreffen Münster. Gedichte und Aufsätze. Bielefeld 1993, S. 250–271.

Breuer, Dieter (Hg.): Deutsche Lyrik nach 1945. Frankfurt a.M. 1988.

Burger, Heinz Otto/Grimm, Reinhold: Evokation und Montage. Drei Beiträge zum Verständnis moderner deutscher Lyrik. Göttingen 1961.

Buselmeier, M.: Poesie und Politik. Anmerkungen zur Lyrik der 70er und 80er Jahre. In: Text + Kritik 9/9a, 3. Aufl. (1984), S. 55–60.

Büttner, Ludwig: Von Benn bis Enzensberger. Eine Einführung in die moderne Lyrik. 1945–1970. 3. Aufl. Nürnberg 1975.

Campanile, Anna: Die Bewertung von Brechts und Benns Lyrik in der west- und ostdeutschen Rezeption 1945–1968. Ein Vergleich. In: Brecht Yearbook 22 (1977), S. 401–436.

Conrady, Karl Otto: Moderne Lyrik und die Tradition. In: Germanisch-Romanische Monatsschrift 41 (1960), S. 287–304.

Cosentino, Christine/Müller, Wolfgang (Hg.): »im widerstand / im missverstand«? Zur Literatur und Kunst des Prenzlauer Bergs. New York 1995.

Cosentino, Christine: Gedanken zur jüngsten DDR-Lyrik. Uwe Kolbe, Sascha Anderson und Lutz Rathenow. In: The German Review 60 (1985), S. 82–90.

Czechowski, Heinz u.a.: Zeitgenossenschaft und lyrische Subjektivität. Lyrikdiskussion in Leipzig. In: Weimarer Beiträge 23, H. 10 (1977), S. 80–104.

Czechowski, Heinz: Konflikte sichtbar machen. In: Neue deutsche Literatur 26, H. 5 (1978), S. 112–115 [Gespräch zwischen Klaus Schumann und Heinz Czechowski].

Dehmel, Herta: Wiederholte Umkehr des Sprechvorgangs. Zur Autoren-Theorie des Gedichts im 20. Jahrhundert. Diss. Bonn 1982.

Dietschreit, Frank: Zeitgenössische Lyrik im Gesellschaftsprozeß. Versuch einer Rekonstruktion des Zusammenhangs politischer und literarischer Bewegungen. Frankfurt a.M. 1983.

Dinesen, Ruth: Naturereignis – Wortereignis. Übereinstimmung und Nicht-Übereinstimmung in Gedichten von Nelly Sachs und Paul Celan. In: Text und Kontext 13 (1985), S. 119–141.

Dischner, Gilsela: Konkrete Kunst und Gesellschaft. In: Text + Kritik 25 (1970), S. 37–41.

Domin, Hilde (Hg.): Doppelinterpretationen. Das zeitgenössische deutsche Gedicht zwischen Autor und Leser. Frankfurt a.M. 1969.

Doppler, Alfred: Wie lyrisch ist die moderne Lyrik? In: Literatur und Kritik 10 (1975), S. 100–114.

Döring, Christian (Hg.): Deutschsprachige Gegenwartsliteratur. Wider ihre Verächter. Frankfurt a.M. 1995.

Drews, Jörg (Hg.): Vom »Kahlschlag« zu »movens«. Über das langsame Auftauchen experimenteller Schreibweisen in der westdeutschen Literatur der fünfziger Jahre. München 1980.

Drews, Jörg: Antwort auf Jürgen Theobaldy. In: Akzente. Zeitschrift für Literatur 24 (1977), S. 379–382.

Drews, Jörg: Selbsterfahrung und Neue Subjektivität in der Lyrik. In: Akzente. Zeitschrift für Literatur 24 (1977), S. 89–95.

Durzak, Manfred (Hg.): Die deutsche Literatur der Gegenwart. Aspekte und Tendenzen. 3., erw. Aufl. Stuttgart 1976.

Erb, Andreas (Hg.): Baustelle Gegenwartsliteratur. Die neunziger Jahre. Opladen 1998.

Erhart, Walter/Niefanger, Dirk (Hg.): Zwei Wendezeiten. Tübingen 1997.

Ertl, Wolfgang: Natur und Landschaft in der Lyrik der DDR: Walter Werner, Wulf Kirsten und Uwe Greßmann. Stuttgart 1982.

Eykman, Christoph: Schreiben als Erfahrung. Poetologische und kunsttheoretische Positionen von Schriftstellern und Künstlern im Zeitraum von 1945 bis 1983. Bonn 1985.

Fetz, Wolfgang/Matt, Gerald (Hg.): Die Wiener Gruppe. Kunsthalle Wien [Ausstellungskatalog]. Wien 1998.

Flood, John L.: Ein Moment des erfahrenen Lebens. Zur Lyrik der DDR. Beiträge zu einem Symposium. Amsterdam 1987.

Franz, Michael: Zur Geschichte der DDR-Lyrik. In: Weimarer Beiträge 15 (1969), S. 561–619, S. 763–810, S. 1166–1228.

Galenza, Ronald/Havemeister, Heinz: »Wir wollen immer artig sein...« Punk, New Wave, HipHop, Independent-Szene in der DDR 1980–1990. Berlin 1999.

Geist, Peter u.a.: Vom Umgang mit Lyrik der Moderne. Berlin 1992.

Gnüg, Hiltrud: Entstehung und Krise lyrischer Subjektivität. Vom klassischen lyrischen Ich zur modernen Erfahrungswirklichkeit. Stuttgart 1983.

Gnüg, Hiltrud: Was heißt »neue Subjektivität«? In: Merkur 32 (1978), S. 60–75.

Goodbody, Axel: Natursprache. Ein dichtungstheoretisches Konzept der Romantik und seine Wiederaufnahme in der modernen Naturlyrik (Novalis – Eichendorff – Lehmann – Eich). Neumünster 1984.

Greiner, Bernhard: Texte des Erstarrens, Bilder des Buchstabierens. Grenzüberschreitung in Poesie und Malerei der DDR (am Beispiel von Günter Kunert und Bernhard Heisig). In: Jahrbuch zur Literatur in der DDR 4 (1985), S. 23–68.

Greiner, Bernhard: Von der Allegorie zur Idylle: Die Literatur der Arbeitswelt in der DDR. Heidelberg 1974.

Grimm, Reinhold/Hermand, Jost (Hg.): Exil und innere Emigration. Frankfurt a.M. 1972.

Groeben, Norbert: Die Kommunikativität moderner deutscher Lyrik. In: Sprache im technischen Zeitalter 34 (1970), S. 83–105.

Hahn, Ulla: Literatur in der Aktion. Zur Entwicklung operativer Literaturformen in der Bundesrepublik. Wiesbaden 1978.

Hähnel, Ingrid (Hg.): Lyriker im Zwiegespräch. Traditionsbeziehungen im Gedicht. Berlin/Weimar 1981.

Hamburger, Michael: Die Dialektik der modernen Lyrik. Von Baudelaire bis zur Konkreten Poesie. München 1972.

Hans, Jan u.a. (Hg.): Lyrik-Katalog Bundesrepublik. Gedichte, Biographien, Statements. München 1979.

Hartmann, Anneli: Aufbau und Demontage eines Denkmals. Zur Majakowski-Rezeption in der DDR-Literatur. In: Michigan German Studies 8 (1982), S. 197–227.

Hartmann, Anneli: Der Generationswechsel – ein ästhetischer Wandel? Schreibweisen und Traditionsbezüge in der jüngsten DDR-Lyrik. In: Jahrbuch zur Literatur in der DDR 4 (1985), S. 109–134.

Hartmann, Anneli: Lyrik-Anthologien als Indikatoren des literarischen und gesellschaftlichen Prozesses in der DDR (1949–1971). Frankfurt a.M. 1983.

Hartung, Harald: Deutsche Lyrik seit 1965. Tendenzen – Beispiele – Porträts. München/Zürich 1985.

Hartung, Harald: Experimentelle Literatur und konkrete Poesie. Göttingen 1975.

Heißenbüttel, Helmut: Über Literatur. München 1970.

Hermand, Jost u.a. (Hg.): Nachkriegsliteratur in Westdeutschland 1945–49. Schreibweisen, Gattungen, Institutionen. Berlin 1982.

Heselhaus, Clemens: Deutsche Lyrik der Moderne von Nietzsche bis Yvan Goll. Die Rückkehr zur Bildlichkeit der Sprache. Düsseldorf 1961.

Heukenkamp, Ursula: Kunstbewußtsein und geistige Strenge. Zur Entwicklung der Lyrik in der DDR der siebziger Jahre. In: Literatur der DDR in den siebziger Jahren. Hg. von Peter Uwe Hohendahl u.a. Frankfurt a.M. 1983, S. 82–113.

Hinck, Walter (Hg.): Gedichte und Interpretationen, Bd. 6. Gegenwart. Stuttgart 1982.

Hinderer, Walter: Arbeit an der Gegenwart. Zur deutschen Literatur nach 1945. Würzburg 1994.

Hinton, Thomas R./Bullivant, Keith: Westdeutsche Literatur der sechziger Jahre. München 1975.

Höck, Wilhelm: Formen heutiger Lyrik. Verse am Rand des Verstummens. München 1969.

Hoffmann, Dieter: Arbeitsbuch. Deutschsprachige Lyrik seit 1945. Tübingen/Basel 1998.

Hoffmann, Fernand/Berlinger, Josef: Die Neue Deutsche Mundartdichtung. Tendenzen und Autoren, dargestellt am Beispiel der Lyrik. Hildesheim/New York 1978.

Höllerer, Walter: Gedichte in den sechziger Jahren. In: Akzente 13 (1966), S. 375–388.

Höllerer, Walter: Nach der Menschheitsdämmerung. Notizen zur zeitgenössischen Lyrik. In: Akzente. Zeitschrift für Literatur 1 (1954), S. 423–435.

Höllerer, Walter: Thesen zum langen Gedicht. In: Akzente. Zeitschrift für Literatur 12 (1965), S. 128–131.

Hörisch, Jochen/Winkels, Hubert (Hg.): Das schnelle Altern der neuesten Literatur. Essays zu deutschsprachigen Texten zwischen 1968–1984. Düsseldorf 1985.

Hüppauf, Bernd (Hg.): »Die Mühen der Ebenen«. Kontinuität und Wandel in der deutschen Literatur und Gesellschaft. 1945–1949. Heidelberg 1981.

Huyssen, Andreas/Scherpe, Klaus R. (Hg.): Postmoderne. Zeichen eines kulturellen Wandels. Reinbek 1986.

Jäger, Manfred: Kulturpolitik der SED und ihre Auswirkungen auf die literarisch-gesellschaftliche Situation. Hamburg 1977.

Jäger, Manfred: Zur Kultur- und Literaturpolitik in der DDR seit 1971. In: Jahrbuch zur Literatur in der DDR 2 (1981/82), S. 69–87.

Jordan, Lothar u.a. (Hg.): Lyrik – Blick über die Grenzen. Gedichte und Aufsätze des zweiten Lyrikertreffens in Münster. Frankfurt a.M. 1984.

Jordan, Lothar u.a. (Hg.): Lyrik von allen Seiten. Gedichte und Aufsätze des 1. Lyrikertreffens in Münster. Frankfurt a.M. 1981.

Jung, Jochen: Mythos und Utopie. Darstellungen zur Poetologie und Dichtung W. Lehmanns. Tübingen 1975.

Kaiser, Volker: Das Echo jeder Verschattung. Figur und Reflexion bei Rilke, Benn und Celan. Wien 1993.
Kaiser, Paul/Petzold, Claudia (Hg.): Boheme und Diktatur in der DDR. Gruppen, Konflikte, Quartiere 1970–1989. Berlin 1997.
Kaiser, Rolf-Ulrich (Hg.): Protestfibel. Formen einer neuen Kultur. Bern u.a. 1968.
Kammermeier, Medard: Die Lyrik der Neuen Subjektivität. Frankfurt a.M. 1986.
Kemp, Friedhelm: Dichtung als Sprache. Wandlungen der modernen Poesie. München 1963.
Kessler, Dieter: Untersuchungen zur konkreten Dichtung. Meisenheim 1978.
Kiedaisch, Petra (Hg.): Lyrik nach Auschwitz? Adorno und die Dichter. Stuttgart 1995.
Kiesel, Helmuth: Drei Ansichten des Wiedervereinigungsprozesses. Heiner Müller, Günter Grass, Volker Braun. In: Gerd Langguth (Hg.): Die Intellektuellen und die nationale Frage. Frankfurt a.M./New York 1997, S. 210–229.
Knörrich, Otto: Die deutsche Lyrik seit 1945. 2., neu bearb. und erw. Aufl. Stuttgart 1978.
Kohlroß, Christian: Theorie des modernen Naturgedichts. Oskar Loerke, Günter Eich, Rolf Dieter Brinkmann. Würzburg 2000.
Köpf, Gerhard (Hg.): Neun Kapitel Lyrik. Paderborn u.a. 1984.
Korte, Hermann: Auf dem Trampelpfad. Deutsche Lyrik 1985–1991. In: Text + Kritik 113 (1992), S. 52–62.
Korte, Hermann: Lyrik des 20. Jahrhunderts (1900–1945). München 2000.
Korte, Hermann: Lyrik von 1945 bis zur Gegenwart. 2. Aufl. München 2000.
Korte, Hermann: Zurückgekehrt in den Raum der Gedichte. Deutschsprachige Lyrik der 1990er Jahre. Münster 2004.
Kröll, Friedhelm: Die »Gruppe 47«. Soziale Lage und gesellschaftliches Bewußtsein literarischer Intelligenz in der Bundesrepublik. Stuttgart 1977.
Krolow, Karl: Aspekte zeitgenössischer deutscher Lyrik. München 1963.
Krolow, Karl: Das Problem des langen und kurzen Gedichts – heute. In: Akzente. Zeitschrift für Literatur 13 (1966), S. 271–287.
Krolow, Karl: Die wiedergewonnene Wahrnehmung. Das Gedicht auf der Rückkehr aus dem Schweigen. In: Neue deutsche Hefte 104 (1965), S. 80–105.
Krolow, Karl: Ein Gedicht entsteht. Frankfurt a.M. 1973.
Kühn, Renate: Der poetische Imperativ. Interpretationen experimenteller Lyrik. Bielefeld 1995.
Kurscheid, Raimund: Kampf dem Atomtod! Schriftsteller im Kampf gegen eine deutsche Atombewaffnung. Köln 1981.
Kurz, Paul Konrad: Widerstand und Wohlstand. Zur Literatur der frühen 80er Jahre. Frankfurt a.M. 1986.
Labroisse, Gerd/Visser, Anthonya: Im Blick halten. Lyrik der DDR. Neue Beiträge des Forschungsprojekts DDR-Literatur an der Vrije Universiteit Amsterdam. Amsterdam 1994.
Lajarrige, Jacques (Hg.): Vom Gedicht zum Zyklus. Vom Zyklus zum Werk. Strategien der Kontinuität in der modernen und zeitgenössischen Lyrik. Innsbruck u.a. 2000.
Laschen, Gregor: Lyrik in der DDR. Anmerkungen zur Sprachverfassung des modernen Gedichts. Frankfurt a.M. 1971.
Leeder, Karen: Breaking Bounderies. A New Generation of Poets in the GDR. Frankfurt a.M. 1996.
Lermen, Birgit/Loewen, Matthias: Lyrik aus der DDR. Exemplarische Analysen. Paderborn u.a. 1987.
Lützeler, Paul Michael (Hg.): Spätmoderne und Postmoderne. Beiträge zur deutschsprachigen Gegenwartsliteratur. Frankfurt a.M. 1991.
Lützeler, Paul Michael/Schwarz, Egon (Hg.): Deutsche Literatur in der Bundesrepublik seit 1965. Königstein, Ts. 1980.
Mann, Ekkehard: Untergrund, autonome Literatur und das Ende der DDR. Eine systemtheoretische Analyse. Frankfurt a.M. 1996.
Mattenklott, Gert/Pickerodt, Gerhard (Hg.): Literatur der siebziger Jahre. Berlin 1985.
Mayer, Hans (Hg.): Über Peter Huchel. Frankfurt a.M. 1973.
Mayer, Hans: Das Geschehen und das Schweigen. Frankfurt a.M. 1969.
Mayer, Hans: Deutsche Literatur seit Thomas Mann. Reinbek 1967.

Mecklenburg, Norbert: Naturlyrik und Gesellschaft. Stuttgart 1977.
Meixner, Horst: Die »Dunkelheit« der modernen Lyrik. In: Der Deutschunterricht 17, H. 4 (1965), S. 41–53.
Meuthen, Erich: »Bogengebete«. Sprachreflexion und zyklische Komposition in der Lyrik der »Moderne«. Interpretationsansätze zu George, Rilke und Celan, Frankfurt a.M. 1983.
Michel, Karl Markus: Ein Kranz für die Literatur. Fünf Variationen über eine These. In: Kursbuch 15 (1968), S. 169–186.
Michelsen, Peter: Abkehr und Protest. Zur deutschen Lyrik nach dem zweiten Weltkrieg. In: Jahrbuch der deutschen Schillergesellschaft 13 (1969), S. 560–576.
Müller, Hartmut: Formen moderner deutscher Lyrik. Paderborn 1970.
Najewski, Horst/Schumann, Klaus (Hg.): Selbsterfahrung als Weiterfahrung. DDR-Literatur in den siebziger Jahren. Berlin/Weimar 1981.
Neumann, Peter Horst: »Akazien sind keine Akazien«. Schwierigkeiten mit unpolitischen Gedichten. In: Neue Rundschau 86 (1975), S. 448–458.
Neumann, Peter Horst: Der unmanierliche Dichter, oder: Individualstil und Experiment. Über Ernst Jandl. In: Akzente. Zeitschrift für Literatur 29 (1982), S. 25–38.
Oelmann, Ute Maria: Deutsche poetologische Lyrik seit 1945: Ingeborg Bachmann, Günter Eich, Paul Celan. Stuttgart 1980.
Pabisch, Peter: luslustigtig. Phänomene deutschsprachiger Lyrik 1945 bis 1980. Wien u.a. 1992.
Paulsen, Wolfgang (Hg.): Revolte und Experiment. Die Literatur der sechziger Jahre in Ost und West. Fünftes Amhester Kolloquium zur modernen deutschen Literatur. Heidelberg 1971.
Petersen, Jürgen H.: Moderne, Postmoderne und Epigonentum im deutschen Gedicht der Gegenwart. In: Amsterdamer Beiträge zur Neueren Germanistik 14 (1988), S. 1–25.
Raddatz, Fritz J.: Tradition und Tendenzen. Materialien zur Literatur der DDR. Frankfurt a.M. 1972.
Reich-Ranicki, Marcel (Hg.): 1000 Deutsche Gedichte und ihre Interpretationen. 2. Aufl. Frankfurt a.M./Leipzig 1994 [Lyrik seit 1945: Bd. 8–10].
Reinhold, Ursula: Tendenzen und Autoren. Zur Literatur der siebziger Jahre in der BRD. Berlin 1982.
Rey, William H.: Poesie der Antipoesie. Moderne deutsche Lyrik. Genesis – Theorie – Struktur. Heidelberg 1978.
Riha, Karl: Prämoderne – Moderne – Postmoderne. Frankfurt a.M. 1995.
Roberts, David: Tendenzwenden. Die sechziger und siebziger Jahre in literaturhistorischer Perspektive. In: Deutsche Vierteljahrsschrift für Literaturwissenschaft 56 (1982), S. 290–313.
Ross, Werner: Lyrische Stile 1968. In: Merkur 22 (1968), S. 543–558.
Rühmkorf, Peter: Strömungslehre I. Poesie. Reinbek 1978.
Rühmkorf, Peter: Walther von der Vogelweide, Klopstock und ich. Reinbek 1975.
Rutschky, Michael: Erfahrungshunger. Ein Essay über die siebziger Jahre. Köln 1980.
Rutschky, Michael: Ethnologie des Alltags. Eine literarische Tendenz der siebziger Jahre. In: Literaturmagazin 11 (1979), S. 28–51.
Schade, Sigrid/Tholen, Georg Christoph (Hg.): Konfigurationen zwischen Kunst und Medien. München 1999.
Schäfer, Hans Dieter: Das gespaltene Bewußtsein. Über Deutsche Kultur und Lebenswirklichkeit 1933–1945. München/Wien 1981.
Schäfer, Hans Dieter: Zur Periodisierung der deutschen Literatur seit 1930. In: Literaturmagazin 7 (1977), S. 95–113.
Schäfer, Jörgen: Pop-Literatur. Rolf Dieter Brinkmann und das Verhältnis zur Populärkultur in der Literatur der sechziger Jahre. Stuttgart 1998.
Scheck, Denis/Winkels, Hubert (Hg.): Mutmaßungen über die Poesie. Frankfurt a.M. 1999.
Schiller, Dieter: Die Entwicklung der Lyrik in der Deutschen Demokratischen Republik 1945–1960. In: Weimarer Beiträge 8 (1962), S. 357–380.
Schlenstedt, Dieter: Subjektivität in der Lyrik. Subjektivität der Literaturwissenschaft. In: Weimarer Beiträge 23 (1977), S. 105–112.
Schlenstedt, Silvia u.a.: Welt im sozialistischen Gedicht. Poeten, Methoden und internationale Tendenzen im Gespräch. Berlin/Weimar 1974.

Schmatz, Ferdinand: Radikale Interpretation. Aufsätze zur Dichtung. Wien 1998.
Schmatz, Ferdinand: Sinn & Sinne. Wiener Gruppe, Wiener Aktionismus und andere Wegbereiter. Wien 1992.
Schmidt, Siegfried J.: Ästhetische Prozesse: Köln 1971.
Schmidt, Siegfried J.: Konkrete Dichtung: Theorie und Konstitution. In: Poetica 4 (1971), S. 13–31.
Schmitt, Hans-Jürgen (Hg.): Die Literatur der DDR. München/Wien 1983.
Schmitz-Emans, Monika: Die Sprache der modernen Dichtung. München 1997.
Schnell, Ralf: Literarische Innere Emigration 1933–1945. Stuttgart 1976.
Scholz, Ingeborg: Deutsche Lyrik im Spannungsbogen zwischen Kunst und Religion. Werner Bergengruen und Rudolf Alexander Schröder. Bonn 2002.
Schönwiese, Ernst: Die österreichische Literatur der Gegenwart. In: Etudes germaniques 13 (1958), S. 333–347.
Schulz, Eberhard W.: Deutsche Lyrik nach 1945 – Zur Phase II der Moderne. In: E.W. Schulz: Wort und Zeit. Neumünster 1968, S. 190–217.
Sowa-Bettecken, Beate: Sprache der Hinterlassenschaft. Jüdisch-christliche Überlieferung in der Lyrik von Nelly Sachs und Paul Celan. Frankfurt a.M. 1992.
Stiehler, Heinrich (Hg.): Literarische Mehrsprachigkeit. Konstanz 1996.
Theobaldy, Jürgen/Zürcher, Gustav: Veränderung der Lyrik. Über westdeutsche Gedichte seit 1965. München 1976.
Theobaldy, Jürgen: Das Gedicht im Handgemenge. Bemerkungen zu einigen Tendenzen in der westdeutschen Lyrik. In: Literaturmagazin 4 (1975), S. 64–71.
Trommler, Frank: Nachkriegsliteratur – eine neue deutsche Literatur? In: Literaturmagazin 7 (1977), S. 167–174.
Uerlings, Herbert: Utopie und Eigensinn. Zum Verbleib des Utopischen in der Lyrik Enzensbergers und Rühmkorfs. In: Etudes Germaniques 49, H. 1 (1994), S. 1–27.
Vietta, Silvio: Sprache und Sprachreflexion in der modernen Lyrik. Bad Homburg 1970.
Visser, Anthonya: »Blumen im Eis«. Lyrische und literaturkritische Innovationen in der DDR. Zum kommunikativen Spannungsfeld ab Mitte der 60er Jahre. Amsterdam 1994.
Vormweg, Heinrich: Verteidigung des Gedichts. Eine Polemik und ein Vorschlag. Göttingen 1990.
Wagenknecht, Christian: Proteus und Permutation. Spielarten einer poetischen Spielart. In: Text + Kritik 30 (1971), S. 1–10.
Wagenknecht, Christian: Variationen über ein Thema vom Gomringer. In: Text + Kritik 25 (1970), S. 14–16.
Wehdeking, Volker: Die deutsche Einheit und die Schriftsteller. Literarische Verarbeitung der Wende seit 1989. Stuttgart u.a. 1995.
Weissenberger, Klaus (Hg.): Die deutsche Lyrik 1945–1975. Zwischen Botschaft und Spiel. Düsseldorf 1981.
Wellershoff, Dieter: Die Auflösung des Kunstbegriffs. Frankfurt a.M. 1976.
Wellershoff, Dieter: Erkenntnisglück und Egotrip. Über die Erfahrung des Schreibens. In: Literaturmagazin 11 (1979), S. 213–243.
Wellershoff, Dieter: Literatur und Lustprinzip. Vorträge und Reden. Köln 1977.
Welzel, Klaus: Utopieverlust. Die deutsche Einheit im Spiegel ostdeutscher Autoren. Würzburg 1998.
Wichner, Ernest: Homer, Odysseus und der »Engel der Geschichte«. In: Text + Kritik 82/83 (1984), S. 90–110.
Widmer, Urs: 1945 oder die »neue Sprache«. Studien zur Prosa der »Jungen Generation«. Düsseldorf 1966.
Winkler, Dagmar: Die neo-kybernetische Literatur. Amsterdam 1996.
Woesler, Winfried: Literarische Bezugsfiguren in der Lyrik der Gegenwart (1960–1979). In: Lyrik – von allen Seiten. Gedichte und Aufsätze des ersten Lyrikertreffens in Münster. Hg. von Lothar Jordan u.a. Frankfurt a.M. 1981, S. 284–303.
Zeller, Michael (Hg.): Aufbrüche: Abschiede. Studien zur deutschen Literatur seit 1968. Stuttgart 1979.
Zimmermann, Hans Dieter: Die mangelhafte Subjektivität. In: Akzente. Zeitschrift für Literatur 24 (1977), S. 280–287.

Zimmermann, Peter: Der Sturz des preußischen Ikarus. Zur Wirkungsgeschichte eines deutschen Sängers. In: Jahrbuch zur Literatur in der DDR 2 (1981/82), S. 177–198.
Zürcher, Gustav »Trümmerlyrik«. Politische Lyrik 1945–1950. Kronberg, Ts. 1977.

7.2.7 Autorinnen und Autoren

Erich Arendt (1903–1984)

Laschen, Georg/Schlösser, Manfred (Hg.): Der zerstückte Traum. Für Erich Arendt. Berlin/Darmstadt 1978.
Text + Kritik. Heft 82/83: Erich Arendt. München 1984.
Vagant, der ich bin. Erich Arendt zum 90. Geburtstag. Texte und Beiträge zu seinem Werk. Hg. von Hendrik Röder. Berlin 1993, S. 54–67.

Hans Carl Artmann (1921–2001)

Bisinger, Gerald (Hg.): Über H.C. Artmann. Frankfurt a.M. 1972.
H. C. Artmann. Hg. von Gerhard Fuchs. Graz 1992.
Lajarrige, Jacques: Hans Carl Artmann. Tradition littéraire et exercises de style. La mémoire ouverte ou la mort déjouée. Stuttgart 1992.
Pabisch, Peter: H.C. Artmann. Ein Versuch über die literarische Alogik. Wien 1978.

Cyrus Atabay (1929–1996)

Ross, Werner (Hg.): Der Dichter Cyrus Atabay. 1929–1996. München 1997.

Rose Ausländer (1907–1988)

Beil, Claudia: Sprache als Heimat. Jüdische Tradition und Exilerfahrung in der Lyrik von Nelly Sachs und Rose Ausländer. München 1991.
Braun, Helmut (Hg.): Rose Ausländer. Materialien zu Leben und Werk. Frankfurt a.M. 1991.
Hilzinger, Sonja: »Ich will wohnen im Menschenwort«. Zur Lyrik von Rose Ausländer. In: Deutschsprachige Exillyrik von 1933 bis zur Nachkriegszeit. Hg. von Jörg Thunecke. Amsterdam u.a. 1998, S. 325–338.
Kristensson, Jutta: Identitätssuche in Rose Ausländers Spätlyrik. Rezeptionsvarianten zur Post-Shoah-Lyrik. Frankfurt a.M. u.a. 2000.

Ingeborg Bachmann (1926–1973)

Bachmann-Handbuch. Leben – Werk – Wirkung. Hg. von Monika Albrecht und Dirk Göttsche. Stuttgart/Weimar 2002.
Bartsch, Kurt: Ingeborg Bachmann. Stuttgart 1988, 2. Aufl. 1997.
Höller, Hans: Ingeborg Bachmann. Das Werk. Frankfurt a.M. 1987.
Ingeborg Bachmann-Neue Beiträge zu ihrem Werk. Internationales Symposium Münster 1991. Hg. von Dirk Göttsche und Hubert Ohl. Würzburg 1993.
»In die Mulde meiner Stummheit leg ein Wort«. Interpretationen zur Lyrik Ingeborg Bachmanns. Hg. von Primus-Heinz Kucher und Luigi Reitani. Wien/Köln/Weimar 2000.
Schmaus, Monika: Die poetische Konstruktion des Selbst. Grenzgänge zwischen Frühromantik und Moderne. Tübingen 2000.
»Über die Zeit schreiben«. 2. Literatur- und kulturwissenschaftliche Essays zum Werk Ingeborg Bachmanns. Hg. von Monika Albrecht und Dirk Göttsche. Würzburg 2000.

Konrad Bayer (1932–1964)

Janetzki, Ulrich: Alphabet und Welt. Über Konrad Bayer. Königstein, Ts. 1982.
Rühm, Gerhard (Hg.): Konrad Bayer. Symposion Wien 1979.

Johannes R. Becher (1891–1958)

Dwars, Jens-F.: Abgrund des Widerspruchs. Das Leben des Johannes R. Becher. Berlin 1998.
Haupt, Jürgen: Gottfried Benn, Johannes R. Becher. Hamburg 1994.
Ziemann, Rüdiger: Poetische Gestalt. Studien zum lyrischen Spätwerk Johannes R. Bechers. Frankfurt a.M. u.a. 1992.

Jürgen Becker (* 1932)
Heidenreich, Wolfgang (Hg.): Jürgen Becker. Texte, Dokumente, Materialien. Baden-Baden/Zürich 1998.
Wirthensohn, Andreas: Annäherungen an einen vorläufigen Zusammenhang. Zum Werk Jürgen Beckers. Würzburg 2000.
Text + Kritik. Heft 159: Jürgen Becker. München 2003.

Gottfried Benn (1886–1956)
Dautel, Ernst: Etude de l'œuvre lyrique de Gottfried Benn. Démarche scientifique et approches didactiques. Tübingen 2000.
Große, Wilhelm: Gottfried Benn. Stuttgart 2002.
Ridley, Hugh: Gottfried Benn, ein Schriftsteller zwischen Erneuerung und Reaktion. Opladen 1990.
Rübe, Werner: Provoziertes Leben. Gottfried Benn. Stuttgart 1993.
Steinhagen, Harald: Die Statischen Gedichte von Gottfried Benn. Die Vollendung seiner expressionistischen Lyrik. Stuttgart 1969.
Theweleit, Klaus: Buch der Könige. Bd. 2: Benn. Dr. Orpheus am Machtpol. Frankfurt a.M. 1990.
Wellershoff, Dieter: Gottfried Benn. Phänotyp dieser Stunde. Köln/Berlin 1958.

Werner Bergengruen (1892–1964)
Bänziger, Hans: Werner Bergengruen. Weg und Werk. Bern 1983.
Scholz, Ingeborg: Deutsche Lyrik im Spannungsbogen zwischen Kunst und Religion. Werner Bergengruen und Rudolf Alexander Schröder. Bonn 2002.

Wolf Biermann (* 1936)
Rosellini, Jay: Wolf Biermann. München 1992.

Johannes Bobrowski (1917–1965)
Gajek, Bernhard/Haufe, Eberhard: Johannes Bobrowski. Chronik-Einführung – Bibliographie. Frankfurt a.M. 1977.
Gajek, Bernhard: Johannes Bobrowskis Porträtgedichte. Zur Auseinandersetzung eines Autors mit seiner Gesellschaft. In: Literaturwissenschaftliches Jahrbuch N.F. 1971, Sonderband, S. 403–422.
Haufe, Eberhard: Bobrowski-Chronik. Daten zu Leben und Werk. Würzburg 1994.
Minde, Fritz: Johannes Bobrowskis Lyrik und die Tradition. Frankfurt a.M. 1981.
Schulz, Werner: Die aufgehobene Zeit. Zeitstruktur und Zeitelemente in der Lyrik Johannes Bobrowskis. Bern 1983.
Schütze, Oliver: Natur und Geschichte im Blick des Wanderers. Zur lyrischen Situation bei Bobrowski und Hölderlin. Würzburg 1990.
Tgahrt, Reinhard/Doster, Ute (Bearb.): Johannes Bobrowski oder Landschaft mit Leuten. Eine Ausstellung des Deutschen Literaturarchivs im Schiller-Nationalmuseum Marbach am Neckar. Marbach 1993.

Nicolas Born (1937–1979)
Eggerts, Jörg: Langsam kehrten die Farben zurück. Zur Subjektivität im Romanwerk, im lyrischen und literaturtheoretischen Werk Nicolas Borns. Frankfurt a.M. u.a. 2002.
Kremp, Jörg-Werner: Inmitten gehen wir nebenher. Nicolas Born: Biographie, Bibliographie, Interpretationen. Stuttgart 1994.

Volker Braun (* 1939)
Cosentino, Christine/Ertl, Wolfgang: Zur Lyrik Volker Brauns. Königstein, Ts. 1984.
Grauert, Wilfried: Ästhetische Modernisierung bei Volker Braun. Studien zu Texten aus den 80er Jahren. Würzburg 1995.
Jucker, Rolf (Hg.): Volker Braun. Cardiff 1995.
Leistner, Bernd: Braun oder die Verteidigung der Utopie. In: Lothar Jordan/Winfried Woesler (Hg.): Lyrikertreffen Münster. Gedichte und Aufsätze. 1987–1991. Bielefeld 1993, S. 365–377.
Profitlich, Ulrich: Volker Braun. München 1999.
Subiotto, Arrigo: Die Entwicklung eines Dichters : zu Volker Brauns neuester Lyrik. In: Ein Moment des erfahrenen Lebens. Zur Lyrik der DDR. Beiträge zu einem Symposium. Hg. von J.L. Flood. Amsterdam 1987, S. 140–161.
Wallace, Ian: Das Dennoch und der Triumph der Selbstbehauptung. Identitätssuche und Zivilisationskrise bei Volker Braun. In: Jahrbuch zur Literatur in der DDR 3 (1983), S. 185–208.

Bertolt Brecht (1898–1956)
Birkenhauer, Klaus: Die eigenrhythmische Lyrik Bertolt Brechts. Theorie eines kommunikativen Sprachstils. Tübingen 1971.
Fischer, Lars u.a.: Gedichte 1947–1956. In: Brecht-Handbuch. Hg. von Jan Knopf. Bd. 2. Gedichte. Stuttgart/Weimar 2001, S. 413–475.
Knopf, Jan (Hg.): Interpretationen. Gedichte von Bertolt Brecht. Stuttgart 1995.
Knopf, Jan: Gelegentlich Poesie. Ein Essay über die Lyrik Bertolt Brechts. Frankfurt a.M. 1996.
Koopmann, Helmut (Hg.): Brechts Lyrik. Neue Deutungen. Würzburg 1999.
Schwarz, Peter Paul: Lyrik und Zeitgeschichte. Brecht: Gedichte über das Exil und späte Lyrik. Heidelberg 1978.

Rolf Dieter Brinkmann (1940–1975)
Röhnert, Jan Volker: Meine erstaunliche Fremdheit! Zur poetischen Topographie des Fremden am Beispiel von Rolf Dieter Brinkmanns Reiselyrik. München 2003.
Schäfer, Jörgen: Pop-Literatur. Rolf Dieter Brinkmann und das Verhältnis zur Populärkultur in der Literatur der sechziger Jahre. Stuttgart 1998.
Späth, Sibylle: Rolf Dieter Brinkmann. Stuttgart 1989.
Urbe, Burglind: Lyrik, Fotografie und Massenkultur bei Rolf Dieter Brinkmann. Frankfurt u.a. 1985.
Schulz, Gudrun/Kagel, Martin (Hg.): Rolf Dieter Brinkmann: Blicke ostwärts – westwärts. Beiträge des 1. Internationalen Symposions zu Leben und Werk Rolf Dieter Brinkmanns Vechta 2000. Vechta 2001.

Paul Celan (1920–1970)
Bollack, Jean: Paul Celan. Poetik der Fremdheit. Aus dem Franz. von Werner Wögenbauer. Wien 2000.
Derrida, Jacques: Schibboleth. Für Paul Celan. Wien 1986.
Emmerich, Wolfgang: Paul Celan. Reinbek 1999.
Gellhaus, Axel/Lohr, Andreas (Hg.): Lesarten. Beiträge zum Werk Paul Celans. Köln u.a. 1996.
Janz, Marlies: Vom Engagement absoluter Poesie. Zur Lyrik und Ästhetik Paul Celans. Königstein, Ts. 1976.
Menninghaus, Winfried: Paul Celan. Magier der Form. Frankfurt a.M. 1980.
Paul Celan. Hg. von Werner Hamacher und Winfried Menninghaus. Frankfurt a.M. 1988.
Schulze, Joachim: Celan und die Mystiker. Motivtypologische und quellenkundliche Kommentare. Bonn 1986.
Stiehler, Heinrich: Die Zeit der Todesfuge. Zu den Anfängen Paul Celans. In: Akzente. Zeitschrift für Literatur 19 (1972), S. 11–40.
Text + Kritik. Heft 53/54: Paul Celan. München 2002.
Voswinkel, Klaus: Paul Celan. Verweigerte Poetisierung der Welt. Versuch einer Deutung. Heidelberg 1974.
Wiedemann-Wolf, Barbara: Antschel Paul – Paul Celan. Studien zum Frühwerk. Tübingen 1985.

Günter Eich (1907–1972)
Buchheit, Sabine: Formen und Funktionen literarischer Kommunikation im Werk Günter Eichs. St. Ingbert 2003.
Martin, Sigurd: Die Auren des Wort-Bildes. Günter Eichs Maulwurf-Poetik und die Theorie des versehenden Lesens. St. Ingbert 1995.
Müller-Hanpft: Lyrik und Rezeption. Das Beispiel Günter Eich. München 1972.
Neumann, Peter Horst: Die Rettung der Poesie im Unsinn. Der Anarchist Günter Eich. Stuttgart 1981.
Vieregg, Axel (Hg.): »Unsere Sünden sind Maulwürfe«. Die Günter-Eich-Debatte. Amsterdam 1996.

Hans Magnus Enzensberger (* 1929)
Dietschreit, Frank/Heinze-Dietschreit, Barbara: Hans Magnus Enzensberger. Stuttgart 1986.
Grimm, Erk: The Disappearance of Fury: H.M. Enzensberger's Diplomatic Poetry of the 1990s. In: The Germanic Review 77, H. 1 (2002), S. 7–33.
Grimm, Reinhold (Hg.): Hans Magnus Enzensberger. Frankfurt a.M. 1984.
Hans Magnus Enzensberger. Hg. von R. Grimm. Frankfurt a.M. 1984.
Lau, Jörg: Hans Magnus Enzensberger. Ein öffentliches Leben. Berlin 1999.
Nam, Un: Normalismus und Postmoderne. Diskursanalyse der Gesellschafts- und Geschichtsauffassung in den Gedichten Hans Magnus Enzensbergers. Frankfurt a.M. u.a. 1995.
Rim, Byung-Hee: Hans Magnus Enzensberger. Ein Paradigma der deutschen Lyrik seit Mitte der 1950er Jahre. Frankfurt a.M. u.a. 2001.
Schickel, Joachim (Hg.): Über Hans Magnus Enzensberger. Frankfurt a.M. 1970.
Schmidt, Kristin: Poesie als Mausoleum der Geschichte. Zur Aufhebung der Geschichte in der Lyrik Hans Magnus Enzensbergers. Frankfurt a.M. u.a. 1990.
Schuhmacher, Klaus: Candides Untergang. Zu Hans Magnus Enzensbergers Ästhetik des Verschwindens. In: Sprachkunst 16 (1985), S. 43–65.
Wieland, Rainer (Hg.): »Der Zorn altert, die Ironie ist unsterblich«. Über Hans Magnus Enzensberger. Frankfurt a.M. 1999.
Zimmermann, Arthur: Hans Magnus Enzensberger. Die Gedichte und ihre literaturkritische Rezeption. Bonn 1977.

Erich Fried (1921–1988)
Bormann, Alexander von: »Ein Dichter, den Worte zusammenfügen«. Versöhnung von Rhetorik und Poesie bei Erich Fried. In: Text + Kritik 91 (1986), S. 5–23.
Erich Fried. 1921–1988. Einer singt aus der Zeit gegen die Zeit. Materialien und Texte zum Leben und Werk. Hg. von Volker Kaukoreit. Darmstadt 1991.
Kaukoreit, Volker: Vom Exil bis zum Protest gegen den Krieg in Vietnam. Frühe Stationen des Lyrikers Erich Fried. Werk und Biographie 1938–1966. Darmstadt 1991.
Kim, Yong-Min: Vom Naturgedicht zur Ökolyrik in der Gegenwartspoesie. Zur Politisierung der Natur in der Lyrik Erich Frieds. Frankfurt a.M. 1991.
Lampe, Gerhard: »Ich will mich erinnern an alles was man vergißt«. Erich Fried. Biographie und Werk. Köln 1989.
Wolff, Rudolf (Hg.): Erich Fried. Gespräche und Kritiken. Bonn 1986.

Walter Helmut Fritz (* 1929)
Nellesen, Bernhard: »Sätze sind Fenster«. Zur Lyrik und Prosa von Walter Helmut Fritz. Lebach 1989.

Eugen Gomringer (* 1925)
Herwig, Oliver: Wortdesign. Eugen Gomringer und die bildende Kunst. München 2001.

Durs Grünbein (* 1962)
Text + Kritik. Heft 153: Durs Grünbein. München 2002.
Winkler, Ron: Dichtung zwischen Großstadt und Großhirn. Annäherungen an das lyrische Werk Durs Grünbeins. Hamburg 2000.

Albrecht Haushofer (1903–1945)
Haiger, Ernst u.a.: Albrecht Haushofer. Ebenhausen 2002.

Helmut Heißenbüttel (1921–2000)
Rumold, Rainer: Sprachliches Experiment und literarische Tradition. Zu den Texten Helmut Heißenbüttels. Bern/Frankfurt a.M. 1975.
Schrift écriture geschrieben gelesen. Für Helmut Heißenbüttel zum siebzigsten Geburtstag. Hg. von Christina Weiss. Stuttgart 1991.

Günter Herburger (*1932)
Holzheimer, Gerd: Kurier zwischen den Lagern. Zur Poetik Günter Herburgers. München 1999.

Peter Huchel (1903–1981)
Götz, Thomas: Die brüchige Idylle. Peter Huchels Lyrik zwischen Magie und Entzauberung. Frankfurt a.M. u.a. 1999.
Peter Huchel. Hg. von Axel Vieregg. Frankfurt a.M. 1986.
Siemes, Christof: Das Testament gestürzter Tannen. Das lyrische Werk Peter Huchels. Freiburg i.Br. 1996.
Text + Kritik. Heft 157: Peter Huchel. München 2003.
Vieregg, Axel: Die Lyrik Peter Huchels. Zeichensprache und Privatmythologie. Berlin 1976.
Walther, Peter (Hg.): Peter Huchel. Leben und Werk in Texten und Bildern. Frankfurt a.M. 1996.

Ernst Jandl (1925–2000)
»Stehn Jandl groß hinten drauf«. Interpretationen zu Texten Ernst Jandls. Hg. von Michael Vogt. Bielefeld 2000.
Ernst Jandl. Materialienbuch. Hg. von Wendelin Schmidt-Dengler. Darmstadt/Neuwied 1982.
Ernst Jandl. Texte, Daten, Bilder. Hg. von Klaus Siblewski. Frankfurt a.M. 1990
Sander, Gerhard: Ernst Jandls Gedichte zum Sprechen, Hören und Sehen im Alltag. In: Duitse Kroniek 34, H. 3 (1984), S. 28–51.
Schmidt-Dengler, Wendelin (Hg.): Ernst Jandl. Materialienbuch. Darmstadt/Neuwied 1982.
Schmidt-Dengler, Wendelin: Der wahre Vogel. Gedenkschrift für Ernst Jandl. Wien 2000.
Siblewski, Klaus: »a komma punkt.« Ernst Jandl. Ein Leben in Texten und Bildern. München 2000.
Text + Kritik. Heft 129: Ernst Jandl. München 1996.

Marie Luise Kaschnitz (1903–1974)
Göttsche, Dirk (Hg.): »Für eine aufmerksamere und nachdenklichere Welt«. Beiträge zu Marie Luise Kaschnitz. Stuttgart 2001.
Hahn, Heidi: Ästhetische Erfahrung als Vergewisserung menschlicher Existenz. Kunstbetrachtung im Werk von Marie Luise Kaschnitz. Würzburg 2001.
Pulver, Elsbeth: Marie Luise Kaschnitz. München 1984.
Schweikert, Uwe (Hg.): Marie Luise Kaschnitz. Frankfurt a.M. 1984.

Sarah Kirsch (* 1935)
Cosentino, Christine: »Ein Spiegel mit mir darin«. Sarah Kirschs Lyrik. Tübingen 1990.
Sarah Kirsch. Hg. von Mererid Hopwood und David Basker. Cardiff 1997.

Thomas Kling (* 1957)
Geisenhanslüke, Achim: Sprachinstallation und Städtelandschaft bei Thomas Kling. In: Sprache und Literatur am Niederrhein. Hg. von Dieter Heimböckel. Bottrop u.a. 1998, S. 182–198.
Text + Kritik. Heft 147: Thomas Kling. München 2000.

Karl Krolow (1915–2000)
Donahue, Neil H.: Karl Krolow and the poetics of amnesia in postwar Germany. Rochester, New York u.a. 2002.

Fritz, Walter Helmut (Hg.): Über Karl Krolow. Frankfurt a.M. 1972.

Paulus, Rolf: Lyrik und Poetik Karl Krolows 1940–1970. Produktions-ästhetische, poetologische und interpretatorische Hauptaspekte seines »offenen Gedichts«. Bonn 1980.

Pee, Jong H.: Karl Krolow und die lyrische Tradition. Ironie und Selbstreflexion. Köln 1991.

Profit, Vera B.: Ein Porträt meiner Selbst. Karl Krolows autobiographical poems (1945–1958) and their French sources. New York 1991.

Günter Kunert (* 1929)

Hinze, Dagmar: Günter Kunert. Sinnstiftung durch Literatur. Literaturtheorie und dichterische Praxis. Frankfurt a.M. u.a. 1996.

Hoffmann, Daniel: Die Wiederkunft des Heiligen. Literatur und Religion zwischen den Weltkriegen. Paderborn u.a. 1998.

Kasper, Elke: Zwischen Utopie und Apokalypse. Das lyrische Werk von Günter Kunert von 1950 bis 1987. Tübingen 1995.

Krüger, Michael (Hg.): Kunert lesen. München/Wien 1979.

Kunert-Werkstatt. Materialien und Studien zu Günter Kunerts literarischem Werk. Hg. von Manfred Durzak und Manfred Keune. Bielefeld 1995.

Elisabeth Langgässer (1899–1950)

Evers, Susanne: Allegorie und Apologie. Die späte Lyrik Elisabeth Langgässers. Frankfurt a.M. u.a. 1994.

Gelbin, Cathy: An indelible seal: race, hybridity and identity in Elisabeth Langgässer's writings. Essen 2001.

Christine Lavant (1915–1973)

Die Bilderschrift Christine Lavants. Studien zur Lyrik, Prosa, Rezeption und Übersetzung. I. Internationales Christine Lavant Symposion Wolfsberg 11.–13. Mai 1995. Hg. von Arno Rußegger und Johann Strutz. Salzburg, Wien 1999.

Profile einer Dichterin. Beiträge des II. Internationalen Christine-Lavant-Symposions Wolfsberg 1998. Hg. von Arno Rußegger und Johann Strutz. Salzburg, Wien 1999.

Profit, Vera B.: Menschlich. Gespräche mit Karl Krolow. New York 1996.

Schlör, Veronika: Hermeneutik der Mimesis. Phänomene, begriffliche Entwicklungen. Schöpferische Verdichtung in der Lyrik Christine Lavants. Düsseldorf u.a. 1998.

Steinsiek, Annette (Hg.): Christine Lavant. Bilder und Worte. Ein Postkartenbuch. Salzburg/Wien 1999.

Lehmann, Wilhelm (1882–1968)

Jung, Jochen: Mythos und Utopie. Darstellungen zur Poetologie und Dichtung W. Lehmanns. Tübingen 1975.

Köbel-Bänninger, Verena: Zeit in der Zeit. Ein neuer Weg zu Wilhelm Lehmanns lyrischem Werk. In: Journal of English and Germanic Philology (1991), S. 79–105.

Schäfer, Hans Dieter: Wilhelm Lehmann. Studien zu seinem Leben und Werk. Bonn 1969.

Malkowski, Rainer (1939–2003)

Kneer, Christof: Rainer Malkowski. Neue Objektivität in der Lyrik. Monographe zu Leben und Werk Rainer Malkowskis. Frankfurt a.M. 1997.

Friederike Mayröcker (*1924)

Abraham, Werner: Friederike Mayröckers poetische Syntax – Backgrounding. In: Zur österreichischen Literatur der Gegenwart. Hg. von Alexander von Bormann. Amsterdam 1987, S. 221–239.

Friederike Mayröcker. Hg. von Siegfried J. Schmidt. Frankfurt a.M. 1984.

Friederike Mayröcker oder »das Innere des Sehens«. Studien zu Lyrik, Hörspiel und Prosa. Hg. von Renate Kühn und Sabine Markis. Bielefeld 2002.

In Böen wechselt mein Sinn. Zu Friederike Mayröckers Literatur. Hg. von Klaus Kastberger und Wendelin Schmidt-Dengler. Wien 1996.

Ernst Meister (1911–1979)
Arntzen, Helmut (Hg.): Ernst Meister und die lyrische Tradition. Zweites Ernst-Meister-Kolloquim. Aachen 1996.
Arntzen, Helmut/Wallmann, Jürgen P. (Hg.): Ernst Meister. Hommage. Überlegungen zum Werk. Texte aus dem Nachlaß. Münster 1985.
Arntzen, Helmut: Ernst Meister. Moderne hermetische Lyrik und ihre Wirkung. In: Literatur in Wissenschaft und Unterricht 18 (1985), S. 101–113.
Buck, Theo (Hg.): Erstes Ernst Meister-Kolloquium 1991. Aachen 1993.
Huch, Hans-Günther: Phantasie und Wirklichkeit. Phänomene dichterischer Imagination in der Poesie der Moderne. Würzburg 2002.
Kautz, Andreas: Mythos und Tod im lyrischen Werk Ernst Meisters. Aachen 1998.
Kiefer, Reinhard: Texte ohne Wörter. Die negative Theologie im lyrischen Werk Ernst Meisters. Aachen 1992.
Text + Kritik. H. 96: Ernst Meister. München 1987.

Karl Mickel (1935–2001)
Heukenkamp, Reinhold und Ursula: Karl Mickel. Berlin 1985.
Lethen, Herbert/Berendse, Gerrit-Jan: Im Zeichen der Kentauren. Überlegungen zum Gedicht »Die Elbe« von Karl Mickel. In: Jahrbuch zur Literatur in der DDR 6 (1987), S. 119–142.

Heiner Müller (1929–1995)
Ebrecht, Katharina: Heiner Müllers Lyrik. Quellen und Vorbilder. Würzburg 2001.
Kreikebaum, Markus: Heiner Müllers Gedichte. Bielefeld 2003.
Lehmann, Hans-Thies/Primavesi, Patrick (Hg.): Heiner Müller-Handbuch. Leben – Werk – Wirkung. Stuttgart/Weimar 2003.

Bert Papenfuß(-Gorek) (*1956)
Gratz, Michael: »Vernunft ist für mich die totale Sinnlichkeit«. Versuch über ein Gedicht von Papenfuß-Gorek. In: M.G.: Gestellt Gestalten des Niemandslandes. Drei Annäherungen an meinen Prenzlauer Berg. Vaasa 1992, S. 21–32.
Grimm, Erk: Der Tods der Ostmoderne oder die BRDigung des DDR-Untergrunds. Zur Lyrik Bert Papenfuß-Goreks. In: Zeitschrift für Germanistik H. 1 (1991), S. 9–20.
Kane, Martin: Regeneration of language or ›Gequirlter Stumpfsinn‹ (Wolf Biermann). The poetry of Bert Papenfuß-Gorek. In: Brady, Philip/Wallace, Ian (Hg.): Prenzlauer Berg.Bohemia in East Berlin? Amsterdam 1995, S. 67–86.

Oskar Pastior (* 1927)
Kühn, Renate: Das Rosenbaertlein-Experiment. Studien zum Anagramm. Bielefeld 1994.
Tewes, Burkhard: Namenaufgeben. Das Wort in zeitgenössischer Lyrik am Beispiel von Texten Oskar Pastiors. Essen 1994.

Peter Rühmkorf (* 1929)
Colombat-Didier, Frédérique: La situation poétique de Peter Rühmkorf. Bern u.a. 2002.
Durzak, Manfred/Steinecke, Hartmut (Hg.): Zwischen Freund Hein und Freund Heine. Peter Rühmkorf. Studien zu seinem Werk. Reinbek 1989.
Uerlings, Herbert: Die Gedichte Peter Rühmkorfs. Subjektivität und Wirklichkeitserfahrung in der Lyrik. Bonn 1984.

Nelly Sachs (1891–1970)
Cassagnau, Laurent: Utopie et dialogue dans la poésie de Nelly Sachs. Bern u.a. 1993.

Frenken, Herbert: Das Frauenbild in Bertolt Brechts Lyrik. Köln 1993.
Kranz-Löber, Ruth: »In der Tiefe des Hohlwegs«. Die Shoah in der Lyrik von Nelly Sachs. Würzburg 2001.
Kuric, Johanna: Was ist das Andere auf das ihr Steine werft? Das Denken der Alterität in der Lyrik von Nelly Sachs. St. Ottilien 1999.
Bezzel-Dischner, Gisela: Poetik des modernen Gedichts. Zur Lyrik von Nelly Sachs. Bad Homburg 1970.

Reinhold Schneider (1903–1958)
Ensberg, Claus: Die Orientierungsproblematik der Moderne im Spiegel abendländischer Geschichte. Das literarische Werk Reinhold Schneiders. Tübingen 1995.

Schnurre, Wolfdietrich (1920–1989)
Schwardt, Daniela: Fabelnd denken. Zur Schreib- und Wirkungsabsicht von Wolfdietrich Schnurre. Paderborn 1999.
Adelhoefer, Mathias: Wolfdietrich Schnurre. Ein deutscher Nachkriegsautor. Pfaffenweiler 1990.

Waterhouse, Peter (* 1956)
Text + Kritik 137: Peter Waterhouse. München 1998.

Georg von der Vring (1889–1968)
Dasenbrock, Dirk: Georg von der Vring. 1889–1968. Vier Leben in Deutschland. Vechta 1997.

Personenregister

GPSR Compliance

The European Union's (EU) General Product Safety Regulation (GPSR) is a set of rules that requires consumer products to be safe and our obligations to ensure this.

If you have any concerns about our products, you can contact us on ProductSafety@springernature.com

In case Publisher is established outside the EU, the EU authorized representative is:

Springer Nature Customer Service Center GmbH
Europaplatz 3
69115 Heidelberg, Germany

Batch number: 10578188

Printed by Printforce, the Netherlands